中共党史

重大争议问题研究

罗平汉　卢毅　赵鹏 ◎ 著

人民出版社

目　录
CONTENTS

前　　言

　　近二十年来,中共党史的研究取得了重大进展,出版或发表了大量的相关著述。这些研究成果既涉及中共党史上的许多重要人物,也几乎涵盖了中共党史的重大历史事件。由于研究者占有的史料不同,分析问题的视角不同,以及其他一些复杂的原因,对中共党史上的某些重大事件或某些重要人物进行研究时,往往作出不同的评判,提出了不同的学术观点,形成了不少争议问题。由于中共党史研究的特殊性,这些争议问题不但为学术界所关注,也往往成为社会各界所关心的话题。随着互联网的发展普及,一些党史研究中的争议问题甚至成为网民议论的热点。本书试图对其中一些争议问题的不同学术观点进行梳理,并在进一步挖掘利用史料的基础上对这些问题再稍作研究。

　　本书拟就如下问题展开探讨:(一)大革命时期的"左"、右倾错误问题;(二)国共两党在抗日战争中的地位和作用问题;(三)延安整风的起因、过程及其影响问题;(四)老解放区的土地改革运动问题;(五)社会主义改造的历史评价问题;(六)1957年全党整风与反右派运动问题;(七)"大跃进"运动和"三年暂时困难"问题;(八)"文化大革命"期间的经济建设问题;(九)粉碎"四人帮"后两年的历史定位问题。自然,在中共党史的研究中,还有一些重大问题,不但学术界存在不同的看法,在社会上也时常有所议论,由于作者的学识所限,本书暂未将其列入,留待以后进行研究。

　　本书写作并非对上述问题所发生的学术争鸣作出谁是谁非的

裁判,而是对上述问题在学术界已有研究的基础上进行再探讨,以期将上述历史事件及相关历史人物放在历史发生的特定时空环境下,进行合理的解释和客观公正的评价,既不苛求前人,亦不以个人情感臧否历史,力求再现历史的真相,在叙说历史中尽量还原历史。

第一章　大革命时期的"左"、右倾错误

1927 年,由于蒋介石的"四一二"清党和汪精卫的"七一五"分共,第一次国共合作破裂,一度风起云涌、波澜壮阔的国民大革命失败了。这是中共在领导中国革命过程中经历的第一次严重挫折,其自身力量也遭受了空前的重创。关于大革命失败原因及其教训的探讨,从一开始就存在着激烈的争论。尤其是近年来随着联共(布)与共产国际档案资料的解密,更是涌现出许多新观点和新见解,在很大程度上颠覆了传统的说法。笔者拟着重围绕其中的几个具体问题加以介绍,并运用相关史料作一番评析。

一、传统观点的突破与颠覆

近年来,缘于思想的不断解放和新材料的逐步发掘,党史界对中国大革命史的研究取得了很大进展,无论从宏观上还是从微观上都突破了传统观点的局限,从许多新的视角和侧面进行了有益的探讨,令人耳目一新之作层出不穷。① 这尤其反映在对大革命时期的"左"、右倾错误及陈独秀的责任问题的研究中。

---

① 这方面的研究成果如金冲及的《从迅猛兴起到跌入低谷——大革命时期湖南农民运动的前前后后》(《近代史研究》2004 年第 6 期)、唐宝林的《重评共产国际指导中国大革命的路线》(《历史研究》2000 年第 2 期)、杨奎松的《国民党的"联共"与"反共"》(社科文献出版社 2008 年版)、王奇生的《国共合作与国民革命》(江苏人民出版社 2006 年版),以及李颖的《陈独秀与共产国际》(湖南人民出版社 2005 年版)、姚金果等人所撰《共产国际、联共(布)与中国大革命》(福建人民出版社 2002 年版)、《读解:中国大革命史》(福建人民出版社 2006 年版)、《解密档案中的陈独秀》(东方出版社 2011 年版)等,均开拓了读者的视野,丰富了人们的认识。

1. 关于大革命时期的"左"、右倾错误

关于大革命失败的原因,传统观点认为主要是中共党内的右倾错误所造成,放弃了革命领导权。毛泽东曾多次提到这一点,早在 1928 年他就指出:"革命必须由无产阶级领导才能完成。从广东出发向长江发展的一九二六年到一九二七年的革命,因为无产阶级没有坚决地执行自己的领导权,被买办豪绅阶级夺取了领导,以反革命代替了革命。资产阶级民主革命乃遭遇到暂时的失败。"[1]1947 年,他又详细说明:"没有中国共产党的坚强的领导,任何革命统一战线也是不能胜利的。在一九二七年北伐战争达到高潮的时期,我党领导机关的投降主义分子,自愿地放弃对于农民群众、城市小资产阶级和中等资产阶级的领导权,尤其是放弃对于武装力量的领导权,使那次革命遭到了失败。"[2]1945 年 4 月通过的《关于若干历史问题的决议》和 1981 年 6 月通过的《关于建国以来党的若干历史问题的决议》,亦持相同看法。于是,这便构成了长期以来党史论著的一个基本结论。

不过,也有人认为大革命的失败与当时党内的"左"倾错误有关。1937 年,刘少奇在《关于大革命历史教训中的一个问题》一文中就指出:"在一九二七年前我们还犯了'左'倾错误。尤其是在工人运动中……当时在长沙、武汉、广州等城市,工人中的'左'倾错误是很严重的。"他还说:"大革命的失败,无疑是由于右倾的错误,但在失败以前及以前很久,并不是没有'左'倾错误的。这种'左'倾错误,至少是帮助了反革命"。[3] 但由于受到政治因素的影响,刘少奇的这一论断并未引起大家重视。中共十一届三中全会后,人们开始对此加以重新审视,郑重提出:"实际上,这种'左'倾错误是存在的,我们应该实事求是地正视它和总结它",并认为其危害主要是:首先,它影响了国民革命联合战线的巩固和发展,往往伤害联合战线中的同盟者;其次,"左"倾错误给反革命宣传以口实,使我们处于被动,扩大了敌人的营垒。[4]

---

① 《毛泽东选集》第 1 卷,人民出版社 1991 年版,第 48 页。

② 《毛泽东选集》第 4 卷,人民出版社 1991 年版,第 1257—1258 页。

③ 中共中央文献研究室、中华全国总工会编:《刘少奇论工人运动》,中央文献出版社 1988 年版,第 212—214 页。

④ 余世诚:《大革命时期的"左"倾》,《石油大学学报》1989 年第 2 期。

因此,它"是导致大革命失败的不可忽视的又一个重要原因"①。

具体分析起来,有学者指出,武汉政府时期的工人运动中存在着严重的"左"倾错误,其恶果是不仅加剧了经济危机的发展,且使资产阶级、小资产阶级反感,在农民中也产生了不满情绪,造成共产党和工人、工会与士兵和农民、工人纠察队与市民之间的关系紧张。② 还有学者认为,大革命时期工人运动中的"左"倾错误,并不仅仅限于武汉政府时期,而是在整个大革命时期都存在。它具体表现为:在处理民族矛盾时,注意反帝斗争的策略不够,盲目打击一切外国人正常的经济活动;在处理阶级矛盾时,不注意对中、小资产阶级的策略,工人改善经济待遇的要求越来越高,得不到满足就罢工、游行,对企业管理干涉过多;在处理社会问题时,工会的权力超过了群众组织应有的权限,出现了"以工代政"的倾向。③

对于以上这种观点,也有人与之商榷,强调这一时期工人运动中的"左"倾远没有那么严重,也不是贯穿始终的,因此不能把武汉国民政府时期工人运动中"左"的错误说过头,只能在基本肯定的前提下,恰如其分地指出其不足。④ 还有学者提出:统一战线的破裂另有他因,"武汉民众运动过程中的左倾行为,并非导致联合战线破裂、大革命失败的重要原因","因此,把武汉工人运动中一度出现的'左'倾错误,作为造成资产阶级经济困窘而背离革命的重要原因之一的论点,似乎是很难成立的"。⑤

至于大革命时期的农民运动,由于毛泽东在《湖南农民运动考察报告》一文中予以大力褒扬的缘故,历来被视为正面典型。但上世纪80年代开始,

---

① 张纯:《对大革命失败原因的再探讨——谈"左"倾错误对大革命失败的影响》,《理论探讨》1999年第2期。

② 刘继增等:《武汉政府时期工人运动中的"左"倾错误》,《江汉论坛》1981年第4期。

③ 黄艺农:《"一战"时期工人运动中"左"的倾向》,《湖南师范大学学报》1987年第5期。

④ 曾宪林:《武汉政府时期工人运动中的"左"倾错误有关问题之商榷》,《党史资料通讯》1982年第2期;程涛平:《怎样看待武汉政府时期工人运动中的"左"倾错误》,《党史研究》1982年第3期。

⑤ 陈芳国:《大革命时期武汉劳资纠纷及工运"左"倾问题再论》,《江汉论坛》1991年第4期。

也有人提出了不同看法。1986 年,李维汉在回忆录中便谈道:"在这场农村革命的大风暴中,不可避免地出现一些'左'的偏差,诸如擅自捕人游乡,随意罚款打人,以至就地处决,驱逐出境,强迫剪发,砸佛像和祖宗牌位……等等。这些做法容易失去社会同情"。"此外,还冲击了少数北伐军官家属,引起同湖南农村有联系的湘籍军官的不满。这些虽是运动的支流,但不利于巩固和扩大农村联合战线,最大限度地孤立打击敌人。"①此后,人们围绕这一问题展开了争论。

一种观点赞同李维汉的意见,认为湖南农民运动中存在不少"左"的偏差和错误,不能因肯定其历史功绩而忽视乃至抹杀其局限性。这些局限性具体表现在:(一)部分地区农民协会领导分子不纯,自由主义现象严重,干扰了农民运动的健康发展。(二)扩大打击面,斗争过火,农民运动在一定程度上偏离正确发展的轨道。(三)严重损害革命政府和革命军人的利益,分化了农村反封建革命统一战线,使这一战线队伍急剧萎缩。(四)绝对平均主义严重,农民运动被降格以求。② 尤其是"阻禁平粜"的开展,"影响了城市商业的发展和市民、军队的粮食供应","致使商人、军官和地方各界对此禁令深恶痛绝",这无疑"有利于敌人,而不利于革命发展"。③

另一种观点则提出,大革命时期的湖南农民运动本质上是反帝反封建的民主革命,虽然出现过一些幼稚过火与无组织无纪律的行为,但它不是本质和主流。④ 特别是对"阻禁平粜"要作科学分析,不能一概否定。"阻禁平粜"是广大贫苦农民在组织起来进行革命斗争过程中产生的一项必然要求,其起因是垄断农村粮食流通的地主豪绅与买办商人推行的"闭粜高价"。"阻禁平粜"是把粮食的控制权从地主豪绅手中转移到贫苦农民手中,不仅从经济上打击了地主,而且在政治上揭露了地主豪绅破坏农民运动的反动面目。但北伐开始后,"阻禁平粜"的消极作用越来越明显。对此,中共湖南

---

① 李维汉:《回忆与研究》上册,中共党史资料出版社 1986 年版,第 97 页。

② 李彦宏:《试析大革命时期湖南农民运动的历史局限性》,《湘潭师院学报》2001 年第 3 期。

③ 任全才:《关于大革命时期工农运动中的"左"倾错误之管见》,《四川师范大学学报》1986 年第 2 期。

④ 范忠程:《大革命时期湖南农民运动再思考》,《湖南师范大学学报》2002 年第 5 期。

区委进行了一系列艰苦的努力,在保证军粮需求的同时,实行了新的粮食分配办法和谷米流通制度。这样,既坚持了"阻禁平粜"的基本精神,又限制和克服了其消极作用。①

在此期间,还有学者深入分析了大革命时期中共党内发生"左"倾错误的主观原因:(一)过分强调实践,轻视理论的重要性,因此在理论上对维护革命统一战线的重要性,以及对统一战线与工农运动之间相互关系缺乏明确的认识。(二)在理论上偏颇,片面强调"矫枉必须过正",因而对工农运动中的"左"倾错误采取容忍、迁就的态度,使"左"倾错误得以蔓延。(三)小资产阶级思想是工农运动中"左"倾错误产生的重要思想根源。(四)工农运动中阶级成分复杂,流氓无产者涌入工农运动,甚至在其中掌权,发号施令,也是重要原因之一。②

此外,还有学者详细梳理了大革命时期"左"倾错误的理论表现和发展过程,认为大革命时期在中共党内不仅有严重的右倾思想,而且也存在着"左"倾思想。其突出表现为对民主革命与社会主义革命的混淆,其核心内容是以反对资产阶级为基本特征的阶级斗争思想。"左"倾思想起始于中共"四大",强化于五卅运动,后经近一年的沉寂,全面回潮于1927年大革命的后期。尤其是在"四一二"政变后,中共的"左"倾思想达到了空前程度。在实践上,它导致了武汉政府时期工人运动严重的"左"倾错误,不断激化着联合战线中本已日趋复杂的矛盾。"左"倾和右倾错误的共同存在,最终导致了大革命的迅速失败。究其产生的思想原因,除了受共产国际决议、指示影响外,主要是中共对中国革命是世界无产阶级革命的一部分、无产阶级是中国革命主力军、阶级斗争等问题的理解有误或不够准确。③

2. 关于陈独秀与大革命失败的责任问题

1927年7月大革命失败前夕,斯大林就开始指责陈独秀和中共中央未

---

① 何世芬、姚金果:《对湖南农民运动的"阻禁平粜"要作科学分析》,《党史研究资料》1991年第6期。

② 任全才:《关于大革命时期工农运动中的"左"倾错误之管见》,《四川师范大学学报》1986年第2期。

③ 蔡文杰:《大革命时期中共党内"左"倾思想论析》,《南开学报》1997年第4期。

能执行莫斯科的"正确指示","因为它不理解这些指示,或者是不想执行这些指示并欺骗共产国际执委会,或者是不善于执行这些指示",而"我们的政策无论过去还是现在都是唯一正确的政策。我从来没有像现在这样深信我们对中国和对中国土地革命的政策的正确性"①。与此同时,共产国际负责人布哈林也在《真理报》发表文章指出:陈独秀是中国共产党内"机会主义倾向最严重的领袖",中国革命遇到严重挫折是因为中国共产党的领导未能遵照共产国际的指示行事,未能经受住"火的洗礼"②。斯大林、布哈林的这些论断为追究大革命失败的责任定了调子,从而将陈独秀及其领导的中共中央推上了被告席。从此,陈独秀和中共中央就背上了"机会主义"的罪名。而随着政治形势的发展,"机会主义"逐渐变成了"陈独秀右倾机会主义",最后又变成了"陈独秀右倾投降主义",皆以陈独秀个人冠名。1937年,毛泽东就说过:"一九二七年陈独秀的投降主义,引导了那时的革命归于失败。"到了1939年,他又说:"过去陈独秀右倾机会主义的特点,就是引导无产阶级适合资产阶级一群一党的私利,这也就是第一次大革命失败的主观原因。"③1945年通过的《关于若干历史问题的决议》也指出:"由于在这次革命的最后一个时期内(约有半年时间),党内以陈独秀为代表的右倾思想,发展为投降主义路线,在党的领导机关中占了统治地位,拒绝执行共产国际和斯大林同志的许多英明指示……这次革命终于失败了。"④此后,这种说法长期沿用下来,包括1981年通过的《关于建国以来党的若干历史问题的决议》在内的很多党史论著都遵循了这一说法。就这样,陈独秀便成为大革命失败的主要责任人。

中共十一届三中全会后,学术界解放思想,实事求是,对陈独秀的责任问题进行了大胆探讨。近年来,越来越多的学者通过对国内外有关档案资料和回忆录的分析,认为将大革命失败的责任推到陈独秀身上,或者是以陈

---

① 中共中央党史研究室第一研究部编:《共产国际、联共(布)与中国革命档案资料丛书》第4卷,北京图书馆出版社1998年版,第407、410页。

② 安徽大学苏联问题研究所、四川省中共党史研究会编译:《苏联〈真理报〉有关中国革命的文献资料选辑》第1辑,四川社会科学院出版社1985年版,第502—503页。

③ 《毛泽东选集》第2卷,人民出版社1991年版,第391、608页。

④ 《毛泽东选集》第3卷,人民出版社1991年版,第953—954页。

独秀为首的中共中央身上都是不公正的。大革命是在共产国际和联共(布)指导下进行的,所有重大决策都是它们决定后在中国实施的,所以大革命失败的主要责任不应当由陈独秀及其领导的中共中央来负,陈独秀只不过是由于共产国际和斯大林的错误指导导致中国大革命失败的替罪羊罢了。①

研究者指出,大革命时期共产国际对中国革命有过许多正确的指导,推动了革命力量的发展,但也存在着严重失误,因而对大革命失败负有不可推卸的责任。具体说来,从1923年至1925年,莫斯科提出的路线基本上是正确的,1925年秋开始发生右倾化的转变。② 事实证明,所谓陈独秀的三次大让步都是在共产国际和联共(布)代表的直接指导下做出的。陈独秀起草的那份备受非议的《汪精卫、陈独秀联合宣言》,也是共产国际和联共(布)错误指导的结果,一些右倾退让的决定更是共产国际和联共(布)驻华代表直接做出的。③ 相反,陈独秀的许多正确主张并未得到共产国际的支持和采纳。因此,"对中国大革命失败应承担主要责任的不是陈独秀,而是共产国际和斯大林为首的联共(布)中央,以前加在陈独秀头上的'右倾机会主义'、'右倾投降主义'帽子应该摘掉"④。著名党史专家胡绳也表示:"在这个问题上,我觉得,把责任都归在陈独秀身上确实有点冤枉……那时候的右倾,实在是从共产国际来的。"⑤

作为官方的中共党史权威读本,中共中央党史研究室2001年出版的《中国共产党简史》一书在这个问题上也有了重大的突破。在谈到大革命失败原因时,明确指出:"中国共产党作为共产国际的一个支部,直接受共产国际的指导。共产国际及其代表虽然对大革命起了积极的作用,但由于他们并不真正了解中国的情况,也作出过许多错误的指示,出了一些错误的主意……这对酿成陈独秀右倾机会主义错误有直接影响。"在讲到向国民党妥

① 李雅莉:《大革命的失败与陈独秀的责任》,《传承》2010年第9期。
② 唐宝林:《重评共产国际指导中国大革命的路线》,《历史研究》2000年第2期。
③ 杨奎松:《陈独秀与共产国际——兼谈陈独秀的"右倾"问题》,《近代史研究》1999年第2期。
④ 苏杭:《谁应对中国大革命的失败负主要责任》,《华中师范大学学报》2005年第1期。
⑤ 《胡绳论"从五四运动到人民共和国成立"》,社会科学文献出版社2001年版,第47—48页。

协退让问题时,该书又说:"在国民党新老右派变本加厉的反共活动面前,共产国际指示中共中央,共产党如果同国民党新右派进行斗争,必将导致国共关系破裂,因而主张妥协退让,共产国际驻中国代表也坚持这种意见。中共中央只能执行共产国际指示,使得妥协退让的意见在党内占了上风。"①这就鲜明地指出对国民党的"妥协退让"方针,是共产国际制定并强加于中共中央的。同时,这部新党史在表述过去所谓"陈独秀右倾机会主义"的三大错误时,都没有点陈独秀的名,而均代之以"中共中央",说明是中央集体的决定,集体负责,不着重于追究陈独秀的个人责任。这些观点相比较于传统说法,无疑是一个重大的突破。

这一时期,还有研究者对陈独秀错误的性质做出了新的分析,认为陈独秀在大革命时期的错误,是中国共产党幼年时期所犯的错误,是在探索中国革命道路过程中犯的错误,这些错误不具备"投降"的性质,大革命时期陈独秀也没有投降的动机和行为,因此称其"右倾投降主义"是不符合事实的,不宜再用。中共中央党史研究室 2001 年出版的《中国共产党简史》和 2002 年出版的《中国共产党历史》第一卷就吸收了这种意见,将"右倾投降主义"改为"右倾机会主义"。②但有学者又进一步指出,无论称其为"右倾投降主义"或"右倾机会主义"都是不恰当的,把陈独秀所犯错误表述为"右倾退让错误"比较适合。③

总之,近些年来的中国大革命史研究取得了丰硕成果,在许多方面都提出了新颖的见解,与以往观点大不相同。其间的是非曲直以及究竟如何评判,显然值得深刻总结。

二、大革命时期的"左"倾错误

长期以来,人们往往将大革命的失败归咎于右倾错误,而对"左"倾错误

---

① 中共中央党史研究室:《中国共产党简史》,中共党史出版社 2001 年版,第 26、19—20 页。

② 姚金果:《陈独秀在大革命时期所犯错误定性的历史回顾》,《百年潮》2003 年第 6 期。

③ 李颖:《陈独秀大革命时期错误定性表述问题辨析》,《安徽师范大学学报》2005 年第 1 期。

关注甚少,颇有些讳莫如深、避而不谈的意味,即便偶尔涉及也大多轻描淡写、顾虑重重。事实上,在大革命时期尤其是后期,中共党内的"左"倾错误已经滋长蔓延到一个相当严重的程度,并成为大革命最终受挫的一个重要原因。而后来的所谓"右倾",其实也恰恰是在纠"左"过程中发生的。弄清这方面的问题,将有助于我们更全面深刻地吸取历史教训。

1. 武汉工人运动中的过"左"倾向

中国共产党是中国工人阶级的先锋队,自然十分重视工人运动。但毋庸讳言,由于经验不足,在中共早期领导的工人运动中曾出现了一些不良现象,比如安源路矿工人大罢工中的"左"倾错误就是明显的例证。作为这场罢工的领导者,刘少奇后来回忆:"工人罢工后,生活大加改善,地位大加提高,工会有最高的权力,有法庭,有武装,能指挥当地警察及监狱等。即使这样,工人还不满足,还要更前进。"他们"要求再增加工资,但实际情形是不能加了",并且"自动将每日工作时间由十二小时减至四小时,很多工人自由旷工,这就使生产减低一半"。此外,还存在着不服从管理、盲目扩大工会权力等问题,甚至当他与李立三出面劝阻时,还险些被工人打,说他们被资本家收买。因此,刘少奇深深感叹:"当时不是我右倾,不是我不愿意前进,而是工人'左'倾,工人不了解当时的形势不能前进","整个形势要求工会的方针退却与防御,然而工人要求进攻,这种情形将我苦闷欲死。"后来,经过广泛的教育和提高纪律,总算"逐渐使工人一步一步的明白,忍痛开除几个冒进的领袖,使情形有部分的改善",结果将这个工会维持了三年。[①] 由此可见,工人运动中的过"左"倾向由来已久。遗憾的是,后来武汉工潮又重演了这种错误。

1927 年年初,随着北伐战争的节节胜利,革命的重心从珠江流域转移到长江流域,国民政府也从广州迁到了武汉,武汉的工人运动迅速高涨。1927年 2 月,工会组织已从北伐前的 114 个发展到 242 个,会员从 9 万多人发展到 31 万人。工会的大批建立,又极大地促进了工人们的斗争。从 1926 年冬到 1927 年初春,武汉的邮务、印刷、纱厂、烟厂、银行,直至店员、手工业工人,

---

① 中共中央文献研究室、中华全国总工会编:《刘少奇论工人运动》,中央文献出版社 1988 年版,第 215—216 页。

无不卷入罢工浪潮①，从而进入了一个"无工不组会，无会不罢工"的时代。②

武汉工人群众的斗争主要是经济斗争，目的是为了改善自己的生活如增加工资、减少工时等。工人们在斗争初期要求也比较节制，大多能顾及当时的实际状况。迫于当时的革命形势，资方一般也能满足工人的合理要求，因而劳资关系处理得较为妥善。当时的一名英国记者曾报道："汉口八年以来工资未加，到吴佩孚推翻之后，工人工值由每月六先令加至十四先令"，"（纺）织工厂的工资……国民政府未来以前，平均每日工资三角五分，现在增加至四角八分。先前女工及童工最低的工资每日一角二分，现在最低的二角，最高的本来七角五分，现在九角。"③应该说，这种情况还是比较正常的。不过随着运动的深入发展，武汉工潮很快出现了一些过"左"的倾向，主要表现在以下几个方面：

第一，提出过高的经济要求，激化了劳资矛盾，尤其是严重侵犯了小资产阶级的利益。例如，"手工业工人和店员向雇主算账，不仅要求增加以后的薪水，而且要求补加以前的薪水，甚至有算至几十年前的，所加的又比原薪多好多倍"④。武汉码头工人及苦力甚至"无限制苛索五倍以上或七倍以上的运费或车费"⑤，以致"一件货物从船中搬到岸上，有时简直等于从纽约运货到中国来的运费，甚至于或且过之"⑥。许多行业和地区还规定，实行每年红利分配，强制雇用失业工人，病假工资照发并加药费，若干月份发双薪等。有些工会提出的休假日更是多得惊人，青年工人还要求每年有两周的连续休假，女工提出每月要有三天的例假休息。还有部分店员要求缩短学徒期限，清算一两年前的年利分红，算总账，有的银行职员则要求发给制服

① 虞晓波：《试析武汉国民政府时期"左"倾工潮的形成及其影响》，《江海学刊》2000年第2期。

② 《汉口工会运动之写真》，天津《大公报》，1926年12月1日。

③ ［英］蓝孙姆著、石农译：《国民革命外纪》，转引自刘继增等：《武汉政府时期工人运动中的"左"倾错误》，《江汉论坛》1981年第4期。

④ 《郑超麟回忆录》，东方出版社2004年版，第281页。

⑤ 中共中央党史研究室第一研究部编：《共产国际、联共（布）与中国革命档案资料丛书》第5卷，北京图书馆出版社1998年版，第517页。

⑥ 中国第二历史档案馆编：《中国国民党第一、二次全国代表大会会议史料》下册，江苏古籍出版社1986年版，第1249页。

和结婚补助费等①。诸如此类,"笑话闹得非常之多,大有不把东家吃倒不许散伙之象"②。而一旦要求无法满足,动辄停产、罢工、游行。据不完全统计,1926年10月到1927年4月,武汉地区总共发生了300多次罢工,平均每天约1.5次。③ 此外,"千百成群,整队游行者,亦日必数起"④。显而易见,这些过高的经济要求都脱离了当时的实际情况,是企业无法承担的。于是,劳资矛盾空前激化。在这种"工资加到工业不够成本,工厂慢慢都关门"的情况下,一些"狡狯的资本家,把余资卷逃到上海各地,让工人占据了工厂自生自灭"⑤,最后"受苦的还是工人自己"⑥。

特别值得注意的是,当时的劳资纠纷发生在大企业和外商中的只占一小部分,大部分是工人、店员与小业主、小店东之间的矛盾,涉及小资产阶级的切身利益。本来,小资产阶级应该是国民革命的联合对象,但却受到很大冲击,最终难以维持,"尤其是一般中小商人因手工业工人店员之罢工,更是无法应付"⑦。这样,一般商人宁愿趁早收盘,而不肯谋求生意之发展。上述情况,加上帝国主义和蒋介石对武汉政府的经济封锁,导致货物奇缺,物价飞涨,失业工人激增,武汉政府的经济危机日益严重。

第二,无限制的游行、集会和罢工,导致生产不断下降。当时革命已在局部地区取得胜利,工人阶级已享有政治自由。为了巩固革命政权和支持正在进行的北伐战争,工人的当务之急应是努力生产、发展经济,这是一个影响全局的问题。然而事实并非如此,反倒是频繁地举行各种大规模的游行集会,人数动辄以万、十万计,"哪一家商店不派出店员的,便算是反革命。不但店员要出动,洋车夫也要停止拉车去游行"。如果有人继续上工,"纠察

① 中国第二历史档案馆编:《中国国民党第一、二次全国代表大会会议史料》下册,江苏古籍出版社1986年版,第988页。
② 冷观:《南行视察记》,天津《大公报》,1927年3月6日。
③ 王永玺主编:《中国工会史》,中共党史出版社1992年版,第167页。
④ 《汉口工会运动之写真》,天津《大公报》,1926年12月1日。
⑤ 陈公博:《苦笑录》,现代史料编刊社1981年版,第85—86页。
⑥ [苏]A. B. 巴库林著,郑厚安等译:《中国大革命武汉时期见闻录》,中国社会科学出版社1985年版,第153—154页。
⑦ 中央档案馆编:《中共中央文件选集》第2册,中共中央党校出版社1989年版,第562页。

队员会领着罢工工人把继续干活的同伴'架走',有时甚至会动起武来"①。这种做法自然造成劳动时间大为减少。据当时媒体报道:"自党军占领武汉以来……往往至夜间十二时左右,忽闻铿铿之声,旋即有大声疾呼之声,报告翌晨何时游行及集合地点,并嘱勿忘旗帜,呼声之后,又复继之以锣声,总之,在一月之间,游行示威几费半月之时日,故每月工人之工作,不过十四五日而已……即以三月而论,如欢迎谭延闿到汉,响应上海罢工,孙中山(逝世)二周(年)纪念,国际妇女(节)纪念,三一八纪念等,游行示威之举特别繁多,只需晚间闻有铿铿铜锣,无论如何,皆非按时前往参加不可。"②

以武汉较大的纺织业为例,当时纺织厂除因厂主潜逃或发生工潮而关闭的泰安、大丰、宝丰等家外,继续维持的有申新、裕华、一纱等家。这些厂的工人群众,从1927年1月到5月,因集会或游行而停产达十四次之多,每一日昼夜损失两工。由于规定病假工资照发,所以病假人数激增,每厂都在一百人以上。工人怠工现象也不断增长。加上休息日增多和其他原因,使得生产额急剧下降。1927年3月申新厂的生产额较1926年9月减低约30%,裕华厂在同月的生产额较1926年10月减低约30%,一纱厂同月的生产额较1926年9月减低约55%,情况相当严重。③

当时工会还自动减缩工作时间,有的名义上是工作8小时或10小时以上,实际上"缩短工时到每日四小时以下",而且很多工人还自由旷工也无人过问。加上童子团的经常操演,纠察队的集中训练,此起彼伏的罢工风潮和各种会议的举行,耽误了大量工时。这不仅加剧了各方面的紧张关系,甚至后来连工人本身也感疲倦和厌烦。时人即曾观察到:"武汉大街上商店全关门,很像新年大家在休息。工人们慢慢对于这些革命行动也有些疲倦了,甚至由疲倦而讨厌了,工资两方都呻吟于游行集会的革命行动,只是不敢磕一磕牙齿。"④

---

① [苏]A. B. 巴库林著,郑厚安等译:《中国大革命武汉时期见闻录》,中国社会科学出版社1985年版,第5页。

② 天津《益世报》,1927年4月5日。

③ 刘继增等:《武汉政府时期工人运动中的"左"倾错误》,《江汉论坛》1981年第4期。

④ 陈公博:《苦笑录》,现代史料编刊社1981年版,第86页。

第三,当时的工会在政治上执行了政府机关的职能,出现了"以工代政"的倾向,"简直是当时的第二政府"①。这就使工人运动中的"左"倾错误更加严重起来,导致各方面关系紧张。如随便捉人,戴高帽游街,擅自关闭工厂商店,强取什物,强制雇工。对待劳资纠纷,往往以武力解决,"常对雇主提过度之要求,甚或以武装纠察封闭厂店,强迫雇主行不可能之条件"②,"有时也发生一些侮辱资方的事件",而"在资方看来,工人纠察队的这些活动,是不可饶恕的"③,"因此他们自然很容易站到大商买办那边也反对工人"④。

工会的过"左"行为,还导致工人与农民之间关系紧张。1927年,中共中央在《职工运动议决案》报告中就指出:"资本家借口工人工资的增加,任意提高物价,使一般农民对工人不满,因此在许多地方都发生工农冲突的事。"⑤今天看来,造成工农冲突的原因,资本家的挑拨固然是一个诱因,但不容否认,这与工人本身的过"左"行为也有密切关系。武汉政府时期,时常发生工人纠察队随意包围农协、逮捕农协会员之事,因而也有许多工会被农协带领农民捣毁。这就说明工人的"左"倾行动引起了农民的强烈不满,使工农关系处于紧张状态。

在此期间,工人还与军队产生了矛盾。工会拥有武装的工人纠察队,经常用武力解决事件,乃至与军队发生流血冲突。1927年3月便发生了汉阳兵工厂与国民革命军第十五军的流血冲突事件,工人被击毙数人,导致工厂停工、工人与军队对峙的严重局面,后来事情虽然得到解决,但影响极坏。当时的士兵大多是从两湖招募的农家子弟,他们常常议论:"我们也应当联合起来反对军官和工人,因为是他们使我们的生活状况恶化的。工人要求

① 《第一次国内革命战争时期的农民运动资料》,人民出版社1983年版,第445页。
② [苏]A.B.巴库林著,郑厚安等译:《中国大革命武汉时期见闻录》,中国社会科学出版社1985年版,第305页。
③ 张国焘:《我的回忆》第2册,东方出版社2004年版,第160页。
④ 中央档案馆编:《中共中央文件选集》第2册,中共中央党校出版社1989年版,第562页。
⑤ 中央档案馆编:《中共中央文件选集》第3册,中共中央党校出版社1989年版,第83页。

过火,这才使生活费用上涨……"①正是缘于这种心理,当何键1927年6月宣布反共时,驻武汉的第三十军、第十三军、第八军即积极配合他占领了当时设于武汉的全国总工会。

总之,大革命后期的武汉工人运动中存在着严重的"左"倾错误。这不仅妨碍了革命统一战线中复杂政治问题的解决,而且还招致社会各界对工运的不满。当时在武汉领导工运的刘少奇后来就痛心地反思说:工人"提出使企业倒闭的要求,工资加到骇人的程度,自动缩短工作时间至每日四小时以下(名义上或还有十小时以上),随便逮捕人,组织法庭监狱,检查轮船火车,随便断绝交通,没收分配工厂店铺,这些事在当时是极平常而普遍的","这些事干起来,而且是越干越厉害,在社会上、经济上、人心上要发生严重的影响,是无疑的。企业的倒闭,资本家的关门与逃跑,物价的高涨,货物的缺乏,市民的怨恨,兵士与农民的反感(当时有许多小城市的工会被农民捣毁,而且是农民协会领导的),军官与国民党人的非难,就随着这种'左'的严重程度而日加严重起来。而工人运动在当时是共产党负责的,这一切非难,就都加在共产党身上。人们并不责备工人,而责备这是出于共产党的指使,这就影响共产党与各方面的关系。"②言之谆谆,这种现象显然是值得深刻反思的。

2. 湖南农民运动中的过火行为

湖南农民运动是在北伐胜利的有力推动下蓬勃发展起来的,1926年10月起进入高潮阶段。到1927年1月,全省农会会员已猛增至二百万人,直接掌握的群众达一千万,"在湖南农民全数中,差不多组织了一半",于是"造成一个空前的农村大革命"。这场声势浩大的农民运动猛烈冲击和荡涤了农村的旧有秩序,"这个攻击的形势,简直是急风暴雨,顺之者存,违之者灭。其结果,把几千年封建地主的特权,打得个落花流水"。③ 但不可否认,农民

---

① [苏]A. B. 巴库林著,郑厚安等译:《中国大革命武汉时期见闻录》,中国社会科学出版社1985年版,第154页。

② 中共中央文献研究室、中华全国总工会编:《刘少奇论工人运动》,中央文献出版社1988年版,第213页。

③ 《毛泽东选集》第1卷,人民出版社1991年版,第13—14页。

运动也出现了一些过火的行为,主要表现在以下几个方面:

第一,在政治斗争中打击面过广,造成了一些恐怖现象。由于农民长期受到地主豪绅的欺凌压迫,因此一旦运动开展起来,这种蓄积已久的仇恨使农民们迅速将斗争矛头指向土豪劣绅,"打倒土豪劣绅的口号,在乡村中非常普遍,群众自动枪杀劣绅土豪的事数见不鲜"。但何谓"土豪劣绅",却一度没有明确的政策界限,"以为有钱便是土豪,穿长衣的便是劣绅",甚至"动辄加人以反革命"的罪名,"弄成'有土皆豪,无绅不劣'的笑话"①。据李维汉回忆,"有土皆豪,无绅不劣"这句口号在当时湖南"流传甚广,到处写成标语,影响极大"②,成为了农民惩办地主的指导思想。实际上,这是一个不恰当的口号,它不是以经济标准即剥削量为客观依据来划分农村的阶级界限,而是四面出击,把小地主、富农、一般自耕农和小土地出租者甚至开明士绅、知识分子同土豪劣绅混为一谈。这就不可避免地带有很大的主观随意性,其结果是打击了本来可以中立的富农和小地主,甚至把商人也当作土豪,勒写捐款,"往往使小商人恐惧怨恨"③。有些地方还"借着打一二土豪劣绅……强奸真实农民的意见,横行乡曲,任意指认为土豪劣绅,而乘机渔利,或借报私嫌",结果"引起一般乡民的误会。许多正派绅士,从前对于农民的善意,也都不能保持"④。

这一时期政治斗争的方法也存在过激行为,普遍陷入了一种无序状态,出现许多乱捕、乱押、乱抄、乱杀的现象。除逮捕、监禁、审判、戴高帽子游乡之类手段大量使用外,枪毙的事也常有,"其他如砸毁轿子,剪掉长衫等带侮辱性的行为,更是不胜枚举。审判土豪劣绅的方式,多系举行群众大会进行。在大会中,只要有一个人认定被审判者是土豪劣绅,往往无人敢加以反对。惩罚的方法,愈激烈就愈容易通过"⑤。一时间,"打倒土豪劣绅已成普

---

① 中国革命博物馆、湖南省博物馆编:《湖南农民运动资料选编》,人民出版社1988年版,第10、470、95、470页。

② 李维汉:《回忆与研究》上册,中共党史资料出版社1986年版,第102页。

③ 中央档案馆编:《中共中央文件选集》第3册,中共中央党校出版社1989年版,第174页。

④ 中国革命博物馆、湖南省博物馆编:《湖南农民运动资料选编》,人民出版社1988年版,第461页。

⑤ 张国焘:《我的回忆》第2册,东方出版社2004年版,第216页。

遍口号,捉了送省政府的,送县政府的,捉了戴高帽游乡的层出不穷"①,甚至"有直接击毙或处罚土豪劣绅的,有逼迫县长执行枪决的,有向县署提出要求,县署办不到,动辄聚众包围县署的"②。面对这种情况,湖南省政府代理主席张翼鹏在给武汉国民党中央的报告中便抱怨:"土豪劣绅固应打倒,然必有法律的标准及裁判的手续。不料,农工私擅逮捕,穷乡僻壤遍设囹圄,法律由心刑戮在口。"③显然,这种随意捕杀的做法极容易授人以柄,给敌人以攻击的口实。

第二,在经济斗争中盲目平分土地和财产,引起各方反感。1926年12月,毛泽东在湖南全省第一次工农代表大会上曾说:"我们现在还不是打倒地主的时候,我们要让他一步,在国民革命中是打倒帝国主义、军阀、土豪劣绅,减少租额,减少利息,增加雇农工资的时候。"④这本来是一个正确的思路,但后来却受到农民运动的冲击,提出了"农运目的,不在减租减息,而在解决土地问题"的口号,"有些地方的农民,已自动的起来解决土地问题",甚至强调:"我们现在可以断定,赞成解决土地问题的,是革命派;反对解决土地问题,保存地主制度的,是反革命派。"⑤有的地方进而还要求一般农民都得将土地悉数交出,进行平均分配,"其或不从,非目为土豪,即加以反动,人人自危,莫敢偶语"⑥。

除了要求平分土地之外,当时还有许多地方出现了平分财产的举动或者"吃排家饭"(即"吃大户")的现象,"闹得激烈一点的地方就相率于青黄

① 《湖南农民要求乡村政权之迫切》,汉口《民国日报》,1927年1月25日。

② 初民:《什么是农民运动目前实际需要的政纲》,汉口《民国日报》,1927年3月7日。

③ 中国第二历史档案馆编:《中国国民党第一、二次全国代表大会会议史料》下册,江苏古籍出版社1986年版,第1263页。

④ 湖南省博物馆编:《湖南全省第一次工农代表大会日刊》,湖南人民出版社1979年版,第340页。

⑤ 中国革命博物馆、湖南省博物馆编:《湖南农民运动资料选编》,人民出版社1988年版,第256、685、538页。

⑥ 中国第二历史档案馆编:《中国国民党第一、二次全国代表大会会议史料》下册,江苏古籍出版社1986年版,第1263页。

不接的时候吃排家饭,就是聚了许多人到富户家中去坐吃"①。在湘乡,一些农民"向富人敲诈钱财,到富人家里大吃大喝,大群农会会员索性安营扎寨,直到把稻米吃光了才走"②。在湘潭,"区农民协会委员长为土豪所殴,农民数千人起而复仇,杀猪300个,大吃一场而去"③。

　　第三,在移风易俗过程中急于求成,方式过于简单。为了破除迷信观念,提高妇女地位,对旧的风俗习惯进行改良,这本来是一件好事,但当时的农会却采取了脱离群众的强迫办法。如对放足剪辫,农民协会会员并不考虑具体情况,不事先去进行广泛的宣传教育和动员组织工作,耐心细致地说明缠足蓄辫的不便与放足剪辫的好处,以争取民众的支持和参与,而是一味蛮干,无视农民的觉悟程度和心理承受能力,"不管妇女愿不愿意,见长发就剪"④。农会会员往往"带一群人拿着剪子,挨门挨户给妇女剪发,有的妇女还没有觉悟,剪了后就哭"⑤。有些地方还不加区别地捣毁一切庙宇、菩萨、祖宗牌位、祠堂、牌坊,推翻族长制度,鼓动妇女反对夫权,强逼寡妇改嫁,禁止抬轿子,甚至为了提倡节俭禁止煮酒熬糖、禁止喂养鸡鸭、禁唱花鼓戏。还有的规定凡农协妇女一律放足,严禁穿耳,违者罚款。目睹此种状况,就连一向支持农民运动的国民党左派邓演达也颇为不满,认为农会"强迫五六十岁的娘们放脚,捣毁祖宗牌位"是犯了"幼稚病"⑥。

　　第四,实行阻禁平粜,阻止一切谷米出境。湖南经常遇到自然灾害,每到青黄不接时,粮价往往暴涨,于是在农民已起来的一些地方形成了一种阻禁平粜运动,谷米一概不准出境。客观说来,这种做法的目的是为了抑制谷

---

　　①　《第一次国内革命战争时期的农民运动资料》,人民出版社1983年版,第379页。

　　②　[美]安娜·路易斯·斯特朗著,王鹿鹿等译:《千千万万中国人——一九二七年中国中部的革命》,中国社会科学出版社1985年版,第175页。

　　③　中国革命博物馆、湖南省博物馆编:《湖南农民运动资料选编》,人民出版社1988年版,第459页。

　　④　[美]安娜·路易斯·斯特朗著,王鹿鹿等译:《千千万万中国人——一九二七年中国中部的革命》,中国社会科学出版社1985年版,第135页。

　　⑤　杜修经:《大革命时期的点滴回忆》,《党史研究资料》第5辑,四川人民出版社1985年版,第227页。

　　⑥　中国革命博物馆、湖南省博物馆编:《马日事变资料》,人民出版社1983年版,第276页。

米价格上涨,打击地主豪绅、投机奸商操纵市场的牟利活动,以保护缺粮少食的贫苦农民的经济利益。而在实践中,阻禁平粜也确实达到了其目的。毛泽东当时便说:"不准谷米出境,不准高抬谷价,不准囤积居奇。这是近月湖南农民经济斗争上一件大事。从去年十月至现在,贫农把地主富农的谷米阻止出境,并禁止高抬谷价和囤积居奇。结果,贫农的目的完全达到,谷米阻得水泄不通,谷价大减,囤积居奇的绝迹。"①

但在具体操作过程中,阻禁平粜运动也带来了一些负面影响。尤其是各地区往往出于地方保护,自行制定阻禁措施,完全禁止粮食出境。这就人为阻滞了乡村之间、城乡之间的粮食与商品流通,既损害了广大自耕农、富农、中小地主、商人和城市居民的利益,也给一般农民带来生产、生活上的诸多不便,使他们抱怨不已。中共湖南区委后来就发现:"从前自耕农、佃农等,都是用谷米兑换油、盐、棉花等杂货,以调济其生活。现在因谷米不能出境,谷价低落,各地商店都拒绝不要谷米,都要现钱才有货卖,农民无现钱就不能购买货物,就感觉十分困难。雇农及手工业者,因本身要籴谷吃饭,希望便宜谷价;但因乡村金融塞闭,也同样的感受痛苦。"②当时还有人指出,这种笼统的阻禁"使农村经济不能活动,兼使丰收与荒歉的地方不能调剂。而且要卖出谷子的人,不仅是地主,连自耕农、佃农都有一部分在内,只要稍有余谷,就要换几个钱来用。农产物过于低价,与高价的工业品交换,农民损失,反是很大。所以笼统的阻禁,决不是农民的真正要求"③。"大自耕农、佃农亦不愿此办法",而"政府催还田赋,地主即推谷卖不出,政府对此举亦甚不满意"④。可以说,在当时"平粜阻禁是最惹人注视,说农协坏的一件事","因平价阻禁而引起政府及社会对农运之反感最甚"⑤。

第五,问题更严重的是,这一时期有些地方还发生了阻止军粮采运和剥夺军属财产的恶性行为,严重影响了军民关系。本来,湖南农民与北伐军的

---

① 《毛泽东选集》第1卷,人民出版社1991年版,第26—27页。

② 中国革命博物馆、湖南省博物馆编:《湖南农民运动资料选编》,人民出版社1988年版,第608页。

③ 金华:《财政问题与工农运动》,《战士周刊》第30期,1927年1月7日。

④ 湘农:《湖南的农民》,《向导周报》第181期,1927年1月6日。

⑤ 中国革命博物馆、湖南省博物馆编:《湖南农民运动资料选编》,人民出版社1988年版,第310、457页。

关系是相当不错的,湖南省建设厅曾发布文告称:"当北伐军兴,吾湘农民屡次参加战役,奋斗精神,愈接愈厉……吾农民或为侦探,或为向导,或为疑兵,或为输运,或直前搏战,几于无役不从,无从不捷。予北伐军以精神上之声援,尤为显著。故此次北伐军之胜利,得力于农民之助力,实难枚举。"①毛泽东也说:"此时期内,农会会员的人数总计不过三四十万,能直接领导的群众也不过百余万,在农村中还没有什么斗争,因此各界对它也没有什么批评。因为农会会员能作向导,作侦探,作挑夫,北伐军的军官们还有说几句好话的。"②如唐生智便表示:"我们这次革命的成功,完全是工农群众的力量,并不是兵士的力量。我们在北伐的时候,在衡阳,在醴陵,在粤汉路,都得着农工群众的帮助,才得很顺利的杀却敌人。"③但随着农民运动中过火倾向的发展,这种一度良好的军民关系很快就恶化了。

由于湖南农村普遍推行阻禁平粜,加上当时确实有些部队通过贩运军粮牟利发财,因此军需官员到各地筹集军粮时经常与农民发生冲突,"数月以来,纠纷迭见"。如"益阳、沅江阻止各军采运军米","湘阴则掠取总指挥部运送之军米,并殴伤弹压人员;湘潭则掠取总政治部学兵团办就之军米,并抢杀采运人员"④。又如"中央政治部学生队派员往湘购米,乃没收其枪弹而囚逮其员兵。总指挥购办军米而擅自夺而分之,不特禁米流通,且欲绝前方食品。武装同志头脑简单,深为此惧,而感想受特别刺激矣"⑤。为了解决这一问题,湖南省农民协会多次通令各级农民协会要以大局为重,适当开放米禁,积极筹集粮食以缓解武汉粮荒,支持北伐军作战,但收效不大,各级农会依然我行我素,省农协的指示和命令基本流于空文。直到1927年5月中旬,省农协才接到各属报告,说是勉强征集了17万担粮食,但转运之事则因旋即发生马日事变,最后又不了了之。

在农民运动中,剥夺军属财产的事件在各地也时有发生。据张国焘回

①　中国革命博物馆、湖南省博物馆编:《湖南农民运动资料选编》,人民出版社1988年版,第206页。

②　《毛泽东选集》第1卷,人民出版社1991年版,第13页。

③　《唐总指挥在长沙对农工之重要讲话》,汉口《民国日报》,1927年2月19日。

④　《湖南省政府公报》第44期,1927年6月19日。

⑤　中国第二历史档案馆编:《中国国民党第一、二次全国代表大会会议史料》下册,江苏古籍出版社1986年版,第1264页。

忆,"北伐军官们多系湖南籍,也有出自乡村的殷实之家;有的因身为军官,有钱有势,便在乡村买田置地,成为暴发的地主……'所谓国民革命军,士兵多数是农民,军官多数是地主'这句当时在武汉很流行的话,确是切合当时的实情"①。在这种情况下,农民的一些过火举动无疑对他们造成了极大的冲击。武汉国民政府即曾发现:"迩来迭据报告,各处农民协会往往有幼稚过当之举动,或对于军人家属加以扰害,或对于军人财产加以剥夺。"②唐生智也说:"前敌军人在湘境各县眷属财产,常被暴徒侵害抢掠,甚至兵士付洋数元回家养赡,亦被农会夺去,妻室被人奸诱离婚,种种令人痛心之事,不绝于耳,军心极为不安,异常焦灼。"而有的地方甚至将"将士亲属,动辄诬为豪绅杀之;将士财产,动辄指为地主收之"③。毛泽东也承认"农民协会确有扰害军人家属的举动。"④

　　农民协会的这些过火行为,加上土豪劣绅乘机造谣挑拨,必然激起官兵们的不满,"将领们被农民运动搞得心神不定,他们作为土地占有者,本能地觉察到农民运动的矛头所向。第八军、第二军和第七军的将领们率先反对农民夺地"⑤。"有些人毫不掩饰地流露出对农民运动的仇恨,说:'这太无法无天了!'有的拍桌大骂共产党'革命革到老子头上来了!'……有人公开恐吓说:'继续这样搞下去,上面也不理,我们底下就只有造反了!'"⑥于是,夏斗寅、许克祥先后叛变了,马日事变发生了。事变发生不久,陈独秀很快就意识到:"国民革命军百分之九十是湖南人,整个军队对农民运动的过火行为都抱有敌意。夏斗寅叛变和长沙事变是这种普遍敌意的表现。"而"军

---

　　①　张国焘:《我的回忆》第 2 册,东方出版社 2004 年版,第 221 页。

　　②　中国革命博物馆、湖南省博物馆编:《湖南农民运动资料选编》,人民出版社 1988 年版,第 49 页。

　　③　中国革命博物馆、湖南省博物馆编:《马日事变资料》,人民出版社 1983 年版,第 48、69 页。

　　④　中国第二历史档案馆编:《中国国民党第一、二次全国代表大会会议史料》下册,江苏古籍出版社 1986 年版,第 1232 页。

　　⑤　[苏]A. B. 巴库林著,郑厚安等译:《中国大革命武汉时期见闻录》,中国社会科学出版社 1985 年版,第 19—20 页。

　　⑥　中国革命博物馆、湖南省博物馆编:《马日事变资料》,人民出版社 1983 年版,第 82 页。

官们家里的土地和财产被没收,亲属被拘禁,一些平民被扣留和罚款;禁止运粮,强迫商人摊款;农民私分粮食,吃大户;士兵寄回家的小额汇款被农民没收和瓜分。这些过火行为迫使出身于中小地主阶级的军人与土豪劣绅结成反共反农民的联合战线。那些家中遭到冲击的军人,更是愤怒。"①稍后,他又分析说:"湖南初期的农民运动,缺少党的指导,遂不免有些原始的幼稚举动,如捕人、罚款、阻禁,企图均分土地,同时举行宗教革命(毁庙、毁祖宗牌位)、道德革命(妇女解放)等,以引起一般社会之惊恐,土豪劣绅复捏造许多事实在军队中宣传,反对土地改革及根本反对民众运动之右倾分子更从而张皇其词,使湖南出身的军官咸抱不安。对湖南农民运动多少都表示不满,这些都是不可否认的事实。"在此期间,恽代英也承认:"长沙事变之产生,若说一部分原因是由于农民运动之幼稚病所惹起,这确实是有相当之理由的。"②

总之,大革命后期的湖南农民运动中出现了许多过火的行为,严重影响了联合战线的内部关系。对此,中共中央在1927年6月初的一份通告中曾明确指出:"最近几个月来,革命的农民运动之发展过程里,发现许多无组织的行动。这些行动如自由逮捕,罚戴高帽子,游街示众,均分财物,普遍的罚款禁止米出境……此等无组织的行动,自然要引起军官及小地主的反动。使他们联合着农村中较为富裕的分子,实行反对革命的行动。甚至于农民协会内也发生纷扰,一部分私有田地的农民自己与农民协会相冲突。有些地方还实行禁烟禁酒等的'道德运动',于是亦用强迫手段,如铲除烟叶等的办法。至于一般'平产'式的没收财物,罚款式的写捐,更使农民自己相斗,使小商人亦起反感。"③共产国际代表罗易在给联共中央的电报中也说:"农民运动引起的过火行为[破坏了]同地主、绅士和军官的统一战线,过火行为妨碍了土地问题的解决……长沙的政变不只是反对土地革命,而且也是由

---

① 〔美〕罗伯特·诺思等编,王淇等译:《罗易赴华使命》,中国人民大学出版社1981年版,第324页。

② 中国革命博物馆、湖南省博物馆编:《马日事变资料》,人民出版社1983年版,第500、418页。

③ 中央档案馆编:《中共中央文件选集》第3册,中共中央党校出版社1989年版,第158—159页。

过火行为引起的……没有过火行为,反动派的统一战线不会这么容易形成。"①显然,由此引发的问题是十分严重的。

三、工农运动"左"倾的原因

大革命后期的工农运动之所以会出现一系列的过"左"倾向,原因是错综复杂的。概括起来看,大致有这么几点:

第一,工农群众的自发要求与武汉国民政府所能做到的之间存在着巨大反差,导致期望值落空,于是群众运动愈演愈烈。

平心而论,改组后的国民党在一段时间内对工农运动是颇为支持的。1924 年国民党一大宣言即明确提出:"国民革命之运动,必恃全国农夫、工人之参加,然后可以决胜。"因此,国民党应努力"制定劳工法,改良劳动者之生活状况,保障劳工团体,并扶助其发展"。直至 1927 年 3 月,国民党二届三中全会仍重申了扶助农工的政策,宣称:"国民党要用种种方法继续援助工人、农民和城市中一般民众的革命运动及改良他们本身生活的争斗。这种争斗,不但不违反国民革命的利益,并且正足以增加国民革命的力量,使他可以打倒帝国主义、军阀及一切国内反革命势力。"②当时甚至还出现了这样一种奇怪现象,为了获得工农群众对北伐战争的支持,"蒋介石和唐生智这两个对头竞相标榜,看谁最左。他们不仅不限制解放区的革命运动,而且亲自签署实行各种革命措施的法令。共产党人可以在湖南人民群众中放手开展工作。"③唐先智即曾说:"农民在乡下捉土豪劣绅,十个有九个是对的。"④

即使是在工农运动已经出现一些过火倾向时,国民党依然表示能够谅解。汪精卫便曾说:"有许多人怕工农运动,说工农运动幼稚,但是什么事都免不了有毛病,幼稚的农工运动一定可以慢慢由幼稚而趋于正规,而至于成

---

① 中共中央党史研究室第一研究部编:《共产国际、联共(布)与中国革命档案资料丛书》第 4 卷,北京图书馆出版社 1998 年版,第 308—309 页。

② 荣孟源、孙彩霞编:《中国国民党历次代表大会及中央全会资料》上册,光明日报出版社 1985 版,第 18、22、306 页。

③ [苏]维什尼亚科娃—阿基莫娃著,王驰译:《中国大革命见闻——苏联驻华顾问团译员的回忆》,中国社会科学出版社 1985 年版,第 194—195 页。

④ 毛泽东:《湖南农民运动考察报告》,《向导周报》第 191 期,1927 年 3 月 12 日。

功和发展。"①孙科说得更激烈:"现在一般的民众,以至党内的同志,却都有不少是怀疑农民运动的人。他们摭拾一两件农民运动初期的病态的幼稚举动,便想把本党的农民运动根本抹杀。"其实,"革命之所以发生,并不是因为任何个人的意思,乃是因为当时的民生实在受着重大的压迫。中国现在的农民,一方面既受土豪劣绅残酷的剥削,一方面又受军阀和帝国主义双重的压迫。他们终岁勤苦,不特不能得着丰衣足食,简直是要过一种非人的劣陋的生活。他们一遇饥荒还常常要卖儿鬻女,所谓新文化、新教育,他们都完全没有享受的机会。爽快说句,中国的农民实在都有革命的要求,这是我们万万不能抹杀的事实。那末我们在今日唤起农民去参加革命,还有什么可疑惑之点呢?"②

在此期间,国民党中央农民部也强调:"土豪劣绅、贪官污吏和种种反革命势力不能够用和平的方法打倒,我们要用我们的锄头镰刀爽爽快快的把他们压服下来。"③他们甚至宣称:"多打一个土豪劣绅,就是多做了一件革命工作。"④湖南省党部还向省政府解释:"一、各县纠纷(即是民众同土豪劣绅冲突)不是坏现象,应认为是革命过程必有的现象,政府当站在民众方面,使民众得到胜利。二、对反革命处置,不可姑息或妥协,革命和反革命不能并存,我不攻彼,彼必反噬。三、处置反革命不适用普通法律(因政府有将土豪劣绅送法院惩办之事),宜用革命手段。"⑤

不过,武汉国民政府毕竟处于执政地位,必须应付各种名目繁多的财政支出和战争费用,如此才能维持正常运转。1927年4月,武汉政府的财政预算月需1200万元,而各省自顾不暇,故政府只能就湖北一地取得收入,但湖北月收入还不到300万。因此,政府不得不一面靠大量发行国库券,一面开始通过盐斤加价、煤油特捐和集中现金等办法,向百姓进行征发。但效果并不理想,5月份的财政收入不到180万,6月份更下滑到只有150万,而每月

---

① 《省市两党部昨晚欢宴汪精卫同志志盛》,汉口《民国日报》,1927年4月14日。

② 孙科:《国民革命中之农民运动》,《湖南民报》,1927年3月15日。

③ 中国国民党中央执行委员会农民部:《总理逝世两周年纪念对农民宣传大纲》,汉口《民国日报》,1927年3月7日。

④ 《湖北农运之困难及最近策略》,汉口《民国日报》,1927年6月10日。

⑤ 《土豪劣绅之末日》,汉口《民国日报》,1927年1月13日。

支出总要 1 千多万,"所发行的有奖债券,一百万只卖出十几万,也令人失望"。① 在这种情况下,要求限制工农运动、恢复工商业秩序的声音自然便逐渐高涨起来。② 汪精卫后来就改口说:"不顾事实一味的左倾,也就会发生'左,左乃陷大泽中'的危险。例如主张激烈的工人运动,弄得许多工人失业,没有办法。再如农民运动,把一般地主都赶跑了,农民自己没有资本去耕种,也是没有办法。"③言词中对工农运动的态度有了明显改变。

但群众运动一旦发动起来并已尝到甜头之后,那就难以紧急刹住了。在武汉工人运动中,本来经过一个月的罢工和劳资仲裁委员会的调处后,到1926 年年底,武汉各行各业工人店员的工资都得到了较大幅度的提升。据总工会报告称:"原有之最低工资者已提高到一倍半,其次亦加到一倍,最少者亦加到 3 成";工作时间也较前大为缩短,"最高者 12 小时,有一二特殊情形者亦应限制不得超过 14 小时,普通者多系规定八九小时"。其他待遇方面,工人店员等均"取得星期休息、例假及医药死伤抚恤等,如女工产前后之休息,照给工资,童工学徒增加工资与改良待遇"等。④ 但不久后物价又进一步上扬,在一定程度上抵消了部分工人店员刚得到的实惠。于是,各工会的要求和劳资仲裁委员会的解决标准也随之提高。尽管此时政府方面以至共产党人都强调要照顾到中小资产阶级的困难,认为"整个国民革命的利益高过工人经济的利益,工人不能以部分的暂时的利益,妨害长久的整个阶级的利益。经济要求应有最高限度,使企业不致倒闭。工人的行动要顾及联合战线,不要与当时国民革命的利益矛盾"⑤。但工人店员对这种空泛的大道理很难接受。在他们看来,工会如果压制工人运动,那他们就"对共产党也

① 中国第二历史档案馆编:《中国国民党第一、二次全国代表大会会议史料》下册,江苏古籍出版社 1986 年版,第 1014、1250 页。

② 杨奎松:《武汉国民党的"联共"和"分共"》,《近代史研究》2007 年第 3 期。

③ 中国第二历史档案馆编:《中国国民党第一、二次全国代表大会会议史料》下册,江苏古籍出版社 1986 年版,第 1155 页。

④ 刘明逵、唐玉良主编:《中国近代工人阶级和工人运动》第 6 册,中共中央党校出版社 2002 年版,第 142—145 页。

⑤ 中共中央文献研究室、中华全国总工会编:《刘少奇论工人运动》,中央文献出版社 1988 年版,第 217 页。

没有好感,他们把共产党仅仅看做第二个国民党,并不看做自己的党"①。这就说明,武汉工潮几乎陷入一种失控状态。无论国民党还是共产党,都无法抑制群众日益高涨的自发要求和运动热情。

湖南农民运动的情况亦与此相类似。刚开始的时候,他们对国民党寄予了厚望,"农民好像是十分有把握似的承认国民党、国民政府是他们唯一的帮助者。在北伐军事行动的初期,湖南农民实行参战,其参战的唯一的原因,是相信在国民政府之下,他们才可得到解放"②。过了一段时间,"农民已觉得他们参战有功,需要报酬了,就是没有参战的各县,也觉得党人的宣传应该兑现了"③。但结果却大失所望,"农民在此青天白日旗帜之下,所受的剥削还没有减轻一点","许多国民党内的官僚分子,依然是阳奉阴违"。在这种情况下,他们觉得"单独或专靠着国民党或党军来帮助是不行的"④,"政府的建设还不能赶上他们的希望"。因此,"这些已经起来了的农民,自然只好直接起来解决"⑤,"不顾一切地干起来,凭他们的直观,创造出许多的打击土豪劣绅的办法"⑥。

实际上,武汉国民党中央自己也承认对工农利益改善甚少。国民党二届三中全会通过的《对全体党员训令案》便说:"在此次北伐胜利一段时期中,民众所得之利益,只有职业团体,如工会及农民协会等组织之自由,其他生活上之利益甚少实现,此皆本党同志所宜引为深疚者也。"《农民问题决议案》也说:"政府与党部方面因忙于军事行动,对于农民不能保障其组织,更不能给以积极的援助。"⑦三中全会后,国民党中央在给广州政治分会和广东

---

① 《郑超麟回忆录》上册,东方出版社 2004 年版,第 262 页。

② 尹文:《从农村中几句流行的口号中得到一些见解》,《战士周刊》第 42 期,1927 年 4 月 24 日。

③ 湘农:《湖南的农民运动》,《向导周报》第 181 期,1927 年 1 月 6 日。

④ 《郴县农民协会筹备处召集第一次全县代表大会告农友书》,转引自梁尚贤:《湖南农民运动中"左"的错误及其影响》,《近代史研究》2006 年第 4 期。

⑤ 润棠:《农运纠纷问题》,《宣传周刊》第 6 期,1927 年 2 月 18 日。

⑥ 中国革命博物馆、湖南省博物馆编:《湖南农民运动资料选编》,人民出版社 1988 年版,第 107 页。

⑦ 中国第二历史档案馆编:《中国国民党第一、二次全国代表大会会议史料》下册,江苏古籍出版社 1986 年版,第 795、788 页。

省党部及全体同志书中同样表示:"本党关于农民问题的决议还没有真正实现出来,本党所指导的政府对于农民并没有切实的帮助。在各省及贵省,此次中央执行委员会全体会议及上次中央及各省党部联席会议之决议中没有一条是已经实现了的",以致"在农会成立较久之各省,现在已发生了一种对本党不信任的倾向"。①

对农民的这种期望破灭及其引发的过激行为,中共中央也感同身受。1927年5月18日,中共中央在《为夏斗寅叛变告民众书》中即曾指出:"农民群众热烈的欢迎北伐军到来,希望能将他们从多年压迫奴役之下拯救出来。当中国国民党农民政纲颁布的时候,正是久经践踏的劳苦农民开始为新生命斗争的时期。他们见到农民的政纲,满腔燃烧着热望,于是自然表现出来一个革命运动。不过政纲实行的时期确实太延搁久了,农民焦急的等待着。在这个情景之下,急促不谨慎的行为,实行上恐不能免。如果国民党能照着自己的农民政纲,按部就班的实现农民的要求,那么,农民运动中这些不幸的事实,或者不至于发生","所以想防止自由发展的农民运动,不能免之幼稚现象,唯有将中国国民党所规定的农民政纲从速施行出来"。② 但这种将希望寄托在内外交困的武汉国民政府身上的想法,无异于缘木求鱼,仿佛又在编织一个不切实际的幻想。而幻灭感的不断萌生,更是促使过火行为一发不可收拾。

第二,工农运动中阶级成分复杂,流氓无产者大量涌入,甚至掌握大权发号施令,而党的组织力量却十分薄弱,无法对工农运动实施有效领导并及时纠正错误。

从历史的角度来看,革命初期的群众运动往往不可避免地会发生一些过激行为。张太雷当时就说:"群众这种初期的猛烈谋解放的一种欠缺组织的运动之阶段,在无论哪一个革命中都是不可避免的,自法国大革命到俄国十月革命都是如此,就是中国以前各朝代更换的时候,所谓真命天子出世,亦不免有一个时期的混乱,何况是一个革命——一件砖头瓦片大翻身的事

---

① 汉口《民国日报》,1927年4月2日。

② 中国革命博物馆、湖南省博物馆编:《湖南农民运动资料选编》,人民出版社1988年版,第11—12页。

件呢?"①但毫无疑问,如果运动的领导者足够有力并应对得当,也应该能及时把握运动的方向。遗憾的是,大革命后期工农运动的情况并非如此。

例如,在武汉工人运动中,"工会会员惊人地增加。他们在军队后面到处建立工会,不仅把产业工人,而且把成千上万的苦力和手工业工人也席卷到革命浪潮中来"②。据统计,1927 年有组织的工人达 310 万,其中手工业工人就有 250 多万。而这些人虽具有一定的革命性,但由于大部分来自破产农民、手工业者,文化水平低,思想素质也不高,长期以来又受行帮、行会的影响,往往流露出一种流氓无产者习性,其行动极易被反动分子所利用。这就给工人运动带来了组织不纯的问题。

武汉工人运动高潮时,工人自发建立了 300 多个各自为政的工会,"许多工会还带有很深的行会主义色彩,甚至仅将行会组织改了一面工会的招牌"③。它们往往独立采取行动,缺乏自上而下的领导,"各工会之间经常发生争吵",主要原因是"同乡之间的无组织性和散漫性,互争'会员',竞相笼络群众,竞相为本会会员安排工作"。特别是工人纠察队主要由"'非无产阶级分子、手工业者中的勇敢分子和小资产阶级分子'所组成"④,他们虽有一定的革命性,但组织纪律性差,往往自由散漫,"'流氓性'带得很重",带有很大的破坏性,较多地从个人、局部的利益出发,以致提出种种不切实际的要求,而不考虑大局。一些工会甚至被流氓、工头把持,他们乘机进行煽惑,因而出现了工人不守厂规店规、不服从资方的正当管理、怠工、无病乱请假甚至借机哄抢厂店等现象,使"左"倾错误不断升级。对此,刘少奇后来曾指出:"流氓组织在工人中的长期存在,也影响工人运动,在一旦工人得到解放以后,他们就随心所欲的无所顾忌的,不估计将来与前途的

---

① 太雷:《武汉革命基础之紧迫的问题》,《向导周报》第 197 期,1927 年 6 月 8 日。

② [美]安娜·路易斯·斯特朗著,王鹿鹿等译:《千千万万中国人——一九二七年中国中部的革命》,中国社会科学出版社 1985 年版,第 93 页。

③ 中央档案馆编:《中共中央文件选集》第 3 册,中共中央党校出版社 1989 年版,第 78 页。

④ [苏]A. B. 巴库林著,郑厚安等译:《中国大革命武汉时期见闻录》,中国社会科学出版社 1985 年版,第 29、49、61 页。

行动。"①

与此同时,中共的领导力量却非常薄弱,"汉口六十三个工会中,我们仅有很弱的四个支部",而且"多半失之空疏",对工运缺乏系统的经常指导。这就造成党与工会关系不密切,上级工会与下级工会关系不密切,无法做好下层工人的领导工作,"大多数工人对于工会的关系是很疏远的"②。1926年5月通过的《中共中央职工委员会关于全国职工运动讨论会议决案》便指出:"过去的湖北职工运动,极表现党的力量之薄弱,尤其是缺乏有力的工人同志作工人的领袖,以致我们不能深入工人群众作组织及宣传的工作"③。次年5月,中共五大通过的《职工运动议决案》亦承认:"工会干部人才太少,我们党的发展赶不上工人运动的发展"④。刘少奇当时也说:"工会的群众很多,若无支部等基本组织,而仅有工会的执行委员会和工会的招牌,那会员愈多,愈加散漫。这样的工会,是不能奋斗的,执行委员会是无法统率群众的。"⑤甚至连鲍罗廷都声称:"在游行示威中和在其他重大事情上,共产党没有充分显示出自己领导群众运动的能力。共产党能控制武汉无产阶级和湖南农民吗?……我本人对此表示怀疑。"⑥

因此,尽管当时中共已经发现工人运动中的"左"倾错误并试图加以纠正,却未能有效实施。1927年元月,在刘少奇、李立三等人主持下,湖北全省总工会召开第一次代表大会,提出对纠察队要加强组织及训练,对工人的经济斗争要加强领导,并有针对性地要求一些行业工会严格取缔各种陋习,订立各种价目条规,规定不得借工会名义无故自由行动,致毁工会名誉。省总

---

① 中共中央文献研究室、中华全国总工会编:《刘少奇论工人运动》,中央文献出版社1988年版,第219页。

② 中央档案馆编:《中共中央文件选集》第2册,中共中央党校出版社1989年版,第536、28、29页。

③ 中华全国总工会编:《中共中央关于工人运动文件选编》上册,档案出版社1985年版,第111页。

④ 中央档案馆编:《中共中央文件选集》第3册,中共中央党校出版社1989年版,第80页。

⑤ 《刘少奇选集》上卷,人民出版社1981年版,第7—8页。

⑥ 中共中央党史研究室第一研究部编:《共产国际、联共(布)与中国革命档案资料丛书》第4卷,北京图书馆出版社1998年版,第250页。

工会及各分会又数次召开会议,连续做出整饬纪律、纠正越轨行为的规定,并直接实行惩治。5 月制定的《工人政治运动议决案》也规定:"政治停工必须得总工会命令,总工会应极慎重,非十分重大的政治示威,决不下停工令……工会无政府命令不得拘捕非工人。"①但这些命令下达后,并没有得到认真的执行,"左"的行为依然不减。究其原因,正是因为党的力量未能有效渗透到基层,"想节制工人运动而成了运动的尾巴,在这种情况下,群众势必要采取无组织的独立行动"②。

至于湖南农民运动的情况,同样也是如此。大量的游民无产者涌入农民协会,并控制了相当一部分领导权。当时有些地方,所谓"革命先锋"实际上是一些"踏烂鞋皮的,挟烂伞子的,打闲的,穿绿长褂子的,赌钱打牌四业不居的"游民③,"真正的老实农民不会打头阵,一般的首先发动起来的是这些流氓、地痞"④。有些游民还通过哥老会、红门教等秘密社会组织裁断乡曲,控制农民协会。许多地方的农民协会组织纪律极度涣散,自行其是,不服从上级党和农民协会的领导,自由主义泛滥。据湖南省农民协会 1927 年3 月披露:"最近各县农民协会发现了一个极普通的错误,就是与省农民协会不发生极密切的关系","省农协所发各种文告、表册、宣传品,县协并不迅速分发各区、乡;多有原封不动案置屋角者,甚至绝不体谅省协的困难,拿作包裹什物"。在这种情况下,"各县各自为政,[省]农协简直失掉指挥全省工作的作用。同时,各县因不懂政策的关系,发生了错误,却不报告省协"。在此期间,"各地方区农协不服县农协指挥,乡农协不服区农协指挥,各自为政,不相统属现象"也比比皆是,相当普遍。⑤

在很多地方,由于"各级农民协会及执委,不接受上级命令,自由行动,

---

①　中央档案馆编:《中共中央文件选集》第 3 册,中共中央党校出版社 1989 年版,第 134—135 页。

②　[苏]A. B. 巴库林著,郑厚安等译:《中国大革命武汉时期见闻录》,中国社会科学出版社 1985 年版,第 64 页。

③　毛泽东:《湖南农民运动考察报告》,《向导周报》第 191 期,1927 年 3 月 12 日。

④　杜修经:《大革命时期的点滴回忆》,《党史研究资料》第 5 辑,四川人民出版社1985 年版,第 229 页。

⑤　中国革命博物馆、湖南省博物馆编:《湖南农民运动资料选编》,人民出版社 1988年版,第 475—476、461 页。

违反农民利益,或与上级发生关系而不诚实","不能领导农民从斗争中得到训练"①。这样一来,一些真正的流氓地痞甚至土豪劣绅乘机"混入农协,或假造农协,利用农协名义向政府捣乱"②,对农民运动加以大肆破坏,"故意提出过高的口号,做出越轨的行为",使农民运动"失却革命民众同情"③,甚至"利用家族观念或地域关系,挑拨农民感情,使农民自相争斗"。如长沙县河西镇第五区,"农协和农协一家人中间,差点要互相打起来"④。对此,鲍罗廷当时就指出:"我们同志太幼稚,不能真正领导农民运动,领导湖南农民的是'地痞'与哥老会而不是我们"⑤。毛泽东也说:农民协会有哥老会在内把持。他们既不知道国民党是什么,也不知道共产党是什么,只晓得作杀人放火的勾当。⑥ 可是面对这种状况,因为"各级农民协会,过去对于宣传工作,非常懈怠",于是,"土豪劣绅颠倒是非混淆黑白之宣传,遂得以充满于乡村城市"。⑦

而无论是在会员积极分子的组织发展,还是对运动的领导力度方面,这一时期中共的工作都显得十分滞后。早在1926年,中共中央在总结广东农民运动时就说:"现在各乡村的农民运动已有很大的发展,而党无相当的发展,所以现在党不能指挥农民群众,发生许多缺点。广东有八十万有组织的农民,分配在六十多县,而我们有支部组织的地方,不到二十个县,人数不过六百,所以现在在客观环境方面,农民本身表现弱点,我们党不能指导,长此

---

① 《第一次国内革命战争时期湖南农民运动史料选辑(三)》,《湖南历史资料》1980年第2辑,湖南人民出版社1980年版,第40—41页。

② 中国革命博物馆、湖南省博物馆编:《湖南农民运动资料选编》,人民出版社1988年版,第5页。

③ 《第一次国内革命战争时期的农民运动资料》,人民出版社1983年版,第390页。

④ 中国革命博物馆、湖南省博物馆编:《湖南农民运动资料选编》,人民出版社1988年版,第258、542页。

⑤ 中共中央党史研究室第一研究部编:《共产国际、联共(布)与中国革命档案资料丛书》第5卷,北京图书馆出版社1998年版,第526页。

⑥ 中国第二历史档案馆编:《中国国民党第一、二次全国代表大会会议史料》下册,江苏古籍出版社1986年版,第1232—1233页。

⑦ 中国革命博物馆、湖南省博物馆编:《湖南农民运动资料选编》,人民出版社1988年版,第25页。

以往,农运将来必发生很大的危险,这个危险必定归到党的本身来。"①湖南的情况亦不例外。1926 年 10 月,中共湖南第六次代表大会召开时,"农运有工作者 65 县,其中 45 县是我们有把握的,会员约 30 万至 40 万,同志不甚多,大概不出 700 人。"②到 1926 年 11 月,湖南有共产党员 3714 人,其中农民党员仅占 14.4%,计 535 人,与全省有组织的农协会员 136.7 万相比,比例为 2555:1。③ 即使到 1927 年 1 月,湖南全省也只有共产党员 6000 多人,其中农民党员 1759 人,与 200 万农协会员相比,比例为 1:1137,以致中共湖南区委都感叹:"1000 人中还只有 C. P. 同志一人,又怎样去领导呢?"另外据统计,当时"每县协中负专责者平均 6 人,每区协负专责者最少 1 人,每乡协负专责者平均 0.5 人",因此,中共其实只掌握了县农协和部分区农协的领导权,"乡农协没有人。我们的命令,只能到区,不能到乡"④,无法实施对农民运动的统一领导和有效管理,更谈不上对类似"痞子"这样不良分子的教育和改造了。

为摆脱这种困境,中共中央和湖南区委强调必须大力发展农民党员,"在这两个月中议决每乡农协成立一个支部……至少每百个贫农协会会员中有同志一人"⑤,并为此放宽了入党条件,"以是否忠实而勇敢的为农民利益斗争为标准,不必问其有无宗法社会思想及迷信"⑥。此后,湖南党员人数骤增至 2 万左右,农民党员比重也大大增加。但这一举措同时也淡化了党员的政治性、组织性和纯洁性,于是难免出现泥沙俱下、鱼龙混杂的现象。而

---

① 中央档案馆编:《中共中央文件选集》第 2 册,中共中央党校出版社 1989 年版,第 242 页。

② 中国革命博物馆、湖南省博物馆编:《湖南农民运动资料选编》,人民出版社 1988 年版,第 93 页。

③ 中央档案馆编:《中共中央文件选集》第 2 册,中共中央党校出版社 1989 年版,第 502—504 页。

④ 中国革命博物馆、湖南省博物馆编:《湖南农民运动资料选编》,人民出版社 1988 年版,第 103、458、104 页。

⑤ 中国革命博物馆、湖南省博物馆编:《湖南农民运动资料选编》,人民出版社 1988 年版,第 103 页。

⑥ 中央档案馆编:《中共中央文件选集》第 2 册,中共中央党校出版社 1989 年版,第 213 页。

且这些新党员虽然革命热情高,斗争性强,但由于刚被突击发展入党,对党的性质、纲领、奋斗目标以及党的组织原则和纪律并不十分了解,其政策理论水平、组织领导能力、实际工作经验和思想道德修养均有所不足,显然难以适应日趋复杂的环境变化。

正是因此,中共中央和湖南区委虽然曾经试图纠正农民运动中"左"的倾向,"极力矫正同志幼稚的毛病"①。譬如,针对农民盲目平分土地的现象,提出要"防止党外的右倾,同时反对党内的'左'倾","目前中国大多数农民群众所争的还是减租减息,组织自由,武装自卫,反抗土豪劣绅,反抗苛捐杂税这些问题,而不是根本的土地问题"②。又如,针对土豪劣绅和流氓地痞的混入,开展了旨在清除反动分子的"洗会"运动;针对引起极大争议的"平粜阻禁"政策,规定"不可无限制地禁阻米粮出去。致阻滞农村经济之自然流通,且引起农民间有余谷者与无谷者之冲突";针对一时不易被接受的社会变革,提醒必须"注意改良乡村旧习惯之步骤"③,"农村中的迷信宗教伦理及道德观念,都是农业经济的反映,只有渐次的设法提高农村文化程度去除它,不必与他发生冲突"④。此外,有些地方还规定:不准借款、捐款、罚款,不准以农协名义吃是非饭,不准私擅逮捕,不准多收入会金及月费,不准私自举行游乡大会等⑤。但"徒法不足以自行",由于中共对基层农民协会缺乏有效领导,这些举措并未得到完全的贯彻和落实,"左"倾错误仍在不断滋长蔓延。对此,当时就有人指出:"这个错误的原因,革命的政党尤不能辞其咎。几千年压迫下面的农民一旦起来,自不免带有种种幼稚的行为,要是革命的政党能够领导农民,使农民在革命的政策下面作战,定不会有这样的错误

---

① 中国革命博物馆、湖南省博物馆编:《湖南农民运动资料选编》,人民出版社1988年版,第6页。

② 中央档案馆编:《中共中央文件选集》第2册,中共中央党校出版社1989年版,第564—565页。

③ 中国革命博物馆、湖南省博物馆编:《湖南农民运动资料选编》,人民出版社1988年版,第9、25页。

④ 《第一次国内革命战争时期的农民运动资料》,人民出版社1983年版,第430页。

⑤ 中国革命博物馆、湖南省博物馆编:《湖南农民运动资料选编》,人民出版社1988年版,第464页。

的。可是现在农民运动如飞的发展,党在事实上落了后。以湖南言,几百个农民中没有一个农民党员,因此革命的政策不能深入农村而为农民作战的目标。"①

第三,除了组织不力外,中共在这一时期的政策也有诸多失当之处,始终在"左"、右之间徘徊。一方面为了维护联合战线,不得不试图纠正工农运动中出现的幼稚行为;另一方面又担心浇灭群众的革命热情,因而宣称"矫枉必须过正",甚至公开否认过火。这种进退失据的困境,无疑更进一步加剧了群众运动的自发性和狂热性。

早在1926年12月,湖南省第一次工人代表大会就承认,目前"工人气焰太高,有惟我独尊之慨,致行动左稚"②。那么,中共应采取什么对策呢?1927年1月,张国焘在一次报告中说:"我们应当采取什么样的城市工人政策呢?现在有两种意见:一种意见认为,工人在斗争过程中应当提高自己的要求;相反,另一种意见认为,工人应当节制自己的要求,应当向资产阶级让步。"③这说明中央对如何看待和开展工人运动这个问题是存在分歧的。而从后来的情况来看,这一问题并未得到妥善解决。1927年5月中共五大通过的《职工运动议决案》一方面提出:"在手工工厂工人与店员的斗争中,要注意资本家的经济能力,提出的要求不可超过他的能力之外。"另一方面又说:"只有提高工人的经济要求,才能兴奋工人政治斗争的勇气。"因此,"我们对手工工厂工人和店员的争斗,仍是要积极的拥护,才可以取得这些群众"④。这一指示看似面面俱到,但执行起来,尺度着实难以把握。

如果说此时的中共中央对工人运动尚欲"左"、右兼顾,那么对农民运动的政策则是"左"、右摇摆、一变再变。当湖南农民运动初期出现了一些过火行为时,中共湖南区委一度承认:"我们在各地工作的同志,做出许多幼稚的

---

① 《第一次国内革命战争时期的农民运动资料》,人民出版社1983年版,第391—392页。

② 《水口山矿工会报告(续)》,湖南省博物馆编:《湖南全省第一次工农代表大会日刊》,湖南人民出版社1979年版,第325页。

③ [苏]A. B. 巴库林著,郑厚安等译:《中国大革命武汉时期见闻录》,中国社会科学出版社1985年版,第316页。

④ 中央档案馆编:《中共中央文件选集》第3册,中共中央党校出版社1989年版,第75—78页。

事情,足以促成反动势力团结,而致自己陷于孤立",所以应"通告我们同志须注意联合战线上策略"。① 1926 年 12 月召开的湖南省第一次农民代表大会也做出了开展"洗会运动"、淘汰不良分子的决定。但从总体上看,这一时期并没有从指导思想上对"左"的错误加以反思,许多人仍然认为:"右倾最要不得,左倾总是不坏的。"②这就埋下了后来反复的伏笔。

1927 年 2 月,毛泽东视察归来,撰文指出:"许多农民运动的道理,和在汉口、长沙从绅士阶级那里听得的道理,完全相反……所有各种反对农民运动的议论,都必须迅速矫正。革命当局对农民运动的各种处置,必须迅速变更。"他还提出:"革命不是请客吃饭,不是做文章,不是绘画绣花,不能那样雅致,那样从容不迫,文质彬彬,那样温良恭俭让。革命是暴动,是一个阶级推翻一个阶级的暴烈的行动。农村革命是农民阶级推翻封建地主阶级的权力的革命。农民若不用极大的力量,决不能推翻几千年根深蒂固的地主权力。农村中须有一个大的革命热潮,才能鼓动成千上万的群众,形成一个大的力量"。因此,"革命期内的许多所谓'过分'举动,实在正是革命的需要","我们要反对那些所谓'痞子运动'、'惰农运动'的反革命议论,尤其要注意不可做出帮助土豪劣绅打击贫农阶级的错误行动"。在这篇文章中,毛泽东还主张:"每个农村都必须造成一个短时期的恐怖现象,非如此决不能镇压农村反革命派的活动,决不能打倒绅权。矫枉必须过正,不过正不能矫枉。"③

从历史的角度来看,这篇报告在很大程度上改变了原先的纠"左"进程。中共湖南区委在 1927 年 2 月写给中央的报告中就说:"在此社会群向农运进攻之包围中,我们亦自认现在农运的确是太左稚,于是通告禁止农协罚款捕人等事,而且限制区乡农协执行委员,皆须现在耕种之农民担任,对于罚款、逮捕之人,皆须扫除。几乎不自觉地站到富农、地主方面而限制贫农。自润之同志自乡间视察归来,我们才感贫农猛烈的打击土豪劣绅,实有必要。"1927 年 3 月,湖南省农协又发布第 642 号训令,更正 1 月第 26 号训令关于

---

① 中国革命博物馆、湖南省博物馆编:《湖南农民运动资料选编》,人民出版社 1988 年版,第 96 页。

② 张国焘:《我的回忆》第 2 册,东方出版社 2004 年版,第 216 页。

③ 《毛泽东选集》第一卷,人民出版社 1991 年版,第 12、17、21、17 页。

"洗会"的决定，指出失业农民"实在是最勇敢的先锋队"，所以"不得以政治势力，打击失业农民；区乡协会，失业农民可当选执委"。①

自此以后，"矫枉必须过正"一句口号更不胫而走。1927年3月，中共湖南区委发布的《对湖南农民运动的宣言》也声称："革命当然不能不有过正的矫枉，因为不如此，连'枉'就'矫'不过来，更无法使他正。"正是从这一思想出发，当外界指责农民运动过火时，便有人认为这不过是农民协会内部的"纪律和训练的问题"②，"虽有三分幼稚，犹有七分好处"③，"农运即便幼稚些，其本身总是革命的，而土豪劣绅则根本是反革命的势力"④，不能因此"便过分的责备农民运动，甚至因此怀疑农民运动本身"⑤。当时还有人提出，湖南农民运动的幼稚病"更不是该杀的罪恶"，"若竟以幼稚的弱点，来作进攻农民的借口，来作破坏革命的根据，那不是革命党人的行动，而是反革命的行动！"⑥中央农委同样从阶级立场上强调："一般人对于农民运动认为过火的批评，实际就是站在封建地主阶级的利益上面，企图消灭农村的斗争。我们必须严厉的加以纠正。"⑦

这一时期，中共中央和湖南区委还极力为农民运动中所发生的过火行为辩解，认为"农民所采取的手段，有些看起来好像太简单、太粗野，其实是革命手段，是任何革命时期所免不了的现象"⑧，"农民在乡村中打击土豪劣绅，虽所取手段出于法律之外，其实这是革命争斗中所必取的手段。这时

---

① 中国革命博物馆、湖南省博物馆编：《湖南农民运动资料选编》，人民出版社1988年版，第456、479页。

② 中国革命博物馆、湖南省博物馆编：《湖南农民运动资料选编》，人民出版社1988年版，第110、479页。

③ 雁冰：《欢迎中央委员暨军事领袖凯旋与湖南代表团之请愿》，汉口《民国日报》，1927年6月13日。

④ 雁冰：《肃清各县的土豪劣绅》，汉口《民国日报》，1927年6月18日。

⑤ 代英：《农民运动幼稚病之真意义》，汉口《民国日报》，1927年6月10日。

⑥ 《讨蒋委员会为长沙事件宣言》，汉口《民国日报》，1927年6月11日。

⑦ 中央档案馆：《中共中央文件选集》第3册，中共中央党校出版社1989年版，第180—181页。

⑧ 中国革命博物馆、湖南省博物馆编：《湖南农民运动资料选编》，人民出版社1988年版，第106—107页。

候,不是东风压倒西风,就是西风压倒东风,怎能不严厉一点?"①因此,"戴高帽子游团、罚钱、罚酒饭、殴打、清算账目等事,这完全是革命的行动……若没有这些行动,乡村的封建势力,是不会推翻的"。至于所谓"流氓地痞","纯粹是封建阶级骂人的口吻,我们根本不承认有此等名词存在",或曰:"流氓地痞这个名字,是封建制度底下的土豪劣绅压迫革命农友的口号。土豪劣绅所谓之流氓地痞,是革命的先锋"。②

由此可见,由于"左"倾指导思想并未改变,曾经一度的纠"左"很快便被中断,反倒愈演愈烈起来。直到马日事变后,形势极其严峻,中共中央才又一次意识到这种"更加剧烈的冲突之继续发展,则对于全国革命的形势与暂时的联合战线的关系,实在含着很大的危险","目前尤当绝对迅速纠正"。马日事变发生后第4天,5月25日,中共中央政治局提出:"湖南工农运动所引起的纠纷,会形成全部政局上很严重的问题。纠纷之起因,一方面是由于蒋介石叛变后资产阶级地主阶级(湘籍军官在内)的势力及宣传,动摇了国民党领袖的工农政策,一方面是由于贫农幼稚行动,如均分土地、均分财产、对于土豪劣绅之逮捕罚款以及关于宗教道德革命等,引起了小资产阶级、小地主尤其是军人之剧烈反对。"因此,"乡村中农运问题,一切非本党政策规定的幼稚行动,立须依本党的领导力量,切实矫正。已没收之军人产业一概发还"。③

5月30日,毛泽东会同谭平山、邓演达等人以中华全国农协临时执委会常务委员名义,向各省农协发出训令指出:"在目前必须严密农民协会的组织,整肃农民运动的步骤,使地方农民运动与全国革命过程,合而为一,巩固革命的联合战线","不然,革命初期农民运动的原始现象,如果继续下去,则农民已得的革命胜利,不惟不能保障,而且有被反动派利用而摧毁之可能,或将因而大受挫折"。④ 此后不久,中共中央又连续发布农字第五号、第七

---

① 《第一次国内革命战争时期的农民运动资料》,人民出版社1983年版,第400页。

② 中国革命博物馆、湖南省博物馆编:《湖南农民运动资料选编》,人民出版社1988年版,第478、479、474页。

③ 中央档案馆编:《中共中央文件选集》第3册,中共中央党校出版社1989年版,第157、174、136页。

④ 中国人民大学党史系资料室编:《中共党史教学参考资料》第3册,1979年版,第391—392页。

号、第八号通告，并提出《全国农协对于农运之新规划》，试图平抑农民群众运动的热情，强调必须注意强固组织、严肃纪律，各乡区农协要审查过去工作，监督会员行动，如有不良分子发现，必须立即执行革命纪律，予以严厉制裁；必须注意革命同盟者的利益，与农村中的小商人建立亲切的革命联盟，使有余的谷米尽量流通，使小地主及富农不致感受不便，而军米亦得充分的供给，使中小商人之贸易得以无障碍地发展；必须注意改良乡村旧习惯之步骤，经过长时间的宣传，使一般民众俱能了解，社会文化上已提高，方可行之而无碍，倘若操切从事，则不惟得不到良好效果，反使反动分子利用落后思想，造谣煽惑，向进步的农民运动进攻，以破坏乡村的革命联盟。①

　　从以上内容来看，似乎与1月份的纠"左"并无不同。但时过境迁、为时已晚，"等到这种左倾蛮干，已经蔚为一时风气以后，要纠正它就戛戛乎难矣。更何况中共的湖南同志们，事实上无力完全控制全省农协的活动"，"因而一切纠正农运的设想，都显得缓不济急，或者只是纸上谈兵"②。而且，在敌人已开始进攻之时再来纠"左"，这就不能不说是带有某种右的倾向了。刘少奇后来在总结大革命失败的教训时就说："群众中的'左'倾现象与领导机关的右倾，结果使群众与领导机关脱离，群众情绪被打落。"③特别是这一时期中共所采取的政策忽"左"忽右、一变再变，更是导致大家无所适从。谢觉哉即曾回忆："1927年初，党的命令是农运左了，要使之入轨。在家约住了10天，进城来，说政策变了，还是要左。这就是毛泽东同志视察农运完过长沙的所致……不久，又说农运还是过火，要压压。"④很明显，这种政策的不稳定性在很大程度上削弱了党的威信，于是群众运动的自发性更是难以遏制。从历史的角度来看，国共合作破裂虽是迟早的事，即使工农运动不过火，国民党也会找别的借口。但无可否认，这种过"左"倾向的盛行及其与右倾的相互交织确实成了他们制造分裂的催化剂。个中教训，是值得今人深思的。

<hr/>

①　中国革命博物馆、湖南省博物馆编：《湖南农民运动资料选编》，人民出版社1988年版，第23—25页。

②　张国焘：《我的回忆》第2册，东方出版社2004年版，第216、223页。

③　刘少奇：《中国革命的战略与策略问题》（1942年10月10日）。

④　中国革命博物馆、湖南省博物馆编：《湖南农民运动资料选编》，人民出版社1988年版，第360页。

四、陈独秀的右倾与大革命失败的责任

如上所述,大革命失败在很大程度上是由于"左"倾错误造成的,但不可否认,陈独秀作为当时中共中央的最高领导者,确实也曾经犯了右倾错误,在一系列问题上对国民党妥协退让。如所谓"三次大退让",反对北伐,未能直接掌握武装,以及大革命后期"汪蒋合作"方针的确立和《汪陈宣言》的发表等。特别是在革命已经十分危急的局势下,他不仅一筹莫展,而且仍实行对国民党的迁就态度,"自愿地放弃对于农民群众、城市小资产阶级和中等资产阶级的领导权,尤其是放弃对于武装力量的领导权"①,最终导致了大革命失败。然而深入来看,陈独秀这些错误又是由诸多因素造成的。

首先是与中国共产党自身的理论准备不足有关。中共成立不久就立即投入到实际斗争中,忙于应付各方面的复杂工作,无暇深入开展理论研究,因此理论准备难免有些不足。对此,刘少奇曾明确指出:"中国党有一极大的弱点,这个弱点,就是党在思想上的准备、理论上的修养是不够的,是比较幼稚的。因此,中国党过去的屡次失败,都是指导上的失败,是在指导上的幼稚与错误而引起全党或重要部分的失败,而并不是工作上的失败。"②毛泽东也说:"这时的党终究还是幼年的党,是在统一战线、武装斗争和党的建设三个基本问题上都没有经验的党,是对于中国的历史状况和社会状况、中国革命的特点、中国革命的规律都懂得不多的党,是对于马克思列宁主义的理论和中国革命的实践还没有完整的、统一的了解的党。"③就陈独秀而言,他的马克思主义理论水平无法适应革命迅猛发展的要求,特别是其固守"二次革命论",将两个革命阶段截然分开,坚持认为:"共产党取得政权,乃是无产阶级革命时代的事,在国民革命时代,不会发生这类问题"④。因此,面对极其复杂的大革命形势和共产国际提出的错误主张,他虽然有时也有自己的见解,但最终还是接受和执行了右倾路线。从这个意义上说,陈独秀在大革命时期所犯的

---

① 《毛泽东选集》第 4 卷,人民出版社 1991 年版,第 1257—1258 页。

② 《刘少奇选集》上卷,人民出版社 1981 年版,第 220 页。

③ 《毛泽东选集》第二卷,人民出版社 1991 年版,第 610 页。

④ 任建树等编:《陈独秀著作选》第 2 卷,上海人民出版社 1993 年版,第 1109 页。

右倾错误,是中共在幼年时期探索中国革命道路过程中难以避免的错误。

其次,与共产国际的领导机制有关。1925年,斯大林在共产国际执委会明确宣布:"共产国际是无产阶级的战斗组织","它不能不干预各国党的事务","否认它的干预权利,那就是为共产主义的敌人效劳"。① 而中国共产党作为共产国际的一个支部,毫无疑问必须接受共产国际的领导。客观说来,共产国际对中国共产党确实曾有过许多正确的指导,如帮助创建中国共产党,推动第一次国共合作,大力声援五卅运动等。但与此同时,这种高度集中的领导体制也束缚了中共的手脚,妨碍了其革命主动性和应变能力的发挥,使幼年的中国共产党不可能从中国实际情况出发,独立自主地决定自己的方针,更不可能根据形势的变化采取切实可行的应变措施。

近年来,学界通过对俄罗斯最新解密档案的研究发现,中国共产党在大革命时期的所有重大决策几乎都是在共产国际、联共(布)中央及其驻华代表的指示和指导下做出的,有些甚至是越过中共领导人陈独秀,由国际代表直接做出的。有学者统计过:从1923年至1927年,联共(布)中央政治局为中国革命问题共召开过122次会议,做出738个决定,从大的决策(如令中共党员加入国民党,对于国民革命的总方针)到小的决定(何时结束五卅罢工,何时找蒋介石谈话,谈时注意什么问题等),都有所涉及,而以陈独秀为首的中共中央独立领导中国革命的实际权力和工作范围是很有限的。② 由此来看,将大革命失败的责任完全推到陈独秀或以陈独秀为首的中共中央身上,确实是不客观和不公正的。

1. 所谓"三次大让步"的经过

1943年春,周恩来在《关于一九二四至二六年党对国民党的关系》一文中,详细梳理了大革命时期以陈独秀为首的中共中央对国民党右派的三次大让步,即在国民党二大执委选举、中山舰事件和整理党务案等问题上的三次退让,并认为这直接导致"蒋介石在政治上军事上党务上接连得到三次大胜利"③。但揆诸史实,这三次退让其实都与共产国际、联共(布)的指示有

---

① 《斯大林全集》第7卷,人民出版社1953年版,第57—58页。

② 唐宝林:《重评共产国际指导中国大革命的路线》,《历史研究》2000年第2期。

③ 《周恩来选集》上卷,人民出版社1980年版,第123页。

关。所谓陈独秀的"三次大让步",不是陈独秀要让,而是共产国际和斯大林逼迫中共让步。

第一次退让是政治上的让步。1926 年 1 月,国民党在广州召开第二次全国代表大会。由于共产党的声望日隆,在二大代表中,共产党员和国民党左派占多数,形势对中共非常有利,因此陈独秀的态度本来是十分强硬的,他提议应有 7 名中共党员进入国民党中央执行委员会,"使右派在会上没有影响"。但共产国际代表鲍罗廷、维经斯基却对此横加干预。早在 1925 年 5 月初,鲍罗廷就来到上海与中共中央商讨有关国民党二大的选举问题,并力压陈独秀接受。他在给加拉罕的电报中称:"关于在将来的国民党中央委员会中的共产党员人数问题曾一度发生争执,中央提出 7 人,我表示反对,为的是不吓跑中派和不无谓地刺激右派。一致同意最低限额——4 人,其余的根据代表大会期间中国整个局势而定。"9 月 28 日,共产国际执委会又发出指示,要求中共中央"遵循下列原则立即审查同国民党的相互关系:(1)对国民党工作的领导应当非常谨慎地进行。(2)党团不应发号施令。(3)共产党不应要求必须由自己的党员担任国家和军队的领导职位。(4)相反,共产党应当竭力广泛吸引(未加入共产党的)国民党员而首先是左派分子参加本国民族解放斗争事业的领导工作"。① 显然,这是主张中共在二大选举问题上对国民党让步。

后来,中共广东区委利用右派刺杀廖仲恺事件打击了西山会议派,驱逐了胡汉民和许崇智,并制订了在国民党二大选举时共产党人争取在中央委员中占三分之一或一半的方案。但莫斯科却对此不仅不予支持,反而批评这是"在不停地拆毁连结共产党先锋队与民主群众的各种桥梁,要完全孤立中国共产党,并带来由此而产生的各种致命的后果"②。12 月 24 日,维经斯基又强行安排陈独秀会见国民党右派代表,同意停止对西山会议派的攻击,并做出在新的国民党中央执行委员会中共产党员人数不超过三分之一的承诺。这一系列干预,导致国民党二大选出的 36 名中执委中,共产党员只占 7

---

① 中共中央党史研究室第一研究部编:《共产国际、联共(布)与中国革命档案资料丛书》第 1 卷,北京图书馆出版社 1997 年版,第 590、613、694—695 页。

② 中共中央党史研究室第一研究部编:《共产国际、联共(布)与中国革命档案资料丛书》第 1 卷,北京图书馆出版社 1997 年版,第 704 页。

名,"造成了右派势力大、中派壮胆、左派孤立的形势"①。由此可见,关于陈独秀在国民党二大选举问题上做出让步的说法,明显不符合历史事实。

第二次退让是军事上的让步。1926 年 3 月 20 日,中山舰事件发生,蒋介石乘机在军事上打压共产党。事件发生时,由布勃诺夫率领的联共(布)中央政治局使团正在广州,对事件作了全权处理。当时,蒋介石对布勃诺夫声明,此次事变是"对人不对俄",布表示"如此即可安心"②,于是不同意对蒋介石进行反击,而是决定让步。他在事件发生后第四天作的报告中解释为什么对蒋介石让步时,讲了六条理由,第一条就是怕"更加吓跑大资产阶级",第二条是怕"引起小资产阶级的动摇",因为中共"无论如何不能在现在承担直接领导国民革命的这种完全力所不及的任务"。在后来的总结报告中,他甚至提出中共只要做"保证这场革命彻底胜利"的苦力,不要去争领导权,否则"任何过火行为都会吓跑大资产阶级,引起小资产阶级的摇摆",从而"造成广州政府的危机,最终加剧国民革命失败"。③

3 月底,布勃诺夫回国途经上海时对陈独秀说:"蒋介石表示他此次举动只是防止有叛乱之事发生,他本人并不反俄反共",所以他主张向蒋介石做出让步。由于从布勃诺夫那里得到的是片面情况,陈独秀发表文章表态,认为蒋介石还是左派,应该维持蒋汪合作的关系,并在文中称赞"蒋介石是中国国民革命运动中的一个柱石"④。但到了 4 月中旬,当陈独秀接到广东区委书记陈延年关于中山舰事件的详细报告后,异常愤怒,做出了三点反击蒋介石的计划:一、尽力团结国民党左派,以便对抗蒋介石,并孤立他;二、在物质上和人力上加强国民革命军二、六两军及其他左派队伍,以便于必要时打击蒋介石;三、尽可能扩充叶挺的部队、省港罢工委员会指挥下的纠察队和各地的农民武装,使其成为革命的基本队伍。为了实现这个计划,陈独秀还特派彭述之赴广州,与张国焘、谭平山、陈延年、周恩来、张太雷组织特别委

① 《周恩来选集》上卷,人民出版社 1980 年版,第 119 页。

② 中共中央党史研究室第一研究部编:《共产国际、联共(布)与中国革命档案资料丛书》第 5 卷,北京图书馆出版社 1998 年版,第 178 页。

③ 《共产国际、联共(布)与中国革命档案资料丛书》第 3 卷,北京图书馆出版社 1998 年版,第 163、249 页。

④ 任建树等编:《陈独秀著作选》第 2 卷,上海人民出版社 1993 年版,第 985、977 页。

员会,与鲍罗廷共同商讨实现该计划的步骤。但由于鲍罗廷的反对,这个计划最终落空。事实证明,将陈独秀说成是对中山舰事件退让的主谋,显然是不正确的。

第三次退让是党务上的让步。中山舰事件之后,蒋介石步步紧逼,他以"避免党内纠纷"、要找出一个"消除误会的具体办法"为由,提出所谓《整理党务决议案》,共计八条。要点是共产党员在国民党中央党部和省市党部担任执行委员的人数不得超过总数的1/3;共产党员不能担任国民党中央各部部长;加入国民党的共产党员名单应全部交出等。他在酝酿此案时,鲍罗廷刚刚回到广州,带来了斯大林要求中共"要在内部组织上向国民党左派作出让步,重新安排人员"的指示①,对蒋采取了更加容忍的态度。鲍在未与中共协商的情况下,多次同蒋密谈并达成协定:(1)共产党接受蒋介石的建议,限制共产党在国民党内的活动。(2)蒋介石同意鲍罗廷的主张,采取反对右翼的措施。(3)鲍罗廷明确同意支持北伐战争。对这个协定。蒋介石后来回忆说:"当鲍罗廷与我会商这个办法时,对我的态度极为缓和。凡我所提主张,都作合理的解决。同时我恪守国父的遗训,不因联俄而对共党姑息和迁就。所以我们的会商能够达到这八点的协定。"②

当时,陈独秀坚决反对这种退让,派彭述之等人来指导参加国民党二届二中全会的中共党团,"在党团会上,讨论了接不接受整理党务案。彭述之引经据典地证明不能接受"③。但鲍罗廷为了说服中共接受,多次与中共中央代表张国焘和谭平山谈话,并反复辩称:"在现时的国民党中,没有人像他(指蒋介石——引者注)那样有力量有决心,足以打击右派的反革命阴谋。因此,他认为要打开当前极度危险的僵局,我们不得不对蒋作最大限度的让步,承认他从三月二十日以来所取得的权力,不要反对他的整理党务案"④。5月14日,鲍罗廷还指示张国焘、谭平山去拜访蒋介石和张静江,表示中共

---

① 《共产国际、联共(布)与中国革命档案资料丛书》第3卷,北京图书馆出版社1998年版,第237页。

② 中共中央党史研究室第一研究部编:《共产国际、联共(布)与中国革命档案资料丛书》第5卷,北京图书馆出版社1998年版,第179页。

③ 《周恩来选集》上卷,人民出版社1980年版,第123页。

④ 彭述之:《评张国焘的〈我的回忆〉——中国第二次革命失败的前因后果和教训》,香港前卫出版社1972年版,第8页。

为了维护国共合作,不会反对整理党务案。① 在鲍的强力压制下,国民党二届二次全会顺利通过了《整理党务案》。可见,在《整理党务案》上的让步是鲍罗廷贯彻联共(布)中央退让政策的结果。

2. 大革命后期的右倾问题

长期以来,陈独秀作为右倾投降主义或右倾机会主义的代表,还常常被批评在蒋介石发动"四一二"政变之前缺乏警惕,在事变发生后又主张妥协退让,并对汪精卫抱有幻想,从而导致大革命失败。事实上,这种看法过于简单。在陈独秀许多言行的背后,往往都隐藏着联共中央和共产国际指示的身影。

蒋介石发动"四一二"政变其实有迹可循。1927 年 2 月 21 日和 3 月 7 日,他便在南昌两次发表反共演说,叫嚣要制裁共产党,制裁左派。3 月 6 日,他又诱杀了中共党员、赣州总工会委员长陈赞贤,此后接连捣毁南昌、九江、安庆、南京等地的党部和总工会。当得知这些情况后,陈独秀痛心地指出:"蒋在江西赣州杀工会委员长,打市党部,打六军政治部,被害的都是CP","所以中央与区委已决定准备防御战争","中国革命如不把代表资产阶级的武装打倒,中国就不想要革命……所以我意我们现在要准备一个抵抗,如果右派派军队来缴械,我们就与之决斗,此决斗或许胜利,即失败则蒋介石的政治生命完全断绝。因此,此决斗实比对直鲁军斗争还有更重要的意义"②。但出乎陈独秀意料的是,他从莫斯科那里得到的指示却是:"对蒋介石作出某些让步以保持统一和不让他完全倒向帝国主义者一边","请你们务必严格遵循我们关于不准在现在举行要求归还租界的总罢工或起义的指示。请你们务必千方百计避免与上海国民党军及其长官发生冲突"③。4 月5 日,斯大林还在莫斯科机关积极分子会议上发表了关于中国大革命形势的讲话。他满怀信心地宣称,鲍罗廷等人目前掌握着国民党的实权,完全有能力控制蒋介石。他还说,由于蒋介石领导着反帝军队,所以对蒋介石"应该

---

① 张国焘:《我的回忆》第 2 册,东方出版社 2004 年版,第 120 页。

② 上海档案馆编:《上海工人三次武装起义》,上海人民出版社 1983 年版,第 392、388—390 页。

③ 中共中央党史研究室第一研究部编:《共产国际、联共(布)与中国革命档案资料丛书》第 4 卷,北京图书馆出版社 1998 年版,第 167、169 页。

利用到底。从他们身上能榨多少就榨多少，然后才将他们像榨干了的柠檬一样扔掉"。① 然而，斯大林这个演讲刚过 7 天，蒋介石就发动了"四一二"政变，最终被抛弃的是中共。

由此可见，正是由于莫斯科的这种妥协态度，"共产国际代表、军事部门（俄国军事顾问）和许多国民党左派人士认为，目前同蒋介石决裂还不是时候，为了革命还可以保留他"②。于是，陈独秀的反蒋计划自然也就被取消，遂使蒋介石得偿所愿。

至于陈独秀在武汉国民政府时期的右倾问题，同样也与联共中央和共产国际的态度有关。具体说来，莫斯科这一时期的指示是先"左"后右，这尤其体现在土地革命问题上。在北伐战争初期，中共中央曾经把铲除贪官污吏土豪劣绅、实行减租减息作为当时解决农民问题的具体政纲，并不涉及土地问题。1926 年 12 月召开的湖南省第一次农民代表大会就强调："目前湖南农民急迫的要求是减租、减息，废除苛捐杂税，解决农民衣食问题"③。应该说，这本来是符合农民运动发展实际的，但却遭到共产国际的批评和指斥。1926 年 11 月 23 日，布哈林在共产国际执委会第七次扩大全会上批评中共"对农民问题注视得不够，过分畏惧农民运动的开展，在国民党占领区进行土地改革不够坚决"，要求立即"着手解决土地问题和农民问题"。30 日，罗易也表示："土地问题是目前中国革命最迫切需要解决的问题"，然而中共"在已经制定了的土地纲领中，却没有触及根本问题"，存在着"机会主义倾向的危险性"，因此要求中共"尽量明确地提出土地革命问题。"斯大林同样提醒中共："应该为农民没收地主的土地，并使土地国有化。"④。12 月 16 日全会通过的《关于中国问题决议案》吸收了以上意见，明确提出："土地问题……成为现在局面的中心问题"，中共现在必须改弦更张，实行"彻底的土地政策"，"不去勇敢地接近土地问题，以拥护农民群众客观的一切政治与

---

① 斯大林：《在联共（布）莫斯科机关积极分子会议上关于中国大革命形势的讲话》，《党的文献》2001 年第 6 期。

② 中共中央党史研究室第一研究部编：《共产国际、联共（布）与中国革命档案资料丛书》第 4 卷，北京图书馆出版社 1998 年版，第 220 页。

③ 《第一次国内革命战争时期的农民运动资料》，人民出版社 1983 年版，第434 页。

④ 《共产国际有关中国革命的文献资料》第 1 辑，中国社会科学出版社 1981 年版，第 157—158、240、273 页。

经济要求,这才是革命的大危机"①。措辞可谓十分严厉。

1927年年初,共产国际的《关于中国问题的决议案》传到中国。中共中央经过"详细讨论和辩难"后只好"接受国际这个提案",并指示各地:今后"一切政策及工作计划,即须依据此提案的方针与战略而进行"②。中共湖南区委也表示:"赞成共产国际关于中国革命应准备将土地革命作为'中心问题'的意见",并于3月发表《对湖南农民运动的宣言》,支持农民开展"平均佃权"的行动。③于是,湖南农民从4月起率先在农村开始自发地夺取地主的土地。长沙、浏阳、衡山、湘潭、醴陵、湘乡等县一些区乡的农民,成立了土地委员会,用平均佃权、清丈田亩、插标占田、分田分谷等方式,在那里自行解决土地问题,引发了一系列过火行为。④

但在马日事变发生后,同样是这个布哈林,却又一度转向主张让步。他在共产国际执委会第八次全会上说:"农民夺取土地吓坏了武汉政府。如果我们不限制土地革命,我们将失去我们的左派同盟者,并且将不可能争取国民党中的大多数。如果限制土地革命,我们将扩大在国民党中的影响,而当我们变得更为强大时,或可不顾我们现在的同盟者。"⑤这说明他为了暂时笼络国民党,对土地革命问题的认识又发生了一些变化。而作为莫斯科在华决策的最高负责人,鲍罗廷此时也认为:"目前不应以政府和国民党的名义发表宣言和在土地问题上采取激进措施,以避免指挥人员和军队发生分化"。于是,他开始发号施令,"要求共产党抑制工农运动,并把工农运动的领导人看成是反革命分子"⑥。

①　中央档案馆编:《中共中央文件选集》第2册,中共中央党校出版社1989年版,第673页。

②　中央档案馆编:《中共中央文件选集》第2册,中共中央党校出版社1989年版,第22页。

③　《湖南人民革命史》,湖南出版社1991年版,第194页。

④　中国革命博物馆、湖南省博物馆编:《湖南农民运动资料选编》,人民出版社1988年版,第718—719页。

⑤　中共中央党史研究室第一研究部编:《共产国际、联共(布)与中国革命档案资料丛书》第5卷,北京图书馆出版社1998年版,第558页。

⑥　中共中央党史研究室第一研究部编:《共产国际、联共(布)与中国革命档案资料丛书》第4卷,北京图书馆出版社1998年版,第274页。

这一时期,莫斯科还千方百计拉拢汪精卫。如联共中央政治局6月23日致电汪精卫:"恳请您运用您的全部威望对国民党的其他中央委员施加影响"以"支持土地革命和农民",同时答应提供200万卢布的援助。不久武汉回答,不提供1500万卢布,"就拒绝立即反对蒋介石"。于是,斯大林决定"再给武汉国民政府汇款200万卢布",并宣称:"给武汉追加300万到500万是值得的,只要有所依靠,武汉就不会向南京无条件投降,钱就不会白花。"①身段竟放得如此之低,实在难以想象。

总之,以陈独秀为首的中共中央在大革命后期虽然表现出某种右倾,但这些大都是在联共中央和共产国际的指示下做出的,并非其自觉行为。所以,与其一味指责陈独秀妥协退让,不如说这是尚处在幼年时期的中国共产党在莫斯科控制下难以自决的反映。罗易在当时给共产国际执委会和斯大林的报告中就承认:当国民党企图消灭湖南农民运动时,"鲍罗廷支持了国民党的这种政策。共产党不敢反对鲍罗廷的政策,因为他的政策被认为是莫斯科的政策,只好不情愿地采取违心的行动。"②

3. 陈独秀的抗争与无奈

在领导中国大革命的过程中,陈独秀对来自联共(布)和共产国际的指示并非没有过抗争,但无一例外都以失败告终。这尤其体现在他曾多次力图改变国共合作方式而未果上。

第一次国共合作采取的是党内合作形式,即共产党员以个人身份加入国民党。应该说,这可能是孙中山当初愿意接受的唯一方式,对促成国共合作和国民革命高涨起到了积极作用。但在孙中山逝世后,特别是国民党右派势力崛起并屡屡制造事端打压共产党之际,对两党合作形式加以必要的调适,或许不失为一种更好的选择。毕竟,国共两党是性质不同的两个政党,它们虽在达成一定共识的基础上实现了合作,但由于代表的阶级不同,革命的目标、主张、政策有很大差异,尤其是在工农运动上更是如此。如果

---

① 中共中央党史研究室第一研究部编:《共产国际、联共(布)与中国革命档案资料丛书》第4卷,北京图书馆出版社1998年版,第345—346、352、364、366页。

② 中共中央党史研究室第一研究部编:《共产国际、联共(布)与中国革命档案资料丛书》第4卷,北京图书馆出版社1998年版,第282页。

一味勉强维持党内合作的形式,极易给双方埋下猜疑不安的种子。特别是由于受到这种党内合作框架的约束,处于附属地位的中共往往丧失了主动权而陷入"进退两难之境,处处被动"①。

事实上,陈独秀一开始就不赞成党内合作方式。早在1922年4月,他在给维经斯基的信中便明确列举了不能加入国民党的六条理由,第一条即曰:"共产党同国民党革命之宗旨及所据之基础不同。"②在8月召开的西湖会议上,陈独秀等人又一致反对马林关于共产党加入国民党的提案,"其主要理由是:党内联合乃混合了阶级组织和牵制了我们的独立政策"。然而,"最后,国际代表指出中国党是否服从国际决议为言,于是中共中央为尊重国际纪律遂不得不接受国际提议,承认加入国民党"③。对此,鲍罗廷后来也承认:"其实是我们逼着他们工作的。其实我们知道,共产党人拒绝同国民党合作,他们想保持自己的独立性。"④

1924年7月,鉴于国民党内一些右派分子活动的日益猖獗,陈独秀提出:"对国民党的支持不能沿用以前的形式,我们应该有选择地采取行动。"言下之意就是改变国共合作方式,将"党内合作"改为"党外联合"。但这一主张遭到了鲍罗廷的反对,他认为"共产党人不应该退出国民党","在准备可能退出国民党的问题上,我党实际上走上了一条不正确的道路"。⑤ 1925年10月,由于戴季陶主义的出现和国民党新右派势力抬头,国共关系更趋复杂。在这种情况下,陈独秀再次提出:"我们应该及时准备退出国民党而独立,始能保持自己的政治面目,领导群众而不为国民党政策所牵制。"⑥但这

① 张国焘:《我的回忆》第2册,东方出版社2004年版,第68页。

② 中央档案馆编:《中共中央文件选集》第1卷,中共中央党校出版社1989年版,第31页。

③ 中共中央党史研究室第一研究部编:《共产国际、联共(布)与中国革命档案资料丛书》第6卷,北京图书馆出版社1998年版,第351页。

④ 中共中央党史研究室第一研究部编:《共产国际、联共(布)与中国革命档案资料丛书》第3卷,北京图书馆出版社1998年版,第138页。

⑤ 中共中央党史研究室第一研究部编:《共产国际、联共(布)与中国革命档案资料丛书》第1卷,北京图书馆出版社1997年版,第507、508页。

⑥ 中共中央党史研究室第一研究部编:《共产国际、联共(布)与中国革命档案资料丛书》第6卷,北京图书馆出版社1998年版,第352页。

一提议又被维经斯基否定了,认为这是"一种很大的错误"①。

中山舰事件后,国共关系进一步恶化。1926年6月,陈独秀又在给共产国际的报告中强烈主张"由党内合作改为党外联盟","否则其势必不能执行自己的独立政策,获得群众的信任"②。但莫斯科则坚持认为:"这种破裂是绝对不能允许的","必须实行让共产党留在国民党内的方针"③。布哈林还在《真理报》上撰文"严厉地批评中共有退出国民党的意见",并派维经斯基来中国,"矫正中共退出国民党之倾向"④。随后,在7月召开的中共中央第三次扩大执委会会议上,陈独秀和彭述之又联名"提出退出国民党的问题",结果再次被维经斯基否决⑤,认为"这种观点是完全不对的,完全看错了中国民族解放革命的远景"⑥。

马日事变发生后,陈独秀又在1927年6月26日中共中央政治局与共产国际执委会代表联席会议上提出:"如果我们想取得政治独立,那我们就应退出国民党。"⑦但仍遭到共产国际代表罗易的严厉斥责和拒绝。罗易一再强调:"目前,必须留在国民党内,这决定了我们同国民党的关系,在最近撤出国民党的任何建议必须予以否定"⑧,"共产党人不应退出国民党,他们应

---

① 中央档案馆编:《中共中央文件选集》第1册,中共中央党校出版社1989年版,第470页。

② 中共中央党史研究室第一研究部编:《共产国际、联共(布)与中国革命档案资料丛书》第6卷,北京图书馆出版社1998年版,第352页。

③ 中共中央党史研究室第一研究部编:《共产国际、联共(布)与中国革命档案资料丛书》第3卷,北京图书馆出版社1998年版,第236页。

④ 中共中央党史研究室第一研究部编:《共产国际、联共(布)与中国革命档案资料丛书》第6卷,北京图书馆出版社1998年版,第352—353页。

⑤ 彭述之:《评张国焘的〈我的回忆〉——中国第二次革命失败的前因后果和教训》,香港前卫出版社1972年版,第20页。

⑥ 中央档案馆编:《中共中央文件选集》第2册,中共中央党校出版社1989年版,第176页。

⑦ 中共中央党史研究室第一研究部编:《共产国际、联共(布)与中国革命档案资料丛书》第4卷,北京图书馆出版社1998年版,第363页。

⑧ 中共中央党史研究室第一研究部编:《共产国际、联共(布)与中国革命档案资料丛书》第5卷,北京图书馆出版社1998年版,第435页。

留在国民党内"。即使到了 7 月 8 日汪精卫分共前夕,联共(布)中央政治局仍然指示:"共产党人必须留在国民党内。"①7 月 10 日,布哈林也强调:目前"采取通过国民党组织全面决裂的做法是十分错误和十分荒谬的"②。面对这种进退两难的困境,陈独秀只好无奈地提出辞职,并表示:"国际一面要我们执行自己的政策,一面不许我们退出国民党,实在没有出路,我实在不能继续工作。"③

那么,莫斯科为何一再坚持共产党必须与国民党实行党内合作呢? 这主要是与其东方战略和对国共两党的看法有关。简单说来,共产国际出于苏联安全的考虑,希望中国革命能在帝国主义包围圈中打开一个缺口,因此其东方战略的核心内容是反帝革命。它虽然有时也提出一些反封建的原则要求,但更多的是强调中国革命反帝的一面,尤其是看重国民党的反帝作用。罗易即曾阐明:"共产国际在中国的任务,同在一切殖民地国家一样,是动员一切可利用的力量进行反帝国主义的斗争。非常明显,组成反帝队伍的各阶级不可能全部动员到共产党的纲领之下。因此,必须寻找一个达到这个目的的更加广泛的基础。基此利用,共产国际在中国的政策的出发点,就在于支持国民党,给它人力和物力的援助,以期发展反对帝国主义的斗争。"④

从这种东方战略出发,莫斯科采取了重视和依靠国民党、轻视和限制共产党的政策。早在大革命开始之前,共产国际就把中国革命的希望寄托在国民党身上,而对共产党的地位与作用估计过低,甚至将中共视作"早产儿",认为"是有人过早地制造出来的"。1923 年 1 月 12 日,共产国际执委会通过《关于中国共产党与国民党的关系的问题的决议》,第一句话便说:"中国唯一重大的民族革命集团是国民党,它既依靠自由资产阶级民主派和小资产阶级,又依靠知识分子和工人",第二句话又说:"由于国内独立的工人

---

① 中共中央党史研究室第一研究部编:《共产国际、联共(布)与中国革命档案资料丛书》第 4 卷,北京图书馆出版社 1998 年版,第 370、398 页。

② 安徽大学苏联问题研究所、四川省中共党史研究会编译:《苏联〈真理报〉有关中国革命的文献资料选辑》第 1 辑,四川社会科学院出版社 1985 年版,第 500 页。

③ 中共中央党史研究室第一研究部编:《共产国际、联共(布)与中国革命档案资料丛书》第 6 卷,北京图书馆出版社 1998 年版,第 354 页。

④ [美]罗伯特·诺思等编,王淇等译:《罗易赴华使命》,中国人民大学出版社 1981 年版,第 354 页。

运动尚不强大……工人阶级又尚未完全形成为独立的社会力量",第三句话则说:"因此,在目前条件下,中国共产党党员留在国民党内是适宜的"①。对共产党之轻视由此可见一斑。8月,斯大林在派鲍罗廷来华工作前也一再告诫他在与孙中山打交道时,必须"遵循中国民族解放运动的利益,绝不要迷恋于在中国培植共产主义的目的"②。此后,鲍罗廷亦公开宣称:"中国现已有一种势力,为将来引导其国民运动以至于完全成功者,此势力为何,即中国国民党。"③他甚至表示:"坦白说来,中共似乎是命中注定要做中国革命的苦力。"④

因此,在中山舰事件发生后,莫斯科为了避免国民党离开反帝阵营而不得不做出让步也就不难理解了。当时参与处理事件的共产国际代表穆辛在其报告中就说:"现在在革命取得胜利后走向全国政权的党不是共产党,而是国民党。在人民民主革命取得胜利时,中国无产阶级只能指望自己目前的常常是奴隶般的地位有一定的改善和为进一步争取自己在政治上和经济上的解放创造有利的条件。"因此,中共当前的"任务不是为自己从国民党那里夺取群众","不是把国民党变成共产党组织,而是通过吸收新的阶层和阶级参加国民革命事业来发展、加强和巩固国民党本身","在中国国民革命运动的目前状况下,如果共产党人退出国民党并同他们在组织上彻底决裂,这对国民革命事业来说是很不恰当的"⑤。而正是出于同样的考虑,当"整理党务案"通过后,许多中共党员万分激愤,纷纷质问:"为何不主动提出改变国共合作方式,由党内合作改为党外合作?为何不退出国民党?为何要被动地受处罚、被整理?"鲍罗廷仍奉共产国际指示为圭臬,"不赞成多数中共同

---

① 中共中央党史研究室第一研究部编:《共产国际、联共(布)与中国革命档案资料丛书》第2卷,北京图书馆出版社1997年版,第477、436页。

② 中共中央党史研究室第一研究部编:《共产国际、联共(布)与中国革命档案资料丛书》第1卷,北京图书馆出版社1997年版,第266页。

③ 中共中央党史研究室第一研究部编:《共产国际、联共(布)与中国革命档案资料丛书》第2卷,北京图书馆出版社1997年版,第537页。

④ 张国焘:《我的回忆》第2册,东方出版社2004年版,第118—119页。

⑤ 中共中央党史研究室第一研究部编:《共产国际、联共(布)与中国革命档案资料丛书》第3卷,北京图书馆出版社1998年版,第211—213页。

志退出国民党的主张,因有违共产国际之意旨"①。

其实,当时共产国际内部也并非铁板一块,有人也赞成陈独秀改变国共合作方式的主张。如拉狄克在 1926 年 6 月就指出:党外合作"在共产党和国民党都还没有发展成群众性政党时,是能够长时期存在的。现在,这种状况有可能发展革命的因素变成削弱革命的因素,有可能危害工人阶级与小资产阶级的结合或者危害工人运动的独立性。国民党一旦发展成群众性政党,就会对来自共产党人的监督感到恼火……由于这种情况就造成了磨擦,给广州政府的生存带来了威胁,也给试图破坏欲工人阶级的联盟的国民党右派提供了口实。要摆脱这种状况有两条出路。要么是共产党人放弃独立的政策,完全屈从于国民党……要么必须从目前的联系方式过渡到同国民党的联盟,即两个独立政党的联盟。"因此,"现在是应该提出改变国民党和共产党关系形式的时候了"②。

这一时期,身为共产国际远东局书记的维经斯基,虽然曾奉命批评陈独秀退出国民党的主张,但亦一度对其观点表示同情和支持。1925 年 9 月,他即曾提出:"我们采取的方针是,在同国民党的关系中,要从联盟转向联合。"③1926 年 4 月,他又在致陈独秀的信中说:"毫无疑问,我们应该朝着建立我们党同国民党联盟的方向调整我们的方针,不再与国民党一起组成混合联盟。"这显然是赞同陈独秀由"党内合作"改为"党外联合"的主张。后来,他在给共产国际执委会的信中还感叹道:"中国的解放斗争是多么的与众不同,在这种斗争中保持真正的革命策略又是多么的困难,一方面要冒陷入机会主义的危险,另一方面又要冒过左和破坏必要的民族革命统一战线的危险",如果了解这些,"那么就会明白,中共需要在何等令人难以置信的矛盾条件下进行工作"④。显而易见,他对党内合作形式带来的一系列问题也是有着清醒认识的。

---

① 张国焘:《我的回忆》第 2 册,东方出版社 2004 年版,第 122、124 页。

② 中共中央党史研究室第一研究部编:《共产国际、联共(布)与中国革命档案资料丛书》第 3 卷,北京图书馆出版社 1998 年版,第 313—315 页。

③ 中共中央党史研究室第一研究部编:《共产国际、联共(布)与中国革命档案资料丛书》第 1 卷,北京图书馆出版社 1997 年版,第 693 页。

④ 中共中央党史研究室第一研究部编:《共产国际、联共(布)与中国革命档案资料丛书》第 3 卷,北京图书馆出版社 1998 年版,第 220—221、618—619 页。

更深入地来看,莫斯科的这种意见分歧其实是列宁去世后托洛茨基与斯大林相互斗争在指导中国革命问题上的反映。当时,联共(布)党内以托洛茨基、季诺维也夫、加米涅夫为首的反对派是不同意斯大林的对华政策尤其是国共"党内合作"政策的,并且警告这样下去必然会使中国革命发生悲剧,因此主张中共退出国民党,"任何时候也不能使党的政策组织和其他政党混合"①。但随着斯大林的强势胜出,这种观点逐渐落了下风。1926 年 11 月 30 日,斯大林在共产国际执委会第七次全会上再次强调:"中国共产党人现在退出国民党将是极严重的错误。中国革命的全部进程、它的性质、它的前途都毫无疑问地说明中国共产党人应当留在国民党内,并且在那里加紧自己的工作。"于是,这次全会通过决议,"强烈谴责中共内主张退出国民党的某些同志",要求"中国共产党仍要留在国民党内"。② 此后,这种意见便不再动摇。托洛茨基等人虽偶有抗议,但已无力回天、于事无补了。

总之,在整个大革命时期,共产国际的主流意见始终是认为必须在国民党的框架内开展反帝革命,尤其"强调作为民族解放思想最彻底最可靠的捍卫者的国民党和人民军的作用,并将其提到首要地位"③。这就不可避免要牺牲中共的利益。而按照当时莫斯科的权威性,陈独秀等人是根本无法阻止这一政策之实施的。

从当时联共(布)、共产国际与中共的组织关系来看,前二者是政策的制定者,后者仅是政策的执行者,这就使得中共不能独立自主地确定自己的方针政策。如共产国际执委会远东局在 1926 年 6 月成立伊始就要求:"中共中央的代表同志应定期报告中央的工作,必要时还应就主要的政治问题同远东局预先进行协商"。后来,远东局负责人维经斯基也承认:对中共中央"我们远东局起了领导作用","不言而喻,(远东局)同中国党的联系是最密切的。可以说,在党的政治生活和活动中没有一个问题不是在远东局俄国同

---

① 中共中央党史研究室第一研究部编:《共产国际、联共(布)与中国革命档案资料丛书》第 6 卷,北京图书馆出版社 1998 年版,第 92 页。

② 中共中央党史研究室第一研究部编:《共产国际、联共(布)与中国革命档案资料丛书》第 4 卷,北京图书馆出版社 1998 年版,第 84 页。

③ 中共中央党史研究室第一研究部编:《共产国际、联共(布)与中国革命档案资料丛书》第 1 卷,北京图书馆出版社 1997 年版,第 730 页。

志的参与下解决的。"①而与远东局相比，鲍罗廷对中共的影响力更是有过之而无不及。他常常一手遮天、独断专行，压制不同意见，"俨然是共产党的太上皇"②，甚至共产国际主席季诺维也夫都说："广州其实是中国的小莫斯科，到过那里的同志都证实了这一点。在那里发号施令的首先是共产国际的同志，即鲍罗廷同志。"③

对这种状况，中共中央当然是十分不满的，曾经抗议："中共（中央）执委会非常不满的是，鲍罗廷同志作为共产国际代表同党的执委会联系很少，也不同它讨论决议和对国民党的态度的改变，而是单独行事……这对国民革命运动来说是有害的"，并表示："共产国际代表同中共也应当对国民党采取共同行动。然而鲍罗廷同志从不同我们党协商，好像在中国不存在共产党"，"我们希望共产国际给他提出警告"④。但由于鲍罗廷的特殊身份，他不仅没有被警告，反而进一步扩大了对中共的控制力。罗易后来便说："共产党人经常在正式会议上驳斥他（鲍罗廷）的观点，但最终他总是能把他们置于自己的控制之下，不管他们对局势评价如何"，"他处事独断专行，不同许多负责人商量，无视他们的意见。他向共产党发号施令"⑤。而究其缘由，张国焘的一番话或许更为切中肯綮，他曾分析："这时列宁逝世已一年有半，在俄共内部，斯大林与托洛茨基之间的争论日益尖锐，鲍罗庭往往直接受到斯大林的指导，这点对于中国革命的发展，是有着重要关系的。他能通天，加拉罕管他不了，共产国际和中共中央也不在他的眼里，因而广州的一切政务，鲍罗庭都是干了再说。中共中央及其属下的组织，在政治上不过是随着

①　中共中央党史研究室第一研究部编:《共产国际、联共（布）与中国革命档案资料丛书》第3卷，北京图书馆出版社1998年版，305、352、350、532页。

②　[美]罗伯特·诺思等编，王淇等译:《罗易赴华使命》，中国人民大学出版社1981年版，第112页。

③　中共中央党史研究室第一研究部编:《共产国际、联共（布）与中国革命档案资料丛书》第3卷，北京图书馆出版社1998年版，第60页。

④　中共中央党史研究室第一研究部编:《共产国际、联共（布）与中国革命档案资料丛书》第1卷，北京图书馆出版社1997年版，第534、539页。

⑤　中共中央党史研究室第一研究部编:《共产国际、联共（布）与中国革命档案资料丛书》第4卷，北京图书馆出版社1998年版，第292、274页。

他所造成的既成事实,事后应付而已。"①

其实,即使是鲍罗廷、罗易这些共产国际代表同样也有烦恼,因为他们必须听命于远在莫斯科的联共(布)中央。而后者的指示往往是从纯粹理论或利益考虑出发,很难切合中国革命的实际。例如,大革命失败前夕,莫斯科发来一系列指示,一方面要求维持国共合作,另一方面又要求开展土地革命。这种政策内在的尖锐矛盾使一向长袖善舞的鲍罗廷也一筹莫展,只好表示:"我们不同意这些电报的方针,因此给莫斯科发了电报。莫斯科非常明确地回答说,它坚持自己的指示。"②而此时由于对共产国际指示的理解不同,鲍罗廷与罗易这两位国际代表又争吵不休,更让人无所适从。罗易代表了国际决议中实行土地革命的一面,鲍罗廷则代表了国际决议中要求中共维护统一战线的另一个侧面,他们两人把陈独秀夹在中间。毛泽东后来曾经非常形象地描绘:鲍罗廷站在陈独秀右边一点点,他随时准备尽力去讨好资产阶级,甚至于准备解除工人的武装,最后他也下令这样做了。共产国际的印度代表罗易站在陈独秀和鲍罗廷两人左边一点点,可是他只是站着而已。他说,而且说得太多了,却不提出任何实现的方法。③ 蔡和森也总结说:"老鲍是有办法而无原则,鲁易是有原则而无办法。"④面对这种情况,陈独秀终于按捺不住,愤然表示:"莫斯科的指示我弄不明白,我不能同意。莫斯科根本不了解这里发生的事情。"甚至连一向温和的周恩来也说:莫斯科的指示经常变化,"应当弄清楚,莫斯科到底想怎么办"⑤。

但正如毛泽东所指出,"共产国际在1927年提供给中国共产党的不是什么'意见',而是干脆发的命令,中国共产党显然甚至无权不接受"⑥。于

---

① 张国焘:《我的回忆》第2册,东方出版社2004年版,第57页。

② 中共中央党史研究室第一研究部编:《共产国际、联共(布)与中国革命档案资料丛书》第4卷,北京图书馆出版社1998年版,第357页。

③ [美]埃德加·斯诺著,董乐山编:《西行漫记》,三联书店1979年版,第138—139页。

④ 中共中央党史研究室第一研究部编:《共产国际、联共(布)与中国革命档案资料丛书》第5卷,北京图书馆出版社1998年版,第527页。

⑤ 中共中央党史研究室第一研究部编:《共产国际、联共(布)与中国革命档案资料丛书》第4卷,北京图书馆出版社1998年版,第361页。

⑥ [美]埃德加·斯诺著,董乐山编:《西行漫记》,三联书店1979年版,第139页。

是,大革命便在中共的这种进退两难中失败了。今天看来,"中共中央不能根据自己所了解的情况,独立自主地速决速行,而要听命于远在莫斯科、对中国实情又十分隔阂的共产国际;这是一切困难的主要根源"①。而在这一失败面前,甚至连共产国际代表维经斯基都承认:"对中国共产党所犯错误我要承担很大的责任,要承担比中国共产党更大的责任。"②既然如此,又怎么能将失败的责任完全或主要归于陈独秀为首的中共中央呢?

① 张国焘:《我的回忆》第 2 册,东方出版社 2004 年版,第 444 页。

② 中共中央党史研究室第一研究部编:《共产国际、联共(布)与中国革命档案资料丛书》第 6 卷,北京图书馆出版社 1998 年版,第 475 页。

第二章　国共两党在抗日战争中的地位和作用

　　1945 年抗战胜利后，当时的国民政府陪都重庆沉浸在一片喜庆氛围中，举办了各种庆祝活动。在一次庆祝晚会上，有一则灯谜引起人们的很大兴趣。其谜面是"抗战胜利（打一中国历史人物）"。大家纷纷作答，结果出现了四种谜底，分别是屈原、苏武、蒋干、共工。"屈原"，意为日本屈服于美国的原子弹；"苏武"，指苏联出兵中国东北起了举足轻重的作用；"蒋干"，指蒋介石及其领导的国民党在抗战中起了决定性作用；"共工"，指共产党才是抗战的主要力量。这四个答案各有所据，由此造成了一谜四底的佳话，同时也反映了人们认识的分歧。① 时至今日，如何看待国共两党在抗日战争中的地位和作用，仍然众说纷纭，莫衷一是。本文拟就此加以介绍和评析。

一、是"共工"还是"蒋干"

　　长期以来，国共两党在抗日战争中的地位和作用问题一直是学术界争论的焦点，也是普通民众经常街谈巷议的热门话题。归纳起来，主要存在以下一些争论。

　　1. 关于抗日战争领导权的争论

　　抗日战争中的领导权问题，是一个长期有争议的问题。大陆史学界过去强调共产党的领导作用，而中国台湾学术界则只承认国民党的领导地位。对抗战历史中这一重大问题的不同认识，至今还影响着海峡两岸的人们。

---

　　①　荣维木：《对抗日战争史研究中几个问题的看法》，《百年潮》2007 年第 8 期。

关于这个问题,目前主要有如下几种观点:①

其一,共产党领导说。这是大陆史学界的主流观点,其根据是:第一,中国共产党代表全国人民的利益,提出了一整套正确的政治主张和军事战略策略,指明了抗战胜利的道路,促成了全民族的大团结,鼓舞了全国军民抗战必胜的斗争信心。第二,中国共产党领导的八路军、新四军和其他人民军队开辟了敌后战场,抗击了大部日军和几乎全部的伪军,成为全民族抗战的中流砥柱,对抗日战争的胜利起了决定性作用。第三,中国共产党在抗日民族统一战线中,坚持了独立自主原则,采取了"又联合,又斗争"和"有理"、"有利"、"有节"的斗争策略,迫使国民党蒋介石集团不得不接受中国共产党的抗日民族统一战线政策,走上联共抗日道路,也不得不在抗日战争中始终保持了同中共合作抗日的局面。由此可见,"中国共产党是抗日战争的领导者这一历史结论,是客观事实,是否认不了的"②。

另外,有的学者虽然赞同共产党领导说,但主要强调其在政治上的领导作用,明确指出:"无产阶级实现抗日民族统一战线的领导权,主要表现在政治领导上",即"根据历史发展进程提出自己的政治主张,领导人民去实行这些主张,影响和推动国民党接受这些主张,而自己则是实行这些主张的模范"。③ 有研究者还具体阐述了几点看法:第一,共产党的领导主要是指共产党在抗战中政治上起了领导作用,居于领导地位。这种政治领导并非空谈,是以一定有组织的力量为依托的,组织力量的增长有一个过程,政治领导力量的充分发挥也有一个过程。第二,抗日战争中谁领导谁的问题,一条是共产党独立自主,不被国民党拖着走;另一条是把抗日主力军广大农民、资产阶级民主派和其他同盟者动员、团结起来,跟着自己走,或赞成自己的主张、行动。共产党很好地实现了这两条。第三,共产党固然指挥不了国民党,但它与蒋介石国民党又联合又斗争,迫使后者不至于和不敢从抗日统一战线中分裂出去,这一条也完全做到了。第四,共产党在敌后战场上发挥了重要作用,这种在敌后战场上的力量,又直接转化为政治力量,共产党的主张、政

---

① 详见郭德宏:《抗日战争领导权问题研究述评》,《中共党史研究》1995 年第 1 期。

② 肖一平、杨圣清:《抗日战争的历史地位及中国共产党的领导作用》,《理论月刊》1985 年第 8 期。

③ 逄先知、冯蕙:《抗日民族统一战线的几个问题》,《红旗》1985 年第 17 期。

策因此更增加分量,不能被轻视。总之,"对上述各点,无论分别去看或者加在一起来看,都说明共产党领导了抗日战争,无可置疑"。①

但与此同时,也有一些学者不同意以上说法,认为"说抗日战争是中国共产党领导的,这过于简单。总不能说共产党领导了国民党,领导了国民党的反共政策,领导了湘桂大溃退,等等"②。

其二,国民党领导说。过去有许多台湾学者持这种看法,他们认为不但正面战场是"国军"作战,而且敌后战场绝大部分也是"国军"作战,中共只是"游而不击","浑水摸鱼",到处掠夺民间武装力量壮大自己。在正面战场上,"共军"除参加太原会战及平型关击破日本一个运输队(百余人)外,其他皆"国军"所为。③ 这种观点试图通过贬低共产党的抗战贡献,来凸显国民党的领导地位。

从上世纪80年代开始,大陆学界也开始出现了国民党领导抗战说。在1985年举行的纪念抗日战争胜利40周年学术讨论会上便有人提出了这种观点,其理由是:第一,南京国民政府是中国当时唯一合法的政府,国民党是当时唯一的执政党。第二,中共及其军队当时一系列方针、作战计划、命令等须交国民政府批准同意后才能实施(如百团大战作战计划,八路军首先报告了白崇禧)。第三,从中共领导人的一些言论中也可看出是国民党领导的。④

有学者详细引证了毛泽东等中共中央领导人当年的说法:"1938年10月,毛泽东同志在中共中央六届六中全会的政治报告中指出:'去年七月七日芦沟桥事变发生后,全国就在民族领袖与最高统帅蒋委员长的统一领导下,发出了神圣的正义的炮声,全中国形成了一个空前的抗日大团结,形成了伟大的抗日民族统一战线';'抗日民族统一战线是以国共两党为基础的,而两党中又以国民党为第一大党,抗战的发动与坚持,离开国民党是不能设

---

① 刘大年:《抗日战争与中国历史》,《近代史研究》1987年第5期。

② 胡绳:《谈党史学习中的几个问题》,《中共党史研究》1988年第1期。

③ 刘丰祥:《台湾地区学者1990年以来有关抗日战争正面战场、敌后战场研究综述》,《历史教学》(高校版)2007年第8期。

④ 周文琪:《纪念抗日战争胜利四十周年学术讨论会简介》,《党史通讯》1985年第10期。

想的'；'抗日战争的进行与抗日民族统一战线的组成中，国民党居于领导与基干的地位。'"而且，在"党的十一届三中全会以后，廖承志同志以间接的方式也承认了蒋介石在抗战时期的领导地位。他在给蒋经国先生的信中说：'国共两度合作，均对国家民族作出了巨大贡献。首次合作，孙先生领导，吾辈虽幼，亦知一二。再次合作，老先生主持其事，吾辈身在其中，应知梗概'。总之，"就当时实际情况"，"国民政府作为抗战时期我国的中央政府是唯一合法政府，对外代表中国，这是历史事实"。①

对于这种说法，有研究提出了严厉批评，认为"到底谁领导了或谁没有领导抗日战争，应该集中到一些经过历史检验了实质性问题上去认识"。首先，如果从权力结构形式、组织指挥系统、国际上承认与否等方面去论证，"固然形式上可以说国民党领导了抗战，但却无法说明一贯坚持'攘外必先安内'的蒋政权怎么转变为与共产党合作抗日了；抗战中存在的内战、分裂危险，何以又终于避免，使抗日坚持下来了；国民党抗战期间政治地位何以衰落下去，共产党的力量何以反而迅速壮大了？它们是抗日战争中一些根本性问题。说国民党领导了抗日，不可能对这些问题得出令人信服的回答"。其次，在抗日战争中国民党"不敢和不能依靠抗日主力军农民和广大人民群众，就压根儿谈不上领导权问题。一不领导工人、农民，二不领导革命民主派，除了自己领导自己，还有谁要由他去领导？"②

其三，共同领导说。这种观点最早是在 1984 年召开的全国抗日根据地问题讨论会上提出来的。当时有人提出，抗日战争是在国共两党共同领导下进行的，不是中国共产党单独领导的。这个"共同领导"，主要是指组织领导，即国共双方通过各自保持对自己的军队和政权组织的领导，共同进行抗日战争，同时协商解决那些与共同抗日有关的问题。③

1985 年，在纪念抗日战争胜利 40 周年学术讨论会上又有学者发表类似观点，其理由是：第一，在政治上，两党各自发表了自己的纲领，即国民党的抗战建国纲领与共产党的抗日救国纲领，其内容有共同之处。在军事上，共

① 陈文渊：《对抗日战争史研究中几个问题的探讨》，《军事史林》1987 年第 3 期。

② 刘大年：《抗日战争与中国历史》，《近代史研究》1987 年第 5 期。

③ 《抗日战争是国共两党共同领导的——全国抗日根据地问题讨论会观点综述》，《天府新论》1985 年第 2 期。

产党参加了国民党召集的重要国防会议,国民党指挥的重要战役也接受过共产党运动战的思想;南京国民政府的军事和政治部门有中共领导人在其中工作,中共代表也参加了国民参政会,战区司令长官也有中共方面的副职。第二,抗日战争中存在两个战场、两条不同的抗战路线,共产党领导敌后战场,国民党领导正面战场。第三,抗战时期,毛泽东的文章和中共中央的文件只是提坚持统一战线中的独立自主原则,没有明确提过抗战是中国共产党单独领导的。①

对此,著名党史专家胡绳曾表示不赞同。他说:"国共共同领导的说法也站不住。国民党在抗日战争中要消灭共产党,它有一套方针;我们也有一套方针,与国民党根本不同。不可能也没有形成共同领导的局面"②。但近年来,仍有不少人倾向此说。如有研究者指出:从政治领导来说,中国共产党的政治领导主要限于敌后抗日根据地和解放区以及一些民主党派,国民党领导地区的广大民众并不一定了解中国共产党的主张。他们拥护和支持抗战,主要是在国民党和国民政府的领导下进行的。当时国民党和国民政府坚持抗战,拒不投降,也对抗日战争的胜利进行起了重要的政治领导作用。从组织领导和行政领导来说,中国共产党的组织领导主要限于敌后抗日根据地和解放区,而其他广大地区主要是由国民党和国民政府进行领导的。而且从全国来说,国民党和国民政府是全国抗战的合法的组织领导者,这不仅为世界各国所公认,中国共产党当时也是承认的。至于胡绳强调的国共两党区别,是确实存在的。但除了存在这些区别以外,"国共两党的共同点还是主要的,即两党都是要抗日的"。因此,"从总的方面来说,说国共两党共同领导了中国的抗日战争是符合历史实际的,因而是站得住的"③。

另有研究者明确提出"抗日战争中存在着两个领导中心,共产党、国民党共同领导了全民族抗日战争的胜利"的观点。理由是:说国民党是领导中心,是因为当时国家权力掌握在蒋介石、国民党政府手中。这个政府是民族战争所必需的、国际国内承认的统一政权,它指挥200万军队,担负着正面战

---

① 周文琪:《纪念抗日战争胜利四十周年学术讨论会简介》,《党史通讯》1985 年第 10 期。

② 胡绳:《谈党史学习中的几个问题》,《中共党史研究》1988 年第 1 期。

③ 郭德宏:《论抗日战争的领导者》,《东岳论丛》2005 年第 4 期。

场的作战任务。抗日战争必须要有蒋介石、国民党参加，才可能利用国家政权的力量推动全国抗战的开展，才可能有全民族的抗战。没有蒋介石、国民党的参加，单凭共产党的力量，在当时的历史条件下也是难以独立支撑全国抗战大局的。此外，抗战后期蒋介石与国民党政权的国际联系作用也不可忽视，他们代表中国与苏联、美国、英国等发生国际关系，谈判废除《辛丑条约》和治外法权，蒋介石作为中国首脑出席开罗会议，做出了从日本手中收回台湾等地的决定以及参与建立联合国，这些成绩离开了蒋介石和国民党政权也是不行的。我们要尊重这些基本的历史事实。

　　持这种观点的学者还指出，说共产党发挥了领导作用，是抗日战争的中流砥柱，是因为它倡导、推动并始终坚持了抗日民族统一战线，使民族战争所必需的国内团结能够维持下来，而且，共产党还指挥八路军、新四军，动员敌后地区的广大人民群众，担负着敌后战场的作战任务，大大减轻了正面战场的压力。共产党还团结各民主党派，利用各种宣传文化的形式，对全国人民进行了抗日战争的政治动员，形成了全国高涨的抗战热情，这种抗战热情又转化成抗日战争的有形和无形的物质力量和精神力量。从这一点来说，共产党是中国抗日战争的领导中心，也是符合历史事实的。"如果不承认国民党这个领导中心，只承认共产党这个中心，抗战时期中国打的许多败仗，尤其是1944年豫湘桂大溃败谁来负责？共产党能够负责吗？全国政治的不民主、官吏的腐败堕落，共产党能负责吗？"所以，"不承认其中任何一个中心所发挥的领导作用，都不是实事求是的态度，都不是历史主义的态度"。①

　　其四，分别领导说。在1985年召开的中国现代史第四次学术讨论会上，有学者提出了这种观点，理由是：抗战时期，国共两党虽然实现了合作，但未建立统一的组织形式，各有各的辖区、政权和军队，各自支撑了不同的战场。双方的政权建设和民众发动，经济建设和战争物资供应，军事力量的使用和发展都没有真正统一的领导，而是各自在不同的理论指导下分别进行。因此，中国抗日战争实际上并不存在统一的领导，它是由国共两党分别领导进行的。②

　　后来，又有学者进一步论证说："首先，在统一战线上，国共两党没有统

　　①　张海鹏：《中国抗日战争领导权问题的思考》，《中国社会科学报》2010年9月2日。
　　②　中国现代史学会编：《抗日战争史论文集——中国现代史学会第四、五次学术讨论会论文选》，春秋出版社1989年版，第219页。

一的合作形式和共同纲领"，"其次，在军事上，国共两党就指挥军队、指挥战争而言，虽然也曾有过战争配合，但谁也指挥不了对方的军队和战区"，"第三，在实际行动上，蒋介石不但不会接受共产党的指导，反而依仗自己的权势，把共产党要求合作的良好愿望看成是向国民党的投诚"。所以，"事实上国共两党是'同吹抗日调，各用各的号。'也就是说，抗日战争时期实际上存在着两个领导、两个军事指挥系统，他们各自保持对自己组织、政权、军队的领导权，合作进行抗日战争"。总之，"抗日战争名义上是国民党领导，实质上是国共两党分别领导"。①

对这种观点，胡绳曾指出其忽略了国共两党在抗战中的联系。他说："如果把国民党和共产党，正面战场和敌后战场，国统区和解放区看成各不相干，也不符合事实。因此，分别领导的说法也没有全面地说明事实。"②

其五，领导权转移说。持这种观点的学者认为，抗日战争的领导权有一个转移过程，"在战略防御阶段，国民党掌握着领导权"，而"在战略相持阶段，共产党逐渐取代国民党成了抗战领导者"。在战略防御阶段，国民党组织了一系列会战，"严重阻击了日军的锐气，而且极大地消耗了日军实力"，"粉碎了日本军国主义灭亡中国的阴谋，屏障了敌后游击战争的开展"。而"在抗日战争的战略相持阶段，中国共产党逐渐取代国民党而成为中国抗日战争的实际领导者"，其基本标志是：第一，中共六届六中全会全面奠定了共产党在抗日时期实施领导的基础，"经过六届六中全会，党基本上克服了王明右倾投降主义错误，统一了全党的步调，增强了全党的团结，从政治上、思想上、组织上为实现党对抗日战争的领导奠定了基础"。第二，百团大战标志着敌后战场上升为抗日战争的主要战场，而豫湘桂战场的大溃败则"最终宣告了国民党政府片面抗战路线的破产，表明了国民党正面战场在抗日战争中战略地位的更趋低下"。第三，在抗日民族统一战线中中国共产党领导地位的确定，这集中表现在我党抗日反顽的复杂巧妙而成功的斗争过程中，尤其是粉碎了国民党的三次反共高潮。③

---

① 李茂盛：《论抗日战争的领导权问题》，《晋阳学刊》1993 年第 5 期。

② 胡绳：《谈党史学习中的几个问题》，《中共党史研究》1988 年第 1 期。

③ 夏以榕：《试论抗日战争中领导权的归属与转移》，《西南民族学院学报》1986 年第 2 期。

其六，具体分析说。这种观点主张："抗日战争的情况是很复杂的，因而抗战的领导权用笼统、简单的字句表述不清楚，必须进行具体深入的分析"，"最好不要笼统地简单地提抗日战争是谁领导，而是具体地阐述中国共产党和国民党在抗战中的情况和作用"。还有研究者进一步提出："中国的抗日战争时期，是一个各种矛盾犬牙交错的时期，对于抗战领导权的探讨和表述，必须反映出基于客观事实的具体考察，避免机械的空间划分（如说我党领导敌后战场，国民党领导正面战场），或者简单的内容限制（如说政治上是共产党领导，组织上是共同领导，军事上各领导各的），而应该从客观存在的事实及其发展过程中去分析。"①

另有研究者提出，抗日战争领导权"是一个十分复杂的问题，用简单的一句话不容易完整地表述清楚它的本质"，"鉴于抗日战争时期复杂的政治、军事形势，不宜笼统地讲抗日战争是谁领导的，而应着重研究国共两党在抗日战争中的地位和作用"。有研究者表示非常赞同这样的说法，即"中国的抗日战争，是在中国共产党倡导的抗日民族统一战线旗帜下，以国共两党合作为基础，工农商学兵各界各族人民、各民主党派、抗日团体、社会各阶层爱国人士和海外侨胞广泛参加的一次全民族抗战"，这个说法"虽没有明确提出抗日战争是谁领导的，但是它却包含着领导权问题的深刻内容，高度概括着中国共产党和国民党在抗战中的地位和作用，它比较容易为海内外各方面人士所接受"②。

2. 关于谁是抗日战争的中流砥柱的争论

从纪念抗日战争胜利40周年开始，许多学者鉴于抗日战争的领导权问题存在很大争议，于是就改为中国共产党是抗日战争中流砥柱的提法，一直沿用至今。其论证逻辑是：首先，面对日本的侵略，中国共产党率先举起了抗日民族解放战争的旗帜，并从民族大义出发，促成西安事变的和平解决，为建立第二次国共合作、进行全国性的抗日战争创造了必要的前提。其次，中国共产党制定了全面的全民族抗战的路线即人民战争的路线和持久战的

---

① 王秀鑫：《关于抗日战争领导权的问题》，《党史通讯》1985年第8期。

② 张宪文：《关于抗日战争史研究中的几个问题》，《抗日战争史新论》，南京工学院出版社1986年版，第2—3页。

战略方针,为坚持抗战、争取胜利指明了方向。第三,中国共产党直接领导人民军队深入敌后,开展独立自主的敌后游击战争,建立和发展抗日民主根据地,从而使人民军队成了中国抗日战争的主力军。第四,中国共产党组织和推动了国民党统治区的抗日民主运动,对于激发大后方人民的爱国民主意识、坚持国共合作团结抗战、支持抗战前线发生了重要的作用。第五,中国共产党还为坚持、巩固和发展抗日民族统一战线进行了坚持不懈的努力。总之,"中国共产党是抗日战争的中流砥柱,这是一个不容置疑的历史事实,一个符合实际的科学结论"[1]。

但这一观点也很快引来了不同的意见,尤其是在网络上流传甚广。例如,网上有一篇非常有代表性的帖子便针对上述说法提出质疑,题目就叫《谁是抗日的"中流砥柱"?》,造成了很大的反响。概括来看,这篇帖子的主要说法有:其一,国民党在抗战八年中的牺牲比共产党大,"国军将领阵亡206人,而共产党方面仅有左权将军一人","国民党军队伤亡341万,共产党军队伤亡61万";其二,国民党的战果比共产党辉煌,"有126名日军将领在和国民党军队作战中阵亡;另有3名是死于跟八路军的作战,包括阿部规秀中将","国民党军队在正面战场组织了22次大规模战役,1117次重要战斗,38万多次小规模战斗……而共产党自我吹嘘了半个世纪的抗战功绩,仅有平型关和百团大战而已。中共以前一直宣传说'平型关大捷歼敌一万多',近年才悄悄改为一千多人。而日本军史记载,此战日军仅伤亡二百多人,损失运输车140多辆。而彭德怀组织的'百团大战',却受到毛泽东的严厉批评,认为此举帮助了蒋介石,暴露了共军实力,违背了中共当时制定的'七分自我发展,二分妥协,一分抗日'的内部指示(1937年8月中共洛川会议秘密决定)"该文最后写道:"通过这些数字对比,人们可以很清楚地看到,谁是抗日战争的主体力量。因为如果共产党是中流砥柱,它怎么可能伤亡人数少、阵亡将领少、消灭日军数量少、击毙日本将领人数少、组织的战役少?"[2]这篇帖子出来后,引发了更大争议。一方面有不少人支持这种观点,甚至要求"重写抗战史";另一方面也有很多人对此加以反驳,仍然坚持中国共产党是抗日战争的中流砥柱的提法。

---

[1]　沙健孙:《中国共产党:抗日战争的中流砥柱》,《高校理论战线》2005年第9期。

[2]　http://www.avi.com.cn/bbs/read.php? tid—103396.html

关于这一问题,近年来又有学者提出,"中流砥柱"这个提法本身就是值得斟酌的,因为它是一个文学语言,并不是含义明确的科学界定。如果说中国共产党是抗日战争的中流砥柱,那么国民党是不是抗日战争的中流砥柱?中流砥柱是一个还是两个或多个? 如果认为中流砥柱只有一个,只有中国共产党是抗日战争的中流砥柱,那就不符合历史事实。如果说中国共产党是抗日战争的中流砥柱,也应该承认国民党是抗日战争的中流砥柱,因为它在抗日战争中也是起了重要作用,做出了重要贡献的。如果只讲一个,而不讲另外一个,就显得不够客观,不容易让人信服。[1]

3. 关于两个战场关系的争论

由于中国的抗日战争是在特定的历史条件下进行的,所以一开始就分为了两个战场,即国民党领导的正面战场和共产党领导的敌后战场。在过去相当长的一段时间内,大陆史学界对正面战场的历史地位和作用不够重视,只有中国人民政治协商会议全国委员会和一些省市委员会的文史资料委员会编的《文史资料选辑》,发表了一些原国民政府官员撰写的抗日战争回忆录,以及中国科学院历史研究所第三所史料整理处选编的《中国现代政治史资料汇编》,公布了部分档案资料,为正面战场研究提供了参考史料。而大多数中共党史、革命史论著则对正面战场的史实和战绩基本不提,连现代史著作也概予贬斥。如20世纪60年代初出版的由李新、彭明、孙思白、蔡尚思、陈旭麓主编的《中国新民主主义革命时期通史》是当时现代史研究的代表性著作,其第三卷对敌后战场有较多的论述,而对正面战场记载少,且评价消极。由此可见,大陆关于抗日战争正面战场的研究长期处于一片空白。

直到中共十一届三中全会后,随着学术氛围的日益宽松,史学界才开始敢于对抗日战争史重加探讨,对国民政府在抗战中的举措进行客观公允的评断。20世纪80年代以来,正面战场逐渐成为学者们关注的一个热点,有关史料陆续刊布,论著大量涌现,学界对许多问题的认识较以往发生了很大变化。譬如关于正面战场与敌后战场的关系,过去往往片面强调敌后战场的作用或将两个战场分割对立起来,而现在则一般认为:正面战场与敌后战场是统一的中国抗日战争战场的不同组成部分,虽然各自独立但又相互配

---

① 郭德宏:《论抗日战争史研究中的若干重大问题》,《历史教学》2005年第11期。

合、相互依存,二者缺一不可。这两个战场是抗日军队作战地域的划分,是统一的持久战战略下合理的分工。① 还有论者进一步总结:两者的相互配合基本上是战略方面的,也有战役战斗的协同。抗战前期国共军队既有战略统一行动,也有战役战斗的直接支持;中期主要是战略上互相配合支持;后期基本上是一种战略策应、掩护的关系。② 此外,过去一些论著强调敌后战场对正面战场起了配合作用,后来有的论文也开始指出正面战场对敌后战场的配合作用。例如,军事委员会天水行营和第二战区对八路军的百团大战极为关注,卫立煌和阎锡山曾部署策应配合百团大战。③

关于抗日战争中两个战场孰为主的问题,也曾发生不同观点的争辩。过去的很多抗战史著作都说在进入相持阶段以后,敌后战场就逐渐成为抗日战争的主战场,敌后军民成为抗战的主力军。20 世纪 50 年代中期出版的一本《中国民主主义革命史》强调:"相持阶段,人民军队抗击侵华日军的六分之五,所以解放区的战场,是中国八年抗战的主要战场,解放区军队是中国八年抗战的主力,而所谓相持阶段,实际上是解放区战场与敌寇的相持。"④但前些年有研究者提出,正面战场一直是抗日战争的主战场,或是"在相当长的时间内发挥着主战场的作用"⑤。还有学者指出,延安总部 1945 年12 月公布的国共两党分别抗击日军的比例数字很难令人信服,因此在做出令人信服的统计以前,如实地反映出两个战场的贡献就可以了,并不一定非要将两个战场分出主次不可。⑥ 如今,一些论著已经开始回避"主战场"的提法,而代之以一种模糊性表述。如有的著作说:"敌后战场在决定整个抗日战场运动和战争结局中的地位越往后越显著。"⑦而有的著作则干脆采取各自表述的方式:"正面战场担负着较大规模的正规战任务,抗击敌人的较大

① 阮家新:《关于抗日战争两个战场的再探讨》,《抗日战争胜利五十周年纪念集》,《近代史研究》杂志社 1995 年版,第 93 页。

② 何理:《论抗日战争的整体性和社会性》,《抗日战争研究》1999 年第 4 期。

③ 刘贵福:《国民政府军队对百团大战的反应和策应配合》,《抗日战争研究》1995 年第 2 期。

④ 胡华:《中国新民主主义革命史》,人民教育出版社 1955 年版,第 266 页。

⑤ 张宪文主编:《中国抗日战争史》,南京大学出版社 2001 年版,第 13 页。

⑥ 郭德宏:《论抗日战争史研究中的若干重大问题》,《历史教学》2005 年第 11 期。

⑦ 刘大年、白介夫主编:《中国复兴枢纽》,北京出版社 1997 年版,第 4 页。

规模的进攻","敌后战场担负着在敌人占领区内进行游击战争的任务。由于与正面战场相隔甚远,游击战争只能在敌人的深远后方,在被敌人严密封锁和'扫荡'的状态下进行"。① 文字中不带有任何定性的色彩。

从以上一系列紧密相关的争论可以看出,学术界一方面对国共两党的抗战地位均有所肯定,但另一方面却往往执著于对双方贡献孰大孰小、孰主孰次的评价,并与领导权、中流砥柱等政治概念或非学术语言相缠绕,从而难以自圆其说,更难以服众。事实上,无论从学术研究还是政治宣传的角度来说,只要分别把国共两党在抗战中的各自表现加以客观梳理就可以了,这样既弄清了史实,又不至于引起无谓的争议。在这一点上,胡锦涛在纪念中国人民抗日战争暨世界反法西斯战争胜利60周年大会上的讲话有了很大的突破。他说:"中国国民党和中国共产党领导的抗日军队,分别担负着正面战场和敌后战场的作战任务,形成了共同抗击日本侵略者的战略态势。"②这是中共领导人第一次正面阐明了国共两党分别承担正面战场和敌后战场的战略任务,不仅言简意赅地概述了两党在抗战中的地位作用,而且也获得了海峡对岸中国国民党的广泛认同,有利于统一战线工作的进一步开展。

当然,作为学术研究,上述争论所涉及的一些问题还是值得继续讨论的。

二、如何评价国民党在抗战中的表现

长期以来,大陆史学界曾经盛行一种观点,认为国民党在战略防御阶段还比较积极抗战,与日军展开了一系列大规模的会战,如淞沪会战、徐州会战、武汉会战等,给敌人以较大杀伤,打破了日本企图"三个月灭亡中国"的妄想,但进入战略相持阶段后则开始"积极反共,消极抗日,准备投降",躲到峨眉山上"袖手旁观"、"坐山观虎斗",等到抗战胜利又立刻从山上跑下来"摘桃子"。前文提及的20世纪50年代出版的一本中国革命史在分析国民

---

① 郭汝瑰、黄玉章主编:《中国抗日战争正面战场作战记》上册,江苏人民出版社2002年版,第44页。

② 胡锦涛:《在纪念中国人民抗日战争暨世界反法西斯战争胜利60周年大会上的讲话》,《人民日报》2005年9月4日。

党的抗战态度时便写道:"国民党反动派在相持阶段中,采取了消极观战、积极反共反人民的政策。七年中,仅仅担负抵挡六分之一、而且是停止不进的敌人,还在一九四四年敌人稍一发动较大进攻下,就形成了第二次大溃退——从豫湘桂一直退到贵州的独山。国民党反动派在此七年中的主要工作,是每两年发动一次反共高潮,前后发动三次反共高潮(一九三九、一九四一、一九四三),以作为与敌人勾搭准备投降的步骤;同时指使其大批将领率军队投敌,以伪军名义,配合日寇在解放区实行惨无人道的"三光政策"(烧光、抢光、杀光),自己则缩在四川峨眉山上,观望风色,待机取利。"①

这一论断是否符合历史事实?不妨作逐句分析。首先可以肯定的是,国民党在这一阶段的反共活动确实比较频繁和猖獗,屡次挑起与共产党之间的摩擦,诸如过去概括的"三次反共高潮"(1939 年的晋西事变、1941 年的皖南事变、1943 年的准备闪击延安)。由此看来,说它"积极反共"似无不妥。

但国民党在这一阶段是否"消极抗日"呢?应该说不是。这一阶段,国民党的对日作战还是比较积极的。有学者统计,从 1938 年武汉失守到 1941 年太平洋战争爆发,国民党在正面战场先后组织了南昌会战、第一次长沙会战、随枣会战、桂南会战、枣宜会战、豫南会战、上高会战、晋南会战和第二次长沙会战,共九次大规模战役,占整个抗战期间 22 次会战的 41%。其中有些是抵御日军进攻,有些则是国民党军队主动发起的进攻,这在敌强我弱的形势下尤显可贵。② 在这一系列会战中,每次战役日军投入的兵力都在 8—10 万左右,而国民党军队投入的兵力至少在 20 万以上。如 1939 年 11 月开始的"冬季攻势",就是国民党军队主动发起的进攻,时间长达数月之久,地域遍及皖南、赣北、湘北、鄂中、鄂北、豫南、豫北、绥西,先后调动了 10 个战区 132 个师、9 个独立旅,共 100 多万人投入对日作战,共毙伤日伪军数万人,沉重打击了敌人。③ 甚至连日本军方也不得不承认,他们"付出的牺牲是过去作战不曾有过的","这次冬季攻势的规模及其战斗意志远远超过我方的预

---

① 胡华:《中国新民主主义革命史》,人民教育出版社 1955 年版,第 266 页。

② 江于夫:《武汉失守到太平洋战争前国民党抗战问题再探》,《史学月刊》1992 年第 3 期。

③ 刘庭华:《关于国民党正面战场的历史地位》,《抗日战争研究》2006 年第 2 期。

想,尤其是第三、五、九战区的反攻极为激烈","敌人的进攻意志极为顽强,其战斗力量不可轻视","向中外显示了自己主动发起攻势的力量"。①

又如1940年5月至6月的枣宜会战,先后参战的有第5战区55个师40万人,抗击了日军第11军8个师团10多万人的进攻。② 这场会战的日军指挥官冈村宁次也评论说:"中国军攻势规模之大,斗志之旺盛,行动之积极顽强均属罕见……在中国事变八年间,彼我主力正式激战并呈现决战状态,当以此时为最。"他还由此断言:"敌军抗日势力之中枢,既不在于中国4亿民众,亦不在于政府要人之意志,更不在于包括若干地方杂牌军在内之200万抗日敌军,而只在于以蒋介石为中心、以黄埔军官学校系统的青年军官为主体的中央直系军的抗日意志。只要该军存在,迅速和平解决有如缘木求鱼。"③对中央军的评价相当高。

另外据统计,在武汉失守后至太平洋战争前3年多时间里,除上述九次会战外,国民党军队还有大的战斗496次,占整个抗战时期战斗的44%,共付出了伤亡137.6万人的代价,占整个抗战时期伤亡人数的43%。这些数字都远超过了抗战第一阶段和第三阶段。④ 此外,日军从1937年7月到1945年9月八年中,在华被打死的少将以上将领共98人,其中在1937—1938年被打死的11人,1939—1941年被击毙的则有34人,大大超过了抗战初期。而国民党军队在抗战中牺牲的师级以上将领共73人,其中从1937年到1938年牺牲25人,如佟麟阁、赵登禹、郝梦龄等;但1939年到1941年也牺牲24人,其中第5战区右翼兵团指挥兼33集团军司令张自忠是抗战期间为国捐躯的最高级别将领。⑤ 这也说明国民党在此阶段并没有消极抗战,而是仍然积极抗战。面对如此积极的抵抗,日本战史也记载:"自1941年春以

---

① 日本防卫厅防卫研究所战史室著,田琪之译:《中国事变陆军作战史》第3卷第1分册,中华书局1981年版,第94、80、86、93页。

② 刘庭华:《关于国民党正面战场的历史地位》,《抗日战争研究》2006年第2期。

③ 日本防卫厅防卫研究所战史室编纂,天津市政协编译委员会译校:《日本军国主义侵华资料长编——〈大本营陆军部〉摘译》上册,四川人民出版社1987年版,第519—520页。

④ 江于夫:《武汉失守到太平洋战争前国民党抗战问题再探》,《史学月刊》1992年第3期。

⑤ 郭德宏:《论抗日战争史研究中的若干重大问题》,《历史教学》2005年第11期。

来,重庆政权抗日意志的高昂不容轻视。"①

在此之后,中国还派远征军入缅作战,这其实也是积极抗战的表现。当时,军令部部长徐永昌曾向蒋介石汇报对缅作战方针:"在目前状态下,中国策略似有两条路线可循,其一,听其自然,希望不靠自身努力而日本被盟军击败,如此则战事结束时中国将无战胜之威;其二,及时利用其物质,殚精竭虑使中国之努力成为日本失败之重要因素。"结果,蒋介石明确表示:"中国所采取者应为第二路线。"②这说明蒋介石考虑到为了让中国能在战后拥有大国地位,在可以选择的情况下选择了积极抗战的方针,并没有消极抗战。而远征军也的确不负众望,取得了辉煌的战绩,多次挫败日军,给英军以及时有效的支援,并创造了东吁防御战、仁安羌解围战以及斯瓦河沿岸阻击战等出色的战例,获得了中外人士的赞誉。此后,中国驻印军又通过反攻缅北和滇西作战,解放缅北大小城镇50余座,收复了云南西部失地83000平方公里,基本上歼灭了日军第33军的第18、第56两师团,打死其官兵41142人,并给缅甸方面军直属的第2、第53、第49师团以沉重的打击,"这是抗战以来正面战场唯一的一次获得彻底胜利的大规模进攻作战,也是自甲午战争以来第一次援助盟国进入异邦国土作战并获得胜利的一次大规模作战"③。

与上述问题相联系,大陆史学界过去一直认为蒋介石在抗战中准备投降,这种观点显然也有失偏颇。那么它为什么会出现并长期延续呢?这里有一个历史原因,即汪精卫投降日本后,中共曾在宣传上有过一种提法——反共即投降。1939年5月28日,中共中央发出指示:"利用反汪运动机会进行反对一切投降派的活动,并着重指明反共与投降问题的密切联系,证明反共是投降的阴谋,是亲日恐日分子准备投降的一种步骤。"后来又多次发出反对投降的指示,并且从汪精卫用到蒋介石身上,大力宣传"反共即准备投降"的观点④,认为"国民党的反共运动就是准备投降的一个组成部分,对共

① 日本防卫厅防卫研究所战史室编纂,天津市政协编译委员会译校:《日本军国主义侵华资料长编——〈大本营陆军部〉摘译》上册,四川人民出版社1987年版,第630页。

② 中国第二历史档案馆编:《中国现代政治史资料汇编》第3辑第41册,转引自马振犊:《血染辉煌——抗战正面战场写实》,广西师范大学出版社1993年版,第260页。

③ 郭汝瑰、黄玉章主编:《中国抗日战争正面战场作战记》下册,江苏人民出版社2002年版,第1308页。

④ 《毛泽东选集》第二卷,人民出版社1991年版,第573页。

产党的压迫,对八路军、新四军的攻击与磨擦,对边区的挑衅,对抗日民族统一战线与国共合作的破坏等都是准备投降的步骤"①,力图以此在宣传舆论上抵制蒋介石发起的反共浪潮。

但事实上无论从逻辑还是史实来看,这二者都是不矛盾的,"反共与投降是两个不同的问题。两者之间有一定的联系,但没有必然联系"②,反共并不意味着准备投降。对国民党尤其是蒋介石来说,抗日与反共是可以并存的。国民党在 1939 年制造第一次反共高潮(晋西事变)的同时也对日军开展了"冬季攻势",这说明抗日与反共并非绝对排斥的。客观地说,蒋介石是民族主义者,但不是民主主义者而是有强烈的个人独裁思想。因此,蒋介石在抗战中的反共立场一直没变,他确实积极反共,但他同时也坚持抗战,而且抗战的立场还比较坚定,一直没有投降,至于历次反共高潮都是不了了之、草草收场。所以,刘大年曾分析:蒋介石"主观上希望实行抗日、反共两个第一",而"实行的还是抗日第一,反共第二"③。由此看来,显然不能因为蒋介石反共就简单断言他准备投降,二者并不完全等同。

当然,过去那种认为蒋介石在抗战时期准备投降的说法也不完全是空穴来风,因为他确实曾经多次与日方秘密接触谈判。这在许多人看来,似乎表明蒋介石从未放弃对日媾和幻想,始终寻求妥协。那么,应该怎么看待这种情况呢? 实际上,近年来一些严谨的研究成果已经揭示:蒋介石虽然在战局失利时对国际调解、大国介入有过不切合实际的期望,并不笼统拒绝停战议和,但所有他掌控的谈判,几乎都是日方主动求和,蒋只是被动应对而且都由他主动刹车。蒋接受议和,一方面与其承受的内外压力有关,另一方面又通常含有消息传递不确或对日方妥协意图估计过高的判断错误。与此同时,有些接触还带有某种策略目的,或为了延缓日军进攻,或为了阻挠汪精卫成立伪政权,或为了延缓日本政府对汪伪政权的承认。而且在这一系列的谈判中,蒋介石基本上能以国家存亡、民族根本利益为取向,以维护国民

---

① 中央档案馆编:《中共中央文件选编》第 12 册,中共中央党校出版社 1991 年版,第 76、80 页。

② 江于夫:《武汉失守到太平洋战争前国民党抗战问题再探》,《史学月刊》1992 年第 3 期。

③ 刘大年:《抗日战争与中华民族的统一》,《抗日战争研究》1992 年第 2 期。

政府的独立和尊严为底线,在领土和主权问题上表明了严正立场。就恢复卢沟桥事变前的状态这一抗日目标而言,其态度应当说从未动摇。因此从根本上来看,蒋介石最终坚持了抵抗侵略、拒绝投降的基本立场,保证了国民党政权的主体部分留在抗日营垒,起到了十分重要的作用。这与某些国民党高层人士畏战乞和的立场和彷徨避责的心态相比,尤其是与汪精卫集团相比,其高下和是非还是很清楚的。①

关于国民党在抗战时期的表现,目前还有一种倾向也值得注意。在过去相当长的一段时间内,由于受政治因素的影响,大陆对国民党的抗战表现评价过低。随着学术研究的不断进步,这一现象有了很大改观。但现在有些刻意为国民党翻案,从一个极端走向另一个极端,从竭力丑化到竭力美化。应该说,作为一个党,国民党总体上还是坚持抗战的,大多数国民党军队也是英勇杀敌的。但不容否认,有些国民党员和国民党军队投降当了汉奸,而且不在少数。据统计,自抗战开始至 1943 年 8 月,国民党文武官员及作战部队投降的,有包括副总裁在内的中央委员 20 人,旅长、参谋长以上高级将领 58 人,投敌军队 50 多万,占全部 80 万伪军的 62%,诚可谓"降官如毛,降将如潮"②。面对这样的客观事实,怎么可以过分地美化国民党?

另外,国民党在抗战中还暴露出了严重的腐败问题。各级官僚均借抗战之机,倚恃权力贪污成风,"文武官吏中,除极少数例外,不是囤积居奇就是投机倒把"③。1944 年 5 月 16 日,《华西日报》即曾发文针砭:"吏治之坏,几可以说无有甚于今日者,其最明显的表现,就是贪官污吏到处充斥……官愈大,势愈厚,而贪污数目愈为惊人"。

---

① 杨天石:《抗战前期日本"民间人士"和蒋介石集团的秘密谈判》,《历史研究》1990 年第 1 期;杨天石:《蒋介石亲自掌控的对日秘密谈判》,《找寻真实的蒋介石日记解读》,山西人民出版社 2008 年版,第 286 页;杨奎松:《蒋介石抗日态度之研究——以抗战前期中日秘密交涉为例》,《抗日战争研究》2000 年第 4 期;吴景平:《蒋介石与抗战初期国民党的对日和战态度——以名人日记为中心的比较研究》,《抗日战争研究》2010 年第 2 期;吴景平:《1938 年国民党对日和战态度述评——以蒋介石日记为中心的考察》,《民国档案》2010 年第 3 期。

② 《没有共产党就没有中国》,《解放日报》1943 年 8 月 15 日。

③ [美]斯特林·西格雷夫著、丁中青等译:《宋家王朝》,中国文联出版公司 1986 年版,第 565 页。

抗战期间,国民党最令人痛恨的政治腐败现象就是豪门权贵的横行不法、营私舞弊。当时,由于严重的财政困难,国民政府大量发行法币,导致物价暴涨,广大人民的生活水平急剧下降,"生活痛苦,达于极点"①。而掌握财政金融大权的豪门权贵,不但无视民瘼,还肆无忌惮从中疯狂牟取私利,大发国难财,"他们养尊处优的生活,也绝不会感受到物价的威胁。相反,物价愈上涨,他们的荷包愈充实,渔利中饱的机会也愈多。故物价愈高,豪奢挥霍之风也愈烈"。对此,《新蜀报》曾揭露说:"面对着社会生活贫困的状态,我们居然还能看到上层分子的任意挥霍,大兴土木,高官厚禄,恬不知耻。迎新送旧,婚寿喜庆更是不惜大张筵席,极尽罗掘之能事。"②马寅初也多次抨击道:"现在抗战百十万之将士牺牲其头颅热血,几千万人民流离颠沛,无家可归,而后方之达官资本家,不但于政府无所贡献,且趁火打劫。大发横财,忍心害理,孰甚于此。"他还痛斥宋子文、孔祥熙等"几位大官,乘国家之危急,挟政治上之势力,勾结一家或几家大银行,大做其生意,或大买其外汇,其做生意时以统制贸易为名,以大发其财为实,故所谓统制者是一种公私不分的统制。至于这几位大官大买其外汇之事实,中外人士,知之甚稔。"③

在目睹了这种糟糕状况后,时任中国战区统帅部参谋长的美国将军史迪威曾说:"我是根据看到的情况来判断国民党和共产党的。国民党是:腐败、失职、混乱、经济困窘、苛捐杂税、空话连篇","共产党的纲领是:减税、减租、减息;提高生产和生活水平;参与政治;说到做到"④。当时,担任蒋介石侍从室第六组组长的唐纵也因"痛感政治之腐败、无望",在日记中感叹:"前方吃紧,后方紧吃,前方有什吃什,后方吃什有什。前方一身流血,后方满口流油。"到1944年,他更得出结论:"今日犯科作奸的都是有力量的人,政治的败坏,自上而下,所有的经济政治军事(机关)全都坏了。"⑤

正如唐纵所言,抗战时期的国民党除了政府官员腐败之外,军队的腐败

---

① 《毛泽东选集》第三卷,人民出版社1991年版,第1048页。

② 《中共党史教学参考资料》第9册,解放军政治学院党史教研室1979年编印,第315页。

③ 周永林、张廷钰编:《马寅初抨官僚资本》,重庆出版社1983年版,第101、90页。

④ 李新、陈铁健主编:《中国新民主革命通史》第9卷,上海人民出版社2001年版,第374页。

⑤ 唐纵:《在蒋介石身边八年》,群众出版社1991年版,第235、198、439页。

现象也十分严重。① 时任国民政府军事委员会军法执行总监的何成浚便说："近年各军纪律,皆废弛不堪。"②高级将领黄维也抱怨："今日如规规矩矩拿薪水,便要饿饭,而且不能做事,势必失败不可,反之,混水摸鱼,贪污舞弊,自己肥了大家也可占些油水,倒是人人说声够交情,有了问题大家包涵。这是做好不好,做坏倒好,正义扫地,是非颠倒。"③具体说来,抗战时期国民党军队的腐败主要表现在以下方面:

首先,盘剥军费,以权谋私。就中高级军官而言,最常见的贪污手段就是谎报伤亡,吃空额,克扣经费,中饱私囊。抗战初期,战争极其紧张残酷,伤亡辄以万计,部队经常调动迁移,上级机关很难及时核准伤亡人数,这就给军官在经费上做手脚留下了可乘之机。各部队领取了多少经费,发放多少,欠发多少,余额多少,完全是一笔糊涂账。蒋介石在第一次南岳军事会议上就不禁问道:为什么"各师官兵时有许多伤亡,而我们经费仍照常领取?"④到了抗战中后期,这种情况愈演愈烈,甚至连新建部队也未能幸免,如1942年年初新组建的远征军。据曾任该部队第11集团军总司令的宋希濂回忆:远征军刚一成立,"就有许多空缺,入缅时各级部队长就已冒领了许多钱。及到战争失败,许多下级干部和士兵都病死、饿死或被敌人打死以及逃散了。正当入缅军丧师辱国,举国震动,士兵的亲属得到噩耗,悲痛万分的时候,入缅军的许多部队长和军需人员却是充满了愉快和欢笑,因为他们可以大捞一把,领来的大批外汇再也无须发给那些死人了。死的逃的愈多,对他们就愈有利,他们就愈高兴"。⑤ 远征军是当时身系国际影响、极受蒋介石重视、待遇最为优厚的国民党部队,军官尚且如此贪婪,其他部队的情况如何,也就不难想见了。

本来按照正常编制,国民党军队每个师应在1万人左右,但军官为了贪污兵饷,常常刻意保持空额,实际上很少有单位满员。到抗战后期,有些师

---

① 详参仲华:《试论抗战时期国民党军队的腐败问题》,《军事历史研究》2003年第4期。

② 《何成浚将军战时日记》,湖北省政协文史资料委员会编:《湖北文史资料》第19辑,湖北人民出版社1987年版,第215页。

③ 唐纵:《在蒋介石身边八年》,群众出版社1991年版,第313页。

④ 《蒋"总统"集》,台北"国防研究院"1968年版,第1072页。

⑤ 《文史资料选辑》(合订本)第2册第8辑,中国文史出版社1986年版,第45页。

甚至不足 2 千人,连蒋介石都发现:"我们师的单位虽多,但兵员总是不能补充足额,事实上各师缺额总是超过编制预定数之五分之一,或至三分之一,其能维持仅有五分之一缺额者,已经算是难得的了。"①而这种严重缺编的部队,其战斗力自然要大打折扣。

其次,风纪败坏,腐化堕落。1938 年 1 月,抗战才进行半年,蒋介石便在一次演说中指出:"在没有开仗以前,一切危险困苦艰难挫折的情形,我都已料到,但决不料我们的军纪,会败坏到这步田地!"②的确,国民党军队的风纪败坏、各级军官腐化堕落的程度令人吃惊。具体反映为:

(1)赌博。聚众赌博是当时国民党高级军官最常见的消遣。蒋介石曾在 1940 年 3 月的参谋长会议上痛心疾首地指出:一些战区的高级将领"不但不想方法如何抵抗? 如何图存? 反而天天研究赌牌,如此不明大局,醉生梦死,真是只有作亡国奴的一条路!"③但言者谆谆,听者藐藐。1944 年第四次长沙会战期间,大敌当前,而第四军守备部队军官仍打牌赌博,这确实是国民党军队的一大怪状。

(2)吸毒。抗战前,军事委员会曾组建禁烟总监部,制定禁烟实施办法,厉行禁烟,但至抗战爆发,国民党军队中的吸毒问题仍很突出,尤其是川军、滇军、黔军、西北军中的许多将领积习难改,一直保留着吸食鸦片的恶习。抗战八年中,"双枪将"、"双枪部队"这一旧军队的遗风陋俗始终未能彻底根绝,这自然也影响了部队的战斗力。

(3)经商与走私。抗战初期,蒋介石为了改善官兵生活,一度允许军队设立合作社,组织士兵、伤兵从事手工及半机械化生产,弥补生活物资的不足。这一规定颁布后,合作社在各战区遍地开花,演化为部队的普遍经商,变成军官取财的又一捷径。同时,军队走私也泛滥成灾。据中统情报,"战时各集团军及战区军人包庇走私,各游击队贩运敌货,实属普遍现象"④。

---

① 秦孝仪主编:《先"总统"蒋公思想言论总集》第 19 卷,(台北)中国国民党中央党史委员会 1984 年版,第 263 页。

② 《蒋"总统"集》,台北"国防研究院"1968 年版,第 984 页。

③ 秦孝仪主编:《先"总统"蒋公思想言论总集》第 17 卷,(台北)中国国民党中央党史委员会 1984 年版,第 159—160 页。

④ 《敌伪经济汇报》第 19 期,1941 年 2 月。

1941 年 7 月，军统的戴笠也透露："查近来各地之走私，大都有不肖军人为其背景，故武装包庇走私之风甚炽。"①尤其驻守沿海沿江口岸或出境作战的部队，更是利用特殊便利条件大肆走私。据陈诚回忆，"（滇南）若干部队对于走私、运烟、聚赌、盗卖军械等败坏纪律行为，亦较其他驻地之部队为多"②。又如远征军入缅作战，"部队一到缅甸，许多部队长及军需人员就以大量的外币购买布疋、化妆品、高级食品，一车一车地装到昆明出售，获利十倍到二十倍"③。在这种风气下，"军纪为之荡然，战斗力为之丧失"④。

（4）掳掠。国民党的军纪非常差，经常发生抢劫老百姓财产的事情。比如在 1937 年秋的平汉线作战中，刘峙所部"沿途鸣枪掠夺，居民财物，洗劫一空。"⑤1943 年，刘峙接任第五战区司令长官，"长官部四周的农民莫不大遭其殃，花、果、菜蔬时为官兵强取而去，例不给值。农人有来诉苦的，长官部里的人却说，我们一向是这样的。军人为国抗战，难道吃点水果、菜蔬，还要花钱买？"⑥又如苏北韩德勤部畏敌如虎，可搜刮民众如狼，"敌至则放弃一切，逃溃劫掠；敌去则搜劫行旅，抢掠村舍，不遂所欲，诬告以汉奸；偶撄其怒，指为新四军间谍，于烧杀拷打外，处以活埋"⑦，以致苏北民众对韩德勤愤恨至极，编了"天上有个扫帚星，地上有个韩德勤，放着日本他不打，专门祸害老百姓"的民谣。

此外，汤恩伯军队驻扎河南时，也"借口防谍，凡所驻扎村落，除老弱妇孺外，所有成年男子一概迫令离村往别处寄宿。村中细软、粮食、牲口也不

①　中国第二历史档案馆编：《中华民国史档案资料汇编》第 5 辑第 2 编《财政经济》（二），江苏古籍出版社 1997 年版，第 269 页。

②　《陈诚失落的回忆资料》，台北《传记文学》第 54 卷第 1 期，1989 年 1 月。

③　《文史资料选辑》（合订本）第 2 册第 8 辑，中国文史出版社 1986 年版，第 44—45 页。

④　徐修龄：《如何杜绝华南的走私》，《国民公论》第 3 卷第 20 期，1940 年 6 月 16 日。

⑤　《联络参谋袁德性、熊斌等军政人员有关平汉路北段作战文电》（1937 年 10 月），中国第二历史档案馆藏档案，全宗号（八）案卷号（1744），转引自戚厚杰：《略论抗战中国民党军队与民众的关系》，《民国档案》2010 年第 1 期。

⑥　李宗仁口述、唐德刚撰：《李宗仁回忆录》，华东师范大学出版社 1995 年版，第 592 页。

⑦　《苏北抗日斗争史稿》，江苏人民出版社 1994 年版，第 17—18 页。

许外运。壮年人既去,则妇女、财产便一任驻军支配了。以故汤军过处,民怨沸腾。后来河南人民有句反汤的口号说:'宁愿敌军来烧杀,不愿汤军来驻扎。'①甚至出现了"河南四殃:水、旱、蝗、汤"的民谣。这种状况最终激起了民变。1944 年,日军发起旨在打通平汉线、粤汉线的一号作战,首先进攻河南。汤恩伯部望风而逃,事后则检讨说:"豫西山地民众到处截击军队,无论枪支弹药在所必取,虽高射炮、无线电台等亦均予截留。甚至围击我部队、枪杀我官兵,亦时有所闻。尤以军队到处,保甲长逃避一空,同时并将仓库存粮抢走,形成空室清野,使我官兵有数日不得一餐者……其结果各部队于转进时所受民众截击之损失,殆较重于作战之损失。"②由此可见,老百姓对他们的不满可以说是到了忍无可忍的地步。

其实,蒋介石对国民党政府和军队的这种腐败也认识得非常清楚,甚至"捶桌顿足,怒不可止"③。他也曾煞费苦心地采取措施,作出一些反腐努力,如成立了军法执行总监部,掌理军队纪律的维持和军法执行事务,制定反腐的法令规章,惩治一批腐败军官,开展反腐整军和教育。但到头来,这一切努力均付诸东流,国民党的腐败不但未能禁绝,相反日渐嚣张。究其缘由,这固然是因积重难返所致,但也与蒋介石未痛下决心有关。陈布雷便曾言:"委座没有彻底改革决心!"唐纵也说:"委员长近年来的政治精神,都是如此。一方面励精图治,要求改进现状,但同时顾虑太多,处处维持现状。一进一退,无补于时艰,徒然苦了自己,苦了国家民族!"④加上蒋介石的用人思路亦有问题。如刘峙腐化无能,外战外行,却始终官居高位。对此,蒋介石曾解释说:"刘峙指挥作战是不行,但是哪个人有刘峙那样绝对服从?"⑤又如蒋鼎文 1944 年在担任第一战区司令长官期间被监察院以"克扣给养从中舞弊"、"扣发弹药勒索贿赂"、"经商牟利无意作战"、"不设防务贻误戎机"、

---

① 李宗仁口述、唐德刚撰:《李宗仁回忆录》,华东师范大学出版社 1995 年版,第564—565 页。

② 中国第二历史档案馆编:《抗日战争正面战场》下册,江苏古籍出版社 1987 年版,第 1262—1253 页。

③ 唐纵:《在蒋介石身边八年》,群众出版社 1991 年版,第 233 页。

④ 唐纵:《在蒋介石身边八年》,群众出版社 1991 年版,第 432、479 页。

⑤ 李宗仁口述、唐德刚撰:《李宗仁回忆录》,华东师范大学出版社 1995 年版,第615 页。

"撤退官兵不予收容"、"战区物资损失惨重"等六大罪状弹劾①,腐败之深可谓人神共愤,蒋介石不得不将他撤职查办以掩人耳目。可时隔不久,蒋鼎文又重新被启用,委以重任。于是,在这种"吞舟之鱼漏网,而落网者皆鼠窃狗偷之徒,大奸大恶,逍遥法外,为所欲为"的情况下,"由此产生的下级贪污,也就诛不胜诛,越来越多了"。②

总之,国民党在抗战中存在着严重的腐败问题,对战争进程造成了十分恶劣的影响。在对其抗战形象加以评价时,这一点显然是无法掩盖和美化的。

三、怎样看待中共在抗战中的地位与作用

鉴于前面引述的《谁是抗日战争的中流砥柱》一文在网上反响极大,并涉及对中国共产党的抗战形象的评价问题,笔者拟对此加以再探讨。首先应承认,这篇帖子强调国民党在抗战中开展了一系列会战,付出了巨大牺牲并取得了很大战绩,这是不容抹杀的历史事实。而且,该文提及的关于平型关大捷歼敌数量的报道变化也是实情,说明我们过去的宣传确实有夸大的成分。但与此同时,该文在史实和逻辑上也存在着许多问题。

第一,这篇帖子说洛川会议秘密制定了"七分自我发展,二分妥协,一分抗日"的内部指示,这是缺乏史料根据的。据查,此种说法最早来自一个中共叛徒。1940年,第18集团军独立第一师杨成武部骑兵连党支部书记李法卿向国军投诚,据其供认:十八集团军出发前,毛泽东、朱德等曾召集训话,指示工作方针,大意谓:"中日战争为本党发展之绝好机会,我们的决策是七分发展,二分应付(国民党),一分抗日。"③此说一出,立即被国民党方面编入《摩擦问题真相》一书中,作为反共的宣传材料。后来,蒋介石的《苏俄在

---

① 仲华:《试论抗战时期国民党军队的腐败问题》,《军事历史研究》2003年第4期。

② 《中共党史教学参考资料》第9册,解放军政治学院党史教研室1979年编印,第315页。

③ 《第八路军中共支部书记李法卿揭述中共在抗战期中整个阴谋》,秦孝仪主编:《中华民国重要史料初编——对日抗战时期》第五编"中共活动真相"(一),(台北)中国国民党中央委员会党史委员会1985年版,第358页。

中国》也予以引用。其他如王健民的《中国共产党史稿》、郭华伦的《中共史论》、[日]古屋奎二的《蒋总统秘录》、[苏]奥·鲍·鲍里索夫的《苏中关系》，均照此援引。秦孝仪主编的《中华民国重要史料初编——对日抗战时期》一书，亦将之作为"重要史料"收入。

对于这条材料，首先必须澄清的是，李法卿原话叙述的是毛泽东、朱德等以全军的训示，而不是所谓"洛川会议内部指示"。其次，据参加洛川会议的张国焘回忆，中共中央高层在会上曾发生了激烈争论，后来经过相互妥协才勉强通过了有关文件①，因此这次会议不太可能制定出这么一个带有明显倾向性的指示。再次，正所谓"孤证不立"，此说缺乏其他佐证。著名学者杨奎松曾根据其研究经历明确表示：所谓中共决定"七分发展，二分应付，一分抗日"的说法，"笔者遍查此时期之中共文件乃至未公开之历次会议记录，不仅未见类似说法，且颇多与此不合者"②，"故我意此则史料的可信度不高"③。最近他又强调："80年代初不少研究中共党史的专家都看过洛川会议记录，不少文章中都介绍了会议讨论及发言的情况。我当年也读过这个记录，并做过笔记。网上所传'记录'所以一望而知是杜撰的"④。

关于这一说法，美国学者莱曼·范斯莱克在《剑桥中华民国史》一书中也说："这已成为国民党史的诚实问题。我曾较详细地研究这个问题，并认为这种政策从未宣布过；在这种意义上此项指控是捏造。"⑤近年来，一些台湾学者亦逐渐意识到这一问题。如曾任职于调查局的曾永贤便说："在研究的过程中，接触了很多有关抗战时期中共从事扩张的资料。在这些资料当中，我们最感觉缺乏的是，我们虽指出共匪在抗战期间实行其'一分抗日，二分应付，七分发展'之策略方针，可是却没有很丰富的资料，来加以证明。"⑥

---

① 张国焘：《我的回忆》第3册，东方出版社2004年版，第386—391页。

② 杨奎松：《论抗战初期的国共两党关系》，《近代史研究》1996年第3期。

③ http://www.yangkuisong.net/bbs/thread-334-1-14.html

④ 杨奎松：《谈往阅读——中共党史访谈录》，九州出版社2012年版，第140页。

⑤ [美]费正清、费维凯编，刘敬坤等译：《剑桥中华民国史》下卷，中国社会科学出版社1998年版，第775页。

⑥ 曾永贤：《从日本档案谈我国抗日战史研究的方向——"中华民国"史料研究中心第93次学术讨论会记录》，《中国现代史专题研究报告》第10辑，"中华民国"史料研究中心1981年版，第112页。

而中共党史专家陈永发更是质疑:"国民政府这种指责,预先假定应付、扩大和抗日三事可以截然划分",但实际上,"对于中共,这一假定根本就是荒谬绝伦"。在他看来,"中共的扩展实力过程中,不得不抗日,更不得不应付国民政府。所以尽管国民政府指责中共不抗日,但中共在敌后地区,甚至在敌后地区之外,逐渐取得民族主义代理人的地位"。因此,"除非国民党在抗日问题上有能说服人的充分证据,否则只质问共产党是否'二分应付'国民党,很难引起共鸣"。① 由此看来,这篇帖子所编造的洛川会议内部指示显然是子虚乌有、纯属杜撰。

第二,这篇帖子说共产党在抗战中牺牲的将领仅有左权将军一人,这是不够严谨的。因为国民党军队有完整的军衔体系,而共产党虽然有少数将领因为统战需要,曾被国民政府授予军衔,但其部队并没有形成一套系统的军衔制度和管理体系,一直没有统一的军衔。1942 年 4 月,中共中央还作出决定:"概不划分干部之等级军衔"②,所以在军衔上是不具可比性的。如果非要比的话,那就不能比军衔,只能比职务。从国民党阵亡将领的名单来看,少将的最低职位一般是旅长,但也包括了不少团长、大队长,他们的将军军衔大多是阵亡后国民政府追认的。与此相对比,如果按八路军取旅长以上职务的干部,新四军取团以上干部,东北抗联取支队以上干部来统计,就可以得出:八路军阵亡旅以上干部 114 人、新四军阵亡团以上干部 43 人、抗联阵亡支队以上干部 42 人,共计 199 人,并不比国民党少多少。③ 而且当时共产党的将领要远远少于国民党,因此从牺牲将领所占比例来说,共产党付出的代价也远远高于国民党。如此高的干部牺牲比例,其实恰恰证实当时共产党干部身先士卒、不怕牺牲的作风。

在这些牺牲的共产党干部中,既有像左权这样已广为人知的烈士,也有许多人们至今尚不熟悉的抗日英雄,如八路军第 129 师新 10 旅旅长兼太行

① 陈永发:《中国共产革命七十年》上册,台湾联经出版事业公司 1998 年版,第 332—338 页。

② 中央档案馆编:《中共中央文件选集》第 13 册,中共中央党校出版社 1991 年版,第 386 页。

③ http://bbs1. people. com. cn/postDetail. do? boardId = 2&treeView = 1&。另有人统计,新四军阵亡团以上干部 121 人,http://www. luobinghui. com/xsjyj/n4als/200501/991. html

军区第 6 分区司令员范子侠。他曾任国民党冀察战区游击第二路副指挥兼第二师司令员、豫北第二区指挥官兼第一战区第一游击支队司令员,后来接受中国共产党的领导,将所部改编为八路军平汉抗日游击纵队,参加了冀西反"十一路围攻"、百团大战、黄崖洞保卫战等战役战斗,1942 年 2 月 12 日在沙河县柴关一带反"扫荡"作战时牺牲,被 129 师师长刘伯承、政委邓小平称为"模范的布尔什维克,最忠实于中华民族解放事业的战士"。又如八路军晋察冀军区冀东军分区副司令员包森,1942 年 1 月,他在果河沿战斗中以七个连的兵力毙俘敌伪中佐以下官兵近千人,创造了以少胜多、以弱胜强的奇迹。不久后又活捉前来捉拿自己的日本天皇表弟、宪兵大佐赤本,一时震动日本朝野。1942 年 2 月 27 日,包森率部在河北省遵化县野虎山一带与日伪遭遇,指挥战斗中不幸胸部中弹牺牲,被叶剑英誉称为"中国的夏伯阳"。诸如此类的例子不胜枚举,怎么能轻描淡写地说"共产党在抗战中牺牲的将领仅有左权将军一人"呢?

第三,这篇帖子说"共产党自我吹嘘了半个世纪的抗战功绩,仅有平型关和百团大战而已",这也不符合事实。平型关战斗和百团大战只是八路军的经典之战,并不是全部。据学者统计,中国共产党领导的抗日武装八年累计大小战役战斗 12 万余次,年平均 15000 余次,月平均 1200 余次,日平均 40 余次。① 这个计算结果,与日本战史记载华北日平均作战 42 次也是相符的。② 况且,如果共产党只是打了平型关和百团大战,那么怎么解释这篇帖子前面提到的击毙阿部规秀一事(发生于 1939 年 11 月黄土岭战斗)? 又怎么解释敌后战场牵制了大量日伪军? 关于敌后战场的牵制作用,尽管目前尚缺乏可靠的统计数据,但还是有不少材料能真实反映这一点的。如美军观察组成员通过对晋绥和晋察冀根据地的考察,"他们看到八路军在前线英勇作战、战绩辉煌,绝非国民党所诬蔑的'游而不击'"。③

与此同时,美国《纽约时报》记者福尔曼也在延安和晋绥抗日根据地进行了六个月采访,然后写出了一本《中国解放区见闻》。他一开始先声明:

---

① 张宏志:《中国抗日游击战争史》,陕西人民出版社 1995 年版,第 1 页。

② [日]防卫厅防卫研修所战史室编,天津市政协编译委员会译:《华北治安战》上册,天津人民出版社 1982 年版,第 125 页。

③ 金城:《延安交际处回忆录》,中国青年出版社 1986 年版,第 196 页。

"我们外国记者多半既不是共产党也不是共产党的同情者",但在亲眼目睹大量事实后,他这样写道:"因为共产军能与人民保持密切的合作,所以他们不但能保护他们自己,而且更能主动地对敌人发动进攻。"作者还感叹:"当人们想起共产军以云泥之差的劣势对抗敌人时,共产军的成就几乎是令人难以置信。我在延安听他们讲的时候,我也不相信,但是后来我到了沦陷区,与在敌后活动的八路军共处了两个多月,我亲眼看见了他们攻取并破坏敌人的据点与碉堡,因此,我得到了一个确信,就是:共产党的发言是绝没有虚张声势的地方的。攻势只是受武器及环境的限制"。① 这种评价应该是比较客观的。

对共产党开辟的敌后战场,还有更具说服力的材料。日本战史记载:"蒋系军在华北最后的地盘由于中原会战失掉以后,共产军(八路军)显然成为扰乱华北治安的主要敌人。"②事实也正是如此。早在 1938 年,华北方面军便断定:"今后华北治安的对象是共军"。1939 年,华北方面军参谋长笠原幸雄也承认:"今后华北治安的致命祸患,就是共军。只有打破这个立足于军、政、党、民的有机结合的抗战组织,才是现阶段治安肃正的根本。"1940年,华北日军又一再惊呼:"共军对我占领区的进犯越来越频繁,已成为今后肃正工作上最严重的问题……有鉴于此,今后的讨伐肃正的重点必须集中指向共军,全力以赴,务期将其全歼。这是我们在计划中明确的意图","共军无论在质量上、数量上均已形成抗日游击战的主力。因此,占领区内治安肃正的主要对象,自然是中共势力","方面军的讨伐重点,必须全面指向共军"。1941 年,他们再次强调:"在 1941 年度要彻底进行正式的剿共战,已经成为空前未有的大事","蒋系军队一直处于颓势……据此,方面军将工作重点置于对共施策上,进一步针对实际情况,予以加强。"③1942 年,华北方面军又说:"治安肃正的重点,应放在以剿共为主的作战讨伐上。"④

---

① [美]福尔曼著,朱进译:《中国解放区见闻》,重庆出版社 1946 年版,第 1、82 页。

② 日本防卫厅防卫研究所战史室编纂,天津市政协编译委员会译校:《日本军国主义侵华资料长编——〈大本营陆军部〉摘译》上册,四川人民出版社 1987 年版,第 630 页。

③ [日]防卫厅防卫研修所战史室编,天津市政协编译委员会译:《华北治安战》上册,天津人民出版社 1982 年版,第 100、177、236、216、223、362—363 页。

④ [日]防卫厅防卫研修所战史室编,天津市政协编译委员会译:《华北治安战》下册,天津人民出版社 1982 年版,第 101 页

到了 1944 年年初,华北方面军司令部更是在 1943 年度的综合战报中详细公布:"敌大半为中共军,与蒋军相反,在本年交战一万五千次中,和中共的作战占七成五。在交战的二百万敌军中,半数以上也都是中共军。在我方所收容的十九万九千具敌遗尸中,中共军也占半数。但与此相比较,在我所收容的七万四千俘虏中,中共军所占的比率则只有一成五。这一方面暴露了重庆军的劣弱性,同时也说明了中共军交战意识的昂扬……因此,华北皇军今后的任务是更增加其重要性了。只有对于为华北致命伤的中共军的绝灭作战,才是华北皇军今后的重要使命。"①在此期间,北平伪《新民报》也于 1943 年 12 月 4 日发表电讯称:"吾人对解决大东亚战争之关键之中国事变之终局,乃在解决中国共产党军,此当再加确认者也。"②这种来自敌人、把共产党军队视为主要对手的判断,无疑更彰显了敌后战场的地位和作用。所以,共产党在八年抗战中绝不是像该文所说的只打了平型关和百团大战。

第四,这篇帖子的逻辑也存在问题。该文详细列举了国共两党军队的伤亡数字,由此来衡量双方的贡献大小。这在逻辑上其实是有问题的,伤亡越多,就贡献越大吗?实际上,国民党军队伤亡惨重一方面固然是由于大规模会战较多,但同时在很大程度上也是指挥不当、缺乏战斗力所造成的,所以不能以此便简单反推出其贡献大的结论,更不能以共产党军队伤亡人数少来贬低其抗战地位。客观地说,共产党军队的伤亡人数相比国民党确实要少一些,这既与二者的基数不同有关,也因为双方的战略战术和战斗力存在差异。前者实行了以游击战为主的积极战略战术,从而在消灭敌人的过程中最大限度地减少了自身的伤亡。而这又怎么能说明其对抗战的贡献小呢?

关于这一点,甚至连日本人都能做出客观的判断。1940 年,日本华北方面军即曾指出:"从作战成果看,重庆军比较容易击败,但要捕捉、消灭采取退避分散战术的共军则极为困难。"他们还感叹:"共军、匪的机动游击战法极为巧妙、顽强,成为我治安上最大的祸患。"③1943 年 5 月 26 日至 28 日,山

---

① 《朱德选集》,人民出版社 1983 年版,第 148—149 页。

② 时事研究会编:《赤胆忠心录》,大连新文化书店 1946 年版,第 30 页。

③ [日]防卫厅防卫研修所战史室编,天津市政协编译委员会译:《华北治安战》上册,天津人民出版社 1982 年版,第 264、342 页。

西伪《新民报》登载了该报随军记者张文心《癸未春太行作战纪评》一文,文章也承认:"一向即以狡黠著称之共党军,彼等确有不可漠视之独特战法……其所以几年仍未全灭者,实不能不归功于其特有战法,所谓特殊战法者,亦即彼等所自觉得意之游击战……所谓游击战术,主要其特点,乃在以少数之兵力,于广大地域以内与敌军相周旋,更以扰乱为第一目标……攻敌于不备,乘敌于困疲,而致敌四面受敌之境地,使之立足不易。尤其于广博深奥之山地中,更可利用山地之荫蔽,而以出没无常,聚散无定之游击战。"这篇文章还说:"'化整为零,化零为整',尤为彼等之拿手戏。化整为零,则人员分散,易使追剿兵队迷失目标,难于搜查;化零为整,则力量集中,亦可收击敌之效。以上叙述,皆为狡黠共产党军所用之战法……如中央军者,集则易乱,散则无力,其击溃尚为容易,而共产党军集则为整,化则为零,其每个散开之小组皆为有机体,更从彼等所最熟悉之山路,可以巧妙运用。"①这些来自敌人的分析材料,其实已足以解开国共两党军队的战斗力高下和损失不同之谜。

在此或许还需要说明一个问题,中共在抗战中为什么要以游击战而不是运动战为主?关于这个问题,毛泽东曾解释说:"如果没有最广大的和最坚持的游击战争,而使敌人安稳坐占,毫无后顾之忧,则我正面主力损伤必大,敌之进攻必更猖狂,相持局面难以出现,继续抗战可能动摇,即若不然,则我反攻力量准备不足,反攻之时没有呼应,敌之消耗可能取得补偿等等不利情况,也都要发生。假如这些情况出现,而不及时地发展广大的和坚持的游击战争去克服它,要战胜日本也是不可能的。因此,游击战争虽在战争全体上居于辅助地位,但实占据着极其重要的战略地位。抗日而忽视游击战争,无疑是非常错误的。"②

当然,除上述带有较强理论色彩的阐释外,毛泽东还有其他的现实考虑。对此,他并不讳言,曾多次公开讲过:"军事上的第一要义是保存自己消灭敌人","一切军事行动的指导原则,都根据于一个基本的原则,就是:尽可能地保存自己的力量,消灭敌人的力量"。③中共中央也一再指示:"抗日战争与过去国内战争不同,没有集中最大力量对敌进行消灭战的可能。"因此

①　时事研究会编:《赤胆忠心录》,大连新文化书店1946年版,第34页。

②　《毛泽东选集》第二卷,人民出版社1991年版,第552—553页。

③　《毛泽东选集》第二卷,人民出版社1991年版,第379、406页。

今后应开展"分散的游击战争,采取一切斗争方式与敌人周旋,节省与保存自己的实力,以待有利的时机",要"善于隐蔽自己,保存实力",反对"一切只着眼到一时的痛快拼命斗争而不知道转弯的办法"①。而从实施效果来看,毛泽东和中共中央的这种思路无疑是有利于敌后战场的开辟的。

早在1937年8月1日,毛泽东就向周恩来等人解释过:"关于红军作战,依当前敌我情况,我们认为须坚持下列两原则:甲、在整个战略方针下执行独立自主的分散作战的游击战争,而不是阵地战,也不是集中作战,因此不能在战役战术上受束缚。只有如此才能发挥红军特长,给日寇以相当打击;乙、依上述原则,在开始阶段,红军以出三分之一的兵力为适宜,兵力过大,不能发挥游击战,而易受敌人的集中打击。其余兵力依战争发展,逐渐使用之。"②这说明他主张开展游击战主要是出于对敌我力量对比的考虑。正是基于这种判断,毛泽东在8月22日至25日召开的洛川会议上第一次正式提出:"红军的战略方针是独立自主的山地游击战","游击战争的作战原则是分散以发动群众,集中以消灭敌人,打得赢就打,打不赢就走"③。

但在洛川会议上,也有人不赞成游击战而主张打运动战。他们认为,只有打几场胜仗,才能提高党与红军的威信,提高全国军民的抗战信心,并更有利于动员群众与扩大红军,如果我军参战兵力过少,则有失众望,而且兵力过少,便不能以绝对优势兵力消灭敌人之一部。面对这种分歧,毛泽东是十分担忧的,因此连续致电前线的八路军高级将领阐述自己的战略方针。9月17日,他在给朱德、彭德怀、任弼时、林彪、聂荣臻、贺龙、萧克、刘伯承、徐向前的电报中指出:"红军此时是支队性质,不起决战的决定作用。但如部署得当,能起在华北(主要在山西)支持游击战争的决定作用"。21日,他又致电彭德怀强调:"今日红军在决战问题上不起任何决定作用,而有一种自己的拿手好戏,在这种拿手好戏中一定能起决定作用,这就是真正独立自主的山地游击战(不是运动战)。"25日,毛泽东还致电周恩来、刘少奇、杨尚昆、

① 中央档案馆编:《中共中央文件选集》第13册,中共中央党校出版社1991年版,第212—213、124—125页。

② 《毛泽东军事文集》第二卷,军事科学出版社、中央文献出版社1993年版,第20页。

③ 中央文献研究室编:《毛泽东年谱(1893—1949)》中卷,人民出版社、中央文献出版社1993年版,第16—17页。

朱瑞、朱德、彭德怀、任弼时提出:"整个华北工作应以游击战争为唯一方向。"①直到1941年5月14日,他还告诫周恩来和彭德怀:"国民党至今还说我军游而不击,甚至说我对日妥协等鬼话,他将来还是要说的,我们决不为这些鬼话所动,我们总是主动的、坚定的、有步骤的作战。"②

从后来的情况来看,多数中共将领逐渐意识到了游击战的战略意义,对毛泽东的判断心悦诚服。究其原因,这一方面固然是缘于毛泽东坚持不懈的说服工作,另一方面则是大家在战争实践中对敌我双方实力对比有了更清醒的认识。特别是在平型关战斗中,八路军一一五师以4000余人的兵力伏击日军的辎重队和汽车队,虽然获胜,但自身亦损失十分之一,且相当一部分还是长征过来的团、营、连、排干部。后来的百团大战同样也不例外,两个月破袭战打下来,仅一二九师就损失上万人,多数参战部队损失在半数以上。③如果继续照此打下去,后果将不堪设想,势必会使自己损失殆尽。

具体说来,八路军开赴华北抗日前线时,武器装备与日军相比处于绝对劣势,与国民党军队相比也有很大差距。1937年7月前,日军一个师团不计步马枪,装备轻重机枪645挺、掷弹筒576具、火炮108门、坦克24辆;国民党一个嫡系步兵师大概装备掷弹筒243具、轻重机枪328挺、火炮46门。④而八路军虽然接受了改编,但并未及时获得军械物资的补充,所以武器装备还是简陋至极,基本上是红军时期遗留下来的一些老家底,小米加步枪,大刀片子加木柄手榴弹,数量还严重不足,而且武器是万国牌的,参差不齐,口径不一,无法通用。

1937年10月,《一二九师一九三七年十月份人员武器统计电》报告:(一)人员9367,马445,骡马90。(二)长枪3412,马枪724,自来德539,手枪93,花机枪3,重机枪29,轻机枪93,手机枪72,合计4965,外迫击炮6门,刺

---

① 《毛泽东军事文集》第二卷,军事科学出版社、中央文献出版社1993年版,第47、53、57页。

② 中央档案馆编:《中共中央文件选集》第13册,中共中央党校出版社1991年版,第104页。

③ 杨奎松:《关于中条山战役过程中国共两党的交涉问题》,《近代史研究》2010年第4期。

④ 汪官锋:《抗日战争时期八路军军械保障研究》,国防科技大学2008年硕士论文,第7页。

刀55。（三）步马枪弹43012发，自来德2872，手枪弹6051，重机枪弹23222，轻机弹27361，冲锋弹310，合计102828发，迫炮弹67，手榴弹203。① 由此可见，一二九师的武器装备很差，枪支严重不足，平均两人才有一杆枪，重武器更少，弹药也缺乏，平均每支步马枪只有十发子弹左右，甚至连刺刀都非常少，直接导致了第七六九团在阳明堡战斗中与敌人白刃格斗时因步枪无刺刀而造成不少伤亡。此外，一一五、一二〇师的情况也差不多。据《周士第日记》记载，1937年8月一二〇师改编后共9595人，仅有各种枪5212支，迫击炮2门，刺刀117把，弹药276995发；1939年1月部队扩大到21738人，但仍仅有枪8717支，各种炮24门，弹药870959发。② 至于这一时期组建的各种补充团，武器装备更是差得出奇。据陈赓回忆，抗战初期的补充团大多数人都没有武器，因而在神头岭战斗中只能持"白蜡杆"（长矛）上战场。③

　　而且随着战争的持续，八路军的武器磨损严重，弹药消耗量很大。如在百团大战的第一阶段，一二九师就消耗枪弹38.8万发，炮弹400发，手榴弹840枚，炸药1万斤；损失武器700余支（挺），枪弹2.1万余发，炮弹22发，手榴弹225枚，损坏武器100余支（挺）。④ 而由于国共摩擦加剧，重庆自1940年便基本停止了物质供给，加上日军在陷于绝境时经常毁坏武器，这些损耗也很难从战场缴获得到完全补充，以致难以为继。1940年3月，朱德、彭德怀在《关于武器弹药现有、消耗及补充意见致毛泽东、王稼祥电》中就曾详细汇报："我军现有步兵轻武器百分之八十均使用过度，来复线已磨平，口径已松，射击已失效；我军自动火器（轻重机枪）平均每连不及一挺；关于弹药，在一、二月份战斗中，将以前所有弹药大部均已耗完，近所用的多是由敌手夺来，现有平均每枪不到十粒。"⑤

---

　　① 中国人民解放军后勤学院学术部历史研究室、中国人民解放军档案馆编：《中国人民解放军后勤史资料选编·抗日战争时期》第5册，金盾出版社1992年版，第191页。

　　② 《周士第日记选》，《军史资料》1987年第6期。

　　③ 中国人民解放军历史资料丛书编审委员会编：《八路军·回忆史料》第1册，解放军出版社1990年版，第199页。

　　④ 徐庆儒：《中国人民解放军革命战争后勤史简编》，金盾出版社1990年版，第218页。

　　⑤ 中国人民解放军历史资料丛书编审委员会编：《后勤工作·文献》第2册，解放军出版社1997年版，第266页。

为了解决武器补给问题,中共将领各出奇招。徐向前要求:"在战斗中注意收集弹壳,打一枪后,马上把弹壳收藏起来,不只收集自己的,还要收集敌人遗弃的。"①而刘伯承也有感于"今后战斗频繁而我军弹药无处可领",不得不号召各地"收用土炮、土枪、刀矛、弩箭等旧式武器,罐子抬枪、马子前膛枪"作为武器。②

从后来的情形来看,这种状况始终未见明显改观。据统计,1940 年,八路军总兵力约 40 万,有步枪 9 万,另有手枪近 5000 支,轻机枪 680 挺,重机枪 195 挺,掷弹筒 108 架,迫击炮 156 座,其他各种炮 47 门,但步枪子弹平均每枪不足 20 粒,手枪子弹平均每枪 23 粒,轻机枪子弹平均每枪 30 粒,掷弹筒和迫击炮平均都只有 3 颗炮弹。而这时日本华北方面军的步枪超过八路军 2 万余支,轻机枪为八路军的 8.5 倍,重机枪为八路军的 7.4 倍,掷弹筒为八路军的 67 倍,迫击炮为八路军的 23 倍,各种炮为八路军的 24 倍,且弹药充足,还有大批坦克、飞机等重型装备。③ 直至 1943 年 4 月,《太岳纵队一九四二年供给工作总结》仍指出,有的部队武器很缺乏,如三分区游击队平均三人才有步枪一支。④ 1945 年 4 月,朱德在《论解放区战场》的报告中也表示:"几年来在解放区战场上,我们最困难的,是部队装备和军用器材问题。"⑤

总之,八路军、新四军的武器实在太过简陋,这无疑严重制约了其战斗力的发挥。1939 年 11 月,左权在《坚持华北抗战两年中之八路军》一文中就指出:"武器不足与武器窳败,障碍了八路军更多胜利之获得,被我击败之敌眼见得不难立时消灭,但往往因武器落后,火力不足,竟被其漏网或竟不能消灭。"⑥在此方面,百团大战中的关家垴战斗便是一个典型例证。1940 年 10 月,彭德怀、左权亲自指挥一二九师三个旅的兵力,围攻日军一部 300 余

---

① 《徐向前军事文选》,解放军出版社 1993 年版,第 93 页。

② 《刘伯承军事文选》,解放军出版社 1992 年版,第 287—288、295 页,

③ 杨奎松:《抗日战争期间中共对日军事战略方针的演变》,《历史研究》1995 年第 4 期。

④ 中国人民解放军后勤学院学术部历史研究室、中国人民解放军档案馆编:《中国人民解放军后勤史资料选编·抗日战争时期》第 5 册,金盾出版社 1992 年版,第 385 页。

⑤ 《朱德选集》,人民出版社 1983 年版,第 172 页。

⑥ 《左权军事文选》,军事科学出版社 2005 年版,第 364 页。

人,苦战一整天,仍有五、六十名日军逃走,而一二九师则损失了500余人,是日军的两倍还多。①

由此可见,八路军的装备、后勤补给等方面的劣势都决定了其无法和日军进行正面作战,"在武器未改变前,运动战的可能日益减少甚至不可能"②,只能采取游击战、麻雀战、破袭战等战法,积小胜为大胜。对此,朱德曾经生动地表述:我军是"有什么枪打什么仗"。③ 而这显然是无可非议的,更不是以伤亡人数多少来衡量抗战贡献的逻辑所能否定得了的。相反地,这恰恰显示了中共坚定的抗战决心和战略战术的高明。1943年8月1日,上海《朝日新闻》社《文友》半月刊发表武克《中共军内幕时析》一文称:"共军的生活都是极其艰苦的,要克服物质上的缺乏,对抗恶劣的环境,打破艰险,巩固部队,必须有超乎常人之外的坚强意志与严密组织。共军对这方面的运用,可算登峰造极,发挥无遗,共军善于运用它的兵力和坚强政治力量所造成的非常高涨的战斗情绪,因而对它的战斗力,就带有闪烁的感觉,以至视为神通广大,莫测高深。"这篇文章还分析:"共军的战斗技术在战斗生活中锻炼起来,他们很少从外面得到接济,必须珍惜他们的弹药,使能收到预期的效果,而不致浪费。在优势兵力围剿下,稍一不慎,则有被歼的危险,乃要求具有高度的运动性。这就是中共军在环境中磨炼出来的两项特长,即精确的射击与敏捷分散行动。"④这种分析虽然来自敌方,却不失透彻明理。

另外,还值得一提的是,游击战所取得的这种神出鬼没的奇效甚至也引起了蒋介石的关注。1938年11月,他在第一次南岳军事会议上便提出了"游击战重于正规战,变敌后为其前方,用三分之一力量于敌后方"的训示。⑤为此,他命令各战区划分出若干游击区,指派部队担任游击。为了培养游击战的指挥人才,国民政府军委会还专门在湖南衡山举办了游击干部训练班,

---

①　杨奎松:《关于中条山战役过程中国共两党的交涉问题》,《近代史研究》2010年第4期。

②　中央档案馆编:《中共中央文件选集》第13册,中共中央党校出版社1991年版,第212页。

③　《朱德选集》,人民出版社1983年版,第168页。

④　时事研究会编:《赤胆忠心录》,大连新文化书店1946年版,第33—34页。

⑤　秦孝仪主编:《中华民国重要史料初编——对日抗战时期》第二编(三),(台北)文物供应社1981年版,第149页。

蒋介石亲任校长,白崇禧、陈诚任副校长,并聘请了叶剑英等中共将领为教官,传授游击战术。1939年1月,国民党军训部还编写了《游击战纲要》一书,下发各战区及军事学校,作为研讨游击战之教材。由此可见,国民党当初尚且如此重视游击战,那我们今天又怎么能盲目贬低它呢?

最后,从网民对这篇帖子的反应来看,也存在着一些偏激的情绪。尽管大陆过去对国民党的抗战作用不够重视,但其实早从上世纪80年代开始,就已经趋于肯定国民党领导的正面战场,有关著述也层出不穷。在档案资料方面,主要有中国第二历史档案馆编《抗日战争正面战场》、《抗日战争时期国民党军机密作战日记》,浙江省中国国民党历史研究组编《抗日战争时期国民党战场史料选编》,中共中央党校科研局编《卢沟桥事变和平津抗战资料选编》,上海社会科学院历史研究所编《八一三抗日史料选编》,武汉市档案馆等编《武汉抗战史料选编》,云南省档案馆编《滇军抗战密电集》,南京市政协编《蓝天碧血扬国威:中国空军抗战史料》等。回忆录方面,主要有中国人民政治协商会议全国委员会文史资料委员会编辑的《原国民党将领抗日战争亲历记》,包括《从九一八到七七事变》、《七七事变》、《八一三淞沪抗战》、《南京保卫战》、《徐州会战》、《武汉会战》、《中原抗战》、《晋绥抗战》、《湖南四大会战》、《闽浙赣抗战》、《粤桂黔滇抗战》、《远征印缅抗战》等。还有四川省政府参事室编《川军抗战亲历记》、政协广西区委编《广西儿女抗日亲历记》、民革武汉市委编《热血报中华——武汉民革成员抗战回忆录选编》等。此外,原国民党将领出版的回忆录中也有不少关于抗日战争正面战场的内容。

从20世纪80年代开始,一大批抗战史著作开始对正面战场作研讨。诸如何理著《抗日战争史》,罗焕章、支绍曾著《中华民族的抗日战争》,胡德坤著《中日战争史》,王辅著《日军侵华战争》,军事科学院军史部编《中国抗日战争史》,中共中央党史研究室第一研究部编著《中华民族抗日战争史》,刘大年、白介夫主编《中国复兴枢纽》,李新、陈铁健主编《中国新民主主义革命史长编》中的《全民抗战 气壮山河》、《坚持抗战 苦撑待变》、《同盟抗战 赢得胜利》,罗焕章、高培主编《中国抗战军事史》,张宏志著《中国抗日游击战争史》等,都有不少篇幅论述抗日战争正面战场,并对其作了不同程度的肯定。专门记述正面战场的著作,则有郭雄等编著《抗日战争时期国民党正面战场重要战役介绍》,陈小功著《抗日战争中的正面战场》,张宪文主编《抗日战争的正面战场》,马振犊著《惨胜——抗战正面战场大写意》(后改名《血染辉煌——抗战正面战场写实》)和郭汝瑰、黄玉章主编的《中国抗日战争正面战场作战记》等。其他一些记述正面战场个别战役的专著、相关论文和纪实文学作品更是数不胜数。①

　　以上著述对国民党抗日战争的战略思想、战术意图的形成与实施,到抗战各战役的过程和得失,都进行了广泛而深入的探讨,研究态度也逐步趋于客观,对国民党的抗战贡献亦多有彰显。所以,《谁是抗日战争的中流砥柱》这篇帖子的内容对史学界来说其实并不新鲜,有些甚至是老生常谈。而有许多网民却觉得这是一篇"好文章,说出了有人不敢说出的历史",这说明这些读者平时对史学界研究动态了解太少,但又喜欢轻易发表意见,于是难免失之草率。

　　今天,抗日战争的烽火和硝烟早已逝去,但当我们回首历史,应该不难得出一点共识:抗日战争是一场全民族的战争,无论是国民党还是共产党都对抗战胜利作出了卓越的贡献,都表现出了强烈的爱国激情。当年,毛泽东曾经客观地指出:"就目前和一般的条件说来,国民党担任正面的正规战,共产党担任敌后的游击战,是必须的、恰当的,是互相需要、互相配合、互相协助的。"②从这个意义上说,抗战的胜利,既不能简单归结为"共工"的结果,也不能单纯地归功于"蒋干",而是"中华民族全体同胞团结奋斗的结果"③。正是因为国共两党"在民族公敌面前,互相忘记了旧怨,而变成了互相援助的亲密朋友"④,并同仇敌忾,共赴国难,才取得了近代以来中国反抗外敌入侵的第一次完全胜利。

---

①　详参曾景忠:《中国抗日战争正面战场研究述评》,《抗日战争研究》1999 年第 3 期。

②　《毛泽东选集》第二卷,人民出版社 1991 年版,第 553 页。

③　胡锦涛:《在纪念中国人民抗日战争暨世界反法西斯战争胜利 60 周年大会上的讲话》,《人民日报》2005 年 9 月 4 日。

④　中共中央文献研究室编:《毛泽东文集》第二卷,人民出版社 1993 年版,第 140 页。

第三章 延安整风的起因、过程及其影响

20 世纪 40 年代,毛泽东在延安发起了一场轰轰烈烈的整风运动,这是中国共产党历史上的一个重大事件,对中国革命产生了深远影响。关于这场运动,长期以来不乏论述,一直是中共党史研究的一个热点。尤其是近年来随着研究氛围的日益宽松和有关档案资料的逐渐披露,该研究领域取得了很大突破,涌现出一批富有新意的成果。但由于治史理念和对材料的解读不同,目前学术界在一些问题上仍然存在争议。笔者拟在充分掌握相关史料和前人成果的基础上,着重从延安整风与马克思主义中国化的角度,对此重新加以梳理分析。

一、众说纷纭的延安整风

关于延安整风,内地出版的具有代表性的学术专著主要是高新民、张树军的《延安整风实录》。该书全景式地描绘了延安和各根据地的整风运动,并对其中的重要事件、人物作了较为客观的评述。此外,杨奎松的《毛泽东与莫斯科的恩恩怨怨》一书也有相当篇幅涉及延安整风,为人们深入揭示了毛泽东发动延安整风的幕后动因。香港出版的则有高华的《红太阳是怎样升起的——延安整风运动的来龙去脉》和何方的《党史笔记——从遵义会议到延安整风》。其他相关论文更是数量众多。这些论著从不同角度,运用不同方法,对延安整风运动作了比较全面的研究,提出了许多新观点,有力地拓展和深化了本专题的研究。

关于延安整风的起因,绝大多数学者认为,由于紧张的战争环境,党内的"左"、右倾错误特别是王明的"左"倾教条主义错误还没有来得及在全党范围内从思想上进行彻底清算,致使主观主义、宗派主义、党八股三股歪风

依然侵袭着党的肌体,干扰党的正确路线的贯彻执行。特别是从 1939 年 7 月到 1940 年 7 月,中共党员由 4 万人增加到 80 万人,大批新党员缺乏识别真假马克思主义的能力,有许多人思想上并没有入党,为了提高全党的理论水平,提高辨别是非的能力,需要进行整风教育。因此,整风的目的是彻底清算王明"左"倾教条主义的思想影响,达到全党思想统一。与此同时,延安整风也是为了改进党的作风,与解放区人民共渡难关。1941 年和 1942 年,由于日军的疯狂"扫荡"和国民党的封锁,解放区遇到很大的经济困难。在这种情况下,需要加强党的作风建设,密切与人民群众的血肉联系。①

也有一些学者指出,延安整风虽然主要是从中国革命和中国共产党的实际提出的,但其直接起因是中共与共产国际关系发生了实质性变化,其基本目的是为了摆脱共产国际干预、确立和巩固独立自主的政治路线。② 他们强调,长期以来毛泽东对莫斯科的瞎指挥十分不满,对中共党内普遍存在的迷信苏联和共产国际、盲目崇拜莫斯科的思想情绪感到忧虑。皖南事变前后,毛泽东与莫斯科之间发生了重大的意见分歧。③ 面对这种情况,毛泽东试图通过发动延安整风,摆脱"国际指挥中心"的遥制,彻底排除其对中共政策的干扰。④

近年来,又有一些学者侧重从权力斗争的角度来解析延安整风的起因。他们提出:"毛泽东发动整风运动的根本目的——彻底肃清国际派在中共的影响,打击和争取以周恩来为代表的'经验主义'者的力量,用自己的思想改造中央,进而确立毛个人在中共党内的绝对统治地位。"⑤对于这种观点代表的研究取向,有学者明确表示不同意,认为"这些都是误解",并有针对性地反驳了过分强调毛泽东与王明之间权力斗争的说法,指出那种说毛泽东要整王明的理由是不成立的:其一,毛泽东与王明没有重大的历史隔阂,对王明理应没有严重的反感;其二,中共六届六中全会后的一段

---

① 王琴:《近十年来延安整风运动研究综述》,《北京党史》2002 年第 3 期。

② 鞠健:《延安整风运动的直接起因和基本目的探析》,《史学月刊》1996 年第5 期。

③ 杨奎松:《毛泽东与莫斯科的恩恩怨怨》,江西人民出版社 1999 年版,第 111 页。

④ 王青山、丁新华:《延安整风运动:摆脱"国际指挥中心"的必经历程》,《广西党史》1998 年第 3 期。

⑤ 高华:《红太阳是怎样升起的——延安整风运动的来龙去脉》,香港中文大学出版社 2000 年版,第 635 页。

时间里,毛泽东与王明的关系不紧张。而那种认为毛泽东发动整风是防范王明夺权的说法更无根据,事实上毛泽东已经是中共领袖,这一时期共产国际和中共内部都一致支持毛泽东的领导,王明此时已构不成对毛泽东领导的严重威胁。[1]

关于延安整风的过程,尽管大家都认为全党整风运动是从 1942 年 2 月开始,但此前是否有一个准备阶段?又是从何时开始准备的?目前大多数学者认为延安整风是有一个准备阶段的,但对其开端各自界定不同。一种观点将之追溯到 1935 年的遵义会议,认为在此之后一段时期,毛泽东总结了中国革命的经验,制定了正确的政治策略和战略战术,并从马克思主义世界观和方法论的高度,揭露了教条主义的错误实质,为全党整风准备了有利的哲学思想武器。[2]

另一种观点则把 1938 年 9 月召开的中共六届六中全会作为整风准备阶段的开端,认为这一时期,中共中央采取了一系列重大措施,作了充分准备,使全党和全体干部尤其是党的高级干部对中国革命许多关键性的问题在马克思列宁主义的基础上达到了一致,对整风学习也进行了充分的思想酝酿。这样,1942 年年初,整风运动就水到渠成地由准备时期发展到全党干部普遍进行的时期。[3]

还有一种观点认为,延安整风运动的准备是从 1940 年 9 月中央召开会议开始的。因为遵义会议只解决了军事路线方面的问题,还没有解决政治路线方面的问题,更没有来得及从思想上系统地解决问题。许多党的干部还未能深刻认识以教条主义为特征的王明"左"、右倾错误的思想根源。为了彻底清算王明的错误及其影响,1940 年 9 月,中共中央召开会议,回顾党的历史,分清路线是非,全面总结历史经验,从而为在思想上对党进行整顿作了准备。[4]

另外也有学者提出,整风预备阶段的开端是 1941 年 5 月,这同时也是延安高级干部整风学习的开始。这种观点认为,毛泽东在 1941 年 5 月延安干

---

① 李东朗:《延安整风四题之我见》,《党史研究与教学》2008 年第 1 期。

② 王秀鑫:《延安整风与延安整风研究》,《党的文献》1992 年第 2 期。

③ 刘昌亮:《党史上一次伟大的马克思主义教育运动》,《求是》1992 年第 3 期。

④ 邓力群:《回忆延安整风》,《党的文献》1992 年第 2 期。

部会议上作了《改造我们的学习》的报告,号召在全党范围内开展理论与实践相统一的整顿作风的运动,标志着整风预备阶段的开始。①

　　至于1942年全党整风开始后,也有一个问题存在争议,那就是延安整风与审干运动的关系,审干运动是否是延安整风的一个阶段? 一种观点认为,延安审干运动是在延安整风运动后期,中共中央为了从组织上扩大、巩固整风成果,加强党的建设而进行的,是整风运动的一个组成部分。② 另一种观点则认为,二者虽均为中共十大政策之一,但其性质、任务、指导思想、方法步骤、历史分期(演进过程)和最后结果都不一样,是各自独立进行的历史事件。因此不能混在一起,应严格区别开来,不能把审干运动作为延安整风的一个阶段看待。③

　　关于延安整风的后果,毋庸置疑,延安整风对中国共产党和中国革命产生了巨大的作用,有学者将之概括为五个方面:第一,全党实现思想大解放,打破了对苏联经验和共产国际的迷信,把全党从教条主义的束缚中解放出来。第二,端正了党的思想路线,在全党特别是党的高中级干部中倡导了理论联系实际、实事求是的思想路线。第三,提高了全党的马列主义水平,在毛泽东思想的基础上达到了统一。第四,深化了全党对毛泽东的新民主主义理论的认识,深化了对党的路线、方针、政策和策略的认识,使广大党员的党性得到空前的提高,极大地推进了中国革命的进程。第五,延安整风运用整风形式来解决党内矛盾的方法,是无产阶级整党建设史上的一个创举,对马克思主义建党学说是一个重要贡献。④

　　有学者还特别关注到延安整风对后世的深远影响。他们指出,整风运动开创了一种形式,即以大规模的运动的方式来解决思想问题。这种方式在国际共运史上是史无前例的,成为后来中国各种思想运动的源头。⑤ 有学者还进一步提出,延安整风运动是深刻影响20世纪中国历史进程的重大事

①　金东禹:《延安整风运动对我党思想建设的启示》,《新长征》1992年第7期。

②　秦生:《延安"抢救运动"的失误和教训》,《甘肃社会科学》1993年第2期。

③　王仲清:《整风运动和延安审干运动的联系和区别》,《中共党史研究》2000年第3期。

④　李东朗:《延安整风与马克思主义中国化》,《理论学刊》2007年第12期。

⑤　高新民、张树军:《延安整风实录》,浙江人民出版社2000年版,第448页。

件。这是由毛泽东亲自领导的中共党内第一次大规模政治运动,也是建国后历次政治运动的滥觞。毛泽东在延安整风中运用他所创造的思想改造和审干、肃反两种手段,沉重打击了党内存留的五四自由民主思想的影响和对苏俄盲目崇拜的气氛,不仅完成了党的全盘毛泽东化的基础工程,而且还建立起一套烙有毛泽东鲜明个人印记的中共新传统,其一系列概念与范式相沿成风,在 1949 年后改变了几亿中国人的生活和命运。①

近年来,还有一些学者提出对延安整风意义的评价也要"一分为二",只有全面认识整风对党的深远影响,包括积极方面和消极方面,才能更好地运用这一宝贵的历史资源。② 他们认为,延安整风除了确立毛泽东思想的指导思想地位,牢固确立毛泽东的最高领袖地位,实现了一元化领导体制,创立了一整套思想作风与工作方法,对知识分子的思想改造取得一定成效等积极作用外,也存在一些局限性和消极影响:一、延安整风开创了用群众运动进行思想改造的先河,加深了党对知识分子的不信任和偏见,并进而造成对一切知识的轻视。二、延安整风贬低了理论学习的重要,妨碍了理论上的发展创新,束缚了人们的思想,使党(后来影响到全国)的理论水平得不到提高。三、作为延安整风重要组成部分的抢救运动,是党在肃反问题上一贯犯"左"倾路线错误的一次重要演练,还为以后各种政治运动创造了范式。四、延安整风从理论上到组织上为个人崇拜奠定了基础,后来又不断得到加强。五、延安整风确立的一元化领导体制,使一党专政和书记独裁(个人说了算)法制化。六、整风创立了垄断与管理意识形态的体制及其表现形式——延安文风。七、传统的中共党史编纂学正是以延安整风为基础创建的。八、整风造成工作和时间的重大损失。③

由此可见,目前学界关于延安整风运动的认识可谓众说纷纭、莫衷一是,特别是对延安整风的前因后果及其与审干运动的关系,看法分歧较大,有必要加以再探讨。

---

① 高华:《红太阳是怎样升起的——延安整风运动的来龙去脉》,香港中文大学出版社 2000 年版,第XII页。

② 于连锐:《全面认识延安整风运动的地位和影响》,《理论研究》2009 年第 6 期。

③ 何方:《党史笔记——从遵义会议到延安整风》,香港利文出版社 2005 年版。

二、毛泽东为什么要发起延安整风

毛泽东之所以要发动延安整风,原因很复杂,争论也很多。但笔者以为,他最主要的目的就是为了推动马克思主义中国化。他曾经非常明确地告诉大家:"我党近年的整风运动,反对主观主义、宗派主义和党八股这些不好的东西,就正是为了使中国共产党更加民族化。"①也就是把马克思主义中国化。那么,毛泽东为什么想通过整风来推动马克思主义中国化呢? 这主要是因为在整风之前,马克思主义中国化在中共党内开展得很不顺利,存在着诸多问题,具体反映在以下三个方面。

第一,王明"左"倾教条主义给中国革命带来了严重危害,必须从思想路线上加以彻底解决。

延安整风之前,中共党内曾经先后发生过瞿秋白、李立三、王明等三次"左"倾错误。其中,王明"左"倾教条主义是理论形态最完备、持续时间最长、影响最深、危害最大的一次。1931 年 1 月 7 日,中国共产党在上海秘密召开了六届四中全会。在这个会上,共产国际代表米夫把他在莫斯科中山大学担任副校长时的得意门生王明推上了台。在此之前,王明连中央委员都不是,却一下子进了政治局,成了政治局委员。这一年王明只有 27 岁,是政治局里最年轻的一位。当时政治局里地位比较高、资历比较老的有总书记向忠发和周恩来等人,但米夫对他们都做了批评。他说:"如忠发……他们是工人同志,他们虽有错误,我们现在决不让他们滚蛋,要在工作中教育他们,看他们是否在工作中纠正自己的错误。如恩来同志自然应该打他的屁股,但也不是要他滚蛋,而是在工作中纠正他,看他是否在工作中改正他的错误"②。这就说明,共产国际对向忠发、周恩来都不满意,认为他们都犯过错误。而相反地,米夫对王明的评价却很高,认为他在中山大学的斗争中已是一个天才的领导者,搞中国革命没有他是不行的。③ 在这种情况下,王

---

① 中共中央文献研究室编:《毛泽东文集》第三卷,人民出版社 1996 年版,第 22 页。

② 中央档案馆编:《中共中央文件选集》第 7 册,中共中央党校出版社 1991 年版,第 39 页。

③ 于俊道:《关于米夫》,《党史研究资料》1981 年第 10 期。

明自然就成了能忠实地执行共产国际路线的唯一代表,从而掌握了中共中央实权。

中共六届四中全会后不久,当时在上海的中共中央经历了一次严重危机,几乎濒临灭顶之灾,那就是顾顺章被捕叛变。顾顺章是政治局候补委员、中央特科负责人,掌握大量机密,特别是对上海中央领导人的住址和活动规律了如指掌,所以他的叛变危害极大,至今仍被称作中共历史上最危险的叛徒。幸好当时打入中统内部的钱壮飞及时把顾顺章叛变的情报通报给中共中央,周恩来马上组织中央机关转移。据当年在中央特科工作的聂荣臻回忆说:"当时情况是非常严重的,必须赶在敌人动手之前,采取妥善措施。恩来同志亲自领导了这一工作。把中央所有的办事机关进行了转移,所有与顾顺章熟悉的领导同志都搬了家,所有与顾顺章有联系的关系都切断。两三天里,我们紧张极了"①。此后,总书记向忠发也被捕变节。这一系列突发事件的发生,迫使上海中央采取紧急疏散措施,当时决定王明去莫斯科,周恩来去江西苏区。临走前,他们在共产国际远东局的指示下,决定在上海成立一个临时中央政治局来维持工作,主要由那些刚刚从苏联留学回国、顾顺章还不大认得的人组成,认为这样便于开展工作,顾顺章对他们不熟悉,其中为首的就是博古和张闻天。博古当时才 24 岁,从事实际工作经验很少,也不是中央委员,却一下子成了负总责,可以说是一步登天。而王明之所以选中博古,也主要是看中博古的思想跟他比较一致,能忠实贯彻共产国际路线。

后来,由于国民党的白色恐怖越来越严重,这个临时中央也很快在上海待不下去了,只好转移到中央苏区,从而使中央苏区也开始直接受到"左"倾教条主义的危害。这种危害主要有两点:一是在军事上实行共产国际军事顾问李德的"左"倾冒险主义,主张"御敌于国门之外",与国民党军队大打正规战、阵地战,搞"短促突击",跟敌人拼消耗;二是在政治上实行共产国际的"左"倾关门主义,把所有的地主和资产阶级都看成革命的敌人,主张"地主不分田,富农分坏田",并拒绝与发动"福建事变"的十九路军合作。这一系列"左"倾教条主义错误直接导致中央苏区第五次反"围剿"战争失败,南方各根据地相继丧失,红军被迫长征,白区的党组织也遭受重大损失。

---

① 《聂荣臻回忆录》,解放军出版社 1986 年版,第 127 页。

关于"左"倾教条主义给中国革命带来的危害,毛泽东在延安整风期间曾写了九篇笔记,有 5 万多字。因为写得锋芒毕露,用词辛辣尖锐,嬉笑怒骂跃然纸上,情绪化色彩甚浓,是"激愤之作,也是过去长期受压抑的郁闷情绪的大宣泄,刺人的过头话不少"①,所以当时只给刘少奇、任弼时二位中央领导人看过。毛泽东在 20 世纪 60 年代又对它加以修改,加了一个总题目《驳第三次左倾路线——关于一九三一年九月至一九三五年一月期间中间路线的批判》。直到逝世前一个月,他还请人读过一遍,由此可见其重视程度。

在这九篇笔记中,毛泽东严厉批评了以临时中央为代表的"左"倾教条主义者。他说:"临时中央则不但不愿意进行公开合法工作,也不愿意认真进行秘密工作,凡事爱暴露,爱显劲,爱逞英雄,爱在明天早上胜利,结果在三年多的时间内,在敌人统治区域把党闹个精光,一点群众力量也闹个精光。"这是批评"左"倾教条主义者热衷于搞公开斗争,结果把白区都丢光了。毛泽东还说:"咳,我倒要叫老爷们听训了! 你们一点什么都不懂,根本脱离农民群众,硬把所谓'地主不分田、富农分坏田'的错误路线强迫推行于苏区,自封为'明确的阶级路线'……你们也知道吗? 地主不分田者,肉体上消灭地主之谓也,这是出于哪一条马列主义的? ……其结果,便是迫着他们去当绿色游击队,手执武器向苏维埃拼命,这有什么好处呢?"②"这种革命,要对付全世界的帝国主义与整个中国地主资产阶级政府,又把'十九路军一切官长'也当作敌人,真是世界革命史上唯一无二或者至少是稀罕的杰作!""于是小的被我们打得不亦乐乎,成群地跑到大的那里去,我们却孤零零地遭受大的小的双管齐下,把我们打得要死","所谓'打倒一切'的学说,就是这批老爷们在中国共产主义运动史中的杰出的'创造'"。③ 以上这些是批评"左"倾教条主义者不懂得搞统一战线,实行"关门主义",打倒一切地主和资产阶级,结果把他们都赶到敌人那边去了。

在这九篇笔记中,毛泽东还说过一段非常尖锐的话:"我常觉得,马克思主义这种东西,是少了不行,多了也不行的。中国自从有那么一批专门贩卖

① 《胡乔木回忆毛泽东》,人民出版社 1994 年版,第 214 页。

② 中共中央文献研究室编:《毛泽东文集》第二卷,人民出版社 1993 年版,第 341—342 页。

③ 杨奎松:《毛泽东与莫斯科的恩恩怨怨》,江西人民出版社 1999 年版,第 42 页。

马克思的先生们出现以来,把个共产党闹得乌烟瘴气,白区的共产党为之闹光,苏区与红军为之闹掉百分之九十以上⋯⋯全都是吃了马克思主义太多的亏。这批人自封为'马克思主义理论家',家里有成堆的马克思主义出卖,装潢美丽,自卖自夸,只此一家,别无分店,如有假冒,概不承认⋯⋯直到被人戳穿西洋镜,才发现其宝号里面尽是些假马克思,或死马克思,臭马克思,连半个真马克思、活马克思、香马克思都没有,可是受骗的人已不知有几千几万,其亦可谓惨也已矣!"毛泽东还写道:"我们老爷是一条最可怜的小虫,任何世事一窍不通,只知牛头不对马嘴地搬运马克思、列宁、斯大林,搬运共产国际"①,"老爷们既然完全不认识这个世界,又妄欲改造这个世界,结果不但碰破了自己的脑壳,并引导一群人也碰破了脑壳。老爷们对于中国革命这个必然性既然是瞎子,却妄欲充当人们的向导,真是所谓'盲人骑瞎马,夜半临深池'了"②。这些文字更是充分反映了毛泽东对教条主义者的痛恨,简直是深恶痛绝。

1935 年 1 月,中共中央在长征途中召开了遵义会议。在这次会上,博古"左"倾中央的统治宣告结束,毛泽东成为中共中央领导层的重要成员,从而挽救了党,挽救了红军,这是中国共产党历史上的一次重大转折,同时也是毛泽东个人命运的一次重大转折。他后来就曾回忆说:在此之前,"啥人也不理我,就剩我一个孤家寡人。我说,有一个菩萨,本来很灵,但被扔到茅坑里去,搞得很臭。后来,在长征中间,我们举行了一次会议,叫遵义会议,我这个臭的菩萨,才开始香了起来。"③但由于环境和条件的限制,遵义会议只是解决了当时最迫切的军事问题与组织问题,并未触及思想上、政治上的问题。张闻天在代表中央起草的《遵义会议决议》中仍然肯定地说:"党中央的政治路线无疑义的是正确的"。对此,李维汉后来曾分析说:"我认为这有两个方面的原因:一是党内思想还不一致,条件还不成熟,多数同志还没有认识到其政治路线也是错误的;再就是鉴于紧迫的战争环境,因此,毛泽东等同志没有提出这个问题。这样做是非常正确的,因为当时是处在没有根据地、敌人前堵后追的战争环境中,战争的胜负是关系到革命成败的主要问

---

① 杨奎松:《毛泽东与莫斯科的恩恩怨怨》,江西人民出版社 1999 年版,第 150 页。

② 中共中央文献研究室编:《毛泽东文集》第二卷,人民出版社 1993 年版,第 344 页。

③ 毛泽东 1964 年 7 月 10 日接见佐佐木更三、黑田寿男等日本社会党人士的谈话。

题。这时,如果提出王明等人的政治路线也是错误的,会使党内受到过分的震动,引起大的争论,对打仗非常不利。政治路线问题可以留待以后讨论,这样做对于保持党的团结和统一,争取长征的胜利,有重大意义。"①

局势稍微稳定后,毛泽东曾经努力地解决这一历史遗留问题。他在1940年12月4日召开的政治局会议上便明确提出:我党在历史上有三个时期。在大革命末期,陈独秀主张联合一切,下令制止工农运动。在苏维埃时期,最初暴动时实行打倒一切,到六大时纠正了。但到苏维埃末期又是打倒一切,估计当时是苏维埃与殖民地两条道路的决战。实行消灭富农及小地主的政策,造成赤白对立。这种"左"的政策使军队损失十分之九,苏区损失不止十分之九,所剩的只有陕北苏区。实际上比立三路线时的损失还大。他还说:遵义会议决议只是说是军事上的错误,没有说是路线上的错误,实际上是路线上的错误,所以遵义会议决议须有些修改。②

毛泽东讲完后,一些人表示赞同毛泽东的意见。陈云在发言中同意毛泽东对过去苏维埃政策的批评,并指出:那时错误的根源在于六届四中全会后虽纠正了立三路线,但"左"的错误未得到完全纠正。另一原因是对客观历史经验没有应有的尊重。总之是马列主义不够。③ 博古在会上也表示,希望检讨自己的错误,对当时的错误愿意承担责任。但是,会上也有人不同意说苏维埃后期的错误是路线错误,认为在苏维埃后期虽然因反立三路线不彻底又犯了"左"的错误,但当时还是进行了艰苦的斗争的,还是为马列主义而奋斗的,路线上并没有错。④ 这种认识分歧引起了政治局内一次激烈的争论。在这种情况下,毛泽东为中央起草的关于时局与政策的指示时就没有再讲这一时期是路线错误。这件事使他认识到,只有在全党范围内开展一次整风运动,才能从根本上彻底解决思想路线问题,摆脱教条主义的思想束缚,用他的话来说就是:"一定要整顿三风,来一个彻底的思想转变"⑤,"我

① 李维汉:《回忆与研究》上册,中共党史资料出版社1986年版,第355页。
② 中共中央文献研究室编:《毛泽东年谱(1893—1949)》中卷,人民出版社、中央文献出版社1993年版,第235页。
③ 中共中央文献研究室编:《陈云年谱》上卷,中央文献出版社2000年,第297页。
④ 杨奎松:《毛泽东与莫斯科的恩恩怨怨》,江西人民出版社1999年版,第123页。
⑤ 中共中央文献研究室编:《毛泽东文集》第二卷,人民出版社1993年版,第414页。

们所要的是香的马克思主义,不是臭的马克思主义;是活的马克思主义,不是死的马克思主义"①。

第二,抗战初期王明的右倾错误一度引起党内思想混乱,必须予以肃清。

中国共产党在历史上除了犯"左"的错误之外,还犯过右的错误。例如大革命后期的陈独秀右倾错误,主张对国民党妥协,结果导致了大革命的失败。而近年来解密的苏共和共产国际档案则表明,陈独秀之所以会犯右倾错误,在很大程度上正是因为服从了共产国际的指示。而在抗战初期,中国共产党在处理与国民党的关系时,又犯了同样的错误。

如前所述,王明最初在统一战线问题上执行的是共产国际的"左"倾关门主义,拒绝与任何党派开展合作。但随着共产国际政策的调整,他的观点也发生了转变。他开始发表一系列文章,主张建立抗日民族统一战线。其中最著名的就是 1935 年 8 月 1 日,王明在莫斯科以中共中央和中华苏维埃政府的名义起草了《为抗日救国告全体同胞书》(即《八一宣言》)。《八一宣言》把抗日民族统一战线的范围进一步扩大到包括国民党内的爱国分子,这个政策的转变在当时产生了很大反响,促进和推动了抗日民族统一战线的形成。所以在此问题上,王明是有功的,这个历史功绩不容抹杀。毛泽东后来在中共六届六中全会上就曾公正地评价说:"王明在党的历史上有大功,对统一战线的提出有大的努力"②。但是同时也应该看到,王明的所有这些主张都是建立在共产国际指示的基础上,几乎是亦步亦趋,完全没有自己的独立见解,其实这也正是教条主义的表现。

1937 年 11 月,全面抗战爆发后不久,王明回国了。他是在苏联顾问的陪同下乘坐苏联专机抵达延安的,受到了毛泽东等中共中央领导人的热烈欢迎。毛泽东还在机场举行的欢迎大会上发表了一个热情洋溢的题为《饮水思源》的讲话,把王明比喻成是昆仑山上下来的神仙,是"喜从天降",是"马克思给我们送来了天兵天将"。应该说,毛泽东对王明回国是热烈欢迎的。张国焘后来在回忆录中就说:"这种欢欣鼓舞的气氛,似乎延安以前从

① 中共中央文献研究室编:《毛泽东文集》第三卷,人民出版社 1996 年版,第 332 页。
② 中共中央文献研究室编:《毛泽东传(1893—1949)》下册,中央文献出版社 1996 年版,第 520 页。

未有过。"①王明回国前担任过一系列重要职务:中共驻共产国际代表团团长、共产国际执行委员会主席团委员、共产国际书记处候补书记、共产国际东方部部长,地位相当高,负责指导东方国家的革命。他这次回国,感觉也非常好,把自己当作共产国际的钦差大臣,所以一回到延安就到处发号施令。张国焘曾回忆说:"王明当时俨然是捧着上方宝剑的莫斯科'天使',说话的态度,仿佛是传达'圣旨'似的,可他仍是一个无经验的小伙子,显得志大才疏,爱放言高论,不考察实际情况,也缺乏贯彻其主张的能力与方法。"②

王明这次回国后,又教条地搬用共产国际指示,提出了"一切服从统一战线,一切经过统一战线"的右倾口号,抹杀国共两党在抗日战争中的原则分歧和本质区别,主张对国民党让步。在1937年12月政治局会议和1938年3月政治局会议上,他一再反对洛川会议以来党坚持统一战线中独立自主的路线、方针、政策,认为中央在洛川会议到十二月会议期间的统一战线工作犯了一系列错误:对抗战后的国民党基本估计不足,把民主民生与抗日问题并列起来,没有抓住国共合作为重心,没有强调发动群众也须经过统一战线这个主要环节,没有提出共同领导、共同负责、共同发展,对国民党态度有错误,强调独立自主,妨害了统一战线,过多地宣传独立自主的游击战。③他还不点名地批评了毛泽东:"我们党虽然没有人破坏国共合作,但有同志对统一战线不了解,是要破坏统一战线的","今天的中心问题是一切为了抗日,一切经过抗日民族统一战线,一切服从抗日","我们要拥护统一指挥。八路军也要统一受蒋指挥","要使人家一到特区,便感觉特区是中华民国的组成部分"④。

当时,毛泽东虽然赞成与国民党建立统一战线,但他认为中共不能过分相信国民党,必须时刻保持自己的独立性,靠自己的发展壮大来巩固统一战线,只有中共自己壮大了,国民党才不敢破坏统一战线;同时也只有我们自己壮大了,才能真正团结小资产阶级,扩大统一战线。因此,他突出地强调了保持党的独立自主的重要性,指出:"必须尖锐地提出谁领导谁的问题,必

①　张国焘:《我的回忆》第3册,东方出版社2004年版,第418页。

②　张国焘:《我的回忆》第3册,东方出版社2004年版,第424页。

③　高新民、张树军:《延安整风实录》,浙江人民出版社2000年版,第40页。

④　中共中央文献研究室编:《毛泽东传(1893—1949)》下册,中央文献出版社1996年版,第506—507页。

须坚决地反对投降主义。"①在十二月会议上,毛泽东作了两次发言,重申坚持洛川会议确定的方针政策。他说:统一战线的总方针要适合于团结御侮。在统一战线中,"和"与"争"是对立的统一。八路军与游击队是全国军队的一部分,但是要在政治工作上、官兵团结上、纪律上、战场上起模范作用。过去我们反对国民党派大官来是必要的,因为西安事变后国民党要派大批人来侮辱和破坏红军,应该拒绝。国民党与共产党谁吸引谁这个问题是存在的,不是说要将国民党吸引到共产党,而是要国民党接受共产党的政治影响。如果没有共产党的独立性,便会使共产党走到国民党方面去。我们所谓独立自主是对日作战的独立自主,战役战术是独立自主的。抗日战争总的战略方针是持久战。红军的战略方针是独立自主的山地游击战,在有利条件下打运动战,集中优势兵力消灭敌人一部分。独立自主,对敌军来说我是主动而不是被动的,对友军来说我是相对的集中指挥,对自己来说是给下级以机动。②

从后来的事实来看,毛泽东的这种主张无疑是正确的,但在当时却受到王明的批评。由于王明手握共产国际指示这一上方宝剑,因此他的这种右倾思想一度在党内占了上风。这就给全党带来了很大的思想混乱,一些中共高级干部也深受其影响,导致毛泽东的一些正确主张未能得到贯彻。他后来在延安整风时就说:"一九三七年十二月政治局会议,由于王明的回国,进攻中央路线,结果中断了遵义会议以后的中央路线。十二月会议我是孤立的,我只对持久战、游击战为主,统一战线中独立自主原则是坚持到底的。"③他甚至还曾抱怨说:"我的命令不出这个窑洞。"④

十二月会议后,王明到武汉领导中共长江局,负责与国民党的统战工作。这一时期,他一再地向中共中央闹独立。他刚到武汉,没有经过批准,就以中共中央的名义于1937年12月25日发表了《中国共产党对时局宣言》;1938年2月9日,他未经毛泽东同意,就以毛泽东的个人名义发表对

---

① 《毛泽东选集》第二卷,人民出版社1991年版,第392页。

② 高新民、张树军:《延安整风实录》,浙江人民出版社2000年版,第41—42页。

③ 中共中央文献研究室编:《毛泽东年谱(1893—1949)》中卷,人民出版社、中央文献出版社1993年版,第481页。

④ 李维汉:《回忆与研究》上册,中共党史资料出版社1986年版,第443页。

《新中华报》记者的公开谈话;3 月 24 日,又擅自以中共中央的名义递交了《对国民党临时全国代表大会的提议》。当时在延安的中央书记处认为王明起草的那份不妥,另外发来了一份文件,要求递交给国民党,但却被他以"来不及"为由置之一旁。王明还要求延安不要公布中央的那份文件,"否则对党内党外都会发生重大的不良政治影响"[1]。在此期间,王明还试图与延安分庭抗礼,甚至公然否认延安中央书记处的权威性,要求把书记处搬到武汉,并且指责毛泽东、张闻天不应该再以中央书记处的名义发布指示和文件,俨然要使长江局成为与中共中央对立的第二政治局。

在实践中,王明的这种右倾思想和宗派主义行为给中共在抗战初期的工作造成了一些不良影响,束缚了其发展壮大的手脚,使中共未能抓住时机在华中敌后广泛地开展抗日游击战争和创建抗日根据地,影响了新四军在大江南北的发展。而之所以会出现这种情况,正是因为王明有共产国际指示这道圣旨,而党内又弥漫着浓厚的教条主义气氛所造成的。所以,要想改变这种状况、克服右倾错误,就必须通过整风运动,肃清教条主义的影响,彻底打破对共产国际的盲目迷信。

第三,皖南事变的发生,促使毛泽东思考如何尽快改变中共与共产国际的关系,这是延安整风运动的导火线。

1941 年 1 月,皖南事变发生,新四军遭到惨重损失。而在事变前,毛泽东就对国民党存有戒心,曾制定过一个非常大胆的先发制人的计划,打算派 15 万精锐部队打到国民党后方去。1940 年 11 月 3 日,毛泽东在致彭德怀的电报中提出了这样一个方案:"我军不待日蒋联合夹击到来,即从五十万人中抽调至少十万至十五万精兵,分数路突入彼后方",以此来"避免最严重的日蒋夹击"[2]。因为事关重大,不得不向共产国际请示。11 月 7 日,毛泽东致信共产国际说:"为了防御,我们就要对他(指蒋介石——引者注)采取先发制人的反攻行动,以粉碎他的围剿部队和设防地区。在这种情况下,我们的军事计划将是,留下我们的大部分部队(约 35 万人)在各个抗日根据地与日本部队作战,拿出部分辅助部队和突击部队(约 15 万人)打击在河南、

---

① 珏石:《周恩来与抗战初期的长江局》,《中共党史研究》1988 年第 2 期。

② 《毛泽东军事文集》第二卷,军事科学出版社、中央文献出版社 1993 年版,第 570 页。

甘肃省的敌围剿军后方,即,彻底粉碎蒋介石的这次围剿,进而克服投降危险,争取使政治局势向好的方面转变。"在这封信中,毛泽东还强调:"如果我们不采取上述军事措施,那就无法防止他们的进攻,而我们的阵地就会很危险。"但他同时也表示:"如果我们采取相应的军事措施,那蒋介石为了欺骗人民,必然指责我们破坏抗战。其结果可能是我们和蒋介石的彻底决裂。因此这在政治上对我们并无好处。"所以,"虽然我们现在在采取必要的军事措施,但最后的决定还没有作出。考虑到这个问题的严重性,解决不好有可能引起严重后果,特向你们作出通报并请尽快作出指示"。

但此时斯大林希望蒋介石能拖住日本,使日本腾不出手来进攻苏联,所以一再要求中共忍让,不要与国民党破裂,在政治上、军事上只应作防御的自卫战的准备。于是,这个大胆的进攻计划自然被共产国际否定了。11月15日,季米特洛夫在收到毛泽东的请示电后立即回复:"鉴于问题特别复杂,我们只有在研究一些重要因素之后才能给你们作出答复。你们做好准备是应该的,但请等一等再作最后决定。"23日,他又向斯大林汇报说:"在研究现有材料和对问题作出讨论后,我们想给毛泽东同志作出以下答复:'我们觉得,中国目前的局势很不明朗,很不确定。至少不能像你们认为那样:蒋介石已彻底决定向日本投降……因此我们认为,你们应该暂时实行拖延的方针,想方设法巧妙应付,并同蒋介石就从华中和山东省撤出你们军队的问题进行讨价还价。要尽量争取更多的时间。特别重要的是,你们无论如何不能首先对围剿军发起攻势,不能给蒋介石以口实在人民面前把你们说成是抗战统一的破坏者,并利用你们的行动来为他想同日本人缔结妥协性和约的企图作辩解。'"

在这种情况下,毛泽东被迫重新考虑并改变了对形势的估计和对策。11月21日,他致电周恩来等人指出:"只要蒋介石未与日本妥协,大举剿共是不可能的,他的一切做法都是吓我让步"。11月30日,毛泽东又电告叶挺、项英:"日蒋决裂,日汪拉拢,大局从此有转机,蒋对我更加无办法,你们北移又让他一步,以大局判断,蒋、顾是不会为难你们的。"直到12月25日,他仍认为:"只要蒋不投降,大举进军是不可能的;始终不过是大吹小打而已。"①但结果证

---

① 中央档案馆编:《皖南事变》(资料选辑),中共中央党校出版社 1982 年版,第 101、105、117 页。

明,毛泽东原先对时局的严峻判断是正确的,而后来则上了苏联和共产国际的当。这件事深刻反映了中共与共产国际的重大意见分歧,同时也强烈刺激了毛泽东。

与此同时,项英在皖南事变前后的一系列处置失当也引起了毛泽东的不满。项英由于受共产国际和王明右倾错误的影响,对抗日民族统一战线中的独立自主原则认识不足,对中央"向北发展,向敌后发展"的方针理解不够,措施不力,对部队转移迟疑犹豫,北移时对国民党反共阴谋的严重性估计不足,对应付突然事变的准备不充分,在顽军进攻时又处理失当,因而未能避免或减少新四军在事变中的严重损失。因此,毛泽东认为皖南事变发生的党内思想根源,是"有同志没有把普遍真理的马列主义与中国革命的具体实际联系起来","没有了解中国革命的实际,没有了解经过十年反共的蒋介石"①,尤其是项英"对统一战线的了解,是犯了右倾机会主义错误的。他不认识统一战线中共产党的独立性斗争性,他对于国民党的反共政策从来就没有领导过斗争,精神上早已作了国民党的俘虏,并使皖南部队失去精神准备"②。毛泽东由此加深了对苏维埃后期的"左"倾错误和抗战初期右倾错误的认识,指出:"左"和右看似两个极端,实际"两极相通",都根源于一个思想方法,即不了解中国具体实际或不能揭示中国革命的客观规律的主观主义。③

从历史上看,项英与王明颇为相似,都经历了从"左"到右的思想演变。在中央苏区,他曾经附和临时中央对革命形势的"左"倾判断。1931 年 11 月,中共中央代表团在瑞金主持召开中央苏区党组织第一次代表大会(通常称为"赣南会议")。在这次会上,包括项英等人在内,都对时任苏区中央局代理书记的毛泽东展开了批评,指责其犯了"狭隘经验论"的错误,并从共产国际和临时中央提出的"地主不分田、富农分坏田"的主张出发,批评毛泽东的"抽多补少"、"抽肥补瘦"、"分配土地给一切人"的做法,是"犯了富农路线的错误"。1932 年 1 月 9 日,临时中央又根据共产国际的指示,发出《关于

---

①　中共中央文献研究室编:《毛泽东传(1893—1949)》下册,中央文献出版社 1996 年版,第 627—628 页。

②　中央档案馆编:《中共中央文件选集》第 13 册,中共中央党校出版社 1987 年版,第 31 页。

③　《胡乔木回忆毛泽东》,人民出版社 1994 年版,第 192 页。

争取革命在一省或数省首先胜利的决议》，认为"直接革命的形势"很快就要到来，一个或几个有中心城市在内的主要省份有"首先胜利的可能"，因此主张党在全国采取"进攻路线"，要求红军"占取一二个重要的中心城市，以开始革命在一省数省的首先胜利"，特别要求将中央区、闽粤赣、赣东北、湘鄂赣、湘赣边各苏区联成一片，"占取南昌、抚川、吉安等中心城市"，"开始湘鄂赣各省的首先胜利"。当时，项英对此是积极拥护的。他先后发表了《反对对于参加革命战争的消极》、《怎样配合红军的胜利去争取江西首先胜利》、《猛烈扩大红军反对对于扩大红军的消极》等文章提出，红军在北面的攻势"是取得了实现江西首先胜利最有利的条件"，"夺取抚、樟、吉、赣中心城市，以实现江西首先胜利，就是目前的事情了。"他还说："目前革命战争已进到与反革命决死斗的时候"，因此应以"夺取吉、赣、抚、南昌中心城市实现江西首先胜利"作为扩红的中心口号。① 该年10月，苏区中央局在宁都召开会议，包括项英在内的"左"倾教条主义者坚持认为攻打赣州是"绝对必要"的，进而指责毛泽东对中央的"进攻路线"和"夺取中心城市"方针一直"消极怠工"，是"上山主义"、"守株待兔"，"不尊重"他们的领导，于是"开展了中央局从未有过的反倾向的斗争"②，撤消了毛泽东红军总政委的职务，剥夺了其兵权。

抗战爆发后，由于教条地搬用共产国际指示，项英又犯了右倾错误，以妥协退让求团结。1937年9月27日，他在国民党江西省党部纪念周发表演说，提出要与国民党"合作到底"，反映了他在统一战线问题上的模糊认识。29日，项英又发表《告南方游击队公开信》，要求各地游击队"接信后，立即听候点编"。为此，中共中央致电博古、叶剑英等人指出："项英同志似还不明白统一战线中保持独立性原则，似还更不明白不应无条件集中而应保持南方战略支点的原则。他在南昌的做法带着危险性，望速通知他来延安讨论。"并强调："南方游击队万不宜集中，项在江西的做法上了国民党的当。"③后来，随着王明的回国及其右倾思想在党内的蔓延，项英也不免受其

① 《项英军事文选》，中共中央党校出版社2003年版，第41、51页。

② 中共中央文献研究室编：《毛泽东传（1893—1949）》上册，中央文献出版社1996年版，第296页。

③ 中国人民解放军历史资料丛书编审委员会编：《新四军文献》（1），解放军出版社1988年版，第37、41页。

影响。在 1937 年十二月会议上，他是同意王明"一切服从统一战线，一切经过统一战线"观点的。甚至到了 1938 年 10 月在皖南新四军军部传达中共六届六中全会精神时，他仍然表示："一切工作的发展，都要经过统一战线，反过来，工作就不能发展"，并且说："我们党除党的工作外，在统一战线工作中，无论作什么群众工作，必须采取合法的手续、方式才能发展，否则如果像从前一样，工作就不能发展。"①这与王明的言论几乎如出一辙。

客观地说，项英之所以会犯"左"倾和右倾错误，都是因为盲目地听从了共产国际的指示。而这种现象并非只在他一个人身上存在，而是普遍存在于党内的教条主义者。所以为避免重蹈覆辙，毛泽东决心尽快改变中共与共产国际的关系，从实质上摆脱共产国际对中国革命的干预。皖南事变发生不久，毛泽东就提醒周恩来，今后对俄国人的话，"不可不听，又不可尽听"②。但他认为只向周恩来一个人交代还不够，还必须在全党范围内开展一次整风，使全党在思想根源上破除将共产国际指示神圣化和教条化的氛围。毛泽东后来就解释说："整风实际上是整苏联的风，是批判斯大林和第三国际的错误。"③

总之，在延安整风前，中国共产党在处理中国革命问题时还不够成熟，时常犯"左"倾或右倾错误，使革命屡屡遭到挫折。而无论是"左"还是右，其实在很大程度上都是照搬照抄共产国际指示的结果，都是教条主义的表现。这就说明中共还没有完全摆脱对共产国际的迷信，还没有把马克思主义与中国革命的具体实际很好地结合起来，"对于中国的历史状况和社会状况、中国革命的特点、中国革命的规律不了解，对于马克思列宁主义的理论和中国革命的实践没有统一的理解"④。因此，如何把马克思主义中国化，就成为摆在中国共产党面前的一项重大任务。而延安整风，正是毛泽东试图解决这一问题的重要途径。

---

① 王辅一：《项英传》，中共党史出版社 1995 年版，第 425 页。

② 杨奎松：《毛泽东与莫斯科的恩恩怨怨》，江西人民出版社 1999 年版，第 121 页。

③ 杨奎松：《毛泽东与莫斯科的恩恩怨怨》，江西人民出版社 1999 年版，第 159 页。

④ 《毛泽东选集》第二卷，人民出版社 1991 年版，第 611 页。

三、与王明交锋的两个回合

20 世纪 40 年代初,抗战已经进入相持阶段,局势相对平稳,特别是中共中央所在地陕甘宁边区的形势比较稳定,这就为中央集中时间进行整风提供了客观条件。与此同时,党内在经历了多次失败和挫折之后,逐渐形成了一批在政治上比较成熟的领导骨干。尤其是毛泽东在探索中国革命规律的过程中,创造性地提出了工农武装割据、农村包围城市的革命道路的理论,并在 40 年代初形成了新民主主义理论体系,从而标志着毛泽东思想的正式形成。这一时期,毛泽东思想还经受了各种复杂斗争实践的检验,日益显现出高瞻远瞩的正确性,逐步赢得了全党的信任,毛泽东的领袖地位也因此得到了进一步的确立和巩固。彭德怀当时就说:"领袖是长期斗争经验总结的,是长期斗争中产生的。毛泽东的领导地位是由正确的领导取得的。"①张闻天也表示:"我从党史上发现了毛泽东同志的路线是中国党的真正布尔什维克的路线","毛泽东同志,不但是我党政治家、军事家,而且是理论家的这个观点,也就是在这个时候建立的。我对毛泽东同志心悦诚服的感觉,也是从此时发展起来的"。② 这些都为延安整风提供了有利条件。

从历史的角度来看,毛泽东虽然在遵义会议上进入中央领导层,但当时他的领袖地位并不十分稳固,至少中共中央名义上的一把手还是张闻天。在这种情况下,他怎么可能在全党范围内发动一场整风运动呢?

1938 年的中共六届六中全会是中国共产党历史上一次非常重要的会议。毛泽东在七大上就曾把六届六中全会与遵义会议相提并论,并称为党的历史上"两个重要关键的会议",甚至强调"六中全会是决定中国之命运的"。③ 他为什么会这么突出六中全会呢? 这是因为正是在六中全会上,他

---

① 中共中央文献研究室编:《毛泽东传(1893—1949)》下册,中央文献出版社 1996 年版,第 520—521 页。

② 张培森主编:《张闻天年谱(1900—1976)》上卷,中共党史出版社 2000 年版,第 706 页。

③ 中共中央文献研究室编:《毛泽东文集》第三卷,人民出版社 1996 年版,第 424—425 页。

获得了与王明交锋的第一个胜利。

1938年9月14日至27日,中共中央召开政治局会议。这次会议是为召开六届六中全会作准备的。会议第一天,刚从莫斯科回来的王稼祥传达了共产国际总书记季米特洛夫的口信,其中最重要的内容就是承认毛泽东是中共领袖。季米特洛夫让王稼祥转告全党:"在领导机关中要在毛泽东为首的领导下解决,领导机关中要有亲密团结的空气。"①还说:"应该告诉大家,应该支持毛泽东同志为中国共产党的领导人,他是在实际斗争中锻炼出来的。其他人如王明,不要再去竞争当领导人了。"②在当时,王稼祥转达季米特洛夫的这些话无疑是对毛泽东的最大支持,从根本上剥夺了王明以共产国际钦差大臣自居的资本。李维汉晚年即曾回忆:"季米特洛夫的话在会上起了很大作用,从此以后,我们党就进一步明确了毛泽东的领导地位,解决了党的统一领导问题。"③毛泽东也说:"六中全会以前虽然有些著作,如《论持久战》,但是如果没有共产国际指示,六中全会还是很难解决问题的。"④

9月29日至11月6日,中共中央召开六届六中全会。这是1928年六大以来到会人数最多的一次中央全会。毛泽东代表中共中央作了《论新阶段》的政治报告,并作了会议结论,全面总结了抗战以来党的政治路线,着重讲了统一战线中的独立自主问题、战争和战略问题,同时针对"一切经过统一战线"的口号提出了严厉的批评。他说:"如果是要求国民党'一切'都要'经过'我们同意,是做不到的、滑稽的。如果想把我们所要做的'一切'均事先取得国民党同意,那末,它不同意怎么办? 国民党的方针是限制我们发展,我们提出这个口号,只是自己把自己的手脚束缚起来,是完全不应该的。"⑤会议最后通过了《中共扩大的六中全会政治决议案》,批准了以毛泽东为代表的正确的政治路线,克服了王明右倾错误对党的工作的干扰,巩固

---

①　《王稼祥选集》,人民出版社1989年版,第141页。

②　徐则浩:《王稼祥年谱》,中央文献出版社2001年版,第190页。

③　李维汉:《回忆与研究》上册,中共党史资料出版社1986年版,第416页。

④　《毛泽东在七大的报告和讲话集》,中央文献出版社1995年版,第231页。

⑤　中共中央文献研究室编:《毛泽东传(1893—1949)》下册,中央文献出版社1996年版,第519页。

了毛泽东在党内的领袖地位。

1938年王稼祥带回了季米特洛夫的口信,拥护毛泽东当中共领袖,但季米特洛夫同时又强调中共要着重于抗战中的实际问题,不应花太多时间去争论过去十年内战中的问题。关于总结十年经验,国际认为要特别慎重。所以,中共六届六中全会只是确立了毛泽东的领袖地位,并没有解决思想路线问题。对于这个结果,毛泽东是不大满意的,他认为必须从根本上解决思想路线问题,才能从根本上克服教条主义。只是因为共产国际刚刚有过这么一条指示,所以他也不得不暂时忍耐下来,但一直都在等待时机。

时隔三年,1941年6月,苏德战争爆发,苏联开始卫国战争,已经顾不上中共内部事务了。这年9月10日至10月22日,中共中央召开政治局扩大会议,专门讨论党的历史上特别是土地革命战争时期的路线问题,史称"九月会议"。其实,九月会议并不只是在9月间召开,而是在9月10日、11日、12日、29日和10月22日开了五次会。到会者有在延安的政治局成员:毛泽东、任弼时、王稼祥、王明、朱德、洛甫、康生、陈云、凯丰、博古、邓发;列席者有李富春、杨尚昆、罗迈、陈伯达、高岗、林伯渠、叶剑英、王若飞和彭真。毛泽东在9月10日的会上首先作关于反对主观主义和宗派主义的报告。他说:"过去我们的党很长时期为主观主义所统治,立三路线和苏维埃运动后期的'左'倾机会主义都是主观主义。苏维埃运动后期的主观主义表现更严重,它的形态更完备,统治时间更长久,结果更悲惨。这是因为这些主观主义者自称为'国际路线',穿上马克思主义的外衣,是假马克思主义。"他还指出:"遵义会议,实际上变更了一条政治路线。过去的路线在遵义会议后,在政治上、军事上、组织上都不能起作用了,但在思想上主观主义的遗毒仍然存在。六中全会对主观主义作了斗争,但有一部分同志还存在着主观主义,主要表现在延安的各种工作中,在延安的学校中、文化人中,都有主观主义、教条主义。这种主观主义同实事求是的马克思主义是相对抗的。"[①]

毛泽东做完报告后,张闻天和博古这两个临时中央的负责人紧接着发言表态,对自己曾犯的错误作了诚恳和深刻的自我批评。张闻天表示:"毛主席的报告,对党的路线的彻底转变有极大的意义。过去我们对苏维埃后期的错误没有清算,这是欠的老账,现在必须偿还。犹如现在做了领导工作

---

① 《毛泽东文集》第二卷,人民出版社1993年版,第372—373页。

而过去没有做过下层工作的,也要补课。反对主观主义,要作彻底的清算,不要掩盖,不要怕揭发自己的错误,不要怕自己的瘌痢头给人家看。过去国际把我们一批没有做过实际工作的干部提到中央机关来,是一个很大的损失。过去没有做过实际工作,缺乏实际经验,现在要补课。过去的老账,必须要还。"①

博古也说:1932 年至 1935 年的错误,我是主要的负责人。遵义会议时,我是公开反对的。后来我自己也想到,遵义会议前不仅是军事上的错误,要揭发过去的错误,必须从思想方法上、从整个路线上来检讨。我过去只学了一些理论,拿了一套公式教条来反对人家。四中全会上我与稼祥、王明等反对立三路线的教条主义,也是站在"左"的观点上反的,是洋教条反对土教条。当时我们完全没有实际经验,在苏联学的是德波林主义的哲学教条,又搬运了一些苏联社会主义建设的教条和西欧党的经验到中国来,过去许多党的决议是照抄国际的。在西安事变后开始感觉这个时期的错误是政治错误。到重庆后译校《联共(布)党史》才对思想方法上的主观主义错误有些感觉。这次学习会检查过去错误,感到十分严重和沉痛。现在我有勇气研究自己过去的错误,希望在大家帮助下逐渐克服。②

在这天会上发言的还有王稼祥、王明等人。王稼祥在会上检讨说:"我实际工作经验也很少,同样在莫斯科学了一些理论,虽也学了一些列宁、斯大林的理论,但学得多的是德波林、布哈林的机械论。学了这些东西害多益少。我回国后便参加了四中全会反立三路线斗争,当时不过是主观主义反主观主义,教条主义反教条主义","我们过去反立三路线没有整个的策略路线。我们的主观主义的来源是由于自己经验不够和教条主义所致"。他还指出:"过去中国党毛主席代表了唯物辩证法,在白区刘少奇同志是代表了唯物辩证法。"又说:"过去主观主义的传统很久,其产生的根源,除由于中国社会原因外,就是经验不够,学了一些理论而没有实际工作经验的人,易做教条主义者,从莫斯科国际回来没有实际工作经验的人,更易做教条主义者;实际工作经验多的人,不易做教条主义者,而容易成为狭隘经验主

---

① 《张闻天文集》第三卷,中共党史出版社 1994 年版,第 162 页。

② 《胡乔木回忆毛泽东》,人民出版社 1994 年版,第 195—196 页。

义者。"①

王明在第一天会上也作了发言,但他主要是推卸责任,为自己辩解。他说:"毛主席报告对 1932 年至 1935 年的错误说是路线问题,今天又有洛甫、博古的讲话,现在我都同意了。反主观主义与教条主义对我有很大好处。"接着就为自己评功摆好:"1930 年反立三路线我写了《为中共更加布尔什维克化而斗争》的小册子……我在莫时看了很多中国报纸,对博、洛在中央苏区时对毛的关系是不同意的;对五中全会认为是苏维埃与殖民地两条道路的决战是不同意的。我在国际十三次全会上发言开始说了要反对日本帝国主义,十四次全会上便提出了反对日本帝国主义的全部办法。"王明还说自己的缺点主要是"没有很好研究中国问题","不了解蒋介石是(能)抗日的",所以要"从头做起向下学习"。这里丝毫没有涉及他和"左"倾教条主义的关系,更不用说承认错误了。②

9 月 11 日,会议继续举行,这天发言的有朱德、陈云等人。朱德在谈到第二次国内革命战争时期主观主义在红军作战中的种种表现时说:到 1933 年以后,李德不经过军委,直接指挥部队乱打。随便组织新部队,这种新部队不能打仗,过去所谓扩大百万红军,到长征时大多数在路上散掉了。长征是一种搬家式的长征,在李德领导下,只是沿途逃跑,不敢打湖南军队。在分析主观主义的来源时,朱德指出:党的领导机关中,许多青年学生同志,对中国社会不满,要求什么都要干得彻底,而对于实际工作,什么也不懂。一些有教条主义思想的人拿着马列主义做招牌,随便批评人家,常常用革命的词句来打击人家。③

陈云在发言中说:1927 年至 1937 年这十年的白区工作,主观主义占统治地位。四中全会后的中央主要负责人多数是从莫斯科回来的,他们用马列主义的金字招牌压服实际工作者。白区工作的主观主义直到刘少奇来白区工作后才开始转变。现在检查起来,刘少奇是代表了过去十年白区工作的正确路线。主观主义主要表现在上层,中央里的所谓"理论家"、"实际

① 徐则浩:《王稼祥年谱》,中央文献出版社 2001 年版,第 305—306 页。

② 章学新:《推动延安整风的关键性会议——真诚革命者的反躬自省和王明的诿过、倒算》,《党的文献》1997 年第 6 期。

③ 中共中央文献研究室编:《朱德年谱》,人民出版社 1986 年版,第 242 页。

家",主观主义表现更严重。怎么办? 第一要自知自勉,有些人摆老架子,不会把自己放在适当的位置。第二要"功"、"过"对比,过去我们"过"多"功"少,这样看便能心平气和。要坦白地揭穿错误,揭穿了便会心情愉快。有些干部位置摆得不适当,要补课或正位,如刘少奇将来地位要提高。[1]

在 9 月 12 日的会议上,任弼时、彭真等人作了发言。任弼时说:二十年党的历史说明,"根本问题是思想方法问题,即如何使理论与实际真正联系的问题"。真正的理论家,"那就是能理论与实际联系起来,能从经验中找出发展的规律而灵活的运用",是"善于以理论为武器,根据具体的客观事实正确的决定斗争政策",而不是空谈死背教条公式。六届四中全会后,"1932 年 1 月到遵义会议时期,是更完备的主观主义、宗派主义思想占统治时期",造成"更严重的路线错误和严重的恶果"。占据领导地位的主观教条主义者,以"更高明些的教条击败了不高明的教条主义、宗派主义者";"他们更肆无忌惮的发挥其小资产阶级空想革命的主观主义,同时又以宗派主义来保持他那主观主义的空想革命的进行";他们没有实际革命斗争的经验,并不真正愿意与群众实际生活接触;否认过去的革命斗争经验,以宗派主义组织路线打击不合于自己的异己者;他们规定一些东西要人家执行,而自己并不一定遵守和执行,"甚至在最危急时而悲观而动摇"。他强调:中心问题在于看问题的方法,把理论与实际融合起来。并提出,对于毫无社会经验和常识的人,没有经过实际下层斗争锻炼的人,"去参加一些下层工作锻炼是必要的"。他还对自己在"左"倾路线影响下所犯的错误作了自我批评。[2]

彭真在会上作了关于克服主观主义的发言。他说:反主观主义的斗争不只是从今天开始,今天反主观主义的斗争是在中央领导机关开始决战。华北来的一些干部,有一种悲观失望表现,认为许多理论学不进去,有些人只学了些名词和教条。现在延安学校教马列主义概论,教外国的东西,而不教中国的农民问题与民族问题。六届四中全会后,白区工作完全失败,苏区工作大部分失败。这是主观主义的严重恶果。遵义会议决议,在苏区党代

---

① 中共中央文献研究室编:《陈云年谱》上卷,中央文献出版社 2000 年版,第 326—327 页。

② 中共中央文献研究室编:《任弼时年谱》,中央文献出版社 2004 年版,第 407—408 页。

会时华北代表没有看到。我过去对中央同志是尊重的,但过去有这样大的错误,中央没有作结论,我是不舒服的。这次反主观主义的斗争,是为了纠正路线的错误,而不是打击人。彭真还提出,只有辩证唯物论才能克服主观主义的错误。主观主义是从自己的愿望出发。反主观主义斗争不是短期能解决的,必须经过彻底的斗争,艰苦的教育。①

在 9 月 12 日的会上,王明作了第二次发言。但他不检讨自己,却抓住李维汉说过的一句话大做文章。李维汉在发言中表示,经过检查后,思想上放下包袱,觉得"轻松愉快"。他的这句话无非是表达自己在经过检查后的心情,而王明却指责他"不诚恳"、"不彻底","1932 年至 1935 年的主观主义危害很大,罗迈认为轻松愉快,是没有法子纠正的","如认为自己可以马虎过去,这是不能改正错误的"。然后,他又转移目标,凭着六大期间他担任翻译时知道的一些内情,随意指责,点了许多同志的名,说这个是右派代表,那个是立三派,或暗藏的托派、奸细,唯独对他自己的错误讳莫如深。② 最后,为了与博古等人划清界限,王明还突然煞有介事地提出,他要向中央揭穿一个秘密。据他说,博古、张闻天当年领导的中央是不合法的。因为 1931 年秋他与周恩来离开上海时,虽然推荐博古、张闻天等组成上海临时中央政治局,但当时已经说明,由于博古他们不是中央委员,更不是政治局委员,将来到政治局委员多的地方要将权力交出来。没想到博古、张闻天他们到中央苏区后却不提此事,竟领导起那些真正的政治局委员来了。

王明揭发的这个秘密在会上引起了很大震动。关于这件事,博古和张闻天两个当事人在 9 月 29 日的会上都作了解释。博古明确讲:自己所犯的错误确是政治路线的错误,而临时中央政治局进入苏区后不作说明,也确有篡位之嫌。犯这些错误怪不得别人,但国际和中央驻国际代表团当时是助长了这种错误的。张闻天同样承认:当时路线的确错误,临时中央到苏区后也确有篡位问题,但王明当时在国际不打电报来纠正也是不对的。况且,五中全会的名单也是国际批准的,这些事情王明当时为什么不起作用?

---

① 中央党校彭真传记编写组:《克服主观主义是决定党的生死问题》,《人民日报》2000 年 5 月 2 日。

② 章学新:《推动延安整风的关键性会议——真诚革命者的反躬自省和王明的透过、倒算》,《党的文献》1997 年第 6 期。

在这天会上,邓发也表示:对于当时的错误,博古的确要负第一位的责任,李维汉、张闻天其次,但这些错误政策莫斯科是否也批准了呢? 在夸大红军力量、断言党的路线正确等问题上,王明不是也同意了吗? 康生亦批评王明说,王明在莫斯科其实与当时国内博古中央也犯着差不多同样的错误,他在个别策略上有对的地方,但基本思想与博古相一致,这是应该承认的。康生还特别提到王明在抗战初期的错误问题,称王明从莫斯科回延后,不听劝告留在延安,非驻武汉不可,以及在武汉时期所犯的错误,都是主观主义和宗派主义的表现。① 康生还说,他过去在白区政策上与刘少奇有分歧,今天看起来刘少奇是对的,他当时反对刘少奇,一是由于自己的主观;二是听了国际说刘少奇是机会主义;三是受了 1931 年 12 月的中央告同志书的影响,把刘少奇看成机会主义者。主观主义的错误路线把白区工作弄光了。如果那时中央是刘少奇负责,情况将是另一样。②

鉴于王明没有深刻地认识到自己的错误,9 月中旬至 10 月初,毛泽东、王稼祥、任弼时等人多次找他交谈,希望他能够转变态度认识错误。但王明不仅拒不认错,反而利用季米特洛夫刚发来的一封质询中共如何考虑改善国共关系的电报,转而批评中央和毛泽东的方针政策太"左"了,过于强调独立自主,吓着了蒋介石。他认为我们与蒋的关系应是大同小异,以国民党为主,我党跟从之;党的黄金时代是抗战之初的武汉时期,1937 年 12 月会议前和 1938 年 10 月六届六中全会以后这两头的政策皆是错误的。他建议中央发表声明,不实行新民主主义,与蒋介石设法妥协。而对于大家批评他在抗战初期犯了错误,他则坚持认为他的路线是对的,只是个别问题有缺点错误罢了,并表示决心与毛泽东争论到底,要到共产国际去打官司。

王明这种拒绝认错的态度遭到与会者的一致批评。王明讲话期间,不时有人插话。他发言刚一结束,凯丰、陈云等人就明确表示不能同意王明推卸责任的态度,指出许多问题的发生并非与王明无关,尤其是与中央的关系问题,是各种错误的根源,王明并没有实事求是地加以说明。王稼祥、任弼时也在 10 月 8 日的中央书记处工作会议上分别向大家介绍了季米特洛夫对

①　杨奎松:《毛泽东与莫斯科的恩恩怨怨》,江西人民出版社 1999 年版,第 127—129 页。

②　《胡乔木回忆毛泽东》,人民出版社 1994 年版,第 198 页。

王明的负面评价。王稼祥说：王明说到与斯大林、季米特洛夫的谈话，有些意思与我听到的不相同……季米特洛夫对王明说：你回中国去要与中国同志关系弄好，你与国内同志不熟悉，就是他们推你当总书记，你也不要担任。对于中国党的路线，我的印象，没有听到国际说过路线不正确的话。①

任弼时也说：我与恩来在莫斯科时，季米特洛夫找我们谈话，说到王明同志一些缺点，要我们告诉毛主席帮助王明改正。我们回来只对毛主席说过。前几次毛主席与王明同志谈他在武汉时期的错误，他还不愿意接受。昨晚他又提出新的原则问题。在今天书记处会议上，我不得不把季米特洛夫等人对我说的问题谈出来，帮助王明同志来了解问题。曼努意尔斯基（时任共产国际执行委员会书记处书记——引者注）问我：王明是否有企图把自己的意见当做中央的意见？是否想团结一部分人在自己的周围？季米特洛夫说：王明有些滑头的样子。有一次王明与米夫到一个地方参观，米夫向人介绍王明为中国党的总书记。任认为，根据共产国际领导人说的这些话和王明回国后的表现，他确有"钦差大臣"的味道。他的主要问题是个人突出，自以为是，对国共关系问题，有原则上的错误，特别是忽视反对陈独秀右倾机会主义的复活。②

毛泽东最后发言说：王明同志在武汉时期有许多错误，我们等待了他许久，最近我和王明谈过几次，但还没有谈通。昨晚，我与稼祥、弼时同他谈话，他提出许多原则问题。他认为我们过去的方针是错误的，认为我们太"左"了。恰好相反，我们认为他的观点太右了，对大资产阶级让步太多了，只是让步是弄不好的。③

鉴于王明在争论中提出了如何看待目前时局这一严重的原则问题，毛泽东提议停止讨论苏维埃后期的错误问题，集中讨论抗战以来中央的政治路线。他希望王明把他的意见在政治局会议上加以说明，并且表示王明虽然在武汉时期在政治上组织上都有原则的错误，但不是路线错误。不料王明却因为太紧张突然病倒了，从此不再出席政治局会议。至此，王明的最后

---

① 徐则浩：《王稼祥年谱》，中央文献出版社 2001 年版，第 308 页。

② 中共中央文献研究室编：《任弼时年谱》，中央文献出版社 2004 年版，第 410 页。

③ 中共中央文献研究室编：《毛泽东年谱（1893—1949）》中卷，人民出版社、中央文献出版社 1993 年版，第 331 页。

一击被彻底粉碎,毛泽东也由此获得了与王明斗争的最终胜利,为他开展整风运动奠定了基础。所以,这次 1941 年 9 月政治局扩大会议非常关键,毛泽东后来就曾说:"九月会议是关键,否则我是不敢到党校去作报告的",那样,"整风也整不成"。①

四、从整风转入审干

在充分酝酿和准备的基础上,延安整风于 1942 年正式在全党范围内拉开了帷幕。

1. 思想动员和整顿"三风"

通过与教条主义的数次交锋,毛泽东认识到仅靠过去的方式,解决不了教条主义的问题,"凡此主观主义与宗派主义的思想与行动,如不来一个彻底的认真的深刻的斗争,便不能加以克服,便不能争取革命的胜利。而要进行斗争,加以克服,非有一个全党的动员是不会有多大效力的"②。因此,他先后在 1942 年 2 月 1 日中共中央党校的开学典礼以及 2 月 8 日中宣部和中央出版局联合召开的宣传工作会议上,作了《整顿学风党风文风》(1953 年收入《毛泽东选集》时改名为《整顿党的作风》)、《反对党八股》的报告,全面系统地提出了反对主观主义以整顿学风、反对宗派主义以整顿党风、反对党八股以整顿文风的任务,同时阐明整风的宗旨和方针是"惩前毖后,治病救人"。他说:"主观主义、宗派主义、党八股,这三种歪风,有它们的历史根源,现在虽然不是占全党统治地位的东西,但是它们还在经常作怪,还在袭击我们,因此,有加以抵制之必要,有加以研究分析说明之必要。"

毛泽东之所以选择中央党校来做整风的动员报告,这主要是因为党校在整风前存在着比较严重的理论脱离实际的现象。讲课都是理论条文,由远到近,由国外到国内。多数教员缺乏实际工作经验,有的教员讲第一次国

---

① 中共中央文献研究室编:《毛泽东传(1893—1949)》下册,中央文献出版社 1996 年版,第 635 页。

② 中共中央文献研究室编:《毛泽东文集》第二卷,人民出版社 1993 年版,第 390—391 页。

共合作,学员提出讲第二次国共合作,作个对比,但是教员却讲不了。有的教员讲《资本论》,学员提出边币同法币、伪币斗争问题,教员也说不清楚。学员反映,有的课是"讲课讲条条,考试考条条,学员背条条"。有鉴于此,毛泽东在 1942 年 2 月改组了中央党校,下令停止所有课程,集中力量开展整风,并亲自在开学典礼上作了动员报告。以上这两个报告实际上是发动全党整风的动员报告,以此为标志,整风运动在全党范围内正式开展起来。各单位均传达了毛泽东的报告,并制定了学习计划和检查工作计划,普遍和充分地向党员、干部作了思想动员。

1942 年 4 月 3 日,中宣部发出《关于在延安讨论中央决定及毛泽东同志整顿三风报告的决定》(简称"四·三决定")。6 月 8 日,中宣部又发出《关于在全党进行整顿三风学习运动指示》。这两份指示进一步对整风运动的目的、要求、方法和步骤做出明确的规定,从此开始了以整顿三风为中心内容的全党整风。同时,中共中央成立由毛泽东担任主任的总学习委员会,领导全党的整风运动。中央直属机关、军委直属系统、陕甘宁边区系统、文委系统和中央党校都相继建立了分区学习委员会。在学习委员会的领导下,延安的中央机关和陕甘宁边区政府等各单位近万名干部参加整风学习。华北、华中各抗日根据地的党组织和在国民党统治区的中共中央南方局,也先后开展整风学习。

1942 年 4 月至 8 月初,重点是反对主观主义以整顿学风,这是延安整风的中心内容。毛泽东强调:反对主观主义以整顿学风,是"一个非常重要的问题",是"第一个重要的问题"。所谓学风,就是"领导机关、全体干部、全体党员的思想方法问题,是我们对待马克思列宁主义的态度问题,是全党同志的工作态度问题"。他认为,党内的主观主义表现为两种形态:教条主义和经验主义,多年来党的工作主要是受到教条主义的危害。因此,毛泽东着重指出,决不能把马克思主义的理论当作死的教条,那些"言必称希腊",只知背诵马克思主义书本上的个别结论和个别原理,而不能根据马克思主义理论来研究中国的历史实际和革命实际,不能从理论上来思考中国革命实践的人,是不能妄称为马克思主义理论家的。他还进一步提出,只有从客观实际中概括出来而又在客观实际中得到了证明的理论,才称得上是真正的理论;而犯教条主义错误的同志把马克思主义书本上的个别词句看成是包医百病的灵丹妙药,结果就阻碍了理论的发展,"这种作风,拿了律己,则害了自己;拿了教人,则害了别人;拿了指导革命,则害了革命。总之,这种反科学的反马克思列宁主义的主观主义的方法,是共产党的大敌,是工人阶级的大敌,是人民的大敌,是民族的大敌,是党性不纯的一种表现。大敌当前,我们有打倒它的必要。只有打倒了主观主义,马克思列宁主义的真理才会抬头,党性才会巩固,革命才会胜利"。在批评教条主义错误的同时,毛泽东还强调,从事实际工作的同志,虽然有很可宝贵的经验,但如果把局部经验误认为普遍真理,那也很危险;这种经验主义是难以把革命事业做好的,而且很容易为教条主义所俘虏。所以,为了反对主观主义,就必须把马克思主义的普遍原理与中国革命的具体实际紧密结合起来,把马克思主义中国化,"马克思列宁主义之箭,必须用了去射中国革命之的。这个问题不讲明白,我们党的理论水平永远不会提高,中国革命也永远不会胜利"。①

1942 年 8 月至 12 月中旬,重点是反对宗派主义以整顿党风。毛泽东认为,宗派主义是主观主义在组织关系上的一种表现,它妨碍了党内的统一和团结,也妨碍党团结全国人民的事业。宗派主义在党内关系上的表现,是只顾局部利益,不顾全体利益,背离党的民主集中制,以至向党闹独立性。闹这种独立性的人,实际上常常抱着个人第一主义,而把党放在第二位。同时,我们在外来干部和本地干部、军队干部和地方干部、老干部和新干部的关系上,以及几部分军队之间、几个地方和几个工作部门之间的关系上,也要反对和防止宗派主义倾向。宗派主义在党外关系上的表现,是实行关门主义,对党外人士妄自尊大,看不起人家,藐视人家。这种倾向也是完全错误的。毛泽东强调,共产党员和党外人士相比,无论何时都占少数。共产党员应团结党外一切愿意和我们合作和可能同我们合作的人,只有同他们合作的义务,而绝无排斥他们的权利。

1942 年 12 月中旬到 1943 年 3 月中旬,重点是反对党八股以整顿文风。毛泽东指出,党八股是主观主义和宗派主义的宣传工具和表现形式,那些教条主义者不论作报告、写文章、发指示,总是空话连篇、言之无物、装腔作势、借以吓人、无的放矢、不看对象,这"不但不便于表现革命精神,而且非常容易使革命精神窒息"②。因此,必须反对党八股,才能使主观主义和宗派主义

---

①　《毛泽东选集》第三卷,人民出版社 1991 年版,第 800—820 页。

②　《毛泽东选集》第三卷,人民出版社 1991 年版,第 840 页。

无藏身之地,实事求是的、生动活泼的创造精神才能发扬,马克思主义才能得到广泛的传播和发展。

2. 审干运动及其偏差

1943年3月中旬至10月,整风运动进入审干运动阶段,各单位都开展了审查干部的运动。在此阶段,延安整风出现了一些偏差,即审干运动扩大化。这是有历史背景的。当时国共虽然合作,达成统一战线,但明争暗斗始终存在。所谓明争,就是武装斗争、军事摩擦。所谓暗斗,就是派特务潜伏、伺机活动。1939年秋,军统在陕西省汉中县成立直属西北特联站(1943年改称西北特侦站),这是军统直接领导的一个专门对付共产党的情报特务机构。该站通过设立汉中特训班,先后训练十多期二百多人,并将一部分受过训练的特务约40多人分批派往陕甘宁边区,其任务是打入要害部门,窃取要职,长期潜伏,伺机进行策反、情报等活动。到1942年,这些特务基本被破获。但在敌我友关系错综复杂,特别是在国共关系紧张之时,为了反击国民党,为了准备应付第三次反共高潮,毛泽东和中共中央不得不以高度的警惕来关注国民党各种动向,包括防止、清理特务,肃清反革命分子。所以,在1942年11月西北局高干会上,毛泽东就提醒要注意反特斗争。1943年3月16日,毛泽东又在中共中央政治局会议上明确提出:整风既要整小资产阶级思想,同时也要整反革命;过去我们招兵、招生、招党,招了很多人,难于识别;抗战以来,国民党对我党实行特务政策,在社会部和中央党校都发现了许多特务,现在我们要学会识别特务与贤才。① 3月20日,康生向中共中央汇报说:抗战以来,国民党普遍实行奸细政策,最近从审查干部中才发现这一政策的阴谋。他提出在1943年的工作中,要把审干工作当作重要的一项。根据康生的这一汇报,刘少奇当天即致电华中局陈毅、饶漱石,发出了《关于警惕国民党特务政策问题》的指示:"最近延安在整风及清查干部思想历史的过程中,发现大批国民党特务与日本特务……今天国民党向我们斗争的主要方式是特务斗争"。此后,他又向华中局强调:"国民党的特务政策已经是非常精明、非常广泛使用的政策,是国民党目前反对我们的主要斗争方式。大后方的党几乎全部被国民党破坏,并还有成千的特务与自首分子派

---

① 《胡乔木回忆毛泽东》,人民出版社1994年版,第276页。

进各根据地来。如果我们不能现在学会反对国民党特务及日本特务的全部艺术，我们一定失败无疑。我们要把反特务斗争看成和军事、政治、经济斗争一样的重要。"①

1943年4月3日，中共中央发出《关于继续开展整风运动的决定》（即第二个"四·三决定"），指出："自抗日民族统一战线成立与我党大量发展党员以来，日寇与国民党大规模地施行其特务政策，我党各地党政军民学机关中，已被他们打入了一大批的内奸分子，其方法非常巧妙，其数量至足惊人。"因此，中央决定从1943年4月到1944年4月，继续开展整风运动，"整风的主要斗争目标，是纠正干部中的非无产阶级思想（封建阶级思想，资产阶级思想，小资产阶级思想）与肃清党内暗藏的反革命分子。前一种是革命队伍中无产阶级思想与非无产阶级思想的斗争，后一种是革命与反革命的斗争"。这就说明整风是包括了审干这一项内容的。由此，整风运动转入全党性的审查干部、清理队伍阶段，"不仅要审查干部的思想，又要审查干部的历史和政治面目，发现和清洗隐藏的奸细，这是整风的一个主要目标"②。为加强领导，中共中央于4月28日成立反内奸斗争专门委员会，刘少奇为主任，康生、彭真、高岗为委员，日常工作由康生负责。遵照中央这一部署，审干工作在延安全面展开，并迅速发展成为大规模的审干运动。

从历史的角度来看，在当时党的队伍迅速扩大、国民党加紧特务活动的情况下，开展审干是必要的。但是，在审干过程中对敌情作了过分的估计，一个时期，似乎"特务如麻，到处皆有"，把一些干部思想上工作上的缺点和错误，或者历史上未交代清楚的问题，都轻易怀疑成政治问题甚至反革命问题，并采用"逼、供、信"的错误方法，这就出现了严重偏差。特别是1943年7月15日，总学习委员会副主任、中央社会部部长康生在延安中直机关干部大会上作了一个《抢救失足者》的报告，强调现在是紧急时期，内战危险有一触即发之势，因此清除内奸急不可缓，"延安各机关学校更要加紧起来审查干

---

① 国防大学党史党建政工教研室编：《中共党史教学参考资料》第17册，国防大学出版社1986年版，第379页。

② 中央档案馆编：《中共中央文件选集》第14册，中共中央党校出版社1992年版，第29—30页。

部,巩固组织,清除内奸"①。这次大会的召开和康生剑拔弩张、咄咄逼人的报告,使审干运动发展到一个高潮,即"抢救运动",进一步扩大了混淆敌我界限的错误,造成了大批冤、假错案。在短短十几天内,延安就挖出所谓特嫌分子1400多人。被"抢救"的重点,主要是来自国民党统治区的党员、曾被国民党逮捕监禁过的党员、外来的知识分子干部。有的县外来的知识分子干部,几乎全被打成"特务"。如子长县39个外来知识分子干部,有37个被打成"特务",并被组成"国民党县党部"。②有的老党员也被"抢救",如曾被国民党判处无期徒刑、后被营救出狱、时任中央军委秘书长的陶铸,曾任南方局组织部长的孔原,中央统战部副部长柯庆施,曾任中共鄂中区区委书记、湘鄂西区区委书记、中共西南区区委书记和南方局党务研究室主任的钱瑛,曾任中共四川省委书记的邹凤平,中共甘肃省工委领导人孙作宾、李铁轮等一批干部都曾被"抢救"。河南、四川、甘肃、浙江、湖北、贵州等十多个省的地下党被打成"红旗党",许多干部惶惶不可终日。这就在干部和群众中产生了恶劣的影响,使审干工作大大偏离了正确的轨道。

在此之前,中共中央曾经发现审干工作存在"左"的错误,已通过制定工作条例和讲明正确路线试图予以纠止。在发现错误仍在扩大时,毛泽东在7月30日再次强调了防奸工作的正确路线,并明令停止抢救运动。8月15日,中共中央通过《关于审查干部的决定》,重申了审查干部的九条方针,力图以此纠正反特扩大化和逼、供、信错误,并指出:"只有少捉不杀,或少捉少杀,才可保证最后不犯错误","如果是被冤枉了的或被弄错了的,必须予以平反,逮捕的宣布无罪释放,未逮捕的宣布最后结论,恢复其名誉"③。10月9日,毛泽东又指示要坚持"一个不杀,大部不抓"的原则,从而促成了审干运动结束。12月22日,任弼时也在中央书记处工作会议上专门就如何看待来延安的新知识分子问题作了发言。他说:抗战后到延安的知识分子总共四万余人,就文化程度言,初中以上71%,初中以下约30%。截至1943年,国

---

① 国防大学党史党建政工教研室编:《中共党史教学参考资料》第17册,国防大学出版社1986年版,第380页。

② 赵生晖:《中共组织史纲要》,安徽人民出版社1987年版,第183页。

③ 中央档案馆编:《中共中央文件选集》第14册,中共中央党校出版社1992年版,第94、92页。

民党员有一百几十万人,其中学生党员约三万人,主要在 1940 年以后发展的。国民党决不会把三万学生党员都送到延安来,何况来延安的知识分子多数是在 1937 年和 1938 年来的。在抗战初期,战争混乱,国民党不可能很有计划地派大批特务到延安来,有些省如陕西、四川等国民党组织不大发展,也不会有许多特务派到延安来。因此,抗战后到延安的知识分子有百分之八十到九十是好的,他们是为了革命到延安的。那种认为百分之八十的新知识分子是特务分子的看法应予否定。任弼时还说,最初的审干工作是好的,后来抢救运动就是强迫坦白,现在要进行甄别,取得经验教训。军队中进行坦白运动要特别慎重,敌后根据地不能采用延安"抢救运动"的办法。①

　　毛泽东也在会上讲了话,同意任弼时的分析。他还说,对特务分子也要分清重要的与普通的,自觉的与被迫的,首要的与胁从的。有些青年在抗战初期加入国民党,是为了抗日,不是错误,他们的主要错误是没有向党报告。② 根据书记处会议精神,12 月 27 日,毛泽东、康生致电华中局,作出《关于在反特斗争中坚持少捉少杀及少捉不杀方针的指示》,要求各地遵照执行。1944 年 1 月 24 日,中共中央又给邓小平、饶漱石、林枫、程子华等发出毛泽东审改的关于对坦白分子进行甄别工作的指示,指出根据延安初步经验,在坦白分子中,属于职业特务的是极少数,变节分子也是少数;有党派问题(加入过国民党、三青团,入党时未向党报告)的分子,被欺骗蒙蔽的分子及仅属党内错误的分子三类人占绝大多数,对这些人在分清是非后均应平反、取消特务帽子,而按其情况作出适当结论;对于被特务诬告或在审查时完全弄错了的,要完全平反;在反特斗争中要注意保护好人,防止特务诬害。③

　　当然,抢救运动的最终结束或许也与季米特洛夫的一封来电有关。1943 年 12 月 22 日,季米特洛夫根据苏联情报人员的报告,以个人名义给毛泽东发了一封函电(因为共产国际已于该年 5 月宣布解散),表达了对中共

------

① 《胡乔木回忆毛泽东》,人民出版社 1994 年版,第 279—280 页。
② 高新民、张树军:《延安整风实录》,浙江人民出版社 2000 年版,第 381—382 页。
③ 中央档案馆编:《中共中央文件选集》第 14 册,中共中央党校出版社 1992 年版,第 157—160 页。

党内状况的担忧。他特别强调:"我对康生的作用也有怀疑,因为像清除党内敌对分子和加强党的团结这样一些党的正确措施,是由康生及其机关以很成问题的方式实施的。这些方式只能造成互相猜疑,只能引起普通党员群众强烈不满和帮助敌人瓦解党。……国民党分子的如意算盘是从内部瓦解共产党,进而轻而易举地消灭共产党。我确信,康生是以自己的行动在为这些奸细效劳。"显然,季米特洛夫对康生和抢救运动是颇有微词的。而毛泽东在1944年1月10日的回电中虽然坚持说:"康生是一个可靠的人。审干不是他的机关进行的。他们仅揭露了部分间谍。我们全面深入地审查了干部。"①但从时间上来推断,季米特洛夫的这封来电应该对抢救运动的最终中止起到了促进作用。

经过多方面努力,抢救运动的错误终于得到遏止。尽管过去一年内清出的"特务"曾高达一万五千人,有的单位清出的"特务"甚至达到其人员的一半以上,但由于坚持不杀一人,因而没有发生大的危害,没有形成大的乱子。而且,中共中央于1944年春领导有关部门开始对错案进行甄别平反,并对受到冤屈的人员赔礼道歉。毛泽东也一再主动承担责任,并进行自我批评。他曾多次向中央党校的学员道歉,第一次是1944年5月,他说:在整风审干中有些同志受了委屈,有点气是可以理解的,但已进行了甄别。现在摘下帽子,赔个不是。我举起手,向大家敬个礼,你们不还礼,我怎么放下手呢?第二次是在1944年10月,他说:去年审查干部,反特务,发生许多毛病,特别是在抢救运动中发生过火,认为特务如麻,这是不对的。去年抢救运动有错误,夸大了问题,缺乏调查研究和分别对待。这都已经过去了。第三次是在1945年2月,他又说:在审干运动中,"整个延安犯了许多错误,谁负责?我负责,因为发号施令是我。别的地方搞错了,谁负责?也是我负责,因为发号施令的也是我……党校也搞错了一些同志,如果在座的有这样的同志,我赔一个不是。"②

平反甄别工作一直到1945年春才基本结束。对被整错的人给予平反,被逮捕的宣布无罪释放,未被逮捕的作出结论恢复名誉。对因战争环境条

---

① 中共中央党史研究室第一研究部编:《共产国际、联共(布)与中国革命档案资料丛书》第19卷,中共党史出版社2012年版,第393、395页。

② 中共中央文献研究室编:《毛泽东文集》第三卷,人民出版社1996年版,第262页。

件的限制,其政治问题拖至抗战胜利还难以确定而被"保留"者,后来毛泽东指示:现在东北解放了,需要大批干部,让他们到前线自己去作结论吧。是共产党人,一定留在共产党内,是国民党人,让他跑到国民党那里去,怕什么呀! 后来,那些人几乎无一人跑到国民党方面去。①

今天来看,审干运动之所以犯了扩大化的错误,从原来整风的和风细雨变成后来抢救的暴风骤雨。这一方面是因为过分夸大敌情而引起的,邓小平后来即曾总结说:"在那种异常紧张的战争环境中,内部发现坏人,提高警惕是必要的。但是脑子发热,分析不清,听到一个口供就相信了,这样就难于避免犯了错误。从客观上说,环境的确紧张。从主观上说,当然也有个没有经验的问题。"②另一方面,中共中央在此期间的一些决策也存在着明显失误。如1943年8月15日发布的《关于审查干部的决定》,原本是为了纠正抢救运动的偏差而制定的,但其中仍然表示:"在审查运动中,一定会有过左的行动发生,一定会犯逼供信错误(个人的逼供信与群众的逼供信),一定会有以非为是,以轻为重的情形发生,领导者必须精密注意,适时纠正。对于过左偏向,纠正太早与纠正太迟都不好。太早则无的放矢,妨碍运动的开展;太迟则造成错误,损伤元气。"③这种过于讲究斗争策略和对"左"倾行为的纵容,在实践中无疑妨碍了对抢救运动的纠偏,促使其继续扩大化。

更深入一层来看,审干运动扩大化或许还有更内在的原因。那就是这种采用大规模的群众运动方式本身就是不妥当的,容易造成过激行为,而且容易失控。在所谓"高度的群众运动"、"发扬群众的火力"等思想支配下,审干运动将召开大规模的轰轰烈烈的群众斗争大会作为一种主要手段,试图通过群众斗争去发现暗藏的敌人,结果在一次又一次的群众斗争大会上,"那种叫嚣鼓噪的空气,那种如醉如狂的情绪,那种毛手毛脚头发胡子一把抓的斗争方式,实在无法使我们能够清醒和客观地进行考察和识别内奸的工作。所谓依靠群众的力量,事实上成了依靠群众的喉咙,依靠群众的拳

---

① 郭德宏、李玲玉主编:《中共党史重大事件述评》,中共中央党校出版社1998年版,第62页。

② 《邓小平文选》第二卷,人民出版社1994年版,第301页。

③ 中央档案馆编:《中共中央文件选集》第14册,中共中央党校出版社1992年版,第93页。

头,依靠群众声势汹汹的态度,依靠群众来做打气加油的拉拉队!……这种完全沉浸在群众狂热情绪下面的斗争大会,相反的结果只是使得大家的头脑愈来愈偏激反常,视线愈来愈模糊混乱,事态也愈来愈扩大化"。① 在抢救运动后期,中共中央曾一再发出指示,三令五申要求立即停止逼供信,但这种现象并没能马上停止下来,而是持续了相当长的一段时间,这就说明群众运动一旦发动起来就难以控制。后来中共中央也承认:"任何地方只要群众反奸运动坦白运动开展起来,逼供信的'左'的毛病,就会随之而来。"何况,"坦白运动中的群众压力,是一种极严重的神经战,在某种意义上对某些人来讲,甚至比任何刑法还厉害。在群众威力下,即使不打不骂不逼不斗,都可能使青年人在沉重的神经刺激下,自己戴上帽子"②。对此,胡乔木晚年亦反思说:"整风运动,一方面很民主,一方面又很紧张。让我给整风打分,我不会打100分。因为整风很紧张,所以才会一下子转到审干,当然,这里面康生起了关键的作用。但是,如果没有那个气候、土壤,不可能一下子转入审干。"③这里面的一些教训是值得今天深刻吸取的。

3. 总结历史经验

1943年10月,中共中央决定高级干部进一步研究和讨论党的历史问题,延安整风由此转入第三阶段。这一阶段整风的主要任务是在全党整顿三风的基础上,对党的历史经验,特别是党的历史上几次大的路线错误进行全面、系统的总结并做出结论。

从遵义会议到中共六届六中全会,中国共产党批判并纠正了王明在土地革命战争后期的"左"倾错误和抗战初期的右倾错误。但是,由于没有来得及在全党范围内对党的历史经验进行系统总结,特别是没有从思想路线的高度对产生历次"左"倾和右倾错误的根源进行深刻的总结,所以全党在指导思想上仍然存在一些分歧。这种分歧在一定时期内,在局部地区和某些方面继续给革命事业带来损失。在这种情况下,毛泽东认为有必要组织

---

① 蒋南翔:《关于抢救运动的意见书》,《中共党史研究》1988年第4期。

② 国防大学党史党建政工教研室编:《中共党史教学参考资料》第17册,国防大学出版社1986年版,第390页。

③ 《胡乔木回忆毛泽东》,人民出版社1994年版,第70页。

党的高级领导干部对党的历史经验和路线问题进行认真学习讨论。他在中央学习组专门作了《如何研究中共党史》的报告,明确提出:"如果不把党的历史搞清楚,不把党在历史上所走的道路搞清楚,便不能把事情办得更好。这当然不是说要把历史上每一件事统统搞清楚了才可以办事,而是要把党的路线政策和历史发展搞清楚。这对研究今天的路线政策,加强党内教育,推进各方面的工作,都是必要的。我们要研究哪些是过去的成功和胜利,哪些是失败,前车之覆,后车之鉴。这个工作我们过去没有做过,现在正在开始做。"①他还指出:"此种研究的性质是整风的深入与高级阶段,其目的是使干部提高认识与增进统一团结,并为将来讨论七大决议作思想准备。"②

在延安整风过程中,毛泽东亲自主编的《六大以来》、《六大以前》、《两条路线》等几部党史文件汇编发挥了重要的作用。其中,《六大以来》汇集了从 1928 年 6 月中共六大到 1941 年 11 月这期间党的历史文献 519 篇,包括党的会议纪要、决议、通告、声明、电报、指示以及党报社论、主要领导人文章、信件等等,共约 280 多万字。很多人就是学习了这几本书后,才认识到党在历史上确实存在着一条错误路线。毛泽东后来就说:"党书一出,许多同志解除武装……大家才承认十年内战后期中央领导的错误是路线错误。"③杨尚昆也说:"我们系统地读了'党书',有一个鲜明的比较,才开始认识到什么是正确路线,什么是错误路线;什么是创造性的马克思主义,什么是教条主义。'党书'在延安整风中确实发挥了巨大作用,是犀利的思想武器。"④

这一阶段,高级领导干部围绕过去的党史问题展开了热烈的学习和讨论,集中学习了七本书,即《左派幼稚病》、《两个策略》、《共产党宣言》、《社会主义从空想到科学的发展》、《联共党史》和《两条路线》上下两册。其中三分之一干部要读完七本,多数干部只读《两条路线》即可,文化理论水平低的以读党内的正面文件为主。在学习过程中,请中央领导人作辅导报告,还

---

① 中共中央文献研究室编:《毛泽东文集》第二卷,人民出版社 1993 年版,第 399 页。

② 中共中央文献研究室编:《毛泽东传(1893—1949)》下册,中央文献出版社 1996 年版,第 664 页。

③ 中共中央文献研究室编:《毛泽东年谱(1893—1949)》中卷,人民出版社、中央文献出版社 1993 年版,第 469 页。

④ 《杨尚昆回忆录》,中央文献出版社 2001 年版,第 209 页。

先后召开了多次座谈会,如湘鄂赣边区、湘赣边区、鄂豫皖边区、闽粤边区、赣东北地区、闽西地区、潮梅地区党史座谈会,以及红七军、红五军团历史座谈会、华北座谈会等。经过学习讨论,高级干部对党的历史上的路线是非已基本能看清,但也出现了一些新的偏向。有些过去受过错误打击的干部对那些犯了"左"倾错误的干部进行了过火的斗争,使有些人在毫无思想准备的情况下被揪上台去交代问题,有的甚至被轰出会场,一度造成十分紧张的气氛。一些同志还提出,教条主义宗派已经打倒,但经验主义宗派的危险还未过去,因此仍是最危险的人物,把斗争矛头指向了周恩来。这样的上纲上线,无疑加剧了紧张气氛。另外,对党史中的一些重要问题也存在严重争议,如王明、博古等属于党内问题还是党外问题?中共临时中央和五中全会是合法的还是非法的?怎样处理思想要弄清和结论要宽大的关系?对中共六大如何估价?党内的宗派是否还存在?

以上这种情况甚至引起了远在异域的季米特洛夫的特别关注。他在1943年12月22日致毛泽东的电文中明确表示了对中共党内状况的不安全:"我认为,开展反对周恩来和王明的运动,指挥他们实行了由共产国际建议实行的民族战争政策,似乎因此他们将党引向了分裂,这在政治上是错误的。像周恩来、王明这样的人,最好不要使他们离开党,而要保留他们并尽量为党的事业利用他们。"对于党内存在的这些争论和季米特洛夫提出的尖锐意见,毛泽东非常重视。历史经验告诉他,如果这些问题处理不好,还会重复过去犯过的错误,党内也不可能实现真正的团结与统一。

于是,毛泽东一方面在1月10日给季米特洛夫的复电中说明:"我们同周恩来的关系很好。我们根本不打算把他开除出党。周恩来取得了很大的成绩和进步。王明进行了各种反党活动。这些已向党的全体干部作了通报。但我们不打算在党内群众中公开。此外,我们也不准备公布和向无党派群众通报。"①另一方面,他也抓紧了对历史问题作出结论的进程。1944年2月4日,中央书记处会议就上述有争议的问题进行讨论,取得了一致意见。3月5日,毛泽东在政治局会议上谈了书记处会议讨论后的意见,明确指出:一、党内党外问题。在去年党的路线学习中,有部分同志怀疑王明、博

---

① 中共中央党史研究室第一研究部编:《共产国际、联共(布)与中国革命档案资料丛书》第19卷,中共党史出版社2012年版,第394页。

古同志是党外问题,现在确定是党内错误问题。二、合法与非法问题。过去有的同志认为临时中央和五中全会是非法的。现在查到临时中央有共产国际来电批准过,五中全会也经过国际批准,所以是合法的,但选举手续不完备。四中全会是合法的,但政治路线的内容是不好的。三、思想弄清与结论宽大问题。自整风以来,我们的方针就是"治病救人"。这次我们要强调产生错误的社会原因,不要强调个人责任。因此,组织结论可作宽大些。四、不要否定一切。对四中全会至遵义会议这一段历史,也不要否定一切。当时我和博古、洛甫同志在一起工作,有共同点,都要打蒋介石,分歧点是如何打蒋介石,是策略上的分歧。如果把过去一切都否定,那就是一种偏向。我们对问题要分析,不要笼统地一概否定。五、对六大的估计。六大基本上是正确的。六、党内宗派问题。经过遵义会议和六中全会,党内没有宗派了,现在比较严重的问题是山头主义。① 毛泽东的这个讲话澄清了长期存在的一些疑惑,为正确分析党的历史问题指明了方向。

在此期间,王明也向中共中央承认了错误。1943 年 12 月 1 日,他致信毛泽东和中央政治局说:"现在因病不能参加会议和学习,很觉难过","中央所讨论的关于我的主要的是哪些问题,我还不知道。等我得到中央的正式通知后,我将尽可能的加以检讨","关于过去已经毛主席和中央书记处同志指示我的错误和缺点问题,虽然我现在没有精力详加检讨和说明,但我认为有向此次政治局会议作原则上的明确承认之必要"。在这封信中,他承认1941 年 9 月底 10 月初时同毛泽东讲的关于国共关系和中央抗战路线问题的那些意见都是错误的,"现在我再一次地向中央声明:我完全放弃我自己的那些意见","一切问题以党的领袖毛主席和中央大多数同志的意见为决定","我很感谢毛主席和中央各位同志提出我的这些错误和缺点,使我有可能和我的这些错误和缺点作斗争"。他还表示:"在毛主席和中央各位同志的领导和教育之下,我愿意做一个毛主席的小学生,重新学起,改造自己的思想意识,纠正自己的教条宗派主义错误,克服自己的弱点。"②

总之,通过学习和讨论,广大干部普遍提高了马克思主义理论水平,端正了思想方法和政治路线,并且从亲身经历中深刻总结了经验教训,更好地

---

① 《毛泽东文集》第三卷,人民出版社 1996 年版,第 92—95 页。

② 《胡乔木回忆毛泽东》,人民出版社 1994 年版,第 298 页。

认识党史上的重大路线是非问题,从而使党在政治上、思想上、组织上达到了空前的团结和统一,为夺取抗日战争的彻底胜利和中国革命在全国的胜利奠定了坚实的基础。经过充分讨论和反复修改,1945年4月20日,中共六届七中全会通过了《关于若干历史问题的决议》,总结了建党以来,特别是六届四中全会至遵义会议前这一段党的历史及其基本经验教训,高度评价了毛泽东运用马克思列宁主义基本原理解决中国革命问题的杰出贡献,肯定了确立毛泽东在全党的领导地位的重大意义。尽管其中也有缺陷,如对毛泽东过分突出,但在当时情况下,要换一个写法也不可能。党的六届七中全会的召开和《关于若干历史问题的决议》的通过,增强了全党在毛泽东思想基础上的团结。至此,延安整风运动胜利结束。

五、延安整风的深远影响

延安整风历时三年,取得了很大的成就,对后来的历史发展尤其是马克思主义中国化的进程产生了积极深远的影响。以下拟从几个方面对整风前后的不同状况来做一番比较。

1. 破除了对共产国际指示的迷信

延安整风前,教条主义在党内有着深厚的思想基础,许多人把苏共经验和共产国际指示奉为金科玉律予以照搬照抄,甚至不惜牺牲自己的民族利益。博古就说过:"凡是马恩列斯讲的话必须遵守,凡是共产国际的指示必须照办。"①当然,这种情况的出现是有历史原因的。特别是在革命初期,中国共产党没有经验,只有苏联一个榜样,而且党的经费几乎都是靠共产国际提供的。陈独秀在三大上就说:"党的经费,几乎完全是我们从共产国际得到的。"②那样当然也就不得不受制于人。当时,共产国际不仅在经费上援助中共,而且它的有些指示也是对的,比如关于建立抗日民族统一战线的指示以及季米特洛夫对毛泽东的支持,所以也不能完全否定共产国际。毛泽东

① 《陆定一文集》下册,人民出版社1992年版,第795页。
② 中央档案馆编:《中共中央文件选集》第1册,中共中央党校出版社1989年版,第168页。

后来就总结说:"共产国际对中国革命总的来说是功大过小,犹如玉皇大帝经常下雨,偶尔不下雨还是功大过小。没有共产国际的成立和帮助,中国无产阶级的政党是不能有今天的。"①

但是不可否认,共产国际对中国共产党的帮助在很大程度上是与苏联的对华政策联系在一起的,取决于苏联能从中获得多少利益。另外,它的很多指示也是不正确的,是不符合中国国情的,甚至单纯从苏联利益出发,而不考虑中共的利益。这就导致中国共产党在相当长一个时期不是犯"左"的错误,就是犯右的错误。例如在1929年的"中东路事件"中,苏联从自身利益出发,要求中共提出"武装保卫苏联"的口号。而从当时全国的舆论来看,中共提出这个"左"倾口号是非常不明智的,把自己搞得很被动。又如抗战初期,斯大林出于对苏联安全的考虑,希望中国拖住日本,使日本腾不出手来进攻苏联。他同时又认为,中国共产党的力量太弱小,只有蒋介石才有实力拖住日本,所以要求中共一再妥协忍让,不要得罪蒋介石,以免对苏联造成不利的影响。这实际上也就是王明在抗战初期所犯右倾错误的国际背景。显而易见,这一系列"左"和右的错误,从根本上说都是源于苏联和共产国际的瞎指挥。

对于这种情况,毛泽东很早就有所警醒。他在1930年写的《反对本本主义》一文中就告诫全党:"马克思主义的'本本'是要学习的,但是必须同我国的实际情况相结合。我们需要'本本',但是一定要纠正脱离实际情况的本本主义","中国革命斗争的胜利要靠中国同志了解中国情况"。② 但他当时地位还不高,人微言轻,所以他的这种认识并没有成为全党的共识。到了1938年中共六届六中全会,这时他已经成为党实际上的领袖,于是他立即不失时机地提出了"马克思主义中国化"的任务。他说:"马克思主义必须通过民族形式才能实现。没有抽象的马克思主义,只有具体的马克思主义。所谓具体的马克思主义,就是通过民族形式的马克思主义,就是把马克思主义应用到中国具体环境的具体斗争中去,而不是抽象地应用它……离开中国特点来谈马克思主义,只是抽象的空洞的马克思主义。因此,马克思主义的中国化,使之在其每一表现中带着中国的特性,即是说,按照中国的特点去应用它,成为全党亟待了解并亟须解决的问题。洋八股必须废止,空洞抽象

---

① 《毛泽东文集》第三卷,人民出版社1996年版,第283页。

② 《毛泽东选集》第一卷,人民出版社1991年版,第111—112、115页。

的调头必须少唱,教条主义必须休息,而代替之以新鲜活泼的,为中国老百姓所喜闻乐见的中国作风与中国气派。"他尖锐地指出:"在这个问题上,我们队伍中存在着的一些严重的缺点,是应该认真除掉的。"①

这是毛泽东也是中国共产党第一次明确提出了马克思主义中国化。1940年,毛泽东在《新民主主义论》又强调指出:"形式主义地吸收外国的东西,在中国过去是吃过大亏的。中国共产主义者对于马克思主义在中国的应用也是这样,必须将马克思主义的普遍真理和中国革命的具体实践完全地恰当地统一起来……公式的马克思主义者,只是对于马克思主义和中国革命开玩笑,在中国革命队伍中是没有他们的位置的。"②1941年,他在《改造我们的学习》中再次提出要以马列主义为指导,以研究中国革命实际问题为中心,以马列主义的"矢"来射中国革命的"的"。但因为当时全党还没有经过整风,仍然笼罩在迷信共产国际的氛围中,所以毛泽东的这些话并没有引起大家的重视,甚至还有人反对。王明就说:"不要怕说教条,教条就教条……如果一学就怕教条,一条也记不住,哪里谈得到运用? 把理论运用于实际是对的,但是先有了理论才能运用,一条也没有哪儿去运用?"③很明显,他不赞同毛泽东的观点。他还对毛泽东说:"把马克思主义中国化的口号是错误的。这样提出问题,本身就是非马克思主义的。民族的马克思主义是没有而且也不可能有的。"④这些情况都说明在延安整风前,虽然毛泽东已经提出"马克思主义中国化",但是在党内遇到了很大阻力。

在这一过程中,毛泽东逐渐认识到,要想破除这种阻力,要想真正实现马克思主义中国化,就必须首先打破人们对共产国际的盲目迷信。最后通过整风学习,毛泽东达到了这个目的,全党来了一次思想大解放。周恩来在整风运动后期就指出:"党内思想从来没有像今天这样解放。这是毛泽东同志领导整风学习的结果,是思想上很大的进步。"⑤延安整风使广大党员和干

---

① 中央档案馆编:《中共中央文件选集》第11册,中共中央党校出版社1991年版,第658—659页。

② 《毛泽东选集》第二卷,人民出版社1991年版,第707页。

③ 周国全、郭德宏:《王明年谱》,安徽人民出版社1991年版,第140页。

④ 王明:《中共50年》,东方出版社2004年版,第17页。

⑤ 《周恩来选集》上卷,人民出版社1980年版,第157页。

部逐渐从教条主义的思想禁锢中解放出来，从根本上端正了对待马克思主义的态度，初步确立了实事求是的思想路线，打破了对共产国际的迷信，克服了在 20 世纪 20 年代后期和 30 年代前期盛行的把马克思主义教条化、把共产国际指示神圣化和绝对化的错误倾向，扫清了马克思主义中国化的障碍，极大地推动了它的历史进程。对此，当时北平为《新民声》杂志曾发表评论说："今日中共虽属于国际运动的一支流，但中共本身具有自己的独立性与领导地位……中共号召干部学习，亦提倡学习中国事情，了解中国具体社会，并鼓励干部力求实际，将马列主义及其辩证法灵活运用到中国具体情形上去。最近中共所倡导的整顿三风运动及调查研究工作，即可说明中共在日益走向中国化的过程中。因此，我们可以得出结论，中共今日是中国的。"①后来，美国著名学者施拉姆也曾经对毛泽东有过这样一番评价："毋庸置疑，自 1942—1944 年整风运动结束时，他已经成功地使他的同志们养成了从中国的具体情况出发观察政治问题的习惯。他也确立了自己离开莫斯科而独立的领导地位。"②

2. 确立了毛泽东思想的指导地位

延安整风前，理论（意识形态）领域基本上是被教条主义者垄断的。毛泽东在党内虽然以擅长军事著称，但大家都没有把他看成是理论家，甚至有人说"山沟里出不了马列主义"，嘲笑他只懂《孙子兵法》。所以，毛泽东到了延安后发愤学习，刻苦攻读了一批马克思主义著作，并结合中国实际撰写了《实践论》、《矛盾论》、《论持久战》、《中国革命与中国共产党》、《新民主主义论》等一系列鸿篇巨制，提出了许多真知灼见，系统构建了新民主主义理论体系，形成了马克思主义中国化的第一个理论成果——毛泽东思想。但是由于教条主义的干扰，他的理论家地位并没有被人们普遍认可，毛泽东思想也没有立即成为全党的指导思想。

1940 年 2 月，毛泽东的《新民主主义论》发表，这是毛泽东思想正式形成的重要标志。但当时中宣部却只是把它作为一般的、临时的策略教育和时事教育文件来看待，并没有加以特别的宣传。此后，毛泽东在 1941 年 5 月作

---

① 时事研究会编：《赤胆忠心录》，大连新文化书店 1946 年版，第 48 页。
② ［美］斯图尔特·施拉姆：《毛泽东》，红旗出版社 1995 年版，第 216 页。

了一个《改造我们的学习》的报告,批评党内存在着浓厚的"言必称希腊"的教条主义气氛,其中"用语之辛辣,讽刺之深刻,情绪之激动,都是许多同志在此以前从未感受过的"①。这篇演讲后来成为延安整风的重要学习文件,但当初做完这个报告后却是"毫无影响"②,延安各大报都没有做宣传报道,直到一年后整风开始了才在《解放日报》上公开发表。即使到了1942年2月,毛泽东在中央党校做整风的动员报告《整顿学风党风文风》,现在公认是发动延安整风的重要标志,但当时的《解放日报》只是在第三版右下角简单报道了这个消息,很不起眼。这些都说明,在延安整风之前,毛泽东的理论家地位是不被承认的,毛泽东思想更是谈不上什么指导地位。

而相反地,王明当时的理论地位却很高。1938年中共六届六中全会后,他原先负责的长江局被撤消,回到延安后担任了中共中央统战部部长,并分管中央南方工作委员会、中央东北工作委员会、党校委员会、妇女委员会和中国女子大学等工作,"频繁出席了各种会议,作了很多报告和讲演,发表很多文章,显得十分活跃"③。他口才很好,作起报告来引经据典,出口成章,口若悬河,滔滔不绝,几个小时的报告可以不要任何讲稿,而且条理非常清晰,他的演讲经常被几十次掌声打断。王明的这种口才获得了延安许多党员尤其是知识分子新党员的推崇,被看作是马克思主义理论权威。有人还回忆说,当时王明在知识分子中的影响"要比毛泽东大得多"④。1940年3月,王明又把他30年代初写的一本书《为中共更加布尔什维克化而斗争》在延安再版。他还在序言中写道:"本书所记载的事实,是中国共产党发展史中的一个相当重要的阶段,因此,许多人要求了解这些历史事实,尤其在延安各学校学习党的建设和中共历史时,尤其需要这种材料的帮助。"这显然是想把他的这本书推荐给全党,作为广大党员的学习材料。

通过延安整风运动,以上这种状况得到了根本性的改变。王明的"左"倾路线瓦解了,毛泽东思想的指导地位最终得到正式确立。"毛泽东思想"

① 《胡乔木回忆毛泽东》,人民出版社1994年版,第192页。
② 中共中央文献研究室编:《毛泽东年谱(1893—1949)》中卷,人民出版社、中央文献出版社1993年版,第469页。
③ 周国权、郭德宏:《王明传》,安徽人民出版社1998年版,第193页。
④ 《舒芜口述自传》,中国社会科学出版社2002年版,第62页。

这一概念最初也是在延安整风中提出来的,具体过程如下:

1941 年 3 月,张如心在《共产党人》杂志上发表《论布尔什维克的教育家》一文,首次使用了"毛泽东同志的思想"的提法,并且说它是"马列主义理论与中国革命实践结合典型的结晶体"。1942 年 2 月 18、19 日,他在《解放日报》发表《学习和掌握毛泽东的理论和策略》一文,又使用了"毛泽东同志的理论"这一提法,并且说:"毛泽东同志的理论就是中国的马克思列宁主义。"

1942 年 7 月 1 日,邓拓在《晋察冀日报》发表了一篇题为《全党学习和掌握毛泽东主义》的社论,提出了"毛泽东主义"的概念,并且说:"马列主义的中国化就是毛泽东主义。"

党内最先正式提出"毛泽东思想"这一概念的是王稼祥。1943 年 7 月 8 日,他在《解放日报》上发表《中国共产党与中国民族解放的道路》一文,正式提出了"毛泽东思想"这一概念。他指出:"毛泽东思想就是中国的马克思列宁主义,中国的布尔塞维主义,中国的共产主义","是马克思列宁主义与中国革命运动实际经验相结合的结果"。

对毛泽东思想做出最权威解释的是刘少奇。1943 年 7 月 6 日,他在《解放日报》上发表《清算党内的孟什维主义思想》一文。文章提出:"一切干部,一切党员,应该用心研究 22 年来中国党的历史经验,应该用心研究与学习毛泽东同志关于中国革命的及其他方面的学说,应该用毛泽东同志的思想来武装自己,并以毛泽东同志的思想体系去清算党内的孟什维主义思想。"1945 年中共七大上,刘少奇在作《关于修改党章的报告》时又强调指出:"毛泽东思想,就是毛泽东同志关于中国历史、社会与中国革命的理论与政策","就是马克思列宁主义的理论与中国革命的实践之统一的思想,就是中国的共产主义,中国的马克思列宁主义","是我们党的唯一正确的指导思想,唯一正确的总路线"。至此,毛泽东思想的指导地位得到正式确立,写进了党章。这对中国共产党统一全党思想,夺取抗日战争和解放战争的最后胜利起到了积极作用。

毛泽东思想是以毛泽东为代表的中国共产党人在革命斗争的实践中经过不断探索和创新形成的,实现了马克思主义在中国的第一次飞跃。而全党对它的历史地位的认识则是通过延安整风达到的。毛泽东思想指导地位的确立,反映了全党对马克思主义中国化这一规律的深刻认识,是党在思想理论上逐渐成熟的一个重要表现。它深化了党对中国革命路线、方针、政策和策略的认识,并使之成为开展今后工作的政治、思想依据,成为党在中国革命艰难曲折的道路上团结奋斗的重要思想基础,成为凝聚全党意志的重要精神支柱。毛泽东后来就指出:"对于当时的民主革命应当怎么办,党的总路线和各项具体政策应当怎么定,这些问题,都是在那个时期,特别是在整风之后,才得到完全解决的。"①杨尚昆也说:如果没有延安整风,"全党思想统一不了,七大可能开不成功,以后中国革命的发展也不会那么快取得胜利"②。

不过,延安整风在确立毛泽东思想指导地位的过程中,也开始出现了个人崇拜的萌芽。这主要表现在对毛泽东个人的过分吹捧和抬高,认为他一贯正确,而且也将永远正确,不论是过去、现在还是将来,凡是按毛泽东的指示办革命就能胜利,否则就会失败。这种带有个人崇拜色彩的观点,对后来党内民主生活产生了消极的影响。著名党史学家龚育之即曾指出:"延安整风有没有不足?在全党确立毛泽东的道路就是中国革命胜利的道路的共识和信念,这是符合历史实际的,是具有重大的号召和动员意义的。但这是不是同时隐藏着以后发展起来的个人崇拜因素?历史的事实是,'文化大革命'以前个人崇拜就有了发展,'文化大革命'中达到极端。这是对延安整风反教条主义的思想解放的背离,也是延安整风可能隐藏着的消极因素的发展。"③

所幸的是,毛泽东当时面对这种歌颂和赞美,保持了非常清醒的头脑。1943年,中宣部代理部长凯丰准备借毛泽东50岁生日搞一个庆祝活动,宣传一下毛泽东思想,毛泽东就表示:"生日决定不做。做生的太多了,会生出不良影响……我的思想自觉没有成熟,还是学习时候,不是鼓吹时候。"1944年,他在给郭沫若的信中也写道:"我虽然兢兢业业,生怕出岔子,但说不定岔子从什么地方跑来,你看到了什么错误缺点,希望随时示之。"④1945年,他在讨论《历史决议》时又说:"决议把许多好事挂在我的账上,我不反对,但

① 中共中央文献研究室编:《毛泽东文集》第八卷,人民出版社1999年版,第298—299页。

② 《杨尚昆回忆录》,中央文献出版社2001年版,第215页。

③ 龚育之:《纪念"五四"的历史回顾和当代意义》,《民主与科学》2007年第4期。

④ 中共中央文献研究室编:《毛泽东书信选集》,人民出版社1983年版,第212、241页。

这并不否认我有缺点错误，只是因为考虑到党的利益才没有写在上面，这是大家要认识清楚的，首先是我。"他还说："孔夫子七十而从心所欲不逾矩，我即使到七十岁相信一定也还是会逾矩的"，"人家喊万岁，我说我五十二岁。当然不可能也不应该有什么万岁"。① 这说明毛泽东当时还是非常清醒和谦虚谨慎的。同时，也正是这种清醒和谦虚谨慎，使他领导中国共产党取得了革命的胜利。

3. 开创了以整风进行党的思想建设的方法

中国共产党在历史上曾经多次开展过反对"左"、右倾的党内斗争，但由于方法不妥当，"一方面，没有使干部在思想上彻底了解当时错误的原因、环境和改正此种错误的详细办法，以致后来又可能重犯同类性质的错误；另一方面，太看重了个人的责任，未能团结更多的人共同工作"②。特别是"左"倾错误占统治地位的时候，党内斗争主要照搬苏共的"清党"和肃反经验，采取的是"残酷斗争"、"无情打击"的办法，甚至肉体消灭。用毛泽东的话来说就是："'左'倾机会主义路线的中央与地方的领导者们，当他们实行篡党、篡军、篡政之时，照例都是有这一手的。为了建设他们的威信就一定要把原有的领导者们的威信下死劲地给以破坏，而且破坏得异常彻底，使用的手段是异常毒辣的。任何地方都有这一手，不独中央苏区为然。我党在这一时期领导方面所犯的错误，以事业说，党、政、民、学，以地域说，东、西、南、北、中，无往而不被荼毒，实属我党的空前大劫"③。这在实践中就造成了很大的伤害，比如说苏区的肃反就错杀了很多人。

关于苏区的肃反，毛泽东后来在七大上反思说："内战时期，在肃反问题上，我们走过了一段痛苦的弯路，搞错了很多人。"④而正是在吸取这些教训的基础上，毛泽东创造性地提出了通过开展整风来解决党内矛盾的办法，这是对党的建设学说的新发展，是马克思主义中国化的一个重大理论创新，丰富了马克思主义理论宝库。

---

① 《毛泽东文集》第三卷，人民出版社 1996 年版，第 15、284、299 页。

② 《毛泽东选集》第三卷，人民出版社 1991 年版，第 938 页。

③ 杨奎松：《毛泽东与莫斯科的恩恩怨怨》，江西人民出版社 1999 年版，第 150 页。

④ 《毛泽东文集》第三卷，人民出版社 1996 年版，第 408 页。

为了正确处理党内矛盾,克服错误倾向,保证整风运动的健康发展,毛泽东深刻总结了历史上的经验教训,明确提出延安整风的宗旨和方针是"惩前毖后,治病救人"。他指出:"对待思想上和政治上的毛病,决不能采用鲁莽的态度,必须采用'惩前毖后,治病救人'的态度,才是正确有效的方法。"所谓"惩前毖后",就是"对以前的错误一定要揭发,不讲情面,要以科学的态度来分析批评过去的坏东西,以便使后来的工作慎重些,做得好些";所谓"治病救人",就是"我们揭发错误,批评缺点的目的,好像医生治病一样,完全是为了救人,而不是为了把人整死"。毛泽东还多次讲过:"这次处理历史问题,不应着重于一些个别人的责任方面,而应着重于当时环境的分析,当时错误的内容,当时错误的社会根源、历史根源和思想根源,实行惩前毖后,治病救人的方针,借以达到既要弄清思想又要团结同志这样两个目的。对于人的处理问题取慎重态度,既不含糊敷衍,又不损害同志,这是我们的党兴旺发达的标志之一。"①他还明确表示:要"打倒两个主义,把人留下来。反对主观主义和宗派主义,把犯了错误的干部健全地保留下来"②。这与过去"残酷斗争、无情打击"相比,显然是两种完全不同的方法。中共六届七中全会通过的《历史决议》没有点王明和博古两个人的名字,毛泽东解释说:"写几个名字很容易,但问题不在他们几个人⋯⋯党是政治团体,不是家族或职业团体,党员都是来自五湖四海,因为政见相同结合起来的。政见不同就要有争论,争论时要分清界限。"③中共七大上毛泽东还动员大家把王明、博古选为中央委员。这些都充分体现了"惩前毖后,治病救人"的宗旨。实践证明,延安整风的这一方针是完全正确和行之有效的,不仅在当时使全党达到了空前的团结,而且至今仍然具有指导意义。

正是在这种"惩前毖后,治病救人"方针的指导下,延安整风成了中国共产党历史上一次伟大的马克思主义教育运动,使马克思主义中国化的观念深入人心,很多人后来都回忆延安整风让自己终身受益。李维汉就说:"经过整风学习我的世界观得到根本性的转变。"④杨尚昆也说:"整风对我来说

---

① 《毛泽东选集》第三卷,人民出版社1991年版,第827—828、938页。

② 《毛泽东文集》第二卷,人民出版社1993年版,第375页。

③ 《毛泽东文集》第三卷,人民出版社1996年版,第283—284页。

④ 李维汉:《回忆与研究》下册,中共党史资料出版社1986年版,第479页。

确实有很大收获，那是从来没有经历过的。"①邓小平更是强调："没有那次整风，打败日本侵略者，打败蒋介石，是不可能的。"②

甚至连蒋介石也从延安整风中得到启发。1947年9月9日，国民党召开六届四中全会暨党团联席会议。这次会议居然印发了延安整风的3篇文件作为学习材料，即《关于调查研究的决定》、《关于在职干部教育的决定》、《关于增强党性的决定》。对此，蒋介石特别解释说："这次大会曾经印发给各位三个共产党的文件，内中一个特别重要的是中共中央关于调查研究的决定，从这个文件中可以看出他们调查研究的工作何等实在，何等彻底……大家要知道：调查工作是作战的基础，没有调查，得不到确实的情报就不能作战。共产党常常说：'没有调查就没有发言权'，可见他们对调查是何等的重视。我们平日却一点也不注意，有时虽然做了一些，也是临时的片断的，而不是系统的、持久不断的……只凭运气去作战，当然没有制胜的把握。"他还专门谈到延安整风："譬如共产党的'整风运动'，就是所谓整顿三风——学风、党风、文风——的运动，自从民国三十一年二月开始发动以来，迄今已有五年多的时间，现在还在继续进行……现在共匪力量增强，其力量大半是由于他这个整风运动而发生的。今后我们各级干部，必须把他们这一运动的内容和办法作为研究共匪内容的中心资料，用他们的方法再加以切实的整理来制定比他们更高明更正确的方案，同他们斗争，这样才能消灭敌人。所以这次四中全会印发给你们的共产党的《关于增强党性的决定》、《关于调查研究的决定》和《关于在职干部教育的决定》等三个文件，是非常重要的参考资料，大家要特别注意研究，看看他们是如何增强党性，加强全党的统一，如何调查敌情、研究敌情，如何教育干部，改造学习的风气。如果他们党的纪律、党的组织、党的调查、党的学习，是这样认真这样严密，而我们则松懈散漫，毫无教育毫无计划，如过去一样，你们看究竟还能与共匪斗争么？"③这一大段话非常清晰地表明蒋介石此时已充分认识到延安整风对中共的重要意义，并极力主张加以仿效来改变国民党的面貌。

---

① 《杨尚昆回忆录》，中央文献出版社2001年版，第212页。

② 《邓小平文选》第二卷，人民出版社1983年版，第14页。

③ 秦孝仪编：《先"总统"蒋公思想言论总集》第22卷，（台北）中国国民党中央党史委员会1984年版，第252—253页。

此后,蒋介石还多次提到了延安整风。1948 年 1 月 4 日,他在戡乱建国训练班开学典礼上便痛心疾首地表示:"共匪在延安的山谷之中,从民国三十二年发动所谓'整风运动'起,便逐渐扩张,今天竟发动全面的叛变,由此可见他们的训练是有目的,他们的训练方法也非常成功,远胜于我们的训练……现在我们要恢复本党的力量,消灭共匪,必须根本上改革本党的精神,造成新的革命风气,变颓唐萎靡为蓬勃奋发,变自私自利为勇敢牺牲。"几天后,他又在一次军事训练会议上提出:"共匪的干部对于科学的方法并不是生而知之,乃是由于训练而发生的效果。尤其是民国三十二年他们发起所谓'整风运动',逐渐打破其过去空疏迂阔的形式主义,使一般干部养成了注重客观、实事求是的精神。这可以说是共匪训练最大的成功,大家不可不切实注意。"①由此可见,蒋介石这一时期迫于国共力量的此消彼长,亟欲借鉴中共的经验来重振士气,故而连续多次提到延安整风。对他的这种急切心理,美国学者易劳逸曾分析:"蒋介石承认,共产党的特点就是坚持'科学的方法'。在他看来,这种方法是通过延安整风运动慢慢教育培养的。因此,他殷切期望他的部下仿照这一运动,以加强国民党的组织性,提高军队的战斗力。"②后来蒋介石败退到台湾后更是痛定思痛,在国民党内搞了一个改造运动,其中很多做法都借鉴了延安整风,有的甚至直接搬用了中共的整风术语。这无疑也从另一个角度反映了延安整风的深远影响。

① 秦孝仪编:《先"总统"蒋公思想言论总集》第 22 卷,(台北)中国国民党中央党史委员会 1984 年版,第 370、387 页。

② [美]易劳逸著,王建朗等译:《蒋介石与蒋经国》,中国青年出版社 1989 年版,第 267 页。

第四章　老解放区的土地改革

1946 年 5 月 4 日,中共中央作出《关于土地问题的指示》,以此为标志,曾在抗战时期实行的减租减息政策,转变为以实现"耕者有其田"为目标的土地改革政策。一开始,土地改革主要是采取清算、开明地主献田及征购地主的土地等方式,1947 年全国土地会议提出平分土地的口号之后,实际上是无偿没收地主的土地分配给农民。近些年来,对于解放战争时期各解放区进行的土地改革如何评价? 当年中国农村的土地究竟是集中还是分散? 有没有必要非得通过土地改革这种革命的方式进行农村土地关系的调整? 土地改革是促进了农村生产力的发展还是相反? 这些都成为学术界讨论较多的问题。本章拟就相关问题作一点简要的探讨。

一、从为地主"平反"说起

对于解放战争时期解放区开展的土地改革运动,以往学术界和现在的主流媒体都是高度评价的。例如胡绳主编的《中国共产党的七十年》认为:在如此广阔的范围内进行土地改革,是中国几千年历史上一次翻天覆地的社会大变革。它从根本上废除了在中国大地上盘根错节的封建制度的根基,使长期遭受地主阶级残酷压迫和剥削的农民大众翻身作了主人。中国共产党领导中国人民,不仅在反对帝国主义的斗争中,而且在反对封建主义的斗争中,创造出了过去中国任何政党不曾有过的丰功伟绩。[1]

作为《当代中国丛书》之一的《中国的土地改革》一书则认为,解放区进行的土地改革,"在中国历史上第一次大规模地废除封建土地制度,使农民

---

[1]　胡绳主编:《中国共产党的七十年》,中共党史出版社 1991 年版,第 277 页。

和土地直接结合,这就从根本上动摇了旧中国半殖民地半封建的社会基础","土地改革是人民战争的基础,土改的各个阶段都反映着战争的形势变化,而解放战争的伟大胜利正是中共中央土地改革政策成功的集中体现","土地改革的胜利还为新民主主义政权的建立奠定了经济基础,提供了干部队伍。"①

为庆祝中国共产党成立85周年、纪念红军长征胜利70周年,2006年由中央和各省区市主要新闻媒体、重点新闻网站共同推出《永远的丰碑——红色记忆》专栏,对于老区土地改革运动是这样评说的:"轰轰烈烈的土地改革运动,猛烈冲击着几千年来的封建土地制度。特别是在一亿人口的老区和半老区,基本消灭了封建土地制度,打碎了几千年来套在农民身上的封建枷锁,改变了农村旧有的生产关系。这一翻天覆地的变化,使亿万农民在政治上、经济上获得了解放,并由此迸发出难以估量的革命热情。他们踊跃参军参战,担负巨大的战争勤务,并以粮草、被服等物资支援自己的子弟兵。土地改革运动为夺取全国胜利提供了源源不断的人力、物力支持。"②

但是,近些年来,社会上开始出现一些对土地改革的不同评价。例如,有人写文章说找到了小说《半夜鸡叫》中地主周扒皮的原型,此人本名周春富(小说中周扒皮本名就叫周春富),家居辽东半岛中西部的复县(今瓦房店市)黄店屯(小说中的周扒皮是黄家店人)。周春富的祖辈也是"闯关东的",周家到了周春富这一辈,并不算富裕,虽然从父辈继承了一些土地,但不多。由于周春富不注重浮财的积累,而是认为"只有土地才是结结实实的保障,地里出一家人的吃喝,子孙也能受益。于是,这个勤俭、精明的农家子弟,开始一点点地攒钱、置地。他的勤俭甚至到了苛刻的程度"。据说周春富吃穿都很寒碜,裤腰带都不舍得买,是用破布条搓的。

与《半夜鸡叫》中的周扒皮不同的是,周春富并没有半夜装过鸡叫,也不是那种只督促长工干活的东家,自己也从不闲着,且"他家人养成了习惯,冬天天没亮点了火油灯,家里人做饭的做饭,喂牲口的喂牲口",东家的人都起来了,伙计们自然也不能赖在被窝里了,而且"周家人和长工一样干活,一大早就赶马车出去,回来挂一胡子霜"。周春富有5个儿子,"大儿子干农活,

---

① 杜润生主编:《当代中国的土地改革》,当代中国出版社1996年版,第260页。
② 新华社:《解放区轰轰烈烈的土地改革运动》,《人民日报》2007年9月29日。

二儿子管家,三儿子赶车,几个儿子都有分工,个个勤快。脑子也灵,都能挣钱"。多年的努力之下,原本地不多的周春富到 1947 年的时候,已经有了约 240 亩土地,雇用了三五个到七八个长工,但没有出租土地,并且还有油坊、磨房、染坊、粉坊以及一个杂货铺。据说,周春富对长工并不像高玉宝笔下的周扒皮那样苛刻,一个长工一年能挣八石粮食,够养活全家,给短工的工钱也是一天能买十斤米,而且周春富"不是恶人,不霸道"。1947 年 12 月,黄店屯来了土改工作队,在划阶级成分时,周春富被定为地主,随后被"镇压"了。①

这篇文章发表之后,引起了不小的社会反响,用某些媒体的话说"颠覆了以往的地主形象",与此相伴随的是引发了一些人对于土地改革的必要性与正当性的质疑。有人认为,地主并非以往宣传的那样丑恶,他们恰恰是乡村社会的精英,他们中的许多人是靠勤劳俭朴、经营有方而发家致富的,地主的负面形象都是以往的宣传杜撰出来的,以至于有人提出要为地主们"平反"的问题。

2012 年 3 月 27 日的《中国经营报》曾发表《中国四大地主的真实面目》一文。其中说,1949 年之后出生的人,都不曾见识过生活中真正的地主的横行霸道和凶狠残暴,但几十年来,大家却都感觉地主们就像宣传所说的那样坏。之所以如此,一个最重要的原因,是我们从小到大长期所受一面倒的政治宣传所导致。只要一提到"地主",就会不由自主、不约而同地想到至今仍在我们记忆中栩栩如生的刘文彩、黄世仁、南霸天和周扒皮。他们是"地主阶级"的四个活教材,是我们心目中"地主"的化身。不过,从现今已经披露的有限资料来看,这四个人物,无一不是假典型。

四大地主中,唯一的真实人物是四川的刘文彩,但刘文彩并非当年《收租院》所塑造的面目狰狞的大恶霸地主。真实的他既搜刮民脂民膏、助长烟毒,又慷慨兴学、济困扶危。刘文彩为了家乡的教育,修建了学校——文彩中学。文彩中学占地 2000 多亩,当时征地为使老百姓利益不受到损失,刘文彩采取的是用两亩换一亩的办法。学校建成后,广招教育人才,其教育规模当时在四川地区乃至在全国私立学校中都是最大最好的学校。刘文彩每遇逢年过节都要对贫困人家走访和接济,乡邻之间纠纷也都要请刘文彩进行

---

①　杜兴:《"周扒皮"的 1947》,《先锋国家历史》2008 年第 15 期。

调解,因为他办事公道正派。他还投资修建街道,现在未拆除的两条街道仍不失当年之繁华。作为在《白毛女》影响下成长起来的中国人,尽管谁都没有见识过"黄世仁"和"喜儿",但多年来大家几乎从来都没有怀疑过这个故事的真实性。其实,多年来人们深信不疑的《白毛女》,原来完全是创作出来的。南霸天的原型是海南陵水县当地一个叫张鸿猷的地主。张鸿猷死后4年,红色娘子军才组建。张鸿猷是个善人,他没有欺压百姓,家里也没有家丁、枪支、碉堡,只有几个请来帮他四姨太带小孩的小姑娘。张鸿猷没有血债,他家只是教师世家。周扒皮的原型系今大连瓦房店市阎店乡一个姓邹的地主。据当地的老人说,他虽然有小地主刻薄、吝啬的通病,但没有听说过半夜鸡叫的事情。只要稍微想一想,就知"半夜鸡叫"这样的细节是虚假的、捏造的:学鸡叫不必趴在鸡笼子旁边,也不用打开鸡笼子去看,熟门熟路要划什么火柴?就事论事,即使你把长工们早早驱赶到地里,自己不跟着起早去监督,长工们躺在地头怠工,你有什么办法?①

2010年第8期的《书屋》杂志发表一篇题为《地主:一个百年难尽的话题》的文章,其中写道:其实,地主在那个社会不是完全阻碍社会发展的力量,他本身有许多积极因素。绝大多数地主们青少年时期都受过严格的教育,是农村中文化素质较高的群体,他们读的是《四书》、《五经》,学的是"孔孟之道",深知"己所不欲,勿施于人"、"老吾老以及人之老,幼吾幼以及人之幼"。新一代或者上新式大学,或者到外国留学,有的儒家思想深入骨髓,有的民主自由思想铸造人格,成为新的绅士,百分之九十五以上的具有怜贫恤老、救济鳏寡孤独、助教兴学、救灾赈灾、修桥补路、兴修水利、调解纠纷、倡导文化活动(舞龙灯、赛龙舟、唱大戏等)的善举,举凡农村中一切需要钱、物的公益事业、慈善事业,他们带头发起、热情赞助并充当捐资、献物、出力的主角。经过较好教育进入官场、文坛、教育界、商场、工厂等上层社会的,大多数是地主家的子弟。因此,当年的地主阶层,集政治精英、经济精英和文化精英于一体,理所当然地成为社会的主流。那些读书不多无意于仕途的读书人,回到乡梓后,因其品德、学问,主持正义,办事公平,往往被推举为地方领袖,掌握着村、乡、区的地方事务的管理权。而当年的政府(县级以上)

---

① 余玮:《中国四大地主的真实面目》,《中国经营报》2012年3月27日,《人民文摘》2012年第9期。

是那样软弱,既没有"社会救济"概念,又没有过问地方事务的经济实力。因此,大量地方事务便责无旁贷地落在本乡本土有声望的富绅(地主)的肩头上。当年地主将土地出租,解决了贫苦农民的就业问题,与资本家办工厂给城市贫民提供就业机会,与当今外资进入中国解决城乡富余劳动力的就业问题是一码事。地主收租是土地投资的回报,工商企业利润提成是资本的回报,同样是一码事。总之,"当年,地主阶层以其财富、道德、学识和声望,责无旁贷地担负了政府职能缺失部分的职责,在农村中起着稳定社会的砥柱作用。"而土地改革的结果,"流氓、地痞、盗贼这些在'土改'中跻身'干部'队伍,使农村基层领导彻底恶质化",成为建国以来农业生产长期搞不好的根源。[①]

提出要为地主"平反"的,更多的是一些网络博文。如有博文说:"土地改革的实质是剥夺中国存在近 2000 年的士绅阶级的合法财产,无偿得到了土地的混混和无赖、抽大烟的自然要跟着共产党闹革命了"。还有人在网上发表公开信,"呼吁中共拿出勇气面对土改的历史错误,还地主及其后代以公道",并且认为中国农村的贫困和中共的土改有着直接的关系。当年农村的地主其实是乡土中国的精英,用现在的话说,至少也都是"种田能手"。对他们的斗争和剥夺表面上看是把土地"公平"地分给了农民,但实际上严重破坏了中国农村的生产力。三十年来中国的农村改革和当前的土地经营权流转等于承认了当年"土改"政策的失败,实际上是经过了 60 多年又转回了原点。

更有人认为,土改是中国历史上的第一大冤案,也是世界史上的第一大冤案,它严重违背了人类历史的基本规律及人性价值。还有网文认为,地主其实是当时农村先进生产力的代表,地主集中土地,更有利于农业的集约经营和规模化生产,能比将土地分散给农民耕作更有效率,更有利现代农业的发展。

二、地主、富农的界定

毫无疑问,进行土地改革的前提是农村阶级成分的划分。20 世纪 40 年

---

① 王宏任:《地主:一个百年难尽的话题》,《书屋》2010 年第 8 期。

代后期和 50 年代初期中国大陆进行的土地改革运动,主要的内容是没收地主阶级的土地分配给无地或少地的农民。要研究土地改革运动的是非得失,就必须首先对何为地主作一点讨论。

农村主要有两大对立的阶级,即地主与农民,而农民又分不同的阶层,其中可以细分为富农、中农、贫农和雇农。什么人应划为地主和富农,1933 年 10 月,毛泽东写作的《怎样分析农村阶级》一文,对此分别作了这样的界定:占有土地,自己不劳动,或只有附带的劳动,而靠剥削农民为生的,叫做地主。地主剥削的方式,主要地是收取地租,此外或兼放债,或兼雇工,或兼营工商业。但对农民剥削地租是地主剥削的主要方式。有些地主虽然已破产了,但破产之后仍不劳动,依靠欺骗、掠夺或亲友接济等方法为生,而其生活状况超过普通中农者,仍然算是地主。军阀、官僚、土豪、劣绅是地主阶级的政治代表,是地主中特别凶恶者。富农中亦常有较小的土豪、劣绅。帮助地主收租管家,依靠地主剥削农民为主要的生活来源,其生活状况超过普通中农的一些人,应和地主一例看待。依靠高利贷剥削为主要生活来源,其生活状况超过普通中农的人,称为高利贷者,应和地主一例看待。

富农一般占有土地。但也有自己占有一部分土地,另租入一部分土地的。也有自己全无土地,全部土地都是租入的。富农一般都占有比较优裕的生产工具和活动资本,自己参加劳动,但经常地依靠剥削为其生活来源的一部或大部。富农的剥削方式,主要是剥削雇佣劳动(请长工)。此外,或兼以一部土地出租剥削地租,或兼放债,或兼营工商业。富农多半还管公堂。有的占有相当多的优良土地,除自己劳动之外并不雇工,而另以地租债利等方式剥削农民,此种情况也应以富农看待。富农的剥削是经常的,许多富农的剥削收入在其全部收入中并且是主要的。[1]

按照这个标准,作为周扒皮原型的周春富虽然一家有土地二百余亩,但从他雇佣长工数人而土地不出租且经营油磨坊等的情况看,他应当划为富农兼工商业者。至于小说中的“周扒皮”,作者没有交待他家的土地占有情况,但从小说一开篇所说的三十来户人家的黄家店有一半是周家的佃户判断,其成分应当属于地主。

可见,地主与富农的共同特点是对农民进行剥削,其不同之处在于地主

---

[1] 《毛泽东选集》第一卷,人民出版社 1991 年版,第 127—128 页。

剥削的主要方式是收取地租,富农剥削的主要方式是雇工。富农虽然属于农民阶级的范畴,但这个阶层带有剥削性质,所以人们习惯将之与地主并列,称之为地主富农,其实富农与地主并不是同一个阶级。

说起地主,人们自然容易联想到四个人,即小说《半夜鸡叫》中的周扒皮、歌剧《白毛女》中的黄世仁、泥塑《收租院》中的刘文彩、芭蕾舞剧《红色娘子军》中的南霸天(《半夜鸡叫》和《收租院》曾进了小学课本,《白毛女》、《红色娘子军》拍成了电影,产生了广泛的社会影响)。这是当年文艺作品塑造出来的四个典型的地主形象,也是相当多的中国人对于地主最深刻的记忆。

其实,不论是周扒皮还是黄世仁、南霸天和刘文彩,都是艺术家塑造出来的艺术形象。艺术是允许虚构的。艺术家塑造艺术形象时当然也要忠实于历史,但艺术创作可以进行合理的加工,也就是从艺术创作的原则上,是允许将各种坏地主、恶霸地主的种种恶行集中在"周扒皮"、"南霸天"等人物身上加以体现,使之成为恶霸地主的典型。虽然这些艺术形象或许可以找到具体的原型,但与现实中的地主不是完全画等号的,即是说他们是艺术化了的地主形象。这四个典型地主形象中,只有刘文彩不是虚构的人物,而是确有其人。当然,作为泥塑《收租院》中的刘文彩,应当讲也是艺术人物。至于以往在刘文彩庄园建立的"地主庄园陈列馆"中,对于刘文彩罪恶的陈列,是否有不实的地方,那是另外一个问题。

准确地说,这四个艺术形象应当称之为恶霸地主,并且是集恶霸地主罪恶之大成者。

应当指出的是,恶霸与地主是两个不同的概念。按照1950年8月中央人民政府政务院《关于划分农村阶级成分的决定》规定,恶霸是指"依靠或组成一种反动势力,称霸一方,为了私人的利益,经常用暴力和权势去欺压与掠夺人民,造成人民生命财产之重大损失,查有实据者"①。恶霸横行乡里,欺男霸女,为非作歹,无恶不作,恶霸尤其是恶霸地主最为农民所痛恨,但恶霸并非都是地主,地主也不是人人都是恶霸,那种同时具有地主和恶霸两种身份者,便是通常讲的恶霸地主。毛泽东在1948年初曾有过推算,地主和旧

---

① 中共中央文献研究室:《建国以来重要文献选编》第1册,中央文献出版社1992版,第406页。

式富农占全国人口的十分之一,全国共有三千六百万人①。如果其中地主占一半,那么全国的地主总数在一千八百万至两千万人,其中可称为恶霸地主者毕竟是少数。据当年的调查,在农村中恶霸地主一般只占地主的十分之一。

从阶级属性来看,地主是剥削阶级,这些人在土地改革中之所以被划为地主,主要是因为他们利用自己所占有的土地,对农民进行剥削。但是,作为每一个体的地主,作为个体的人,自然是千人千面。因此,地主的品行是恶还是善,人品是好还是坏,无须说是各不相同的。人作为具体的社会个体,不论他出身属于哪个阶级,其个人品德与品行可能是千差万别的。有的地主为非作歹、欺男霸女、鱼肉乡邻,成为恶霸地主。也有的地主,一方面出租土地剥削农民;另一方面又办学堂、修道路从事社会公益,甚至在灾荒之年还做点办粥厂施舍穷人之类的善事。刘文彩一方面利用其担任川南禁烟查缉总处长、川南捐税总局总办等职务时搜刮来的钱财,大肆购置土地成为远近闻名的大地主;另一方面又花巨资举办有名的文彩中学,甚至还设立"清寒补助金",定向资助那些家境贫寒的学生。但有一个基本的事实不能否定,刘文彩有良田万顷,家中珍宝无数,生活奢华富足,他的大量财富既非劳动所得致富,也非靠经营工商业发家,而是通过占有大量土地过着不劳而获的生活。②

当然,地主并非清一色,农民中也有少量好逸恶劳、偷鸡摸狗之类的"二流子"。但从总体上看,因为地主占有土地,可以凭借土地收取地租剥削农民;而贫雇农由于缺少土地或根本没有土地,不得不租种地主的土地而接受地主的剥削,所以二者之间构成了剥削与被剥削的关系,土地改革的根本目的就是要改变这种社会关系。

地主与农民的身份不是固定不变的。大体说来,除了那种祖、父辈本身是地主,靠继承上辈的土地财产成为地主者外,一个人地主身份的形成,大致可以分为这样几种情况:

---

① 《在西北野战军前委扩大会议上的讲话》(1948 年 1 月 15 日),《毛泽东文集》第五卷,人民出版社 1996 年版,第 23—25 页。

② 对于刘文彩的情况,可参见笑蜀的《刘文彩真相》(陕西师范大学出版社 1999 年版)和《大地主刘文彩》(广东人民出版社 2008 年版)。

一是在科举时代出身贫寒的普通知识分子,通过获取功名得到官职,"一年清知府,十万雪花银",由此积累一定数量的财富,在官场失意或告老还乡后购买土地成为地主。当然,这种情况随着科举制度的废除不再产生。

二是进入北洋军阀统治时期后,中国出现了大大小小各类军阀,他们依仗军事实力和政治特权,强占或用极低的价格购买大量土地成为大地主。袁世凯在河南彰德、辉县等地有田产 4 万亩。徐世昌在河南辉县也有田5000 亩。山东军阀靳云鹏在邹县、济宁一带占有土地 3 万亩;直系军阀王占元在鲁西北和冀南占有土地 5 万亩。阎锡山在山西省占有土地不下 20 万亩。西北军阀马鸿逵有土地 10 万余亩。① 各类军阀的亲信或家人也用同样的办法搜刮土地。刘文彩就是依仗其弟刘文辉(曾任川军第一混成旅旅长、第九师师长、国民革命军第二十四军军长等职)积累财富购置土地成为大地主的。不过,这类地主占有的土地数量虽大,但他们人数并不多。

三是普通农民上升为地主者。这些人原本就是普通农民,由于某种机缘,慢慢积累一些财富,购进了若干土地,随着土地的增多自己耕种不了,乃将土地出租给其他农民以收取地租,当地租剥削达到一定量的时候,这样的农民也就演变为地主了。

对于这个问题,1930 年毛泽东进行寻乌调查时,就已经作了剖析。据毛泽东的调查,在江西寻乌县,大地主只占地主全数的 1%,中地主占 19%,小地主占 80%。寻乌的小地主包含两个部分。一部分是从所谓老税户传下来的,这部分人的来源多半是由大中地主的家产分拆,所谓"大份分小份",即由大中地主分成许多小地主。这部分的人数在整个地主阶级中占 32%。除上述老税户部分外,另有一个占地主全数 48% 的不小的阶层,那就是所谓"新发户子"。这一个阶层的来历,与从老税户破落下来的阶层恰好相反,"是由农民力作致富升上来的,或由小商业致富来的。他们的经济情形是一面自己耕种(雇长工帮助的很少,雇零工帮助的很多),一面又把那弯远的瘦瘠的土地租与别人种而自己收取租谷。他们看钱看得很大,吝啬是他们的特性,发财是他们的中心思想,终日劳动是他们的工作。他们的粮食年有剩余,并且有许多不是把谷子出卖,而是把谷子加工做成米子,自己挑了去大

---

① 参见章有义:《中国近代农业史资料》第二辑,三联书店 1957 年版,第 13—19 页。

圩市,以期多赚几个铜钱。他们又放很恶的高利贷,所有放高利贷,差不多全属这班新发户子。"①

这说明,农民与地主的身份并非是固定不变的。地主如果破产,就有可能下降为贫农乃至雇农;即便祖辈是大中地主,但经过诸子继承家产分拆之后,大地主变成中地主,中地主变成小地主,小地主再分家就可能变成一般农民。普通农民也有可能由于"力作致富"或"由小商业致富"而上升为地主。小说《半夜鸡叫》中的周扒皮原型周春富其实就是这种人。像周春富这样由农民上升为地主者,在中国农村并非个别现象。但一个农民一旦上升为地主,其本人也可能仍参加劳动,也可能仍过着勤俭的生活,但其必定将土地出租给农民以收取地租从而带有剥削性质,其身份也就由其普通劳动者演变成剥削阶级了。

当下有人认为,从生产力发展的角度来看,土地集中在地主手中,有利于集约经营和规模化生产,有利于农业生产效率的提高,地主是当时中国农村先进生产力的代表。因此,地主阶级不应该打倒,旧的土地制度没有必要改变。

对于这个问题,毛泽东在寻乌调查中已作了解答。他在调查中发现:"收租二百石以上的中等地主,收租五百石以上的大地主,他们对于生产的态度是完全坐视不理。他们既不亲自劳动,又不组织生产,完全以收租坐视为目的。固然每个大中地主家里都多少耕了一点田,但他们的目的不在生产方法的改良和生产力的增进,不是靠此发财,而是为了人畜粪草堆积起来了弃之可惜,再则使雇工不致闲起,便择了自己土地中的最肥沃者耕上十多二十石谷,耕四五十石谷的可以说没有。这种地主家中普通都是请一个工人,只有'万户'以上的大地主而又人丁单薄的方才请两个工人。为使工人不致'闲嬲'('嬲',当地读廖,'东走西走'或'玩下子'的意思),除开做杂事外,便要他耕点田。"②由此可见,这种以收租坐视为目的之地主,集中在他们手中的土地并非为了集约经营与规模生产。

其实,关心土地改良和生产工具改进的不是地主而是富农。因为地主占有土地的目的,不是自己耕种,而是出租给农民,然后收取一定数量的地

---

① 《毛泽东文集》第一卷,人民出版社 1993 年版,第 197 页。

② 《毛泽东文集》第一卷,人民出版社 1993 年版,第 192 页。

租。既然土地已经租给他人耕种,他自然不必关心土地的经营状况,也不会关心土地改良与生产工具改进的情况,他所关心是地租的收取。与地主将土地租给他人耕种不同的是,富农则是雇佣长工或短工到自己的土地上进行劳作,如果土地得到了改良,生产工具得到了改进,使用了相对先进的农业生产技术,生产效率得到了提高,土地的收益也就会相应增多,而他付给雇工的工钱是一定的,这就意味着富农的收入也会增多。从这个角度来看,虽然地主与富农都集中了一部分土地在自己手中,而且都是通过占有他人的劳动进行剥削,但地主集中土地并非为了集约经营和规模化生产,所关心的也是地租的收取而非农业生产的改进,客观上有利于农村生产力发展的不是地主而是富农。正因为如此,不论是五四指示,还是《中华人民共和国土地改革法》,对于地主与富农都采取了区别对待的政策。从是否有利于生产力发展这个角度,在革命的过程中该不该将地主阶级打倒,答案似乎不难得出。

三、旧中国土地是集中还是分散

土地改革本身不能增加新的土地,只能是对现有土地进行再分配。所以,进行土地改革的前提,是农村的土地占有状况不合理,人口占少数的地主富农占有大量的土地,并通过出租土地或雇工耕种而剥削他人劳动,贫雇农却因土地不够甚至没有土地,只得租种他人的土地或出卖劳动力而受人剥削。如果说农村的土地并不集中,地主没有占有较大数量的土地,贫雇农也并非无自己的田可耕,自然没有必要进行一场几乎涉及解放区农村全部人口的土地改革运动。

很长一段时间,在论证土地改革必要性时,基本上是认为不到农村人口百分之十的地主富农占有百分之七十至八十的土地,而占人口百分之九十的雇农、贫农、中农,只占有百分之二十至三十的土地。

1947年12月,中共中央在陕北米脂县的杨家沟召开扩大会议。此时各解放区的土地改革正在如火如荼地开展,毛泽东在其《目前形势与我们的任务》的报告中,用了很长的篇幅谈及土地改革问题,并且指出:"地主富农在乡村人口中所占的比例,虽然各地有多有少,但按一般情况来说,大约只占百分之八左右(以户为单位计算),而他们占有的土地,按照一般情况,则达全部土地的百分之七十至八十。"①对于这个比例数,毛泽东早在 1930 年所作的《兴国调查》中已经得出,他当时了解到的情况是,兴国第十区即永丰区土地的分配情况是地主 40%,公堂 10%,富农 30%,中农 15%,贫农 5%,而其中的公堂土地又实际掌握在地主富农手中;而该区的人口成分,地主占 1%,富农占 5%,中农、贫农、雇农、手工工人、小商人、游民共占 94%,故而得出结论:"真正的剥削阶级(地主富农),人数不过百分之六,他们的土地却占百分之八十,公堂土地又许多在富农掌握中,若不平分富农的土地,多数人土地不足的问题便难解决。"②

　　1950 年 6 月,中共中央决定在新解放区开展土地改革,中央人民政府为此制定了《中华人民共和国土地改革法》。刘少奇在中央人民政府会议上就这部法律的内容作说明时指出:"就旧中国一般的土地情况来说,大体是这样:即占乡村人口不到百分之十的地主和富农,占有约百分之七十至八十的土地,他们借此残酷地剥削农民。而占乡村人口百分之九十的贫农、雇农、中农及其他人民,却总共只占有约百分之二十至三十的土地,他们终年劳动,不得温饱。这种情形,经过了最近十余年来的抗战和人民解放战争之后,是有了一些变动,除开已经实行了土地改革的地区不说外,有一些地区的土地是更加集中在地主的手中,例如四川及其他地区,地主占有土地约占百分之七十至八十。而在另外一些地区,例如长江中游和下游地区,土地占有情况则是有一些分散的。根据我们最近在华东及中南一些乡村的调查材料来看,一般的情况大体是这样:地主占有土地及公地约占百分之三十至五十,富农占有土地约占百分之十至十五,中农、贫农、雇农占有土地约占百分之三十至四十,小土地出租者占有土地约占百分之三至五。乡村中全部出租土地约占百分之六十至七十。富农出租土地约占百分之三至五,富农自耕土地约占百分之十。这就是说,乡村中百分之九十的土地是中农、贫农及一部分雇农耕种的,但他们只对一部分土地有所有权,对大部分土地则没有所有权。"③

　　那么,当年地主富农占有的土地是否果真那么集中? 实际上,对于农村

① 《毛泽东选集》第四卷,人民出版社 1991 年版,第 1251 页。
② 《毛泽东农村调查文集》,人民出版社 1982 年版,第 199—200 页。
③ 刘少奇:《关于土地改革问题的报告》,《人民日报》1950 年 6 月 30 日。

土地的占有情况,早在 20 世纪 20 年代和 30 年代,就有机构和学者进行过调查,当然结果不完全相同。

据国民党农民部土地委员会 1927 年 6 月发布的对全国土地占有概况的估计,当时占人口总数的 6.3% 的地主,占有土地总数的 62%;占人口总数 8.1% 的富农,占土地总数的 19.44%;占人口总数 10.8% 的中农,占土地总数的 13.26%;占人口总数 55% 的贫农、雇农等其他劳动人民,只占有土地总数的 6.16%。按照这个统计,全国地主富农占人口总数的 12.4%,占有的土地为 81.44%。① 这大概是地主富农占有 80% 的土地之说的最初来源。

根据陈翰笙 20 世纪 30 年代初组织的调查,河北定县,自耕农占 70%,佃农仅 5%,然而经过调查的 14617 农户之中,有 70% 的农户占有耕地不到全数的 30%。其中无地可耕的农户占 11.8%;全家土地 25 亩以下者占 59.7%,户均土地 10.09 亩;25 亩以上 50 亩以下者占 18.3%,户均土地 32.8 亩;100 亩以上 300 亩以下者占 2.1%,户均土地 153.5 亩;300 亩以上者只占农村户数 0.2%,户均土地 469.1 亩。保定调查的 10 个村 1565 户农户中,65% 的农户不是无地可耕就是耕地不足,其中地主富农占农户总数的 11.7%,占有 41.3% 的土地,而 88.3% 的中农、贫农及雇农只占有 58.7% 的土地。在江南,土地集中的情况也很严重。无锡的地主仅占农村户口 6% 以下,却占耕地 47%,占户口 69% 的贫农和雇农,占有的土地仅为 14.2%。在浙江临安县,贫农占人口的 48%,所有耕地仅占 13%。而在中原的河南南阳县,有 65% 人口都是贫农,他们所有的耕地,仅占全部农地的五分之一。广东占 74% 的贫农,占有耕地不及五分之一,同时 2% 的人家,却占有耕地二分之一以上。②

此后,钱俊瑞、薛暮桥等人也相继对全国的土地占有情况作过调查与分析。1934 年钱俊瑞以陶直夫的笔名发表《中国现阶段的土地问题》一文,估计全国有耕地为 14 亿亩,全国耕地有直接所有权耕作关系的户数为 6000 万户,其中地主 240 万户,占全国总户数的 4%,占有土地 7 亿亩,占全国土地的 50%;富农 260 万户,占户数的 6%,占有 2.52 亿亩,占全国土地的 18.%;中农 1200 万户,占户数的 20%,占有土地 2.1 亿亩,占全国土地的 15%;贫农及其他阶层 4200 万户,占户数的 70%,占有土地 2.38 亿亩,占全国土地

① 《第一次国内革命战争时期的农民运动资料》,人民出版社 1983 年版,第 4 页。

② 《陈翰笙文集》,中国社会科学出版社 2002 年版,第 37—41 页。

的 17%。地主富农占全国总户数的 10%,占全国土地的 68%。①

1935 年,薛暮桥根据国民政府农村复兴委员会等机关 1933 年对广东、广西、浙江、江苏、河北、陕西 6 省的调查,对各类农户占有土地的情况作了推算,结论是地主占全国总户数的 3.5%,占土地的 45.6%;富农占总户数的 6.4%,占土地的 18%,二者合起来人口占约 10%,土地占 63.6%。中农占总人口的 19.8%,占土地的 17.4%;贫农及雇农占总人口的 70.5%,占土地的 18.4%。中农及以下各阶层占总人口 90%,而只占有土地的 35.8%。②

新中国成立后,为启动新解放地区的土地改革,华东、中南、西南及西北等有土改任务的各大区,均组织了大规模的农村土地情况调查。据中南土改委员会的调查,中南地区的土地占有可分为三种情况,一是土地最分散的地区。根据湖北沔阳县小河口村、武昌县黄土坡村、石山村,河南宝丰县官营村、洛阳县孙村,江西高安县 10 个乡、弋阳县复兴乡等 21 个村的调查,地主占人口的 3%,占有全部土地的 15%(包括学田、族田、会社田等公田);富农占人口的 5%,占土地的 15%;中农以下阶层约占人口的 92%,占有土地的 60%。二是土地集中程度一般的地区。根据湖北汉阳县三区第一行政村、黄陂县石桥村,河南洛阳县冢头村,江西宜春县新坊村,湖南沅陵信平乡,广东龙川县水背村等 25 个村的调查,地主占人口的 3% 强,占土地的 30%(包括公田);富农占人口的 5% 至 6%,占土地的 15%;中农以下阶层占人口的 90% 以上,占有土地的 50%。三是土地集中地区。根据湖北黄陂县新义村,河南潢川县罗弯地村,江西南昌县一个村,湖南湘阴县和丰乡等 23 个村的调查,地主占人口的 3% 至 4%,占土地的 50%(包括公田),最多的达到 90%(包括公田);富农占人口的 5%,占土地的 15% 以上;中农以下阶层占人口的 90% 以上,占土地的 20%—30%。在中南各省中,湖南、广东两省的土地集中程度最严重,其土地集中地区约占全省农村人口的 70% 至 80%;其次为湖北省,土地集中地区约占全省人口的 40%;江西、河南二省的土地则比较分散。③ 根据这个调查,中南在土地最集中的地区,地主富农占人口的 8%,占土地的 70% 至 80%,而在土地最分散的地区,地主富农的人口亦

① 《钱俊瑞选集》,山西人民出版社 1986 年版,第 225 页。
② 薛暮桥:《旧中国农村经济》,农业出版社 1980 年版,第 19 页。
③ 张根生:《从中南区农村情况看土地改革法》,《人民日报》1950 年 9 月 6 日。

占有8%左右,而占有的土地为30%。

又据华东区的统计,全区共有地主485428户,占总户数的3.07%,人口2612643人,占总人口的4%,共有土地37265955.29亩,占有土地的26.17%,平均每人占有土地14.26亩。半地主式的富农50924户,占总户数的0.32%,人口271102人,占总人口的0.41%,共有土地1952643.21亩,占土地总数的1.37%,人均占有土地7.20亩。富农306061户,占总户数的1.94%,人口1794629人,占总人口2.75%,共有土地8321251.86亩,占土地总数的8.84%,人均占有土地4.64亩。地主富农占总户数的5.33%,总人口的7.16%,占土地的33.38%,人均土地10.73亩。中农、贫农、雇农共有13572677户,占总户数的85.83%,人口55734914人,占总人口的85.3%,共有土地74263893.01亩,占土地总数的52.15%,其中中农人均占有土地2.01亩,贫农人均占有土地0.86亩,雇农人均占有土地0.34亩。其余的土地分别为工商业者、小土地出租、手工业工人占有,或为公田。华东地区的公田占全部土地的10.32%。①

情况比较特殊是陕西关中地区。这里"农村土地不很集中,地主占农村户口不到百分之一,加上富农共占百分之六左右,共占土地百分之二十左右;中农占户口百分之四十到五十,占土地百分之五十到六十。"②

由此可见,虽然当时中共领导人在其报告中作了不到10%的地主富农占有80%的土地,占90%人口的中农及以下社会阶层只占有20%的土地的估计,但通过各地的具体调查,除了少数土地特别集中的地区地主占有土地的70%至80%外,大多数地区地主富农占有的人口少于10%,占有的土地在30%至50%之间。

从20世纪80年代后期开始,有学者对地主富农占有80%的土地提出质疑,认为抗战以前全国土地分配的基本轮廓为:无地户约占农村总户数的30%至40%,有地户中地主富农占有土地的50%至60%,中贫农占40%至

---

① 华东军政委员会土地改革委员会:《华东区土改成果统计》(1952年12月),中国社会科学院、中央档案馆:《1949—1952中华人民共和国经济档案资料选编》(农业经济体制卷),社会科学出版社1992年版,第10页。

② 《关中新区工作的检讨和当前任务——习仲勋同志在关中新区地书联席会上的总结报告》,《人民日报》1949年8月30日。

50%。稳妥一点说,地主富农占地60%左右,中贫农占地40%左右。①

此后,陆续有学者就此发表自己的意见。有研究者提出,中国地域广阔,情况复杂,但就多数地区看,约占人口总数10%的地主、富农,占有土地总数的50%至52%左右,约占人口总数90%的劳动人民,占有土地总数的48%至50%左右,在解放前几十年间,各地区地权变化的情况很复杂,但总的来说,地权是越来越分散,并非越来越集中。②

亦有研究者指出,就全局看土地分配大体有两种不同情况:第一类是土地不太集中区,地主、富农占农户总数6%至10%,占有耕地28%至50%。第二种情况是土地高度集中区,占农户9%的地主富农,占有65%的土地。但是,这种土地高度集中区包括的范围很小,户数甚少,没有代表性,不能反映全国问题。从全局看,旧中国之地主、富农只占全国28%到50%的耕地,他们从来没占有60%以上之耕地,但个别县、乡是例外。③

还有学者通过对20世纪30年代以来的中国农村调查统计资料进行分析,提出地主占有土地的比例多在30%至40%间(简单平均是36%),而且这其中还包括了族田、学田等公田,因而60%以上的土地是掌握在自耕农的手中。在某些地区(主要是在北方),地主占有土地的比重还不到30%。鉴于地主实际取得的地租只占与佃农约定租额的七八成左右;同时,由于地租额并不像通常所说占有产量的50%,而大约只有40%左右,实际地租率则只有单位面积产量的30%左右。地主所得仅为农业总产出的12%或更低些,那么农业无疑就是一个"低效"或"低质行业";购买土地也不一定是为了赚取"高额地租",在一些地方,甚至不过是一种"保值"的手段。④

---

① 章有义:《本世纪二三十年代我国地权分配再估计》,《中国社会经济史》1988年第2期。

② 郭德宏:《旧中国土地占有状况及发展趋势》,《中国社会科学》1989年第4期。

③ 乌廷玉:《旧中国地主富农占有多少土地》,《史学集刊》1998年第1期。

④ 高王凌:《租佃关系新论——地主、农民和地租》,上海书店出版社2005年版,第8—12页。吕新雨的《近代以来中国的土地问题与城乡关系再认识》(《开放时代》2012年第7期)就此提出了不同意见,认为高著大量考察的是明清的案例,而对上世纪二三十年代的大量农村土地调查和研究基本不处理,从而排除了对晚清以来现代化因素导致的土地变革因素的考量,特别是国家权力下行而导致赋税沉重对乡村社会的影响,并且没有把地租率与赋税的互动关系放在一起考量。

有研究者通过对 20 世纪 20 至 40 年代东南地区的土地占有情况进行研究,发现该地区 7% 左右的地主、富农占地达 30%—40% ,而占人口一半左右的贫苦农民仅占土地的 20% 左右。地主与贫农平均占地比普遍在 10 倍以上,相当多的农民拥有的土地无法维持自身的生存。而由于这一地区复杂的地权结构,尤其是公田的大量存在,一半左右的农民为维持生存不得不和地主、富农及公堂土地发生租佃关系,承受着 40%—50% 的租佃负担。①

总体来看,这些年来,学术界根据历史文献和档案史料,对新中国成立前的土地占有情况重新进行了估计分析,虽然这些数据各不相同,但都基本上认为当时土地集中的情况并没有以往宣传的那样严重,地主富农并非占有 80% 的土地,而多认为只占有 50% 以下的土地。

不过,也有学者认为当时农村土地实际是分散的,并不存在土地集中的问题。有研究者通过利用关中地区的土地改革资料,对 20 世纪 40 年代后期关中农村经济社会进行研究,提出封建社会的“关中模式”,认为清初至民国较长时期内关中地区的经济社会状况和土改前一致,即“关中无地主”、“关中无租佃”、“关中有封建”。② 还有研究者认为,20 世纪三四十年代的一些乡村调查,特别是陈翰笙所领导的中央研究院社会科学研究所的无锡调查,总是强调土地占有的集中化与土地使用的分散化同时并存,以此说明当时土地制度的不合理。土地占有集中与分散的标准不一或研究方法不同,所得结论也不一样。但无论如何,对于农地经营规模的细小化,时人一般是认可的。1933 年春,中国农村经济研究会在中央研究院社会科学研究所无锡11 个村调查的基础上,又进一步对孙巷、庄前、大鸿桥、北麜、庙庵、谈家六村的农业经营进行了调查,事后对三个村的材料进行了分析,发现“全部使用土地有 80% 左右属于中农、贫农,他们每户平均使用土地不到 10 亩;另一方面,地主富农使用土地只占 20% 。而且他们每户平均使用土地也还不到 20 亩。”因此,“所谓的地主富农家庭土地经营面积也十分狭小,已经说明土地

---

① 黄道炫:《1920—1940 年代中国东南地区的土地占有——兼谈地主、农民与土地革命》,《历史研究》2005 年第 1 期。

② 详见秦晖、金雁:《田园诗与猜想曲——“关中模式”与前近代社会的再认识》,语文出版社 2010 年版。

占有的集中化是不存在的"①。

土地的占有关系是一个复杂的问题。有的地区土地集中的程度高,有的地方土地则相对分散。对于这个问题,不论是 20 世纪 30 年代学者们的调查,还是 50 年代初各地为配合土改而进行的调查,均有材料说明。特别是具体到某一个局部地区,有的村庄或许一户地主也没有,而有的村庄可能集中了一批地主。

虽说当年中国农村土地集中的情况并非以往宣传的那样严重,但地主富农所占有的土地远远多于中农更不用说贫农,恐怕是一个历史事实。地主富农占有 30% 至 40% 的土地,是多数学者认可的数字,考虑到地主富农所占的人口一般在 10% 以内,仅此简单推算,地主富农的土地也是三、四倍于普通农民。问题在于中农及以下各阶层占有的人口达 90% ,而且并非是这90% 的人口占有地主富农之外的 60%—70% 的农村土地,如果除掉其中10% 左右的公田和城镇工商业者在农村占有的土地,中农及以下各阶层占有的土地可能在 50% 至 60% 之间。而在中农、贫农和雇农三者间,据华东地区的统计,中农占全部农村人口的 36.4% ,占全部土地的 33.65% ;贫农占全部农村人口的 45.71% ,占全部土地的 18.01% ;雇农占全部农村人口的3.19% ,占全部土地的 0.49% 。也就是说,占农村全部人口近 50% 的贫雇农,所占有的土地不到 20% 。如此推算,地主富农占有的土地 10 倍于贫雇农。所以,即使地主富农占有的土地根本没有达到以往所说的 80% 而是减半,中国农村的土地占有状态仍不能说是合理的。正如有学者所指出的:"在土地分配存在着相当不平衡的情况下,作为基本的生存要素,拥有更多的可以自主的土地是农民衷心的期盼。所以,当土地革命广泛开展后,没收地主土地在农民中平分,对农民具有极大的吸引力。"②

农民除了占有的土地远远少于地主富农之外,其他生产资料亦严重不足,如没有耕畜或者畜力很少,造成生产效率的低下。而且农民的生产资金普遍短缺,常常需要借贷才能解决生产、生活中遇到的困难,当年农村的借贷又往往是高利贷形式,使得许多农民背上沉重的债务负担。经济地位决

① 张佩国:《近代江南的农家生计与家庭再生产》,《中国农史》2002 年第 3 期。

② 黄道炫:《1920—1940 年代中国东南地区的土地占有——兼谈地主、农民与土地革命》,《历史研究》2005 年第 1 期。

定社会地位。农民特别是贫雇农由于土地不足,收入有限,一年辛苦劳作仅能勉强维持温饱,遭到天灾人祸,日子则更加艰难。他们的这种经济地位决定了他们生活在乡村社会的底层,基本处于没有"话语权"的状态。但是,每个生活在社会底层的人都渴望改变自己的经济地位,都希望获得社会地位的平等和应有的尊严,即在乡村社会有自己的"话语权"。中共最初的成员主要是知识分子,俗话说:"秀才造反,十年不成。"可这句话在中共身上却不灵验,最根本的是他们果断地脱下了自己的长衫,深入农村组织动员农民。对于当时的中国农民来说,不但他们希望得到土地,也盼望得到平等与尊严,中共的工作就是告诉他们,只要他们与自己一起革命,就能够得到他们这些盼望已久的东西,以农民为主体的中国革命也就由此发生。①

四、由减租减息转变为土地改革之因

十年内战时期,没收地主的土地分配给无地少地的农民,是中国共产党最重要的经济政策,所以这个历史阶段又叫土地革命战争时期。进入抗日战争阶段后,中共政策上最大的改变,就是提出建立广泛的抗日民族统一战线,以团结包括地主在内的全国各阶级、各阶层的人们共同抗日。在这种情况下,十年内战时期没收地主土地的政策显然不能再延续下去。

全面抗战爆发前的 1937 年 2 月,中共中央在《致国民党三中全会电》中,就明确提出停止没收地主土地的政策。但是,随着全面抗战局面的到来,红军将改编为国民革命军到华北前线去抗日,这就面临一个如何改善农民生活以调动农民抗日积极性的问题。为此,在中共中央提出在抗日时期实行减租减息政策,并列入了 1937 年 8 月在洛川召开的扩大的政治局会议通过的《抗日救国十大纲领》之中。从此,减租减息就成为中共在抗战阶段最主要的农村政策。

---

① 对于农民为什么能参加中共领导的革命,土地集中家庭贫困与农民革命的关系,海内外学者有着不同的看法。有的学者认为,土地集中、家庭贫困与农民革命之间有着必然的内在联系;亦有学者认为,土地分配与革命运动没有必然联系。对此,李金铮的《农民为什么参加中共革命》(《近代史研究》2012 年第 4 期)就相关学术观点作了全面的梳理。

抗战初期,各抗日根据地刚刚建立,重点尚放在抗战的动员和改造旧政权上,对于农民负担的减轻,主要通过反对贪污,废除苛捐杂税,实行合理负担等方式解决,至于减租减息政策,多数还停留在宣传动员阶段。1939 年抗日战争进入相持阶段,国民党挑起第一次反共高潮,各抗日根据地也开展了大规模的减租减息运动,但这时,一些人把少数顽固派发动的反共摩擦,看作了整个地主阶级的动向,认为地主难有继续抗日的可能,于是变相地没收分配地主的土地。针对这种情况,中共中央于 1942 年 1 月作出《关于抗日根据地土地政策的决定》,承认农民是抗日与生产的基本力量,也承认大多数地主有抗日的要求,强调现在只能减轻封建剥削而不能消灭封建剥削,既要减租减息又要交租交息,并且要奖励富农生产和联合富农。这个决定一方面纠正了前一阶段某些地方减租减息中发生的"左"倾偏差,另一方面又推动了各抗日根据地减租减息运动的广泛开展。

减租减息政策不但减轻了农民负担,而且还使抗日根据地的土地关系发生了很大变动,通过各种形式使地主富农的一部分土地转移到农民手中。据陕甘宁边区 1945 年的调查,葭县高家寨子村 1941 年以来,全村贫农、中农共买进土地 72 垧,卖出土地 9 垧,净进土地 63 垧,典进、赎回土地 163 垧,典出、抽走土地 101 垧,净进土地 62 垧。1940 年地主占有全村耕地 71.66%,至 1943 年,地主占有的耕地下降到 66.27%。[1] 绥德县杨家塔村 13 户地主,四年中卖出土地 619 亩,占土地总数的 31%。相反,农民大量买地,米脂县印斗区三乡某村 41 户农民,中农 3 户有土地 130 垧,其他 38 户贫农都是租种地主的土地,自有土地只有 40 垧,1943 年、1944 年两年共买入土地 180 垧,增加土地 4 至 5 倍。[2]

据中共晋绥分局调查研究室 1945 年冬至 1946 年春对老区 9 个县 20 个村 7 年来(新政权建立以来)土地及阶级关系的调查,"地主分化没落,人数

<hr>

[1] 华子扬:《生产大运动与边区人民经济生活》(1944 年 8 月 19 日),陕甘宁边区财政经济史编写组等:《抗日战争时期陕甘宁边区财政经济史料摘编》第二编(农业),陕西人民出版社 1981 年版,第 347—348 页。

[2] 贾拓夫:《关于边区土地政策问题的报告》(1945 年 3 月 15 日),陕甘宁边区财政经济史编写组等:《抗日战争时期陕甘宁边区财政经济史料摘编》第二编(农业),陕西人民出版社 1981 年版,第 348 页。

减少，经济力量大大削弱"。这 20 个村原有地主 62 户，占总户数的 5.2%，调查时减少至 27 户，占总户数的 2%，地主占总户数的比重下降到 3.2%。原有的 62 户地主中，能够保持地主地位的只有 22 户，约占 1/3，其余的 40 户改变了原来的经济地位，其中 6 户转为富农，29 户变为中农，3 户变成贫农，1 户变为其他，还有 1 户为绝户。这 20 个村地主占有的土地总量，也由 1939 年的 38.5% 下降到 1946 年的 5%，减少了 33.5%，每户平均减少土地 416.2 亩。与地主人数减少相伴随的是中农大量增加。这 20 个村原有中农 375 户，占当时总户数的 31.3%，调查时增加到 795 户，占总户数的 59.9%，在总户数中，中农的比重增加到 28.6%。这些新增加的中农中，有 240 户是由贫农上升的，占现有中农总数的 30%，由雇农及工人上升的 25 户，占 3.2%。这充分说明，经过减租减息，晋绥地主的土地已有相当一部分转移到了农民手中。[①]

据晋察冀边区北岳区 28 县 88 个村的调查，抗战前占农村总户数将近大半的贫雇农，每户平均有 2.5 亩至 7.5 亩的耕地，而只占总户数 2.02% 的地主，占有土地平均每户达 97 亩以上。地主富农在农村总户数中占 9.29%，占有的土地为 38.04%，占有的水地为 45.7%，而中农、贫农、雇农和工人占有总户数的 85.34%，占有土地 61.01%，占有水地 52.93%。经过减租减息，据对其中 24 个村的调查，1937 年至 1942 年，当出的 837.57 亩土地中，地主富农 599.04 亩，贫雇农和中农 235.53 亩；在当入的 1019.87 亩土地中，地主富农 90.2 亩，而中农及以下阶层 929.67 亩。据北岳区的典型调查，地主的总户数由 2.42% 下降到 1.91%，占有的土地从战前的 16.43% 下降到 1942 年的 10.17%。[②]

又据对晋察冀的北岳、晋冀鲁豫的太行、晋绥、华中的盐阜和山东的滨海五个解放区的统计，战前各阶级阶层的户数是地主占 3.6%，富农占 7.2%，中农占 28.4%，贫农占 54%，雇农占 5%，战后地主与富农分别下降为 2.4% 和 6.7%，中农上升到 38%，贫农下降到 47%，雇农下降到 2.5%。各阶级阶层占有土地的情况是，战前地主占 29.5%，富农占 21%，中农占 29.5%，贫农占 19%，雇农占 0.8%，战后则是地主占 13.5%，富农占

① 晋绥分局调查研究室：《农村土地及阶级变化材料》，1946 年编印，第 3—4 页。
② 方草：《中共土地政策在晋察冀边区之实施》（1944 年 12 月 23 日），《中国土地改革史料选编》，第 200—204 页。

17.5%,中农占42.5%,贫农占22.5%,雇农占0.6%。① 其他解放区的老区情况也大体差不多。这说明,经过减租减息,地主不但户数在减少,他们占有的土地也大幅度下降,中农的数量和他们占有的土地都有较大幅度的上升,贫农的数量在下降而占有的土地略有上升。

虽然减租减息使各解放区的土地占有关系发生了很大变化,但从总体上看,减租减息后农民的土地仍少于地主富农,封建土地关系依然存在。例如,苏北的淮海区在反奸清算、减租减息之后,全区有地主11052户,占有土地1342950亩,平均每户120亩左右;以每户8口人计算,人均拥有土地15亩多,相当于中农的5倍。晋冀鲁豫的太行区反奸减租后,地主人均土地仍有13.7亩,中农为3.1亩,而贫农只有2.1亩,地主人均土地相当于中农的4.5倍、贫农的6.5倍。② 苏北解放区阜宁县钱庄乡全乡542户,地主仅1户,占全乡户数的0.2%;富农27户,占5%;中农217户,占40%;贫农297户,占54.8%。该乡各阶级人口的比例与户口相同,而在土地占有上,贫农仅占全乡土地的29.3%,平均每户8.53亩,每人1.83亩;富农土地虽然只占全乡的11.9%,但平均每户有38亩,人均6.5亩,为贫农的3.5倍;地主尽管只有1户,但占有土地1021.2亩,占全乡土地的11.9%,人均占有土地87.6亩,约为全乡贫农人均土地的47.9倍。③

实现"耕者有其田"是中共的一贯主张。十年内战时期实行的土地革命,是用直接没收地主土地的方式来解决农民土地问题。抗战时期为了团结地主一道抗日,采取了相对温和的减租减息政策,但并不意味着中共放弃了"耕者有其田"的理念。1940年1月,毛泽东发表著名的《新民主主义论》一文,指出:"这个共和国将采取某种必要的方法,没收地主的土地,分配给无地和少地的农民,实行中山先生'耕者有其田'的口号,扫除农村中的封建关系,把土地变为农民的私产。农村的富农经济,也是容许其存在的。这就

① 李候森:《农民大解放中——解放区农村阶级关系的变化》(1945年5月22日),《中国土地改革史料选编》,第224页。

② 《中共中央关于向民盟人士说明我党土地政策给周恩来、董必武的指示》(1946年7月19日),中央档案馆:《解放战争时期土地改革文件选编》,中共中央党校出版社1981年版,第20页。

③ 曹荻秋:《在土地改革中拉平问题与对中富农政策的研究》(1946年8月4日),《中国土地改革史料选编》,第279页。

是'平均地权'的方针。这个方针的正确的口号,就是'耕者有其田'。在这个阶段上,一般地还不是建立社会主义的农业,但在'耕者有其田'的基础上所发展起来的各种合作经济,也具有社会主义的因素。"①

1945 年 4 月的中共七大上,毛泽东在其书面政治报告中又重申:"抗日期间,中国共产党让了一大步,将'耕者有其田'的政策,改为减租减息的政策。这个让步是正确的,推动了国民党参加抗日,又使解放区的地主减少其对于我们发动农民抗日的阻力。这个政策,如果没有特殊阻碍,我们准备在战后继续实行下去,首先在全国范围内实现减租减息,然后采取适当方法,有步骤地达到'耕者有其田'。"②

为什么要解决农民土地问题,最终实现"耕者有其田"? 1944 年 7 月 14 日,毛泽东在会见英国记者斯坦因时的一段谈话,便是很好的说明。斯坦因问毛泽东:"你所考虑的新民主主义经济和新民主主义社会的主要内容是什么?"毛泽东回答说:"新民主主义的主要经济特征是土地革命。即使是现在抗日是我们的主要任务的时期,也是如此。因为中国的农民是主要的被剥削者,他们不仅受中国反动派的剥削,在敌占区还受日本帝国主义者的剥削。正是由于在我们作战的区域实行了新民主主义,我们才从一开始就在各地成功地抵抗了日本军队,因为新民主主义的各项改革符合农民大众的利益,而农民大众构成了我们作战力量的基础。""在没有进行土地改革的中国其他地区,仍然是封建土地所有制下的分散的个体小农经济,农民被土地束缚着,没有自由,彼此很少往来,过着愚昧落后的生活。这种经济是中国古代封建主义和独裁专制的基础。未来的新民主主义社会不可能建立在这样的基础上,中国社会的进步将主要依靠工业的发展。""因此,工业必须是新民主主义社会的主要经济基础。只有工业社会才能是充分民主的社会。但为了发展工业,必须首先解决土地问题。没有一场反对封建土地制度的革命,就不可能发展资本主义,西方国家许多年前的发展已十分清楚地表明了这一点。我国到一九三七年为止的国内战争时期的土地革命,其性质与西方一些先进国家过去所进行的土地革命基本上相同,土地革命扫除了封

---

① 《毛泽东选集》第二卷,人民出版社 1991 年版,第 678 页。

② 《毛泽东选集》第三卷,人民出版社 1991 年版,第 1057、1076 页。

建障碍,为资本主义民主制度的发展开辟了道路。"①

由此可见,中共进行土地改革(从广义上讲,没收地主土地分配给农民和实行减租减息都是土地改革的形式)的目的,实际上具有两个层面,一是以此调动农民参加中共领导的革命的积极性;二是为实现国家的工业化扫清道路。土地改革并非仅"是中共为了与国民党争天下进行社会动员的手段",从根本上讲是中共革命理念使然。

在抗战胜利后的一个时期,中共并没有立即改变减租减息政策,相反,仍将之作为组织、动员群众的重要内容。1945 年 8 月 11 日,中共中央作出《关于日本投降后我党任务的决定》,指出:"今冬明春,必须在一万万人民中,放手发动减租(已经减好的照旧),在一切新解放区一律减租,放手发动与组织群众,建立地方党地方政府与提拔地方干部,以便迅速确立我党在基本群众中的基础,迅速巩固一切新解放区。但是绝对不可损害中农利益(中农也是基本群众),富农除封建剥削部分实行减租外,不应加以打击,地主须使之可以过活。没收分配土地是过早的。某些地区已经分配者不再变动,但对地主必须设法救济,对富农必须设法拉拢,对中农受损者必须补偿损失。"②同年 11 月 27 日,中共中央又指示各地:"在一切解放区发动群众减租与发展生产,为争取当前斗争胜利的重要关键。"③

因为减租减息是各解放区执行了多年的政策,因此,大反攻前已经解放的老区,减租"主要是清算过去违反减租法令的额外剥削,实行退租与订立新约"④。而大反攻后新解放的地区,自 1945 年秋冬起,主要是发动群众开展对汉奸、特务的控诉、清算运动,用这种方式使群众"收回被汉奸伪人员霸占的土地财产,索回被掠夺讹诈贪污的款项等"⑤,并在反奸清算的基础上实行减租减息。

---

① 《同英国记者斯坦因的谈话》(1944 年 7 月 14 日),《毛泽东文集》第三卷,人民出版社 1996 年版,第 183—184 页。

② 《中共中央关于日本投降后我党任务的决定》(1945 年 8 月 11 日),中央档案馆:《中共中央文件选集》第 15 册,中共中央党校出版社 1992 年版。以下引自《中共中央文件选集》者,不再标注编纂者和出版单位、出版时间。

③ 《中央关于抓紧进行减租运动和生产运动的指示》(1945 年 11 月 27 日),《中共中央文件选集》第 15 册,第 229—230 页。

④ 《减租减息是一切工作的基础》,《解放日报》1946 年 3 月 26 日。

⑤ 《努力发动解放区群众》,《解放日报》1946 年 1 月 9 日。

在广大的新解放区,随着反奸清算、减租减息的群众运动进入高潮,"农民要求突破减租减息所规定的具体政策,直接分配土地。这种情况的出现,其直接原因是新区在除奸反霸斗争中收回了一批土地。新区几年来土地关系变动中又有许多不合理的因素需要调整。但更为重要的因素是减租减息是党在抗日战争时期中的土地政策,日本侵略者被打败了,干部群众便要求突破它,以便更直接满足农民的土地要求"①。

这时,一方面,经过减租减息,解放区农民获得土地的要求更加强烈,如果不满足农民的这种要求,中共就有可能重犯大革命后期的错误,中共必须对农民的这种要求作出明确的表态。另一方面,为了应对可能发生的国共内战,迫切需要通过土地问题的解决去组织动员农民,以使他们能够坚定地站在中共一方。在这种情况下,怎样解决农民的土地问题,日益严重地摆到了共产党人面前。因此,中国共产党"不能没有坚定的方针,不能不坚决拥护广大群众这种直接实行土地改革的行动,并加以有计划的领导,使各解放区的土地改革,依据群众运动发展的规模和程度,迅速求其实现"②。对此,薄一波回忆说,一方面"群众已经提出了自己的实际要求,并且为实现这些要求已开始自发地行动起来",中共中央必须对群众的这种要求将采取何种态度和政策作出明确的回答;另一方面,"一些地方出现了新的要求和新的做法(如当时一些根据地农民已不满足于减租减息,而是迫切要求分给土地),而另一些地方可能还暂时没有出现这种新的要求和做法,或者虽已经有了,但具体的要求和做法上不尽相同",这就需要中共中央决策层出台一个统一的政策。③

经过八年抗战,中国共产党及其领导的人民武装力量有了巨大的发展,但敌强我弱的基本态势没有根本改变。到 1946 年 7 月,国民党方面拥有总兵力 430 万人,其中正规军 200 万人;人民解放军总兵力约 127 万人,其中野战军 61 万人,双方总兵力之比约为 3.4:1。国民党统治着全国约 76% 的面

①　太行革命根据地史总编委:《太行革命根据地史料丛书之五——土地问题》,山西人民出版社 1987 年版,第 33—34 页。

②　《关于土地问题的指示》(1946 年 5 月 4 日),《刘少奇选集》上卷,人民出版社 1981 年版,第 377 页。

③　薄一波:《七十年的奋斗与思考》上卷,中共党史出版社 1996 年版,第 403—404 页。

积、3.39 亿人口，还控制着所有的大城市和绝大部分的铁路交通线，拥有几乎全部近代工业和雄厚的人力物力资源；而解放区的土地面积只占国土总面积的 24%，人口约 1.36 亿，近代工业很少，基本上处于经济比较落后的农村。因此，一旦国民党发动内战，如何动员解放区广大群众特别是农民应对这种局面，就成为中国共产党人面临的一个重大问题。①

这年 5 月 4 日，中共中央召开扩大会议。参加会议的有毛泽东、任弼时、林伯渠、徐特立、康生，以及中共晋冀鲁豫中央局副书记薄一波、华中分局书记邓子恢和山东分局副书记黎玉等。会议经过讨论，通过了《中共中央关于土地问题的指示》（因是 5 月 4 日通过的，故简称"五四指示"）。

"五四指示"指出：各地党委在广大群众运动面前，不要害怕普遍地变更解放区的土地关系，不要害怕农民获得大量土地和地主丧失土地，不要害怕消灭农村中的封建剥削，不要害怕地主的叫骂和诬蔑，也不要害怕中间派暂时的不满和动摇。相反，要坚决拥护农民一切正当的主张和正义的行动，批准农民获得和正在获得土地。指示要求各地党委必须明确认识到，解决解放区的土地问题是目前最基本的历史任务，是目前一切工作的最基本的环节。必须以最大的决心和努力，放手发动与领导群众来完成这一历史任务。"五四指示"是土地改革历史上一个十分重要的文件，这标志着中共土地政策的重大改变，即由以往的减租减息转变为直接实行"耕者有其田"。随后，各解放区根据"五四指示"的精神，启动了大规模的土地改革运动。

---

① 对于这个问题，有学者认为，"五四指示"发出不久，中共中央于当年 6 月 1 日作出"全国内战不可避免"的判断，但真的到了"大战在即"的时刻，在要不要利用激烈的土改方式来动员农民问题上，却变得犹豫起来。原因在于，其一，毛泽东相信中共尚未做好全面战争的准备，故一方面坚持寸土必争、寸步不让，另一方面却不希望马上开战；其二，毛泽东从战争需要和新区巩固的重要性出发，认为解决土地问题至关重要，但由于他此时的基本思想还是和，而非想战，故深知维护统一战线和联合中间势力的重要性，因而中共中央一度提出发行土地公债，有代价地征收地主土地分配给农民这种温和的土改方案，并且在陕甘宁边区试行了和平赎买土地。见杨奎松：《中共也曾试过"和平土改"——有关战后中共和平土改的尝试与可能问题》，《南京大学学报》（哲社版）2007 年第 5 期，又见杨奎松：《读史求实——中国现代史读史札记》，浙江大学出版社 2011 年版，第 39—61 页。

五、土改过程中为何发生乱打乱杀

土地改革的过程中,许多地方曾发生了乱打乱杀的现象,这也是一些人对土地改革的正当性提出质疑的重要原因。

对于土地改革中一度出现的"左"倾错误,中共从来没有回避。早在1948年4月1日,毛泽东从陕北途经晋绥前往河北平山的途中,在晋绥边区领导机关所在地兴县蔡家崖,发表了著名的《在晋绥干部会议上的讲话》。这个讲话在肯定晋绥边区各方面工作成绩的同时,着重指出在过去的土地改革中,晋绥边区存在的三个偏向:"第一,在划分阶级成分中,在许多地方把许多并无封建剥削或者只有轻微剥削的劳动人民错误地划到地主富农的圈子里去,错误地扩大了打击面"。"第二,在土地改革工作中侵犯了属于地主富农所有的工商业;在清查经济反革命的斗争中,超出了应当清查的范围;以及在税收政策中,打击了工商业。""第三,在过去一年的激烈的土地改革斗争中,晋绥的党组织没有能够明确地坚持我党严禁乱打乱杀的方针,以致在某些地方的土地改革中不必要地处死了一些地主富农分子,并给农村中的坏分子以乘机报复的可能,由他们罪恶地杀死了若干劳动人民。"①毛泽东在报告中总结的上述三点,也是老区土改中"左"倾错误的主要表现。

1950年启动新解放区土地改革之际,刘少奇在回顾老区土改时,也承认:"在一九四六年七月至一九四七年十月这一时期内,华北、山东及东北许多地区的农民群众和我们的农村工作人员,在实施土地改革中,没有能够按照中共中央在一九四六年五月四日颁发的基本上不动富农土地财产的指示,而按照他们自己的意志行动,将富农的土地财产和地主一样地没收了。这是可以理解的。因为这一时期,是中国人民和国民党反动派双方斗争最紧张最残酷的时期。土地改革中发生偏差,也以这一时期为最多,侵犯了一部分中农的利益,破坏了一部分农村中的工商业,并在一些地方发生了乱打乱杀的现象。发生这些现象的原因,主要是由于当时紧张的政治形势和军事形势,同时,也由于我们的大多数农村工作人员没有土地改革的经验,他们不知道正确地划分农村阶级成分的方法,划错了一部分人的阶级成分,将

---

① 《毛泽东选集》第四卷,人民出版社1991年版,第1306—1307页。

某些富农当成了地主,将某些中农当成了富农。"①

老区土改中的"左"倾错误,除了表现为拔高一部分农民的阶级成分,将富农划为地主,中农划为地主富农,扩大了打击面,侵犯了中农的利益,并且侵犯了一部分城镇工商业(特别是地主富农所有的工商业)外,更为严重的是发生了乱打乱斗甚至乱打乱杀,将不该斗争的对象乱加斗争,对斗争对象采取打斗、扫地出门、罚作劳役、限制人身自由、进行人格侮辱等,甚至不经过法律程序和上级组织批准,由工作组(队)、贫农团召开群众大会决定对斗争对象进行打杀。由于在土改中采取了所谓"搬石头"的办法,认为农村原有的乡村干部是压在农民身上不能翻身的石头,只有搬掉这些"石头",才能把土地改革发动起来,使得一批干部被戴上"坏干部"、"坏分子"的帽子遭撤职甚至受到斗争。乱打乱杀严重干扰了土地改革的正常进行,从 1947 年年底至 1948 年上半年,中共中央曾花了很大的力气对这些"左"倾错误进行纠正。

客观而论,老区土改中出现的乱打乱杀(在 20 世纪 50 年代初的新区土改中,有的地区也曾发生了类似的情况,不过其严重程度和影响要小于老区土改),产生了很大的负面影响。土地改革的目的在于变革封建土地所有制为农民土地所有制,并且将地主阶级改造成为自食其力的劳动者,即在所有制的改造中实现人的改造,而不是从肉体上消灭地主阶级。正如毛泽东 1948 年 1 月 15 日在西北野战军前委扩大会议的讲话中所说的:"地主作为一个阶级要消灭,作为个人要保护。""废除地主阶级的私有权,并不等于连他的人也不要了。地主和旧式富农占农村人口十分之一,全国共有三千六百万人,这是社会的劳动力,是一种财富。"②

老区土改中一度出现的乱打乱杀,在 1947 年的土改复查和平分土地过程中表现最为突出。这首先与土地改革的方式发生重大改变有关。

"五四指示"虽然是中共土地政策由减租减息向直接解决农民土地问题的重大转变,但"五四指示"所强调的解决农民土地问题的方式,并不是没收地主的土地分配给农民,而仍是用减租减息做文章。"五四指示"规定:"广大群众要求下,我党应坚决拥护群众在反奸、清算、减租、减息、退租、退息等斗争中,从地主手中获得土地,实现'耕者有其田'。""五四指示"为此特地

① 刘少奇:《关于土改问题的报告》,《人民日报》1950 年 6 月 30 日。
② 《毛泽东文集》第五卷,人民出版社 1996 年版,第 23—24 页。

提醒各地:

解决土地问题的方式,群众已创造了多种多样。例如:

(甲)没收和分配大汉奸土地。

(乙)减租之后,地主自愿出卖土地,佃农以优先权买得此种土地。

(丙)由于在减租后保障了农民的佃权,地主乃自愿给农民七成或八成土地,求得抽回三成或二成土地自耕。

(丁)在清算租息、清算霸占、清算负担及其他无理剥削中,地主出卖土地给农民来清偿负欠。

农民用以上各种方式取得土地,且大多数取得地主书写的土地契约。这样就基本上解决了农村土地问题,而和在内战时期解决土地问题所采用的方式大不相同。使用上述种种方式来解决土地问题,使农民站在合法和有理地位,各地可以根据不同对象,分别采用。①

"五四指示"还规定,一般不变动富农的土地。如在清算、退租、土地改革时期,由于广大群众的要求,不能不有所侵犯时,亦不要打击得太重;对于抗日军人及抗日干部的家属之属于豪绅地主成分者,及与中共合作而不反共的开明绅士及其他人等,在运动中应谨慎处理,适当照顾,一般应采取调解仲裁方式;对于中小地主的生活应给以相当照顾,对待中小地主的态度应与对待大地主、豪绅、恶霸的态度有所区别,应多采取调解仲裁方式解决他们与农民的纠纷;即使作为主要斗争对象的汉奸、豪绅、恶霸,既要让其拿出土地来,但也应给他们留下维持生活所必需的土地,即给他们饭吃。"五四指示"还强调:"除罪大恶极的汉奸分子及人民公敌为当地广大人民群众要求处死者,应当赞成群众要求,经过法庭审判,正式判处死刑外,一般应施行宽大政策,不要杀人或打死人,也不要多捉人,以减少反动派方面的借口,不使群众陷于孤立。"②

---

① 《关于土地问题的指示》(1946 年 5 月 4 日),《刘少奇选集》上卷,人民出版社1981 年版,第 380—381 页。

② 《关于土地问题的指示》(1946 年 5 月 4 日),《刘少奇选集》上卷,人民出版社1981 年版,第 379—380 页。

由此可见,"五四指示"在其具体政策上还是比较温和的。这也是一段时间人们认为这个指示对于解决农民土地问题具有"不彻底性"的原因。今天看来,这种"不彻底性"恰恰是必需的。

各地在贯彻"五四指示"的过程中,主要采取清算的办法使地主拿出土地。清算的"对象是汉奸、豪绅、恶霸、地主及高利贷主,清算的内容主要是算利息、算剥削、算负担、算霸占、算敲诈、算侵吞,清算后一律以土地抵还"①。除此之外,一些地方还曾采取动员开明绅士和中小地主献田,对清算之后地主多余的土地由政府征购分配给农民等方式。清算、献田和征购,总体上都是和平的方式,所以"五四指示"后的一段时间,各解放区大体上进行的是"和平土改"。

但是,这种"和平土改"在全面内战爆发后不久悄然发生了变化,代之以激烈的阶级斗争的形式来解决农民土地问题。其起因在于"五四指示"发出后,各解放区迅速开展了以清算为中心内容的土改运动。通过几个月时间的清算,到1946年10月之后,对于许多地区来说农民的土地问题已大体解决(当然还存在不平衡的问题)。"五四指示"后的土地改革,虽然仍是在减租减息的名义下做文章,以清算而非没收的办法解决农民土地问题,但对于地主来讲,毕竟要他们拿出自己多年积累的土地财产,除了少数的开明绅士主动献田之外,大多数地主自然并不情愿,而对于已经发动起来的群众运动大潮,又无力进行正面的对抗,出于保住自己土地财产的本能,地主们自然会采取各种手段设法隐藏、分散自己的土地财物,如将银元、金银器皿、粮食、衣布等物尽量藏匿,或者利用各种关系分散到贫穷的亲戚、朋友、佃户和长工家里,将一部分土地挂在这些人的名下。仅太行解放区长治县的三区,在后来的土改复查中经群众自报给地主隐蔽的财物,计土地6600余亩,房屋1700余间,牲口100余头,元宝、首饰6900余两,银洋17000余元,衣服7900余件。②

与此同时,作为清算对象的地主为了使自己少清算或不被清算,也会想方设法的收买、拉拢乡村干部和土改积极分子。在晋冀鲁豫解放区"太行和

①《华中分局关于贯彻党中央"五四"关于土地政策新决定的指示》(1946年5月28日),《中国土地改革史料选编》,国防大学出版社1988年版,第254页。

②《深入清查隐蔽封建尾巴,太行各地群众挖防空洞》,载《人民日报》1947年2月13日。

顺长治新老地区深入检查中,发现封建统治者运用各种奸猾阴谋手段,掩护其封建尾巴,顽强的抵抗群众清算",如长治县三区屈家山地主屈柏盛,以假开明方式献洋 34 元,铜钱 600 串,后来经过检查,发现屈某仍掩藏元宝 14 个、现洋 23 元。和顺县高邱村地主郭觅固,"献出一点坏地装开明,实则保留农民大批血汗财产"。长治县北漳村地主景其盛其妻装穷要饭,"但从斗争中却拿出二十四万八千现洋,及分散隐藏物资甚多"。还有的地主以小恩小惠或"美人计"收买干部,如借钱给干部入股合作社,以低于市场的价格将耕牛贱卖给干部,"和顺陈家庄地主用自己女人去软化村长包庇斗争"①。

在冀中解放区,地主破坏土地改革的手法有:用美人计、财物拉拢干部;制造假斗争,欺骗群众,蒙蔽县区干部;操纵一两个干部挑拨干部间的团结,转移斗争目标;假开明献田,用"好汉不吃眼前亏"的办法,一见斗争就要求献田;在斗争中采取软磨硬顶的办法,男人逃跑留下女人假装可怜哀求多留地;散布斗争面宽的谣言,制造中农恐慌;勾结顽伪特务进行破坏;派走狗打入骨干训练班和农会进行侦察;利用其参加革命的子女亲友达到保存封建剥削的目的;等等。②

基于这种情况,各地在已对地主进行清算的基础上,相继开展了土改复查,如晋冀鲁豫解放区的"填平补齐"运动、东北解放区的"砍挖"运动(即砍倒大树、挖财宝)、山东解放区的"割尾巴"运动(即割封建尾巴)。晋冀鲁豫解放区的"填平补齐"运动的内容包括:"(一)深入查田、查阶级、割掉封建尾巴(消灭封建残余),清查漏网隐瞒、干部包庇和假卖假分,做到彻底消灭地主这个阶级。(二)干部、积极分子、民兵占取土地改革果实过多部分,采取各种方法令其退出,分给赤贫和贫农。(三)贫富合村,贫富村联合斗争,平分土地,达到消灭赤贫和贫农"。也正是在土改复查以及随后的平分土地过程中,出现了乱打乱杀的现象,即"发生了打与杀的流弊"③。在有的地方

① 《太行各地检查发现地主阴谋百出,掩藏封建尾巴》,《人民日报》1947 年 2 月 6 日。

② 《冀中区党委关于执行中央五四指示的基本总结》(1947 年),见《晋察冀解放区历史文献选编(1945—1949)》,中国档案出版社 1998 年版,第 381 页。

③ 薄一波:《晋冀鲁豫解放区贯彻土地改革的经验》(1947 年 2 月 18 日),《中国的土地改革》编部等:《中国土地改革史料选编》,国防大学出版社 1988 年版,第 339 页。以下引自该书者,不再一一注明编者与出版者。

情况还相当严重。

各解放区土地改革启动后不久,国共内战全面爆发,有的地方是一手拿枪进行自卫战争,一手拿算盘组织农民开展土地改革。当时,国民党的力量要远远大过共产党,对于广大解放区特别是战争第一线的农民而言,面对国民党军队向解放区气势汹汹的进攻,他们对于中国共产党能否赢得这场战争,心中并不是很有底。这就不能不使他们对土地改革产生某些顾虑,如果中共不能赢得这场战争,国民党军队占领解放区,那么,他们通过土地改革得到的土地,就很容易为地主索回。因此,在土地改革过程中,许多农民既希望得到土地,但也普遍担心"变天"和地主将来反攻倒算,也就使得他们对于挖出地主家里浮财的兴趣甚至要大于分配土地的兴趣,这并不是农民不希望得到土地,而是他们担心分到的土地不能保留在自己手中。至于浮财,不但可以立即用之于消费,而且即使哪天真"变天"了,已经消费的浮财地主也难以索回。不但如此,一些农民虽然在土地改革中分得了部分土地,但由于缺乏耕畜、农具、种子、资本等,他们也希望通过分配地主的浮财以解决生产与生活的困难。前面说过,当土地改革的大潮涌来之际,地主们也清楚正面的对抗是徒劳的,他们想要千方百计保住的显然也不是土地而是浮财。于是,各解放区的土地改革进入土改复查阶段,许多地方乃将土改工作重点转变到挖地主的浮财上。

对于在土地改革运动中挖出地主家里的浮财,中共中央曾一度采取了支持的态度。1947 年 4 月 12 日,中共中央指示晋绥分局说:"可在土地改革实验区域中实行搞地主白洋、金银等的斗争。但在地主卖地前属于工商业的资本应加保留。同时斗出地主白洋后,如该地主已无存地者,也应留给地主应得分地的白洋。在各实验区中取得经验后再行普遍推行各地。"①同年7 月 15 日,中共中央工委还将华北各地"挖窖初步经验"向东北局和中共中央作了详细介绍。华北各地挖窖的方法,有"利用地主家中的长工、婢女进行周密调查,并争取教育被地主利用的落后分子将替地主隐藏的财物交出","用忠实可靠的群众和民兵监视地主,防止财物转移","以群众大会的压力、群众激烈斗争的威势,逼迫地主讲出财宝地窖所在地","用个别的谈

---

① 《中共中央关于土改实验区搞地主金银等斗争给晋绥分局的指示》(1947 年 4 月 12 日),《解放战争时期土地改革文件选编(1945—1949)》,第 48 页。

判说服等软的方式,或分化其家属内部,或利用其亲属戚友及其他地主劝说"等。①

中国农村的地主除了其本人是官僚、军阀靠巧取豪夺占有大量土地外,占地主数量大多数的中小地主有两种情形,一是由于其祖辈、父辈是地主,通过继承上辈的土地财产而成为地主者;二是原本为普通农民,或因做小生意发了一点财,或由于劳力多、会经营积累了一定的家产,于是逐渐购进土地而上升为地主者。实际上后一种地主的数量可能更多些,而这种地主又往往在"挖窖"过程中成为斗争的主要对象。究其原因,前一种地主相对而言对于土地财产看得轻一些,因为这些土地财产毕竟不是他个人奋斗而来的,加上他们本来就出身于地主家庭,有一定的机会受到教育,眼界相对宽些,有的甚至其子女就已经参加革命,因而对于土地改革的抵抗相对也小些。后一种地主,则十分看重其土地财产,如毛泽东当年在寻乌调查时所了解的,"他们看钱看得很大,吝啬是他们的特性,发财是他们的中心思想,终日劳动是他们的工作"②,有的甚至把钱财看得比自己的命还重。在这些地主看来,在这场斗争中,土地已经很难保住了,但如果能将浮财保存下来,即使遭受一些斗争也是值得的,因为只要浮财在,以后还有可能购进土地,或者将浮财留给子孙享用。这样一来,一方面农民要尽量将地主隐藏的浮财挖出,一方面地主要千方百计的藏住浮财。在这个过程中,乱打乱杀亦随之发生。

可以说,挖浮财是导致土改中发生乱打乱杀现象的重要原因。"由于单纯地追底财,用尽各种刑法。甚至有的拿出底财,也要打死。因此,一部分地主便以死和我们对抗。一些没有拿出底财的人被打死,群众说:'打死了底财'(确定黑了的底财也不少)。尤其是拿出底财,结果又打死,使一部分地主,抱了必死的决心,'拿出底财也是个死,不拿底财还是个死',因此,死

①　《中共中央工委关于土地改革中挖窖问题的几点意见》(1947 年 7 月 15 日),《解放战争时期土地改革文件选编(1945—1949)》,第 59 页。

②　《寻乌调查》(1930 年 5 月),《毛泽东文集》第一卷,人民出版社 1993 年版,第192 页。

也不拿出来了。"①在冀中解放区,"打人则各地均发生,主要追浮财"②。在东北解放区,由于"过分强调挖浮,甚至认为挖浮比分地还重要。农民追地主浮物财宝的时候,想不出好办法,便动手打人"③。其他解放区的情况大体也差不多。鉴于这个情况,1950 年出台的《中华人民共和国土地改革法》明确规定:"没收地主的土地、耕畜、农具、多余的粮食及其在农村中多余的房屋。但地主的其他财产不予没收。"

还应当看到,群众运动的斗争方式容易产生过激行为。土地改革涉及解放区亿万农民的切身利益,没有广大群众的参与是很难想象的,在土地改革过程中,各地各级都一再强调发动群众的重要性。但是,作为一场暴风骤雨般的群众运动,对于运动起来之后可能发生的各种偏差,由于预先没有充分估计,事后又采取尾巴主义的态度,这是导致乱打乱杀现象发生的重要原因。

土地改革主要是解决贫雇农的土地问题,因此,贫雇农就成为土改的依靠对象。从阶级关系上,贫雇农缺少土地和其他生产资料,所以不得不靠租种地主的土地,或者向地主借贷,才能解决基本的生活问题,地主凭借自己占有的生产资料和资金,占有农民的一部分劳动,地主与农民间形成了剥削与被剥削关系。从这个角度来看,组织动员贫雇农打倒地主阶级,改变旧有的生产关系,自然是正当的和合理的。

问题是,地主从占有土地的数量上,有大地主与小地主之分;从行为是善还是恶上,有普通地主与恶霸(或豪绅)地主之别;从政治立场上,有顽固地主与开明地主之异。不同的地主对待土地改革的态度自然也各不相同,有顽固抵抗者,也有认清形势主动献田者,更多的是既对自己的土地财产恋恋不舍,但迫于压力只得交出者。因此,对于不同的地主应当区别对待。这个问题"五四指示"处理得比较稳妥,规定不同的适当照顾对象,并要求各地

---

① 朔县土改工作团:《朔县土改总结报告》(1948 年 2 月 23 日),中共朔州市委党史研究室:《西雁北土地改革》,2001 年 12 月编印,第 139 页。

② 《冀中区党委关于土改、整党、战争的基本检讨》(1949 年 8 月 10 日),《中国土地改革史料选编》,国防大学出版社 1988 年版,第 597 页。

③ 《东北局关于平分土地运动的基本总结》(1948 年 3 月 28 日),辽宁省档案馆等:《东北解放区财政经济资料选编》第一辑,黑龙江人民出版社 1987 年版,第 388 页。

在实行"耕者有其田"政策时,应"集中注意于向汉奸、豪绅、恶霸作坚决斗争,使他们完全孤立,并拿出土地"。但进入土改复查和平分土地阶段之后,随着挖浮财成为土改斗争的重要内容,所有"五四指示"规定的照顾对象全都变成了斗争对象,并且由于没有明确的划分阶级标准,而以生活好坏、财产的多寡(即摊摊的大小)甚至政治态度,作为划为阶级的依据。于是,普遍发生了将富农划成地主,中农划成地主富农,把早已破产并放弃了剥削改变成农民成分的人划为"破产地主"、"下坡地主",这就大大增加了土改斗争的对象。

土地改革的目的是变革旧有的生产关系,最直接的表现就是要将地主阶级的土地财产转移到贫苦农民手中,大多数地主自然不会自觉自愿地、主动地交出土地财产分给农民。因此,将广大农民发动起来与地主开展面对面的斗争,就成为土改能否深入开展的关键,这也是土地改革演变成一场大规模的群众运动的重要原因。既然土地改革是以群众运动的方式开展的,这种方式容易激发参与者的热情,但如果掌握不好也容易发生过激行为。在土地改革中往往采取召开群众大会的方式展开与地主的斗争,并且数个村庄联合召开斗争大会。在农民与地主以往的日常关系中,地主不仅收取地租而且往往在青黄不接之时放高利贷,也确有一些地主仗势欺人,为富不仁,欺压农民,动员群众揭发地主的这些罪恶便成为群众大会的主要内容,在群情激愤之下,对斗争对象的打斗极易发生。

不但如此,在土改过程中,由片面强调走"贫雇农路线",由"贫雇农说了算",甚至提出"贫雇农的意见就是政策","贫雇农的要求可以修改党的政策"①。贫雇农固然有强烈的土地要求,但如同地主当中有开明绅士一样,贫雇农中也会也少量的流氓无产者。正如毛泽东所分析的,流氓无产者"很能勇敢奋斗,但有破坏性"②。在土地改革之初,一般农民由于地缘、亲族等原因对地主不敢开展斗争,而少数流氓无产者则往往无所顾忌,充当斗争的先锋。这些人对地主的打斗,不一定是因为阶级仇恨,很有可能是为了表明自己斗争的积极。在河南宝丰县马村召开的一次斗争会上,有17个妇女打人,

① 《东北局关于平分土地运动的基本总结》(1948年3月28日),《东北解放区财政经济资料选编》第一辑,黑龙江人民出版社1987年版,第388页。

② 《毛泽东选集》第一卷,人民出版社1991年版,第9页。

"其中只有 5 个老实妇女,带头打人的是 4 个流氓妇女,素日与匪帮有来往,怕连累自己,表现假积极,带头打人"①。"有些地方甚至为流氓地痞投机分子所操纵,借端报复,乘机发财,因而乱打乱杀乱没收,破坏政策,造成恐慌,广大贫苦农民实际上亦很少得到利益"②。这些材料表明,对于土改中的某些积极分子的表现,必须作具体分析,更不能根据这种贫雇农要求去"修改党的政策"。

不可否认,土改过程中确有少数流氓无产者一时表现活跃,甚至在土改运动中获得了某种政治资源,有的还担任了基层干部,但不能由此断定"土改利用'流氓无产者'(扒手、小偷、地痞、恶棍、无业流民)……打冲锋,斗垮地主、富农后,这批'苦大仇深'的'土改根子'纷纷入党做官,趾高气扬地成为'书记'、'委员'、'主任'、'乡长'、'村长'……使农村基层领导彻底恶质化"③。其一,流氓无产者在乡村中毕竟是少数,这种人可能在运动还没有普遍发动起来时充当了斗争的先锋,但运动发动起来之后往往被冷落;其二,中共在 20 世纪 40 年代后期和 50 年代前期多次整党,如 1947 年下半年在平分土地的过程中各解放区同时开展了整党运动,整党实际上就是整顿基层组织和基层干部,流氓无产者出身的所谓"土改根子",在这个过程中大多被淘汰出去。

中国是一个长期遭受封建专制统治的国家,在中共领导的乡村革命发生前,一直没有实现专制社会向现代文明社会的转型。封建专制统治的一个显著特点,就是以人治代替法治,没有健全的法律制度。中国农村更是长期处于愚昧落后状态,这种愚昧落后的一个重要表现就是基本没有法制观念,旧时许多农村,对所谓坏人往往不需要经过任何法律途径由族长之类的人物便可作出惩处决定,甚至剥夺其生命。同时,中国又是一个自然条件并不优越而人口众多的国家,各种大规模的天灾时有发生以至饿殍遍野,而天灾之后统治者如依旧推行暴政,必然产生严重的社会动荡乃至朝代的更替,与之相伴随的往往是残酷的战争,造成大量的人口死亡。这种特殊的历史

---

① 《中共河南省委地华中局所询几个问题的报告》(1949 年 10 月 1 日),中共河南省委党史研究室:《河南解放区的土地改革》,河南人民出版社 1991 年版,第 575 页。

② 《停止新区土改实行减租减息,豫西日报社论》,《人民日报》1948 年 8 月 27 日。

③ 王宏任:《地主——一个百年难尽的话题》,《书屋》2010 年第 8 期。

延续,使一些人对生命难以产生足够的珍惜。中国革命毕竟是在这样的社会环境下发生的。土地改革所依据的主要是中共中央的"五四指示",而各解放区并没有与之配套的明确具体的法律规定,运用的是群众运动的方式而非法律的途径,实际上是无法可依而只能是由上级派来的工作队(组)和贫雇农组成的贫农团说了算,或者干脆由参加大会的群众表态说了算。有亲历者回忆,在冀东解放区,原来的杀人权在行署一级,后来有人主张不要批准手续,由90%的群众说了算。一个村开群众大会,主持人问:"该杀不该杀?"群众说:"该杀!"于是不经过任何手续或只要工作团(组)同意,就可将人杀了。在蓟县的马伸桥,一个斗争会半小时内打死48人。在乐亭,则由群众投票决定处决地主,甚至提出"敌杀我一,我杀敌十"。① 如此一来,岂有不发生乱打乱杀之理?

当一些地方乱打乱杀的现象发生之后,解放区的报刊还不恰当地对其进行宣传报道,认为这是群众被发动起来的重要标志,这就使得乱打乱杀非但没有及时加以制止,反而蔓延到其他地方。中共晋绥分局宣传部后来检讨说:"在土改时期(主要是六七月间)报上刊出一些不恰当的宣传打杀的报导,这反映了报社许多同志的观念,好像不写打杀就无法表现农民斗争情绪。我们几次批评,虽一时改正,但以后个别报导中,往往对描写打人又没有引起注意,到普遍群运后,镇压恶霸地主的报导很多,我们又给以批评,但错误是在于我们当时缺乏严禁乱打乱杀的政策思想。而报社的同志思想上更轻视了乱打乱杀的危险。在十一月份的偏向发展到最高时期,报道镇压恶霸地主的消息特多,没有着重宣传说理斗争,更没有宣传防止乱杀,助长了某些地方乱打乱杀的偏向。"②

上文中提到了"缺乏严禁乱打乱杀的政策思想",确实是土改中乱打乱杀发生并一度蔓延的重要原因。土地改革运动启动之后,许多地方基于充分发动群众的考虑,对于如何进一步组织动员群众曾给予充分关注,而对于如何防止运动中出现"过火"的问题没有重视,甚至认为"不要顾虑太多,不

---

① 张明远:《我的回忆》,中共党史出版社2004年版,第259页。

② 晋绥分局宣传部:《关于去年土改中我们宣传党的政策上所犯的左右倾向与错误的检讨》(1948年8月15日),晋绥边区财政经济史编写组等:《晋绥边区财政经济史资料选编》,山西人民出版社1986年版,第488页。

要预先怕群众违反政策","主要关键仍然是如何继续放手发动农民,而不是过火的问题"①。甚至提出:"在农民未起来前,主要应防止束手束脚的偏向,不应对群众性的'过火'行动大喊大叫。不要制定不合实际的具体办法限制农民,不要害怕彻底消灭了地主经济,不要害怕舆论的责备。""不要满足于农民起来后轰轰烈烈的现象,要进行反复检查,对地主追究到底,对农民放手到底,自觉地把运动推向很高的阶段。"②并且强调要"大胆放手"群众,"在斗争中,不要受任何条文限制与约束","放手本身就是政策,就是政策的主要部分"③。既然号召各级在土改中"不要顾虑太多",不要怕"过火","大胆放手"本身就是政策,在这样的指导思想下,自然对乱打乱杀不能及时加以制止,反而认为"农民群众几千年来受尽了地主阶级剥削压迫的痛苦,其报仇雪恨的情绪是很自然的"④,在一定程度上默许了乱打乱杀。

1947年9月24日,晋绥边区农会临时委员会在《晋绥日报》上发表了《告农民书》,提出"地主阶级必须彻底打垮。不论大小地主,男女地主,本村外村地主,以及隐藏了财产装穷的地主,化装成商人、化装成农民的地主,大家都可以清算。混进共产党内的地主,混进新政权内的地主,混进八路军的地主,以及混进工作团、学校、工厂、公家商店的地主,混进农会、民兵的地主,不管他们是什么人,如果是骑在农民头上压迫剥削,大家要拿去斗,就可以拿去斗。所有地主阶级,必须在政治上把他们的威风打垮,做到彻底消灭他们的封建压迫。在经济上把他们剥削去的土地、粮食、耕牛、农具,以及其他一切财产,全部拿出来,做到彻底消灭他们的封建剥削。地主阶级当中,罪大恶极的反动分子,不管他是什么人,大家要怎样惩办,就可以怎样惩办。""对富农,和地主不同。但富农的封建剥削和封建压迫,也必须消灭。富农多余的土地、粮食、耕牛、农具以及其他一切多余的财产,也必须拿出来。富农当中,罪大恶极的恶霸分子,大家要怎样惩办,就怎样惩办。""农民

① 《晋冀鲁豫局为贯彻"五四"指示彻底实现耕者有其田的指示》(1946年9月20日),《中国土地改革史料选编》,国防大学出版社1988年版,第311页。

② 《抓紧时间放手发动新收复区群众》,《新华日报(太岳版)》1947年6月15日。

③ 张秀山:《松江省群运总结》(1947年6月25日),辽宁省档案馆:《东北解放区财政经济史料选编》第一辑,黑龙江人民出版社1987年版,第337页。

④ 《东北局关于平分土地运动的基本总结》(1948年3月28日),辽宁省档案馆:《东北解放区财政经济史资料选编》第一辑,黑龙江人民出版社1987年版,第388页。

当中少数的恶霸、敌伪爪牙和地主的狗腿子,大家要怎样惩办,就怎样惩办。"①受此影响,其他解放区也发表了类似的《告农民书》。既然上述人等可以"大家要拿去斗,就可以拿去斗","大家要怎样惩办,就可以怎样惩办",于是"扫地出门"有了,将地主编入"劳改队"加以管制有了,对地主富农作出各种歧视性规定有了,甚至对地主采取肉体消灭的办法也有了。有的地方甚至认为"斗争中不打人不激烈,群众发动不充分,打人有四大好处:可追枪,可挖底财,可发动群众,可打下地主威风",并且"认为乱打乱杀总比泼冷水好","不乱打乱杀不等于不打不杀"②。这种对乱打乱杀的怂恿态度,必定产生严重的后果。

当时紧张的政治形势和军事形势,也在一定程度上加重了乱打乱杀现象。特别在一些边缘区、国共拉锯区和未巩固的新区,群众一方面希望分配地主的土地财产,但另一方面又担心地主可能的反攻倒算,于是发生了这样的情况:"皖西一个地方,群众痛恨的几个地主,要求把他们杀掉,我们按照群众意见把他们杀了。杀了这些人后,群众怕和他们有关系的人报复,又开了一个更多的名单,说把他们也杀了就好了。我们又按照群众意见把这批人也杀了。杀了这批人之后,群众觉得仇人多了,又开了更多名单。我们又按照群众意见把他们杀了。杀来杀去,群众觉得仇人越来越多,群众恐慌了、害怕了、逃跑了。结果杀了二百多人,十二个乡的工作也垮台了。"③正因为如此,从 1948 年 5 月起,中共中央决定新解放区一律停止土改,先建立基层政权,清匪反霸、减租减息,当条件具备时再进行土改。

土改中发生乱打乱杀现象,有着复杂的原因。中共晋绥分局 1949 年 1 月的一份总结报告曾这样写道:"由于对恶霸奸伪人员没有具体规定出明确的界限,在执行中扩大化;由于错订成分重视追底财和没有禁止使用肉刑,对全国土地会议所规定的组织人民法庭,以更有力量、更有秩序地向地富进攻没有重视;特别是由于领导上警惕不够未能严禁乱打乱杀,有些地方当群

---

①　《晋绥边区农会临委员会告农民书》(1947 年 9 月 24 日),晋绥边区财政经济史编写组等:《晋绥边区财政经济史资料选编》,山西人民出版社 1986 年版,第 373—374 页。

②　《中共河南省委地华中局所询几个问题的报告》(1949 年 10 月 1 日),中共河南省委党史研究室:《河南解放区的土地改革》,河南人民出版社 1991 年版,第 574—575 页。

③　刘统:《中原解放战争纪实》,人民出版社 2003 年版,第 317—318 页。

众自发(斗争)之后无力掌握,以及某些地区某些领导带有'宁左勿右'的思想和尾巴主义倾向,以致在斗争中(就全边区说,主要是十、十一、十二先后两三个月内)发生乱打乱杀、错死和死人过多的现象。"①

"左"右倾错误都给中国革命带来严重危害,但两种错误比较而言,"左"的危害性更大。究其原因,就在于农民和小资产阶级容易在革命中犯急躁病,而右常常被看作是立场问题、路线问题,"左"则当作是方法问题。在土地改革中,自然也存在所谓的"两条路线",一条是地主富农路线,一条是贫雇农路线。如果有人对斗争地主富农有不同看法,容易被人指责为站在地主富农立场,走地主富农路线,而不是站在贫雇农立场,走贫雇农路线。在这种情况之下,如果不是最高领导层出面制止,许多地方对地主富农乱打乱杀也就只能听任而为。

土地改革中出现的包括乱打乱杀在内的"左"倾错误,严重干扰了土地改革运动的正常发展,给各个解放区造成了社会的震荡不安,引起了中共中央的高度关注。1947年12月,中共中央在陕北米脂县杨家沟召开扩大会议,任弼时、周恩来都提出要纠正土改中已经发生的"左"倾错误。这个意见得到了毛泽东的采纳,并且在会议所作的报告和讲话中专门讲到了土改纠"左"的问题,强调在土改中反对右的偏向问题上已经解决了,所要解决的新的问题,是在中农、中小资产阶级和党外人士问题上新出现的"左"的偏向。当"左"倾成为一种潮流的时候,共产党员要反对这个潮流。

1948年1月12日,任弼时在西北野战军前线委员会扩大会议上作了《关于土地改革几个问题》的长篇讲话,对土地改革中的几个重大问题作了明确的政策界定,并且特地讲到打人杀人的问题。任弼时说,之所以把打人杀人当作严重的问题提出来,"就是因为在土改运动中,发生有不少打人和逼死人的事实,更由于党内不纯,地主、富农、投机分子和流氓分子利用机会捣乱,就造成了乱打人,打死人,逼死人的现象。有些罪不该死的人,被打死杀死了。这值得引起我们的严重注意。"任弼时明确指出:乱打乱杀与使用肉刑,是封建社会的产物。"我们是共产主义者,是新民主主义者,我们领导的革命比资产阶级领导的革命不知要高明多少倍,我们当然应当反对乱打

---

① 《关于(晋绥)土改工作与整党工作基本总结》(1949年1月30日),《中国土地改革史料选编》,国防大学出版社1988年版,第583页。

乱杀,反对肉刑。""多杀人必然要失去人民群众的同情,遭受很多人反对。因此那种主张多杀人、乱杀人的意见是完全错误的,是直接违反马列主义的原则和中国共产党的路线的,必须给以毫不容情的反对。""我们是把地主当作一个阶级来消灭,并不是要消灭地主个人。对于缴出了土地财产的地主,应当要他们劳动,把地主和旧式富农当作国家的劳动力看待。同时,强迫他们在劳动中去改造自己。只有把他们都改造成为劳动者,那才算是把封建阶级的遗迹也消灭了,才是我们工作最大的成功。"[①]

　　毛泽东对任弼时的这篇讲话十分重视,他要新华社将这篇长达 1.5 万字的报告用明码电报拍发给各地,立即在解放区一切报纸上公开发表,并印成小册子。他还特地提醒新华社负责人范长江注意,不要错译了文字和标点符号。随后,各解放区的大小报纸都用好几个版面的篇幅,转载了这个报告,从而也使各级干部和广大农民知晓了中共中央有关土地改革的具体政策。

　　十二月会议之后,各解放区根据中共中央的精神,开始了土改纠"左"的工作,乱打乱杀得以制止,解放区的社会秩序迅速稳定。1948 年上半年,老区的土改基本结束。

六、老解放区土改之意义

　　由于中国半殖民地半封建社会特殊的国情,决定了中国共产党进行的革命,不能以城市暴动的方式一举取得政权,而只能在农村积聚革命力量,走农村包围城市的道路。因此,自 1927 年国共合作破裂、确立武装反抗国民党反动统治的总方针后,中共长期在农村开展武装斗争,农村成为中国革命的主要区域。

　　既然革命的重心在农村,这就决定了革命的参加者主要是农民。组织动员农民参加革命,成为革命成功的先决条件。虽然那是一个产生革命激情的年代,也是一个产生革命理想主义者的年代,对于革命的组织者、发动者而言,革命是为了实现自己崇高的理想,他们中的许多人可以为了自己心目中的理想献出所有的一切。然而,长期劳作于偏僻农村的农民,则不可能有革命组织者那种崇高的理想和坚定的信念,更不会有天然的革命自觉。

---

　　①　任弼时:《土地改革中的几个问题》,《人民日报》1948 年 3 月 28 日。

中国农民在通常情况下总是惯于忍受,历史上农民揭竿而起的事例虽然屡有发生,但这种情况往往出现于农民走投无路之时。以蒋介石为首的南京国民政府建立后,农民的处境没有丝毫的改善,但客观而言,农村的现状也并未因南京政府的建立而迅速恶化。于是一个重大的问题摆在革命的组织者和领导者面前:怎样才能动员农民参加革命。

农民能否参加革命,启发他们的阶级觉悟固然重要,但农民考虑更多且更直接的,则是参加革命能否带来实际的利益。如果革命带来的只有危险与牺牲,而不能改善其经济条件与政治地位,农民是不可能投身于革命的。同时,革命的目的虽然是解放生产力并最终发展生产力,但革命本身是对现存社会制度的冲击与摧毁,因而在革命的进程中可能会造成对生产力的破坏。也就是说,革命本身不能促进生产、发展经济、增加社会财富。革命的组织者和领导者所拥有的仅是革命的勇气、胆识和信念,而除此之外别无长物,要让农民从革命中得到物质利益和政治权益,就只能对现有的社会经济资源和政治资源进行再分配。唯一可行的办法,就是把地主阶级的土地和其他财产没收之后分配给农民,同时打破旧有的农村社会秩序,剥夺地主阶级(乡绅)原有在农村的社会控制权,计参加革命的农民分享对乡村社会的领导权力。1930 年毛泽东在作兴国调查时就发现,中农和贫农之所以参加革命很勇敢,就中农而言,这个阶层在土地革命中是得利的:平分土地后他们的土地不但不受损失,而且多数还分进了部分土地;过去娶亲要花很多钱,几乎等于中农的全部财产,土地斗争后,婚姻自由,娶亲不要钱;过去办丧事要花很多钱,有些中农由此负债破产,土地斗争后破除了迷信,这个钱也不用花了;土地革命后地主和富农的权利被打倒,中农不再向他们送情送礼了,也可节省一项费用。更重要的是,"过去,中农在地主富农统治之下,没有话事权,事事听人家处置;现在却和贫雇农一起有了话事权"。贫农在土地革命中则是得利最大的阶层,因为他们分了田(这是根本利益),分了山,革命初起时,分了地主及反革命富农的谷子,物价便宜了能吃便宜米,废除了买卖婚姻可以娶到老婆,最根本的是"取得了政权",成为"农村政权的主干"和"农村中的指导阶级"①。可见,农民为什么拥护革命? 因为革命给

---

① 《兴国调查》(1930 年 10 月),《毛泽东农村调查文集》,人民出版社 1982 年版,第 217、221 页。

他们带来了物质利益和政治权利。所以1927年至1936年的国共内战中,土地关系的变动就成了中共动员农民参加革命的最有效方式,而这段历史也就被称之为土地革命战争。

进入抗日战争时期,中共的土地政策发生了重大改变,由十年内战时期没收地主土地的政策转变为减租减息政策。因为抗日战争是一场民族战争,需要动员全民族抗日,即使地主,只要他不愿当亡国奴,有抗日要求,也要团结争取他参加抗日民族统一战线,使其为抗战出力。这样一来就出现了一个难题:要农民抗日,必须给农民物质利益;要地主抗日,不能再沿用过去没收地主土地的政策。于是,中共提出了减租减息的政策。土地还是地主的,但要减轻农民的负担。这样,地主的根本利益没有受到损害,农民也从减租减息中得到了实际的好处,因为减轻了负担,并且地主不得随意退佃。

抗战胜利后,虽然全国人民热切的盼望和平,不希望再发生战争,但国共两党的领导人都清楚,战争是不可避免的。自抗战进入相持阶段后,国共之间已是摩擦不断,有时甚至快到了重启内战的边缘。经过八年抗战,国共两党的力量其实都得到了发展。虽然人民希望和平,中共也为和平付出了巨大的努力,但无奈醉心于专制独裁的蒋介石一心要用战争的方式解决共产党问题,因而抗战一胜利,内战的硝烟便再起。到了1946年春夏之际,形势已经基本明朗了,中共也只得在力争和平的同时加紧做应对全面内战的准备。在经过长期的战争之后,如何动员解放区农民继续参军参战,成为中共领导人不得不着重考虑的首要问题。而抗战期间在土地问题上减租减息这种地主与农民都能接受的政策,显然不能再维持了,因为租息其实已没有可再减的空间,农民的要求是从地主手中得到土地。"五四指示"虽然名义上还是利用减租减息做文章,但目的是为了实现"耕者有其田"变革土地所有关系。

在全面内战即将爆发之际,土地改革的启动,就显示出了特别重大的意义。一方面,它满足了农民的土地要求,使他们深切地感到,只有中国共产党,才能使他们真正成为土地的主人,从而坚定了他们跟共产党走的决心。另一方面,中共又告诉他们,要保卫自己刚刚获得的土地,保卫胜利果实,仅仅推翻了本村的地主还不够,还要打倒地主阶级的总后台蒋介石。对于当时解放区的普通农民来说,他们对于国民党与蒋介石的印象是相对抽象的。

那么,怎样将抽象的蒋介石变成具体的蒋介石,中共除了广泛宣传战争的自卫性质外,还通过土地改革运动使农民认识到,其实他们身边的地主及其爪牙,就是南京的蒋介石在本村本乡的代理人,就是一个个小蒋介石。不彻底打倒南京的蒋介石,村里的小蒋介石就会组织"还乡团"进行反攻倒算。而要打倒蒋介石,就必须武装起来保卫解放区,大家都去参军参战,打败来犯的国民党军队。因此,伴随着土地改革运动的深入,各解放区掀起了参军参战的热潮。

不可否认,在中共领导的解放区,由于卓有成效的宣传鼓动工作,农民有着较高的政治觉悟,但是,国内战争毕竟不同于反侵略战争,已经不能再用民族战争为旗帜动员农民。要使解放区农民参军参战,就必须揭示这场战争的必要性和正义性,必须使他们明了这场战争的胜败,不只关系到共产党的成败,而且与他们自身的利益密切相关。要让农民参加战争必须给其以看得见的物质利益,中共在没有外援的情况下,除了土地关系的重新调整和社会财富的重新分配,并无其他资源可供利用,于是,进行土地改革就显得尤为必要。这次国共内战,以国民党的彻底失败而告结束,其结果,国民党失夫了在大陆的统治,中共赢得了全国执政地位。这其中,当然有诸多的原因,但最重要的还在于通过土地改革,激发了解放区军民参加战争的热情,在于解放区的亿万农民成为中共的坚定支持者。

土地改革还实现了中共基层组织与农村基层政权的有机融合,使党的基层组织植根于中国社会的最底层。自古以来,中国的国家权力基本上只延伸到县一级单位,至于县以下的广大农村并无政权组织。南京国民政府建立后,国民党曾大力推行保甲制度,并以此为依托,开始了对中国基层政权的建设,企图使国家权力下移至乡村。但国民党在这方面的努力并不成功,"即使从国民党的角度出发,保甲制的实行也是完全的败笔。""从实行的效果看,只是将国家政权在形式上延伸到了每家每户,但实际上则是将原来土豪劣绅地方势力的恶行合法化,并且背在了国家政权的身上。"①至于国民党组织自身,虽然在抗战期间"党机器的组织触角延伸到了县以下乡村基层社会,其组织扩张和渗透能力达到了它建党和执政以来的鼎盛。然而,由于

---

① 张鸣:《乡村社会权力和文化结构的变迁(1903—1953)》,陕西人民出版社 2008 年版,第 112 页。

国民党党机器长期以来所积淀的组织功能障碍和内在积弊并没有得到很好的梳理和清除,战时党组织在量上的膨胀和扩张,不仅没有展示出党力的强健和壮大,相反,组织的涣散随着组织的扩充而同步增长。"①这就意味着国民党不论党的组织还是其控制的政权组织,其实都没有在广大乡村生下根来,对中国社会的控制基本上止于县一级,其社会动员能力在乡村甚为微弱,以至于征兵都不得不用抓壮丁这种拙劣而极易引起民怨的办法。

中共自从建立农村根据地之后,就十分重视根据地的基层政权建设。早在十年内战时期,就曾规定县以下设区、乡、村工农兵代表大会(即苏维埃),分别为区、乡、村最高权力机关。抗日战争和解放战争时期,各解放区在县以下也普遍设立区、村政府。与此同时,在区(乡)、村各级亦相应地建立党的组织,但在土地改革运动前,村一级的党组织和党员身份基本不公开,普通民众虽然知道村中有党的组织,但往往不清楚村中究竟何人是党员,党员和党组织只在暗中发挥作用。各解放区在进行土地改革的同时,还开展了对原来乡村政权的改造。1947 年在土改复查和平分土地的过程中,曾一度建立以贫农团为核心的农会,取代了原村一级基层政权班底,并对原来的乡村干部用"搬石头"的方式进行整肃,这自然扩大了打击面。但中共很快意识到"搬石头"的严重性,发现将原有的干部当作阻挠土改的"石头"全部搬掉并不妥当,于是立即进行了纠偏,要求老区和半老区将贫农团改组为贫雇农小组,建立县以下各级农民(或人民)代表会作为土地改革运动的领导机关,然后在此基础上实行普选,成立乡村人民代表会议或代表大会,并改选乡村政府。同时,中共在土地改革运动的后期决定结合土改开展整党,并将原来长期处于秘密状态的党组织和党员身份公开。这样,党支部不再是隐于乡村政治活动的幕后,而是直接活跃于前台,形成了基层政权组织和基层党的组织并行的乡村权力运行机制。随着党组织的公开,党支部逐渐取代村政府在乡村的权威。这种体制的出现,大大强化了中共对乡村社会的领导能力。

土地改革运动不只是农村以土地为核心的社会财富的重新分配,同时也是在变动土地所有关系的过程中进行各种社会资源的再分配,是一次前所未有的乡村社会改造。近代以来,中国农村的领导权控制在乡绅阶层手

---

① 王奇生:《战时国民党党员与基层党组织》,《抗日战争研究》2003 年第 4 期。

中。乡绅阶层"主要由科举及第未仕或落第士子、当地较有文化的中小地主、退休回乡或长期赋闲居乡养病的中小官吏、宗族元老等一批在乡村社会有影响的人物构成"①。普通的农民特别是其中的贫雇农,除了整日考虑自己的温饱生计,在乡村社会基本上无甚地位,没有话语权利,这些人占了农村的大多数。随着土地改革的进行,原有的乡绅阶层多被划为地主阶级,变成了要打倒的目标,而一向生活于农村社会底层的贫雇农,组织了贫农团,一时成为乡村社会的主宰。土地改革运动用革命的形式,释放了农民对地主的阶级仇恨,使他们产生了改天换地的感觉。

曾亲历过解放区土改的美国友人韩丁在他的《翻身——中国一个村庄的革命纪实》一书的扉页中,曾写了这样一段话:"每一次革命都创造了一些新的词汇。中国革命创造了一整套新的词汇,其中一个重要的词就是'翻身'。它的字面意思是'躺着翻过身来'。对于中国几亿无地和少地的农民来说,这意味着站起来,打碎地主的枷锁,获得土地、牲畜、农具、房屋。但它的意义远不止如此。它还意味着破除迷信,学习科学;意味着扫除文盲,读书识字;意味着不再把妇女视为男人的财产,而建立男女平等关系;意味着废除委派村吏,代之以选举的乡村政权机构。总之,它意味着进入一个新世界。"这是对土地改革意义最精当的评价。

暴风骤雨式的土地改革运动结束之后,农村又恢复了往日的平静,但土改之后的农民却有着一种"翻身"与"解放"的感受。这种感受,一方面来自群众运动这种形式,让农民得到了政治上的参与。虽然以往根据地也有过农民的政治参与形式,如组织过普选,但以选举为主要内容的政治参与不但时间短暂,而且普通农民被选进乡村政权的几率很小。这次土地改革运动不但持续时间长(到 1948 年上半年老区的土改才基本结束,长达两年的时间),而且全部乡村人口都卷入了运动之中。运动还赋予了一向生活于乡村社会底层的农民斗争以往乡村实际统治者(其中既包括地主,也包括所谓坏干部)的权力,这是千百年来从未有过的。另一方面来自于农民对于社会平等的向往。长期以来,由于农民经济地位和政治地位低下,客观上确实处于一种受压迫受剥削的境地,通过土地改革,地主富农甚至以往的坏干部成为斗争对象,从此以后他们的社会地位一落千丈,乡村各阶层成员所扮演的角

---

① 沈葵:《近代中国乡绅阶层及其社会地位》,《光明日报》2001 年 11 月 13 日。

色,由此发生了根本性的转换。

自然,"翻身"、"解放"这样的词汇,并不是农民的创造,但农民很快接受和认同了土改等于"翻身"、"解放"的阐释,并变成其内心的认知与感受。中共在组织、发动这场运动之初,就将土改赋予了"解放"、"翻身"的含义,一些地方的土改工作队被称为"翻身队",土改运动又被称为"翻身运动",随后进行的土改复查则称为"翻身大检查"。土改等同于"翻身"、"解放"的话语阐释,是土改运动能够成功发动、广大农民踊跃参加的重要原因。农民们清楚,他们的翻身与解放,固然离不开自己起来同地主阶级斗争,而他们之所以有能力、有权力进行这种斗争,则是因为背后有中共这个强大的支持者。于是,农民也就很自然地将"翻身"、"解放"同党联系起来,认为这一切都是党带来的,必须听党的话,跟着党走。正是这种认识的产生,使中共获得了农民对自己执政地位的充分认同。从这个意义上讲,土地改革运动获得了巨大成功。

土地改革更主要的目的是解放农村生产力,为国家工业化扫清道路。只有消灭了封建土地制度,才能实现国家的工业化,这个历史过程世界各国皆然。当然,封建土地制度的改变方式可以多种,既可用革命的即暴力的方式,也可以用和平的改良的方式。如果从给社会带来的震荡而言,后者的影响肯定要小于前者。中国大陆之所以用革命的方式完成土地制度的变革,很大程度上与国共内战有关。"五四指示"制定之时,解决农民土地问题的方式主要是清算、动员地主献田和由政府征购地主的土地,其中的清算虽然也有斗争的成分,但这几种方式总体上讲还是和平土改。当时的考虑也是国共内战还没有全面爆发,国共之间的谈判还在进行,中共方面对和平还抱有希望,故而没有采取十年内战时期那种直接没收地主土地的政策,其中一条重要的原因就是不愿因土改而过分刺激国民党。1946年10月国民党军队占领晋察冀解放区的首府张家口,随后又不顾中共与民盟的反对宣布将召开国民大会。1946年11月中旬,周恩来率中共代表团从南京返回延安,历时一年多的国共谈判彻底破裂,在土改问题上也就不再存在刺激国民党的问题,所以土改的方式也就由清算等形式转变为直接没收地主的土地。

一个不能回避的问题是,土改的目的是为了解放生产力,可是老区土改之后有的地方生产并没有马上发展,甚至有的地方还有所下降,对于这个现象如何解释？有研究者认为："由于政策不明确、指导思想不对头、组织引导不当以及流氓分子的煽动等原因，一些地方在土地改革中发生了破坏工商业、破坏生产设施等过火现象。由于对地主、富农特别是富农打击过重，造成了中农的恐慌，也曾使一些中农乱宰杀牲畜，毁坏生产工具。至于地主、富家由于抗拒或报复，有意地进行破坏，那更是必然发生的现象。所有这些对生产力的直接破坏和损害，不能不影响生产力的发展。"①这个分析是有道理的。

不但如此，由于土地改革运动延续的时间过长（从"五四指示"发布到1948年上半年结束，大体两年时间），运动的过程过多（经过了清算、复查、平分土地、纠"左"到最后确定地权），结果农民把许多本应用于生产的时间与精力放到参加运动上。而且由于运动始终在进行当中，地权没有确定，农民对于土地没有归属感，也不愿在已分得的土地上有较大的投入。由于"左"倾错误的影响，对地主富农实际上没有区别对待，一些地方将富农的土地财产也没收了，甚至将中农"长余"的土地也拿了出来，这就不能不影响富农及中农的生产，而这两个阶层在农业生产中有着极其重要的地位。另外，由于1947年全国土地会议通过的《中国土地法大纲》决定：乡村中一切地主的土地及公地，由乡村农会接收，连同乡村中其他一切土地，按乡村全部人口，不分男女老幼，统一平均分配；地主及其家庭，分给与农民同样的土地及财产。这样，乡村一些原来不从事或者较少从事农业生产的地主、手工业者以及少量的无业游民，也分得了同等数量的土地，他们中的有些人并没有多少农业生产的经验与能力，他们经营土地的产出自然会低于原租种地主土地的贫雇农。还应看到，解放区进行土地改革时，正是战争最激烈的两年，人民解放战争经历了由战略防御到战略反攻的转变，与此相伴随的是解放区承担极其繁重的战争勤务，大量的青壮年劳动力除了被动员参军之外，还被作为支前民工直接开赴前线，这就意味着从事农业生产的劳动力大为减少，从而影响农业生产的发展。所以，土改之后，农业生产短期内没有大的发展甚至还有下降，是由许多原因造成的。

从阶级属性上来说，地主属于剥削阶级，是革命的对象。通过土地改革，地主赖以剥削他人的土地已被没收分配给农民，被剥夺土地的地主身

---

① 郭德宏：《土地改革史若干问题论纲》，《近代史研究》1987年第3期。

份发生了变化,他们同样依靠自己的劳动获取生活来源,逐步向劳动者转化。因此,在土改完成、地主经过一段时间的改造之后,应给予应有的公民权利。

对于这个问题政策本来是明确的。1948 年 1 月 15 日,毛泽东在西北野战军前委扩大会议上的讲话中明确指出:"我们对封建剥削要非常恨,但地主本人还是劳动力,经过改造过几年还有选举权。对地主要安置好,安置不好会出乱子,我们就不可能取得胜利"①。在这次会议上,任弼时更是具体提出:"地主劳动五年、富农不剥削三年即可改变成分","因为他们的土地财产(富农的是征收其多余财产,不是全部财产)已经平分了,又有这许多年的劳动,是可以把人加以改造的。"②当时,一些解放区也明文规定,地主在经过一定的年限之后改变成分。1948 年 2 月,中共晋冀鲁豫中央局发出《关于土地改革整党与民主运动的指示》,其中提出:"关于成分转化问题,地主在当地民主政权成立以前,已经转入劳动,或其他成分满一年者,或在当地民主政权成立以后,已经转入劳动或其他成分满五年者;旧富农在当地民主政权成立以前已经转变为其他成分满一年者,或在当地民主政权成立以后已经转变为其他成分满三年者,应依其转变后的情况,改变其成分。"③

1950 年 8 月 4 日,政务院第 44 次会议通过《关于划分农村阶级成分的决定》,其中规定:凡地主成分,在土地改革完成后,完全服从政府法令,努力从事劳动生产,或作其他经营,没有任何反动行为,连续五年以上者,经乡人民代表大会通过,县人民政府批准后,得按照其所从事之劳动或经营的性质,改变其地主成分为劳动者的成分或其他成分。其不努力从事劳动生产或作其他经营,或有任何反动行为,或有违抗人民政府法令行为者,则不在此例。老解放区的富农在土地改革完成后合于上述条件满三年者,亦得以同样的方式改变其成分。不合于上述条件者,则不得改变。④

① 《毛泽东文集》第五卷,人民出版社 1996 年版,第 23—24 页。
② 任弼时:《土地改革中的几个问题》,《人民日报》1948 年 3 月 28 日。
③ 《中共晋冀鲁豫中央局关于土地改革整党与民主运动的指示》,《人民日报》1948 年 2 月 29 日。
④ 《中央人民政府政务院关于划分农村阶级成分的决定》,《人民日报》1950 年 8 月 21 日。

1951年5月10日,中共中央致电有土改任务的各中央局,提出"在土地改革业已完成、对地主的斗争已经相当彻底的地区,领导上应该说服农民主动地向那些表示服从的地主和缓一下,以便争取多数地主参加劳动,耕种自己所分得的土地,维持自己的生活。对于地主阶级中的知识分子或有其他技能、可能从事教书或其他职业者,应允许他们从事其他职业,或分配教书工作给他们。对于确实没有农业劳动力,而能作生意者,可以允许他们作生意"。"在他们从事农业劳动时,如有实际困难,亦应帮助他们解决,他们的底财,可以允许他们挖出来,投资生产,不再没收,他们以后生产所得,不论多少,均不再没收。"①在此之前,中共中央华北局提出:新区富农,一律按人民待遇。老区富农,一般应经过群众同意恢复其公民权。地主中如有劳动积极、表现进步者,或已具备改变成分条件者,经群众同意亦可恢复其公民权,并可吸收其中有代表性者参加各界代表会议,以利团结和生产。② 应当说,这些规定对于改造地主富农,促进社会的稳定和生产的发展都是有益的。

在1957年反右派运动之前,对地主富农的政策基本上是和缓的。从1953年起,农村掀起了大规模的农业合作化运动,对于地主富农也规定在"本县和本乡的劳动农民已经有四分之三以上参加了合作社的时候,对于已经依照法律改变成分的过去的地主分子,和已经多年放弃剥削的富农分子,可以经过社员大会审查通过、县级人民委员会审查批准,个别地接受他们入社"③。到1956年,全国大多数地区的地主富农被批准加入农业合作社。据有关资料统计,老解放区原来的地主富农被评为正式社员的一般占50%左右,候补社员占40%左右,管制生产的占10%左右。新解放区原来的地主富农被评为正式社员的一般占20%左右,候补社员占60%左右,管制生产的占20%左右。④

---

① 《中央关于土改后地主分子参加劳动问题的指示》(1951年5月10日),《建国以来刘少奇文稿》第二册,中央文献出版社2005年版,第325—326页。

② 《华北局关于执行中华人民共和国土地改革法与保护过去土改成果的指示》(1950年6月24日),《中国土地改革史料选编》,国防大学出版社1988年版,第642页。

③ 《农业生产合作社示范章程草案》,《人民日报》1955年11月11日。

④ 参见冯建辉:《党对地主富农及其子女政策的变迁》,《炎黄春秋》2000年第12期。

遗憾的是,进入 20 世纪 60 年代初,由于中苏关系的破裂,毛泽东日益注重反修防修的问题,并且认为苏联党变修国家变色是赫鲁晓夫不重视阶级斗争造成的,因此日益强调阶级斗争的重要,并且在 1962 年的中共八届十中全会上提出阶级斗争要"年年讲,月月讲"。从 1963 年起,又在全国城乡开展以阶级斗争为主要内容的社会主义教育运动,即城市的"五反"和农村的"四清"。本来,农村"四清"的重点是解决一部分干部出现特殊化和腐败的问题,但当时却认为部分干部的腐化变质是阶级斗争的反映,是地主富农对这些干部的腐蚀拉拢造成的。1963 年 5 月中共中央《关于目前农村工作中若干问题的决定(草案)》(即"前十条")在强调必须高度重视阶级斗争问题时,列举了阶级斗争的诸种表现,如"被推翻的剥削阶级,地主富农,总是企图复辟,伺机反攻倒算,进行阶级报复,打击贫农、下中农";"被推翻的地主富农分子,千方百计地腐蚀干部,篡夺领导权。有些社、队的领导权,实际上落在他们的手里。其他机关的有些环节,也有他们的代理人"等。因此,社会主义教育运动固然主要是为了解决基层干部存在的问题,但由于将地主富农当作部分干部腐化变质在下面的根子,于是在"追根子"的过程中,使一部分地主富农在运动中受到了冲击。不过,相对而言,社会主义教育运动还是在局部进行的。进入"文化大革命"后,以"阶级斗争为纲"的观念进一步被强化,地主富农企图"变天"被严重夸大,为了防止阶级敌人"复辟",地主富农成为专政即"革命"的对象,再度遭受打击与斗争。这就将阶级斗争严重扩大化了。地主富农固然曾剥削农民,但经过长时间的改造之后,他们中的大多数早已放弃了剥削,成为自食其力的劳动者,就应该具有基本的公民权利而不应再对其加以歧视。

中共十一届三中全会恢复了实事求是的思想路线,随后对社会关系进行重大调整。1979 年 1 月,中共中央作出关于地主、富农分子摘帽问题和地、富子女成分问题的决定,规定凡是多年来遵守政府法令、老实劳动、不做坏事的地主、富家分子,经过群众评审,县革命委员会批准,一律摘掉帽子,给予农村人民公社社员的待遇。地主、富农家庭出身的农村人民公社社员,他们本人的成分一律定为公社社员,享有同其他社员一样的待遇。从此,地主、富农成为一个历史概念。

第五章　社会主义改造的历史评价

　　1949年新中国的成立,标志着中国进入了新民主主义社会。1953年毛泽东提出过渡时期总路线,由此启动了大规模的社会主义改造。1956年社会主义改造基本完成,中国进入了社会主义社会。社会主义改造的主要内容,就是将原来具有私有制性质的个体农业、个体手工业及私人资本主义工商业,分别改造成为集体所有制的农业生产合作社、手工业生产合作社和全民所有制的国营企业,即将多种所有制改造成为单一的公有制。中共十一届三中全会之后,个体经济与民营经济不但有了恢复而且发展迅速,所有制结构又由单一公有制发展到多种所有制共存,由此也引发了对当年社会主义改造的重新评价问题,并形成了基本肯定与基本否定两种对立的观点。笔者拟在学术界已有研究的基础上,对新中国成立初期的社会性质、新民主主义社会提前结束的原因、社会主义改造完成的时间为何大大提前、以及社会主义改造的历史地位等相关问题作一点探讨。

一、对社会主义改造问题的不同评价

　　对于社会主义改造问题,1981年中共十一届六中全会通过的《关于建国以来党的若干历史问题的决议》(以下简称《决议》)是这样表述的:"在过渡时期中,我们党创造性地开辟了一条适合中国特点的社会主义改造的道路。对资本主义工商业,我们创造了委托加工、计划订货、统购包销、委托经销代销、公私合营、全行业公私合营等一系列从低级到高级的国家资本主义的过渡形式,最后实现了马克思和列宁曾经设想过的对资产阶级的和平赎买。对个体农业,我们遵循自愿互利、典型示范和国家帮助的原则,创造了从临时互助组和常年互助组,发展到半社会主义性质的初级农业生产合作社,再发展到社会主义性质的高级农业生产合作社的过渡形式。对于个体手工业的改造,也采取了类似的方法。在改造过程中,国家资本主义经济和合作经济表现了明显的优越性。到一九五六年,全国绝大部分地区基本上完成了对生产资料私有制的社会主义改造。这项工作中也有缺点和偏差。在一九五五年夏季以后,农业合作化以及对手工业和个体商业的改造要求过急,工作过粗,改变过快,形式也过于简单划一,以致在长期间遗留了一些问题。一九五六年资本主义工商业改造基本完成以后,对于一部分原工商业者的使用和处理也不很适当。但整个来说,在一个几亿人口的大国中比较顺利地实现了如此复杂、困难和深刻的社会变革,促进了工农业和整个国民经济的发展,这的确是伟大的历史性胜利。"①

胡绳主编的《中国共产党的七十年》一书对社会主义改造的评价,与《决议》精神是一致的。该书认为,社会主义改造的完成,"这无论如何是一个伟大的胜利,是中华人民共和国成立之后我们国家的历史和党的历史的一个重要的里程碑。""在几亿人口的中国这样一个大国,消灭私有制这样一个深刻的革命变革,第一是在保证国民经济基本上稳定发展的情况下完成的,第二是在得到人民群众基本上普遍拥护的情况下完成的。这是很难做到而确实做到了的事情。""在如此复杂、困难和深刻的社会变革中,做到了国民经济的稳定增长和人民群众的广泛拥护,从而比较顺利地实现了社会主义的目标,这个事实说明,总的看来,党对社会主义改造的领导是成功的。"该书同时也认为,"社会主义改造后期过于急促和粗糙,遗留下许多问题"。②

中共中央党史研究室编写的《中国共产党历史》第二卷认为,从其全过程的总体上讲,社会主义改造是在保证国民经济基本上稳定发展,得到人民群众基本上普遍拥护的情况下完成的。在社会主义改造过程中,虽然也出现过一部分群众积极性不高的情况,但从总的方面来看,所有制关系的变革不但没有破坏生产力,而且明显地促进了生产力的发展。生产资料所有制改造与国民经济发展的良性互动,证明 1953 年提出的过渡时期总路线是正确的,党和人民对社会主义道路的选择是正确的,党领导人民进行的这场社会大变革在总体上是成功的。该书同时也认为,在社会主义改造后期"也出

---

① 《关于建国以来党的若干历史问题的决议》,《人民日报》1981 年 7 月 1 日。

② 胡绳主编:《中国共产党的七十年》,中共党史出版社 1991 年版,第 384—386 页。

现不少缺点和偏差",主要是1955年夏季以后,农业合作化及手工业和个体商业的改造要求过急,工作过粗,改变过快,形式也过于简单划一,以致在长期间遗留了一些问题。另外,1956年资本主义工商业改造基本完成以后,对一部分工商业者的使用和处理也不很适当。①

《决议》关于社会主义改造的评价,可以说是中共中央对这个问题的正式定性,而《中国共产党的七十年》与《中国共产党历史》第二卷,作为中共中央直属研究部门撰写的著作,基本反映了官方研究机构对这个问题的评价。由于《决议》是改革开放之初作出的,而随着改革开放的深化,出现了许多的新情况,尤其是随着家庭联产承包经营责任制全面推广,个体经济和民营经济日益发展,经济体制改革的目标最终确立于建立社会主义市场经济之后,学术界对于社会主义改造的评价出现了较大分歧。

肯定论者认为,社会主义改造是我国经济战线上的社会主义革命,是生产关系方面由私有制到公有制的一场伟大的变革,是中国几千年来最伟大、最深刻的社会变革。党和国家提出进行社会主义改造是为了适应实现国家工业化这个任务的需要;新民主主义社会具有过渡性质,中共中央提出的过渡时期的总路线正是反映了这种情况,反映了历史的必然性。衡量社会主义改造是否正确,其标准就是看它是否促进了生产力的发展。由于在社会主义改造期间,经济发展比较快,经济效益比较好,重要经济部门之间的比例关系比较协调,市场繁荣,物价稳定,人民生活显著改善。所以它是发展生产力的直接动力,而且为中国全面进行社会主义建设开辟了道路,为中国尔后的一切进步与发展奠定了基础。②

持这种观点的学者认为,新民主主义社会本来就是一个向社会主义发展的过渡性质的阶段,是要走向社会主义的,这并不是过渡时期总路线突然提出来的新问题。新中国成立、建立起新民主主义国家时,公有制经济远没有处于主体地位。虽然由于没收了官僚资本主义企业,把它变成社会主义的国有经济,在整个国民经济中已处于领导地位,但那时的中国还是一个落

---

① 中共中央党史研究室:《中国共产党历史》第二卷,中共党史出版社2011年版,第362页,第366页。

② 沙健孙:《关于社会主义改造问题的再评价》,《当代中国史研究》2005年第1期;《关于社会主义改造的几个问题》,《思想理论教育导刊》2002年第1期。

后的农业国家,加上长期战争的破坏,生产力水平十分低下。在新民主主义社会中,无论城市或农村,公有制经济都没有占主体地位,在广大农村中尤其如此。这自然称不上社会主义初级阶段。从这里也可以看出社会主义初级阶段同新民主主义社会的根本区别所在。讨论社会主义改造最重要的、又恰恰被不少人忽略或遗忘的是:在中国建立起社会主义制度的主体是靠社会主义工业化。从 1953 年起,在中国大地上掀起了历史上从来不曾有过的热气腾腾的大规模经济建设,不提这个问题,就谈不上在中国建立社会主义制度,也就没有以后的社会主义现代化可言。因此,不能把中国社会主义制度的建立看成主要是对资本主义工商业进行社会主义改造的结果,或者过多地把注意力集中在这一点上。对于农业社会主义改造,不能忽略它的一个突出的历史贡献:初级社是土地入股,高级社是土地公有。这对建立公有制为主体的社会主义制度有着极为重要的意义。现在,在社会主义现代化建设的进程中,"土地公有"这一条的重要性,越来越明显地表现出来。对于高级社这个重大历史功绩,应该给以充分的重视和肯定。总之,对待 20 世纪 50 年代中期社会主义改造的完成与社会主义基本制度的确立,是一个新生命的诞生,这是一件了不得的大事。①

也有学者一方面肯定 20 世纪 50 年代提出在工业化的同时,逐步开展对个体农业、手工业和资本主义工商业的社会主义改造是正确的;另一方面则认为,社会主义改造应是一个相当长的历史过程,1955 年掀起的以消灭生产资料私有制为目标的社会主义改造高潮,建立的单一公有制和计划经济体制,则不符合当时中国国情,不利于生产力的发展。

当年的社会主义改造主要在三大领域进行,即农业、手工业和资本主义工商业。目前学术界对于手工业社会主义改造研究的成果较少,而讨论农业合作化和资本主义工商业社会主义改造是非得失的成果则相对较多。

有的学者对农业合作化给予较高评价,理由是在 1953 年至 1957 年间,农业生产总值平均每年增长 4.5%,粮食平均每年增长 3.5%,棉花平均每年增长 4.7%。不但如此,农业合作化把农村的个体经济改造成集体经济,避免了两极分化,消灭了剥削制度,使农民摆脱了个体土地私有制的束缚,走上合作经济的广阔发展道路,在农田基本建设上发挥集体的优越性,为采用

---

① 金冲及:《新民主主义社会和社会主义初级阶段》,《党的文献》2000 年第 5 期。

农业科学技术提供了条件,为工业化积累了资金和提供了重要市场,推动了对资本主义工商业的改造,奠定了农村基层组织的基础,培养了大批基层经济和行政管理人才。① 还有研究者提出,"合作化的进程在其初始阶段无疑是成功的。它没有遭到农民的有力抵抗,进行得相当平缓。尽管在 1952 年到 1958 年间,人口增加了 14.8%,但以 1952 年价格衡量的农业总产值增长了 27%,在同一时期谷物产出增长了 21.9%"②。

对于资本主义工商业社会主义改造问题,持肯定态度的研究者认为,以毛泽东为核心的中共第一代领导集体,坚持马克思主义与中国实际相结合,创立了通过国家资本主义对资本主义工商业进行社会主义改造的理论。改造坚持"公私兼顾,劳资两利"和"分工合作,各得其所"的原则,国家对私营工业采取加工订货、统购包销等方式,对资本主义商业采取经销代销的方式,引导资本主义工商业朝着有利于国计民生的社会主义方向发展。后来,通过公私合营进一步推进了对资本主义工商业的社会主义改造。这一政策实践了马克思、恩格斯和列宁对资产阶级实行和平赎买的设想,消灭了生产资料的资本主义私有制,确立起社会主义制度。资本主义工商业社会主义改造的完成,为后来中国社会的一切进步和发展奠定了基础。这是中国共产党人特别是毛泽东对马克思列宁主义的一个重大贡献。③

还有学者认为,对资本主义工商业的社会主义改造迅速而大幅度地发展了社会生产力,有力地促进了国民经济的发展。据统计,1956 年全国公私合营工业总产值 191.1 亿元,较 1955 年这些企业的总产值增加 32%,1957 年又比 1956 年增长 8%。1956 年全国公私合营商店、合作商店和合作小组的零售总额较上年增加 15% 以上。1956 年全国公私合营工业的劳动生产率比 1955 年提高 20%—30%。因此,"改造资本主义工商业的每一个步骤,都在不同程度上促进了生产力的发展,有力地促进了'一五'计划的提前完

---

① 高化民:《农业合作化的成功经验》,《当代中国史研究》1995 年第 4 期。《农业合作化与家庭联产承包为主的责任制》,《当代中国史研究》1996 年第 2 期。

② 林毅夫:《制度、技术与中国农业发展》,上海三联书店 1992 年版,第 6 页。

③ 田居俭:《社会主义改造:毛泽东领导新中国经济建设的成功创举》,《党的文献》2011 年第 4 期。

成。"①有研究者甚至认为,资本主义工商业的改造使"社会生产力得到了空前的解放",因为从人均劳动生产率来看,以 1951 年为 100,1955 年公私合营工业为 314,增长两倍多,私营工业为 158,仅增长半倍多。1956 年,公私合营工业产值比上年增加了 32%,广大职工热情高涨,努力改进产品质量,增加花色品种,降低成本,生产经营呈现出一片崭新的气象。第一个五年计划期间,也就是对资本主义工商业实行社会主义改造期间,工业总产值增长128.3%,平均每年递增 18%,其中生产资料生产增长 210%,平均每年递增25.4%,消费资料生产增长 83%,平均每年递增 12.9%。工业生产取得的成就远远超过了旧中国的一百年。全国物价基本稳定,居民平均生活水平提高了三分之一强。这是社会主义改造取得伟大成功的有力证明,是社会主义优越于资本主义的有力证明。②

否定认者则认为,社会主义改造根本不是搞早还是搞晚了、搞快了还搞慢了、形式多样还是简单划一的问题,而是该不该搞、要不要搞的问题,是有没有积极意义的问题。社会主义改造超越了中国的社会发展阶段,如何过渡到社会主义社会,毛泽东与斯大林一样犯了超越历史阶段的"左"倾错误。他们都想跳过资本主义,直接进入社会主义。他们都以为运用党掌握的政治力量、政治手段,可以推进生产关系的改造,并不顾生产力的发展就能进入社会主义和共产主义。中共十一届三中全会后在农村推广包产到户,允许个体经济和私营经济存在和发展,证明当年进行社会主义改造是根本错误的。

有研究者认为,尽管农业合作社能够唤起许多理想主义的激情,但在现实中,农业合作化运动却大多以失败而告终。恰好在半个世纪以前,在中国大地上开始发动的那一场波澜壮阔的农业合作化运动,最后也是带着乌托邦的遗恨,随着农村人民公社的结束而走进历史的档案馆。1952 年至 1957 年间农业生产的增长,源于国家和农民的投入增加,来自于恢复性增长,主要因为长期战乱结束的惯性,以及国家建国初期成功的农业政策,

---

① 黄如桐:《最光辉的胜利之一:50 年代资本主义工商业的社会主义改造》,《真理的追求》1999 年第 10 期。

② 马蓥伯:《国际共产主义运动的伟大创举——我国资本主义工商业的社会主义改造》,《中华魂》2009 年第 8 期。

也许还得依赖于初期强迫性的合作化运动还未在全国广泛地铺开。正是因为上述这些促进增长的因素十分有力,部分地抵消了强迫性的合作化运动带来的负面影响,农业生产才能持续增长。然而,这种增长却掩盖了合作化运动对农业生产的破坏作用,反而造成合作社促进农业生产这一假象。①

另有研究者通过对1953年至1978年与1978年至1988年两个时段的农业总产值年均增长率和农民人均纯收入增长情况进行比较,认为"农业社会主义改造在农村经济发展、农民生活水平提高方面是不成功的"。合作化不仅没有创造出农村的繁荣局面,反而致使农村长期处于贫穷的困扰之中。农业合作化把改造当成头等任务,失落了发展生产力这一真正目的和主题,而且农业社会主义改造的提前完成,"为大跃进的发动提供了事实依据"。如果不是仅仅看到改造期间农村生产还有一定发展的一面,而是多角度地加以考虑和审视,农业合作化就不只是"四过"的问题。②

还有研究者提出,20世纪50年代的农业合作化运动是继土地改革之后,中国共产党在农村政治、经济和社会领域实施的又一场重大的变革。这场变革改变了中国农村的土地所有制,实现了从农民家庭经营向集体化经营的转变,掀起了被历史称作是中国农村由新民主主义向社会主义过渡的高潮,并完成了农村的社会主义改造。综观整个运动的始末,其间,具体的政策虽时有调整,但是由分散的小农经济走向集体化大农业的方向却始终未变,且整个运动步伐日急,一波紧似一波,一浪高过一浪,最终将中国农村送达被称作"人民公社"的大集体经营和组织状态。但是,这场运动的结局,却不似运动的发动者和参与者所共同期盼的"理想社会"和"人间天堂",而是整个农村、农业和农民径直跌入到20世纪50年代末至60年代初的三年灾难性境地。后来,经过政策调整,农业组织形式退回到"三级所有,队为基础"的小集体模式,情势始有缓和,但是中国农业却也因此在低效率、低水平的集体化制度框架内徘徊彷徨近20年。直至1978年中共十一届三中全会以后,家庭联产承包责任制逐步取代农村集体生产经营的模式,农业生产才

---

① 尹钛:《合作组织的效率:1952—1957年中国农业合作化运动的评价》,《中共宁波市委党校学报》2002年第4期。

② 李安增、陈招顺:《对农业社会主义改造的再评价》,《经济评论》1998年第6期。

走上了快速发展的道路。①

　　对资本主义工商业的社会主义改造,持否定观点的研究者提出,它给我国的经济造成了严重的后果,主要表现有:(一)使我国的商品经济彻底转变成产品经济;(二)促进了高度集中的经济体制的完成;(三)阻碍了农村经济的商品化;(四)割断了与国际上的经济联系;(五)埋没了一批善经营、懂技术的人才;(六)高度集中的产品经济体制的建立,是经济工作中"左"倾错误的客观基础。可见,资本主义工商业的社会主义改造对我国经济造成的后果是十分严重的,至今还在为消除其影响而努力。从这些后果来看,我国对私人资本主义工商业的社会主义改造不是搞得快了还是搞得慢了的问题,也不是工作中有什么具体的缺点错误的问题,而是这场"革命"脱离了我国的国情,超越了社会的发展阶段。因而,尽管在消灭资本主义经济的具体做法和步骤上,与其他社会主义国家相比较,中国做得好一些,当时的损失小一些,但若总体上来考虑,则应该给以否定的评价。②

　　社会主义改造是新中国历史上的一件大事,按照通常的说法,1956 年社会主义改造基本完成,标志着社会主义制度在中国基本确立。在社会主义改造问题上的不同评价,说明这些年来中国已经有了较为宽松的学术研究环境。学术研究的目的并不为了对某一历史事件形成一个统一的是非评价标准,各种学术争鸣的存在,有利于人们从不同的角度深化对同一历史事件的认识,也有利于人们更好地从历史中吸取经验教训。笔者认为,一个历史事件之所以发生,一定有它当时的社会环境,有影响它的主客观因素。因此,讨论社会主义改造的评价问题,就有必要对若干相关问题首先进行探讨。

二、关于新中国成立初期的社会性质

　　由于中国原本是一个半殖民地半封建社会,中国无产阶级革命的第一

---

　　①　吴毅、吴帆:《结构化选择:中国农业合作化运动的再思考》,《开放时代》2011 年第 4 期。

　　②　方恭温:《对我国资本主义工商业社会主义改造的反思》,《财政研究》1999 年第 3 期。

步,还只能是反帝反封建的民主革命,而不能是反对资本主义的社会主义革命,因而革命胜利后不能立即建立社会主义制度,而只能通过建立新民主主义社会并以此为基础向社会主义社会过渡。那么,中国向社会主义过渡的起点,究竟是以 1949 年新中国成立为标志,还是以 1953 年过渡时期总路线的提出为标志?

1953 年提出的过渡时期总路线曾规定:"从中华人民共和国成立,到社会主义改造基本完成,这是一个过渡时期。党在这个过渡时期的总路线和总任务,是要在一个相当长的时期内,逐步实现国家的社会主义工业化,并逐步实现国家对农业、对手工业和对资本主义工商业的社会主义改造。"1954 年通过的《中华人民共和国宪法》则规定:"从中华人民共和国成立到社会主义社会建成,这是一个过渡时期。国家在过渡时期的总任务,是逐步实现国家的社会主义工业化,逐步完成对农业、手工业和资本主义工商业的社会主义改造。"按照过渡时期总路线的规定,过渡时期的上限是新中国成立,下限是社会主义改造基本完成,这样,过渡时期就是 1949 年至 1956 年这几年的时间。按照 1954 年宪法,过渡时期的起点同样是新中国成立,而下限则是社会主义社会的建成而不是建立,显然所指的是整个社会主义建设阶段,但从宪法规定的国家在过渡时期任务,却又是与过渡时期总路线基本相同,即实现"一化三改"。

当然,不论是过渡时期总路线还是 1954 年宪法,都认为过渡时期的起点是以新中国成立为标志的。毫无疑问,新中国的成立意味着半殖民地半封建社会的结束,社会主义改造的完成则意味着中国社会主义制度的基本建立。所以,新中国成立到社会主义改造基本完成这一时间段,确实是一个过渡时期,它完成了中国由一个半殖民地半封建社会到社会主义社会的转变。但是,这个转变是分两步进行的,即第一步,实现半殖民地半封建社会向新民主主义社会的转变,其标志就是中华人民共和国成立及新中国成立后民主革命遗留任务的完成;第二步,实现新民主主义向社会主义的转变,其标志是 1956 年社会主义改造基本完成。因此,这几年的时间实际上可以分为两个时间段,第一个时间段是新中国成立到大规模的社会主义改造开始前,属于新民主主义社会时期,大致时间为 1949 年至 1952 年;第二个时间段是从大规模的社会主义改造启动到社会主义改造基本完成,属于新民主主义社会向社会主义社会的转变时期,即社会主义改造时期,大致时间为 1953 年至 1956 年。

虽然 1949 年至 1956 年的这几年间,可以分成上述两个时间段,但这两个时间段从总体目标上都具有向社会主义过渡的性质。因为过渡时期总路线提出之前,尽管大规模的社会主义改造尚未启动,但实际上没收官僚资本建立国营经济,一些地方已经开始建立少量的农业生产合作社,这都为向社会主义过渡在准备条件。当然,从整体上肯定从新中国成立到社会主义改造基本完成都是过渡时期,并不意味着从新中国一成立,就开始了向社会主义过渡。如果这样的话,中国共产党人曾一再强调的中国新民主主义革命胜利之后,将建立一个新民主主义的共和国,通过新民主主义向社会主义过渡,岂不仅仅是口头宣传? 不但如此,如果新中国一成立就向社会主义过渡,那么,向社会主义过渡的起点只能是半殖民地半封建社会。众所周知,半殖民地半封建社会是不能直接过渡到社会主义的。

对于中国革命胜利后首先建立的不是社会主义而是新民主主义社会,这个问题中共立场一直十分明确。1940 年初毛泽东发表的《新民主主义论》和 1945 年 4 月在中共七大上所作的《论联合政府》报告,已经对此作了透彻的说明。中国原本是一个半殖民地半封建国家,这样的国家不能直接过渡到社会主义。对于中国共产党人而言,革命胜利之后又不可能在中国建立资本主义制度。如何解决这个难题? 经过近二十年的探索,终于找到了新民主主义之路,即以新民主主义社会作为半殖民地半封建社会过渡到社会主义的桥梁。通过新民主主义走入社会主义,可以说是中国共产党人对于中国这样的半殖民地半封建国家(非资本主义国家),如何建立社会主义制度所作出的一个非常了不起的贡献,是对马克思主义的一个独创性发展。

毛泽东在 1940 年初发表的《新民主主义论》中,曾对新民主主义的政治制度和经济政策作过具体的论述,提出中国革命胜利之后,要建立的是一个新民主主义的共和国。在这个共和国里,国体是各个革命阶级(即工人阶级、农民阶级、小资产阶级和民族资产阶级)的联合专政;到了新中国成立前夕,他又将各个革命阶级联合专政发展为人民民主专政,并对人民的范畴作了具体的解释。关于新民主主义的经济,毛泽东在《新民主主义论》中提出了两个重要的主张,一是将"中大银行、大工业、大商业,归这个共和国的国家所有","在无产阶级领导下的新民主主义共和国的国营经济是社会主义的性质,是整个国民经济的领导力量,但这个共和国并不没收其他资本主义

的私有财产,并不禁止'不能操纵国民生计'的资本主义生产的发展";二是
"采取某种必要的方法,没收地主的土地,分配给无地和少地的农民,实行中
山先生'耕者有其田'的口号,扫除农村中的封建关系,把土地变为农民的私
产。农村的富农经济,也是容许其存在的。""在这个阶段上,一般地还不是
建立社会主义的农业,但在'耕者有其田'的基础上所发展起来的各种合作
经济,也具有社会主义的因素。"①1949 年 3 月中共七届二中全会前后,毛泽
东又综合刘少奇、张闻天等人的意见,提出新民主主义经济由国营经济、合
作社经济、国家资本主义经济、个体经济和私人资本主义经济等五种经济成
分构成,并对这五种经济成分的地位及对其应采取的政策作了具体的分析。
新中国成立初期没收官僚资本将其转变为国营企业,允许私人资本主义存
在和发展,在新解放地区进行土地改革,都是新民主主义经济政策的具体
体现。

在中国革命胜利之际,中共领导人对将建立的新中国的性质,也是十分
明确的。在 1949 年中国人民政治协商会议讨论《共同纲领》时,有人提出,
既然承认新民主主义是一个过渡性质的阶段,一定要向社会主义过渡,因此
在《共同纲领》中就应该把这个前途写出来。经过讨论,最后没有采纳这种
意见。周恩来为此解释说:总纲讨论中,曾有一种意见,以为我们既然承认
新民主主义是一个过渡性质的阶段,一定要向更高级的社会主义和共产主
义阶段发展,因此总纲中就应该明确地把这个前途规定出来,筹备会讨论
中,大家认为这个前途是肯定的,毫无疑问的,但应该经过解释、宣传、特别
是实践来证明给全国人民看,只有全国人民在自己的实践中认识到这是唯
一的最好的前途,才会真正承认它,并愿意全心全意为它而奋斗。所以现在
暂时不写出来,不是否定它,而是更加郑重地看待它。而且这个纲领中经济
的部分里面,已经规定要在实际上保证向这个前途走去。② 因此,《中国人民
政治协商会议共同纲领》总纲规定:"中华人民共和国为新民主主义即人民
民主主义的国家"。

---

① 《新民主主义论》(1940 年 1 月),《毛泽东选集》第二卷,人民出版社 1991 年版,
第 678 页。

② 《中国人民政协第二日会议上周恩来报告〈共同纲领〉草案起草的经过和纲领的
特点》,《人民日报》1949 年 9 月 26 日。

　　然而,根据过渡时期总路线和1954年宪法,中国向社会主义过渡的起点却又是中华人民共和国成立,那么,中国到底有没有经历过新民主主义社会? 如果的确经历了新民主主义社会这一阶段,又如何理解过渡时期总路线对过渡时期起点的设定? 笔者认为,应当实事求是地承认新中国成立初期的社会性质属于新民主主义,中国社会主义制度是从新民主主义社会过渡而来的,而不是从半殖民地半封建社会直接过渡而来的。当然,从新民主主义社会本身而言,其性质就是过渡性的,是中国这样的半殖民地半封建国家即资本主义发展不充分的国家,走入社会主义的一个特殊而又必须经历的阶段。

　　新中国成立初期中国社会的新民主主义性质,也从当时的政治制度和经济文化体制上反映出来。

　　首先,新中国成立初期的中央人民政府和地方各级人民政府,在一定意义上讲是中国共产党领导的民主联合政府,这是新民主主义社会的一个很重要的特征。毛泽东在1940年发表《新民主主义论》时,曾对新民主主义共和国的国体和政体作了充分的论述,认为新民主主义共和国的国体是各个革命阶级的联合专政。在这个联合专政里,起领导地位的自然是无产阶级。他说:"现在所要建立的中华民主共和国,只能是在无产阶级领导下的一切反帝反封建的人们联合专政的民主共和国,这就是新民主主义的共和国"[1]。

　　至于"各个革命阶级"如何"联合专政",《新民主主义论》并没有更多的具体论述。到了1944年,世界反法西斯战争大局已定,中国人民已经看到了抗战胜利的曙光,这时,国民党和共产党都提出抗战胜利后要建立一个新中国。自然,两党所讲的新中国内涵是并不一样的。国民党所谓的新中国,其实就是维护甚至强固其一党专政统治。从长远来看,中国共产党要建立的新中国,不须说就是《新民主主义论》中所提出的"无产阶级领导下"的新民主主义共和国,未来目标则是一个社会主义的新中国。但考虑到当时中国社会各阶级和各政党的力量对比,在抗战胜利之初就建立一个将蒋介石集团排除在外的、各个革命阶级联合专政的全国政权,显然是不现实的,因而1944年9月,中国共产党提出了成立民主联合政府的主张。在1945年4月

① 《毛泽东选集》第二卷,人民出版社1991年版,第675页。

的中共七大上，毛泽东的书面政治报告就叫《论联合政府》。这是一个公开发表的报告，在一定程度上也是中国共产党向世人公布的关于建立一个什么样政权的政纲。

按照《论联合政府》中提出的设想，这样的联合政府构建"第一个步骤，目前时期，经过各党各派和无党无派代表人物的协议，成立临时的联合政府；第二个步骤，将来时期，经过自由的无拘束的选举，召开国民大会，成立正式的联合政府"①。也就是说，构建民主联合政府首先是改组由国民党一党专政的国民政府，然后通过自由选举产生正式的联合政府，至于这个正式的联合政府由哪个党为主导，只能是通过自由选举由选民来决定。抗战胜利后的重庆谈判及随后的政治协商会议，成立联合政府都是重要的议题。由于蒋介石发动内战，坚持一党专政、个人独裁，根本无意组建这样的联合政府，随着全面内战的爆发，通过改组国民党政权的方式建立联合政府之路，被蒋介石彻底堵塞。

全面内战爆发后，中国共产党并没有放弃成立民主联合政府的设想，所不同的是此后所主张建立的联合政府，是排除国民党反动派在外的联合政府，也就是又回归到了《新民主主义论》中所提出"各个革命阶级的联合专政"那样的联合政府。1947 年 10 月，中共中央发表《中国人民解放军宣言》，其中提出的十项主张中，第一项就是"联合工农兵学商各被压迫阶级、各人民团体、各民主党派、各少数民族、各地华侨和其他爱国分子，组成民族统一战线，打倒蒋介石独裁政府，成立民主联合政府"。次年 4 月 30 日，中共中央发布纪念"五一"劳动节的口号，向各民主党派、各人民团体、各社会贤达发出"迅速召开政治协商会议，讨论并实现召集人民代表大会，成立民主联合政府"的倡议，得到各有关方面的热烈响应。1949 年 1 月 1 日，《人民日报》发表的新年献词更是明确提出："1949 年将要召集没有反动分子参加的以完成人民革命任务为目标的政治协商会议，宣告中华人民民主共和国的成立，并组成共和国的中央政府，这个政府将是一个在中国共产党领导之下的有各民主党派各人民团体的适当的代表人物参加的民主联合政府。"

1949 年 9 月 21 日，经过几个月的筹备之后，新政治协商会议即中国人

---

① 《毛泽东选集》第三卷，人民出版社 1991 年版，第 1068—1069 页

民政治协商会议召开。新政治协商会议最主要的任务，就是组建中央人民政府。这次政治协商会议选举产生了中央人民政府的主席、副主席及全体委员。主席副主席共 7 人，其中非中共人士 3 人，分别是副主席宋庆龄、李济深和张澜；中央人民政府委员 56 人，其中非中共人士 27 人。在随后组建的政务院及其所属机关的负责人中，政务院总理副总理共 4 人，其中非中共人士两人，即郭沫若和黄炎培；各部、委、署主官中，非中共人士超过三分之一，其中在政务院各部门担任正职的非中共人士有文化教育委员会主任郭沫若、人民监察委员会主任谭平山、轻工业部长黄炎培、邮电部长朱学范、交通部长章伯钧、农业部长李书城、林垦部长梁希、水利部长傅作义、司法部长史良、文化部长沈雁、教育部长马叙伦、卫生部长李德全、华侨事务委员会主任委员何香凝、出版总署署长胡愈之。据中央人民政府 21 个部的统计，部长副部长中非中共人士达 26 人。此外，最高人民法院院长亦由非中共人士沈钧儒担任。从这一届中央人民政府的人员构成来看，此时的中央人民政府应当是具有联合政府性质的，或者说是中国共产党领导的民主联合政府。中央人民政府的这种格局，一直维持到 1954 年第一届全国人大一次会议的召开。在地方各级人民政府中，也存在类似的情况。

当时起临时宪法作用的《中国人民政治协商会议共同纲领》在其序言中规定："中国人民民主专政是中国工人阶级、农民阶级、小资产阶级、民族资产阶级及其他爱国民主分子的人民民主统一战线的政权，而以工农联盟为基础，以工人阶级为领导。由中国共产党、各民主党派、各人民团体、各地区、人民解放军、各少数民族、国外华侨及其他爱国民主分子的代表们所组成的中国人民政治协商会议，就是人民民主统一战线的组织形式。"[1]在其总纲中，又作了这样的规定："中华人民共和国为新民主主义即人民民主主义的国家，实行工人阶级领导的、以工农联盟为基础的、团结各民主阶级和国内各民族的人民民主专政"。这就对新中国的国体和政体作了明确的表述。《共同纲领》中并没有任何"中国共产党领导"这样的文字，但它在总纲中明确规定中华人民共和国"实行工人阶级领导"，实际上用另外一种方式规定了中国共产党在国家中的领导地位。何况中国革命的胜利是在中国共产党

---

[1]　《中国人民政治协商会议共同纲领》，《人民日报》1949 年 9 月 30 日。以下关于《共同纲领》的引文均引自该日《人民日报》。

的领导下取得的,因而新中国成立后,中国共产党在国家政治生活中居于领导地位也是自然的。

新中国成立之初,各民主党派和无党派民主人士不但在中央人民政府中担任重要职务,而且真正做到了有职有权。作为执政党的中国共产党,也采取了许多有效措施保证党外人士有职有权,认为"党外人士既然担任了一定的职务,即应享有与其职务相当的权力,履行与其职权相当的责任。这不仅要在工作中同党外人士商量一切应该同他们商量的问题,取得大多数人的协议,然后付诸执行,而且要在共产党员和党外人士之间进行必要而适当的分工,并主动地帮助党外人士做出成绩来"①。

当时,政务院的政务会议每星期召开一次,有关文件均交非党人士审查,一切指示、法令也要其修改。陈云主持中财委(即中央财政经济委员会)的工作,明确要求各部部长对本部工作做报告,非党人士担任部长的就要非党人士做报告。中财委副主任薄一波还总结了与党外人士合作共事的四条经验:一是要使党外人士有职有权,做到该商量的必须商量,该请示的必须请示,该经过的必须经过;在工作中遇到党外人士不同意见时,不应作硬性决定,除检讨自己意见有无不妥外,还应帮助说服党外人士,始能作决定。二是一切重要决定应有应该参加的党外人士(如部长、副部长等)参加决定。三是有些日常处理的重要事情(如电报、公文)和上级来的指示,下级来的报告,均应使应该看到的党外人士看到。四是用人也应与党外人士商酌,党外人士所举荐的人,更应慎重考虑,能用者尽量予以录用。②

1951 年 3 月,中共北京市政府党组就与党外人士合作问题的检查情况写了一份报告,其中认为要使党外人士有职有权,并帮助他们在工作中做出成绩,"这首先需要进行必要而适当的分工,如是党外人士任正职,那就应在集体领导,分工负责的原则下,给予他们以总揽全局和最后决定之权;如是党外人士任副职,也应在集体领导,分工负责的原则下,使他们在自己职权的范围内,能够放手做事,不受干涉"。中共中央认为北京市的这种做法"很

---

① 李维汉:《人民民主统一战线的新形势和新任务》(1950 年 3 月 21 日),中共中央文献研究室:《建国以来重要文献选编》第一册,中央文献出版社 1992 年版,第 155 页。

② 薄一波:《同党外人士合作共事的四点经验》(1950 年 11 月 13 日),《建国以来重要文献选编》第一册,中央文献出版社 1992 年版,第 464—465 页。

好",要求各中央局"转告各有党外人士工作的机关中党组研究"①。

这些材料说明,新中国成立之初,中央人民政府及地方各级人民政府具有联合政府性质。这种政权组织形式,为中国共产党领导的多党合作与政治协商制度的形成奠定了基础。

其次,新中国成立初期经济文化体制也是新民主主义性质的。对于新民主主义社会的经济制度,《共同纲领》作了这样的规定:"中华人民共和国经济建设的根本方针,是以公私兼顾、劳资两利、城乡互助、内外交流的政策,达到发展生产、繁荣经济之目的。国家应在经营范围、原料供给、销售市场、劳动条件、技术设备、财政政策、金融政策等方面,调剂国营经济、合作社经济、农民和手工业者的个体经济、私人资本主义经济和国家资本主义经济,使各种社会经济成分在国营经济领导之下,分工合作,各得其所,以促进整个社会经济的发展。"②

新民主主义社会经济上最根本的特征,就是多种经济成分共存。以过渡时期总路线正式提出前的 1952 年为例,各种所有制在国民收入中的比重分别是:国营经济占 19.1%,合作社经济占 1.5%,国家资本主义经济占 0.7%,私人资本主义经济占 6.9%,个体经济占 71.8%。③ 至于在此之前的 1949 年至 1951 年,后二种经济成分的比重无疑要更大一些。由此可见,在新民主主义社会阶段,现代经济和公有制经济在国民经济中所占的比重很小,传统的个体经济占了很大的比重。

在新民主主义经济中,国营经济数量虽然不占优势,但它处于领导地位并呈日益壮大之势。对于国营经济的领导地位,《共同纲领》明确规定:"国营经济为社会主义性质的经济。凡属有关国家经济命脉和足以操纵国民生计的事业,均应由国家统一经营。凡属国有的资源和企业,均为全体人民的公共财产,为人民共和国发展生产繁荣经济的主要物质基础和整个社会经济的领导力量。"从 1949 年至 1952 年,国营经济发展迅速。1949 年国营工业的总产值为 36.8 亿元,1952 年达到了 142.6 亿元,增长了 387.5%。国营

---

① 《中共中央转发北京市政府党组关于与党外人士合作的报告》,1951 年 3 月 19 日。

② 《中国人民政治协商会议共同纲领》,《人民日报》1949 年 9 月 30 日。

③ 赵德馨主编:《中国经济通史》第 10 卷上册,湖南人民出版社 2002 年版,第 87 页。

商业机构 1950 年的批发和零售额分别占全国的 23.2% 和 8.3%，1952 年则上升到 60.5% 和 19.1%。

私人资本主义经济是新民主主义社会的重要经济成分，1949 年至 1952 年其总量也是呈增长的趋势，但由于国营经济的快速增长，它在国民经济的比重则出现逐年下降之势。在 1951 年之前，私营工业在全部工业总产值中超过了 50%，即 1949 年 63.3%，1950 年 51.8%，1951 年 50.1%，而 1952 年下降到了 39%。

下表是 1949 年至 1952 年全国私营工业变化情况①：

年份	企业数（个）			职工人数（万人）			总产值（万元）		
	户数	定比	环比	人数	定比	环比	产值	定比	环比
1949	123165	100	100	164.38	100	100	682816	100	100
1950	133918	108	108	181.58	110.47	110.47	727826	106.6	106.6
1951	147650	119.88	111	202.28	123.05	111.39	1011836	148.2	139.0
1952	149571	121.44	101.3	205.65	125.11	101.67	1052611	154.2	104.0

从上表中可以看出，并不是新中国一成立，就采取措施消灭私人资本主义，这几年恰恰私人资本主义得到很大发展的时期，有人将其称之为中国民族资本主义发展史上的"第二个黄金时期"（第一个黄金时期指第一次世界大战期间），还是有其道理的。

对于私人资本主义问题，毛泽东在《新民主主义论》中提出，"并不禁止'不能操纵国民生计'的资本主义生产的发展"②。在中共七大的时候，不论是大会的书面报告还是口头报告中，毛泽东都多次讲到中国发展资本主义的问题，且提出"中国需要资本主义的广大发展"，并认为"资本主义的广大发展在新民主主义政权下是无害有益的"③，"我们这样肯定要广泛地发展资

---

① 资料来源：《1949—1952 中华人民共和国经济档案资料选编》（工商体制卷），中国社会科学出版社 1993 年版，第 732 页。

② 《毛泽东选集》第二卷，人民出版社 1991 年版，第 678 页。

③ 《毛泽东文集》第三卷，人民出版社 1996 年版，第 275 页。

本主义,是只有好处,没有坏处的"①。但到建国前夕中共七届二中全会的时候,毛泽东又提出要"对于资本主义采取恰如其分的有伸缩性的限制政策",同时"容许它们在人民共和国的经济政策和经济计划的轨道内有存在和发展的余地"②。概括地讲,七届二中全会确定的对私人资本主义是利用与限制并重的政策。对此《共同纲领》曾这样规定:"凡有利于国计民生的私营经济事业,人民政府应鼓励其经营的积极性,并扶助其发展"。这就意味着,凡不利于国计民生的私营经济事业,人民政府将予以限制。所以在新民主主义社会时期,对私人资本主义基本上采取的是利用与限制并重的政策,并且随着时间的推移,更多的是侧重于限制。

1950 年 6 月,中央人民政府出台《中华人民共和国土地改革法》,由此在广大的新解放区进行了轰轰烈烈的土地改革运动(老解放区此前已完成了土改)。土地改革是一场翻天覆地的农村所有制变革运动,"土地改革的基本内容,就是没收地主阶级的土地,分配给无地少地的农民",把封建剥削的土地所有制变为农民的土地所有制。③ 与老解放区的土地改革相比,此时进行的土地改革采取了保留富农经济的政策。《中华人民共和国土地改革法》明确规定:"保护富农所有自耕和雇人耕种的土地及其财产,不得侵犯。"采取这样的政策,目的在于"中立富农,更好地保护中农和小土地出租者,以便孤立地主阶级,团结全体人民有秩序地实行土地改革,废除封建制度"④。因此,在新民主主义社会里,农村在消灭地主阶级之后,还存在一个具有资本主义性质的剥削阶层——富农。

土地改革之后,农村经济体制仍基本上是个体农民所有制。这不单体现在生产方式上是农民以家庭为生产单位,更为重要的是农民对于土地具有所有权,以及附随所有权而产生的土地处置权。《共同纲领》第二十七条

① 《在中国共产党第七次全国代表大会上的口头政治报告》(1945 年 4 月 24 日),《毛泽东文集》第三卷,人民出版社 1996 年版,第 322—323 页。

② 《在中国共产党第七届中央委员会第二次全体会议上的报告》(1949 年 3 月 5 日),《毛泽东选集》第四卷,人民出版社 1999 年版,第 1431—1432 页。

③ 刘少奇:《关于土地改革问题的报告》(1950 年 6 月 14 日),中共中央文献研究室:《建国以来重要文献选编》第一册,中央文献出版社 1992 年版,第 290 页。

④ 刘少奇:《关于土地改革问题的报告》(1950 年 6 月 14 日),中共中央文献研究室:《建国以来重要文献选编》第一册,中央文献出版社 1992 年版,第 297 页。

规定："凡已实行土地改革的地区，必须保护农民已得土地的所有权。"《中华人民共和国土地改革法》第三十条亦规定："土地改革完成后，由人民政府发给土地所有证，并承认一切土地所有者自由经营、买卖及出租土地的权利。"①1951 年 1 月，中共中央批转了中共中央华东局关于颁布《发展农业生产十大政策》的请示，这"十大政策"的第一条就是"保护农民已分得的土地及财产，不得侵犯"。在过渡时期总路线提出前夕的 1953 年 5 月，中央人民政府政务院发出的《加强增产粮食和救灾工作的指示》中，还提出"必须认真贯彻保护农民土地所有权的政策"。也就是说，在新民主主义社会里，农民依法具有土地所有权以及土地的处置权，土地的买卖是合法的。

虽然《共同纲领》中提出"应引导农民逐步地按照自愿和互利的原则，组织各种形式的劳动互助和生产合作"，但在 1952 年之前，除了互助组有较大发展外，农业生产合作社数量还很少。1950 年只有 19 个初级形式的农业合作社；到 1952 年也只发展到 3644 个，入社的农户 59028 户，占全国总农户数的 0.1%。② 当时，党内相当多的人认为，新民主主义社会的主要任务是实现国家工业化，只有实现了工业化才能实现社会主义化，因而他们认为在农村不要急于动摇私有基础和急于建立农业生产合作社。1951 年 6 月 29 日，《人民日报》发表中共中央华北局第一书记薄一波的文章《加强党在农村中的政治工作，纪念中国共产党三十周年》，对当时党内存在的所谓"在互助组内逐渐动摇、削弱直至否定私有财产，来达到农业集体化"的思想进行公开批评，认为这样的农业集体化道路，是一种完全的空想，因为目前的互助组是以个体经济为基础的，它不能在这样的基础上逐渐发展到集体农场，更不能经由这样的道路在全体规模上使农业集体化。土地改革以后，党在农村中的基本政策是普遍发展农业生产力，多打粮食，多生产工业原料，多生产外销物资，从而保证对城市的供应和改善农民生活。现时的互助组是建立在私有财产基础上的自愿和等价交换的一种组织，一般的是保护私有财产

---

① 中共中央文献研究室：《建国以来重要文献选编》第一册，中央文献出版社 1992 年版，第 343 页。

② 王贵宸：《中国农业合作经济史》，山西经济出版社 2006 年版，第 251 页。

而不是削弱和否定它,而如果这样做了就要犯错误。①

　　由于个体经济是主要形式,土地可以自由买卖,因此,土地改革后的农村也就难以避免地出现了两极分化的苗头,少量生产条件好、经营能力强的中农上升为富农,出现雇工剥削现象。针对这种情况,刘少奇认为,富农雇人多,买了马,不要限制他,现在要让他发展。他进而指出:"现在限制单干是过早的,现在能够单干是很好的,也不可认为反对单干的农民便是集体主义,因为他还无力单干,是不能去单干的贫农。""现在的农民党员,是可以单干的。我们的党规党法上允许党员单干而且也允许雇人,认为党员便不能有剥削,是一种教条主义的思想。但能单干与应该单干是两回事,我们允许党员单干,并不是我们鼓励他们去单干。"②根据刘少奇的意见,中共中央组织部在给中共中央东北局关于党员可否雇工的答复中说:"党员雇工与否、参加变工与否,就有完全的自由,党组织不得强制,其党籍亦不得因此而停止或开除。""在今天农村个体经济基础上,农村资本主义的一定限度的发展是不可避免的,一部分党员向富农发展,并不是可怕的事情,党员变成富农怎么办的提法,是过早的,因而也是错误的。"

　　1950年9月,中共热河省委就富农可否评劳模的问题请示东北局,并认为新富农一般不应选为劳模,东北局亦认为"土改后由贫雇农劳动起家的新富农原则上不应号召选为劳模,如有特殊成绩者可个别地予以鼓励,但已被选为或为多数群众民主选出者,亦不必宣布取消"。对此,中共中央明确指出:"只要新富农本人劳动好,对劳动有新发明和创造,对雇工待遇又好,合于劳模各种条件,而不是简单计算新富农的生产量多,不是他的雇工劳动好而本人劳动并不怎么好,就可以选为劳动模范。这样作,并不违背什么原则。"③

　　在新民主主义社会,私有财产被明确列为保护的对象。《共同纲领》规

---

① 薄一波:《加强党在农村中的政治工作,纪念中国共产党三十周年》,《人民日报》1951年6月29日。

② 《东北的插犋换工和富农问题》(1950年1月23日),《刘少奇论新中国经济建设》,中央文献出版社1993年版,第152—155页。

③ 《中共中央关于新富农可否选为劳动模范的问题给东北局的复示》,1950年9月20日。

定:"保护国家的公共财产和合作社的财产,保护工人、农民、小资产阶级和民族资产阶级的经济利益及其私有财产,发展新民主主义的人民经济,稳步地变农业国为工业国。"1949 年 10 月 15 日,华北人民政府发布《1949 年冬学运动实施纲要》,要求"教育群众使其了解在相当长的历史时期中,中国还是实行新民主主义,保护私有财产,鼓励私人的合法经营"。1950 年 7 月 10 日,《人民日报》发表《为华北农民生活的富裕而奋斗》的社论,亦强调"必须坚决继续贯彻政府关于保护人民私有财产的法令,对于任何破坏政策、侵犯人民财权地权的违法行为必须坚决纠正,并予犯法者以应得的处分"。

新民主主义社会在文化体制上一个明显的特征,是多种所有制共同存在的文化产业格局。据 1950 年 3 月底的统计,在北京、天津、上海、南京、杭州、济南、武汉、广州、长沙、西安、重庆等 11 个大城市,出版及贩卖书店共计 1057 家。其中自行出版书刊者 269 家,计公营 19 家(包含新华书店总分店 6 家),公私合营 6 家,私营 244 家。专营贩卖的书店 788 家,计公营 16 家,公私合营 7 家,私营 765 家。① 1950 年 1 月至 12 月,全国共出版图书 7049 种,其中私营 3681 种,占 52.3%。全年共有定期刊物 295 种,其中私营 113 种,占 38.3%。②

据 1950 年 3 月的统计,全国共有私营报纸 58 家、私营广播电台 34 座。私营报纸最多的为华东地区,有 24 家,其中 14 家在上海出版,如《大公报》、《文汇报》、《新民报》、《大报》、《亦报》、英文《字林西报》、英文《密勒氏评论报》等。③

建国之初,国营的电影制片厂只有东北、北京、上海三家,而私营电影公司则有十几家,其中有一定制片能力的主要有昆仑、文华、大同、国泰等影业公司。1949 年和 1950 年国营电影制片厂共摄制了 29 部故事片,而昆仑、文华等私营电影公司却生产了约 50 部影片。1950 年《大众电影》读者共评选出了 10 部最喜爱的国产片,其中有 4 部是私营影片公司生产的。④

---

① 《出版事业中的公私关系和分工合作问题》,《人民日报》1950 年 7 月 17 日。

② 中央人民政府出版总署:《1950 年全国图书期刊出版概况》,中国出版科学研究所等:《中华人民共和国出版史料》(2),中国书籍出版社 1996 年版,第 807、810 页。

③ 方汉奇主编:《中国新闻传播史》,中国人民大学出版社 2002 年版,第 335 页。

④ 陈荒煤主编:《当代中国电影》第一编,中国社会科学出版社 1989 年版,第 65 页。

建国初期,私立高等学校,包括大学、专门学院、专科学校等占的比重相当大。1949 年有大专学校 205 所,其中私立 81 所(包括外国教会所设学校),占总数的 39.5%;除教会学校外,则为 60 所,占总数的 29.3%。① 据第一次全国教育工作会议统计(1949 年 12 月),全国已解放地区(缺西南六省、西北三省数字),共有私立中等学校 1467 所,占中等学校总数的 48%;私立中等学校学生共有 36.6 万余人,占学生总数的 42%。仅北京、天津、上海、南京、武汉五城市统计,有私立小学 1452 所,占小学总数的 56%;私立小学学生 30.7 万人,占 44%。②

从上述分析中可以看出,在新中国成立的头三年,中国共产党人基本上是老老实实、不折不扣地按照《共同纲领》来建设新民主主义社会的,中国的社会主义制度是建立在这样的基础之上的。

承认新中国成立初期的新民主主义社会性质,不但符合历史的本来面目,而且说明中国共产党信守了革命时期通过新民主主义走向社会主义的承诺,新民主主义社会的理论也好,民主联合政府的口号也好,都不是中共争取中间力量的一种策略,而是一个基本的国家建设理念。胡乔木 1981 年5 月在中共中央政治局会议作《关于建国以来党的若干历史问题的决议》的说明时特别指出:"中央并未在中央正式文件中讲过一九四九年建国就标志着社会主义革命的开始。只是毛泽东同志一九五三年底修改中宣部关于过渡时期总路线宣传提纲时加过这样一句话,但从一九四九年至一九五二年,中共中央从来都是讲新民主主义,否则新民主主义共和国就从来不存在也不可能存在了,新民主主义秩序能否巩固的问题也不会发生了。如果不是这样认识问题,就会损害一九四〇年《新民主主义论》发表以来直至一九四九年《共同纲领》通过并加以实行的党的信誉,使党陷于在根本理论上自相矛盾的地位。"他还说:"这不能用没收官僚资本主义资产来解释,因为这个口号不但在一九四八年《目前形势和我们的任务》中已经明确宣布,实际上《新民主主义论》中关于新民主主义经济部分已援用国民党第一次全国代表

① 李国钧等主编:《中国教育制度通史》第 8 卷,山东教育出版社 2000 年版,第187 页。

② 毛礼锐、沈灌群主编:《中国教育通史》第 6 卷,山东教育出版社 1989 年版,第24—25 页。

大会宣言而宣布了('凡本国人及外国人之企业,或有独占的性质,或规模过大为私人之力所不能办者,如银行、铁道、航路之属,由国家经营管理之'),如何能说国民党一大宣言就是宣布社会主义革命?社会主义和新主义还如何区别?同样,一九四九———一九五二年所进行的民主革命,也不能解释为顺带完成民主革命的'遗留任务'。"①到1949年10月新中国成立时,中国人民取得了推翻国民党反动统治的胜利,结束了帝国主义在中国的统治,但广大新解放区的土地改革尚未进行(到1950年6月,全国业已完成土改的地区约有农业人口1.45亿,未进行土改的地区约有农业人口2.64亿),这些地区的土改直到1952年年底才基本结束,到这时,民主革命的任务才真正完成。土地改革显然是新民主主义革命的重要内容,这也从一个侧面反映当年的新民主主义社会性质。

当然,肯定新中国成立初期的新民主主义性质,并不是说在这个阶段没有社会主义因素。恰恰相反,这是中国的社会主义因素不断增长的几年。政治上,工人阶级(共产党)在国家政治生活中居于领导地位;经济上,没收官僚资本建立了国营企业,以加工订货、统购包销为主要形式的国家资本主义有了很大发展,农业生产互助组普遍建立并试办了一部分农业生产合作社,这些都是社会主义的因素。发展社会主义的因素恰恰是新民主主义社会的应有之义。新民主主义社会本质上是一个既允许资本主义存在甚至得到一定的发展,也必须让社会主义因素发展的社会,并且最终使后者超过前者,从而顺利实现新民主主义向社会主义的过渡。

三、新民主主义社会提前结束的原因

新民主主义社会无疑是带有过渡性质的社会形态。那么,如何实现新民主主义向社会主义的过渡呢?毛泽东曾这样说过:"没有一个新民主主义的联合统一的国家,没有新民主主义的国家经济的发展,没有私人资本主义经济和合作社经济的发展,没有民族的科学的大众的文化即新民主主义文化的发展,没有几万万人民的个性的解放和个性的发展,一句话,没有一个由共产党领导的新式的资产阶级性质的彻底的民主革命,要想在殖民地半

① 《胡乔木谈中共党史》,人民出版社1999年版,第145页。

殖民地半封建的废墟上建立起社会主义社会来,那只是完全的空想。"①这段话集中概括了新民主主义向社会主义过渡所应当具备的基本条件,这就是说,只有经过新民主主义社会在政治、经济、文化等方面全面而充分的发展,而且根据中国人民的需要和意愿,才能实现这种过渡。

基于这样的认识,中共领导人曾设想经过一个比较长的新民主主义社会阶段之后,才能实现社会主义的前途。1944 年 7 月,毛泽东在会见英国记者斯坦因时说:"我们目前的新民主主义政策在任何条件下都将必须继续实行,而且还要实行相当长的一个时期。"②这里"相当长的一个时间"究竟是多长,毛泽东没有进一步进行解释。实际上,这时抗战尚未胜利,虽然中国共产党所领导的各解放区无疑是新民主主义的社会形态,但就全国而言,大多数地区或为日本所侵占,或为国民党统治区,全国范围的新民主主义社会尚未建立,自然也没有必要具体设想向社会主义过渡的问题。

到了 1948 年秋,中国革命的胜利已是指日可待,中国人民盼望已久的新民主主义的新中国很快将变成现实。在这年 9 月的中共中央政治局会议上,中共领导人对何时转入社会主义进行了讨论。刘少奇在发言时提出,不能过早地采取社会主义步骤,毛泽东插话说:"到底何时开始全线进攻? 也许全国胜利后还要十五年。"③当天为会议做结论时,毛泽东又说:"关于完成新民主主义到社会主义的过渡的准备,苏联是会帮助我们的,首先帮助我们发展经济。我国在经济上完成民族独立,还要一二十年时间。我们要努力发展经济,由发展新民主主义经济过渡到社会主义。"④在 1949 年 1 月的中共中央政治局会议上,毛泽东又表示,不要急于追求社会主义化,合作社不可能很快发展,大概要准备十几年工夫。这是中共领导人对新民主主义转入社会主义最早提出的具体时间表。

---

① 《论联合政府》(1945 年 4 月 24 日),《毛泽东选集》第四卷,人民出版社 1991 年版,第 1060 页。

② 《同英国记者斯坦因的谈话》(1944 年 7 月 14 日),《毛泽东文集》第三卷,人民出版社 1996 年版,第 182 页。

③ 《新民主主义经济建设问题》(1948 年 9 月 13 日),《刘少奇论新中国经济建设》,中央文献出版社 1993 年版,第 7 页。

④ 《在中共中央政治局会议上的报告和结论》(1948 年 9 月),《毛泽东文集》第五卷,人民出版社 1996 年版,第 146 页。

1949 年 7 月 4 日,毛泽东在中央团校第一期毕业典礼上又讲:20 年后,我们工业发展到一定程度,看其情况进入社会主义。① 1949 年 6 月至 8 月,刘少奇代表中共中央访问苏联,其间在给斯大林的报告中说:"从现在起到实行一般民族资本的国有化,还需要一段相当长的时间。这段时间到底需要多久? 这要看国际的和国内的各种条件来决定,我们估计或者需要十年到十五年。"②

直到 1951 年,中共领导层仍然认为需要一二十年的新民主主义建设阶段,然后才能转入社会主义。这年 5 月,刘少奇在全国宣传工作会议上说:"现在就有人讲社会主义,我说这是讲早了,至少是早讲了十年。当然,作为理论和理想,我们做宣传工作还要讲,而作为实践的问题,十年建设之内社会主义是讲不到。十年以后建设得很好,那时我们看情况,就可以提一提这个问题:社会主义什么时候搞呀? 但是还要看实际情况才能答复这个问题。十年以后可能采取某一些相当的社会主义步骤;也可能那时还不能采取这种步骤,还要再等几年。"③同年 7 月,刘少奇在给马列学院第一班学员做报告时,也认为向社会主义过渡"少则十年,多则十五年,二十年恐怕不要"④。

中共领导人之所以认为需要一二十年的新民主主义建设阶段,才能采取社会主义步骤,其着眼点就在于只有经过一个比较长的新民主主义建设阶段,在为向社会主义过渡准备充分条件后,才能考虑过渡的问题。这本来是符合中国实际的。但从 1952 年开始,随着过渡时期总路线的酝酿和提出,这个设想被提前放弃了。

据薄一波回忆,从 1952 年下半年开始,毛泽东就考虑向社会主义过渡的问题。1952 年 9 月 24 日,毛泽东在中共中央书记处会议上提出:十年到十

---

① 中共中央文献研究室:《毛泽东年谱(1893—1976)》,中央文献出版社 1993 年版,第 525 页。

② 《代表中共中央给联共(布)中央斯大林的报告》(1949 年 7 月 4 日),《建国以来刘少奇文稿》第一册,中央文献出版社 2005 年版,第 7 页。

③ 《"三年准备,十年建设"》(1951 年 5 月 7 日),《刘少奇论新中国经济建设》,中央文献出版社 1993 年版,第 182 页。

④ 《春耦斋讲话》(1951 年 7 月 5 日),《刘少奇论新中国经济建设》,中央文献出版社 1993 年版,第 209 页。

五年的时间基本上完成到社会主义的过渡,而不是十年或者以后才开始过渡。① 从这时到 1953 年上半年,毛泽东一直思考向社会主义过渡的问题。

所谓向社会主义过渡,就是将私有制改造成为公有制,其中关键是将私人资本主义工商业改造为国营企业,将个体农业和个体手工业进行集体化改造。这时,毛泽东认为,经过三年多的时间,已经具备了对其进行改造的条件。

1952 年 10 月,刘少奇率中共代表团参加苏共十九大期间,受毛泽东的委托,于 10 月 20 日在莫斯科给斯大林写了一封长信。信中对我国过渡到社会主义所需的时间和能够实现的条件,进行了估算和分析:中国现在的工业生产总值(不包括手工业),国营企业已占 67.3%,私人企业只占 32.7%。在苏联帮助中国执行第一个五年计划之后,工业中国营经济的比重将会有更大的增加,私人资本主义经济的比重则会缩小到 20% 以下。十年后,私人工业会缩小到 10% 以下,国营工业将占 90% 以上。私人工业在比重上虽将缩小,但它们在绝对数上还会有些发展。因此,这时候多数资本家还会觉得满意,并与政府合作。他们的企业大体都要依赖国家供给原料、收购和推销成品及银行贷款等,并纳入国家计划之内,而不能独立经营。到那时,将征收资本家的工厂归国家所有。设想多数情况下采取的方式是,劝告资本家把工厂献给国家,国家保留资本家消费的财产,分配能工作的资本家以工作,保障他们的生活。有特殊情形者,国家还可以付给他们一部分代价。

为什么十年以后,中国的资本家多数可能同意把他们的工厂交给国家?中共中央认为原因有五条:(一)中国基本上还是一个资本主义没有发展起来的国家,资产阶级不论在经济上和政治上都是很软弱的,而且富于妥协。(二)从现在起就一方面照顾资本家得到不太少的利润;另一方面,又动员人民反对资本家各种违反国家和人民利益的违法行为。多数资本家和政府的关系没有破裂,但资本家在政治上已经孤立,在社会上的威信大大降低。(三)今天中国比较大一点的私人工厂差不多都是为国家加工订货,他们依赖国家供给原料,收购和推销成品及银行贷款等。此外,还有工人的监督。将来资本家更要依赖国家,工人监督也会变得更有组织。(四)现在已有少

---

① 薄一波:《若干重大决策与事件的回顾》上卷,中共中央党校出版社 1991 年版,第 213 页。

数比较有远见的资本家看到了社会主义企业的优越性及其劳动生产率的提高,相信社会主义的前途已经不可避免,他们现在就积极要求将他们的工厂公私合营。(五)中国社会主义成分的增长,到那时,少数资本家可能完全处在社会主义的包围中,全部资本主义工业国有化的步骤已经不能抵抗。

刘少奇还谈到了在农村进行社会主义改造的有利条件:参加互助合作的农民已占40%,而在老解放区这个比例已高达80%,已建立了几千组织较好的以土地入股的农业生产合作社和几个集体农场;富农阶级原本不占重要比重,老解放区的旧式富农已经消灭,虽然新富农近年有所发展但由于采取禁止党员雇工的政策,新富农不会有大的发展,而新解放区虽然保持富农经济,但在农民的斗争中富农经济已受到很大削弱,估计今后也不会有大发展。因此,互助合作运动是今后中国农村经济发展的主要方式。

中共中央的这个想法得到了斯大林的赞同。10月24日,斯大林接见中共代表团,并且说:"我觉得你们的想法是对的。当我们掌握政权以后,过渡到社会主义去应该采取逐步的办法。你们对中国资产阶级所采取的态度是正确的。"①

刘少奇还向斯大林通报了中共中央关于召开全国人民代表大会的设想。信中说,中国人民政治协商会议在全国有很好的信誉,各民主党派也愿意召开人民政协,而不积极要求召开全国人民代表大会,全国选举的准备工作也做得不够,因而中共中央准备把全国人民代表大会推到三年以后去召开。与此相关联的是,中共中央认为《共同纲领》在各阶层中均有很好的威信,在目前的过渡时期以此作为国家的根本大法是过得去的,因而在过渡时期可暂不制订宪法,以待在中国基本进入社会主义以后再来制订宪法。

对于这个问题,斯大林发表了不同意见。他认为,中共如果不制订宪法,不进行选举,敌人可用两种说法向群众进行反共宣传,一是政府不是人民选举的,是建立在刺刀上的,是自封的;二是《共同纲领》也不是人民选举的代表大会通过的,而是由一党提出、其他党派同意的东西。斯大林还认为,中国"现在的政府是联合政府,因此,政府就不能只对一党负责,而应向各党派负责。这样国家的机密就很难保障"。斯大林甚至认为,"如果人民

① 《关于中国向社会主义过渡和召开全国人民代表大会问题》(1952年10月20日),《建国以来刘少奇文稿》第四册,中央文献出版社2005年版,第525—528页。

选举的结束,当选者共产党员占大多数,你们就可能组织一党政府。其他党派在选举中落选了,但你们在组织政府时可给其他党派以恩惠,这样对你们更好"①。

　　斯大林对中共中央关于过渡到社会主义的设想表示赞同,坚定了中共领导人加快由新民主主义向社会主义过渡的信心。经过半年多的酝酿,1953年6月15日,毛泽东在中央政治局会议上,正式提出过渡时期总路线。会议期间,他在一个讲话提纲中写道:"总路线是照耀一切工作的灯塔。""党的任务是在十年至十五年或者更多一些时间内,基本上完成国家工业化和社会主义的改造。""所谓社会主义改造的部分:(一)农业;(二)手工业;(三)资本主义企业。"②两个月后,他对这个总路线作了完整表述:"从中华人民共和国成立,到社会主义改造基本完成,这是一个过渡时期。党在这个过渡时期的总路线和总任务,是要在一个相当长的时期内,基本上实现国家工业化和对农业、手工业、资本主义工商业的社会主义改造。这条总路线,应是照耀我们各项工作的灯塔,各项工作离开它,就要犯右倾或'左'倾的错误。"③

　　中共中央对斯大林关于提前召开全国人民代表大会和制订宪法的建议亦很重视。1952年11月,中共中央作出决定:尽快召开全国人民代表大会和制定宪法,并按规定向全国政协提议,由全国政协向中央人民政府委员会提出定期召开全国人民代表大会的建议。12月24日,全国政协常务委员会召开会议,一致同意中国共产党的建议,决定由全国政协向中央人民政府委员会建议,筹备召开全国人民代表大会和地方各级人民代表大会。1953年1月13日,中央人民政府委员会举行会议,一致通过《关于召开全国人民代表大会及地方各级人民代表大会的决议》,"决议于1953年召开由人民用普选方法产生的乡、县、省(市)各级人民代表大会,并在此基础上接着召开全国

---

　　①　《关于与斯大林会谈情况给毛泽东和中央的电报》(1952年10月26日、30日),《建国以来刘少奇文稿》第四册,中央文献出版社2005年版,第537页。

　　②　《在政治局会议上的讲话提纲》(1953年6月15日),《建国以来毛泽东文稿》第四册,中央文献出版社1990年版,第251页。

　　③　《革命的转变和党在过渡时期的总路线》(1953年12月),《毛泽东文集》第六卷,人民出版社1999年版,第316页。

人民代表大会"。1953 年 9 月,鉴于各项准备工作尚未完成,中央人民政府委员会又决定将全国人民代表大会召开的时间推迟到 1954 年。1954 年 9 月,第一届全国人民代表大会第一次会议在北京召开,选举产生了新的中央人民政府组成人员。

与 1949 年新中国成立时的中央人民政府相比,一届人大一次会议产生的中央人民政府中,中华人民共和国主席、副主席,国务院总理、副总理,最高人民法院院长和最高人民检察院检察长,均由中共党员担任,原来由非中共人士担任的一些部、委、署的主官,亦由中共党员继任。这样,一届人大一次会议后组成的中央人民政府,已不再具有联合政府性质。

过渡时期总路线的提出和随之开展的大规模社会主义改造,以及一届全国人大一次会议的召开,标志着新民主主义的经济制度和政权制度向社会主义制度的转变,意味着完整意义上的新民主主义社会已经结束。

有研究者认为,有两个重要原因致使中国共产党改变了原来关于向社会主义过渡的想法,放弃了新民主主义社会论。一是工业化的需要。国民经济恢复以后,党和国家决定实行第一个五年计划,努力实现工业化。要实现工业化,就要集中全国的人力、物力、财力,而要做到这一点,就要进行社会主义改造。这是决定提前进行社会主义改造的经济动因。二是"五反"运动的影响。毛泽东原来还一直强调,私人资本主义是有利于国计民生的,应该允许和提倡它的发展。可是后来一进行"五反"运动,揭露出资本家那么多罪恶,使人感到资本主义没有什么好处,全是坏处,应该尽快地加以消灭。[1]

亦有学者指出,中国共产党之所以急于向社会主义过渡,是因为当时已经具备了各项条件。新中国成立后短短几年,就完成了土地改革,开展了"三反"、"五反"等一系列政治运动,巩固了人民民主政权,为社会主义改造奠定了政治基础;国民经济的恢复、国营经济领导地位的确立,为社会主义改造奠定了必要的物质基础。在共产党的领导下,广大人民翻身做了主人,对社会主义社会充满希望,社会主义制度的确立具有广泛的群众基础。[2]

---

[1]　郭德宏:《对国史研究中争论较大的几个问题的思考》,《史学月刊》2002 年第 2 期。

[2]　陈士军:《从新民主主义转变到社会主义的辩证分析》,《社会主义研究》2007 年第 1 期。

还有学者从国际影响的角度对此作了分析,认为当年之所以急于从建设新民主主义转向搞社会主义,苏联的影响是很重要的一个因素。因为斯大林虽然赞成中国革命胜利以后不急于向社会主义过渡,但他又不愿意看到中国在一个相当长的时期内还在搞新民主主义建设。这就使中国共产党不得不考虑,如果继续坚持搞一段新民主主义建设能否得到苏联的支持? 况且,中国向苏联学的都是社会主义建设经验,特别是苏联的计划经济建设经验,这对个体经济占优势的新民主主义建设来说是否用得上? 基于这样的考虑,毛泽东从 1952 年下半年开始酝酿和逐步提出了过渡时期总路线。①

另有研究者提出,国际环境的影响主要表现在三个方面:一是以美国为首的西方资本主义国家对我国封锁禁运。为了打破经济封锁和避免损失,在对西方贸易方面,必须借助政府的力量,全盘统筹,统一对外;同时,封锁也导致我国的对外贸易重心向苏联东欧转移,而这些国家只愿意以协定贸易的方式与我国开展贸易,不仅私营进出口商被排斥在外,地方国营企业也难直接参与。二是朝鲜战争爆发以后,国防压力增大,国防费用增加。中国鉴于"落后就要挨打"的历史教训,即使出于国家安全的考虑,也必须加快重工业的发展,而这就不仅要尽可能地提高积累,而且要将这部分剩余集中在政府、甚至中央政府手中,因此,高度集权的计划经济体制就不可避免了。三是在 20 世纪 50 年代,苏联是唯一愿意和能够大规模援助中国的国家,苏联的援助是有前提的,那就是中国必须认同社会主义制度,站在社会主义阵营一边。同时,苏联的经济体制也决定它的援助只对中国政府,而不是私营企业。苏联的援助方式以及"一五"和"二五"计划的工业建设重点和布局,都促进了中国向苏联模式社会主义的转变。②

但是,也有研究者不认为放弃新民主主义社会论是苏联或者斯大林直接压力的结果:其一,关于中共被称作所谓"民族主义分子"的压力问题,虽然历史上存在过,但却难以同过渡时期总路线的提出联系起来。中共提出

---

① 邢和明:《从新民主主义论到过渡时期总路线——兼论两种社会模式的转变》,《中共党史研究》2006 年第 4 期。

② 武力:《新民主主义社会提前终结的历史分析》,《党史研究与教学》2003 年第 3 期。

开始向社会主义过渡,恰恰是在消除了"民族主义"压力一段时间之后。事实表明,中共主张搞新民主主义也好、主张逐步向社会主义过渡也好,都是独立自主做出的决策,跟所谓"民族主义"问题的压力无关。其二,关于斯大林不赞成中国革命胜利后搞新民主主义而施加压力的问题。截至目前,还没有确凿的能够说明斯大林因对中共搞新民主主义而施加政治压力、中共屈从这一压力因而决定尽快向社会主义过渡的材料提供出来。国际特别是苏联、斯大林对中共放弃新民主主义社会论的影响,主要是苏联走过的社会主义道路、确立的社会主义模式对中国共产党的吸引作用,或者说中共当时强调向苏联学习、争取苏联援助对发展模式选择的推进作用,而不是指一些研究者所说的屈从于苏联和斯大林的政治压力。①

还有学者认为,新民主主义社会提前结束,与毛泽东对马克思主义若干重要理论观点理解上的片面性有关。主要表现为:在对生产力和生产关系矛盾运动规律的认识上有误解;在对阶级斗争的历史作用的认识上有不分条件的泛化和夸大的倾向;对新民主主义经济构成中资本主义作用的认识是矛盾的;对列宁的过渡理论的认识发生了大的逆转。上述一些基本理论上的误解,影响了毛泽东对新民主主义社会论的认识,是导致他放弃新民主主义社会,提前过渡的重要原因。②

另有学者认为,新民主主义社会论本身的缺陷,也是导致新民主主义社会提前结束的很重要原因,并将其缺陷归纳为四个方面:一是关于两个革命阶段转变时间的衔接的模糊性,即新民主主义革命结束以后,是立即开始社会主义革命,还是经过一段新民主主义社会之后再进行社会主义革命?直到中共七届二中全会都没有作出明确回答;二是主要矛盾与中心任务的二元论,既把经济建设作为党的中心任务和工作重点,又把工人阶级和资产阶级的矛盾看作社会的主要矛盾,造成了理论与实践的脱节和矛盾;三是新民主主义社会性质认识的不确定性,毛泽东曾认为新民主主义社会是新资本主义,但后来又批评这一说法;四是新民主主义社会形态的短暂性,即没有

---

① 鲁振祥:《过渡时期总路线研究中"外部压力"说评议》,《当代中国史研究》2007年第5期。

② 刘晶芳:《毛泽东放弃新民主主义社会论的理论原因》,《科学社会主义》2011年第3期。

指出新民主主义社会的较长时期的过渡性特点。①

　　笔者认为,新民主主义社会提前结束,或者说毛泽东提前放弃新民主主义社会,可以从不同的视角进行分析和解读,但在探讨这个问题时,在众多的原因中,这样几个方面的原因是不能忽视的。

　　第一,苏联模式或斯大林模式的影响。苏联模式或斯大林模式是后人的总结,在社会主义改造问题上,中国是有自己的特点的,并非照搬苏联模式,但由于时代条件的限制,也不可避免地受这种模式的影响。当时,毛泽东等领导人曾测算过苏联进行社会主义改造的时间。按《联共(布)党史简明教程》的介绍,1925年年底苏联国民经济恢复时期结束,从1926年开始国家的社会主义工业化建设,到1933年年底取得决定性胜利,共花了8年时间。按斯大林1936年11月25日所作的关于苏联宪法草案的报告所讲的情况,苏联1924年开始社会主义改造,到1936年资本主义在国民经济所有部门中被完全消灭,时间则为13年。这期间,苏联工业总产值中社会主义与资本主义成分所占的比重发生了很大变化:1923年至1924年公有制占76.3%,1935年增长到99.96%;在工农业总产值中工业所占的比重也发生了很大变化,1924年至1925年工业占32.4%,1933年增长到70.4%。这些材料表明,苏联从农业国变成工业国,社会主义改造从开始到完成,用了10年或稍多一些时间。那么,中国设想用10年到15年过渡到社会主义并实现国家工业化,还算是打了一点机动时间的。在新中国成立初期,中国人心目中的社会主义,其实就是苏联模式的社会主义。因为苏联建立的是一党政府,实行的是计划经济,不允许资本主义经济存在,曾开展大规模的农业集体化,所以中国也将人民民主专政改称为无产阶级专政,也建立计划经济体制,执政不久后也即开始对农业和资本主义工商业进行社会主义改造,以建立纯之又纯的公有制经济。薄一波后来回忆说:"那时,在我们不少同志的心目中,一提起苏联经验,是很有些肃然起敬、钦羡不已的味道的。"②

　　第二,对农村两极分化的担心。新中国成立时,老解放区已完成了土地

---

　　①　石仲泉:《毛泽东的艰辛开拓》(增订本),中共党史出版社1992年版,第139—140页。

　　②　薄一波:《若干重大决策与事件的回顾》(修订本)上卷,人民出版社1997年版,第417页。

改革。到 1952 年年底,新解放区的土改也基本完成。土地改革后,在农业生产恢复发展和农民生活得到改善的同时,一些新的情况和问题也随之出现了。其中最为人们所担心的就是出现了两极分化苗头。由于我国广大农村处于分散的小农经济状态,生产力水平低下,农民抗拒自然灾害的能力十分脆弱,农村的社会保障和社会救济体系尚未建立,虽然经过土地改革,每个农民获得了数量大体相同的土地,但每户农民的劳动能力、经营水平和农业技术各不相同,所以其收入水平也必然会有差异,也就不可避免地造成贫富的悬殊。这又势必出现富者买地贫者卖地的现象,导致农村的阶级关系出现新的分化。农村开始出现少量的新富农,这也不可避免地将产生雇工剥削。于是使人们不得不思考这样一个问题:将会有一部分富裕中农富农化,出现新富农(富农在当时被视为农村的资产阶级),对此是允许其发展还是限制其发展?对于土改后农村出现少量的两极分化过度担心,是中共领导人决定提前在农村进行所有制改造的一个重要原因。实际上,当时农村两极分化的现象并不严重,尽管少数农民有走互助合作道路的积极性,但更多的农民是想在刚刚分到的土地上好好经营一番。农业合作化虽然取得了很大成绩,但它对我国农业生产所产生的负面影响也不能低估。

第三,"三反"、"五反"运动的推动。新中国成立前,各根据地可以视作新民主主义共和国的雏形,或者说是局部的新民主主义社会。但是,毛泽东在战争年代关于发展资本主义的有关论述,主要是出于理论分析,因为当时根据地基本上没有资本主义。但是,理论上对资本主义的分析,与现实中对资本主义采取什么样的政策毕竟不完全相同。现实中的东西要复杂得多。当年中国共产党人认为要发展资本主义,主要考虑到的是其积极作用。可是进城之后,当与现实中的资本主义打交道时,就常常遇到理性与感性的矛盾。在 1950 年调整工商业后,少数不法资本家违法犯罪活动日趋严重,将其唯利是图、损人利己的本性充分暴露。因此,中共中央决定在党政机关开展"三反"运动后不久,又在资本家中开展了"五反"运动。打击资本家的"五毒"行为是非常必要非常及时的。但是否可以这样说,"五反"运动使党内相当多的人对资本主义原有的一点理论上的好感也不存在了。而"五反"运动之后,资产阶级受到了严重打击,在事实上已经不能像过去那样生存了,资本主义在当时的生存发展空间已变得十分狭小,资本家自己也感到前途渺茫,请求国家"计划"他。1951 年 7 月,刘少奇给马列学院的学员作报告,在谈到消灭资本主义的问题时说,消灭的时间和方式要看当时的情况和资产阶级的态度来决定,资产阶级的态度恶劣可能逼使我们要早一些,方式要激烈一些。资本家的"五毒"行为,似乎说明了资本家的态度恶劣。反正资本主义迟早要消灭的。现在,资本主义有这么多的毛病,资本家自己也有了改造的要求,因此,趁此机会将之消灭,也就顺理成章了。

第四,当时全国上下对于早日实现社会主义的企盼。1952 年 5 月至 8 月,中共中央派出了以农业劳动模范为主的中国农民代表团,对苏联进行了 3 个半月的参观访问。代表团回国后,对苏联农业集体化的好处作了广泛的介绍。河北饶阳"耿长锁农业生产合作社"社长耿长锁说:"集体农民的生活真是令人羡慕。他们吃的是面包、肉、牛奶,星期天穿的不是哔叽就是绸子,睡的是钢丝床,房子里有自来水、电灯、收音机,柜橱桌椅齐备。每个集体农场都有俱乐部、图书馆、无线电转播站、电影场。集体农民一面工作一面唱歌。那里没有人剥削人的现象,大家都很快乐。这种生活只有集体化才能得来。看了之后,真使人羡慕。我们一定要努力争取这种生活在中国实现。这先要农民大伙认识这种好处,携起手来干。"[1]山东省农业劳动模范吕鸿宾等人说:"过去听说过苏联农民生活很幸福,但不知道是什么样子,这次可亲眼看到了。"[2]新中国成立后,对社会主义的优越性,对苏联社会主义建设取得的成就,作了广泛的宣传,为人们描绘了一幅社会主义的美好前景。既然中国是迟早要走入社会主义的,而社会主义又是那么美好,在可能的情况下提前进入社会主义就成为人们的共同愿望。正如有研究者所指出的:"就宣布开始过渡的时间比过去讲的要早这一点而言,对于总路线的提出,人们有些意外;就中国共产党迟早要领导中国人民向社会主义过渡这一点而言,没有人感到意外。因为新民主主义理论的宣传和教育早已使人们有了这样的思想准备。"[3]

此外,新中国成立之后,国营经济迅速发展。在全国工业的总产值(不

① 《农业集体化的好处说不完——中国农民劳动模范谈访苏观感》,《人民日报》1952 年 8 月 21 日。

② 《苏联农民的道路就是我国农民的道路——中国农民代表参观团团员谈访苏观感》,《人民日报》1952 年 9 月 10 日。

③ 龚育之:《关于十七年》,《中共党史研究》1995 年第 1 期。

包括手工业）中,国营工业由 1949 年的 34.2% 上升到 1952 年的 52.8%（合作社营、公私合营工业占 8.2%）,私营工业从 63.3% 下降到 39%。在社会商品批发总额中,国营商业从 1950 年的 23.2% 上升到 1952 年的 60.5%,私营商业则从 76.1% 下降到 36.3%。"这些变化的实质是,社会主义性质的国营经济在整个国民经济中的领导地位更为增强,不仅控制着有关国计民生的重要行业和产业部门,而且在现代工业中超过私营工业占据了优势,并在批发商业中占明显优势,能够有力地调控重要商品的价格和供求关系,从而使国营经济成为中国逐步过渡到社会主义的主要物质基础。"①早在 1948 年 9 月的中共中央政治局会议上,刘少奇就曾表示:要注意与私人资本家的斗争。斗争的方式是经济竞争。这种斗争的性质,是带社会主义性质的,"我们竞争赢了,革命就可以和平转变,竞争不赢,社会主义性质的经济,就被资本主义战胜了,政治上也要失败,政权也可能变,那就再需要一次流血革命。"②新中国成立后国营经济的发展,表明无产阶级与资产阶级的经济竞争已取得重大胜利,已经具备向社会主义和平转变的条件。可见,"建国初期,从政治上讲,中国共产党在国家政权中居于绝对领导地位,在经济上没收了掌握国民经济命脉的庞大官僚资本的新民主主义纲领,无疑属于新民主主义的高级发展阶段。这就是新民主主义之新的成分,无产阶级和社会主义的成分更多,离向社会主义转变更近的阶段。"这也是后来很快提出向社会主义过渡的根由。③

以毛泽东为代表的中国共产党人,在构建新民主主义社会蓝图的时候,明确将新民主主义社会定位于中国这样原本经济文化十分落后的半殖民地半封建国家,过渡到社会主义的所必须经过的一个特殊社会发展阶段,这就决定了这种社会形态的过渡性和短期性。当时人们认为,新民主主义作为一种过渡性质的社会形态,它既有社会主义的因素,同时也有资本主义的因素,因而无产阶级与资产阶级的矛盾构成了新民主主义社会的主要矛盾,新

---

① 中共中央党史研究室:《中国共产党历史》第二卷,中共党史出版社 2011 年版,第 184 页。

② 《新民主主义经济建设问题》（1949 年 9 月 13 日）,《刘少奇论新中国经济建设》,中央文献出版社 1993 年版,第 4—5 页。

③ 《龚育之自选集》,学习出版社 2002 年版,第 492 页。

民主主义社会也就可能有两种发展前途,一种是过渡到社会主义,一种是滑入资本主义。既然如此,以实现社会主义为奋斗目标的中国共产党人,在认为基本条件已经成熟的情况下,比预定的时间提前实现向社会主义过渡也就不难理解了。从以上几点可以看出,当时提前进行社会主义改造,既是人心所向、大势所趋,也是历史发展的必然结果。

四、社会主义改造为何提前完成

随着过渡时期总路线的提出,我国开始了大规模的对个体农业、个体手工业和私人资本主义工商业的社会主义改造。到 1956 年,这三大改造基本完成。根据这年 6 月的统计,全国 1.2 亿农户中,加入农业生产合作社的,已经有 1.1 亿户,占农户总数的 91.7%,其中,有 3500 万户加入了初级合作社,有 7500 万户,即大多数,加入了高级合作社。全国个体手工业者参加了各种不同形式的生产合作组织,加入手工业生产合作社、生产小组或者供销生产合作社的,已经占个体手工业从业人员总数的 90%。全国资本主义工商业已经基本上实现了全行业的公私合营。这年 9 月,在中国共产党第八次全国代表大会上,刘少奇代表中共中央正式宣布:"改变生产资料私有制为社会主义公有制这个极其复杂和困难的历史任务,现在在我国已经基本上完成了。我国社会主义和资本主义谁战胜谁的问题,现在已经解决了。"①这就意味着,从 1953 年过渡时期总路线提出算起,仅用了 3 年的时间,就完成了新民主主义向社会主义的过渡。

社会主义改造的进程如此之快,完成的时间如此之短,恐怕是全国上下都未曾预料的。在 1956 年 1 月 25 日第六次最高国务会议上,毛泽东感慨地说:"公私合营走得很快,这是没有预料到的。谁料得到?现在又没有孔明,意料不到那么快。"②

当年进行解放战争的时候,毛泽东曾预计蒋介石是一定可以打败的,但

---

① 《在中国共产党第八次全国代表大会上的政治报告》(1956 年 9 月 15 日),《刘少奇选集》下卷,人民出版社 1985 年版,第 218—219 页。

② 转引自薄一波:《若干重大决策与事件的回顾》上卷,中共中央党校出版社 1991 年版,第 409 页。

时间将会较长。至 1947 年 7 月人民解放军转入战略反攻后,他才作战争的进程的具体时间预计,在这年 7 月下旬中共中央在陕北靖边县的小河村召开的扩大会议上,他提出对蒋介石的斗争,计划用五年(从 1946 年 7 月算起)解决,但是又表示:说五年,用不着讲出来,还是讲准备长期奋斗,五年到十年甚至十五年。到 1948 年 7 月,中共中央才明确表示再过三年加上已经过去的两年即五年基本打倒国民党。实际上,从 1946 年 7 月全面内战爆发算起,只用了三年多的时间就基本上打倒了国民党。所以,社会主义改造预定的十五年,并非是最短的时间,在很大程度上是最长的期限。既然如此,如果有条件提前完成那又何乐而不为?

从新民主主义理论提出的那天起,中共领导人就认为这是一个过渡性质的社会,即由半殖民地半封建社会走入社会主义的桥梁。新民主主义社会既发展社会主义也允许私人资本主义存在的特殊性,意味着这个社会其实有两种前途或两个发展方向,即转入社会主义的可能与转入资本主义的可能。中共七届二中全会提出新中国成立后,中国社会主要矛盾是无产阶级与资产阶级的矛盾,也是基于这个考虑而提出的。通过"三反"、"五反"运动,私人资本主义经济的消极性暴露无遗,农村出现的两极分化的苗头,又使人们担心出现新的阶级分化,使人们认为如不加快进行社会主义改造,将新民主主义社会拉向资本主义前途的可能性在增长,必须趁热打铁、一鼓作气消灭私有制,奠定社会主义的经济基础。

在启动社会主义改造之际,第一个五年计划正式实施,新中国进入大规模工业化建设的高潮。随着计划经济体制的建立,客观上要求将农业生产能够纳入国家计划,1953 年年底执行的粮食统购统销政策,就是将农产品的购销纳入计划经济轨道的重要步骤。统购统销的核心内容是对农村粮食的统购,在未合作化之时,农村粮食统购必须面对一家一户的农民,而通过合作化,统购的对象就由个人变成了农业社集体,这无疑有利于统购任务的完成。同时,随着计划经济体制的建立,私人资本主义工商业的市场属性必然与计划经济发生矛盾,而粮食、棉花等重要农产品的统购统销,又使得大量的私人工商企业失去了原料来源,不进行改造已别无出路,这也从客观上推动了社会主义改造的加快进行。

过渡时期总路线提出之后,开展了大规模的社会主义改造重要意义的宣传,给广大群众描绘了一幅社会主义制度建立后的美好前景,在很大程度上调动了人们进行社会主义改造的积极性。

1953 年 10 月 31 日,中共中央发出《关于统购粮食的宣传要点》,其中主要讲了三个问题:(一)为什么要走社会主义的路;(二)什么是过渡到社会主义的总路线;(三)实行总路线,建设社会主义,为什么要统购粮食。对于为什么要走社会主义的路,《宣传要点》说,土地改革以后,农民的生活比以前好了(《宣传要点》特地注明,对于这个问题,可以用算细账的办法具体证明共产党和人民政府是为农民谋幸福的),但是,因为耕地少,耕种的规模小,耕种的技术落后,产量少,所以生活也还不算富裕。要过更好的日子,一定要实行社会主义工业化和对农业、手工业和资本主义工商业的社会主义改造。就农业来说,只有在农村中一步一步地实行社会主义制度,才能使农民生活一步一步地和普遍地获得提高。

《宣传要点》说:农民面前有两条路,一条是资本主义的路,一条是社会主义的路。走资本主义的路就是使大多数农民落后、贫困,少数富农则利用囤粮倒粮、雇工、放债、买地的办法牺牲群众来求个人发财,你坑我,我坑你,你赚我,我赚你,大鱼吃小鱼,结果是少数人"冒尖"、冒小尖,多数人还是受穷。社会主义是大伙联合起来用大规模生产和新的农具、新的农作法来求共同富裕。其办法是共同劳动,按劳分配,劳动所得,除纳国税、缴合作社的公积金和谋当地的公共福利之外,均归农民自己所有。结果是全体农民都冒尖,冒大尖,没有穷人,谁劳动得最好,谁的收入就最多,谁的日子就过得最好,而且鳏寡孤独也能得到社会的照顾。所以走资本主义的路是一条死路,走社会主义的路才是一条光明大路。

正因为如此,《宣传要点》在回答为什么说走社会主义的路是使全体农民"冒大尖"这个问题时,特意举了中国农民代表访苏的例子,并且说:中国农民代表团到苏联参观,亲眼看到苏联普通农民每个劳动力每年可以拿到合咱们中国几千万(旧币,1 万元相当于后来的 1 元)人民币,外加几千斤粮食。许多农民住的是"楼上楼下,电灯电话",有些农民还有汽车。家家可以吃好的、穿好的。农村里有工厂、大商店、医院、中学、电影院、公园、交通方便,跟城市里的生活差不多。《宣传要点》说:苏联革命胜利才 36 年的时间,就建设得这样好,我们有苏联的经验,再过二三十年也可以达到这样的程度。这种生活不但比过去的富农强,也比过去一般地主和今天的许多资本家强。接着,《宣传要点》回到了正题:为什么社会主义能够这样? 答案是:

因为劳动人民大家联合起来,组织起来,能实行大规模生产,能用新的技术、新的农具。

既然社会主义能够过上如此好的日子,对于广大农民来说,谁又不希望这样的好日子能早一点到来呢? 不但如此,中国农民历来有着浓厚的平均主义思想,他们盼望自己能够"冒尖"致富,但却不希望别人"冒尖",而搞社会主义大家都"冒尖",确实有很大的吸引力。应当说,经过土地改革,同村(或乡)的农民得到大体相等的土地,由于每个农民的家庭情况并不相同,少数农民因为劳力多、畜力好、会持家、技能强、善经营,家庭经济条件上升快。多数农民(主要为贫雇农)虽然在土改中得到了土地和其他生产、生活资料,可他们或者劳少人多,或者缺少畜力,或者不善经营,尽管生活有了一定的改善,但日子仍不宽裕,一旦遇上天灾人祸为了救急往往只得变卖土地。社会主义大家都"冒尖",都能像苏联农民一样过上"种田不用牛,点灯不用油","楼上楼下,电灯电话"的好日子,对许多农民确实有很大的吸引力。这是农业合作化能够在全国农村迅速推广十分重要的群众基础。所以,社会主义改造的高潮首先发生在农村,随之又带动了手工业和资本主义工商业改造的高潮。

资本主义工商业的改造之所以也很快完成,是基于以下因素:

第一,经过抗美援朝、土地改革、镇压反革命等一系列的政治运动,以及过渡时期总路线公布后广泛深入的社会主义前途的宣传教育,人们的政治觉悟普遍提高,"跟共产党走,走社会主义道路"已是大势所趋,人心所向。特别是经过"五反"运动后,资产阶级的威信扫地,资本家实际上已丧失了控制企业的权力。

第二,随着第一个五年计划的实施,国营经济进一步壮大,到1955年,在工业中,国营经济和公私合营经济已占工业产值的80%以上;在商业中,国营和合作社商业已占商业批发总额的94.8%。这时,银行、铁路、钢铁、矿山、电力、对外贸易等关键性的经济部门,已掌握在国家手中。社会主义经济与资本主义经济相比已占决定性的优势地位,为资本主义工商业的社会主义改造奠定了坚实的物质基础。与此相反,资本主义经济的力量则在削弱。1954年以后,私营工商业的利润大大下降,在生产方面也遇到了很多的困难,实际上离开国家已很难生存下来了。资本主义经济已基本上附属于社会主义经济,丧失了独立存在的条件,已只有接受社会主义改造一条道路了。

第三,对于大多数资本家来说,一方面,进行社会主义改造是大势所趋,无法抗拒,同时,改造不是无偿没收,资本家在个别企业公私合营阶段可得到一定比例的红利,全行业公私合营后在一个时间可领取定息,对他们的工作也有相应的安排,使他们的利益得到了一定的保证;另一方面,也更主要的,是绝大多数的民族资本家是爱国的,他们从短短几年中国的变化中认识到共产党的力量,认识到只有共产党才能使中国强大起来,荣毅仁、刘鸿生等民族资产阶级的代表人物带头公私合营,对于全国工商界也是有力的推动。同时采取了多种措施做资本家的工作,例如组织资本家子女、家属参加各种学习班,使他们懂得劳动光荣的道理,并通过他们推动资本家放弃剥削。加之当时国营企业工人的劳动条件、工资福利待遇甚至政治地位,都要远远好于私营企业,私营企业的职工迫切希望将企业通过公私合营改造成国营企业,成为推动资本家接受改造的重要力量。

中共强大的组织动员能力与毛泽东的巨大威望,以及采取群众运动的方式,亦是社会主义改造能够快速进行的重要因素。

中共在全国执政后,在各级建立了健全的政权组织和党的系统,同时还建立了一系列的群团组织,形成了完整的组织网络,这就保证了上级决策在下级的有效贯彻,这也是社会主义改造能够顺利推进的前提条件。过渡时期总路线规定的社会主义改造任务,是中共中央作出的重大决策,各级组织都有贯彻执行的义务,所以自过渡时期总路线提出以后,进行社会主义改造就成为全党和全国的中心工作。

过渡时期总路线的提出无疑是中共中央的集体决策,但毛泽东在其中所起的作用却是他人无法替代的,而社会主义改造高潮的提前到来及整个改造任务的提前完成,又与毛泽东对形势的判断有着密切的关系。

虽然1953年6月毛泽东就初步提出了过渡时期总路线,但在全国进行大规模的宣传贯彻,则是1953年冬才开始的,农业合作社大量建立也是在1954年。统购统销政策是1953年10月出台的,但1953年度统购任务的完成则是1954年春。所以1954年既是农业合作社大发展的一年,也是统购统销政策全面落实的一年。农民虽然向往社会主义的幸福生活,但他们作为小生产者对于集体生产劳动并不习惯,对于自己生产的粮食由国家统购(尽管按照市场牌价将粮价兑付给农民)也有人不情愿。因此,在建立农业社和完成粮食统购任务时,一些地方发生了强迫命令现象,导致1955年春部分地方发生了农民闹粮食、闹退社的事件。当时,主管农业合作化运动的中共中央农村工作部,建议农业合作社暂停发展、全力巩固,并且得到中共中央书记处会议的同意,也得到了毛泽东的认可。但随后毛泽东通过阅看一些地方上报的材料和听取一些地方负责干部的汇报,认为农村的形势并非中央农村工作部所说的那样紧张,并且由此作出判断:叫喊缺粮的主要是一些富裕中农,实际上反映了他们不愿走社会主义道路的情绪,而从中央到地方一些干部也跟着说农村形势紧张,说明这些人在走社会主义道路的问题上立场不坚定,成了富裕中农的代言人。所以从1955年夏起,毛泽东就一再对农业合作化运动中的所谓"小脚女人"即右倾保守思想进行批判。

中国革命战争的胜利和新中国成立后各项事业的发展,使毛泽东在全党全国有着巨大的威望,人们相信毛泽东的判断总是对的,他指引的道路是正确的,于是原来主张农业合作社应大发展的人更加积极,原来认为农业合作社应适当控制规模而被认为有右倾保守思想的人也只得放弃原有的立场。中共中央文献研究室编写的《毛泽东传(1949—1976)》就此分析说:"毛泽东作为享有崇高威望、深受全党和全国人民爱戴和信赖的领袖,曾经一次又一次地带领人民取得难以想象的胜利,当他提出一个主张并雷厉风行地加以推行的时候,各级干部总是闻风而动,积极贯彻实行,唯恐落在别人后头。这样,往往在相互攀比中又提出一些超过毛泽东预计的情况和规定的指标。这些反映到毛泽东那里,使他十分兴奋,又进一步提出新的要求和更高的指标。"①就这样,农业合作化的速度1955年下半年急剧加快,并由此带动了手工业和工商业改造的快速进行,使得原定十五年完成的改造任务大大提前。

社会主义改造是采取群众运动的方式进行的。群众对待运动的态度基本上可以分为积极、随大流、消极甚至反对三种。如在农业合作化运动中,积极要求办社或赞成办社的,主要是两部分人,一是党团员、青年积极分子;二是缺衣少食的鳏寡孤独或人多劳少、解放后生活没有多大提高的现贫农。前者积极办社的原因,主要是觉得自己是党的人,或者自己是干部,认为必

① 中共中央文献研究室:《毛泽东传(1949—1976)》,中央文献出版社2003年版,第417页。

须听党的话,按党的指示办社。后者呢,土改后虽然分得了土地,但没有劳动力或劳动力不足,生活仍然艰难,他们认为入了社有集体可依靠,而且当时在开展群众入社宣传动员时,又向他们描绘了一幅合作社办起后生产能够迅速提高、生活能够很快改善的美好图景。对于这些人来说,参加合作社没有物质利益上的损失,相反,他们感觉到入社后还可以从社里得到诸多好处,能很快过上甚至超过现在富裕中农的生活。当然,一开始积极分子是少数,明确反对者也是少数,多数农民是随大溜的。但是,随大溜的这部分人态度却容易转化,因为多年来他们一直搞单干,也确实没有发过财,他们认为大不了加入合作社,无非还是和原来一样发不了财,既然如此,那又何必一定要坚持单干呢?于是,在干部和积极分子的动员之下也就入了社。这样一来,大多数农民变成了农业合作化运动的支持者与参加者,少数不愿意入社的农民在农村中处于孤立状态,并面临只想自己"冒尖"而企图走资本主义道路的压力,最终的结果是与多数人一样加入到农业社中来。手工业和资本主义工商业改造中也存在类似的情况。

五、几个相关问题的探讨

第一个问题,如何评估社会主义改造对生产力发展的影响?

对于这个问题,一个基本的事实是,社会主义改造的几年,确实是新中国成立至中共十一届三中全会前国民经济发展比较好的时间。就全国公私合营工业的产值而言,本年与上一年比较,1950年增长17.3%,1952年增长32.2%,1953年增长28.3%,1954年增长25.1%,1955年增长2.91%。公私合营工业企业的人均劳动生产力与私营企业相比,1951年超过18%,1952年超过52%,1953年超过73%,1954年超过87%,1955年超过100%。1956年全行业公私合营后,全国公私合营工业企业的总产值比1955年增加32%,1957年又比1956年增长8%;公私合营商业零售额1956年比1955年增加15%。①

就农业而言,虽然增长的速度没有工业迅速,但农业生产得到了较快的

① 李定主编:《中国资本主义工商业的社会主义改造》,当代中国出版社1997年版,第302页。

发展。1957年全国农业总产值536.7亿元(1957年不变价格),比1952年的417亿元增长24.8%,平均每年递增4.5%。占农业总产值80%以上的农作物产值从1952年的346.6亿元增长到1957年的432.6亿元,增长24.8%,平均每年递增4.5%。1957年粮食总产量19505万吨,比1952年的16392万吨增长19%,平均每年递增3.5%。其中稻谷总产量8678万吨,比1952年的6843万吨增长26.8%;小麦总产量2364万吨,比1952年的1813万吨增长30.4%。棉花总产量164万吨,比1952年的130.4万吨增长25.8%。糖料总产量1189.3万吨,比1952年的759万吨增长56.6%。茶叶总产量11.2万吨,比1952年的8.2万吨增长36.6%。烤烟总产量25.6万吨,比1952年增长15.3%。水果总产量324.7万吨,比1952年的244万吨增长32.9%。与此同时,畜牧业、林业、渔业、副业也得到了较大的发展,农民生活水平也有所提高。增长较慢或有所下降的是油料、黄红麻和蚕丝。油料总产量419.6万吨,仅比1952年419万吨增长0.1%。黄红麻总产量30.1万吨,比1952年下降1.6%。蚕茧总产量11.2万吨,比1952年下降8.9%。①

当然,这几年中国国民经济的发展,其中的原因是多方面的。如结束多年的国内战争,抗美援朝战争到过渡时期总路线提出时也基本结束,这种环境应当说自近代以来是少有的,因为中国过去是长期战乱不断,国内出现的和平环境为经济的发展创造了条件;由于新中国的建立和抗美援朝战争胜利,中国共产党在全国人民面前树立了良好的形象,人民对于执政党和新政权充满期待,也确实以很高的热情投入国家建设和各项工作之中;"一五"期间苏联援助的156项重点工程的开工建设,有力地加强了我国的工业基础,苏联在此间给予中国的援助也对国民经济的恢复发展产生了积极作用。

公私合营工业企业生产效率较合营前有了很大提高,一个重要的原因是1955年之前合营主要是那些生产条件较好、规模较大的私营企业。1956年全行业公私合营时主要是中小企业,这期间全国共有7.07万户私营工业实现公私合营,职工总数为114万人,平均每个企业只有16人。这些企业中的多数不但规模小,有的甚至是前店后厂,而且设备陈旧,管理落后,生产效

---

① 详见陈廷煊:《1953—1957年农村经济体制的变革和农业生产的发展》,《中国经济史研究》2001年第1期。

率自然很低。公私合营后对这些企业实行合并改组,原则是"以大带小,以先进带落后",有的是若干小厂合并成一个大厂,有的是将若干小的、落后的企业合并到大的、相对先进的企业去,至于各小厂一些过于陈旧落后的设备则干脆淘汰,购置相对先进的设备,建立比较规范的管理制度。采取这样的办法,公私合营企业的生产效率无疑比原来的私营小厂要高得多。同时,这几年农业生产的发展,也与国家提高农副产品的收购价格,稳定农业税收,增加对农业生产的投资,开展农田水利建设和爱国增产竞赛运动,增加对农业生产资料的投放数量,推广新的农业生产技术等有密切的关系。因此,从总体上讲,社会主义改造期间社会生产力水平没有下降,而且这些年间工农业生产还得到了发展。

但是,也应看到,由于社会主义改造的急骤完成,在改造中也出现了一些问题。如在农村,在很短的时间实现了农业合作化,并在农业合作社内部的分配上建立了以"评工记分"为主要内容的分配制度。从表面来看,这种分配制度体现了按劳分配原则,但实际上,评工记分不但手续繁琐,而且社员之间也往往由于抹不开情面而对每个人的劳动认真进行"评工",所以许多农业社建立后在"记分"问题上记的是"大概工",即固定工分,这样做固然简便易行,但却变成典型的平均主义,使得社员间干多干少、能力强弱都是得一样的工分,又严重挫伤了那部分劳动积极、生产技能强的社员的积极性,以至于能干的也不干、能干多的也少干。一些地方针对这种情况,曾探索出了在不改变所有制性质的前提下进行"包产到户"的做法,但在1957年反右派运动后农村开展的两条道路大辩论中,却将"包产到户"当作走资本主义道路而加以批判,而这种固定工分的做法在后来的人民公社时期进一步强化,成为长期以来农民生产积极性不高、农业生产效率低下的重要原因。

又如在手工业的改造问题上,忽视个体手工业经营模式灵活、快捷、便民的特点,在建立手工业合作社时过于强调统一的工作制度,统一核算、进货、工资福利等,不但给人民生活带来不便,而且在合作社内部的分配上也存在平均主义的问题。在资本主义工商业改造中也存在对私方人员未得到合理使用;过分强调集中统一,盲目合并了一些小厂和商业网点,不仅使许多有特色的商品质量下降,还给消费者带来了诸多不便;将很多小商小贩小手工业者也当成私营工商业者,将之合并到公私合营的企业之中,后来使这些人背负了资本家的名号,遭受了不应有的歧视等问题。

更重要的是,由于受历史条件的限制,当时没有认识到其实建立社会主义制度,并不等于在所有制问题上搞单一的公有制,在分配方式上实行单一的按劳分配,而可以在保证公有制和按劳分配主体地位的前提下,允许多种所有制和多种分配方式同时存在,这样更有利经济的发展。因此,在社会主义改造完成之后,非公有制经济几乎不复存在,而按劳分配又变成了固定工分和固定工资,不但使经济发展缺乏活力,而且也不利于调动劳动者的积极性,成为改革开放前中国经济没有得到应有的发展、人民生活没有得到应有的改善的重要原因。

第二个问题,如何看待"早不知今日,何必当初"的观点?

改革开放后的中国社会,无论在政治制度方面、经济制度方面还是在文化制度方面,都与新中国成立初期新民主主义社会有着诸多相似之处。特别是在所有制结构上,在新民主主义社会阶段是多种所有制共存,当下的社会主义初级阶段亦是如此。于是,一些人发出"早知今日,何必当初"的感慨,意即早知社会主义初级阶段可以搞多种所有制,那又何必在 20 世纪 50 年代进行人规模的社会主义改造。因为社会主义改造的目的,就是将多种所有制改造成为单一的公有制,而中共十一届三中全会之后,经济体制改革的一项重要内容,就是将单一的公有制恢复为多种所有制共存,特别是当下大力发展的民营经济,有人认为实际上就是当年私人资本主义工商业的"复活"。既然如此,当年根本就没有必要对其进行社会主义改造。

如果用今天的眼光来看,当年的新民主主义社会存续的时间自然可以更长些,这样可能更有利于中国经济社会的发展,而且进行社会主义改造时,在所有制的问题上完全没有必要搞清一色的公有制。问题在于当年的人们不可能有这样的认识。1953 年 12 月,中共中央宣传部根据毛泽东的指示,起草了宣传过渡时期总路线的提纲《为动员一切力量把我国建设成为一个伟大的社会主义国家而奋斗》,其中指出:"党在过渡时期的总路线的实质,就是使生产资料的社会主义所有制成为我国国家和社会的唯一的经济基础。"毛泽东在审阅这个提纲时,特地加了这样一段解释性的话:"我们所以必须这样做,是因为只有完成了由生产资料的私人所有制到社会主义所有制的过渡,才利于社会生产力的迅速向前发展,才利于在技术上起一个革命,把在我国绝大部分社会经济中使用简单的落后的工具农具去工作的情况,改变为使用各类机器直至最先进的机器去工作的情况,借以达到大规模地出产各种工业和农业产品,满足人民日益增长着的需要,提高人民的生活水平,确有把握地增强国防力量,反对帝国主义的侵略,以及最后地巩固人民政权,防止反革命复辟这些目的。"①1954 年 3 月 5 日,吴玉章(时任中国人民大学校长)撰写了一篇纪念斯大林逝世一周年的文章,其中写道:"百战百胜的列宁斯大林的学说为我们指出:建成社会主义是一个艰巨的深刻的社会改造事业。要完成这一伟大任务,我们必须坚决地克服一切困难,在劳动中竭尽我们创造性的才能,以便最后消灭一切形式的生产资料的私有制度,而使生产资料的公有制度成为中国社会唯一的经济基础。"②从这里不难看出,当时包括毛泽东在内的中国共产党人对于社会主义的理解与认识。

在当时的人们看来,社会主义在所有制上必须是公有制的,而且公有化的程度越高越好;社会主义也只能搞按劳分配,而不能有其他的分配形式,否则会出现不劳而获的剥削,剥削现象的存在将背离社会主义的根本原则;社会主义只能搞计划经济,自由竞争会导致社会生产的无序与社会资源的巨大浪费。当时人们基于对社会主义的这种认识和理解,开展了大规模的社会主义改造,其目的就在于使新民主主义社会时期的多种所有制中的非公有制,改造为单一公有制,消灭剥削,实现按劳分配以体现社会的公平正义。在大规模的社会主义改造进行的同时,还开始了第一个五年计划的实施,国民经济的计划体制开始形成。所以,对于"早知今日,何必当初"这个问题,其实应当是早不知今日,才有当初。也就是说,当年进行社会主义改造之时,人们还不知道社会主义应当允许搞多种所有制,应当允许多种分配方式,计划与市场都是资源配置的手段,更没有认识到即使通过所有制的改造,建立了社会主义制度,这样的社会主义还只是初级阶段,即不发达的阶段。中共十一届三中全会之后,之所以在农村实行以包产到户为基本特征的农业生产责任制,在全国城乡允许乃至鼓励个体经济、民营经济在内的多种所有制共同发展,逐步用市场经济体制取代计划经济体制,正是由于社会

---

① 《对过渡时期总路线宣传提纲的批语和修改》(1953 年 12 月 7 日、13 日),《建国以来毛泽东文稿》第 4 册,中央文献出版社 1993 年版,第 405 页。

② 吴玉章:《中国人民沿着过渡到社会主义的道路前进——纪念斯大林逝世一周年》,《人民日报》1954 年 3 月 5 日。

主义改造完成后在如何建设社会主义上积累了丰富的经验教训,对于什么是社会主义、怎样建设社会主义的认识得到了深化的结果。从这个角度上看,人们的认识总会受时代条件的限制,在总结历史经验时,只能将有关人与事放在当时特定的历史条件下进行考察,才能对历史现象作出合理的解释和客观的评价。

第三个问题,新民主主义社会能否"回归"?

当下有人认为,现在的社会主义初级阶段,实际上就是当年新民主主义社会的回归,只不过名称叫社会主义初级阶段罢了。亦有人主张中国发展到现在,已有许多现象用中国特色社会主义理论无法解答,而新民主主义理论则可以对这些社会现象作出合理的解释。人们将这种观点概括为"新民主主义回归"论。

例如,有人提出要"再举新民主主义的大旗",认为"新民主主义论"是当今社会所能取得的最大公约数,左中右都能认同,而且是中国共产党自身的宝贝理论,既是本土的,又是国际的,历史证明是行之有效的唯一路径——从战争年代到建设时期,包括改革开放至今,凡是用新民主主义为指导,就胜利成功,而没有真正遵循的时候,或犯错误,或走弯路,都出了问题。① 还有文章说:"中共八十年经验教训,可概括为一句话,成也新民主主义,败也新民主主义。""1949 年夺取政权前,我们党实行新民主主义,我们成功了。夺取政权后,我们抛弃了新民主主义,急急忙忙搞社会主义,搞乌托邦,我们失败了,失败得很惨。1978 年党的十一届三中全会后,我们重又回归到新民主主义的建设思路,并在实践中予以发展,我们又成功了,成功得举世瞩目。""有中国特色社会主义是从社会主义初级阶段演变而来,而'社会主义初级阶段'实际上是新民主主义的回归和发展"②。

今天的社会主义初级阶段与当年的新民主主义社会,无疑有许多相类似的地方,如根本政治制度与基本制度都是一致的,不论是当下还是当年,中国共产党在国家政治生活中都是居于领导地位;人民代表大会制度被作为根本政治制度,中国共产党领导的多党合作与政治协商制度和民族区域制度这种基本政治制度,都是过渡时期形成的;在经济制度上也有许多相类

---

① 张木生:《再举新民主主义大旗》,《南方人物周刊》2011 年第 37 期。

② 杜导正:《新民主主义的回归与发展》,《炎黄春秋》2009 年第 4 期。

似甚至相一致的地方,如经济上的多种所有制共存,多种分配形式共存,都是通过市场配置资源等。但笔者以为,恐怕不能简单地认为前者是后者的"回归"或"复归"。

新民主主义社会与社会主义初级阶段,虽然都是多种经济成分共存,但在所有制结构上仍有明显的差异。在新民主主义社会,互助合作虽然开始产生并为党和政府所支持所鼓励,但直至1953年过渡时期总路线提出时,农村经济体制基本上仍是个体农民所有制,这不单体现在生产方式上是农民以家庭为生产单位,更为重要的是农民对于土地具有所有权,以及附随所有权而产生的土地处置权。农业合作化其实就是将农民所有的土地和其他生产资料集体化、公有化。农业合作化分为初级和高级两个阶段,即初级农业合作社和高级农业合作社。按照1955年11月全国人大常委会通过的《农业生产合作社示范章程草案》的规定:在初级社阶段,对于社员交予合作社统一使用的土地和其他生产资料,在一定的期间还保留社员的所有权,并且给社员以适当的土地报酬。也就是说,此时农民对自己交予合作社的土地和其他生产资料不但具有所有权,而且可根据入社土地的多少获得不等的收益即土地分红。至于土地收益的多少由各个农业合作社自己决定,当时有地劳(即土地与劳动)五五、四六、三七分红等不同情况。这也是将初级农业合作社称之为半社会主义的主要原因。其实,这一种既能体现按劳分配又能体现按生产要素分配的方式,社员不但关心自己在集体劳动中所得工分的多少,而且也关心土地质量的提高、耕畜的保膘、大型农具的保管等,因为生产资料的好坏与收入分配有着密切的联系。

初级社转入高级社后,社员的土地就公有化了,不但所有权归了合作社,而且取消了土地报酬。1956年6月一届全国人大三次会议通过的《高级农业生产合作社示范章程》规定,高级社"入社的农民必须把私有的土地和耕畜、大型农具等主要生产资料转为合作社集体所有","取消土地报酬"。[①]同时,该《章程》又规定,合作社应抽出一定数量的土地分配给社员种植蔬菜,面积一般不超过当地人均土地数的5%,这就是通常所说的社员自留地。显然自留地并不是社员入社时自己留下的土地,而是将所有的

---

① 黄道霞等主编:《建国以来农业合作化史料汇编》,中共党史出版社1992年版,第352页。

土地交给高级社后由高级社给予其使用权的土地。至于自留地的所有权，当然属于高级社。于是，高级农业生产合作社就被认为完全是社会主义性质的，当年认为，公有制、按劳分配是社会主义社会的主要特征，而高级社正好符合这两个要求。1958 年高级农业生产合作社转变为人民公社后，原农业合作社的土地所有权就转归人民公社集体所有了。本来，土地的所有权与使用权是可以适当分离的，合作社建立后农村土地集体所有，农民可以获得使用权，仍可以用个体生产的方式进行耕作，但当年人们认为，社会主义在劳动方式上必须是集体劳动，如果将土地分散给农民个人耕种，实际上就是分田单干，就会出现两极分化，所以长期以来对包产到户采取高压政策。

中共十一届三中全会后，农村实行家庭联产承包责任制，绝大多数的地方将集体的土地以家庭为单位分给农民个体经营，但农民只取得了土地的经营权（或者说使用权），在土地的所有权上仍是集体的，农民与集体是一种土地承包关系。因此，农民取得的土地承包经营权可以依法采取转包、出租、互换、转让或者其他方式进行流转，但个人无权将所有权转让，不能进行土地的买卖。2002 年 8 月通过的《中华人民共和国农村土地承包法》规定："农村土地承包后，土地的所有权性质不变。承包地不得买卖。"所以，现阶段农民的富裕程度虽有不同，但农村不可能如同新民主主义社会时期那样出现一个新的富农阶层。农村土地的集体所有性质，也成为当下的社会主义初级阶段与当年的新民主主义社会在所有制上的一个重大区别。

更为重要是：如果将今天的社会发展阶段重新定性为新民主主义社会，那就意味着当年的社会主义改造及由此建立的社会主义制度，实际上都是不应当的，因而对社会主义改造问题的评价，根本不是搞早了、搞快了的问题，而是该不该搞的问题。这样一来，中共十一届三中全会前的二十余年的历史就不好解释，而且会由此引起重大的思想混乱。不但如此，当今的一些社会现象与社会问题，也并非都是新民主主义理论可以解释和解决的，因为当下的国情与新民主主义社会阶段的国情已经发生了很大的变化。其实，社会主义初级阶段的含义十分清楚①，用社会主义初级阶段的理论反倒能更

---

① 根据中共十三大报告，社会主义初级阶段是特指我国生产力落后、商品经济不发达条件下建设社会主义必然要经历的特定阶段。

好地解释当今的社会现象和解决当今的社会问题。所以,在当下,必须坚持社会主义初级阶段理论,坚持党在社会主义初期阶段的基本路线、基本纲领和基本政策不动摇。

第六章　1957 年全党整风与反右派运动

　　"整风"是中共党史上独有的概念,从 1942 年春至 1945 年 4 月,中共在全党范围内展开了一次整风运动,主要内容是"反对主观主义以整顿学风,反对宗派主义以整顿党风,反对党八股以整顿文风"①。这是整风的源头,也是最著名的一次整风。此外,全党范围以"整风"命名的运动还有两次,分别发生在 1950 年和 1957 年。

　　"右派"的称呼则源于法国大革命时期。1791 年的国民制宪议会上,激进的革命党人恰好坐在左边,而温和派的保王党(立宪派)人都坐在右边,于是便有了"左派"和"右派"。这两派虽然各有自己的政治倾向,但二者的界限却在不停地变化,甚至越来越模糊。不过在中共党史的语境中,"左"与"右"还是泾渭分明的——左派即无产阶级革命派,右派则为资产阶级反动派。

　　这两个看似没有交集的概念在 1957 年的中国却戏剧性地融合在一起,以至于几十年后仍然浓得化不开。

一、阴谋还是"阳谋"

　　对于反右派运动的性质问题,邓小平早在 1980 年 1 月就指出:"一九五七年的反右是必要的,没有错……这个时候出来一股思潮,它的核心是反对社会主义,反对党的领导。有些人是杀气腾腾的啊! 当时不反击这种思潮是不行的。问题出在哪里呢? 问题是随着运动的发展,扩大化了,打击面宽了,打击的分量也太重。大批的人确实处理得不适当,太重,他们多年受了

────────────

① 《毛泽东选集》第三卷,人民出版社 1991 年版,第 812 页。

委屈,不能为人民发挥他们的聪明才智,这不但是他们个人的损失,也是整个国家的损失。"①当年3月,他又对正在起草中的《关于建国以来党的若干历史问题的决议》提出意见:"一九五七年反右派斗争还是要肯定。三大改造完成以后,确实有一股势力、一股思潮是反社会主义的,是资产阶级性质的……错误在于扩大化。"总之,邓小平多次提起反右派斗争,基本观点就像他自己总结的那样——"我看对反右派斗争,还是两句话:一句是必要的,一句是扩大化了。"②

由此,1981年6月中共十一届六中全会通过的《关于建国以来党的若干历史问题的决议》对反右派斗争做出如下结论:1957年"在全党开展整风运动,发动群众向党提出批评建议,是发扬社会主义民主的正常步骤。在整风过程中,极少数资产阶级右派分子乘机鼓吹所谓'大鸣大放',向党和新生的社会主义制度放肆地发动进攻,妄图取代共产党的领导,对这种进攻进行坚决的反击是完全正确和必要的。但是反右派斗争被严重地扩大化了,把一批知识分子、爱国人士和党内干部错划为'右派分子',造成了不幸的后果"。

反右派运动是当代中国史中被人关注较多的一个话题。反右派运动出现了严重的"扩大化"这是人们共同认可的,但这场运动的开展是否有"必要"则有不同的看法。一种意见认为确是"必要的",另一种意见认为根本没有必要。于是就涉及一个问题,反右派运动究竟是如何来的,是预先设套的"阴谋",还是事后作为反击的"阳谋"?

整风反右时在中国人民大学工作,后来曾任中国社会科学院近代史研究所副所长、中共中央党史研究室副主任等职的李新这样描绘那段历史:1957年之初,毛泽东提出中共要整风,希望各民主党派帮助。各民主党派及各界人士纷纷发表意见。开始意见较缓和,大家都高兴。后来意见提得尖锐了,人们的心情也开始紧张。等到有人提出国家的领导要"轮流坐庄"时,毛泽东生气了。他于是采取了"引蛇出洞"的策略,先让人"知无不言,言无

①　《目前的形势和任务》(1980年1月16日),《邓小平文选》第三卷,人民出版社1994年版,第243页。

②　《关于反对错误思想倾向问题》(1981年3月27日),《邓小平文选》第三卷,人民出版社1994年版,第380页。

不尽"，等到大家（主要是知识分子）都说了话，他抓住一些人说话过了头，便发动全党实行反击，一下把包括全国知识分子中许多精英在内的55万人都打成了"右派"分子。①

用"引蛇出洞"来形容反右派运动的策略，并非李新的发明，亦不是什么古语，实际上，它几乎是反右派的"专有名词"。很难考究这个比喻语出自于何人，似乎毛泽东也未曾亲口说出或亲笔写下这四个字。不过，根据毛泽东的秘书林克的日记记载，1957年5月12日，毛泽东说，目前全国已经争鸣和齐放起来……有敌视社会主义的情绪的某些人也有所表露。春天来到，各种蛇也开始动起来了。② 更为人所熟知的是毛泽东的这段话："让魑魅魍魉、牛鬼蛇神'大鸣大放'，让毒草大长特长，使人民看见，大吃一惊，原来世界上还有这些东西，以便动手歼灭这些丑类……牛鬼蛇神只有让它们出笼，才好歼灭它们"③。只要稍加概括，就可以演化出"引蛇出洞"这个词了。此外，原北京农业大学党委书记施平回忆道："'反右'正式开始前，北京市委主要领导人多次召开大学党委书记会议，听取各校关于民主党派、教师、学生帮助党整风'鸣放'的情况，布置各校抓紧时间，动员'鸣放'。有一天下午，市委负责同志找了清华、北大、师大和北农大四所重点大学的党委书记去谈话，听取了学校'鸣放'情况后说：你们几所大学老教师多，反党反社会主义的、翘尾巴的专家、教授、民主党派成员多，有影响的人物多，要用各种办法，制造适当气氛，'引蛇出洞'，让他们把毒都吐出来，以便聚而歼之……"④不知这位"北京市委负责同志"是否是"引蛇出洞"的第一作者？⑤

还有一个与"引蛇出洞"齐名的提法——"钓鱼"。可以肯定的是，它比

① 李新：《反右亲历记》，萧克等：《我亲历过的政治运动》，中央编译出版社1998年版，第17页。

② 沈志华：《从整风向反右的转轨》，郭德宏、王海光、韩钢：《中华人民共和国专题史稿》（卷二·曲折探索），四川人民出版社2009年版，第123页。

③ 《〈文汇报〉的资产阶级方向应当批判》（1957年7月1日），《建国以来毛泽东文稿》第6册，中央文献出版社1992年版，第531页。

④ 施平：《六十春秋风和雨》，转引自朱地：《1957：大转弯之谜——整风反右实录》，山西人民出版社、书海出版社1995年版，第202页。

⑤ 参见《"引蛇出洞"考》，http://www.tianya.cn/publicforum/Content/no05/1/32037.shtml。

"引蛇出洞"出现得更早一点,例如上海知识界谈贯彻"百家争鸣"问题时,复旦大学历史系教授、无党派民主人士王造时说:"在'放'和'鸣'的时候,也有人流露出顾虑:如怕'钓鱼',怕'放长线钓大鱼',怕先'放'后'整',怕'记一笔账',怕'欲擒先纵'等等。"①更著名的还是毛泽东的话:"人们说:怕钓鱼,或者说:诱敌深入、聚而歼之。现在大批的鱼自己浮到水面上来了,并不要钓。"②

无论是"引蛇出洞",还是"钓鱼",当年的情况是:发动民主党派、知识分子提意见在先,批判提意见的人在后,这很容易被人认为反右派运动是预设圈套,把那些后来划为右派分子的人套了进去,即所谓的"阴谋论"。但毛泽东一开始就对"阴谋论"作了驳斥,他在为《人民日报》起草的社论中指出:"有人说,这是阴谋。我们说,这是阳谋。因为事先告诉了敌人……"③巧合的是,毛泽东发明这个词也与整风运动有关。1949 年 3 月,他在中共七届二中全会上说:"整风运动提高了同志们的嗅觉,缩小了教条主义的市场。有人说,这是阴谋,是要取而代之。其实,这不是阴谋,而是阳谋,也是要取而代之。"④难怪他会在整风转向反右时想起"阳谋"这个词。阴谋还是"阳谋"? 这是一个问题。一个几十年来惹得众多当事人、党史研究者聚讼纷纭的问题。

"阴谋论"者认为,整风就是为了反右派,一切都是早就"策划于密室"的。现旅居美国的学者丁抒是这一流派的代表——尽管他写的书叫做《阳谋》。丁抒写道:"毛泽东需要把那些蚂蚁们请出来,然后聚而歼之。他的法子便是让大家都来鸣一鸣,名曰给共产党提意见,帮助共产党改正错误,实际上是来一次全民性的政治排队。"⑤

---

①　《上海知识界谈贯彻"百家争鸣"问题》,《光明日报》1957 年 5 月 1 日。

②　毛泽东:《事情正在起变化》(1957 年 5 月),《建国以来毛泽东文稿》第 6 册,中央文献出版社 1992 年版,第 471 页。

③　毛泽东:《〈文汇报〉的资产阶级方向应当批判》(1957 年 7 月 1 日),《建国以来毛泽东文稿》第 6 册,中央文献出版社 1992 年版,第 532 页。

④　《在中共七届二中全会上的总结》(1949 年 3 月 13 日),《毛泽东文集》第五卷,人民出版社 1996 年版,第 264 页。

⑤　转引自朱地:《1957:大转弯之谜——整风反右实录》,山西人民出版社、书海出版社 1995 年版,第 1 页(引言)。

　　许多当年被划为右派的知识分子在回忆文章中都认定自己被"算计"了,如剧作家吴祖光的《从"1957"年说起》、反右派时周恩来的外交秘书李慎之的《毛主席是什么时候决定引蛇出洞的》、《文汇报》总编徐铸成的《"阴谋"——1957》,以及知名右派章乃器之子章立凡的《风雨沉舟记》等。牛汉、邓九平主编的《思忆文丛——记忆中的反右派运动》中汇集了不少持类似观点的文章。此外,李锐的《毛泽东与反右派斗争》、作家戴晴的《储安平与"党天下"》和《梁漱溟、王实味、储安平:现代中国知识分子群》、胡平的《禅机:1957 苦难的祭坛》等也持这种观点。① 苏联领导人赫鲁晓夫亦在其回忆录中说:"'百花齐放'这个口号是个激将法。毛假装把民主和自由发表意见的闸门开得大大的。他想唆使人们把自己内心深处的想法用口头或书面的形式发表出来,以便他能够把那些他认为具有有害思想的人搞掉。"②

　　不过在大陆,大部分官员、学者认为整风和反右派之间并没有必然联系。反右派的重要亲历者、时任中共中央统战部部长的李维汉回忆道:"在民主党派、无党派民主人士座谈会开始时,毛泽东同志并没有提出要反右,我也不是为了反右而开这个会,不是'引蛇出洞'"。③ 薄一波也在回忆录中认为,毛泽东的《事情正在起变化》表明他关于整风的指导思想已经发生了重大变化,决定要反击右派。这种变化的原因在于——"在要不要共产党的领导和社会主义制度问题上,毛主席的警惕性是很高的",而"当各种座谈会和社会上陆续出现一些激烈的反党反社会主义言论时,引起了毛主席的极大警觉"。④

　　有研究者也认为开门整风与反右派斗争虽然有着难于切割的联系,"但它们毕竟是在截然不同的动因下产生的两个意义不同的事件","《事情正在起变化》一文不能证明毛泽东已经作出改变整风主题的决策",高

---

　　① 魏继昆、谈家水:《反右派斗争研究述评》,《党史研究与教学》2008 年第 2 期;沈志华:《一九五七年整风运动是如何开始的》,《中共党史研究》2008 年第 6 期。

　　② 赫鲁晓夫:《最后的遗言——赫鲁晓夫回忆录续集》,东方出版社 1988 年版,第 417 页。

　　③ 李维汉:《回忆与研究》(下),中共党史资料出版社 1986 年版,第 833 页。

　　④ 薄一波:《若干重大决策与事件的回顾》(下),中共党史出版社 2008 年版,第 431—432 页

等院校学生开始贴出大字报后,毛泽东的态度才发生明显的变化。①"毛泽东和中共中央发动整风运动的初衷,主要不是为了'引蛇出洞'",不过"毛泽东后来从整风转向反右,包括采取'引蛇出洞'、'钓鱼'的做法,是有一定思想基础的","既非一开始就确定了的,也不完全是毛泽东的'突发奇想'"②。

二、风乍起,吹皱一池春水

风乍起,吹皱一池春水。闲引鸳鸯香径里,手接红杏蕊。

斗鸭阑干独倚,碧玉搔头斜坠。终日望君君不至,举头闻鹊喜。

这是五代南唐时期冯延巳所作的《谒金门》,1957 年 2 月,词中的名句"风乍起,吹皱一池春水"出现在了 1800 多人出席的扩大的最高国务会议上,引用它的人便是毛泽东。原词描述的是思妇闺怨,但毛泽东却意喻国内"有那么一点小风波","但是七级台风引起那样大的波浪是没有"。

1956 年下半年至 1957 年年初,中国国内出现了一些不安定的情况。半年内,"大约共有一万多工人罢工,一万多学生罢课"。③ 此外,还有复员军人聚众请愿、农村干群斗殴、闹社退社等事件。

此时的中国刚刚完成了生产资料私有制的社会主义改造。改造是在保证国民经济基本上稳定发展的情况下完成的,总的说来并没有破坏生产力,甚至保证和促进了生产力的发展。然而,1955 年夏季以后的改造工作却出现了要求过急、工作过粗、改变过快、形式过于简单划一的问题。以农业合作化为例,全国范围的合作化运动起步于 1951 年 9 月,四年半以后,全国农村基本上实现了初级农业合作化。但由于毛泽东批评主张稳步发展的邓子

---

① 朱地:《1957:大转弯之谜——整风反右实录》,山西人民出版社、书海出版社 1995 年版,第 3 页(引言)、第 197、199 页。

② 孙其明:《毛泽东为什么要发动整风运动——论 1957 年的整风反右运动》,《同济大学学报(社会科学版)》2004 年第 2 期。

③ 《中共中央关于处理罢工、罢课问题的指示》(1957 年 3 月 25 日),中共中央文献研究室:《建国以来重要文献选编》第 10 册,中央文献出版社 1994 年版,第 154 页。

恢等人"像一个小脚女人,东摇西摆地在那里走路"①,运动出现了超高速发展的猛烈浪潮,一大批刚刚建立的初级社立足尚且不稳,社员入股的土地报酬、生产资料折价偿付等许多问题尚未解决,便急速地进入新一轮的并社升级的浪潮。许多初级社成批地转为高级社,还有许多互助组、甚至单干农民直接进入了高级社。结果仅仅几个月的时间,就实现了高级农业合作化。高级社实行集中生产、统一经营和统一经济核算,并不适合各地千差万别的情况。于是1956年夏收以后,不少地方连续发生闹缺粮、闹退社的风潮。例如据不完全统计,广东全省有7万余户农民退社,102个社解体,个别地区形成群众性退社风潮。②

社会主义改造步伐的加快,对国民经济建设规模和发展速度产生了很大压力。各行各业加速发展,造成了财政和物资的紧张局面。尽管负责经济工作的领导人努力既反保守又反冒进,但冒进的影响未能完全消除。1956年下半年,许多城市出现粮食、肉类和日用品的短缺,一些学生、工人和复员转业军人在升学、就业和安置等方面遇到困难,罢工、请愿事件由此产生。如内蒙古森林工业管理局所属单位,从1956年6月到9月共发生6起工人罢工请愿事件,参加者少则数十人,多则300人。截至12月上旬,上海轻纺工业有53个合营工厂的1834名工人因工资和福利问题先后发生罢工、怠工、退社、请愿等事件,其中罢工的有10个厂、116人,怠工的有3个厂、60人,请愿的有2个厂、29人,在厂内闹事并包围公方代表准备罢工请愿的有38个厂、1629人。③

除此之外,知识分子在"百花齐放、百家争鸣"方针提出后思想日趋活跃,在政治、经济、文化、教育、科学等问题上发表各种意见。有些人对党和政府工作中的缺点以及干部作风上的问题提出批评,其中有不少尖锐意见,也有一些错误议论……

---

① 《关于农业合作化问题》(1955年7月31日),《毛泽东文集》第六卷,人民出版社1999年版,第418页。

② 《中共中央批转广东省委〈关于退社问题的报告〉》(1956年12月24日),中共中央文献研究室:《建国以来重要文献选编》第9册,中央文献出版社1994年版,第550—551页。

③ 转引自姚燕:《中国共产党执政后应对第一次大范围社会群体性事件的回顾与思考》,《当代中国史研究》2011年第5期。

　　面对新出现的矛盾,许多干部思想上缺乏准备,往往根据过去的经验将群众闹事和尖锐批评一概视为阶级斗争的表现,认为凡是聚众闹事的,就是敌我矛盾,进而照搬革命时期的办法处理罢工、罢课事件,造成矛盾激化。例如内蒙昭盟地区的八个旗县,一年多的时间内共发生非法逮捕拘留事件 152 起,预审及监所管理违法乱纪事件 32 起,非法搜查与捆打公民事件 70 起,因工作方法不当而造成的严重事件 13 起。[①]

　　针对国内出现的不稳定情况,中共中央在 1957 年上半年多次召开会议进行讨论,毛泽东、刘少奇、邓小平等先后到各地视察、调研。毛泽东认为,闹事主要是因为我们工作中有缺点,犯了主观主义、官僚主义的错误。[②] 刘少奇说,人民群众起来闹事的主要原因是我们领导机关的官僚主义和经济性质的切身问题。[③] 邓小平指出,群众闹事大体上是党员干部官僚主义严重,对群众的正当要求不闻不问。[④] 这些问题归根到底,主要是人民内部矛盾的反映。因此,在工作重心转向经济文化建设的时候,有必要通过适当形式使党员干部从阶级斗争的思路中跳出来,学会正确处理人民内部矛盾。1957 年全党整风的主题,就是正确处理人民内部矛盾。

　　整风运动的背景并不局限于国内,因为毛泽东认为国内的风波不过是"风乍起",中国共产党和人民政府在人民中有很高的威信,像匈牙利那样的全国性的大乱子在中国闹不起来。[⑤] 但是,社会主义阵营发生的波匈事件,却引起了毛泽东的高度关注。

　　1956 年苏联共产党第二十次代表大会出人意料地对斯大林个人崇拜及

---

　　① 《内部参考》1956 年 9 月 13 日,第 320—323 页,转引自沈志华:《一九五七年整风运动是如何开始的》,《中共党史研究》2008 年第 6 期。

　　② 《在南京、上海党员干部会议上讲话的提纲》(1957 年 3 月 19 日),《毛泽东文集》第七卷,人民出版社 1999 年版,第 289 页。

　　③ 《如何正确处理人民内部矛盾》(1957 年 4 月 27 日),《刘少奇选集》下卷,人民出版社 1985 年版,第 305 页。

　　④ 中共中央文献研究室:《邓小平年谱(1904—1974)》下卷,中央文献出版社 2009 年版,第 1348 页。

　　⑤ 《毛泽东在省市自治区党委书记会议上的讲话》(1957 年 1 月 18 日),转引自中共中央党史研究室:《中国共产党历史》第 2 卷(1949—1978),中共党史出版社 2011 年版,第 444 页。

其后果作了深刻揭露,暴露了苏共和国际共产主义运动的许多负面情况,加之斯大林去世后,苏联领导人出于国家利益的考虑对东欧国家的内政外交表现出一定的松动,东欧各国长久以来积累的对苏联大国沙文主义的不满情绪终于爆发。

1956 年 6 月,波兰西部的波兹南地区的工人要求政府提高工资,降低物价,减少税收。28 日,由于传言工人代表遭到逮捕,和平示威演变为暴力骚乱,波兰政府为此动用了武力,并造成流血冲突。① 苏联将波兹南事件定性为帝国主义代理人挑起的反人民事件,这在波兰党内外引起强烈的抵制和不满。改革派在波兰党内本就力量强大且深得民心,眼看即将召开的波兰统一工人党八中全会将改组领导层,当初因反对成立共产党和工人党情报局②而被免去职务的哥穆尔卡又要重新上台,而保守派和亲苏势力则将被排除在外,1956 年 10 月 19 日,赫鲁晓夫率苏共代表团在未受邀请的情况下抵达波兰首都华沙,并依据华沙条约下令驻在波兰的苏军向华沙进发。同时,苏共中央决定将此事通告各兄弟党。

10 月 19 日和 21 日,中共中央两次接到来自苏联的电报,认为波兰局势十分严重,要求中共中央派遣由刘少奇或周恩来率领的高级代表团去莫斯科商谈。为此,中共中央接连召开会议,讨论波兰局势和苏共的要求。21 日晚召开的中央政治局常委扩大会议决定派遣一个代表团前往莫斯科,任务是调解,方针是着重批评苏共的大国沙文主义,同时劝说波党顾全大局;方式是只分别同苏共或波党会谈,不参加苏波两党的会谈。22 日深夜,毛泽东约见苏联驻华大使尤金,表示波兰局势虽然比较复杂,但"看来还不像马上要脱离社会主义阵营,走入西方集团",应当承认目前波共中央的领导,在平等的基础上同它合作,争取波兰留在社会主义阵营里。③ 毛泽东的语气是婉转的,但态度却十分明确,暗含着对苏联大国主义的批评。23 日,由刘少奇、

---

① 孔寒冰:《波兹南:倾听 1956 年事件的余音》,《世界知识》2010 年第 11 期;王逸舟、苏绍智:《波兰危机》,四川人民出版社 1988 年版,第 64—66 页。

② 共产党和工人党情报局是为对抗以美国为首的西方国家,在斯大林和铁托的倡议下,于 1947 年在欧洲九国共产党和工人党之间成立的类似第三国际的组织,目的是在各个共产党之间交换情报信息。苏联试图通过这个组织控制各国共产党。

③ 中共中央文献研究室:《毛泽东传(1949—1976)》(上),中央文献出版社 2003 年版,第 602 页。

邓小平、王稼祥、胡乔木组成的中共代表团启程前往苏联。

　　与此同时,在异常紧张的形势下,波苏两党代表团正在举行谈判。波兰方面虽然不断得到苏军逼近的消息,但一时无法判断苏联此举是决心诉诸武力还是仅仅为了施压,因此,哥穆尔卡只是提出抗议,赫鲁晓夫则称苏军的行动是军事演习。但得到消息的华沙工人、学生纷纷涌向街头,举行声势浩大的游行示威,强烈谴责苏联干涉波兰内政,表示坚决拥护改革派,要求实行民主化。最终,在得知波兰改革派同样有军事方面的准备,亲苏派基本失去对军队的控制后,赫鲁晓夫终止了"军事演习",决定同意哥穆尔卡担任波兰统一工党党中央第一书记。波兰新领导人也保证不会退出社会主义阵营。① 所以,当刘少奇一行飞抵莫斯科时,形势已经缓和下来。

　　可是,一波未平一波又起,就在此时,匈牙利事件爆发了。匈牙利的情况原本与波兰有几分相似:10 月 23 日,匈牙利首都布达佩斯的大批学生、工人以及国家机关工作人员等举行游行示威,反对苏联模式和苏联控制。当晚,匈牙利领导人发表广播讲话,认定这次运动是"敌对势力"企图"颠覆工人阶级政权"和"破坏秩序",是"民族主义的宣传和挑衅活动"。这番讲话引起强烈愤慨,抗议活动几乎演变为武装暴动。

　　与波兰事件情形不同的是,苏联极其迅速地派兵控制了秩序。24 日晨,苏联军队进入布达佩斯并占领匈牙利其他大城市,距离局势恶化不到 12 个小时。不过,有了在波兰的教训和中国的劝说,苏联人也在反思,甚至有所后退。他们不但接受了以改革派领袖纳吉为首的新政府,还决定撤出军队。不料就在看似和平在望的时候,匈牙利的局势却再起波澜。30 日,中共代表团从苏联方面得知,匈牙利的形势持续恶化,纳吉政府已经宣布退出华沙条约组织,实行多党制,并把保安队和保安机关解散,人民民主专政的体制已经解体,暴乱分子烧死、绞死、活埋保安队人员和共产党人,全国处于无政府状态。

　　面对匈牙利的情况,应该何去何从? 毛泽东提出:暂时不忙作决定,看多少天以后再说。如果采取进攻政策,要等反革命更多地暴露、人民看清楚的时候,这样比较适当。于是,中共代表团向苏方提出这些意见,并指

---

① 沈志华:《一九五六年十月危机:中国的角色和影响——"波匈事件与中国"研究之一》,《历史研究》2005 年第 2 期。

出:在还可以挽救的时候,是不是尽最后的力量把它挽救一下,匈牙利问题同波兰问题性质不同,应该采取两种不同的方针。苏共中央原本还有些犹豫,但在中国方面的支持下最终决定采取进攻方针。11 月 4 日,苏军对匈牙利发起大规模进攻,很快控制了局面。纳吉下令放弃抵抗,匈牙利新政府成立。①

笔者之所以不惜笔墨地描述波匈事件,是因为它对中共中央领导人,特别是毛泽东造成了极大的冲击,这是开展全党整风的重要动因之一;而且从毛泽东对波兰和匈牙利两国情况截然不同的定性及其处理问题的一些策略上,都能看到反右派斗争的影子。

三、正确处理人民内部矛盾

远有波匈事件的教训,近有国内的各种矛盾,中共领导人不能不思考:导致波匈事件发生的原因和条件在中国是否也程度不同地存在? 东欧的危机会不会对中国造成负面影响? 应该如何应对在中国已经出现的群众闹事现象? 中共代表团回到北京后,毛泽东立即连续召集政治局常委会议,了解相关情况。他指出,波匈事件应使我们更好地考虑中国的问题。

那段时间里,中共高层都在认真寻找上述问题的答案。1956 年 10 月召开的中共八届二中全会上,刘少奇提出防止党和国家的领导机关及各级领导人脱离工农劳动群众,形成新的"贵族阶层"。为此他提出要在人民和干部中间进行教育,加强人民群众对领导机关的监督,限制国家领导人的权力,取消一些特殊的待遇,等等。② 周恩来则着重于经济建设,提出 1957 年应当实行"重点发展,适当收缩"的方针。他说:"优先发展重工业,这个原则是对的,但是在发展中忽视了人民的当前利益。直接与人民利益关系最大的是轻工业、农业,轻视这两者就会带来不好的后果,就会发生经济发展上的严重不平衡。""一些社会主义国家发生的事件值得我们引为教训。""总的方面是要收缩一下的⋯⋯我们应该意识到,不要使中国也发生'波兹南',几

---

① 由于拒绝与新政府合作,纳吉于 1958 年 6 月 22 日被处死。

② 中共中央文献研究室:《刘少奇传》(下),中央文献出版社 2008 年版,第 741—742 页。

十万人或者几千万人站在街头上请愿,那问题就大了。"①

　　毛泽东认为,斯大林的严重错误之一,就是"混淆敌我矛盾和人民内部矛盾,拿对付敌人的办法来对待人民"。斯大林的错误和波匈事件极其尖锐地表明,社会主义制度下仍然存在着各种矛盾。能否正确区分和处理敌我矛盾和人民内部矛盾,关系到社会主义建设的成败,关系到人民政权的存亡。在共产党执政的情况下,正确处理人民内部矛盾极为重要。这表明,当时中共试图以波匈事件为鉴戒,从整顿党的作风入手,克服主观主义、官僚主义和宗派主义,正确处理人民内部的矛盾,以缓解党和人民群众关系间的某些紧张状态。因此,毛泽东在八届二中全会上郑重宣布:"我们准备在明年开展整风运动。整顿三风:一整主观主义,二整宗派主义,三整官僚主义。"这是他很长时间以来一直特别关心的三个问题。他强调,整风是一种小民主的方法,"以后凡是人民内部的事情,党内的事情,都要用整风的方法,用批评和自我批评的方法来解决,而不是用武力来解决"。此后毛泽东还指出:在革命时期,大家集中力量去对付阶级斗争了,人民内部矛盾不突出。建设时期剩下一部分阶级斗争,大量表现的是人民内部的斗争,对于这个东西我们的经验不足,值得好好研究一下。这是一种科学。②

　　1957 年 2 月 27 日,在有 1800 多位各方面人士出席的最高国务会议第十一次(扩大)会议上,毛泽东以《如何处理人民内部的矛盾》为题发表讲话,系统地阐明了关于严格区分社会主义社会的敌我和人民内部两类矛盾以及正确处理人民内部矛盾的问题。也就是在这篇讲话里,毛泽东引用了前文提到的"风乍起,吹皱一池春水"。讲话后来经过整理并作了若干修改与补充,公开发表时的题目是《关于正确处理人民内部矛盾的问题》。

　　毛泽东在讲话中指出:矛盾是普遍存在的,社会主义社会也充满着矛盾,正是这些矛盾推动着社会主义社会不断地向前发展。社会主义社会的基本矛盾仍然是生产力和生产关系、经济基础和上层建筑之间的矛盾,不

---

　　①　中共中央文献研究室:《周恩来传》(下),中央文献出版社 2008 年版,第 1129—1130 页。

　　②　《毛泽东在省市自治区党委书记会议上的讲话》(1957 年 1 月 27 日),转引自中共中央党史研究室:《中国共产党历史》第 2 卷(1949—1978),中共党史出版社 2011 年版,第 427—428 页。

过,社会主义社会的这些矛盾同旧社会的这些矛盾具有根本不同的性质和情况,可以经过社会主义制度本身的自我调整和完善,不断地得到解决。他还指出:社会主义社会存在着敌我之间和人民内部两类性质根本不同的矛盾,前者需要用强制的、专政的方法去解决,后者只能用民主的、说服教育的、"团结——批评——团结"的方法去解决,决不能用解决敌我矛盾的方法去解决人民内部的矛盾。这样,就把正确处理人民内部矛盾作为国家政治生活的主题,并且从理论上提出了关于社会主义社会矛盾的新学说,而同那种不承认社会主义社会仍然存在矛盾,一遇到矛盾便把它当作外来的敌我矛盾的理论区别开来。他还联系农业合作化问题、工商业者问题、知识分子问题、少数民族问题、如何看待肃反的问题、少数人闹事的问题,以及关于统筹兼顾、适当安排,百花齐放、百家争鸣,长期共存、互相监督,勤俭节约和中国工业化道路等问题,系统地分析和阐明了正确处理各方面人民内部矛盾的方针和方法。毛泽东说:"现在的情况是:革命时期的大规模的急风暴雨式的群众阶级斗争基本结束,但是阶级斗争还没有完全结束;广大群众一面欢迎新制度,一面又还感到还不大习惯;政府工作人员经验也还不够丰富,对一些具体政策的问题,应当继续考察和探索。"他认为,在这个时候,提出划分敌我和人民内部两类矛盾的界线,提出正确处理人民内部矛盾的问题,以便团结全国各族人民,发展我们的经济和文化,巩固我们的新制度,建设我们的新国家,"就是十分必要的了"。①

最高国务会议后,中共中央在北京召开有党内外思想工作者 800 多人参加的全国宣传工作会议,传达《如何处理人民内部的矛盾》的讲话。毛泽东在会上进一步指出:社会大变动时期,几亿人口进入社会主义改造运动,各种不同意见在思想上有所反映,这种情况是完全可以理解的。制度的变化,是一个大变化。现在思想这样混乱,就是社会基础变动而来的反映。但是怎样解决思想问题,有两种截然不同的方法。他主张:"不能用专制、武断、压制的办法,要人服,就要说服,而不能压服。"针对党员干部中对"收"还是"放"的认识很不统一的情况,他还指出:领导我们的国家应该采取"放"的方针,就是放手让大家讲意见,使人们敢于说话,敢于批评。"百花齐放、百家

---

① 《关于正确处理人民内部矛盾的问题》(1957 年 2 月 27 日),《毛泽东文集》第七卷,人民出版社 1999 年版,第 204—243 页。

争鸣"的方针,只会发展真理,发展艺术,使我们少犯错误。毛泽东明确宣布:整风先在党内整,党外自愿参加,批判主观主义(包括教条主义)、宗派主义、官僚主义,克服错误,造成自由批判的环境和习惯。整风方法,像延安那样,研究文件,批评错误,小小民主,和风细雨,治病救人,反对一棍子打死人的方法。①

上述两篇讲话在党内外传达后,引起强烈反响,知识界和民主人士纷纷热烈拥护。例如,著名报人、《文汇报》总编徐铸成回忆听毛泽东讲话录音的情形:"毛主席在讲话中深入浅出,妙语泉涌……听的人都十分兴奋。以后几天,一直成为话题的中心。""有一天,我跟傅雷兄到中山公园去喝茶,看鱼赏花。我说:'听了毛主席的讲话录音,感到浑身都热乎乎的。'他也兴奋地说:'共产主义者遍天下,毛主席真是千古一人。'随后,我们还相约回沪后各自为发展我国文化事业而努力。"②《傅雷家书》中有一段常被引用的描述:"毛主席的讲话,那种口吻,音调,特别亲切平易,极富于幽默感;而且没有教训口气,速度恰当,间以适当的 pause(停顿),笔记无法传达。他的马克思主义是到了化境的,随手拈来,都成妙谛,出之以极自然的态度,无形中渗透听众的心。讲话的逻辑都是隐而不露,真是艺术高手。沪上文艺界半年来有些苦闷,地方领导抓得紧,仿佛一批评机关缺点,便会煽动群众;报纸上越来越强调'肯定',老谈一套'成绩是主要的,缺点是次要的'等等(这话并不错,可是老挂在嘴上,就成了八股)。毛主席大概早已嗅到这股味儿,所以从一月十八日至二十七日就在全国省市委书记大会上提到百家争鸣问题,二月底的最高国务会议更明确地提出,这次三月十二日对我们的讲话更为具体,可见他的思考也在逐渐往深处发展。他再三说人民内部矛盾如何处理对党也是一个新问题,需要与党外人士共同研究;党内党外合在一起谈,有好处;今后三五年内,每年要举行一次。他又嘱咐各省市委也要召集党外人士共同商量党内的事。他的胸襟博大,思想自由,当然国家大事掌握得好了。毛主席是真正把古今中外的哲理融会贯通了的人。"③钦佩喜悦之情着

---

① 《在宣传会议上讲话(提纲)》(1957 年 3 月 12 日),《建国以来毛泽东文稿》第 6 册,中央文献出版社 1992 年版,第 374、375 页。

② 徐铸成:《徐铸成回忆录》,三联书店 1998 年版,第 262—263 页。

③ 《傅雷家书》,三联书店 1994 年版,第 158 页。

实溢于言表。

相比之下,中共党内的意见则在拥护之外多了几分疑虑。例如中共湖北省委的报告说,毛泽东的讲话传达以后,"有些党的干部(包括一部分领导干部)大吃一惊,他们怀疑人民内部是否存在着矛盾,他们说:'天下本无事,庸人自扰之'"。认为人民群众闹事要"由领导上的官僚主义负主要责任,是不公平"。对于在基层单位放手发扬民主和执行"双百"方针顾虑重重,怕"放"出错误的东西来难以收场,说"放"也可以的,但是"要首先解决马列主义的立场、观点和方法问题"。

中共甘肃省委报告:对中央的方针"党外比党内接受得快,情绪高",党内受到"很大震动",部分干部,特别是党员干部,"在思想上还有程度不同的怀疑和顾虑、甚至抵触情绪"。在高级干部中,"思想基本搞通"的只是少部分人,大多数人"是原则上通了,也认为中央的方针、政策完全正确,表示拥护。但遇到具体问题,特别是与本单位和自己有直接关系的具体问题时,就不通了"。还有极少数人"抱有很大的抵触情绪",认为"革命几十年都没叫人监督,现在革命胜利了反倒要叫人监督了,真想不通"。甚至有人说,"党外人士、知识分子现在更嚣张了,不把他们整下去总不甘心"。

中共山西省委报告:毛泽东的讲话在各级干部中传达后,"争辩之多,是空前的"。"多数人表示拥护,但对若干原则问题抱有怀疑和抵触情绪",他们提出,如此强调扩大民主"是否会助长极端民主化?""现在已有极端民主化的倾向,再要扩大民主,事情就更不好了"。又认为"闹事没好人,好人不闹事","不承认闹事的主要原因是由于领导上的官僚主义"。也有个别人"公开表示怀疑和反对",他们提出"这次毛主席报告的精神是否右倾了",认为"毛主席的报告替民主人士、知识分子、资本家和过去的地主、富农说的话太多了,而替劳动人民说的话太少了"。"大学生中有百分之八十的人出身于剥削家庭,他们毕业后都将当干部,难道毛主席就不怕重复匈牙利事件的教训吗?究竟还要不要专政?谁专谁的政呢?这真是长他人的志气,灭自己的威风"。① 上述情况,在其他多个省委的报告中都有所反映。

中共高层对党内认识上的差异早有察觉,并采取了一系列措施为整风

① 转引自沈志华:《一九五七年整风运动是如何开始的》,《中共党史研究》2008 年第 6 期。

造势。1957 年 3 月 16 日,中共中央发出《关于传达全国宣传工作会议的指示》,指出:"现在,党与知识分子的关系中,存在一些不正常的状态。这种不正常状态的原因,是党内存在着两种反马克思列宁主义的思想,就是教条主义和右倾机会主义。教条主义用粗暴的而不是说服的办法,用斥责而不是说理的办法,用强迫而不是自愿的办法,来对待知识分子,对待思想问题,对待学习马克思主义的问题。"而"右倾机会主义,则对于我们过去的工作否定一切,只看到缺点,没有看到成绩,因而丧失信心,把伟大的革命和建设事业描写为漆黑一团。"因此,"必须在党内党外,反对这两种错误思想"。《指示》还要求深入讨论全国宣传工作会议提出的问题,同时收集和讨论新提出的问题,并要求充分发扬民主,特别要让党外人士讲出心里话。① 中共中央还针对半年来发生的工人罢工、学生罢课和群众性游行等事件,连续发出《关于处理罢工、罢课问题的指示》、《关于研究有关工人阶级的几个重要问题的通知》,强调反对官僚主义。

与此同时,毛泽东、刘少奇、周恩来、邓小平等中央领导人分别视察各地,沿途作报告,要求各级干部充分认识由革命到建设的转变,充分理解和认真贯彻正确处理人民内部矛盾的方针。

毛泽东先后视察天津、济南、南京、上海、杭州等地,沿途宣讲如何正确处理人民内部矛盾的问题。关于"百花齐放、百家争鸣"的方针,毛泽东强调:这不仅是发展科学和文艺的基本方针,而且是在新的历史条件下处理人民内部矛盾的基本方针。"采取现在的方针,文学艺术、科学技术会繁荣发达,党会经常保持活力,人民事业会欣欣向荣,中国会变成一个大强国而又使人可亲。"②关于全党工作重点的转移,毛泽东说:阶级斗争基本结束,我们的任务转到什么地方? 转到搞建设,率领整个社会,率领六亿人口,同自然界作斗争,把中国兴盛起来,变成一个工业国。③ 毛泽东给全中国人民描绘

---

① 《中共中央关于传达全国宣传工作会议的指示》(1957 年 3 月 16 日),中共中央文献研究室:《建国以来重要文献选编》第 10 册,中央文献出版社 1994 年版,第 133、134 页。

② 《在南京、上海党员干部会议上讲话的提纲》(1957 年 3 月 19 日),《毛泽东文集》第七卷,人民出版社 1999 年版,第 291 页。

③ 《毛泽东在济南党员干部会议上的讲话记录》(1957 年 3 月 18 日),转引自中共中央文献研究室:《毛泽东传(1949—1976)》(上),中央文献出版社 2003 年版,第 646 页。

的社会主义发展进程是：20世纪，上半个世纪搞革命，下半个世纪搞建设；现在是由革命到建设的转变时期，今后的中心任务是搞建设；从现在到21世纪中叶，用100年的时间把中国建设好。① 为了达到这个宏伟目标，他号召党员干部保持艰苦奋斗、密切联系群众的作风，并满怀激情地说："我们要保持过去革命战争时期的那么一股劲，那么一股革命热情，那么一种拼命精神，把革命工作做到底。"②

刘少奇在中共上海市委党员干部大会上阐述人民内部矛盾问题时，特别强调消除官僚主义的意义。他认为：人民内部矛盾大量地表现在人民群众同领导者之间的矛盾问题上，更确切地讲，是表现在领导上的官僚主义与人民群众的矛盾问题上。"如果领导机关不犯官僚主义，问题就可以解决了，矛盾就缓和了。"他指出，一些地方开始萌芽一种等级制度，这是一种封建制度，应该废除③。刘少奇还提出，人民内部矛盾的主要表现及其产生的主要原因是分配问题，是经济利益问题。所以解决人民内部矛盾问题，不仅要从思想工作入手，也要从物质利益入手，研究分配问题，解决物质利益问题。

周恩来在中共浙江省委扩大会议上着重阐明"长期共存、互相监督"的方针。他指出，这个方针实际上是扩大民主，要把六亿人的生活搞好；建设社会主义，没有互相监督，不扩大民主，是不可能做得好的；互相监督的面还要扩大，不能缩小。周恩来说：我们党的寿命有多长，民主党派的寿命就有多长，一直要共存到将来社会的发展不需要政党的时候为止。所以，认为只要有一个共产党，问题就都可以解决了，这是一个简单化的想法。这样做必然会使我们的耳目闭塞起来。大家都是"王麻子"，都是"张小泉"，那就不行了，还是多几个牌号好一点④。

邓小平在西安党员干部大会上特别强调：共产党要想避免犯大错误，就

① 《毛泽东在南京党员干部会议上的讲话记录》（1957年3月20日），转引自中共中央文献研究室：《毛泽东传（1949—1976）》（上），中央文献出版社2003年版，第648页。
② 《坚持艰苦奋斗，密切联系群众》（1957年3月），《毛泽东文集》第七卷，人民出版社1999年版，第285页。
③ 《如何正确处理人民内部矛盾》（1957年4月27日），《刘少奇选集》下卷，人民出版社1985年版，第303、304—305页。
④ 《长期共存，互相监督》（1957年4月24日），《周恩来统一战线文选》，人民出版社1984年版，第349—350、351页。

必须接受监督。在中国,谁有资格犯大错误? 就是中国共产党。犯了错误影响也最大。宪法上规定了党的领导,党要领导好,就必须接受监督。他强调,监督来自三个方面:党的监督,群众的监督和民主党派、无党派民主人士的监督。"如果我们不受监督,不注意扩大党和国家的民主生活,就一定要脱离群众,犯大错误。因为我们如果关起门来办事,凭老资格,自以为这样就够了,对群众、对党外人士的意见不虚心去听,就很容易使自己闭塞起来,考虑问题产生片面性,这样非犯错误不可。"①

此外,彭真有两段说明整风必要性的话,讲得很真诚。他说:虽然我们进城只七年多,但特权思想那么重,宗派主义,党外人士有职无权。官僚主义那样多,还有教条主义。② "不整(风)不得了,党内外有深渊高墙。党员摆架子,不向党外学习。党外的批评,百分之九十以上基本正确,也诚恳,是他山之石,是一副良药"。③

经过上述一番努力,党外人士和人民群众要求共产党改进作风的呼声日益高涨。中共中央认为,发动整风运动的时机已经成熟了。1957 年 4 月 27日,中共中央发出《关于整风运动的指示》。《指示》提出:由于党已经在全国范围内处于执政的地位,得到广大群众的拥护,有许多同志就容易采取单纯的行政命令的办法去处理问题,而有一部分立场不坚定的分子,就容易沾染旧社会作风的残余,形成一种特权思想,甚至用打击压迫的方法对待群众。因此,有必要在全党进行一次普遍、深入的反对官僚主义、宗派主义和主观主义的整风运动。这次整风运动应该是一次既严肃认真又和风细雨的思想教育运动,应该是一次恰如其分的批评和自我批评运动,应该多采取个别谈心或开小型的座谈会和小组会的方式,一般不要开批评大会或斗争大会。"非党员愿意参加整风运动,应该欢迎。但是必须完全出于自愿,不得强迫,并且允许随时自由退出。"④5 月 1 日,《人民日报》公布中共中央的整风指示,全党整风由此开始。

---

①　《共产党要接受监督》(1957 年 4 月 8 日),《邓小平文选》第一卷,人民出版社1994 年版,第 270 页。

②　郭道晖:《毛泽东发动整风的初衷》,《炎黄春秋》2009 年第 2 期。

③　李向前、王桂华:《彭真》(电视文献片《彭真》剧本节选),《百年潮》2002 年第 11 期。

④　《中国共产党中央委员会关于整风运动的指示》(1957 年 4 月 27 日),中共中央文献研究室:《建国以来重要文献选编》第 10 册,中央文献出版社 1994 年版,第 222—223、224、225 页。

四、"请党外人士帮助整风"

在启动整风运动之时,中共中央特别重视邀请党外人士帮助共产党整风。在毛泽东看来,广泛征求党外人士的意见,对这次整风能否取得成效关系很大。4 月 30 日,他在最高国务会议第十二次(扩大)会议上为整风"吹风",动员民主人士畅所欲言。他说:几年来都想整风,但找不到机会,现在找到了。凡是涉及许多人的事情,不搞运动,搞不起来。现在已造成批评的空气,这种空气应继续下去。这时提整风比较自然。整风总的题目是要处理人民内部矛盾,反对主观主义、宗派主义和官僚主义。① 他希望通过各界人士的批评,使党的作风真正得到改进,也设想通过党的若干领导制度的进一步完善,来妥善解决实际工作中党与民主党派、党与知识分子的矛盾。

会后不久,5 月 4 日,中共中央发出关于请党外人士帮助整风的指示,充分肯定一个时期以来党外人士提出的各种批评意见:最近两个月以来,在各种有党外人士参加的会议上和报纸刊物上所展开的关于人民内部矛盾的分析和对于党政所犯错误缺点的批评,对于党与人民政府改正错误,提高威信,极为有益,应当继续展开,以利于我党整风。"没有社会压力,整风不易收效"。《指示》对当前整风的总体部署作出规定:先请党外人士帮助共产党整风,对共产党的缺点错误进行批评,待共产党整风成功,再推动社会各界整风。"党外人士参加我党整风座谈会和整风小组,是请他们向我们提意见,作批评,而不是要他们批评他们自己,此点也请你们注意。如有不便之处,则以不请党外人士参加整风,而由党邀请党外人士开座谈会,请他们畅所欲言地对工作上缺点错误提出意见为妥。请你们按当地情况斟酌处理。"②这以后,全党整风很快进入集中征求党外人士意见的阶段。

起初,中国共产党、毛泽东请党外人士帮助共产党整风,听取党外人士对共产党缺点错误的批评意见,确实是出于真心的,因为当时中共高层对此

---

① 中共中央文献研究室:《毛泽东传(1949—1976)》(上),中央文献出版社 2003 年版,第 671 页。

② 中共中央文献研究室:《建国以来重要文献选编》第 10 册,中央文献出版社 1994 年版,第 246—247 页。

信心十足,认为决不至于引火烧身。1957 年 3 月 12 日,毛泽东在全国宣传工作会议上讲到"放"还是"收"的问题时说:会不会乱? 会不会变成匈牙利事件? 变不了的。要是搞得一点民主也没有,官僚主义十足,大民主不许可,小民主也没有,甚至于小小民主都没有,横直是不能解决问题,那就要逼上梁山。① 3 月 20 日上午,他在南京对江苏、安徽两省及南京军区的党员干部说:对这几百万知识分子,我们如果看不起他们,如果以为可以不要他们,这种观点是不妥当的。我们离开这几百万知识分子,可以说一步都不能走。现在党外人士生怕我们"收",说我们"放"的不够。我们的同志则有一点想"收"。中央的意见是应该坚持"百花齐放、百家争鸣"的方针,应该"放",而不是"收"。至于这样做会不会"天下大乱"? 会不会像匈牙利事件那样把人民政府打倒? 毛泽东再次回答:不会。中国的情形跟匈牙利不同,共产党有很高的威信,人民政府有很高的威信。马克思主义是真理,这是批评不倒的。② 4 月初,有人向毛泽东反映:少数人说,共产党放长线钓大鱼。他说:要让人家批评,一点不生气,然后去分析。现在知识分子像惊弓之鸟,怕得厉害……总之,共产党的政策要让大家来考验,领导者也要受被领导者考验。③ 4 月 10 日,毛泽东又指出:争取知识分子,用什么办法? 一种办法是压,这不会使人心服,口服心不服。我主张松,这样他们就靠拢我们了,有利于改造。④

　　不过,对于"放"到什么程度,毛泽东是有底线的。1957 年 1 月,他在省市自治区党委书记会议上提出注意思想动向:(一)要准备少数人闹事,搞所谓的大民主。对待大民主的态度应当是,第一不怕,第二要加以分析,看他讲什么、做什么。(二)对知识分子和民主人士要继续思想改造。现在有一种偏向,就是重安排不重改造,百花齐放、百家争鸣一来,不敢去改造知识分

---

①　中共中央文献研究室:《毛泽东传(1949—1976)》(上),中央文献出版社 2003 年版,第 640 页。

②　中共中央文献研究室:《毛泽东传(1949—1976)》(上),中央文献出版社 2003 年版,第 649 页。

③　中共中央文献研究室:《毛泽东传(1949—1976)》(上),中央文献出版社 2003 年版,第 654—955 页。

④　中共中央文献研究室:《毛泽东传(1949—1976)》(上),中央文献出版社 2003 年版,第 666 页。

子了。(三)百花齐放,还是要放。农民需要年年跟田里的杂草作斗争,我们党的作家、艺术家、评论家、教授,也需要年年跟思想领域的杂草作斗争。认为反右早有预谋的人尤其看重这次会议,因为毛泽东在会上说了一些意思基本等同于"引蛇出洞"、"钓鱼"之类的话,说要让民主人士中的一些人"暴露","后发制人,不要先发制人",等等。"阴谋派"往往将其作为重要论据。①

2月27日,毛泽东在"如何处理人民内部的矛盾"的讲话(与后来正式发表的《关于正确处理人民内部矛盾的问题》有许多不同)中说:波兰事件和匈牙利事件出来,有些人很高兴,来一下大民主嘛!他们所谓的大民主,几十万人到街上去了。他们似乎高兴这个事情。有一些同志,有一些党外朋友,他们搞不清楚大民主是对付敌对阶级的。另外,有少数人是带有敌对情绪的,他们希望用大民主把人民政府整那么一下,学匈牙利那样把共产党整一下,就开心了。有些人不懂得世界上的具体情况,以为欧洲的民主自由很好,喜欢议会民主,说人民代表大会跟西方议会民主比要差,主张两党制,这一党在上,那一党在下,然后反过来。还要有两个通讯社,唱对台戏。有人提出早一点取消专政。有人说民主是目的。我们跟他们说,民主是手段,也可以说又是目的又是手段。民主是属于哪个范围呢?属于上层建筑,属于政治这个范畴。马克思主义的政治经济学告诉我们,人类社会的上层建筑归根结底是为经济基础服务的,改善人民生活是它的目的。有人说外国的自由很好,我们这里自由很少。我说,没有抽象的自由,只有阶级的自由,具体的自由,抽象的、一般的自由,世界上就没有那个东西。②

3月12日,他在全国宣传工作会议上不仅强调"放"的方针,还提醒人们注意:"长时间以来,人们对于教条主义作过很多批判。这是应该的。但是,人们往往忽略了对于修正主义的批判。"他指出,现在还有阶级斗争,"主要是政治战线上和思想战线上的阶级斗争,而且还很尖锐。思想问题现在已经成为非常重要的问题。"③他说:我国的知识分子大约有五百万左右。其中

---

① 毛泽东在这次会议上的讲话,参见《毛泽东选集》第五卷。

② 中共中央文献研究室:《毛泽东传(1949—1976)》(上),中央文献出版社2003年版,第622—623页。

③ 《在中国共产党全国宣传工作会议上的讲话》(1957年3月12日),《建国以来毛泽东文稿》第6册,中央文献出版社1992年版,第393、394页。

有少数人对于社会主义制度不那么欢迎,不那么高兴,甚至抱有一种敌对的情绪,认为社会主义没有优越性,社会主义活不长,会失败。或者有那么一些人,希望社会主义总有一天要恢复到资本主义。他还指出:百家争鸣,说一百家,其实只有两家:无产阶级一家,资产阶级一家。说百家,无非言其多也。马克思主义里面也有几家,修正主义算一家,教条主义是一家。①

3月17日,毛泽东在山东宣讲如何正确处理人民内部矛盾时,有一个比较突出的内容,就是讲大规模的阶级斗争基本结束了,但阶级斗争并没有结束;在意识形态领域,阶级斗争将长期存在;意识形态领域谁胜谁负的问题还没有解决,还需要相当长的时间才能解决。中共中央文献研究室编著的《毛泽东传(1949—1976)》指出:这些意思,在2月27日的最高国务会议上和3月12日的宣传工作会议上,都没有讲到或者没有明确地指出来。这是他所说"去年下半年以来,我们党里头,社会上,思想有一些乱"这种情况在他头脑里的反映。这个问题越来越引起他的重视。②

据林克日记记载,5月12日,"毛主席进一步谈到争鸣和齐放的限度是什么?限度就是不能火烧房子。批评应该:(1)有利于人民民主专政;(2)有利于发展社会主义建设;(3)有利于党的领导。而共产党的领导是有决定性的。"③由此可见,坚持中国共产党的领导、坚持社会主义制度始终是中共的既定原则,离开这些原则的批评意见必然会被认定为错误言论。

民主人士到底提出了哪些意见呢?从5月8日开始,中共中央统战部多次召开各民主党派负责人座谈会,全国各界著名的民主人士聚集一堂,他们的发言,是党外各种意见的一个集中反映。

5月8日,民盟中央副主席、农工民主党中央主席章伯钧谈到了党与非党关系问题。他举例说,选拔留学生,学校留助教,都是首先考察政治条件,有些有能力、有专长的人,常被认为历史复杂而不能入选,非党人士出国学

---

① 中共中央文献研究室:《毛泽东传(1949—1976)》(上),中央文献出版社2003年版,第635—636、638页。

② 中共中央文献研究室:《毛泽东传(1949—1976)》(上),中央文献出版社2003年版,第646页。

③ 沈志华:《从整风向反右的转轨》,郭德宏、王海光、韩钢:《中华人民共和国专题史稿》(卷二·曲折探索),四川人民出版社2009年版,第123页。

习的机会不多。非党干部要得到提拔很困难,党员提升得快,好像只有党员才有能力,有办法。兼任交通部部长的他还提出:在非党人士担任领导的地方,实际上是党组决定一切,这是形成非党人士有职无权的根本原因。

民主建国会副主任委员章乃器也提出了类似的问题。他认为,要解决有职有权问题,必须克服宗派主义思想,这样就首先要明辨是非,现在有一部分党员,党内一个是非,党外一个是非,把"党党相护"当作党性。有人批评了党,明明提的意见是对的,党员也不承认。有人提的意见尽管是符合党的政策的,但是只要党员负责同志一摇头,非党员要坚持意见也是很困难的。章乃器谈到他自己,说,不过,我是有职有权的。在粮食部里,党组和我的关系是正常的,党组管思想政治领导,我管行政领导,党组和我有了分歧意见,要能说服我,我才同意。但是我这个有职有权,是斗争得来的。经过斗争达到了团结的目的。①

第二天,上海《文汇报》即分别以《行政领导和党组职权应该划分清楚》、《解决有职有权问题必须克服宗派主义》为题,刊登了章伯钧和章乃器的发言,在社会上引起较大反响。

5月9日,民主建国会副主任委员胡子昂说,工商界有人怀疑,"放"、"鸣"与"整"是三部曲,"放"、"鸣"以后有被"整"的危险。他说,党与非党的关系中间,好像有一堵墙、一道门槛,有些党员一副严肃的"政治面孔",使人敬而远之。②

5月10日,民革中央常委邵力子批评了"以党代政"的问题,但对党组领导制度表示肯定。他说,党在政府部门的领导,最好是通过党组。一切重大问题,党组决定后,交由党员去运用,使能贯彻执行。如果直接由党发号施令,就会差一些。改善党政关系,重要的是使政府部门真正负起责任来,这对党的领导只有好处,没有坏处。民盟副主席罗隆基提出,现在各民主党派都参加了政权,但是过去有很多重大的政策问题,往往都是在领导党内讨论以后才拿出来协商。他希望今后这些问题要在党内讨论的同时,也交民主

---

① 《倾听党外意见推进整风运动,中共中央统战部邀各民主党派负责人举行座谈会》,《人民日报》1957年5月9日。

② 《民主党派负责人在统战部召开的座谈会上批评共产党员的宗派主义》,《人民日报》1957年5月10日。

党派去讨论,并由有关方面事前提供情况和资料。①

5月11日,民主建国会中央委员千家驹谈到有职有权问题时说,共产党是领导党,党员要在工作中多负些责任,党组要保证机关工作任务的完成,这是应该肯定的,没有人反对。但事实上现在党委或党组代替行政,党组的决定有时不通过行政而下达,有些决定,担任科员、秘书工作的党员都知道了,而非党的领导干部还不知道。谈到知识分子,千家驹希望能够深入地了解高级知识分子的思想情况,而不要专听党员的片面汇报。他说,中国高级知识分子有高度自尊心,服从真理而不慑于权威,"士可杀不可辱",这是优良传统,不应该打击。解放后唯唯诺诺靠拢党,这是不好的。②

5月13日,无党派民主人士、教育部长张奚若在这次整风所针对的三个主义之外,提出教条主义的问题。他说,有些人知识水平低,经验不足,为了解决问题,想不出办法,就搬教条,搬苏联经验,依靠教条解决问题。对某些党员来说,教条成了他办事的唯一蓝本。教育部许多工作没做好,教条主义之害实在是"大矣哉,大矣哉"。③

张奚若还说:有不少党员知识水平太低,不够他现在所担负的工作所需要的水平。有些党员认为"天下是咱家打的",于是老子天下第一,以革命功臣自居。他们认为:"给你一碗饭吃,给你官做就够了,一切不过是为了团结,并不是你真正有什么本事。"因此,他有事情就照他的办法办,正是"一朝权在手,便把令来行"。④ 不过,就在不到两个月前的山东省机关党员干部会上,毛泽东在强调要坚持"长期共存,互相监督"的同时,笑称反对这个方针的同志"有不少道理":"这些同志,你说他有没有道理,我看也是相当有道

---

① 《民主党派负责人在统战部召开的座谈会上提出充分发挥各民主党派的作用》,《人民日报》1957年5月11日。

② 《各民主党派负责人在统战部的座谈会上继续发表意见,批评共产党以党代政要求民主人士有职有权》,《人民日报》1957年5月12日。

③ 《在统战部召开的座谈会上民主党派负责人继续提出意见,批评统战部对各民主党派帮助不够》,《人民日报》1957年5月14日。

④ 《在统战部召开的座谈会上民主党派负责人继续提出意见,批评统战部对各民主党派帮助不够》,《人民日报》1957年5月14日。

理。民主党派有什么资格监督共产党？究竟江山是谁打下来的呀！"①

5月15日，无党派民主人士、文化部长沈雁冰（茅盾）说：宗派主义的表现方式是多种多样的，比方说：一个非党专家，在业务上提了个建议，可是主管的领导党员却不置可否，于是非党专家觉得这位党员领导者有宗派主义。可是，在我看来，这是冤枉了那位党员了。事实上，这位党员不精于业务，对于那位非党专家的建议不辨好歹，而又不肯老实承认自己不懂（因为若自认不懂，便有伤威信），只好不置可否，这里确实并无宗派主义。可是，隔了一个时期，上级党员也提出同样的主张来了，这时候，曾经不置可否的党员，就双手高举，大力宣扬，称颂上级党员英明领导，但是，压根儿不提某非党专家曾经提过基本上相同的建议，是不是他忘记了呢？我看不是，仍然是因为若要保住威信，不提为妙。在这里，就有了宗派主义，如果那位非党专家不识相，自己来说明他也有过那样的建议，但未被重视，于是乎百分之九十很可能，那位党员会强词夺理，说那位专家的建议基本上和这次上级的指示不同，或甚至给他一个帽子：诽谤领导，诽谤党。这里，宗派主义就发展到极严重的地步。从这样的例子，是不是可以说：不懂装懂，念念不忘于什么威信，就是促成了像上面所说的宗派主义，但是，通常可以把这种情况称之为官僚主义，可见两者有点亲戚关系。②

在这天的会议上，张奚若再次发言，批评有四种偏差：第一，好大喜功；第二，急功近利；第三，鄙视既往；第四，迷信将来。这四句话，给毛泽东留下很深的印象。③

早在为作《论十大关系》报告而听取汇报的过程中，毛泽东就说过：好大喜功好像是坏事，历来骂汉武帝好大喜功，可不名誉哩。木船变轮船，马车变汽车、火车，都是好大喜功，不加区别地说好大喜功都不好是不妥当的。④

① 《毛泽东在山东省机关党员干部会上的讲话》(1957年3月18日)，转引自朱正：《1957年的夏季：从百家争鸣到两家争鸣》，河南人民出版社1998年版，第68页。

② 《各民主党派负责人在统战部继续召开的座谈会上提出尖锐批评和改进工作的积极建议》，《人民日报》1957年5月16日。

③ 中共中央文献研究室：《毛泽东传(1949—1976)》(上)，中央文献出版社2003年版，第689页。

④ 中共中央文献研究室：《毛泽东传(1949—1976)》(上)，中央文献出版社2003年版，第473页。

1958 年 1 月,他在第十四次最高国务会议上又说:不好大喜功不行。但是要革命派的好大喜功,要合乎实际的好大喜功。不急功近利也不行。《易经》上讲:"君子终日乾乾,夕惕若厉。"曾子也说:"夏禹惜寸阴,吾辈当惜分阴。"这都是圣人之言。我们要的是革命的、合乎实际的平均先进定额(指标)。过去的东西不轻视不能活下去。历史是要的,但对过去不能过于重视。人类历史是五十万年。"拿现在来比,倒数上去,总是一代不如一代,这才叫进化,才叫进步。所以,轻视过去,在这一点意义上讲完全必要"。还有一个"迷信将来"。人类就是希望有个将来,希望也总是寄托在将来。所以说,"好大喜功,急功近利,轻视过去,迷信将来"这四句话,恰好是正确的。①1958 年 1 月南宁会议、1958 年 3 月成都会议、1958 年 9 月第十五次最高国务会议上,毛泽东都批驳过这四句话。

其实,在《人民日报》发表的张奚若的讲话中,"好大喜功"讲的是很多人追求形体之大、组织之大,如建筑物一定要盖得很大,工商业组织、文化艺术组织、生活娱乐组织要搞得规模很大;谈"急功近利"时,举的例子是高等学校培养人才;"鄙视既往"强调不要一切都搬用洋教条,历史留下的文化遗产不能都当作封建的东西打倒;"迷信将来"则是说不能认为将来任何事情都是发展的。② 然而,若单把这四个考语挑出来,说共产党"好大喜功、急功近利、鄙视既往、迷信将来",就的确显得很"刺激"了。

中共中央党史研究室编著的《中国共产党历史》第二卷(1949—1978)指出:"这些座谈会提出的绝大多数意见,虽然尖锐,但比较中肯,也富有建设性。"③而且座谈的过程中也并非"一边倒"地批评共产党。例如,罗隆基提出有些知识分子不愿意参加民主党派,怕别人说他"落后",而愿意争取加入共产党,这影响了民主党派的发展。同为民盟副主席的史良立刻表示,民主党派能不能与共产党长期共存,并不在于民主党派成员人数的多少,而在于

---

①　中共中央文献研究室:《毛泽东传(1949—1976)》(上),中央文献出版社 2003 年版,第 782 页。

②　《各民主党派负责人在统战部继续召开的座谈会上提出尖锐批评和改进工作的积极建议》,《人民日报》1957 年 5 月 16 日。

③　中共中央党史研究室:《中国共产党历史》第二卷(1949—1978),中共党史出版社 2011 年版,第 442 页。

民主党派是否能在社会上发挥作用。① 无党派民主人士、北京大学校长马寅初则表示:单纯批评党委制不好是不对的,党委制好的地方也要表扬。他还说,目前有些批评不够实事求是,有否定一切的现象。从团结的愿望出发,不能光讲坏处,好处一点不讲,如现在对北京大学的批评,坏的地方说得很详细,好的地方一点也不说,这是无法令人心服的,也不好共事。②

　　中央和地方的各种报刊大量报道整风情况,各方面人士在各种座谈会上和报刊上广泛而集中地对党的工作提出批评意见,这种局面是新中国成立以来前所未有的。在这个过程中,社会上的各种批评意见急剧升温,情况也趋于复杂。中共中央对整风的态度逐渐发生了变化:一方面,对待善意的批评,无论怎样尖锐,都要让其充分提出;另一方面,则要注意"右倾分子"的反共言论,但对这些极少数人的恶意攻击,也要放手让他们鸣放,过一段时间再加以反驳。时任统战部部长、主持民主党派负责人座谈会的李维汉是这样回忆的:"5 月中旬,汇报到第三次或第四次时,已经放出一些不好的东西,什么'轮流坐庄'、'海德公园' 等谬论都出来了。毛泽东同志警觉性很高,说他们这样搞,将来会整到他们自己头上,决定把会上放出来的言论在《人民日报》发表,并且指示:要硬着头皮听,不要反驳,让他们放。在这次汇报之后,我才开始有反右的思想准备。那时,蒋南翔同志对北大、清华有人主张'海德公园'受不住,毛泽东同志要彭真同志给蒋打招呼,要他硬着头皮听。当我汇报到有位高级民主人士说党外有些人对共产党的尖锐批评是'姑嫂吵架'时,毛泽东同志说:不对,这不是姑嫂,是敌我……及至听到座谈会的汇报和罗隆基说现在是马列主义的小知识分子领导小资产阶级的大知识分子、外行领导内行之后,就在 5 月 15 日写出了《事情正在起变化》的文章,发给党内高级干部阅读……这篇文章,表明毛泽东同志已经下定反击右派的决心。"③

---

　　① 《民主党派负责人在统战部召开的座谈会上提出充分发挥各民主党派的作用》,《人民日报》1957 年 5 月 11 日。

　　② 《各民主党派负责人在统战部继续召开的座谈会上提出尖锐批评和改进工作的积极建议》,《人民日报》1957 年 5 月 16 日。

　　③ 李维汉:《回忆与研究》(下),中共党史资料出版社 1986 年版,第 833—834 页。

五、"事情正在起变化"

整风何以转向反右？李维汉的回忆似乎指向鸣放中的一些言论。笔者认为，这只是运动改变方向的直接原因。而且更准确地说，不是言论本身有多激烈——前文已经列举了若干颇有代表性的"激烈言论"，如果不断章取义的话，似乎并无反党、反社会主义之意——而是相关言论大大出乎毛泽东等中共领导人的意料，超出了他们预设的"底线"。《毛泽东传（1949—1976）》指出：毛泽东原来估计，由于中国共产党的崇高威望和治国业绩，中国不会发生像匈牙利事件那样的严重情况。他希望通过社会上和报刊上的公开批评，在党内外形成一定的压力，促使党的各级领导正视错误、改正缺点，在全社会造成一种生动活泼的政治局面，这样更有利于发现和化解各种社会矛盾。然而此时，他深感震惊，从而对形势作出与原来不同的严重估计。①

深一层的原因在于鸣放揭露出来的问题引起工人、农民和学生等群体的强烈不满，部分单位和地方出现不稳定的情况。5 月 13 日，《人民日报》以《谈职工闹事》为题发表社论，开篇即说："近一个时期，在某些企业里，发生了一些职工群众请愿以至罢工之类的事件。"公开报道中没有描绘闹事的情形，实际上某些地区的情况还是比较严重的。例如，上海市总工会报告："最近几个月来，职工罢工闹事数量有了增加，从今年 4 月初到 5 月 24 日止，共发生大大小小的闹事事件 200 多起，涉及工厂企业单位约有 240 个，参加闹事的群众有 10000 人左右。"特别进入 5 月以后，闹事情况日益严重，"4 月份有 39 件 1200 余人，5 月份却有 160 余件 8200 人，4 月份一般只是工业系统，5 月份逐渐向其他行业蔓延。"②5 月 27 日的《内部参考》报道说："值得注意的是，在有些厂里，群众自己组织起来闹事，把共产党和干部撇在一边，干部要召集他们开会开不起来，连情报也搞不到。"中共上海市委书记马天水 23

---

①　中共中央文献研究室：《毛泽东传（1949—1976）》（上），中央文献出版社 2003 年版，第 690 页。

②　转引自沈志华：《从整风向反右的转轨》，郭德宏、王海光、韩钢：《中华人民共和国专题史稿》（卷二·曲折探索），四川人民出版社 2009 年版，第 136 页。

日在全市工厂企业党员干部大会上说："这种情况值得所有的厂警惕,如果任其继续发展下去,上海要大乱。"①

部分农村地区的局势同样混乱。例如在浙江省仙居县,从 4 月中旬到 5 月下旬,全县 33 个乡镇中有 29 个先后发生了闹事事件,主要是闹退社、分社,干部不许,就殴打干部,哄闹政府或自动解散。闹事后,全县 302 个合作社中,完全解体的 116 个,部分垮台的 55 个。入社农户由 91% 降至 19%。被打干部 107 人,社干部家庭被搜查的 304 户。农民普遍反映:"初级社有优越性,高级社没有优越性。"②

学校里也出现了许多风波。5 月下旬恰好是毕业在即的时候,很多学生因毕业后不能升学或留在城市工作而闹事。例如 5 月 20 日至 25 日,湖北医学院学生要求改善校舍、设备等条件,发生全校性的停课风潮,矛头直指中共湖北省委。27 日,天津第四十七中学部分应届初中毕业生成立了"秘密组织并串联其他学校","印制传单,散布错误论调,积极拉拢同学,准备游行"。陕西省西安航空学院、西安建筑学院、西安动力学院、交通大学、陕西师范学院等闹事情况严重,学校领导"处于紧张被动状态,'四面作战',招架不住"。③

更深一层地考虑,为什么中共八大刚刚结束不到一年,党的路线就发生了如此大的变化? 党史专家胡绳分析道:除了那些国际国内的特定诱因外,很重要的一条,是我们对八大所提出的路线,并没有想得那么清楚,认识得那么透彻,结果一有小的波折,就对总路线发生动摇。④ 这段话不仅讲出了整风转向反右的深层原因,还很好地诠释了改革开放的必然性,以及坚持改革开放的必要性——如果不能深刻认识党的基本路线,那么,任何小的波折

① 转引自沈志华:《从整风向反右的转轨》,郭德宏、王海光、韩钢:《中华人民共和国专题史稿》(卷二·曲折探索),四川人民出版社 2009 年版,第 136 页。

② 《中央批转〈浙江省委转发杨心培同志关于仙居县群众闹事问题的报告〉》(1957 年 8 月 13 日),中华人民共和国国家农业委员会办公厅编:《农业集体化重要文件汇编(1949—1967)》,中共中央党校出版社 1981 年版,第 691—697 页。

③ 转引自沈志华:《从整风向反右的转轨》,郭德宏、王海光、韩钢:《中华人民共和国专题史稿》(卷二·曲折探索),四川人民出版社 2009 年版,第 135 页。

④ 李向前:《一个晚辈学人眼中的胡绳》,郑惠、姚鸿编:《思慕集:怀念胡绳文辑》,社会科学文献出版社 2003 年版,第 135—136 页。

和历史"插曲"都可能动摇我们的决心,使我们回到老路上去。

在各种层面原因的共同作用下,中共开始逐步对反击右派进攻作出部署。5月14日,中共中央发出《关于报道党外人士对党政各方面工作的批评的指示》,提出:近来许多党报,对于一些反共的言论加以删节,是不妥当的。这实际上是帮助了右倾分子,并且使人感到是我们惧怕这些言论。《指示》要求各地的报纸继续充分报道党外人士的言论,"特别是对于右倾分子、反共分子的言论,必须原样地、不加粉饰地报道出来,使群众明了他们的面目,这对于教育群众、教育中间分子,有很大的好处"①。

5月16日,毛泽东为中共中央起草了《关于对待当前党外人士批评的指示》。一方面肯定了党外批评意见的主流,指出:"自从展开人民内部矛盾的党内外公开讨论以来,异常迅速地揭露了各方面的矛盾。这些矛盾的详细情况,我们过去几乎完全不知道。现在如实地揭露出来,很好。党外人士对我们的批评,不管如何尖锐……基本上是诚恳的、正确的。这类批评占百分之九十以上,对于我党整风,改正缺点错误,大有利益。"另一方面,对如何对待右派言论作了部署:"最近一些天以来,社会上有少数带有反共情绪的人跃跃欲试,发表一些带有煽动性的言论,企图将正确解决人民内部矛盾、巩固人民民主专政、以利社会主义建设的正确方向,引导到错误方向去,此点请你们注意,放手让他们发表,并且暂时(几个星期内)不要批驳,使右翼分子在人民面前暴露其反动面目,过一个时期再研究反驳的问题。"这就是后来一些人所说的"引蛇出洞"的策略。②

5月中旬,毛泽东开始写题为《走向反面》的文章。6月12日,文章署名"中央政治研究室"印发中共党内高级干部,题目改为《事情正在起变化》,并且注明"内部文件,注意保存"。文中第一次提出"右派猖狂进攻"的问题,认为他们"不顾一切,想要在中国这块土地上刮起一阵害禾稼、毁房屋的七级以上的台风"。"风乍起"的诗意自然也被刮到了九霄云外。毛泽东估计,社

---

① 《中共中央关于报道党外人士对党政各方面工作的批评的指示》(1957年5月14日),转引自中共中央党史研究室:《中国共产党历史》第二卷(1949—1978),中共党史出版社2011年版,第446页。

② 中共中央文献研究室:《毛泽东传(1949—1976)》(上),中央文献出版社2003年版,第693—694页。

会上的右派,大约占全体党外知识分子的1%、3%、5%到10%,依情况而不同。他还在文章中提出了鉴别政治上真假善恶的标准:"主要是看人们是否真正要社会主义和接受共产党的领导这两条。"他说,只要是共产党执政,这两条就坚决不能动摇。① 这篇文章标志着中共中央、毛泽东的指导思想正在发生变化,运动的主题开始由正确处理人民内部矛盾转向对敌斗争,由党内整风转向反击右派的进攻。

不过文章和相关指示当时都没有公布,《事情正在起变化》落笔后,毛泽东先是批给了刘少奇、周恩来、朱德、陈云和彭真阅看,然后让中央办公厅主任杨尚昆将文章印发"中央一级若干同志并印送各省市委、内蒙党委"。文章印好后,他还特别提醒:"不登报纸,不让新闻记者知道,不给党内不可靠的人,大概要待半年或一年之后,才考虑在中国报纸上发表。"结果这一等就是20年——直到毛泽东逝世后,这篇文章才被编入《毛泽东选集》第五卷,于1977年4月公开发表。

如此严格的保密下,党外人士大都无法察觉到事情正在起什么变化。相反,5月17日《人民日报》发表社论指出:"在整风运动期间,我们所要求于非党同志的,是大胆尖锐毫无保留地揭发我们各方面的缺点和错误,帮助党员进行整风。"②19日的社论更有许多话直接摘抄自《中共中央关于对待当前党外人士批评的指示》,不过只抄了前半部分,例如:"在这些日子里,党外人士对于我们的党和国家工作的批评,不管如何尖锐,基本上是诚恳的,绝大多数意见是正确的、有益处的。"③于是,本来已经打算收官的各民主党派负责人座谈会继续进行,《人民日报》等主要报刊也按照毛泽东的指示,继续把"大量的反动的乌烟瘴气的言论"④登在报刊上。后来"家喻户晓"的许多右派言论就是在这个过程中"鸣"、"放"出来的。

5月21日,章伯钧提出"政治设计院"的主张。他说:"现在工业方面有许多设计院,可是政治上的许多设施,就没有一个设计院。我看政协、人大、

----

① 《事情正在起变化》(1957年5月),《建国以来毛泽东文稿》第6册,中央文献出版社1992年版,第473、470、474页。

② 《欢迎非党同志帮助我们整风》,《人民日报》1957年5月17日。

③ 《继续争鸣,结合整风》,《人民日报》1957年5月19日。

④ 语出《事情正在起变化》。

民主党派、人民团体,应该是政治上的四个设计院。应该多发挥这些设计院的作用。一些政治上的基本建设,要事先交他们讨论,三个臭皮匠,合成一个诸葛亮。现在大学里对党委制很不满,应该展开广泛的讨论,制度是可以补充的,因为大家都是走社会主义的路。这样搞,民主生活的内容就会丰富起来。"①章伯钧没有说明"政治设计院"和共产党之间的关系,但这个提议显然与坚持共产党领导不太协调。

5 月 22 日,罗隆基在发言中,提出在党的领导以外设立一个负责平反的领导机构,解决防止打击报复的问题。他说,有人提出要党提出保证,在他们对党进行批评以后,不致在将来受到打击报复。他说,要毛主席出来讲话保证,那是笑话。他提出由人民代表大会和政治协商委员会成立一个委员会,这个委员会不但要检查过去"三反"、"五反"、肃反运动中的偏差,它还将公开声明,鼓励大家有什么委屈都来申诉。这个委员会包括领导党,也包括民主党派和各方面的人士。他以为这样做有三个好处:一、可以鼓励大家提意见,各地知识分子就不会顾虑有话无处说,而是条条大路通北京了。二、过去的"五反"、"三反"、"肃反"虽然有很大的成绩,但是也发生了副作用,使人不敢讲话。有人担心在这次的"放"和"鸣"以后,还有"收"和"整"。在过去运动中受了委屈的,要给他们"平反",就可以使他们减少同党和政府的隔膜。三、现在谁都不能保证在下级机关里不发生打击报复事件,有这个机构,敢于打击报复的人,知所畏惧;受到打击报复的人就有路可走,他们可以提出控告。他还主张地方人代会和政协也应该成立这样性质的委员会,使它成为一个系统。② 罗隆基主张设立的这个机构,后来被简化称作"平反委员会"。

6 月 1 日,各民主党派机关报《光明日报》总编辑储安平以"向毛主席和周总理提些意见"为题发言。他从章乃器关于"党党相护"的说法讲起,提出"党天下"的问题。他说:"我认为党领导国家并不等于这个国家即为党所有;大家拥护党,但并没忘了自己也还是国家的主人。政党取得政权的主要

---

① 《统战部邀请民主党派和无党派民主人士继续座谈》,《人民日报》1957 年 5 月 22 日。

② 《在统战部召开的民主党派无党派民主人士座谈会上讨论逐步转向深刻化》,《人民日报》1957 年 5 月 23 日。

目的是实现他的理想,推行他的政策。为了保证政策的贯彻,巩固已得的政权,党需要使自己经常保持强大,需要掌握国家机关中的某些枢纽,这一切都是很自然的。但是在全国范围内,不论大小单位,甚至一个科一个组,都要安排一个党员做头儿,事无巨细,都要看党员的脸色行事,都要党员点了头才算数,这样的做法,是不是太过分了一点?在国家大政上,党外人士都心心愿愿跟着党走,但跟着党走,是因为党的理想伟大、政策正确,并不表示党外人士就没有自己的见解,就没有自尊心和对国家的责任感。这几年来,很多党员的才能和他所担当的职务很不相称。既没有做好工作,使国家受到损害,又不能使人心服,加剧了党群关系的紧张,但其过不在那些党员,而在党为什么要把不相称的党员安置在各种岗位上。党这样做,是不是'莫非王土'那样的思想,从而形成了现在这样一个一家天下的清一色局面。我认为,这个'党天下'的思想问题是一切宗派主义现象的最终根源,是党和非党之间矛盾的基本所在。今天宗派主义的突出、党群关系的不好,是一个全国性的现象。共产党是一个有高度组织纪律的党,对于这样一些全国性的缺点,和党中央的领导有没有关系?最近大家对小和尚提了不少意见,但对老和尚没有人提意见。我现在想举一件例子,向毛主席和周总理请教。解放以前,我们听到毛主席倡议和党外人士组织联合政府。1949 年开国以后,那时中央人民政府六个副主席中有三个党外人士,四个副总理中有两个党外人士,也还像个联合政府的样子。可是后来政府改组,中华人民共和国的副主席只有一位,原来中央人民政府的几个非党副主席,他们的椅子都搬到人大常委会去了。这且不说,现在国务院的副总理有十二位之多,其中没有一个非党人士,是不是非党人士中没有一人可以坐此交椅,或者没有一个人可以被培植来担任这样的职务?从团结党外人士、团结全国的愿望出发,考虑到国内和国际上的观感,这样的安排是不是还可以研究?""只要有党和非党的存在,就有党和非党的矛盾。这种矛盾不可能完全消灭,但是处理得当,可以缓和到最大限度。党外人士热烈欢迎这次党的整风。我们都愿意在党的领导下尽其一得之愚期对国事有所贡献。但在实际政治生活中,党的力量是这样强大,民主党派所能发挥的作用,毕竟有其限度,因而这种矛盾怎样缓和,党群关系怎样协调,以及党今后怎样更尊重党外人士的主人翁地位,在政治措施上怎样更宽容,更以德治人,使全国无论是才智之士抑或孑子小民都能各得其所,这些问题,主要还是要由党来考虑解决。"①次日,上海《文汇报》在头版全文刊登了储安平的发言。

就在同一天,提交书面发言的中国国民党革命委员会副主席何香凝却说:"如果或有人想入非非,那就和长期共存、互相监督的原意背道而驰了。"她还大讲国民党内右派的历史,然后联系现实说:"难道在这个时代,也就一切都是清一色,再也不会有左、中、右了吗?不会的。""极少数人对社会主义是口是心非,心里向往的其实是资本主义,脑子里憧憬的是欧美式的政治,这些人我认为显然是右派了"。② 人们当时或许还没有注意,这是整风开始以来"右派"这个词第一次出现在报纸上(报道国际问题的除外),此前只有中共中央在内部文件中使用过。③

还有前文李维汉提及的"轮流坐庄"和"海德公园"。"轮流坐庄"大概是指罗隆基的一些言论,因为后来民盟有人揭发:周恩来和罗隆基谈话时,说民主党派代表民族资产阶级和小资产阶级,中共代表无产阶级。罗表示不同意周恩来的意见,他说周是南开出身的,毛是北大出身的,我是清华出身的,为什么他们就能代表无产阶级而要我代表资产阶级和小资产阶级呢?他说他曾向周总理表示,我们成立人民阵线,你们代表一部分人民,我们代表另一部分人民,这样来共同协议合作组织联合政府。"这一段话十分露骨地表示他是不愿意接受中国共产党领导,他要轮流坐庄,轮流执政,而且狂妄地自封为代表一部分人民和共产党面对面讲价钱。"④

"海德公园"则确实是一个公园,它位于英国伦敦市中心,是人们举行各种政治集会和其他群众活动的场所,市民可在公园里著名的"演讲者之角"(Speakers' Corner)演说任何有关国计民生的话题,这个传统一直延续到今。

---

① 《统战部召开的民主人士座谈会昨天继续举行发言全部结束》,《人民日报》1957年6月2日。

② 《统战部召开的民主人士座谈会昨天继续举行发言全部结束》,《人民日报》1957年6月2日。

③ 沈志华:《从整风向反右的转轨》,郭德宏、王海光、韩钢:《中华人民共和国专题史稿》(卷二·曲折探索),四川人民出版社2009年版,第131—132页。

④ 《要知罗隆基一贯的反动本质,请看这些触目惊心的历史事实》,《人民日报》1957年8月11日;《一件件铁的事实在证明罗隆基反动三十年》,《人民日报》1957年8月11日。

反右派斗争中所说的"海德公园",大约代指西方式的民主。

青年团中央的一份整风动态中说,"北京大学的大字报,内容涉及较广,最近两天已经发展成为'海德公园'式的公开演讲和争辩"。① 《文汇报》报道:北大食堂前的广场上,"就像是海德公园一样,成千的同学,在倾听一场接一场的激烈辩论"。② 采写这篇报道的是《文汇报》驻京记者刘光华,后来《文汇报》受到毛泽东的严厉批评,多少也是因为这篇报道。当然,刘光华也成了右派分子。

北大与海德公园倒有一点不同:据说海德公园里人们都是通过演说来表达观点③;而在北大,大字报成了运动中的一道"风景"。5月19日清晨,第一张大字报出现在北京大学大饭厅灰色的墙壁上,内容是质问北大团委出席共青团"三大"的北大代表是如何产生的。接着又有人贴出大字报建议在墙上开辟一个民主园地来展开争鸣、协助整风。于是,北大的"民主墙"很快便诞生了。

有人根据第一张大字报出现的时间,将相关事件称为"五一九运动"。此后,越来越多的学生张贴大字报,提出各种问题和意见。20日,自称"一个强壮而又怀有恶意的小伙子"的物理系学生谭天荣的大字报《一株毒草》登场了,他在大字报中说:"到现在为止,百家争鸣、百花齐放离我们无知的青年还有十万八千里,我们国家没有检查制度,可是一切报刊(例如《人民日报》、《中国青年》和《物理学报》)的编辑们对马克思主义的绝对无知,对辩证法的一窍不通和他们形而上学的脑袋中装着的无限愚蠢,就是一道封锁真理的万里长城。"也许觉得还不过瘾,谭天荣又连续写了《第二株毒草》、《第三株毒草》、《第四株毒草》和其他一些大字报,有了这些"毒草",他便当之无愧地成为了北大最知名的右派。就在谭天荣贴出《一株毒草》这张大字报的当天下午5时20分,北大宿舍和饭厅的墙壁上贴出了162张大字报。当然,这些大字报中,并不全是后来被划为"右派分子"的人写的,不少大字

---

① 青年团中央大学工作部:《各地学生在整风中的动态》,1957年5月25日新华通讯社编《内部参考》。

② 《北京大学"民主墙"》,《文汇报》1957年5月27日。

③ 参见费孝通:《言论·自由·诚实》,http://www.aisixiang.com/data/6607.html。

报是与之展开辩论的。① 到 22 日,北大校园里的大字报已经达到几百张。有些大字报直言不讳地要求取消党委负责制,要求言论、集会、结社绝对自由,彻底开放一切禁书,反对必修政治课等。

由于受到《文汇报》报道的感染和启发,一时间,全国高校的大字报铺天盖地,真应了报道中引用的那句话——"忽如一夜春风来,千树万树梨花开"。报道刊出后仅一夜之隔,上海第一师范学院"完全变了样":院内到处是黑板报、大字报、横幅。华东师范大学的一位同学看到报道,用红笔把标题圈了起来,划了两个惊叹号,并在旁边用红笔批注:"我们要向北大同学学习。"华南师范学院出现了大量标语和大字报,有的要求减少某些学科的内容,如果不允所请,就"坚决罢考",有的批评学生会是团委会的"奴隶";"当时形成了这样一种气氛:好像只有大字报才是鸣放的唯一方式。政治系的大字报出得少了一些,便被骂为'教条主义烂粪坑'。"②

除大字报以外,校园里还展开了各种演讲会、辩论会、"控诉会",每天晚上都有数百人甚至上千人参加。在北京大学的"控诉会"上,有人把斯大林肃反扩大化的错误与中国的肃反运动相联系,诉说肃反中亲历的遭遇,引得学生群情激昂。有的人说,对共产党的缺点不能用改良主义的方法,而要像匈牙利那样直接采取行动……

毛泽东后来回忆说:"去年五月底右派进攻,我就在床上吃饭,办公,一天看那些材料,尽是骂我们的。"又说:"右派猖狂进攻时,哪个不着急? 我看大家都有点着急。我就是一个着急的,着急才想主意。""五月二十号后摸到底了,才真不怕"。③"总的估计是出不了乱子"——这才是中共高层领导比较一致的观点。于是,就在右派分子的进攻逐渐"走到顶点"④的时候,中共中央已经做好了反击的准备。

① 罗平汉:《反右派运动中的大字报》,《文史精华》2001 年第 8 期。

② 《右派张目向高校进攻,"北大民主墙"报道掀起一阵歪风》,《文汇报》1975 年 7 月 16 日。

③ 《毛泽东在中共中央政治局扩大会议上的讲话记录》(1958 年 5 月 29 日)、《毛泽东在中共八大二次会议上的讲话记录》(1958 年 5 月 20 日)、《毛泽东在中共八届三中全会前夕同省市委书记的谈话记录》(1957 年 9 月 22 日),转引自中共中央文献研究室:《毛泽东传(1949—1976)》(上),中央文献出版社 2003 年版,第 696 页。

④ 语出《事情正在起变化》。

5月下旬,中共中央开始"着手分类研究右翼的反动言论和其他资产阶级观点,准备在适当时机(中央届时另做通知)发表一批论文和社论,予以反驳和批判"①。毛泽东还以多少有些含蓄的语言向党外人士打了招呼。25日,他在接见青年团代表时强调:中国共产党是全中国人民的领导核心。没有这样一个核心,社会主义事业就不能胜利。一切离开社会主义的言论行动是完全错误的。6月3日,中央统战部召开的各民主党派负责人座谈会结束。李维汉在会上指出:座谈会上提出的批评和意见,"有相当一部分是错误的"。据李维汉回忆,这句话是毛泽东审阅他的发言稿时加的。② 这两段话都赫然出现在《人民日报》之上,但却未能引起应有的注意。

"山雨欲来风满楼",相关部署还有许多。这一切都表明,以解决人民内部矛盾为主题的整风运动,即将变为反击右派的斗争。

六、反右派运动的开展

恰在此时,发生了卢郁文遭到匿名信恐吓的事件。卢郁文是民革中央委员、国务院秘书长助理。5月25日,他在民革中央扩大会议上发言,认为只看到共产党的缺点是片面的。会后,他收到一封匿名信,说他"为虎作伥"、"无耻之尤",警告他"及早回头","不然人民不会饶恕你的"。了解到相关情况后,毛泽东决心抓住这个时机,组织对右派的反击。③ 在反右派过程中调任《人民日报》总编辑的吴冷西回忆:6月7日上午,毛泽东兴高采烈地说,今天报上登了卢郁文在座谈会上的发言,说他收到匿名信,对他攻击、辱骂和恫吓。这就给我们提供了一个发动反击右派的好机会。毛泽东说,这封匿名信好就好在它攻击的是党外人士,而且是民革成员;好就好在它是匿名的,不是某个有名有姓的人署名。过去几天我就一直考虑什么时候抓

---

① 《关于加强对当前运动的领导的指示》(1957年5月20日),转引自中共中央党史研究室:《中国共产党历史》第二卷(1949—1978),中共党史出版社2011年版,第448页。

② 李维汉:《回忆与研究》(下),中共党史资料出版社1986年版,第835页。

③ 中共中央文献研究室:《毛泽东传(1949—1976)》(上),中央文献出版社2003年版,第704页。

住什么机会发动反击。现在机会来了,马上抓住它,用人民日报社论的形式发动反击右派的斗争。社论的题目是《这是为什么?》,在读者面前提出这样的问题,让大家来思考。①

6 月 8 日,《这是为什么?》的社论登上了《人民日报》的头版。这是第一次用党报社论的形式公开批评整风鸣放以来的错误言论,是开始反击的信号。除上海《文汇报》和《光明日报》外,各主要报纸都转载了这篇社论。同日,毛泽东起草《中共中央关于组织力量准备反击右派分子进攻的指示》,对反击右派作出进一步的安排,指出:"这是一场大战(战场既在党内,又在党外),不打胜这一仗,社会主义是建不成的,并且有出'匈牙利事件'的某些危险。"《指示》认为,反动分子的人数不过百分之几,最积极疯狂分子不过百分之一,故不足怕。中共中央对反右派斗争的具体安排是:组织每个党派自己开座谈会,让正反两方面意见暴露,派记者予以报道,然后推动左、中分子发言,反击右派。到适当时机组织党团员分组开会,接受建设性意见,批驳破坏性意见;同时组织一些党外人士讲演,讲正面的话。然后由党的负责人作一个总结,将空气完全转变过来。②《人民日报》社论的发表和中共中央指示的下达,标志着反右派斗争正式开始。

6 月 26 日至 7 月 15 日,一届全国人大四次会议在北京召开。会议开幕的这一天,中共中央发出《关于打击、孤立资产阶级右派分子的指示》,要求必须认真地组织群众,组织民主人士中的左派和"中左"分子,趁热打铁,乘势追击,对资产阶级右派分子实行内外夹击,无情地给他们以歼灭性的打击。③ 在《指示》精神的指导下,按照《人民日报》社论的说法,从大会的各项报告到大会发言、小组讨论"一直充满了反对资产阶级右派的革命精神"④。此前人大代表中已被指名为右派受到批判的人纷纷在会上做出检讨。

尽管中共中央、毛泽东试图把反右派斗争在政治上打击的范围尽量缩

---

① 吴冷西:《忆毛主席》,新华出版社 1995 年版,第 39、40 页。

② 《中共中央关于组织力量准备反击右派分子进攻的指示》(1957 年 6 月 8 日),中共中央文献研究室:《建国以来重要文献选编》第十册,中央文献出版社 1994 年版,第 285、284—285 页。

③ 陈文斌等:《中国共产党执政五十年》,中共党史出版社 1999 年版,第 144 页。

④ 《反右派斗争的一次伟大胜利——祝第一届全国人民代表大会第四次会议闭幕》,《人民日报》1957 年 7 月 16 日。

小到极右派,加大争取中间派的力度,但由于对整个阶级斗争的形势作了过分严重的估计,群众运动一经广泛发动便往往很难加以控制,反右派斗争出现了扩大化。

7月1日,《人民日报》发表毛泽东起草的社论《〈文汇报〉的资产阶级方向应当批判》。社论全面论述了党当时对形势的估计、对斗争性质的认识以及所采取的斗争策略,指出:1957年"整个春季,中国天空上突然黑云乱翻",民主党派的一些人"有组织、有计划、有纲领、有路线","呼风唤雨,推涛作浪,或策划于密室,或点火于基层,上下串联,八方呼应","其方针是整垮共产党,造成天下大乱,以便取而代之"。社论认为:资产阶级右派就是"反共反人民反社会主义的资产阶级反动派"。他们不但有言论,而且有行动。而党对他们采取"聚集力量,等待时机成熟,实行反击"的策略是"阳谋",因为事先告诉了敌人;牛鬼蛇神只有让它们出笼,才好歼灭它们,毒草只有让它们出土,才便于锄掉。社论特别强调:"不管共产党怎样事先警告,把根本战略方针公开告诉自己的敌人,敌人还是要进攻的。阶级斗争是客观存在,不依人的意志为转移的。就是说,不可避免的。"①反右派斗争进一步升级。社论点了一些人的名字,还使用了"章罗同盟"这个词,说"风浪就是章罗同盟造起来的"。这是根据当时的揭发材料得出的——其实章伯钧与罗隆基的关系即使不算形同水火,也是十分不和。不过也有学者认为,这个"章罗同盟"是"以章伯钧和罗隆基为主要代表的中国民主同盟"的简称。②

7月,毛泽东在青岛召开的省市委书记会议期间写了《一九五七年夏季的形势》一文,将右派同人民的矛盾定性为敌我矛盾,是对抗性的、不可调和的、你死我活的矛盾;并把批判资产阶级右派视为"一个在政治战线上和思想战线上的伟大的社会主义革命",认为单有1956年在经济战线上的社会主义革命是不够的、不巩固的。因此,他提出"还需要几个月深入挖掘的时间,取得全胜,决不可以草率收兵。要知道,如果这一仗不打胜,社会主义是

---

① 《〈文汇报〉的资产阶级方向应当批判》,《人民日报》1957年7月1日。

② 朱正:《1957年的夏季:从百家争鸣到两家争鸣》,河南人民出版社1998年版,第180页。

没有希望的。"①

在中共中央的一系列部署下,反右派斗争以急风暴雨般的势头在全国范围内展开,其中尤以民主党派、教育界、文艺界、新闻界、科技界、工商界等为最。

民主党派是反右派斗争的重中之重。各民主党派原本为帮助共产党整风而召开的会议,此时同样风向突变,认为右派分子的言论是"向社会主义挑战、向无产阶级专政的国家和政权挑战,向共产党挑战、向以中国共产党为领导的人民民主统一战线挑战"②;是要"制造混乱,模糊人们的认识,以达其反党反社会主义的目的"③,"乘帮助党整风的机会,别有用心地来阴谋夺取党的领导权"④。"这不是帮助党整风,而是陷入了严重错误的泥坑。"⑤章伯钧、罗隆基、储安平更是受到了人们的严词批判。批判者说,章伯钧"追求英美资产阶级的议会政治制度"⑥,他提出的"政治设计院"等主张"实质上是要削弱共产党的领导","是要从国家政权中反对共产党的领导,和共产党平分秋色,实行资产阶级的民主政治,背离社会主义"⑦。罗隆基关于"平反委员会"的意见被批评为"企图以不要共产党参加的'平反委员会'来取消共产党的领导,企图强调肃反的副作用来破坏肃反政策,取消肃反工作"⑧。储安平"党天下"的说法则被有的人认定为"反动思想",因为它"污蔑共产党

① 《一九五七年夏季的形势》(1957 年 7 月),《建国以来毛泽东文稿》第 6 册,中央文献出版社 1992 年版,第 543、548 页。

② 《民盟中央昨晚的座谈会开得特别热烈,要求民盟由右向左转》,《人民日报》1957 年 6 月 14 日。

③ 《不容许右派野心分子破坏社会主义》,《人民日报》1957 年 6 月 15 日。

④ 《邓初民在民盟中央常委扩大会上发言,请看章伯钧的本来面目》,《人民日报》1957 年 6 月 19 日。

⑤ 《民革中央小组扩大会议驳斥右派言论社会主义原则绝对不可动摇》,《人民日报》1957 年 6 月 13 日。

⑥ 《在农工民主党中央委员会座谈会上章伯钧的错误思想受到批判》,《人民日报》1957 年 6 月 13 日。

⑦ 《农工民主党中央座谈会讨论逐渐深入,反对章伯钧把农工民主党引上歧途》,《人民日报》1957 年 6 月 16 日。

⑧ 《邓初民在民盟中央常委扩大会上发言请看章伯钧的本来面目》,《人民日报》1957 年 6 月 19 日。

垄断、包办了政府"，"反对人民民主专政和人民政府"，"反对党的领导"，"反对社会主义道路"。① 对右派的批判，还从现实追溯到了历史。批判者认为，章伯钧、罗隆基的反党、反社会主义言行"不是偶然的，而是有其历史的思想根源"②，"章伯钧、罗隆基走资本主义的道路不是从今天开始，也不是从解放以后开始，而是从民盟成立那天就开始了"③，储安平"在民主革命时期就是右派"。④

有学者指出：虽然揭发批判的事情尚不至于完全凭空捏造，但多半是只有那么一点风，有那么一点影，有那么一句话半句话，即拿来作为根据，再依需要随意解释。如果这材料还不十分合用，可以加以剪裁之后再作解释，剪裁到面目全非，解释到颠倒是非。例如，农工民主党一个地方组织的负责人愿介绍一个他看中的人参加组织，同时也愿意介绍他同自己的妹妹交朋友，而一篇批判农工民主党恶性大发展的文章就据此立论，说他"甚至不惜用他妹妹来做钓饵，引诱别人加入农工"，如果这真是一种发展组织的方法，请问他能有多少妹妹呢？⑤

工商界有一位几乎能与章、罗"齐名"的大右派——民主建国会副主任委员章乃器。他的言论已经不是第一次引起争议了。早在上世纪 50 年代初，社会主义改造还完全未被提上议事日程的时候，他就说民族工商业者的两面性和动摇性已大体消除了。类似地，他还说："在民族资产阶级的两面性中，积极的一面是主导的、发展的，而且还有很大的积极潜力可以发挥；消

---

① 《民革中央小组扩大会议驳斥右派言论社会主义原则绝对不可动摇》，《人民日报》1957 年 6 月 13 日。

② 《民盟中央作出重大决定号召全盟揭露右派的言行立即开始在盟内进行整风》，《人民日报》1957 年 6 月 19 日。

③ 《民盟中央小组座谈会继续批判章伯钧罗隆基》，《人民日报》1957 年 6 月 20 日。

④ 参见郭德宏、王海光、韩钢：《中华人民共和国专题史稿》（卷二·曲折探索），四川人民出版社 2004 年版，第 159 页。

⑤ 朱正：《1957 年的夏季：从百家争鸣到两家争鸣》，河南人民出版社 1998 年版，第 203—204 页。

极的一面是次要的、萎缩的,而主要的消极表现是自卑和畏缩。"①民主建国
会一届二中全会对此进行过批评。毛泽东十分满意这次会议,他在给民建
主任委员黄炎培的复信中说:"批评和自我批评这个方法竟在你们党内,在
全国各地工商业者之间,在高级知识分子之间行通了,并且做得日益健全,
真是好消息。"②

　　不过章乃器显然没有接受批评。整风提意见的过程中,除了"两面性"
以及上文提过的"党党相护"等问题,他还提出定息不是剩余价值,而是"不
劳而获的收入"或者"剥削的残余"。他的依据是毛泽东《关于正确处理人民
内部矛盾的问题》讲话中的一段论述——工人阶级跟民族资产阶级是对抗
性的两个阶级,但是对抗性矛盾如果处理得当,可以转变为非对抗性的矛
盾③。章乃器在文章中说:"大家知道,被剥削是痛苦的。如果今天的工人仍
然被剥削,那就不能不对私方有对抗。那样,阶级关系就不可能是非对抗性
的矛盾了。既然已经肯定阶级关系是非对抗性的矛盾,就没有理由说定息
是剥削。"④这恐怕只能算是对毛泽东谈话原意的"一厢情愿"的推论吧?

　　反右派开始后,章乃器的相关言论被批判为"灌输资本主义思想","是
在制造工商界的思想混乱,借机贩卖他的资本主义思想","毒辣地想把革命
的阶级观点推翻,把马列主义的理论基础推翻"。⑤ 同样地,在批判中也强调
章乃器在历史上也是一贯的右派,"反社会主义由来已久","不断地利用机
会散播他的政治毒素"⑥。不过章乃器拒绝认错。他说,他在解放前就反对
资本主义,他不是口是心非的人,更不是两面派。他"始终是勤勤恳恳地把

　　①　冯和法:《评章乃器对于工商业者改造问题的几个论点》,《大公报》1957 年 6 月
14 日。

　　②　《给黄炎培的信》(1956 年 12 月 4 日),《毛泽东文集》第七卷,人民出版社 1999
年版,第 164 页。

　　③　《关于正确处理人民内部矛盾的问题》(1957 年 2 月 27 日),《毛泽东文集》第七
卷,人民出版社 1999 年版,第 206 页。

　　④　章乃器:《关于工商改造辅导工作的几个问题》,《大公报》1957 年 6 月 9 日。

　　⑤　《全国工商联常委会决定商同民建会联合发指示批判章乃器思想》,《人民日
报》1957 年 6 月 13 日。

　　⑥　《民建中央和全国工商联通过联合指示,立即对章乃器的反动活动展开斗争》,
《人民日报》1957 年 6 月 20 日。

自己整个生命交给党(指中国共产党),全部精力献给社会主义"。他还说,他"死了以后,就是把骨头烧成灰,在骨灰里也找不出反社会主义的东西来"①。

教育界有许多教授作为民主党派成员被划为右派,如北京大学化学系的曾昭抡,清华大学副校长钱伟长,中央民族学院副院长费孝通,北京师范大学政治教育系教授、政治经济学教研室主任陶大镛,中国人民大学吴景超,北京师范大学中文系黄药眠等。1957年6月6日,章伯钧召集上述六位教授和其他几个人在全国政协文化俱乐部召开了一次紧急会议。由于会议开在6月6日,又有六位教授参加,有人称其为"六六六会议"。与会者认为局势已经严重到一触即发的程度,如果要"收",共产党离不开民盟的帮助,民盟发挥作用的时候到了。《人民日报》发表的相关文章对此评论道:"为什么右派分子能自己暴露得这样彻底呢? 原因就在于对形势的错误估计……"②他们的确错误地估计了形势,以至于多少有些飘飘然,自视过高。例如有人认为,学生搞起来,事情很容易扩大,当然要收也容易,300万军队就可以收,但人心是去了,党在群众中的威信也就完了。有人说,只要民主党派站出来说话就可以"收",因为现在民主党派说话是有力量的,学生到处找自己的领袖,希望我们能站出来说话。根据《人民日报》的报道,章伯钧认为此时民盟大有搞头,中共应该对民主党派重新估价。他还说:民主党派提意见想来总是客客气气的,但估计不足;没估计到党会犯这样多的错误,现在出的问题大大超过了估计,真是"超额完成了任务",弄得进退失措,收不好,放也不好。现在我们民盟有责任要帮助党……③于是,六位教授成为教育界著名的"右派六教授",遭到严厉批判和处理。

教育界还围绕整风中提出的学校领导体制、政治课的开设、院系调整和教学改革的评价、办学方针等意见进行了反右派斗争。其中学校的党委制问题是焦点之一。事情的缘起是毛泽东4月30日在中南海颐年堂最高国务会议第十二次会议上的几句话。讲话记录的原稿如下:"教授治校恐怕有道

① 《民建和工商联常委会联席会议揭露章乃器坚持错误拒绝检讨》,《人民日报》1957年6月28日。

② 《章伯钧召集的一次紧急会议》,《人民日报》1957年7月4日。

③ 《章伯钧召集的一次紧急会议》,《人民日报》1957年7月4日。

理。是否分两个组织，一个校务委员会管行政，一个教授会议管教学。这些问题要研究。由邓小平同志负责找党外人士和民盟、九三学社等开座谈会，对有职有权和学校党委制的问题征求意见。"①

　　大约是"说者无心，听者有意"，章伯钧、罗隆基等人闻听此言十分兴奋，在民盟内部作了传达；九三学社听说毛泽东的谈话中还提到了他们，便从民盟借抄了章伯钧的传达记录，加以翻印传播。此事在高等学校引起了热烈反响，许多人表示赞成"民主办校"、教授治校，要求党委只做思想工作等，对学校工作只能提出建议，不能发号施令；还提出设立学术委员会作为"最高权力机关"，决定包括校长在内的人事任免。有人甚至撰文道：批评取消党委制的人"做梦也没想到这棵所谓'毒草'还是毛主席亲手种下的"②。当然，作者也一定做梦都没想到，取消学校党委制的意见日后会被人这样批判——"有的人抹杀解放后高等学校院系调整和教学改革的成绩，否定党对学校教育的领导，否定在学校中进行政治思想教育的必要性，叫喊党退出学校，取消学校中的政治课。有的人还提出了所谓'民主办校'的方案和'教授治校'的主张。我们坚决反对这种破坏人民的科学文教事业的右派言论，坚决反对右派野心分子妄想夺取科学文教事业的领导权的可耻阴谋。"③

　　新闻界的批判火力也不可能太小，研究新闻史的学者指出：毛泽东虽然很看重报纸的作用和力量，也很善于驾驭报纸宣传，但却又不断怀疑和指责报纸，一再说办报的唯心论最多，新闻界最易出修正主义④。在《事情正在起变化》中，毛泽东将"否认报纸的党性和阶级性"，"混同无产阶级新闻事业与资产阶级新闻事业的原则区别"作为修正主义（右倾机会主义）的重要表现。他还在另一篇文章《〈文汇报〉的资产阶级方向应当批判》中写道："文汇报在六月十四日作了自我批评，承认自己犯了一些错误。作自我批评是好的，

　　① 《毛泽东在最高国务会议第十二次（扩大）会议上的讲话记录》（1957年4月30日），转引自中共中央文献研究室：《毛泽东传（1949—1976）》（上），中央文献出版社2003年版，第672页。

　　② 《道貌岸然的"学者"原来是野心勃勃的阴谋家》，《人民日报》1957年7月21日。

　　③ 《在第一届全国人民代表大会第四次会议上的发言》，《人民日报》1957年7月3日。

　　④ 郑保卫：《中国共产党新闻思想史》，福建人民出版社2004年版，第344页。

我们表示欢迎。但是我们认为文汇报的批评是不够的。这个不够,带着根本性质。就是说文汇报根本上没有作自我批评。相反,它在十四日社论中替自己的错误作了辩护……"①

还记得上文提到过的那位跟傅雷到中山公园去喝茶时,大赞毛泽东《如何处理人民内部的矛盾》讲话的《文汇报》总编徐铸成吗?所谓"六月十四日作了自我批评"就出自他的手笔。当时徐铸成已经得到消息,应采取主动,先自动检查。但他回忆道:"我怎样也不知道如何落笔,到深夜才勉强写成一篇社论,大意说:我们响应号召,展开了'双百方针'的宣传,想不到引起读者这么大的响应。"②

在被毛泽东亲自点名后的第二天,《文汇报》便发表题为《向人民请罪》的社论,再次进行自我批评。这次的检查倒是没有让徐铸成费心,因为已经另有别人执笔,不仅完全接受《人民日报》社论的批评,承认《文汇报》这几个月中确确实实成了章罗联盟向无产阶级猖狂进攻的喉舌,还点了徐铸成的名:"章伯钧、罗隆基的锣鼓怎么敲,徐铸成、浦熙修就怎么唱。"社论还表示,《文汇报》正全心全意投入反右派斗争,而且今后还要坚决与资产阶级新闻观点和立场作不调和的不懈怠的斗争。此后,《文汇报》继续做出检讨,有的检查写得太长,就进行连载。《文汇报》的销数从十多万份跌到两三万份,处境十分艰难。③

与此同时,被毛泽东点名的《光明日报》发表文章,检查自己所犯的错误,并揭发总编辑储安平的办报思想;上海《新民晚报》社长兼总编辑赵超构也不得不检讨自己的资产阶级办报路线。《大公报》、《中国青年报》、《北京日报》等纷纷发表编辑部文章和社论,检讨自己在"鸣放"中的表现,自扣帽子,以求过关。许多关于新闻的自由和客观以及新闻的阶级性、真实性、趣味性和多样性的看法,也被当作"资产阶级新闻观点"遭到批判。

文艺界重点批判了"丁玲、陈企霞反党集团"。不过在文艺界,这算不上"新闻",因为早在 1955 年,作家协会党组就对丁、陈开展了批判斗争,甚至

---

① 《〈文汇报〉的资产阶级方向应当批判》(1957 年 7 月 1 日),《建国以来毛泽东文稿》第 6 册,中央文献出版社 1992 年版,第 531 页。

② 徐铸成:《亲历一九五七》,湖北人民出版社 2003 年版,第 34 页。

③ 方汉奇:《中国新闻传播史》,中国人民大学出版社 2002 年版,第 387 页。

已经做出"反党小集团"的结论,并报告中共中央。至于批判的内容,则还要再向前追溯——20世纪30年代上海左翼文学界的"恩怨情仇"可不是一两句话可以说得清的!

与其他领域从整风到反右的经历相类似,陈企霞等人先是在整风中提出申诉,称作协党组先前的批判夹杂着周扬同他们的个人恩怨,与实际情况不符。于是中宣部开始调查核实,果然发现揭发出的反党行为基本上都属于子虚乌有。正当有意改正时,反右派开始了。于是乾坤再次颠倒,那些查明不是事实的材料,例如说丁玲把自己的相片和鲁迅、郭沫若、茅盾的挂在一起,提出"一个人只要写出一本书来,就谁也打他不倒"等,再次在斗争会和报纸刊物上反复引证。丁玲等人被批判"反对党领导文艺","目的就是要使文艺脱离社会主义的轨道,使文艺成为给资产阶级服务的工具"[1]。

科技界着重批判了整风运动中党外人士关于科技工作提出的一些意见,其中最为瞩目的是民盟中央"科学规划问题"研究组提出的《对于有关我国科学体制问题的几点意见》。《意见》提出:必须"保护科学家",就是采取具体措施保证科学家,特别是已有一定成就的科学家有充分条件从事科学工作,扭转目前科学家脱离科学的偏向,首先要协助他们妥善地解决时间、助手、设备、经费以及合理安排使用等问题,使他们真正能够坐下来,好好安心工作。批判者却说:"这显然是企图造成一种印象:我国科学家受到威胁,或者迫害,需要加以'保护'……他们这样不顾事实危言耸听的目的,不外是想离间科学家同党和政府的关系,引诱他们走上错误的道路。"[2]有报道说:"反动科学纲领中有这样一句话:'六十岁以上的科学家不要做行政工作'。"[3]批判者就此推断:"这句话的意思就是要六十岁以上的院长、副院长下台,让六十岁以下的曾昭抡、钱伟长上台。张副院长(指张劲夫——引者注)虽然不满六十岁也还是要下台,因为曾昭抡还有另一条所谓'外行不能

---

[1]　《为保卫社会主义文艺路线而斗争》,《人民日报》1957年9月1日。

[2]　《在第一届全国人民代表大会第四次会议上的发言》,《人民日报》1957年7月6日。

[3]　其实《意见》的原文是这样的:"我们建议:(1)除少数例外,有领导科学研究能力的科学家,尽可能不担任行政工作,特别是六十岁以上的老科学家,急需传授后代,更应如此。"

领导内行'。"①社会科学的命运更惨,不仅那些呼吁辩证对待西方学术理论的人被打成右派,社会学、政治学、心理学等学科甚至实际上被取消了。

在决定发动反右派运动之初,毛泽东在《事情正在起变化》中,尚且设想"除个别例外,不必具体指名,给他们留一个回旋余地,以利在适当条件下妥协下来"②。此后的指示、社论也大都把斗争限制在较小范围和较短时间内。可是随着反右派运动迅速扩大,急剧升温,这些设想很快就被大大突破了。由于揭发批判的内容从右派言论联系到"历史劣迹",在报纸上被指名为右派分子的人数迅速增加。

6月29日,中共中央指示,右派中需要在各种范围点名批判的,北京大约400人,全国大约4000人。这已经不是主要批判政治思潮,而是较多地着重于具体点名,尽管人数还有所限制。同时,指示还要求对那些仅有右派言论,但并无右派行动的人,不要轻率地扣以右派的帽子。但仅仅过了10天,7月9日,毛泽东为中共中央起草了《关于增加点名批判的右派骨干分子人数等问题的通知》,把右派人数扩大了一倍,全国右派骨干名单从4000人增加到8000人。报纸上的点名人数,也允许从占右派骨干总数的3%,逐步增加到10%左右。③8月1日,中共中央发出《关于继续深入反对右派分子的指示》,要求"登报的人数,也应适当增加。不是百分之几,也不是百分之十,而是要按情况达到极右派的百分之二十、三十、四十或五十。"④《指示》强调,反右派斗争要深入开展,一方面向地县两级(在城市是向区级和大工矿基层)展开,一方面又必须在中央一级和省市自治区一级各单位深入地加以挖掘,这样右派分子将继续发现和挖掘出来,人数将逐步增多。在深入挖掘时期,再也没有规定过全国的控制数字。反右派斗争扩大化迅速发展到哲学和社会科学、新闻、教育、文艺、科技等社会各界。到9月中共八届三中全会

① 《科学院座谈会上反驳"外行不能领导内行"的谬论》,《人民日报》1957年7月23日。

② 《事情正在起变化》(1957年5月),《建国以来毛泽东文稿》第6册,中央文献出版社1992年版,第472页。

③ 《中央关于增加点名批判的右派骨干分子人数问题的通知》(1957年7月9日),《建国以来毛泽东文稿》第6册,中央文献出版社1992年版,第537页。

④ 中共中央党史研究室:《中国共产党历史》第二卷(1949—1978),中共党史出版社2011年版,第457页。

召开时,全国已划右派 6 万余人。当时估计,右派最多有 15 万左右。

八届三中全会虽然制定了一个统一的《划分右派分子的标准》,规定:"在根本立场上并不反对社会主义和党的领导,而只是对于局部性的工作制度,局部性的不属于根本原则的政策,工作中的问题,学术性的问题,共产党的个别组织、个别工作人员表示不满,提出批评的人,即使意见错误,措词尖锐,也不应划为右派分子;同样,在根本立场上并不反对社会主义和党的领导,而只是在思想意识上有某些错误的人,也不应划为右派分子。"①但这个标准 10 月 15 日才正式下发,而在当时的气氛下,强调深挖猛打、反对温情主义,在掌握政策上又有"宁左勿右"的倾向,并没有执行划分右派分子时严格区分和处理两类不同性质矛盾的政策。薄一波就在回忆录中将"明确具体地划分右派分子的标准下达晚了",作为反右派严重扩大化的重要原因之一。②

现有的学术研究大多聚焦于"精英阶层"(著名知识分子、民主党派领导人等)的命运,但是,反右派运动并不局限于"知识分子成堆的地方"。1957年 8 月起,中共中央相继发出一系列指示,要求在地县、市区、大厂矿和中小学教职工以及少数民族地区进行"整风和社会主义教育",反右派斗争进一步在全国范围广泛展开。同时,中共中央还批评一些单位对于同党外右派分子政治面貌完全相同的党员姑息宽容,指出"决不应该漏掉真正的党内右派分子"③。邓小平在《关于整风运动的报告》中指出:从 1957 年 5 月开始的整风运动和反右派斗争,8 月以前主要在省市以上党政机关、大专学校、民主党派、新闻界、科技界、文艺界、卫生界中进行。8 月以后逐步向工商界、工人、农民、中小学教职员和其他城乡劳动者展开。军队也同时开展了整风和

---

① 《中共中央关于〈划分右派分子的标准〉的通知》(1957 年 10 月 15 日),中共中央文献研究室:《建国以来重要文献选编》第 10 册,中央文献出版社 1994 年版,第 616—617 页。

② 薄一波:《若干重大决策与事件的回顾》(下),中共党史出版社 2008 年版,第437 页。

③ 《关于严肃对待党内右派分子问题的指示》(1957 年 9 月 2 日),中国人民解放军政治学院党史教研室:《中共党史参考资料》(第二十二册),第 273 页。

反右派斗争。①

中共中央曾发出通知，要求不在工人、农民中划右派分子，②不过各地还是"挖"出了大量右派。有学者估计：在右派分子中间，大约40%—50%是中小学教师，20%—30%左右是县级以下基层干部，还有5%左右是大中专学校的学生。也就是说，基层反右运动认定的右派分子占了全部右派的70%—80%，甚至更多。③ 基层反右运动普遍开始得比较晚，县级地区和基层单位卷入到反右运动中大体上是在1957年秋天以后，甚至是1958年年初。此时媒体上早已是一片讨伐右派之声，可以说基层反右是不折不扣的"阴谋"。尽管如此，还是不乏有人"鸣放"，近乎自投罗网地成了右派。④ 在大城市、高等院校和民主党派中，被打成右派的人多因在整风中发表了一些政治性言论，基层右派"获罪"的原因则要复杂得多——对社会现状表示不满，对基层官员表示不满，对粮食统购统销等政策表示不满，唯独少有涉及政治体制的言论。另有一些人，仅仅因为"历史问题"或者家庭成员的关系就被打成右派。还有一些奉命"引蛇出洞"的积极分子，最后竟"弄假成真"。更有不少人什么也没说、什么也没做就莫名其妙地当上了右派。⑤

随着形势的发展，一些单位还规定了划右派的具体数字指标，而上面规定的指标在下面一些单位也被突破了。1957年冬至1958年春，在全国中小学教职工中开展反右派斗争，仅小学教员中就划了10多万右派分子。后来，在1958年党外人士整风交心中，一些地方和单位把党外人士自我检查中交出的"黑心"作为判定右派的依据，又错划了一批右派。至1958年夏季，整个运动结束时，全国共划右派55万多人。另有21万多人被划为"中右分子"，19万多人被划为"反社会主义分子"。⑥

---

① 邓小平：《关于整风运动的报告》（1957年9月23日），《人民日报》1957年10月19日。

② 《中共中央关于在工人、农民中不划右派分子的通知》（1957年9月4日），中国人民解放军政治学院党史教研室：《中共党史参考资料》（第二十二册），第273页。

③ 李若建：《庶民右派：基层反右运动的社会学解读》，《开放时代》2008年第4期。

④ 李若建：《进步的陷阱：基层反右运动的社会学解读》《中山大学学报》（社会科学版）2010年第4期。关于参与"鸣放"的基层右派的心态和动机，也可参见该文。

⑤ 李若建：《庶民右派：基层反右运动的社会学解读》，《开放时代》2008年第4期。

⑥ 《当代中国的统一战线》（上），当代中国出版社1996年版，第321页。

"中右分子"，即有"不利于社会主义的言行"、但还不够右派的中间分子。1957 年 7 月 11 日，中共中央批转中央统战部《关于划分左、中、右的标准的建议》，在区分左、中、右派的同时，又把中间派细化为中左、中中、中右三类。① "中右分子"是内部掌握的，有时又称为"内控右派"，理论上讲当事人是毫不知情的，划分时随意性很大。虽然没有戴上右派的"帽子"，但"中右分子"往往也会被排斥，有些人始终不明白为什么自己在调资、提级等方面受到不公平待遇，还有不少受到党纪、行政处分以至被开除公职。至于"反社会主义分子"这顶帽子，则是由于中共中央规定不在工人、农民中划右派分子而产生的，主要在工人、农民、营业员、警察等不属于国家干部的群体中划出。中共中央曾在复辽宁省委的请示中明确指出，"在工人中，有突出反党反社会主义言行的人，只作批判，不要戴反社会主义分子帽子"，"对于农村中反党反社会主义突出的分子，应在群众中指出其反社会主义性质，但不要在农村中去专门划一项'反社会主义分子'"。② 显然这样的指示并未得到有效贯彻。中组部、中宣部、统战部、公安部、民政部 1979 年 8 月 29 日《关于继续执行中央［1978］55 号文件几个问题的请求》中：被定为"中右分子"，或工人、民警等反社会主义分子以及因右派问题受株连的家属，数量很大。其中，仅失去公职需要安置的，全国约有 16 万人。这些人员虽未戴右派帽子，但有的所受处分比右派还重，处境困难，社会上对他们很同情。③ 遗憾的是，由于缺乏必要的史料，这方面的研究几乎还是一片空白。

对于资产阶级右派性质的判定，在 7 月 11 日中共中央批准的中央统战部的建议中，还是讲"人民内部划分左、中、右"，同时指出右派里面有一部分极右分子，极右分子中的一部分政治上已处在敌我界限的边缘；但是，过了几天，中共中央就断定：资产阶级右派和人民的矛盾是敌我矛盾。④ 这就导致了后来对右派分子过于严厉的处置。被划成右派分子的人不仅政治上受

①　廖盖隆：《中国共产党历史大辞典》（社会主义时期），中共中央党校出版社 1991 年版，第 196 页。

②　云南省地方志编纂委员会总纂：中共云南省委员会办公厅编撰：《云南省志》卷四十三（中共云南省委志），云南人民出版社 2000 年版，第 777 页。

③　叶永烈：《反右派始末》（下），新疆人民出版社 2000 年版，第 829 页。

④　《当代中国的统一战线》（上），当代中国出版社 1996 年版，第 321 页。

到严厉批判,而且组织上、行政上也分别不同情况进行了处理。1958 年 1月,各民主党派、全国工商联分别召开会议,撤销一批被划为右派分子的人在各党派、团体内所担任的各级领导职务,他们在各自所属单位的行政职务也被同时罢免。在中共中央统战部会同有关部门确定的比较知名的 96 名右派分子中,只有两人免予处分。1958 年 2 月召开的一届全国人大五次会议正式作出决议,同意原选举单位撤销 16 名被划为右派分子的人的全国人大代表资格,取消 38 人出席全国人民代表大会会议的资格,罢免其中 10 人在全国人大和国防委员会中所担任的职务。全国 205 所高等学校近 4000 名教授、副教授、讲师及助教被划为右派分子后,离开了原教学和科研岗位。① 被戴上右派分子帽子的 55 万人②,轻则降职降薪、留用察看,重则送劳动教养或监督劳动,不少人甚至流离失所,家破人亡;凡是共产党员、共青团员均被开除党籍和团籍,半数以上的人丢掉了公职,少数在原单位留用的也大都用非所长。

对反右派斗争的扩大化,民主党派和全国工商联的一些负责人一开始就表示不满,曾经明确地提出过不同意见。黄炎培认为,不要树敌过多,要把可能拉过来的人拉过来,而不要把这样的人推到反对共产党那里去。陈叔通也认为,不能因为对共产党提了意见就划为右派;党的某些领导人没有掌握好这一点,现在问题很严重。邵力子说,现在有许多问题处理的方法太硬,得人心很难,失人心很易,表示对民革中央的反右派斗争要来个沉默抵抗。史良表示,不赞成把揭发右派分子的材料登在报上,担心这样做会把运动搞得很大。对于党外人士的这些意见,统战部曾向中共中央作过反映,但在当时情况下,不可能得到认真的研究和处理。③

---

① 中共中央党史研究室:《中国共产党历史》第二卷(1949—1978),中共党史出版社 2011 年版,第 458—459 页。

② 也有人提出:"据解密后的中央档案,全国划右派总共是 3178470 人,还有1437562 人被划为了'中右'(中右者也受到不同程度的处罚)。实际上戴帽了的'右派分子'不是 55 万,而是 55 万的 5.6 倍!"(郭道晖:《毛泽东发动整风的初衷》,《炎黄春秋》2009 年第 2 期。)但这个数字还缺乏必要的史料依据。

③ 《当代中国的统一战线》(上),当代中国出版社 1996 年版,第 321—322 页。

七、错划右派的甄别、改正

反右派斗争扩大化造成很不幸的后果。大批正直的包括许多有才华的知识分子和优秀的共产党员蒙受了不白之冤,遭到摧残和迫害,许多家庭因此受到牵连。大量的所谓右派言论,只是对中共在具体工作中的缺点错误提出的尖锐批评,甚至只是对中共的某个基层组织或者某个领导人提出批评,也都被当作右派言论进行批判,并作为划右派分子的根据。由于反右派斗争严重扩大化,同毛泽东发动整风运动以造成生动活泼的政治局面的愿望相反,运动给国家政治生活带来了严重的消极影响。知识分子政策和"双百"方针的贯彻,受到了极大的妨碍;中共党内不尊重党外人士的宗派主义、官僚主义不减反增;许多人从此不敢再讲真话,不敢向共产党和领导干部提意见,执政党失去了有效的纠错机制。

反右派斗争扩大化的最严重后果,就是改变了中共八大一次会议关于中国社会主要矛盾的论断,使指导思想从根本上开始向"左"偏转。1957 年10 月,毛泽东在扩大的中共八届三中全会的讲话中说:"现在是社会主义革命,革命的锋芒是对着资产阶级,同时变更小生产制度即实现合作化,主要矛盾就是社会主义和资本主义,集体主义和个人主义,概括地说,就是社会主义和资本主义两条道路的矛盾。"1958 年 5 月,中共八大二次会议进一步断言:"整风运动和反右派斗争的经验再一次表明,在整个过渡时期,也就是说,在社会主义社会建成以前,无产阶级同资产阶级的斗争,社会主义道路同资本主义道路的斗争,始终是我国内部的主要矛盾。"①由于将阶级矛盾仍作为社会主义制度基本建立后的主要矛盾,从而导致了党和国家的中心工作长期偏离了经济建设的轨道而陷入阶级斗争的误区。

中共党内对反右斗争的扩大化是有所察觉的。从 1959 年到 1964 年,曾先后分五批为 30 余万人摘掉了"右派"帽子。不过所谓摘掉"右派"帽子,只是不再将其视为"右派",而非承认当初的认定有误,一旦遇到政治运动,这些"摘帽右派"的"历史问题"几乎必然要被重新清算。"文化大革命"期间,

_____

① 刘少奇:《中国共产党中央委员会向第八届全国代表大会第二次会议的工作报告》,《人民日报》1958 年 5 月 27 日。

则连摘帽子的工作都陷于停滞。

"文革"结束后,1978 年 4 月 5 日,中共中央批转中央统战部、公安部《关于全部摘掉右派分子帽子的请示报告》,"建议全部摘掉右派分子的帽子",但"一般不搞甄别平反"。这份文件的措施力度还是比较有限的,例如它提出:被遣送到农村的右派分子,摘掉其右派帽子以后,一般不再返回城市;原在解放军中划为右派转业到地方的,不要回到军队,等等。① 当年 6 月 14 日至 22 日,中组部、中宣部、统战部、公安部、民政部等五部门在山东烟台联合召开会议,讨论为"右派分子"全部摘帽的实施方案。会上,有人主张对待"右派"问题一定要实事求是,应该错多少改多少。不过还是"只摘帽、不平反"的意见占了上风。据此,会议拟订了《贯彻中央关于全部摘掉右派分子帽子决定的实施方案》,报中共中央审批。

对此,原统战部部长李维汉"感到不解决问题",于是他写信给时任中组部部长的胡耀邦,主张有错必纠,对错划为"右派分子"的人要复查平反。② 经胡耀邦同意,中组部直接向中共中央写报告,要求重新审定此事。9 月,经中共中央同意,前述五个部的负责人再次开会,会上仍有两种声音,但这次主张既要"摘帽"又要改正的人占了多数。因此,9 月 17 日中共中央在批转《实施方案》的通知中指出:"对于过去错划了的人,要做好改正工作。有反必肃,有错必纠,这是我党的一贯方针。已经发现划错了的,尽管事隔多年,也应予以改正。"③长期以来对错划为"右派分子"的人不搞甄别平反的惯例终被打破。④

---

① 《中央统战部、公安部关于全部摘掉右派分子帽子的请示报告》(1978 年 4 月 4 日)。中共中央统战部办公室厅编:《统战部门信访工作常用文件选编》(1997 年),第119、121 页。

② 李维汉:《回忆与研究》(下),中共党史资料出版社 1986 年版,第 839—840 页。

③ 中共中央党史研究室:《中国共产党历史》第二卷(1949—1978),中共党史出版社 2011 年版,第 1030 页。

④ 后来,凡涉及"右派分子"的甄别平反问题时,官方文件或著作一律称作"改正"而非"平反"。一些人认为这与邓小平有关——高层决策时,汪东兴引用毛泽东的话,说"右派分子不应当一般地提出甄别平反问题",对此邓小平解释说:不是给右派平反,不过是给结论做错了的人改正而已。见汪国训:《反右派斗争的回顾与反思》,香港国际学术文化资讯出版公司 2005 年版,第 428 页。

中共十一届三中全会以后,相关部门加快了对错划右派的甄别、改正和落实政策工作的步伐。1980 年 5 月,统战部向中共中央呈送《关于爱国人士中的右派复查问题的请示报告》。6 月,中共中央批转了这个报告,并在肯定1957 年反右派斗争的必要性的同时,指出反右派斗争中犯了扩大化的错误。同时,《报告》强调指出:这次改正的面是很大的,但"其中有些人是属于可改正可不改正的",应"本着从宽的精神予以改正"。①

尽管如此,仍有一些右派没有被"从宽处理"。统战部《关于爱国人士中的右派复查问题的请示报告》中明确提出:25 名代表性较大的民主党派、无党派上层爱国人士"右派分子"中,"拟维持原案的五人:章伯钧(故)、罗隆基(故)、彭文应②(故)、储安平(故)、陈仁炳③"。④ 虽然没有改正,但后来邓小平提出:"对于没有错划的那几个原来民主党派中的著名人士,在他们的结论中也要说几句:在反右派斗争前,特别是在民主革命时期,他们曾经做过好事。对他们的家属应该一视同仁,在生活上、工作上、政治上加以妥善照顾。"⑤

经过努力,到 1981 年,在全面复查的基础上,对错划右派的改正和落实政策工作全部完成。全国共改正错划右派 54 万多人,占原划右派总数的

---

① 中共中央党史研究室:《中国共产党历史》第二卷(1949—1978),中共党史出版社 2011 年版,第 457 页。

② 彭文应(1904—1962),曾任民盟中央委员、民盟上海市副主任委员,1957 年因发表有关通过民主制止官僚主义、改进新闻宣传中的片面性,以及向资本主义国家学习等言论而被打为右派。张春桥曾撰文《质问彭文应》,毛泽东也在 1957 年 7 月的上海干部会议上点了他的名。但是,彭文应坚称自己不是右派分子,不曾反共、反人民、反社会主义,而是为党为人民做事,并至死拒不"低头认罪",不写一字检讨。

③ 陈仁炳(1909—1990),历史学家,曾任上海市政协副秘书长,民盟中央委员。1957 年整风运动中,他引用汉代贾谊在"文景之治"时指出王朝危机的典故,并分析了群众不敢鸣放的原因,提出可以"算旧账",还提出共产党不能一党说了算,等等,因而被打为右派。张春桥曾撰文《陈仁炳的"另外一条道路"是什么?》,毛泽东同样在上海干部会议上点了他的名。

④ 《人事工作文件选编》(一),劳动人事出版社 1986 年版,第 431 页。

⑤ 邓小平:《对起草〈关于建国以来党的若干历史问题的决议〉的意见》,《邓小平文选》第二卷,人民出版社 1994 年版,第 294 页。

98％。对于失去公职的,重新安排了工作或安置生活,共约 30 多万人,对原来工作安置不当的,进行了调整。此外,对被划为"中右分子"和"反社会主义分子"的人一律平反,对受株连的家属子女落实政策,对维持右派原案摘掉"右派分子"帽子的 3000 多人,也全部正确评价了他们的历史功过,恢复了政治权利,适当安置了工作和生活。① 上面这段话来自官方编写的《当代中国的统一战线》一书,其中透露了一个比较重要的数字——除了前述最著名的"五大右派",还有 3000 多右派分子没有得到改正。判断这 3000 多人到底是否犯了反党、反社会主义的错误并不是历史研究者的责任,但他们的经历理应成为历史的一部分……

很多学者在论及 1957 年中共高层尤其是毛泽东发起全党整风的动机时,会联想到他与黄炎培著名的"窑洞对"——1945 年 7 月,在同黄炎培的一次谈话中,毛泽东问他有什么感想? 黄炎培回答:我生六十多年,耳闻的不说,所亲眼看到的,真所谓"其兴也浡焉,其亡也忽焉",一人,一家,一团体,一地方,乃至一国,不少不少单位都没有能跳出这周期率的支配力。大凡初时聚精会神,没有一事不用心,没有一人不卖力,也许那时艰难困苦,只有从万死中觅取一生。既而环境渐渐好转了,精神也就渐渐放下了。有的因为历时长久,自然地惰性发作,由少数演为多数,到风气养成;虽有大力,无法扭转,并且无法补救。也有为了区域一步步扩大了,它的扩大,有的出于自然发展,有的为功业欲所驱使,强求发展,到干部人才渐见竭蹶、艰于应付的时候,环境倒越加复杂起来了,控制力不免趋于薄弱了。一部历史,"政怠宦成"的也有,"人亡政息"的也有,"求荣取辱"的也有,总之没有能跳出这周期率。他说:"中共诸君从过去到现在,我略略了解的了。就是希望找出一条新路,来跳出这周期率的支配。"听了黄炎培的这番见解后,毛泽东对他说:"我们已经找到新路,我们能跳出这周期率。这条新路,就是民主。只有让人民来监督政府,政府才不敢松懈。只有人人起来负责,才不会人亡政息。"黄炎培认为:"这话是对的"。"只有大政方针决之于公众,个人功业欲才不会发生。只有把每一地方的事,公之于每一地方的人,才能使地地得人,人人得事。把民主来打破这周期率,怕是有效的。"②

---

① 《当代中国的统一战线》(下),当代中国出版社 1996 年版,第 32 页。
② 黄炎培:《八十年来》,文史资料出版社 1982 年版,第 148—150 页。

在《若干重大决策与事件的回顾》一书中,薄一波在回顾了上述谈话之后写道:"黄先生的担心并不是没有道理的。接管北平时,傅作义先生也向我们提出过:国民党取得政权后 20 年就腐化了,结果被人民打倒了。共产党执政后,30 年、40 年以后是不是也会腐化? 毛主席当时对黄任老的回答是充满信心的,因为一个最根本的依据,就是我们党没有自己的任何私利,是全心全意为中国人民服务的。依靠人民民主,必将能够打破历史上屡屡出现的'其兴也浡焉、其亡也忽焉'、'人存政兴'、'人亡政息'的周期率。40 多年过去了,历史发展的客观进程,使我们深深地感到,开拓'民主新路',打破'这周期率',不可能一次完成,也不可能一劳永逸。不但今天我们还不能说已经完全'跳出这周期率',就是在今后相当长的时期内,我认为也不要去说这个话。任务尚未完成,全党仍须努力!"①尽管这段话并非针对反右派,放在这里是否也会有所启发呢?

---

① 薄一波:《若干重大决策与事件的回顾》(上),中共党史出版社 2008 年版,第 111 页。

第七章 "大跃进"运动和"三年暂时困难"

对于 1958 年至 1960 年的三年"大跃进"运动,学术界的评价是基本一致的,认为它在发动与组织过程中体现出"急于求成"的思想,其结果是欲速则不达,造成了严重后果,成为 1959 年至 1961 年国民经济连续三年出现严重困难的主因。但是,对于与"大跃进"运动相关的几个问题,如怎样看待"大跃进"期间工农业建设所取得的成就? 1959 年的庐山会议为何由纠"左"急转为反右倾?"三年暂时困难"的成因究竟有无自然灾害的因素? 以及在此期间的非正常死亡的具体人数等,学术界却有不同的看法,笔者试图就这些问题作一点简要的探讨。

一、"大跃进"运动不同于"大跃进"时期

对于"大跃进"运动,1981 年中共十一届六中全会通过的《关于建国以来党的若干历史问题的决议》是这样评说的:"一九五八年,党的八大二次会议通过的社会主义建设总路线及其基本点,其正确的一面是反映了广大人民群众迫切要求改变我国经济文化落后状况的普遍愿望,其缺点是忽视了客观的经济规律。在这次会议前后,全党同志和全国各族人民在生产建设中发挥了高度的社会主义积极性和创造精神,并取得了一定的成果。但是,由于对社会主义建设经验不足,对经济发展规律和中国经济基本情况认识不足,更由于毛泽东同志、中央和地方不少领导同志在胜利面前滋长了骄傲自满情绪,急于求成,夸大了主观意志和主观努力的作用,没有经过认真的调查研究和试点,就在总路线提出后轻率地发动了'大跃进'运动和农村人民公社化运动,使得以高指标、瞎指挥、浮夸风和'共产风'为主要标志的左倾错误严重地泛滥开来。从一九五八年底到一九五九年七月中央

政治局庐山会议前期,毛泽东同志和党中央曾经努力领导全党纠正已经觉察到的错误。但是,庐山会议后期,毛泽东同志错误地发动了对彭德怀同志的批判,进而在全党错误地开展了'反右倾'斗争。八届八中全会关于所谓'彭德怀、黄克诚、张闻天、周小舟反党集团'的决议是完全错误的。这场斗争在政治上使党内从中央到基层的民主生活遭到严重损害,在经济上打断了纠正左倾错误的进程,使错误延续了更长时间。主要由于'大跃进'和'反右倾'的错误,加上当时自然灾害和苏联政府背信弃义地撕毁合同,我国国民经济在一九五九年到一九六一年发生严重困难,国家和人民遭到重大损失。"①

胡绳主编的《中国共产党的七十年》,对"大跃进"和人民公社化运动的评价,其基本精神与《决议》是一致的,该书认为,"大跃进"和人民公社化运动是党在探索中国自己的建设社会主义道路过程中的一次严重失误。"党和人民面临建国以来最严重的经济困难。1960年同1957年相比,城乡人民平均的粮食消费量减少了19.4%,其中农村人均消费量减少23.7%。植物油人均消费量减少23%。猪肉人均消费量减少70%。许多地区因食物营养不足而相当普遍地发生浮肿病,不少省份农村人口死亡增加。由于出生率大幅度大面积降低,死亡率显著增高,据正式统计1960年全国总人口比上年减少一千万。突出的如河南信阳地区,1960年有九个县死亡率超过100‰,为正常年份的好几倍。原本希望快一些让人民群众过上较好的日子,结果却出现这样令人痛心的事实。这是'大跃进'和人民公社化运动失误的最严重的后果和教训。"②

中共中央党史研究室编写的《中国共产党历史》第二卷则认为,"大跃进"运动的最大失误是在建设速度上急于求成,人民公社化运动的最大失误是在所有制关系上盲目求纯。两者的共同教训,归根到底,是限于当时对社会主义的认识,脱离了中国社会生产力发展水平的现实,违背了经济和社会发展的客观规律。"大跃进"运动虽然在某些方面取得了一定的成果,但为此付出的代价却是巨大的。"大跃进"运动和人民公社化运动,对社会生产力造成了极大破坏,给国家和人民带来了灾难性的损失。这是党在领导全

① 《关于建国以来党的若干历史问题的决议》,《人民日报》1981年7月1日。
② 胡绳:《中国共产党的七十年》,中共党史出版社1991年版,第420、437页。

面的社会主义建设、探索自己的建设社会主义道路过程中的一次严重失误。①

作为"大跃进"运动中一系列重大事件的亲历者,薄一波在《若干重大决策与事件的回顾》一书中认为:"1958 年到 1960 年,在我国历史上习惯称为'大跃进'的年代。发动'大跃进',是我党在 50 年代后期工作中的一个重大失误。连续三年的'大跃进',使我国经济发展遭遇到严重的挫折,教训非常深刻。""1958 年下半年发动的以钢为纲、钢产量翻番,以粮为纲、粮食产量翻番为中心的'大跃进'运动,超越了客观的可能,违背了有计划按比例发展的规律,结果事与愿违,钢、粮产量没有翻上去,反而使社会生产力遭到很大破坏,群众的积极性受到严重挫伤,造成工农业生产和整个国民经济的大滑坡。"②

对于"大跃进"和人民公社化运动的总体评价,学术界的观点基本上是一致的,认为"大跃进"运动是"得不偿失",人民公社化运动是"急于求成",造成了极为严重的后果,是 1959 年至 1961 年国民经济严重困难的主因。

当然,也有一些网络博文提出了不同的看法。例如,一篇题为《大跃进所取得的成就》的网络博文,详细的列举了"大跃进"期间工业建设方面所取得了 12 个第一:第一台半导体收音机制成、第一套电视发送设备试制成功、第一台 40 匹马力柴油拖拉机出厂、第一台最大的平炉在鞍钢建成出钢、第一个最大的炼钢厂武钢炼钢厂开工兴建、第一台内燃电动机车试制成功、第一艘由苏联设计中国制造的排水量 2.21 万吨远洋货轮"跃进号"下水试航、第一台 138 吨交流电力机车试制成功、第一座重型拖拉机厂建成投产、第一台液力传动的内燃机车试制成功、第一座大型氮肥厂试制首批氮肥、第一台 1.2 万吨压力自由锻造水压机制成,并且认为"工业方面的 12 个第一,为钢铁、机械制造、交通运输、电力、电视及航海事业的发展,奠定了初步基础"。该文还指出,"大跃进"期间,兰新、宝成、黔桂、鹰厦、包兰五条铁路全线通车,改善了西南、西北和中南内路交通,对这些地区的经济发展发挥了重要

---

① 中共中央党史研究室:《中国共产党历史》第二卷,中共党史出版社 2011 年版,第 503 页。

② 薄一波:《若干重大决策与事件的回顾》下卷,中共中央党校出版社 1993 年版,第 679、883—884 页。

推动作用。1958年6月,第一座实验性原子反应堆开始运转,同时建成回旋加速器;1959年9月,中国第一台每秒运算1万次的快速通用电子数字计算机试制成功,中国发展尖端科学迈出了重要的一步,为国防事业的发展奠定了基础。在水利建设上,动工修建了北京十三陵水库;海河拦河大坝合龙使华北五条内河的淡水不再流入大海,并使海水不再上溯内河;黄河三门峡截流工程全部结束、刘家峡水库胜利截流、青铜峡水库拦河坝合龙截流,自刘家峡、青铜峡和三门峡水库的建成,黄河未发生大灾、大险,黄河基本上被征服了。此外,各地大大小小的水库的建成和疏浚渠道的兴建,各省都建立了一定的保收田,人民口粮(低标准)基本得到了保障,靠天吃饭的局面有一定程度的改善。总之,"大跃进""也有巨大成就"①。

如何看待"大跃进"运动期间工农业建设所取得的成就呢?笔者认为,首先必须分清"大跃进"运动与"大跃进"时期这两个不同的概念。

1957年9月扩大的中共八届三中全会之后,在贯彻《一九五六年到一九六七年农业发展纲要(修正草案)》精神的过程中,一些地方纷纷召开会议,开展对"右倾保守"思想的批判,修改原订的发展计划,提出了许多高指标。随后,各地农村开展了大规模农田水利建设和积肥运动,虽然取得了一些成绩,但也开始出现盲目蛮干和虚报浮夸现象,这标志着"大跃进"运动拉开了序幕。1957年11月,毛泽东前往莫斯科参加十月革命胜利四十周年庆典和在此间召开的各国共产党、工人党代表会议,明确提出中国将用十五年左右的时间钢铁及其他主要工业品的产量赶上和超过英国。之后又先后在1月的南宁会议、2月的中共中央政治局扩大会议、3月的成都会议上,对1956年的反冒进一再提出批判。在这个过程中,一些地方纷纷提出脱离实际的跃进计划,浮夸之风亦由农业领域蔓延到各行各业,"大跃进"运动实际上已波及全国。这年5月,中共八大二次会议通过了"鼓足干劲,力争上游,多快好省地建设社会主义"的总路线。会议期间,从中央部门到地方的一些负责人,纷纷提出各自部门和地区的高指标,会后全国迅速掀起了学习、宣传、贯彻社会主义建设总路线的热潮,"大跃进"运动也就进入高潮。

"大跃进"过程中,全国人民以迅速改变中国贫穷落后面貌的信心和决心,发挥出了前所未有的干劲。但是,"大跃进"是以高指标、"放卫星"为主

---

① 《大跃进所取得的成就》,http://blog.sina.com.cn/s/blog_49c9ba7d0100e8pq.html。

要特征,以发动全民大炼钢铁为中心内容,严重脱离实际,违背了客观经济规律,助长了瞎指挥和浮夸风,最直接的后果是由于搞"以钢为纲",导致国民经济比例严重失调。

受高指标和浮夸风的影响,在"大跃进"进入高潮后,又想当然地认为我国生产力已经有了惊人的发展,要求有更高形式的生产关系与之适应。在未作认真试验,未作广泛调查研究的情况下,全国农村一哄而起,大办"一大二公"的人民公社,并实行所谓供给制加工资制的分配方式,鼓吹"吃饭不要钱",使"共产风"盛行,严重挫伤了农民的积极性。

1958 年年底,中共中央和毛泽东对"大跃进"及人民公社化运动中出现的问题有所觉察,经过两次郑州会议和中共八届六中、七中全会,"共产风"受到了一定的遏制,一些过高的指标被降了下来,"大跃进"运动以来的"左"的错误得到了初步的纠正,形势正在向好的方面转化。

为了总结经验教训,1959 年 7 月,中共中央在庐山举行政治局扩大会议。会议期间,政治局委员彭德怀为会议未能彻底解决前一阶段中存在的问题而忧虑,给毛泽东写了一封信,在肯定 1958 年成绩的基础上,指出了"大跃进"以来工作中的严重问题及其原因。彭德怀的出发点是好的,内容实事求是,做法也符合组织原则。但由于这封信对"大跃进"的批评超过了毛泽东所能许可的限度,引起了他的严重不满,进而决定召开中共八届八中全会,开展"反右倾",错误地将彭德怀、黄克诚、张闻天、周小舟等人打成"反党集团",并决定在全党范围内开展"反右倾"斗争。庐山会议在政治上使党从中央到基层的民主集中制遭到严重损害,经济上打断了纠正"左"倾错误的进程,使错误延续了更长的时间。

庐山会议之后,又开始新一轮的"大跃进",以高指标、浮夸风、"共产风"和瞎指挥为主要标志的"左"倾错误再度泛滥起来,加之从 1959 年起,我国农村连续三年遭受较严重的自然灾害,粮食产量连年下降,国民经济遭到了前所未有的困难,人民生活水平也大幅度降低。

要使国民经济摆脱困境,就必须下大力气进行调整。1960 年 9 月 30 日,中共中央批转了中共国家计委党组《关于 1961 年国民经济计划控制数字的报告》。强调必须更好地贯彻执行"两条腿走路"的方针,把农业放在首要地位,使各项生产、建设事业在发展中得到调整、巩固、充实和提高,争取国民经济在更加牢固的基础上更好地继续跃进。这个报告第一次完整地提出了"调整、巩固、充实、提高",并将之作为调整国民经济的重要指导思想。随着"八字方针"的提出,历时三年的"大跃进"运动被中止。1961 年 1 月,中共八届九中全会正式批准对国民经济实行"八字方针",并且指出:1961 年应当适当地缩小基本建设的规模,调整发展的速度,在已有胜利的基础上,采取巩固、充实和提高的方针。从 1961 年起,国民经济进入调整阶段。

"大跃进"运动给中国的经济发展和人民生活造成了极为严重的后果,直到 1965 年国民经济调整任务完成时,各项主要的经济指标才恢复到 1957 年的水平。这就意味着"大跃进"运动并没有达到实现国民经济和社会"跃进"式发展的目的,反而延缓了中国社会主义建设的正常进程。当时开展"大跃进",原本是希望通过这种方式迅速发展社会生产力,迅速增强中国的综合国力,提前建成社会主义,让老百姓早日过上共产主义的幸福生活,但事与愿违,欲速则不达。"大跃进"这种结局的产生,应当说是"大跃进"被发动之初人们始料未及的。

发生"大跃进"运动的 1958 年至 1960 年这三年时间,可以称之为"大跃进"时期。"大跃进"运动以高指标为主要特征,采取的是群众运动的方式进行各项建设;"大跃进"时期是一个历史过程,大致时间是 1958 年至 1960 年的三年。

"大跃进"运动曾对经济建设造成很大的破坏和浪费,同时也要看到,工业建设、科学研究和国防尖端技术的发展,以及农田水利建设和农业机械化、现代化发展的许多工作,都是在那些年代开始布局的。从新中国建立到 1964 年,重工业各主要部门累计新建的大中型项目中,有三分之二以上是在三年"大跃进"期间开工的。这三年新增的炼钢能力占从 1949 年到 1979 年新增炼钢能力的 36.2%,采煤能力占 29.6%,棉纺锭占 25.9%。尤其难能可贵的是,在"大跃进"运动之初,全国人民抱着迅速改变我国经济文化落后状态、把我国建成一个强大的社会主义国家的强烈愿望,以极大的热情投入到生产工作之中,各项工作一时确实出现了很大的改观。遗憾的是,由于当时用群众运动的方式开展各项工作,以高指标为主要特征的"大跃进"违背了客观经济规律,人民群众的这种热情不但未能有效保护,而且由于高指标而导致浮夸风、强迫命令风和瞎指挥风盛行,严重挫伤了人民群众的积极性。

笔者认为,"大跃进"时期取得的成就,并非"大跃进"运动直接或必然的产物。前面提到的网络博文所列举的成果,确实是"大跃进"时期所取得的,而且这些成果对后来经济建设和科技事业的发展起了很大的作用。但是,如果不用"大跃进"运动的方式,不打破正常的生产工作秩序,不使国民经济的比例关系遭到严重破坏,经济建设必然会取得更大的成绩。因为这几年毕竟是和平时期,而且经过新中国成立以来近十年的努力,已经打下了较好的发展基础。"大跃进"运动对经济建设所造成的影响,主要是片面地提出"以钢为纲",全民大炼钢,加之在"大办工业"的口号下,从中央到地方盲目上马一大批基本建设和工业项目,导致与人民生活密切相关的农业和轻工业生产上不去,致使国民经济比例严重失调。

众所周知,"大跃进"运动是在农业领域率先发动的,起端便是 1957 年 9 月扩大的中共八届三中全会后在农村开展的大规模农田水利建设和积肥运动。如何看待"大跃进"运动中农田水利建设方面的是非得失,学术界存在不同的意见。有研究者认为,1957 年冬至 1958 年春的水利建设运动"取得了相当成就"或"空前成就","为农业生产的发展创造了有利条件,也为此后水利建设打好了基础";但也有研究者持相反意见,认为"大跃进"运动中的农田水利建设是有得有失,但"失大大地超过得,最终是得不偿失"①。

应当说,"大跃进"期间农田水利建设虽然取得了一些成就,但付出的代价很大。据统计,1952 年全国有效灌溉面积为 29938 万亩,1957 年为 41008 万亩,1962 年为 45818 万亩,1965 年为 49582 万亩,1970 年为 54000 万亩。即是说,1957 年比 1952 年增加 11070 万亩,平均每年增加 2214 万亩;1962 年比 1957 年增加 4810 万亩,平均每年增加 962 万亩;1965 年比 1962 年增加 3764 万亩,平均每年增加 1255 万亩;1970 年比 1965 年增加 4418 万亩,平均每年增加 883.6 万亩。② 这说明,"大跃进"时期有效果灌溉面积的增加数,与正常的年份实际差不多,恐怕很难说这几年水利建设取得了"空前成就"。

"大跃进"运动的三年,我国粮食产量是连年下降,1958 年总产量为 4000 亿斤,1959 年为 3400 亿斤,1960 年为 2870 亿斤。减产的原因,主要是

---

① 关于这方面的研究状况,参见王瑞芳:《"大跃进"时期农田水利建设得失问题研究述评》,《北京科技大学学报》(社科版)2008 年第 4 期。

② 数据来源于农业部计划司编:《中国农村经济统计大全(1949—1986)》,农业出版社 1989 年版,第 318 页。

"大跃进"和人民公社化运动严重挫伤了农民的生产积极性,同时也由于"以钢为纲"、"大办工业"导致农业生产劳动力减少,亦与1959年以来遭到较为严重的自然灾害有关。1958年是比较正常的气象年份,这年全国耕地受灾面积为46444万亩,其中成灾面积11732万亩,占34%;1960年全国耕地受灾面积80374万亩,其中成灾面积34495万亩,约占43%。在这两年的受灾面积中,主要是水灾和旱灾。1958年受灾面积分别为6419万亩和33541万亩,其中成灾面积分别为2162万亩和7546万亩,占33.7%和22.5%;1960年受灾面积分别为15232万亩和57187万亩,其中成灾面积分别为7472万亩和24265万亩,占49%和42.4%。① 也就是说,1960年的成灾总面积以及水旱灾成灾面积的比例,均要超过1958年。如果说"大跃进"中农田水利建设取得了"空前成就",为何1960年水旱灾的成灾面积比例反而高出1958年?

　　"大跃进"期间农田水利建设虽然取得一定的成就,但人力物力的投入却要远远大于正常年份。国家支农资金中用于农业基本建设的拨款,1955年为5.71亿元,1956年为13.63亿元,1957年为10.93亿元,1958年为30.26亿元,1959年为29.91亿元,1960年为45.43亿元,1961年为12.35亿元,1962年为8.67亿元,1963年为18.48亿元。② "大跃进"三年的国家支农资金中用于基本建设的拨款,大大超过前三年和后三年。不但如此,这三年中用于水利建设的农村劳动力也远远多于平常年份。由于"大跃进"运动中用群众运动的方式搞农田水利建设,一些项目未经科学论证就仓促上马,有的甚至是草率上马,另有一些工程设计规模超过了当时的建设能力,遇到严重经济困难时不得不中途下马。虽然当时水利建设遍地开花,大中小项目一起上,但真正建成的不多,实际发挥效益的更少。与此同时,由于在"大跃进"中片面提倡"共产主义大协作"、"大兵团作战",在水利建设中盛行瞎指挥、浮夸风和一平二调的"共产风",造成了人力物力的大量浪费。在1962年6月2日的中共中央华东局会议上,"曾经大力倡导农田水利建设

---

　　① 农业部计划司编:《中国农村经济统计大全(1949—1986)》,农业出版社1989年版,第354页。

　　② 农业部计划司编:《中国农村经济统计大全(1949—1986)》,农业出版社1989年版,第364—365页。

搞群众运动"的华东局第一书记柯庆施承认：1958 年以来，国家投资 22.8 亿元，修大型水库 20 多座，中型水库 300 多座，小型水库 2000 多座，占用耕地 2600 万亩，移民近 2400 万人，已迁 237 万人，但不少工程不配套，现在还不能发挥效益。有些工程打乱了原来的排水体系，加重了内涝和盐碱化。我们花的钱和器材不少，而事情却没有办好，有些甚至办坏了，许多钱被浪费了。[①]

二、1959 年庐山会议转向的原因

"大跃进"运动之所以持续三年之久，1959 年夏的庐山会议极为关键。这次会议原本是纠"左"的，在会议快要结束时，彭德怀给毛泽东写了一封反映"大跃进"问题的信，结果引起了毛泽东的不满，会议的主题也就从纠"左"变为"反右倾"，并在庐山会议后启动新一轮"大跃进"，直到 1960 年年底，由于国民经济遭到严重困难，"大跃进"才不得不停止，转而对国民经济进行调整。那么，如果彭德怀不写这封信，是否纠"左"就能够坚持下去，"大跃进"就能够中止，所谓"三年暂时困难"就不会出现呢？为什么彭德怀这封不过是反映问题的信，却使会议的主题发生根本性的转换？一些网络博文在议论这个问题时，时常出现所谓彭"功高震主"的观点；有人甚至讲，毛泽东之所以在庐山会议上打倒彭德怀，是因为彭德怀在朝鲜战场上没有保护好毛岸英之故。笔者认为，这是没有史实根据的推测。庐山会议后期主题的转换，以下几个因素至关重要。

1. 庐山会议前对"左"的纠正有限

客观而论，毛泽东既是"大跃进"和人民公社化运动的积极倡导者，也是中共领导人中较早发现"大跃进"和人民公社化运动中存在许多问题者。1958 年 8 月北戴河会议后不久，毛泽东曾到天津找河北省保定地区的一些县委书记谈话，了解"大跃进"和人民公社化运动的情况，事后他还让中共河北省委组织调查组对徐水县进行了调查，并听取了河北省委对调查情况的

---

① 薄一波：《若干重大决策与事件的回顾》下卷，中共中央党校出版社 1993 年版，第 771—772 页。

汇报。他通过调查了解,发现很多人"急急忙忙往前闯",脑子中有一大堆的混乱思想,认为有必要让各级干部冷静下来。

为了解决"大跃进"和人民公社化运动中出现的一些问题,1958年11月2日至10日,中共中央在郑州召开有部分中央领导人和省委书记参加的会议,史称第一次郑州会议,由此开始了半年多的纠"左"工作。会议开始后,毛泽东多次找到会的省委书记谈话,做高级干部的"降温"工作。会上,毛泽东提醒那些头脑发热的高级干部说,苏联搞了四十年的社会主义,还没有宣布进入共产主义,中国才搞几年的社会主义,不要那么急急忙忙地宣布过渡。毛泽东还号召各级干部联系中国社会主义革命与建设,认真读斯大林的《苏联社会主义经济问题》和《马克思恩格斯列宁斯大林论共产主义社会》这两本书,以"使自己获得一个清醒的头脑"。

第一次郑州会议之后,中共中央政治局又于11月21日至27日在武昌召开扩大会议。毛泽东在讲话中指出,破除迷信,不能把科学当作迷信破除。凡是迷信,一定要破除,凡是真理一定要保护。必须老老实实,不要弄虚作假,要压缩空气。对于人民公社和向共产主义过渡问题,毛泽东强调:全民所有制和集体所有制两种形式必须分清,不能混淆。社会主义和共产主义又是一个界限,也必须分清,不能混淆。

在第一次郑州会议和武昌会议的基础上,1958年11月28日至12月10日,中共八届六中全会在武昌召开,全会通过了《关于人民公社若干问题的决议》,强调农业社变为人民公社,不等于已经把农村中的集体所有制变成了全民所有制,要在全国农村实现全民所有制,还需要一个相当长的时间;由集体所有制变为全民所有制,并不等于社会主义变成共产主义,由社会主义变为共产主义,比集体所有制变为全民所有制,需要经过更长的时间。企图过早地否定按劳分配的原则而代之以按需分配的原则,企图在条件不成熟的时候勉强进入共产主义,无疑是一个不可能成功的空想。这次会议之后,各地开展了人民公社的整顿工作。

接着,中共中央政治局于2月27日至3月5日在郑州再次召开扩大会议,重点研究人民公社问题,史称第二次郑州会议。毛泽东在讲话中强调,在分配中要承认队与队、社员与社员的收入有合理的差别,穷队和富队的伙食和工资应当有所不同。公社应当实行权力下放,三级所有,三级核算,并且以队的核算为基础,在社与社、队与队之间要实行等价交换。随后,毛泽东多次致信给各级党委,强调要下决心去纠正人民公社化运动中的"共产风"。

3月25日至4月1日,中共中央政治局在上海召开扩大会议,为即将召开的中共八届七中全会作准备。上海会议检查了中共八届六中全会以来人民公社的整顿情况,讨论了公社整顿中提出的问题。会议还讨论了1959年的国民经济计划草案。有的中央委员提出应利用即将召开的二届全国人大一次会议的机会,公开修改过去宣布的过高指标,但由于当时"大跃进"的问题尚未充分暴露,许多人对高指标仍有一种难以割舍的情结,这个建议未能为会议所采纳。八届七中全会通过的1959年计划中,只降低了基本建设投资,其他的高指标大都未变。

1959年第二季度,国民经济中比例失调造成的严重后果进一步暴露出来。首先是农业生产情况很不好,夏收中粮食、油料大幅度减产,蔬菜、肉类等副食品短缺。其次是钢铁生产上不去,1959年头四个月按计划应该生产钢600万吨,实际只完成336万吨。由于"以钢为钢",其他工业部门特别是轻工业被挤占,日用品生产下降,许多商品库存减少,造成供应紧张。针对这种形势,1959年5月中旬,中共中央和毛泽东根据陈云的建议,将1959年的钢产量指标由1800万吨降为1300万吨。同时,中共中央还调整了农村政策,决定恢复社员的自留地,允许社员饲养家畜家禽,鼓励社员充分利用屋旁、路旁的零星闲散土地种庄稼和树木,不征公粮,不归公有。中共中央还明确指出,这种大集体当中的小私有,在一个长时期内是必要的。允许这种小私有,实际上是保护社员在集体劳动时间以外的劳动果实,并不是"发展资本主义"。

在中共中央和毛泽东的领导下,第一次郑州会议之后半年多的时间,农村人民公社经过几个月的整顿,逐渐剥去了一些空想色彩,刹住了急于向全民所有制和共产主义过渡的势头,"共产风"得到了初步的遏制,许多混乱不清的政策问题得到了明确,党同农民的关系有了改善;工业领域一些过高的指标降了下来,取消商品生产和商品交换的做法被中止。所有这些,都是值得肯定的。

但是,在对庐山会议前的纠"左"工作进行充分肯定的同时,也应看到当时对"左"倾错误的纠正其实相当有限,尤其是没有从根本上认识到"大跃进"和人民公社化运动本身的问题。经济建设必须遵循其自身的客观规律。

虽然毛泽东在这个过程中也强调"价值法则是一个伟大的学校",但他所批评的是那种急急忙忙取消等价交换、混淆集体所有制与全民所有制界限的做法,而没有认识到通过群众运动的方式搞经济建设,不但不能实现经济的"跃进"式发展,而且会造成国民经济各部门间比例的失衡;也没有认识到在生产力水平还不具备改变生产关系的情况下,就建立"一大二公"为主要特征的人民公社,这本身既违背经济规律,也违背了社会发展规律。所以,庐山会议前半年多时间的纠"左",不是纠正指导思想上的"左",而是纠的一些具体问题的"左"。当时,中共中央领导层特别是作为主要领导人的毛泽东,对总路线、"大跃进"和人民公社仍是充分肯定的,认为这是探索中国自己的建设社会主义道路中了不起的创造,问题主要是基层干部在贯彻执行这"三面红旗"的过程中出现了偏差,如有的指标提得过高,刮了一阵"共产风",过早把集体所有制转变为全民所有制等。只要把这些问题解决了,就可以取得新的更大的"跃进",人民公社就可以巩固,多快好省建设社会主义的总路线的优越性就能更好地发挥。所以,庐山会议前毛泽东领导的纠"左",是以不否定"三面红旗"的正确性为限度,目的是为了更好地高举"三面红旗"。如果对"三面红旗"本身提出质疑,就不是纠"左"的问题,而是路线是非问题。

还应该看到,"大跃进"是在不断批评反冒进的过程中逐步发展起来的。1956 年的反冒进,本是得到了中央领导层多数人赞成,可以说是中共中央领导集体作出的决策,但由于毛泽东在这个问题上一开始就有保留意见,到反右派运动快结束的时候,他认为反冒进给群众运动泼了冷水,挫伤干部群众快速建设社会主义的积极性,于是从中共八届三中全会开始,一再对反冒进进行批评,而原本主张反冒进的领导人只得再三作检讨。毛泽东批评反冒进实际上是对中央集体决策的否定,也在一定程度上破坏了党内的民主生活,助长了个人说了算的现象和个人崇拜的发展,这就使得领袖的个人意志已经代表了中央的集体决策,一些正确的意见很难反映到中央并被采纳。因此,当时纠"左"的程度取决于毛泽东对于"三面红旗"的认知态度,当毛泽东认为应当纠"左"的时候,于是全党上下进行纠"左",而毛泽东认为应当反右倾的时候,于是全党又紧跟他开展"反右倾"。

2. 对形势的不同看法促成会议的转向

1959 年的庐山会议实际上是两个会,即 7 月 2 日至 8 月 1 日的中共中央政治局扩大会议,8月2日至16日的中共八届八中全会。众所周知,庐山会议主题的转换起因于7月14日彭德怀给毛泽东的那封信。这封三千字的长信分为两个部分:一是认为"1958年大跃进的成绩是肯定无疑的";二是谈及"如何总结工作中的经验教训"。在肯定总路线、"大跃进"和人民公社化运动成绩的前提下,信中着重指出1958年以来工作中的问题,特别是全民炼钢浪费了一些人财物力,是"有失有得",提出应当总结发生这些问题的经验教训。信中认为:"现时我们在建设工作中所面临的突出矛盾,是由于比例失调而引起各方面的紧张。就其性质看,这种情况的发展已影响到工农之间、城市各阶层之间和农民各阶层之间的关系,因此也是具有政治性的"。对于前一阶段工作中出现的问题,信中指出,客观原因是对社会主义建设工作不熟悉,没有完整的经验,处理经济建设中的问题没有像处理政治问题那样得心应手。主观原因是在思想方法和工作作风方面有不少问题,突出的是"浮夸风气较普遍地滋长起来","犯了不够实事求是的毛病";同时也由于"小资产阶级的狂热性"影响,从而使"一些'左'的倾向有了相当程度的发展,总想一步跨进共产主义"。信中还说:"纠正这些'左'的现象,一般要比反掉右倾保守思想还要困难些。""要彻底克服,还是要经过一番艰苦努力的。""系统地总结一下我们去年下半年以来工作中的成绩和教训,进一步教育全党同志,甚有益处。其目的是要达到明辨是非,提高思想,一般的不去追究个人责任。"①

在这封信中,引起毛泽东不满的主要是这两段话。一段话是:"在全民炼钢铁中,多办了一些小土高炉,浪费了一些资源(物力、财力)和人力,当然是一笔较大损失。但是得到对全国地质作了一次规模巨大的初步普查,培养了不少技术人员,广大干部在这一运动中得到了锻炼和提高。虽然付出了一笔学费(贴补20余亿)。即在这一方面也是有失有得的。"另一段话是:"小资产阶级的狂热性,使我们容易犯左的错误。在一九五八年的大跃进中,我和其他不少同志一样,为大跃进的成绩和群众运动的热情所迷惑,一些左的倾向有了相当程度的发展,总想一步跨进共产主义,抢先思想(按:指抢先于苏联进入共产主义——引者注)一度占了上风,把党长期以来形成的

---

① 《彭德怀同志的意见书》(1959年7月14日),中共中央文献研究室:《建国以来重要文献选编》第12册,中央文献出版社1996年版,第444—446页。

群众路线和实事求是作风置诸脑后了。"①毛泽东后来在庐山会议批判彭德怀时表示,信上说"有失有得",把"失"放在"得"的前面,反映了彭的灵魂深处。还说彭在信中讲"小资产阶级的狂热性",主要锋芒是向着中央领导,是反中央、攻击中央②。

毛泽东之所以对彭德怀信中的"有失有得"不满,一个重要的原因,是彭德怀对"大跃进"的批评超越了他所能接受的程度。1958 年年初,毛泽东曾写了一篇很重要的文章——《工作方法六十条(草案)》,其中提出:"要使干部学会善于区别九个指头和一个指头,或者多数指头和少数指头。"他说:"我们的工作,除非发生了根本路线上的错误,成绩总是主要的。"对工作中的缺点与失误,不能采取"攻其一点或几点,尽量夸大,不及其余"的做法。③ 在毛泽东看来,对待 1958 年的"大跃进"和人民公社,也应当是这样,多快好省地建设社会主义的总路线,以高速度为核心的"大跃进",以及为向共产主义过渡创造条件的人民公社,虽然也存在一些问题,但这"三面红旗"本身是正确的,它使中国找到了快速建设社会主义、加快向共产主义过渡的有效途径,问题是一些干部在具体的执行过程中过急过快,发生了偏差。因此,"大跃进"和人民公社化运动成绩是主要的,是九个指头;"共产风"、浮夸风等问题客观存在,应当纠正,但与所取得的成绩比,只是一个指头,只要把工作中的一些具体问题解决了,就能够实现更大的跃进。而彭德怀信中说大炼钢铁"有失有得",在毛泽东看来,将"失"放在前面,使用的就是"攻其一点,不及其余"的做法,反映出彭在"灵魂深处"对"三面红旗"的反对,这恰恰是一向对"三面红旗"高度评价的毛泽东所不能认可的。

庐山会议的主题原本是纠"左",可是,由于彭德怀的这封信却导致会议主题转变为"反右倾",并在随后启动新一轮的"大跃进",造成了比上一轮"大跃进"更严重的后果,于是有人假设,如果彭德怀不写这封信,会议的结

---

① 《彭德怀同志的意见书》(1959 年 7 月 14 日),中共中央文献研究室:《建国以来重要文献选编》第 12 册,中央文献出版社 1996 年版,第 442—443、445 页。

② 《黄克诚自述》,人民出版社 1994 年版,第 256 页。

③ 《毛泽东文集》第七卷,人民出版社 1999 年版,第 357—358 页。

局也许是另一种情形,彭德怀也可能是另外一种命运。①。实际上,庐山会议前期的纠"左"很有限,而且纠"左"的目的也是为了更好的"大跃进"。因此,即使没有发生彭德怀上书的事件,庐山会议也不可能对已经发生的"左"倾错误从根本上加以纠正。彭德怀之所以向毛泽东写信,就是鉴于庐山会议对存在的问题的严重性估计不足,对一年多的经验教训分析、总结不够,以及对会议中存在的"护短"现象感到很担忧,又觉得有些话不便在小组会上讲,如果这些问题引起毛泽东的重视,由毛泽东"再从(重)新提一提两条腿走路的方针,这些问题就可轻而易举地得到纠正"②。所以,庐山会议后半段固然中断了纠"左"的进程,但庐山会议的前期并没有真正解决纠"左"的问题,即使彭德怀不写这封信,会议如期结束,"大跃进"也不会中止,人民公社的问题也难以真正解决,国民经济的困难局面仍会出现。当然,经济困难的程度可能会有所不同,因为庐山会议后的新一轮"大跃进",实际上带有某种赌气性质。

在彭德怀上书之前,毛泽东对形势的估计比较乐观,认为工作中虽然存在一些问题,但并不是很严重。6月13日,毛泽东在中南海颐年堂主持召开中央政治局会议,研究工农业生产和市场问题。他在讲话中说:"许多问题是料不到的。谁知道吹'共产风'?根本不管价值法则、等价交换,一办公社,'共产风'就吹出来了,没有料到。现在落实到一千三百万吨钢,我也没有料到。许多事情是料不到的。粮食那么紧张,去年大丰收,今年大紧张,也没有料到。要随时注意新问题,发现新问题。虽然出了这么多乱子,但是

---

① 对于这个问题,有网络博文说,彭德怀、张闻天等人表达意见的时机、场合、技巧有缺陷,没有达到希望的效果,却促成了一场难以挽回的悲剧,从言者的角度讲,这个教训非常沉痛而宝贵。直言极谏,要看对象、时机;要讲究方法,不能只图个人情绪上的一时痛快,而不考虑实际效果;应该既达到目的,又要保全自己,善于因势利导地达到自己的目的(见朱永嘉:《说说庐山会议这件事》)。对于这种观点,已有学者提出不同意见,认为毛泽东本人曾一再强调党内批评与自我批评要"知无不言,言无不尽"、"言者无罪,闻者足戒"、"有则改之,无则加勉",况且党章规定党员有对党的工作提出建议,在党的会议上批评党的任何组织和任何工作人员的权利。彭德怀等人没有逾越党内批评原则和党章的规定,怎能说他们表达意见的方式成为庐山会议的"教训"(见韩钢:《"周悉谈话"辨伪》,《炎黄春秋》2010年第10期)。

② 《彭德怀自述》,人民出版社1981年版,第275页。

最大的成绩是自从去年北戴河会议以来,各级党委注意搞经济了。"他还说:"我到井冈山,头一仗就是打败仗。这是一个好经验,吃了亏嘛。"①毛泽东的意思很清楚,不要因为在"大跃进"中国民经济的综合平衡受到一些影响,在人民公社化运动中发生"共产风"的问题,就否定"大跃进"和人民公社,出现的问题主要是没有经验造成的。

庐山会议开始后,毛泽东提出了会议需要讨论的十八个问题,其中第二个问题是关于对形势的看法,实际上也是如何评价前一阶段的"大跃进"。在6月27日的讲话中,毛泽东说:国内形势是好是坏?大形势还好,有点坏,但还不至于坏到"报老爷,大事不好"的程度。八大二次会议的方针对不对?我看要坚持。总的说来,像湖南省一个同志所说的,是两句话:"有伟大的成绩,有丰富的经验。""有丰富的经验",说得很巧妙,实际上是:有伟大的成绩,有不少的问题,前途是光明的。基本问题是:(一)综合平衡;(二)群众路线;(三)统一领导;(四)注意质量。四个问题中最基本的是综合平衡和群众路线。要注意质量,宁肯少些,但要好些、全些,各种各样都要有。农业中,粮、棉、油、麻、丝、烟、茶、糖、菜、果、药、杂都要有。工业中,要有轻工业、重工业,其中又要各样都有。去年"两小无猜"(小高炉、小转炉)的搞法不行,把精力集中搞这"两小",其他都丢了。去年大跃进、大丰收,今年是大春荒。现在形势在好转,我看了四个省,河北、河南、湖南、湖北,大体可以代表全国。今年夏收估产普遍偏低,这是一个好现象。

他又说:今年这时的形势和去年这时的形势比较,哪个形势好?去年这时很快地刮起了"共产风",今年不会刮,比去年好。明年"五一"可以完全好转。去年人们的热情是宝贵的,只是工作中有些盲目性。有人说,你大跃进,为什么粮食紧张?为什么买不到头发夹子?现在讲不清楚,促进派也讲不清楚。说得清楚就说,说不清楚就硬着头皮顶住,去干。明年东西多了,就说清楚了。去年许多事情是一条腿走路,不是两条腿走路。我们批评斯大林一条腿走路,可是在我们提出两条腿走路以后,反而搞一条腿了。在大跃进形势中,包含着某些错误,某些消极因素。现在虽然存在一些问题,但是包含着有益的积极因素。去年形势本来很好,但是带有一

---

① 中共中央文献研究室:《毛泽东传(1949—1976)》,中央文献出版社 2003 年版,第 948—949 页。

些盲目性,只想好的方面,没有想到困难。现在形势又好转了,盲目性少了,大家认识了。①

7月10日,毛泽东召集各小组长会议并作了长篇讲话,着重讲对形势的看法,"对党内越来越多地提出的不同意见已表现出不满,并且同右派进攻联系起来"②。他说:"对形势的认识不一致,就不能团结。要党内团结,首先要思想统一。党外右派否定一切,说我们'人心丧尽了','修天安门前面的工程(指在天安门广场修建人民大会堂和历史博物馆——引者注),如秦始皇修万里长城';说'过去历代开创的时候,减税薄赋,现在共产党年年加重负担'。所谓丧尽了,就是不仅资产阶级、地主,而且农民、工人都不赞成了。天津有些局长、科长议论,去年大跃进是'得不偿失'。是不是这样?有些同志缺乏全面分析,要帮助他们认识。得的是什么?失的是什么?比如说,为什么大跃进之后又发生市场大紧张。不要戴帽子,不要骂一顿了事。""党内要团结,就要把问题搞清楚。有人说总路线根本不对。所谓总路线,无非是多快好省,多快好省不会错。过去搞一千九百项基建,现在安排七百八十八个,这还不是合乎多快好省的方针的?一千八百万吨钢不行,现在搞一千三百万吨,还是多快好省。去年粮食没有翻一番,但增加百分之三十左右是有的(1957年的粮食产量为3901亿斤,1958年是4000亿斤,实际增加99亿斤,增长2.5%——引者注)。多快是一条腿,好省又是一条腿。"

对于前一阶段的成绩和错误的问题,毛泽东说:"我们把道理讲清楚,把问题摆开,也不戴帽子,什么'观潮派'、'怀疑派'、'算账派'、'保守派'等等,都不戴。总可以有百分之七十的人在总路线下面。世界上的将军没有一个没打过败仗的。在三仗中打两个胜仗、一个败仗就是好的,有威信。两败一胜就差一些。打了败仗,可以取得经验。要承认缺点错误。从局部来讲,从一个问题说,可能是十个指头,九个指头,七个指头,或者三个指头、两个指头。但从全局来说,还是九个指头和一个指头的问题。要找问题,可以找几千几万件不对头的。但是从总的形势来说,就是这样:九个指头和一个

① 《庐山会议讨论的十八个问题》(1959年6月27日),《毛泽东文集》第八卷,人民出版社1999年版,第76—77页。

② 中共中央文献研究室:《毛泽东传(1949—1976)》,中央文献出版社2003年版,第971页。

指头。"①

从这些讲话中可以看出，毛泽东认为，"大跃进"和人民公社虽然也有缺点和不足，存在这样那样的问题，但与取得的成绩相比，只是一个指头，成绩无疑是九个指头。毛泽东此时的态度是："'左'的错误要批评，但不应总是抓住不放；对热心搞'大跃进'的同志，应该是既批评又鼓励，不要挫伤他们的积极性；现已经批了9个月的'左'，差不多了；应赶快抓生产，争取1959年的跃进。"②

很显然，彭德怀信中对"大跃进"和人民公社的评价，与毛泽东所说的"九个指头和一个指头"有着相当大的差距，特别是其中所说的"有失有得"，在毛泽东看来实际上是对社会主义建设总路线、"大跃进"和人民公社的否定，这恰恰是他所不能接受的。而且在毛泽东看来，彭德怀主要负责军事工作，又没有参与已进行了半年多的纠"左"，现在，纠"左"取得了很大成效，对"大跃进"和人民公社的问题也有了足够的重视，"彭德怀等不是跟他一道去纠正工作中的缺点错误，实际上是对大跃进和人民公社表示怀疑和反对，是对他和党中央的领导'下战书'，因而是右倾的表现"③。

8月16日，也就是中共八届八中全会的闭幕式上，毛泽东说：这次庐山会议解决了一个大问题。总结经验应该这样总结法才好，就是锋芒对着右倾。从1958年11月起，落实指标，反对"共产风"，不断地批评，就产生了一种右的倾向。"而我们这几位犯错误的同志，他们不仅不在北戴河对那种高指标提出意见，也不在去年十一月郑州会议提意见，也不在十二月武昌会议提意见，也不在今年一月中央政治局扩大会议提意见，也不在今年二月底三月初第二次郑州会议上提意见，也不在今年三月底四月初上海会议、中央全会上提意见，而到庐山会议来提意见。他这个气候搞得不好。问题都解决了，或者剩下尾巴，情况好转了，我说，这些同志不会观察形势。他们为什么在那个长时间不提意见，而在这个时候提呢？这是因为他们自己有他们的

① 中共中央文献研究室：《毛泽东传（1949—1976）》，中央文献出版社2003年版，第971—973页。

② 薄一波：《若干重大决策与事件的回顾》下卷，中共中央党校出版社1993年版，第851页。

③ 胡绳主编：《中国共产党的七十年》，中共党史出版社1991年版，第432页。

一套。""等到问题大部分解决了的时候,他们来提,就是认为这个时候如果不提,就没有机会了。再过几个月,时局更好转,他们就不好办事了,他们的扩大队伍、招收党员的目的就不能实现了。"①毛泽东的上述讲话,可以说从一个角度对庐山会议为什么从反"左"一下转为反右作了注解。毛泽东认为,从第一次郑州会议以来的大半年里,他一直致力于纠"左",这方面的"问题都解决了,或者剩下尾巴,情况好转了",因而对彭德怀的写信的动机产生质疑。

毛泽东对彭德怀的不满,其实不仅仅是 7 月 14 日的这封信,还与此前彭在小组会上的发言的内容不无关系。如他说:"解放以来,一连串的胜利,造成群众的头脑发热,因而向毛主席反映情况只讲可能和有利的因素。在大胜利中,容易看不见、听不进反面东西。""要找经验,不要埋怨,不要追究责任。人人有责,人人有一份,包括毛泽东同志在内。我也有一份,至少当时没有反对。""现在是不管党委集体领导的决定,而是个人决定;第一书记决定的算,第二书记决定的就不算。不建立集体威信,只建立个人威信,是很不正常的,是危险的。""毛主席和党中央在全国人民心目中威信这高,是全世界找不到的。但滥用这种威信是不行的。去年乱传毛主席的意见,问题不少。"②

正如中共中央文献研究室编纂的《毛泽东传(1949—1976)》所评论的:"如果没有彭德怀那封信,事情也许不会发展到如此激烈的程度。这样看起来,事情似乎带有一定的偶然性。但是,由于毛泽东的'左'的指导思想没有从根本上得到改变,纠'左'纠到一定程度,即超越他可能允许的范围时,就会提出反右的问题,这又是不可避免的。"③

虽然毛泽东在会议一开始就对形势问题定了调,即"有伟大的成绩,有不少的问题,前途是光明的",但从彭德怀的信中看出,与会人员对形势的估计存在明显的分歧。在此前后,党内党外对"大跃进"和人民公社化运动存在的不少否定性意见,也反映到了毛泽东那里。

---

①　转引自中共中央文献研究室:《毛泽东传(1949—1976)》,中央文献出版社 2003 年版,第 1006—1007 页。

②　《彭德怀传》编写组:《彭德怀传》,当代中国出版社 1993 年版,第 588—591 页。

③　《毛泽东传(1949—1976)》,中央文献出版社 2003 年版,第 1010 页。

1959年5月,当讨论第二次郑州会议、上海会议巩固人民公社的方针时,中共江西省委党校80多个县委一级干部开展大鸣大放,有人认为人民公社建立太快了,是早产儿;人民公社违背客观规律,是根据上级指示人为的产物,搞人民公社根本没有条件,人民公社没有合作社优越,缺点大于优点,公社是空架子,是金字招牌。"共产风"是上面刮下来,中央、省委、地委应负责任。工资制与供给制相结合的分配制度提得过早,应该取消;公社目前不能实行工农业同时并举的方针,应以农业生产为主;公共食堂不是共产主义因素,害多利少;等等。

中共中央宣传部这年6月20日编印的《宣教动态》第45期上,刊登了《否定和怀疑1958年大跃进的若干论点》一文,其中讲到,天津部分党员干部认为,1958年的全民炼钢是得不偿失,农业上粮食不够吃,市场上出现了前所未有的紧张,党的威信不如过去高了。"大跃进"是工业跃进了,农业没有跃进;政治跃进了,经济没有跃进。特别是对"以钢为纲"的方针有看法,认为炼钢算政治账可以,算经济账就不行了,其害处:一是影响秋收;二是影响整个工业生产;三是炼出的铁不能用;四是国家赔了23亿。"总之是劳命伤财,很不合算,给生产、生活带来很大困难,弄得全面紧张"。人民公社走的太快,对农民的觉悟估计过高,忽视了农村的现实条件,主观愿望超过了客观现实等。

1959年6月9日,原国家建委基本建设局副局长、时任东北协作区办公厅综合组组长的李云仲,就目前经济生活中一些问题给毛泽东写了一封信。信中直言不讳地说,我觉得最近一年来,我们在工作中犯有"左"倾冒险主义的错误,其原因主要是,我们在思想战线上忽略了两条战线的斗争,即在反对右倾保守思想的同时,忽视"左"倾冒险主义的侵袭。因而在一个比较短促的时间内,"左"倾冒险主义的思潮曾形成一个主流。具体表现为以下几点:第一,办水利当然是好事,也收到了很大的效果,但在水利建设高潮期间,似乎造成了一种气氛:认为短期内,不管条件如何,我们什么都可以做到,什么也没有问题了。第二,以钢为纲的方针是对的,但自去年第四季度以来,实际上不是以钢为纲,而是以钢为一切。应该特别提起的是,全民大搞土法炼铁的运动,这是一条失败的经验,国家经济力量的消耗太大了。第三,人民公社运动无疑是一个方向,是解决社会主义向共产主义过渡的一种形式。问题是要根据客观条件逐步地向前发展。而去年的公社化运动,在生产关系的变革即所有制问题上,可能是跑得太快了,具结果是"一平、二调、三抽款"。第四,去年全国已施工的限额以上的建设项目达1900多个,为第一个五年的两倍,几乎每省都安排在几年内建成一个工业体系,由于没有这种物质条件,已一减再减,现在继续施工的只有几百个了。看到这些浪费和损失是很痛心的。第五,由于到处都大搞钢铁,大办各种工业,大搞各种基本建设,去年职工增加了2100万。总之,这些方面不能发挥效果的社会劳动花费得太多了,我觉得这就是目前经济紧张的主要原因。我党的优良传统是对任何工作都要进行调查研究,典型示范,取得经验后再全面推广,这是马克思主义的工作方法。但去年的一些重大活动,很少是按照上述方法进行的。

中国人民解放军总政治部秘书处这年6月24日编印的《政治工作简报》上,有一份材料说,据第42军政治部和海南军区政治部报告,少数营团干部对经济生活的紧张表示抵触和不满,他们认为经济紧张是全面的,长期不能解决的。有的人讲怪话:"现在除了水和空气以外,其他一切都紧张。""中国大跃进举世闻名,但我怀疑,市场紧张就是证明。""公社成立得太快了,太早了,不合乎规律",公社的优越性是宣传出来的。他们认为经济生活紧张是由于路线上有错误。说"去年不仅是工作方法上有问题,而是带有路线性质的错误,中央要负责任"。

国务院秘书厅党委办公室7月9日编印的第25期《秘书厅学习简报》中说,秘书厅的有些干部在学习中共中央关于压缩社会购买力的紧急指示过程中,对人民公社有这样的议论:(1)建立人民公社的条件不成熟;(2)人民公社所有制与我国目前的生产力水平不太适应;(3)人民公社实行供给制与工资制相结合的分配制度,不适应我国目前生产力发展水平和群众觉悟,吃饭不要钱也不符合按劳分析原则;(4)人民公社的发展太快太猛了;(5)人民公社是群众运动搞起来的,但政策没有跟上去,有的有了正确政策,但在执行中又发生了偏差。对于去年的"大跃进"和全民大炼钢铁,有些干部认为:(1)"全民炼钢"的口号是不对的;(2)"小土群"可以不搞,1070万吨钢的指标也可以不提,钢的指标是领导主观主义地规定的;(3)"以钢为纲"的口号有问题,只有钢满足不了经济生产多方面的需要。

社会上出现的这些对"大跃进"和人民公社的否定性意见,联系到彭德怀信中所反映的问题,说明党内党外对总路线、"大跃进"和人民公社认识很不一致。毛泽东认为,右倾思想并不只是彭德怀等个别人存在,而是一种不可忽视的社会思潮,如果不对其进行批判,右倾思想就可能向全社会蔓延开来,从根本上动摇"三面红旗"。因此,"这封信对毛主席起了强刺激作用,免不掉又要亢奋失眠。主席自己在会上说,吃了三次安眠药睡不着。在神经过度兴奋的状态下,仔细琢磨的结果,就把这封信和党内外各种尖锐的反对意见,都联系起来;把彭总当作了代表人物,而且是在中央政治局里的代表人物。认为他的矛头是指向中央政治局和主席的,于是认为路线斗争不可避免"。①

7月16日,毛泽东将彭德怀的信以"彭德怀同志的意见书"为标题,批示印发给与会人员讨论,并在中央政治局常委会的范围内提出,要"评论这封信的性质"②。同时决定将会期延长,并通知留在北京主持有关方面工作的一些领导人上山来参加讨论。"毛泽东原来估计,彭德怀的《意见书》印发后,会引起一些人的批评和反对"③。但与会人员在讨论彭德怀信的过程中,却出现了另一种情况,"一些人基本赞同信中的意见。他们认为,这封信总的精神是好的,对于推动会议深入讨论,促使大家思考问题,有积极作用。应该在肯定成绩的前提下,把过去工作中的缺点和错误讲深讲透,这样才有利于总结经验教训,改进以后的工作。彭德怀敢于反映自己的意见,这种精神值得大家学习。信的缺点主要是一些提法和词句斟酌不够,容易引起误会,但不必计较和争论。也有一些人对彭德怀的信持不同意见,认为对错误'认识过迟'的说法,不符合实际。从北戴河会议到现在,许多重大问题都已得到解决,并非认识过迟。认为这封信'实际上会引导到怀疑党的总路线的正确性,怀疑去年大跃进和伟大的群众运动,以及所取得的伟大胜利是否可靠'。"④

或许是历史的巧合,彭德怀上书的第四天,即7月18日,赫鲁晓夫在波

① 《黄克诚回忆录》,人民出版社1994年版,第252页。

② 中共中央党史研究室:《中国共产党历史》第二卷,中共党史出版社2011年版,第544页。

③ 《杨尚昆谈新中国若干历史问题》,四川人民出版社2010年版,第80页。

④ 中共中央党史研究室:《中国共产党历史》第二卷,中共党史出版社2011年版,第544页。

兰的一个农业合作社发表了一通关于苏联历史上的公社的议论。赫鲁晓夫说："可以理解,把个体经济改造为集体经济,这是个复杂的过程。我们在这条道路上曾碰到过不少困难。在国内战争一结束之后,我们当时开始建立的不是农业劳动组合,而是公社。""看来,当时许多人还不太明白:什么是共产主义和如何建设共产主义。""公社建立了,虽然当时既不具备物质条件,也不具备政治条件——我们是指人民群众的觉悟。""许多这样的公社都没有什么成绩,于是党走了列宁所指出的道路。它开始把农民组织在合作社中,组织在农业劳动组合中,在那里人们集体地工作,但是按劳取酬。"赫鲁晓夫这些话虽然表面上是总结苏联历史上公社失败的原因,但显然对中国的人民公社含沙射影的攻击。美国的《纽约时报》对此借题发挥,说赫鲁晓夫这番话,是迄今为止一位苏联领袖对公社的想法所作的最直率的公开批评。彭德怀上庐山之前,即这4月下旬至6月上旬,率中国军事友好代表团访问东欧各社会主义国家,曾与赫鲁晓夫有过接触①,这使毛泽东进一步对彭德怀批评"大跃进"和人民公社的动机产生质疑,以至于认为彭德怀是"里通外国",与赫鲁晓夫一道向"三面红旗"发动进攻,必须加以回击。

7月21日,张闻天在小组会上就"大跃进"和人民公社问题作了长篇发言。张闻天不但明确支持彭德怀信中的基本观点,而且对"大跃进"以来发生的严重问题作了理论上的分析,强调要多从观点、方法、作风上,去探讨缺点和错误产生的原因。他在发言中说,胜利容易使人头脑发热,骄傲自满,听不得不同意见,民主空气很重要。张闻天说:"主席常说,要敢于提不同意见,要舍得一身剐,不怕杀头等等,这是对的。但是,光要求不怕杀头还不行。人总是怕杀头的,被国民党杀头不要紧,被共产党杀头还要遗臭万年。所以,问题的另一面是要领导上造成一种空气、环境,使得下面敢于发表不同意见,形成生动活泼,能够自由交换意见的局面。""这个问题对我们当权的政党非常重要。我们不要怕没有人歌功颂德,讲共产党英明、伟大,讲我

---

① 1959年5月,彭德怀率代表团在阿尔巴尼亚访问期间,赫鲁晓夫率苏联党政代表团访阿,在阿方的安排下,彭德怀与赫鲁晓夫有过三次会面,但都是礼节性的寒暄,并无实质内容(详见彭德怀传记组:《彭德怀全传》三,中国大百科全书出版社2009年版,第1272页)。

们的成绩,因为这些是客观存在的事实。怕的是人家不敢向我们提不同意见。决不能因为人家讲几句不同意见,就给扣上种种帽子。""总之,民主风气很重要。"①张闻天的这番话,很有针对性,也很有见地,说明他对当时存在的问题是作过认真思考的。彭德怀信中说及的"小资产阶级狂热性"一词,几乎是与会者均不赞同的,但张闻天说:"这个问题不说可能更好点,说了也可以,究竟怎么样,可以考虑。但是,刮'共产风'恐怕也是小资产阶级狂热性。"张闻天的发言,"引起了毛泽东的特别注意"②,由此"怀疑党内有人在刮风"③。

7月22日,毛泽东找几个人谈话。有人对毛泽东说,现在很需要他出来讲话,顶住这股风,不然队伍就散了。还说,彭德怀的信是对着总路线、对着毛泽东的。这番话直接促使毛泽东下决心"反右倾"。当天晚上,毛泽东与刘少奇、周恩来商量准备第二天开大会。7月23日,毛泽东在大会上发表长篇讲话,对彭德怀信中提出的观点逐一批驳,庐山会议的主题也就由纠"左"转变为"反右倾"。正如杨尚昆后来所回忆的:"庐山会议从纠'左'转向反右,彭德怀的《意见书》是'导火索',看来事情带有偶然性,其实不然。会议前期,大家思想并没有敞开,对形势的估计一直存在分歧,一些不同意见遭到压制。毛泽东原来估计,彭德怀的《意见书》印发后,会引起一些人的批评和反对,而实际情况却是得到了不少人的同情和支持。毛泽东怀疑党内有人在刮风;一些'左'派人物感到批评'三面红旗'的人越来越多,会使人泄气,担心'左'派队伍守不住阵地,有人就到毛泽东那里去告状,要求毛泽东出来讲话。与此同时,从中央到地方都不断传来对'三面红旗'的尖锐批评;在国外,赫鲁晓夫和东欧国家的一些领导人,也连续发表批评中国'大跃进'和人民公社的讲话和文章。这一切都使毛泽东感到形势严重,必须进行反击。"④

---

① 张闻天选集传记组编:《张闻天庐山会议发言》,北京出版社1990年版,第20—21页。

② 中共中央文献研究室:《毛泽东传(1949—1976)》,中央文献出版社2003年版,第983页。

③ 苏维民:《杨尚昆谈新中国若干历史问题》,四川人民出版社2010年版,第80页。

④ 苏维民:《杨尚昆谈庐山会议》,《百年潮》2008年第1期。

3."历史旧账"是庐山会议转向的重要因素

人们在谈及这段历史时往往作出这样的假设:如果在庐山会议上向毛泽东写信的是另一个人,信中的内容与文字与彭德怀的信相同,后果会怎么样?会不会引起庐山会议后期那样大的风波?笔者以为,如果这样的话,首先要看写信的人在党内的影响怎样,如果不是彭德怀这样个性鲜明并且影响大、地位高的人写信,可能不会引起这样大的风波,信的内容也不会引起毛泽东如此强烈的反感;如果是与彭德怀地位、影响相当但与毛泽东没有"历史旧账"的人写这样的信,也会引起毛泽东的不快但态度可能会有所不同。当然,这样的假设是无法将历史现象解释清楚的。因为写信反映情况的恰恰就是彭德怀,而过去在战争年代,毛泽东与彭德怀之间确实曾经在某些问题上产生过分歧,也发生过某些误解,如下这些所谓的"历史旧账",不能不在一定程度上影响了庐山会议的转向。

一是1932年的江口会议。1932年1月上旬,中共苏区中央局在瑞金召开会议,研究讨论攻打江西中心城市问题。会前,中共临时中央指示中共苏区中央局,攻打城市的决心不能动摇,如南昌一时不能夺取,至少要在抚州、吉安、赣州中选取一个攻占。会议在讨论过程中,不少人认为抚州及其周围有敌军十个师,吉安及其周围有敌军五个师,只有赣州的守军较少,且同周围其他军队的联系不密切。于是,会议就转到讨论如何打赣州的问题。毛泽东不同意打赣州,但与会人员中赞成打赣州的占了多数。毛泽东乃又建议能否听一听前线指挥员的意见。项英说,在第一次苏维埃代表大会时,已问过彭德怀能不能将赣州打下来,彭告诉他,赣州守军马崑旅估计有六千人,地方靖卫团两千人,共八千人,如有时间,蒋介石又不来增援,是可以打下的。[①] 于是,会议没有采纳毛泽东的意见,作出了打赣州的决定。1月10日,中央革命军事委员会发布攻打赣州的训令,并由彭德怀任前敌总指挥,负责攻城。

2月6日,攻打赣州的战役正式开始。由于赣州三面环水,城池坚固,守军依城垣固守待援,担任主攻的红三军团先后四次爆城进攻,均未能奏效。攻城期间,敌人援军偷渡赣江进入城内,却未引起中革军委的高度重视,注

---

① 《彭德怀自述》,人民出版社1981年版,第173页。

意力仍放在全力攻城上。3月7日,赣州守敌和城外援军突然内外夹击攻城部队,红三军团处于腹背受敌的境地。在这种情况下,毛泽东建议启用刚刚由原国民党第二十六军起义部队编成的红五军团,掩护攻城部队撤出。历时一个月的赣州之役就此结束。

1932年3月中旬,中共苏区中央局在赣江县的江口圩召开扩大会议,讨论攻打赣州的经验教训和红军今后的行动方针。会上,毛泽东指出攻打赣州是错误的,主张红军主力向敌人力量比较薄弱、党和群众基础较好、地势有利的赣东北发展。在赣江以东、闽浙沿海以西、长江以南、五岭山脉以北广大地区发展革命战争,建立根据地。① 但有人认为,红军攻打赣州是依据中央和中央局的决议,在政治上是正确的;胜败乃兵家常事,现在虽从赣州撤围,并不是不再打赣州了;红军还是要执行中央的"进攻路线",要夺取中心城市的。会议没有接受毛泽东的意见,而是决定红军主力夹赣江而下向北发展,相机夺取赣江流域的中心城市或较大城市;以红一、红五军团组成中路军,以红三军团、红十六军等组成西路军,分别作战。② 在江口会议上,"彭德怀同意、支持了中央局多数人的意见,为此曾与毛泽东争论得面红耳赤,甚至拍了桌子"③。

二是1935年的会理会议。遵义会议后,毛泽东为了摆脱国民党军队的围追堵截,指挥红军四渡赤水,随后在贵州、云南、四川采取兜大圈子、机动作战的方针,一时部队极为疲劳,减员很多,林彪当时对毛泽东这种战术有意见,认为这是"走弓背路",说"这样会把部队拖垮的,像他这样领导指挥还行?!"④林彪还给中革军委写信,建议毛泽东、朱德、周恩来随军主持大计,由彭德怀任前敌指挥,迅速北进与红四方面会合。5月11日,也就是在会理会议的前一天,林彪又打电话给彭德怀,认为此地不能久留,提出要由彭德怀指挥全军迅速北进。彭德怀当时回答说:"我怎能指挥北进,这是中央的

---

① 中共中央文献研究室:《毛泽东年谱(1893—1949)》上卷,人民出版社、中央文献出版社1993年版,第368页。

② 中共中央文献研究室:《毛泽东传(1893—1949)》,人民出版社、中央文献出版社1996年版,第282页。

③ 彭德怀传记组:《彭德怀全传》(一),中国大百科全书出版社2009年版,第232页。

④ 《聂荣臻回忆录》上,战士出版社1983年版,第252页。

事。"不料此事为毛泽东知道后,误以为这是彭德怀鼓动所致,对彭产生了不满。

第二天,中共中央政治局在会理城外的铁厂召开扩大会议。会议由张闻天主持,毛泽东在发言中说,从3月下旬我们又往返两次渡赤水,调动了敌人,弄得他们疲于奔命,让老蒋在贵阳惊慌失措,感到岌岌可危。我们南下威逼贵阳,又狠将了他一军,为给自己保驾,他又急调滇军出援。滇军一出来,我们这盘棋就活了,争取了主动,有了现在这样的局面。说到这里,毛泽东大声说,可是却有人对于新的作战方针、多跑些路有意见,发牢骚,还给中央写信,要求改换领导,这是右倾机会主义行为。会前彭德怀正在指挥部队攻打会理城,是突然接到通知来参加会议的,连早饭也没有来得及吃,没想到毛泽东提出这个问题,于是在发言中说:"我军采取穿插战术,从贵阳城之西北绕至城东,然后又从南向西进,摆脱了敌四面包围形势,顺利地渡过金沙江,把所有敌军抛在后面,这是很大的胜利。"彭德怀的话还没有讲完,毛泽东厉声说:"彭德怀同志,你对失去中央苏区不满,是在困难面前动摇,是右倾。林彪给中央写信,是你鼓动起来的……"毛泽东的话音刚落,会上一直低头不语的林彪抬起头来说:"我给中央写信,没有什么想法,主要因为老跑路,心里烦得慌……"毛泽东打断林彪的话说:"你是个娃娃,懂得什么!"

对于林彪给中革军委写信一事,彭德怀事先并不知情,"觉得毛泽东对他的批评与实际情况不符,但考虑到大敌当前应以团结为重,不宜计较个人得失,特别维护中央领导威信尤为重要"。他在第二次发言中批评林彪:"遵义会议才刚刚换了领导,你给中央写信提出改变前敌指挥,当然是错误的,特别提出我,则更不适当,我也不能胜任。"并且表示"我们应当坚决拥护新领导,在新领导指挥下继续北上,争取早日与四方面军靠近"。最后,彭德怀声明:"林彪给中央写信,事先我不知道,更不是我鼓动他写的。"①对于这件事,在庐山会议批判彭德怀时,林彪自己作了澄清,说那封信与彭无关,他写信时彭不知道。尽管如此,此事对毛泽东与彭德怀的关系所产生的负面影响已无可挽回。彭在其自述中说:"在这二十四年中,主席大概讲过四次,我没有去向主席声明此事,也没有同其他同志谈过此事。从现在的经验教训

———

① 彭德怀传记组:《彭德怀全传》(一),中国大百科全书出版社2009年版,第300—302页。

来看,还是应当谈清楚的为好,以免积累算旧账"①。

三是1937年的十二月会议。1937年11月底,王明从莫斯科回国。12月9日至14日,中共中央政治局召开会议,听取王明对共产国际指示的传达,讨论抗战形势和国共关系诸问题。毛泽东自第二次国共合作实现之后,不厌其烦地一再强调,要警惕右倾投降危险,要保持在统一战线中的独立性。王明在十二月会议的发言中虽然也讲到了保持红军独立性、保障党的领导问题,但其重心却是强调"一切为了抗日,一切经过抗日民族统一战线,一切服从抗日",要求全党充分认识抗战爆发后国民党的进步,对国民党不能用过去的眼光看待,要尽量地帮助其进步。王明也认为,共产党不能投降国民党,两党谁也不能投降谁,但现在中共的力量还与国民党不对等,要坚持抗战和取得抗战的最终胜利,主要靠国民党的力量,"没有力量,空喊无产阶级领导是不行的",空喊领导只有吓走国民党。由于王明长期在共产国际工作,并且是其领导成员之一,又有机会亲见斯大林和共产国际总书记季米特洛夫,加之抗日民族统一战线还刚刚建立,蒋介石在抗战之初也曾作出某些进步的表示,于是会议"讨论中许多同志在一时难以分辨是非的情况下,不同程度地同意和拥护了王明的主张"②,彭德怀也是这"许多同志"中的一个。他在自述中曾这样说:"当时,我没有真正认识到毛泽东同志路线的正确性,而是受了王明路线的影响,在这些原则问题上模糊不清。""在会上并没有支持毛泽东同志的正确路线,也没有拥护或反对王明的错误路线,是采取了一种模棱两可的态度。"③

战争年代毛泽东和彭德怀之间虽然产生过某些分歧甚至误解,但双方都以革命事业为重,在相当长的时间内并没有影响到他们之间的关系,但在庐山会议后半段批判彭德怀等人的过程中,这些问题却变成了历史旧账。结果将历史上彭德怀与毛泽东之间曾发生的某些分歧,算成了彭德怀一贯反对毛泽东的证据,从而也影响了庐山会议后期对彭德怀等人的定性。

抗战爆发后,朱德和彭德怀率八路军总部前往山西,此后彭德怀一直坚持在华北抗日第一线,直到1943年10月因准备参加中共七大才回到延安。

---

① 《彭德怀自述》,人民出版社1981年版,第200页。

② 张培森主编:《张闻天年谱》上卷,中共党史出版社2000年版,第529页。

③ 《彭德怀自述》,人民出版社1981年版,第224—226页。

1945 年年初,薄一波提议召开一次华北工作座谈会,以总结华北工作的经验教训。这个建议得到了中共中央的采纳。2 月 1 日,华北工作座谈会正式召开,参加会议的人员为华北各解放区来延安的高级干部。在华北工作座谈会的前期,"会上的讨论是热烈的、健康的",但"开了一段时间后,突然有个大'转变'。约有十几位在中央和其他地区工作的同志,如李富春、陈毅等同志,来参加会议。康生也来了。康生气势汹汹地对彭德怀同志说:你在抗战开始时执行的是王明路线。你不懂根据地建设的规律,不发动群众。你组织的百团大战,过早地暴露了我军力量,把日军力量大部吸引过来,帮了国民党蒋介石的忙。他还闪烁其词地影射某根据地某某人就是追随彭德怀的。在批判中,首先集中火力攻百团大战,几乎全场一致"。"从此把座谈会变成了批判会,把意见完全集中到彭德怀同志身上。讨论、批评的内容,也突破了华北的工作,变成对彭德怀同志历史问题的'清算'。"①

当时,对彭德怀的批判主要集中在三个方面:一是工作指导上的问题。如抗战之初毛泽东提出应以独立自主的山地游击战,彭德怀认为应进行独立自主的运动游击战;1940 年打百团大战"暴露了自己的力量","引起了敌人的重视";1943 年发表关于民主教育问题的谈话使用了"自由、平等、博爱"的口号。二是民主作风不够,坚持己见,批评人过于严厉、尖锐、讽刺,个人英雄主义。三是对毛泽东的态度问题。在 1937 年的十二月会议上没有支持毛泽东;在根据地讲话、作报告引用毛泽东的话少,等等。当时,有的批评不但上纲上线,而且还带有人身攻击,如彭德怀原来的名字叫彭得华,被指责为志在"得中华";1928 年领导平江起义后上井冈山不是觉悟高而是"入股革命";在华北工作期间"闹独立性",有些问题本来应该中央说却自己说,而且还说得有错误;对那些生活上不能艰苦朴素现象进行批评"太过分",在这个问题上"有些虚伪";等等。

华北座谈会并没有作出结论,会议所涉及的问题实际上后来不了了之,但这次会议却对庐山会议的转向存在某种历史关联。对于那些不实事求是的批评,彭德怀没有违心地做检讨,但这并不等于说他对这次会议所遭受的不公正批评已完全释然。在庐山会议的小组发言中,他曾提及华北座谈会

---

① 薄一波:《七十年的奋斗与思考》上卷,中共党史出版社 1996 年版,第 367 页。

的问题,"说了几句不该说的话"①。如彭说:"华北会议骂了我40天的娘,难道庐山会议骂你20天的娘还不行?"②这样的话传出之后,难免引起毛泽东的不快。

应当说,毛泽东对彭德怀的不满并非是庐山会议才突然引发的。1958年以来,毛泽东已对彭产生了某种不信任感。1958年,毛泽东在许多会议上讲到要准备党分裂的问题。5月17日,他在中共八大二次会议上讲的最后一个问题是"准备最后灾难"。何谓"最后灾难"? 他说,其一是世界大战,其二是党搞得不好,要分裂。过了几天,他又说:新的分裂是可能的。只要有党,就可能分裂,一百年后还会有。我们是乐观主义者,不怕分裂,分裂是自然现象。以后他又多次讲到分裂问题。当时,毛泽东并未明言要对付谁的分裂。等到庐山会议批彭时,他才把话点明了,说:"去年八大二次党代会上讲过,准备对付分裂,是有所指的,就是指你(彭德怀)。"③在这年4月的中共八届七中全会上,毛泽东说:我这个人是很多人恨的,特别是彭德怀同志,他是恨死了我的。是不是这样呢? 不恨死了,也有若干恨。因为我跟他闹别扭闹得相当多。会理会议、延安会议、中央苏区江口会议,我们两个人斗。但是我们两个人我看是好的,有什么不好呢? 都是革命党。我是寸步不让,你一炮来,我一炮去。我跟彭德怀同志的政策是这样的:人不犯我,我不犯人;人若犯我,我必犯人。不仅(是)跟彭德怀同志一个人的问题,跟其他同志也是这样。④ 据黄克诚回忆:"早有一次,主席对彭开玩笑似地说:'老总,咱们定个协议,我死以后,你别造反,行不行?'可见主席对彭顾忌之深,而彭并未因此稍增警惕,依然我行我素,想说就说。"⑤

黄克诚没有进一步说明毛泽东"顾忌"彭德怀的原因。笔者认为,前文所述及的"历史旧账",多少会影响到他们之间的关系。在1945年的中共七大上,彭德怀发言时对华北期间的工作作了检讨。毛泽东曾问师哲:"彭德

---

①　薄一波:《七十年的奋斗与思考》上卷,中共党史出版社1996年版,第372页。

②　薄一波:《若干重大决策与事件的回顾》下卷,中共中央党校出版社1993年版,第880页。

③　李锐:《庐山会议实录》,春秋出版社、湖南教育出版社1989年版,第237页。

④　李锐:《"大跃进"亲历记》下,南方出版社1999年版,第485—486页。

⑤　《黄克诚回忆录》,人民出版社1994年版,第262页。

怀那天在大会上的发言你听了没有？有什么认识、有什么感想?"师哲说:"他的发言我注意听了,觉得还好,谈到实质性的问题,作了自我检讨,承认错误的态度也是诚恳的……"师哲的话还没有讲完,毛泽东就不高兴地说:"但他承认错误的态度十分勉强! 也难说他是心悦诚服的。"随后又补充了一句:"此人刚愎自用、目空一切。"①

彭德怀长期主持中央军委日常工作,在军队中有很高的地位与威望,而毛泽东"在匈牙利事件之后,开始担心我军领导出问题"②。1958 年曾在军队中开展反教条主义的斗争,使刘伯承、粟裕等一批将领受到错误的批判。虽然主持对刘、粟等人的批判者为彭德怀,但这并不意味着毛泽东对彭德怀就没有"担心"。1959 年 3 月,中共中央政治局在上海召开扩大会议,正式决定毛泽东不担任国家主席,由刘少奇接任。彭德怀在会上提出,不再担任下届政府的国防部长,想去搞经济工作。毛泽东听后说了一句:"你现在已经是副总理兼国防部长,你还想要什么!"③

新中国成立以后,毛泽东在党和人民中的威望越来越高,尽管毛泽东本人对个人崇拜在一段时间保持了比较清醒的头脑,但国内的造神运动已经开始萌动,《东方红》的乐曲响彻全国。这一方面固然反映了人民群众对领袖的热爱,另一方面也反映国内在神化毛泽东。彭德怀是对国内的个人崇拜认识较早的一人。1951 年 7 月 1 日,彭德怀在朝鲜听到志愿军庆祝建党三十周年时唱了《国际歌》和《东方红》时,他感到《东方红》歌词中"他是人民大救星"同《国际歌》中"全靠自己救自己"似乎有些抵触,认为改为"他是人民的好领导","领导我们向前进"更好一些。但他这一想法没有向他人透露过,只是写进了自己的日记。1956 年苏共二十大后,在中南海开会时,他几次提议不要唱《东方红》,不赞成喊"毛主席万岁"。1956 年 11 月 1 日,彭德怀途经江苏新沂县视察驻军某部,看到墙上《军人誓词》第一条是"我们要在毛主席领导下……"他说:"这个写法有毛病,我们的军队虽然是共产党绝对领导的,但现在的军队是国家的,不能只说在哪一个人领导之下。我们是

---

① 师哲:《在历史巨人身边——师哲回忆录》(修订本),中央文献出版社 1995 年版,第 269—270 页。

② 《黄克诚回忆录》,人民出版社 1994 年版,第 247 页

③ 彭德怀传记组:《彭德怀全传》(四),中国大百科全书出版社 2009 年版,第 1467 页。

唯物主义者,毛主席死了谁领导? 今后要修改。"1959 年 1 月 30 日,彭德怀在后勤学院学员毕业大会上讲话说:"躯壳都是要死的,人家说万岁,那是捧的,是个假话。没有哪个人真正活一万岁。"①虽然彭德怀的这些话,今天看来显得难能可贵,可在当时个人崇拜已经相当严重的情况下,他说的这些话未必都能传到毛泽东的耳朵里,但起码显示出他的与众不同与特立独行。加之他"他性格刚烈,遇事不能容忍,不大能适应人类社会的复杂性。水至清则无鱼,人至察则无徒。所以不易和领导及周围同志搞好关系",因而与毛泽东"相处得不很愉快,多有误会"②。

在庐山会议认定的彭德怀为首的所谓"右倾机会主义反党集团"中,张闻天是其中的重要人物。张闻天之所以被牵涉进去,除了 7 月 21 日作了明确支持彭德怀观点的发言外,"历史旧账"也有一定的影响。

张闻天是中共六届四中全会后原中共临时中央的重要干部。1931 年 9 月成立中共临时中央政治局时,以博古为总负责人,张闻天等为临时中央政治局常委。1933 年 1 月张闻天进入中央苏区,随即参加了博古组织的所谓反"罗明路线"的斗争,随后分管政府工作。"由于较多地接触与了解实际情况,张闻天在理论与实践的冲突中逐渐觉察了错误",并提出了一些比较正确的理论观点和方针政策。③ 特别是 1934 年 1 月下旬召开的第二次全国苏维埃代表大会(简称"二苏大")上,博古采取"一箭双雕"之策,让张闻天取代毛泽东担任中华苏维埃共和国临时中央政府人民委员会主席(相当于政府总理)一职,一方面将张闻天从中共临时中央排挤出去,另一方面又在政府中架空了毛泽东(任中华苏维埃共和国临时中央政府中央执行委员会主席,相当于国家主席)。但也正因为如此,使毛泽东和张闻天有了更多的接触,也有了更多的共同语言,他们共同合作在遵义会议上改变了中共中央的领导格局,形成了著名的"毛洛体制",即毛泽东成为军事上的主要领导人,张闻天成为党的工作的主要领导人。

在遵义会议至中共六届六中全会前的这段时间里,毛、洛之间的合作是成功的,这体现在取得了与张国焘分裂主义斗争的胜利,使中共实现了从国

---

① 郑文翰等:《秘书日记里的彭老总》,军事科学出版社 1998 年版,第 135、401 页。

② 《黄克诚回忆录》,人民出版社 1994 年版,第 262 页。

③ 程中原:《张闻天传》,当代中国出版社 1993 年版,第 158 页。

共对抗到国共合作的转变,共同抵制了抗战初期王明在统一战线上的右倾主张。但是,他们之间在个人性格、工作方式、教育背景等方面又有明显的差异。据曾长期在毛泽东身边工作的胡乔木回忆,即便是"毛洛体制"刚刚形成的长征时期,他们之间就有了一些矛盾。张闻天曾下令,所有人都要几点钟起床,到时候吹号。毛泽东习惯于在夜里工作,早上起不了床,就发脾气说,哪里来的新兵?朱总司令也没有禁止过我!还有一次,毛泽东在会上交给张一份文件。张闻天说,这事会上不谈。毛泽东将文件扔到地上,认为开会不能讨论问题。而且毛泽东"讲话海阔天空,一讲可以讲很多,讲了很多道理。张闻天则喜欢刻板的工作方式,开会要有准备,有议程,按事先计划进行。列宁下过命令,开会发言不能超过五分钟,一位工程师发言长了,被他制止。张闻天也学了这种办法"。毛泽东非常不习惯这种开会方法,经常在会上转移话题。①

杨尚昆也认为,毛泽东与张闻天之间的分歧,"恐怕是从长征后期就开始了"。遵义会议之后,毛泽东根据国民党军的部署与调动情况,指挥中央红军四渡赤水。著名的《长征组歌》中便有这样两句歌词:"毛主席用兵真如神,四渡赤水出奇兵。"可是,当时的红军指战员怎能想到这是"出奇兵"呢?因为部队围绕赤水河来回兜圈子,整天走路,不但十分疲劳,而且减员严重。"在这种打圈圈情况下,很多人就跟洛甫反映说,这样不打仗又死那么多人,是不行的。对这种打法洛甫也不了解。彭德怀也不了解,因此也跟他讲,其实毛对彭不了解是最不高兴的。这里还有王稼祥军事方面对毛有意见,他又不跟毛直接讲,就跟洛甫讲,洛甫就跟毛讲,毛就发脾气。"林彪也给中革军委写信,建议毛泽东、朱德、周恩来随军主持大计,由彭德怀任前敌指挥,迅速北进与红四方面军会合。1935 年 5 月 12 日,中共中央政治局在四川会理城郊召开扩大会议(即会理会议),对林彪写信一事提出批评,但在会议过程中有人说张闻天到过彭德怀所在的红三军团司令部,同彭作过交谈。其实张并没有到过红三军团,当然也不存在张与彭联合起来反对毛泽东的问题。杨尚昆认为,"这根本是个冤枉,毛主席却一直深信不疑。我以为毛同张的疙瘩那个时候就结下了。"②

---

① 萧扬:《胡乔木谈毛泽东与张闻天》,《炎黄春秋》2011 年第 8 期。

② 张培森:《杨尚昆 1986 年谈张闻天与毛泽东》,《炎黄春秋》2009 年第 3 期。

　　杨尚昆还认为,引起毛泽东对张闻天最不满的,是张反对毛泽东同江青结婚。当时,党内不赞成毛、江结合的人很多,"洛甫那个态度很坚决的,不赞成他同江青结婚。以后不是经常毛主席开会就骂么,说我无非是吃喝嫖赌,孙中山能够,为什么我不能够?我看他最忌恨的是这件事。那时真正是中央的同志写信给他表示的就是洛甫。"①本来,婚姻属于个人的私事,但毛泽东是党的领袖,而江青在上海的时候又曾有不少绯闻,党内有人为此反对也很自然。张闻天是原则性很强的人,既然党内有很多的不赞成之声,他认为确有必须提醒毛泽东,但毛泽东是个性很强的人,认为张竟然管到他家里的事,对张此举很不高兴。

　　今天看来,毛泽东发动延安整风的根本目的,当然是要从根本上解决党内长期存在的教条主义问题,从而真正做到将马克思主义与中国的具体实际结合起来。而在党内高级干部中,在毛泽东看来,身上教条主义特征比较明显的,无疑是1931年1月中共六届四中全会之后进入中央领导层,且有留苏经历的王明、博古、张闻天等人。王明虽然是党内集教条主义之大成者,但由于1931年11月他就到了莫斯科工作,没有像博古、张闻天等人那样与毛泽东发生过直接的冲突,所以毛泽东在酝酿延安整风之初,应当说并没有将王明作为教条主义的主要对象。博古虽然自王明离开上海后被指定为中共中央临时负总责,成为中共中央事实上的总书记,但自遵义会议之后,在党内已不负重要责任,实际上已离开中共中央领导中枢,抗战爆发后任中共中央长江局委员兼组织部长、中共中央南方局常委兼组织部长,1941年1月任中共中央党报委员会主任兼解放日报社和新华通讯社社长。毛泽东当时所批评并下决心要解决的教条主义,固然是党内一个时期以内比较普遍的现象,但其矛头所指无疑也涉及具体的个人,张闻天恐怕就是当时毛泽东心目中教条主义的主要代表人物。1941年5月19日,毛泽东在延安高级干部会议作《改造我们的学习》的演讲,用胡乔木的话说,"用语之辛辣,讽刺之深刻,情绪之激动,都是许多同志在此以前从未感受过的"②。杨尚昆则说:"毛主席说了很多挖苦的话,什么'言必称希腊',中国的实际一点不懂,没有调

---

①　张培森:《杨尚昆1986年谈张闻天与毛泽东》,《炎黄春秋》2009年第3期。

②　《胡乔木回忆毛泽东》,人民出版社1994年版,第192页。

查研究,等等。实际上是指的洛甫,我们都听得出来。"①1941年9月中共中央政治局会议之后,张闻天带领一个调查组到晋西北的兴县、陕北的米脂等地进行农村调查,实际上离开了中央领导岗位。抗战胜利后张闻天到东北做地方工作,先后担任中共合江省委书记、中共中央东北局常委兼组织部长等职。1950年以后,先后担任驻苏大使和外交部常务副部长。由于张闻天的这种经历,他在7月21日关于党内民主作风的那番话,"有婉曲的弦外之音,有坦诚的直言讽谏"②,而毛泽东又何尝听不出他发言的矛头所指? 虽说那些话都是忠言,但在毛泽东听来恐怕确有些逆耳。

由于在全国执政后对于党内可能出现的个人崇拜没有引起足够的警惕,而个人崇拜是一腐蚀剂,它既腐蚀崇拜者,也腐蚀被崇拜者,使崇拜者放弃自己的独立思考而盲从领袖,也使被崇拜者头脑不能清醒而过于自信。在这种情况下,如果有人提出一些与领袖观点不尽一致的意见,必定有人对这种意见的正确加以质疑,因为个人崇拜的结果,使人们形成一种以领袖的是非为是非的思维惯性。不但如此,个人崇拜必定导致领袖的个人专断,破坏党内民主制度,使民主集中制流于形式,形成领袖个人说了算的局面。由于彭德怀信中对"大跃进"和人民公社的批评,超越了毛泽东的所允许的"一个指头"的底线,于是,毛泽东形成了一种印象,彭德怀在许多关键时刻不能与自己保持一致,并且得出他与彭的关系是"三分合作七分不合作"的结论。结果,庐山会议后期对彭德怀的批判,主要集中在清算他与毛泽东"不合作"的历史旧账上。这种算账的结果,彭德怀等人被错误地打成右倾机会主义分子,并且决定在全党范围内开展大规模的"反右倾"斗争。

总之,庐山会议由纠"左"转变为"反右倾",既具有某种历史偶然性,也具有其历史必然性,但偶然当中有必然。如果7月14日彭德怀不给毛泽东写信,庐山会议可能是另一种结局。但是,有一点是可以肯定的,这就是"大跃进"运动并不会因此而中止。因为前面已经分析过,1958年11月第一次郑州会议以来的纠"左",纠的都是具体工作的"左",而并非"三面红旗"之"左",不是否定"三面红旗",恰恰是为了更好地高举"三面红旗",是为了取得更大的"跃进"。即使这种纠"左"的进程不中断,"大跃进"仍然继续进

---

① 《杨尚昆1986年谈张闻天与毛泽东》,《炎黄春秋》2009年第3期。

② 程中原:《张闻天传》,当代中国出版社1993年版,第672页。

行,人民公社制度仍要坚持,国民经济的困难局面仍将出现。正是因为会议纠"左"不彻底,彭德怀感到问题的严重性,才决定向毛泽东反映情况。可见,彭之上书本身即是庐山会议纠"左"不彻底的产物。毛泽东之所以对彭不满,就在于信中对"三面红旗"特别是"大跃进"的评价超过了他的底线,在他看来,彭德怀从根本上否定"三面红旗",实际上也是对他正确路线的否定。长期以来,毛泽东总习惯于从路线斗争的高度看待党内的意见分歧,而是他自己是正确路线的代表,所以,他将彭德怀的信看作了对他所代表的正确路线的挑战,因而他与彭之间的问题,是两条路线之间的斗争。加之他与彭德怀、张闻天之间历史上存在一些误解即所谓"历史旧账",因而对彭、张在情感上存在某种隔膜,故而对彭之信、张之发言感到特别刺耳,以至于对他们的动机产生质疑,认为有必要对彭、张的"挑战"进行坚决的回击,否则,"三面红旗"就无高举,正确路线就不能坚持。长期以来党内形成的个人崇拜和毛泽东逐渐形成的个人专断作风,不但毛泽东坚信自己的正确,也使党内相当多的人缺乏独立思考的意识,习惯于以毛泽东的是非为是非,相信毛泽东总比自己、比党内任何人都高明。所以,当毛泽东将彭德怀的信印发给与会者讨论时,相当多的人觉得彭讲得有道理,赞成或支持彭的观点,而当毛泽东的态度明朗之后,又纷纷认同毛泽东对彭的批评,转入到批彭的行列中来。同时,由于1955年毛泽东对邓子恢所谓"小脚女人"的批判,发动"大跃进"过程中对主张反冒进领导人的指责,也使一些人内心不见得赞同对彭德怀等人的责难,但也不敢对彭德怀等人予以支持或同情,以至于庐山会议后期批判彭德怀等人时形成了"一边倒"局面。从这个角度看,庐山会议从纠"左"倾向为"反右倾",具有历史必然性。庐山会议给历史的最深刻教益,就是任何时候都必须高度重视党内民主,要在党内形成一种能认真听取、认真对待不同意见的局面,必须坚持反对任何形式的个人崇拜和个人专断,使民主集中制真正形成全党自觉遵守的根本制度。

对于这个问题,胡绳主编的《中国共产党的七十年》有一段中肯的分析:"毛泽东认为,从郑州会议以来,中央一直在领导全党努力纠正'左'倾错误,而彭(德怀)、张(闻天)并未参与这种努力。在毛泽东看来,大跃进和人民公社的方向是正确的。他始终没有放弃对大跃进和人民公社的若干空想的执著追求。他认为一九五八年成绩是主要的,缺点错误属于工作中的问题,只是十个指头中的一个指头。而且他认为到上海会议作出关于人民公社十八个问题的决定,人民公社'共产'风的问题已经大体解决;到一九五九年五月提出钢指标降为一千三百万吨,已经'完全反映了客观实际的可能性'。庐山只需要在这个基础上统一认识,通过一个调整指标的决定,大家照此去工作,形势就会好转。而彭德怀等却要求进一步深入纠'左',要求从指导思想上清理'左'倾错误的根源。因此,毛泽东认为,彭德怀等不是跟他一道去纠正工作中的缺点错误,实际上是对大跃进和人民公社表示怀疑和反对,是向他和党中央的领导'下战书',因而是右倾的表现。由于对彭、张过去积有不满,更加重了毛泽东看到他们的信和发言记录后产生的怀疑和猜疑。"①

对于庐山会议的及随后开展的"反右倾"斗争的后果,《中国共产党历史》第二卷将其归纳为两个方面:政治上使阶级斗争扩大化的错误在理论和实践上进一步上升,并延伸到党内,伤害了许多的同志;经济上打断了第一次郑州会议以来纠"左"的进程,使"大跃进"和人民公社化运动中许多已经暴露出来、有待纠正的"左"倾错误重新发展起来;组织上严重破坏了党内民主生活,使个人崇拜和个人专断的不良倾向在党内进一步发展。② 庐山会议最直接的后果,就是在"反右倾"的口号之下启动新一轮的"大跃进",使"共产风"、"浮夸风"等"左"倾错误再度泛滥,使生产力再度遭受极大破坏,致使国民经济已经出现的困难非但未能克服反而日趋严重。

三、"三年暂时困难"的成因

1958 年至 1960 年连续三年的"大跃进",最严重的后果,就是从 1959 年至 1961 年我国的国民经济遇到严重困难,故而这三年被称之为"三年暂时困难"时期。对于"三年暂时困难"的成因究竟是天灾还是人祸,即主要是由于自然灾害造成的,还是由于工作中的失误造成的,曾是人们议论较多的话题。其实,对于这个问题,早在 1961 年 5 月的中央工作会议上,刘少奇就提出了自己的看法。他说:"这几年发生的问题,到底主要是由于天灾呢,还是由于我们工作中间的缺点错误呢? 湖南农民有一句话,他们说是'三分天

---

① 胡绳主编:《中国共产党的七十年》,中共党史出版社 1991 年版,第 377 页。

② 中共中央党史研究室:《中国共产党历史》第二卷,中共党史出版社 2011 年版,第 554 页。

灾,七分人祸'。我也问了几个省委干部。我问过陶鲁笳(时任中共山西省委第一书记——引者注)同志:在你们山西,到底天灾是主要的,还是工作中的缺点错误是主要的? 他说,工作中的缺点错误是造成目前困难的主要原因。河北、山东、河南的同志也是这样说的。其他一些省我没有问。总起来,是不是可以这样讲:从全国范围来讲,有些地方,天灾是主要原因,但这恐怕不是大多数;在大多数地方,我们工作中间的缺点错误是主要原因。"①

在 1962 年 1 月扩大的中央工作会议即七千人大会上,刘少奇又说:"关于目前的国内形势,实事求是地说,我们在经济方面是有相当大的困难的。我们应该承认这一点。"他接着说:"这种困难的形势是怎样出现的呢? 为什么没有增产,吃、穿、用没有增加,而且减少了呢? 原因在哪里? 原因不外乎两条:一条是天灾。连续三年的自然灾害,使我们的农业和工业减产了。还有一条,就是从一九五八年以来,我们工作中的缺点和错误。这两个原因,哪一个是主要的呢? 到底天灾是主要原因呢? 还是工作中的缺点、错误是主要原因呢? 各个地方的情况不一样。应该根据各个地方的具体情况,实事求是地向群众加以说明。有些地方的农业和工业减产,主要的原因是天灾。有些地方,减产的主要原因不是天灾,而是工作中的缺点和错误。"②

刘少奇的这两次讲话,比较客观地分析了"三年暂时困难"形成的主要原因,即"三分天灾,七分人祸"。但是,近些年来,有研究者对这三年究竟有没有自然灾害提出了不同的看法。有人认为,不论与其他任何灾年或是常年比较,1959 年至 1961 年三年灾难时期全国的气候都可以说是天公作美,甚至可以说是"历史上的最好时期"。在 1959 年至 1961 年间,导致农作物产量比常年减产30%以上的成灾面积中,"起主要作用的根本不是什么自然灾害"。而是"'左'倾狂热及其指挥下的 9000 万人去大炼钢铁、大办食堂和'共产风'使人们无心收割庄稼、'大兵团作战'和瞎指挥的穷折腾,以及农业劳动力大量死亡和患病等等。正是这些人为因素直接和决定性地造成了三

---

①　《经济困难的原因及其克服的办法》(1961 年 5 月 31 日),《刘少奇选集》下卷,人民出版社 1985 年版,第 337 页。

②　《在扩大的中央工作会议上的讲话》(1962 年 1 月 27 日),《刘少奇选集》下卷,人民出版社 1985 年版,第 418—419 页。

年灾难"。"所谓'三年自然灾害'的神话该结束了。"①亦有人提出,如果分析这三年的自然灾情资料,就会发现,这几年没有全国范围的大规模严重洪涝灾害,只在局部地区出现过洪涝灾害。从1959年到1961年出现的主要自然灾情是旱灾。不过,虽然受旱面积较大,但灾情轻,更不能算是全国性特大灾害。因为从干燥度距离平均值的分析中无法得出这样的结论:在1959年到1961年期间中国经历了一场非常严重的全国性、持续性旱灾。"为了给政府和中央领导人的集体性的、几乎不可饶恕的严重错误开脱,宣传机构编出了'三年自然灾害'这个假话,以便把人祸解释成天灾。这个说法是中共建国以来的一个最大的谎言。"②

也有研究者认为,应实事求是地对自然灾害和决策错误之间的关系给予结合说明。不承认决策错误、完全归结为"天灾"的说法及否认有"三年自然灾害"、只说明"人祸"因素,甚至直接说"大跃进"饿死若干万人的说法,都是不全面的。③1959—1961年确实发生了严重的自然灾害,成为出现三年经济困难的一个直接原因。当时的中央领导人已经多次提到这个判断,并不像有人所断言的是后来才编造的。1960年10月29日,周恩来在中央政治局扩大会议上说:"这样大的灾荒那是我们开国十一年所未有的,拿我们这个年龄的人来说,二十世纪记事起,也没有听说过。"1961年9月,英国元帅蒙哥马利访问中国,一个"特别的理由"就是了解是否发生了大的自然灾害。他在分别会见毛泽东、刘少奇时,几次问到这个问题。刘少奇认为:当前的"一连三年大灾"是80年来没有的。毛泽东也同意说:"过去局部性旱灾有过,但全国性的没有。"他还指出,中国水利灌溉抵御旱灾的作用"还差得很远。中国几千年来,加上我们十二年的工作,只有三分之一不到的耕地有灌溉。其他地方还是靠天吃饭。要逐步来。"④

还有研究者对我国1959年至1961年期间的气候特点进行研究并作了

---

① 金辉:《风调雨顺的三年——1959—1961年气象水文考》,《方法》1998年第3期。

② 王维洛:《天问——"三年自然灾害"》,[美]《当代中国研究》2001年第1期(总第72期),转引自百度文库。

③ 陈东林:《"三年自然灾害"与"大跃进"——"天灾"、"人祸"关系的计量历史考察》,《中共党史资料》2000年第4期。

④ 陈东林:《从灾害经济学角度对"三年自然灾害"时期的考察》,《当代中国史研究》2004年第1期。

总结,认为1959年至1961年期间,我国气候的特点是:降水偏少,降水时空分布不均,特别是1960年,全国范围大旱;华北、西北、东北、黄淮、江淮、江南、华南、西南等地区出现不同程度的洪涝;暴雨洪涝、台风、冰雹、低温阴雨、冻害、华西秋雨、寒露风影响也较大。总的来看,这三年期间的气候条件对全国的农业生产十分不利。从气象灾害造成的损失来看,1959年和1961年为损失偏重年份,1960年为严重年份。①

中国是一个各种自然灾害频繁的国家,几乎年年都会发生自然灾害,只是受灾的面积和程度有所区别而已。在1958年至1962年的五年中,1958年、1959年和1962年属于比较正常的年份,但受灾面积均超过了总播种面积的20%。1960年的受灾面积为总播种面积的35.5%。1961年的受灾面积更是达到了总播种面积的37.4%。1960年和1961年全国受灾面积均超过总播种面积的35%,其中成灾面积分别为总播种面积的18.78%和21.97%,这是1949年以来受灾面积和成灾面积最大的两年。应当说,1959年至1961年连续三年遭受较大面积的自然灾害,是造成这几年粮食总产量下降的一个重要原因。

表一 1958年至1962年的农业自然灾害情况② （单位为万亩）

年份	受灾总面积	其中				成灾总面积
		水灾	旱灾	风灾	霜灾	
1958	46444	6419	33541	2845	3639	11732
1959	62189	7219	50710	2896	1373	20682
1960	80374	15232	57197	5884	2071	34495
1961	80346	13307	56770	6667	3602	40038
1962	52050	14715	31212	3562	2561	25008

正如刘少奇在调整国民经济的过程中一再所说的,这几年出现严重困难,与"人祸"相比,天灾自然不是最主要的因素。这个"人祸"主要是"大跃

---

① 张海东、张尚印、李庆祥:《对我国1959—1961年气候条件的分析与评估》,《当代中国史研究》2004年第1期。

② 农业部计划司编:《中国农村经济统计大全(1949—1986)》,农业出版社1989年版,第354—355页。

进"和人民公社化运动。"以钢为钢"的"大跃进",导致国民经济比例严重失调。在工业与农业的比例关系上,由于"大办工业",从中央到人民公社一级上马大批的工矿企业,大量的农村青壮年劳动力被抽调去从事钢铁或其他工业生产,农业生产连年下降;在工业内部,"以钢为纲"不但使与之相配套的一些重工业部门不堪重负,而且还严重冲击和挤占了轻工业。

1959年至1961年的经济困难,主要的表现形式是与人民生活相关的物质短缺,其中最大的问题是严重缺粮,而缺粮的原因,一是自1959年以来粮食产量连年减少;二是由于城镇人口剧增导致粮食销量大增。

1958年的全国粮食产量为4000亿斤,虽然没有当时宣布的那样多(1958年12月,中共八届六中全会发表的公报宣布:1958年的粮食产量由1957年的3700亿斤增加到7500亿斤左右),但这是1949年以来的最高产量,比1957年增加90亿斤,增长2.5%。1959年的粮食产量却只有3400亿斤,比1958年减少了600亿斤,下降15%;1960年为2870亿斤,比1959年减少530亿斤,下降15.6%。也就是说,1960年的粮食产量比1958年减少1130亿斤,减少近30%。

造成1959年粮食大幅度减产的一个重要原因,是粮食播种面积的减少。

表二　1958年至1962年的粮食作物播种面积① （单位为万亩）

年份	总播种面积	粮食作物播种面积	占总播种面积的百分比	比上年增减面积
1958	227992	191420	84.0	−9030
1959	213607	174034	81.5	−17386
1960	225863	183644	81.3	+9610
1961	214821	182165	84.8	−1479
1962	210343	182431	86.7	+266

1959年的播种面积之所以比1958年减少17386万亩,原因就在于1958年放粮食高产"卫星",造成了从此可以少种多收的假象。既然一亩地的产量由原来的几百斤变成几千斤甚至上万斤,自然没有必要种那么多的地。

---

① 农业部计划司编:《中国农村经济统计大全(1949—1986)》,农业出版社1989年版,第130、147页。

毛泽东在 1958 年的北戴河会议上提出,现在全国平均每人三亩地,苦战三年之后,土地的观念要改变,种那样多的地干什么? 将来可以拿三分之一的土地种树,然后过几年再缩一亩。① 1958 年 9 月,刘少奇视察江苏城乡。在同中共淮阴地委领导人座谈时,刘少奇说:"我在河北、河南视察的时候,有些县委书记认为少种多收比广种薄收要节省得多,应该把丰产田的经验推广,集中使用人力和物力来种好用地。这样再过几年,就可以用 1/3 的地种粮食,1/3 种树,1/3 休闲。"②

1958 年 10 月 27 日到 11 月 5 日,江苏、浙江、安徽、福建、江西、上海 6 省市在南京举行秋季农业协作会议,各省市都表示各项作物空前大丰收,粮食总产量比去年增加近一倍半,亩产量比去年增长 80%。与此同时,广东、广西、湖北、湖南、云南、贵州、四川等 7 省区在广州召开农业协作会议,7 省区也纷纷表示自己获得了大丰收,粮食总产量比去年翻了一番以上,接近 1957 年全国的总产量。其中广西比去年增产一倍多,广东接近两倍,7 省区按人口平均每人有粮 1500 斤左右。这两个会议都提出,要改变过去广种薄收的耕作制度,为逐步收缩播种面积,实行少种、高产、多收的新的耕作制度创造条件。

1958 年 12 月召开的中共八届六中全会为此在决议中郑重表示:"过去人们经常忧愁我们的人口多,耕地少。但是 1958 年农业大丰产的事实,把这种论断推翻了。只要认真推广深耕细作、分层施肥、合理密植而获得极其大量的高额丰产的经验,耕地就不是少了,而是多了,人口就不是多了,而是感到劳动力不足了。这将是一个极大的变化。应当争取在若干年内,根据地方条件,把现有种农作物的耕地面积逐步缩减到例如三分之一左右,而以其余的一部分土地实行轮休,种牧草、肥田草,另一部分土地植树造林,挖湖蓄水,在平地、山上和水面都可以大种其万紫千红的观赏植物,实行大地园林化。""这是一个可以实现的伟大理想,全国农村中的人民公社都应当为此而努力。"③

① 李锐:《"大跃进"亲历记》下,南方出版社 1999 年版,第 94 页。

② 《少奇同志视察江苏城乡,对工业、农业、教育和劳动制度等工作提出重要意见》,《人民日报》1958 年 9 月 30 日。

③ 《关于人民公社若干问题的决议》(1958 年 12 月 10 日),中共中央文献研究室:《建国以来重要文献选编》第 11 册,中央文献出版社 1995 年版,第 609 页。

正因为这个"伟大理想"被认为是可以实现的,在当年"大跃进"的特殊背景下,"少种、高产、多收"成了粮食生产的重要方针,认为"实行这种少种、高产、多收的耕作制度之后,不但可以腾出部分土地加速绿化,而且可以节省出部分劳动力投入工业和其他方面的生产建设",并强调"这是我国农业发展的方向"①。

按照"少种、高产、多收"的指导思想,加之全民大炼钢农村劳动力不足,而且还搞劳而无益的"大兵团作战"(即将劳动力以公社甚至县为单位集中于一地)和深翻土地运动(有的地方深翻的土地达几尺甚至丈余深),又浪费了一部分劳动力,致使许多地方的冬小麦没有及时下种,导致1959年的播种面积比1958年减少了8%。按1959年平均每亩产量196斤计算,1959年减少播种面积17386万亩,等于减少粮食340多亿斤。

1960年和1961年的粮食播种面积虽比1959年有所增加(分别为183644万亩和182165万亩,比1959年各增加9610万亩和8131万亩),但都没有达到1958年(191420万亩)的水平。更重要的是1959年以后,粮食的单产连年下降。这是1959年以后粮食总产量连年下降的最根本原因。1960年比1958年平均每亩减产54斤,按1960年总播种面积193644万亩计算,减少产量达990亿斤,超过了1957年全国粮食征购总量。

表三　1958年至1962年全国主要粮食作物平均亩产量②(单位为公斤)

年份	平均亩产	比上年增减	稻谷	比上年增减	小麦	比上年增减
1958	105	+7	171	-9	59	+2
1959	98	-7	160	-11	63	+4
1960	78	-20	134	-26	54	-9
1961	81	+3	149	+15	41	-13
1962	88	+7	162	+13	46	+5

单产下降的原因,除了自然灾害的因素外,主要在于对土地的投入不足。首先是用于农业的劳动力大为减少。1958年的所谓粮食大丰收,给人

---

① 《农业生产上的一个革命措施》,《人民日报》1958年10月24日。

② 农业部计划司编:《中国农村经济统计大全(1949—1986)》,农业出版社1989年版,第150、152页。

们造成一种错觉,认为中国的粮食问题已经解决,今后的重点是发展工业,为此提出了"大办工业"的口号,从中央到地方,一大批的工业和基本建设项目纷纷上马,致使大量的青壮年劳动力脱离农业生产第一线。在 1958 年至 1960 年三年间,共增加职工 2800 万人,其中来自农村的有近 2000 万人。这样一来,人民公社直接用于农业生产特别是粮食生产的劳动力大为减少。1957 年全国农业劳动力 19310 万人,1958 年只有 15492 万人,1959 年 16273 万人,其中从事农林牧副渔业的劳动力分别为 19200 万人、15118 万人和 15820 万人,1959 年比 1957 年减少 3380 万人。农业劳动力减少除了工业部门招工过多外,公社内部非农业战线过长和国家调用民工过多也是重要原因。农村从事非农业第一线的劳动力,1957 年为 3700 万人,1960 年上半年增加到 8900 万人。此外,1958 年到 1960 年的三年间,国家调用民工的数量经常保持在 1000 万人以,其结果是在农村从事农业生产的大多是老弱病残。1958 年年底,彭德怀在湖南平江县考察时,有一位伤残老红军给了他一首诗,其中说,"谷撒地,薯叶枯,青壮炼铁去,收禾童与姑",就是当年农村生产情景的真实写照。

表四　1957 年至 1962 年农业劳动力情况①

年份	全社会劳动力	农业劳动力	农业劳动力占全社会劳动的百分比
1957	23771	19310	81.2
1958	26600	15118	58.2
1959	26173	15820	62.2
1960	25880	16330	65.8
1961	25590	19129	77.2
1962	25910	20761	82.1

从上表可以看出,由于全民大炼钢和其他一系列的"大办",1958 年用于农业生产的劳力比 1957 年减少了 4192 万人,下降了 23%。此后两年,虽然农业生产的劳动力有所增加,但直到 1961 年对国民经济实行调整,下决心加强农业生产之后,用于农业生产的劳动力才接近 1957 年的水平。到 1962 年

① 农业部计划司编:《中国农村经济统计大全(1949—1986)》,农业出版社 1989 年版,第 14 页。

之后,由于国民经济调整取得实质性进展,大批的项目关停并转,大量精简企业职工和城镇人口,并规定人民公社不再办社队企业之后,用于农业生产的劳动力才超过 1957 年。"大跃进"之后,农业生产条件和农业机械化水平没有根本性的提高,农业劳动力的大量减少,必然给农业生产造成重大影响,以至于 1959 年至 1962 年这几年的总播种面积和粮食作物播种面积都低于 1958 年的水平,这是造成这几年粮食总产量下降的重要原因。

其次是耕畜和肥料的减少。1957 年末全国耕畜总计为 6361.2 万头,1958 年为 5906.9 万头,1960 年减少到 5744.3 万头,1961 年再减至 5500.5 头。[①] 虽然耕畜总量较之 1957 年减少不是很多,但由于粮食的减产致使饲料不足,耕畜掉膘严重,畜力下降。当年农业生产化肥施用量不大。据统计,1958 年至 1962 年的化肥施用量分别为 270.8 万吨,253.3 万吨,316.4 万吨,224.2 万吨,310.5 万吨。[②] 以化肥施用量最大的 1960 年为例,这年全国总播种面积为 225863 万亩,平均每亩化肥施用量为 2.4 斤。当时,就大多数地方而言,农作物主要施有机肥,而养猪又是农村有机肥的一个重要来源。1958 年至 1961 年,全国的生猪存栏数也是连年下降。1958 年末,全国生猪存栏数为 13828.9 万头,1959 年末为 12041.6 万头,1960 年下降到 8226.5 万头,1961 年再降到 7552 万头。1962 年全国粮食产量回升,形势好转,生猪存栏数恢复到 13179.8 万头。[③] 畜力下降是导致这几年耕地面积减少的因素之一,而耕畜与生猪存栏数的减少相应地致使耕地施肥量与产量的下降。

再次是人民公社化运动使农民的生产积极性严重受挫。农村人民公社是在 1958 年 7、8 月间出现,9 月掀起公社化高潮,10 月基本实现的。人民公社的基本特点一是大,即规模大,小者数千人,大者数万人甚至十数万人。二是公,即公有化程度高,不但生产资料要归公社所有,就连社员原有的自留地、自养的家畜家禽等也都收归公社所有。三是政社合一,人民公社既是

---

① 农业部计划司编:《中国农村经济统计大全(1949—1986)》,农业出版社 1989 年版,第 246 页。

② 农业部计划司编:《中国农村经济统计大全(1949—1986)》,农业出版社 1989 年版,第 340 页

③ 农业部计划司编:《中国农村经济统计大全(1949—1986)》,农业出版社 1989 年版,第 244 页。

农村基层政权组织,也是农村集体经济组织。四是实行供给制与工资制相结合的分配制度,所谓供给制,通俗的说法就是"吃饭不要钱";人民公社还实行"生活集体化",大力发展公共食堂等所谓集体福利事业,企图以此培养农民的共产主义觉悟。

由于人民公社大都是白手起家,但它又是按照工、农、商、学、兵五位一体,农、林、牧、副、渔样样齐全的模式构建的,公社建立后,要大办工业,要建立红专大学,要兴办公共食堂、托儿园、敬老院等集体福利事业,这一切都只得通过平调原农业生产合作社和社员的财物才能建立起来。因此,办人民公社的过程,也是刮"一平二调"的"共产风"的过程。庐山会议后,又重提要尽早实现人民公社由生产大队所有制向公社所有制、由集体所有制向全民所有制的过渡。为此,再次大办社队工业,大建所谓"万猪场"、"万鸡场",将公共食堂作为所谓"社会主义阵地"而勉强维持,又一次大刮"共产风"。供给制和工资制的比例中,工资部分过小,供给部分过大,而供给制则是典型的平均主义。所以,公社化后不但未将原来高级农业生产合作社业已存在的平均主义弊端加以克服,反而使之愈演愈烈,这种分配制度与吃饭不自由的公共食堂捆绑在一起,严重挫伤了广大农民的生产积极性,出工不出力成为普遍现象,造成农业生产效率低下。同时,随着1959年起农村粮食普遍出现短缺,农民的口粮标准一降再降,1957年,全国农村居民平均粮食消费量为410斤,1958年为402斤,1959年为366斤,1960年为312斤,这几年猪肉的人均消费量则分别为8.8斤、9.2斤、5斤、2.4斤。加之在"大跃进"中动辄组织各种"会战"、"夜战"、"挑战",使农民体力消耗严重。这样一来,农民体质普遍下降,也在一定程度上降低了农业生产的效率。

当年,粮食的短缺是全国性的,但农村的情况比城镇更严重,原因就在于这几年城镇人口大幅度增加,为保证城镇人口基本的口粮供应,只得实行高征购(征指粮食征收,即以粮食充抵农业税,俗称公粮;购指粮食统购,即将除农民口粮、种子、饲料粮、公粮以外的绝大部分余粮,由国家按市场牌价收购,农民或集体均不得自由销售余粮)。

粮食高征购起始于1958年。这年高征购的起因是"大跃进"启动后各地盛行"放卫星",大刮浮夸风,导致上上下下对这年粮食增加的估计过于乐观。1958年8月中旬,中共国家粮食部党组向中共中央报送了《关于今年增产粮食的分配和国家粮食购销问题的报告》。报告中说,据各地汇报的材料,今年全国产量预计为 6283 亿斤,比去年的 3899 亿斤增加 2384 亿斤,即增长 61.14%。这样,按全国人口平均计算,每人就有粮食 900 多斤,粮食生产水平很低的时代即将从此结束,粮食状况将要根本改观。因此,今年大量增产的粮食应如何分配,是当前粮食工作上一个急待解决的大问题。

为了解决这个"大问题",报告提出:现在,随着粮食的大量增产,农村的消费状况将有显著的改善;工业"大跃进"以后,工矿企业职工的劳动强度比过去大了,机关、团体干部,学校教职员和学生参加体力劳动,街道居民大搞工业,郊区发展饲养业,城市对粮食的需要有了新的发展;今年大量增产的薯类,又有一部分必需进行工业上的综合利用。在这些新的情况下,在扩大收购的基础上,适当多销一些粮食就是必要的了。粮食部党组建议:今年秋收以后,在城市供应方面采取如下措施:(一)增加口粮供应。办法是只要工种变动和儿童年龄增长,一律按分等定量的规定,及时调整工种和供应等别;还有不够吃的,再增加一点。至于定量标准则暂不公开宣布提高。(二)增加行业用粮。(三)增加饲料用粮。(四)增加工业用粮。①

与此同时,国家粮食部根据各省、自治区、直辖市粮食部门报告的材料,确定了 1958 年度(即 1958 年 7 月至次年 6 月)的粮食征购计划。8 月 22 日,中共粮食部党组向中共中央报送了《关于 1958—1959 年度粮食购销问题的报告》。报告中说:"从夏收作物比去年增长 69%,早稻比去年增长一倍,薯类生产发展很大等情况看,只要今后一、两个月不发生严重的自然灾害,今年粮食总产量达到 6000 多亿斤是完全可能的。这样,按全国人口平均计算,每人就将有粮食 1000 斤,粮食生产水平和消费水平很低的时代即将从此结束,粮食状况将要根本改观。"报告建议向农民宣布,今年粮食虽然大增产,但国家仍只征购 880 亿斤,各地原来向农业社包干的任务是多少仍是多少,增产不增购。农业为了解决资金问题,要求多卖余粮给国家,国家也应当收下来。这样,国家的粮食征购数量,势将超过原计划数的 880 亿斤。②

根据粮食总产量 6000 亿斤这个当时认为保守的数字,粮食部确定了全年粮食购销的所谓三本账(三本账是"大跃进"中流行的做法,即将原来的计

① 粮食部党组:《关于今年增产粮食的分配和国家粮食购销问题的报告》,1958 年 8 月 15 日。

② 粮食部党组:《关于 1958—1959 年度粮食购销问题的报告》,1958 年 8 月 22 日。

划作为第一本账,现在必须完成的计划为第二本账,争取完成的计划为第三本账,各省市自治区则以中央的第二本账为自己的第一账,各级依次类推)。

表五 1958 年粮食购销的三本账① （单位为亿斤）

	原来安排数即第一本账	第二本账	第三本账
征购	880	1250	1500
销售	746	950	1150
购销差	134	300	350
军粮	18	18	18
出口	40	60	70
增加库存	76	222	262

8 月 29 日,中共中央批转了粮食部党组《关于 1958—1959 年粮食购销问题的报告》,也就是认可了这个征购计划。从表面上来看,这年的征购比例并不大。就算以中共中央正式公布的全年粮食总产量为 7500 亿斤为征购基数,第二本账的征购率仅 16.6%,第三本账的征购率也只有 20%,均比实行统购统销制度以来的任何一年都小。1953 年实行统购统销制度以来,到 1957 年,这几年的征购率分别为 28.4%、30.6%、27.6%、23.3%、24.6%。②但由于当时估计的产量严重不实,第二本账的实际征购率达到 31%。

1958 年年底,国家粮食部对征购计划数略作调整,将全年的征购计划确定为 1150 亿斤,为当年正式公布的粮食总产量的 18%。但征购任务完成情况仍不好,从 1958 年 7 月 1 日起,截至 12 月底,全国共征购 902 亿斤。这个数字仅相当于调整后的征购计划 1150 亿斤的 78.43%。完成了原定任务的只有少数地区,大部分地区没有完成预计的任务。最终的结果是,1958 年年底共征购粮食 1175.2 亿斤,征购率为 29.4%。

1959 年之后的高征购,则主要是由于粮食产量下降而城镇人口增多造成的。据 1959 年 5 月中共国家计委党组、劳动部党组《关于 1958 年劳动工资基本情况和 1959 年劳动工资安排意见的报告》,1958 年末全国国营、公私

---

① 粮食部党组:《关于 1958—1959 年度粮食购销问题的报告》,1958 年 8 月 22 日。

② 农业部计划司编:《中国农村经济统计大全(1949—1986)》,农业出版社 1989 年版,第 410 页。

合营、事业和国家机关的职工总数为 4532 万人,比 1957 年末增加了 2082 万人。1959 年上半年在纠"左"的过程中,中共中央意识到职工增加过快,决定较大幅度地精减职工,计划全年共精减 800 万人。截止到 1959 年 6 月底,全部工业和基本建设部门共精减职工 605.4 万人,扣除这年上半年新增加的 106.8 万人和 1958 年统计漏报的 42.5 万人,实际精减了 456.1 万人,完成了原定精减任务的半数。

可是,由于随后召开的庐山会议由纠"左"逆转为"反右倾",搞新一轮"大跃进",使职工队伍第二次膨胀,城镇人口也大幅度增加。1957 年全国职工共计 3101 万人,1960 年达到 5969 万人,1958 年至 1960 年三年共计增加 2868 万人;1957 年全国城镇人口总计为 9949 万人,1960 年达到 13073 万人,1958 年至 1960 年共计增加城镇人口 3124 万人。[①] 在新增加的 2800 多万职工中,来自农村的有近 2000 万人。为了保证城镇居民基本的粮食需要,1959 年度共征购粮食 1448.1 亿斤,征购率高达 39.7%。1960 年度全国共征购粮食 1021 亿斤,虽然征购量比上年度有所减少了,但由于粮食总产量的下降,这年的征购率却仍高达 35.6%。[②]

表六　1958 年至 1962 年的粮食征购量[③]　　　（单位为万吨）

年份	产量	征购量	其中净收购	征购量占产量的百分比
1958	20000	5876.0	4172.5	29.4
1959	17000	6740.5	4756.5	39.7
1960	14350	5105.0	3089.5	35.6
1961	14750	4047.0	2580.5	27.4
1962	16000	3814.5	2572.0	23.8

（净收购量是指从总收购量中减去返销给农村的粮食）

由于连续几年实行高征购,虽然城镇居民的口粮标准也不高,但情况却要好于农村。

---

① 数据来源:《中国统计年鉴(1989)》,中国统计出版社 1989 年版,第 87、101 页。

② 赵发生主编:《当代中国的粮食工作》,中国社会科学出版社 1988 年版,第 189 页。

③ 农业部计划司编:《中国农村经济统计大全(1949—1986)》,农业出版社 1989 年版,第 410—411 页。

表七　1958 年至 1962 年的全国城乡居民平均粮食消费量①

（贸易粮，单位为公斤）

年份	全国	城镇	农村
1958	198	186	201
1959	187	201	183
1960	164	193	156
1961	159	180	154
1962	165	184	161

　　表中的粮食消费量，并不全都是口粮，而是各种粮食消费的总和。而且消费的粮种不全是大米或面粉等细粮，甚至更多的是玉米、高粱、红薯干等粗粮以至各种"代食品"。从上表中可以看出，1958 年至 1962 年的五年中，除了 1958 年以外，其余时间城镇居民的粮食消费都要高于农民。由于城镇实行定量供应，虽然具体标准有所差异，但总体水平各地相差并不是很大。各地农村粮食丰歉情况不同，社员的口粮标准也就不同。1960 年全国农民平均消费仅 312 斤，比 1958 年减少了 90 斤。

　　总之，1959 年至 1961 年的三年经济困难的成因中，既有天灾的因素，更主要还是"大跃进"和人民公社化运动的"左"倾错误造成的。尤其是 1959 年的庐山会议后在全党开展"反右倾"，搞新一轮的"大跃进"，使本已不堪重负的国民经济雪上加霜。

　　众所周知，在中国经济遭到严重困难的时候，中苏关系恶化，故而一段时间有三年经济困难与苏联逼债有关之说。根据李先念在 1963 年在全国人大常委会第 100 次会议上所作的《关于 1961 年和 1962 年国家决算的报告》，自 1950 年以来我国向苏联所欠的外债和应付利息，折合人民币计算总共为 57.43 亿元人民币。至 1960 年之前，我国对苏联已还债 33 亿元人民币，即将抗美援朝所欠的武器债务基本还清，所剩的主要是"大跃进"期间因不能按合同交货拖欠下来的贸易债务，以及接受旅顺苏军撤出后所留装备的收购费，其总额折合 23 亿元人民币。1961 年国家决算总收入为 356.6 亿元，

————————

① 农业部计划司编:《中国农村经济统计大全(1949—1986)》,农业出版社 1989 年版,第 576 页。

总支出为 367.02 亿元,可见这笔债务在财政支出中的比重并不算大。1960
年 7 月在北戴河举行的中共中央工作会议上,毛泽东明确表示"明年还清这
个债"。但外贸部门考虑到经济困难,则认为还是推迟偿还这笔债款为好。
同年年底中国对外贸易部部长叶季壮约见苏联驻华使馆参赞,曾以口头声
明表示,中国方面支付出现困难,在贸易方面估计共欠苏方 20 亿卢布,可能
要在五年内还清。12 月 17 日,苏联外贸部部长帕托利切夫约见中国驻苏大
使刘晓,指责中国方面未与苏联协商,就片面地把贸易方面欠债偿还期限确
定为五年,并以中方违约为由,表示短期内不向中国提供汽油。[①] 1960 年 11
月 5 日,刘少奇率中国党政代表团赴莫斯科,参加十月革命 43 周年纪念活
动;接着参加 11 月 10 日至 12 月 1 日举行的 81 个共产党、工人党代表会议。
在这之后,中苏之间的紧张关系一度有所缓和。1961 年 4 月,叶季壮率中国
政府贸易代表团与苏联政府贸易代表团商谈 1961 年中苏两国贸易问题,双
方签订了中苏两国 1961 年货物交换议定书,据当时的报道:"由于我国最近
连续两年遭受严重的自然灾害,1960 年供应苏联的商品有很大的欠交,1961
年许多商品不能出口或减少出口,给苏联造成一定的困难。但是,苏联同志
对此表示了同志式的合作和兄弟般的谅解。苏联政府同意我们 1960 年贸易
业务中的欠账在今后五年内分期偿还,并且不计利息。还提出不计利息现
在借给中国五十万吨糖,以后由中国以同等数量归还。"[②]可见,"苏联逼债"
与 1959 年至 1961 年的"三年暂时困难"并没有直接的关系。

　　"三年暂时困难"中的苏联因素,主要是 1960 年 7 月 16 日,苏联政府照
会中国政府,片面决定召回在华苏联专家,并在专家撤回时,带走了所有的
图纸、计划和资料。同时,苏联撕毁了 343 个专家合同和合同补充书,废除了
257 个科学技术合作项目,停止供应中国建设急需的重要设备,大量减少成
套设备和各种设备中关键部件的供应。苏联此举客观上对中国的经济建设
产生了负面影响。此时正值中共中央召开工作会议期间,这时国民经济比
例失调的问题已十分突出,长期负责计划工作的国务院副总理李富春曾提
议调整国民经济,对工业要进行整顿、巩固、提高,但由于苏联这种恶化中苏
关系的行为激起了人们的义愤,一些人提出要炼"争气钢",争取当年生产钢

---

① 徐焰:《"苏修逼债"真相》,《凤凰周刊》2011 年第 6 期。

② 《在苏联对外贸易部举行的宴会上》,《人民日报》1961 年 4 月 10 日。

2000万吨,提前实现钢产量赶超英国的目标。结果,这次会议未能对国民经济的调整问题进行深入的讨论,失去了调整国民经济的有利时机,使"大跃进"延续了更长的时间,加重了业已出现的经济困难。

四、"大跃进"造成的非正常死亡人口数量

"三年暂时困难"的直接表现是粮食短缺,而造成粮食短缺的原因又在于粮食产量的下降。为了保证城镇居民基本的口粮供应,只得实行高征购,使农民留粮大大减少,加之取消了农民的自留地,不允许农民从事家庭副业,又让农民在公共食堂吃大锅饭,使农民抗灾自救的能力下降,进一步加剧了农村的困难程度,以至于一些地方出现了较为严重的浮肿病和非正常死亡。

1982年全国人口普查资料和同年国家计划生育委员会的1‰生育率抽样调查资料公布后,美国著名人口学家科尔利用这些资料进行了反复研究,在1984年出版了《从1952年到1982年中国人口的急剧变化》一书,估算我国1958年至1963年超线性死亡(非正常死亡)人口约为2700万(2680万)。此后,不断有学者对这三年的非正常死亡人数进行研究,但推算出来的数字差距很大。

1986年,西安交通大学人口研究所的蒋正华(后曾任全国人大副委员长)在《西安交通大学学报》1986年第3期上,发表了《中国人口动态估计的方法和结果》。该文根据有关资料编制了1981年我国人口的完全生命表,然后结合1953年和1964年两次普查资料,通过建立参数估计模型等方法,编制了1953年到1981年历年的完全生命表,并根据这些生命表推算出生率和死亡率。然后以历年生命表为基础,估算出历年死亡人数,其中1958年至1963年共死亡8299万人;同时按这6年预期寿命的正常变化,估算正常死亡人数为6602万人。据此推算出非正常死之人数约为1700万人(即1697万人)。有研究者认为,科尔和蒋正华所依据的资料都具有高度的可靠性,两人所采用的方法也各有其科学依据,但蒋正华所采用的以历年生命表为中心,通过参数估计模型进行细致计算的方法,科学性更高一些。①

---

① 李成瑞:《"大跃进"引起的人口变动》,《中共党史研究》1997年第2期。

1991 年出版的《中国人口（总论）》认为，1959 年至 1963 年的困难时期，饥馑曾是影响我国人口死亡的重要因素，"三年困难时期死亡人数超过平常二、三倍，其中，相当大的部分是因饮食不足，缺少必要的营养，导致抵抗力差而引起患病死亡的。特别是老年和儿童较为严重"。"同时，这几年里妇女又大都因病停止生育，所以 1960 年和 1961 年人口出现负增长，全国人口减少 1000 万。"该书又说："1960 年到 1962 年 3 年中，非正常死亡人口总数约为 1858 万人。"①

有人经过推算，认为全国 1961 年年底的实际总人口，还不及 1957 年年底的总人口。4 年间中国大陆人口总数约为负增长 60 余万。前推 4 年，1957 年年底比 1953 年底净增人口 5857 万；后推 4 年，1965 年年底比 1961 年年底按公布数净增人口 6679 万，而实际上可能增加了 7950 余万。三年灾难的后果之一，是使中国少增长了 6000 万—8000 万人口。1959 年至 1961 年间非正常死亡 2791 万，加上 1961 年公布总人口数中抹掉的这 1270 余万，中国在 1959 年至 1961 年的三灾难年中，非正常死亡人数可能高达 4060 万。②

还有学者提出，按照中国政府公布的中国人口死亡率计算，1957—1963 年中国死亡人口为 6424 万。估计因饥荒而死亡的人口在 1530 万至 2470 万人之间，在困难时期以合法或非法方式出国的有几十万人，加上在困难时期减少出生的人口 2017 万至 3458 万，可以推算在困难时期中国损失的人口在 3000 万以上。③

有研究者采取采用人口学和历史地理学的方法，以县级政区为基础，以虚拟的"府"级政区为单位，重建 1959—1961 年中国各地非正常死亡人口数。"计算结果表明，1959—1961 年中国的非正常死亡人口多达 3250 万"。④

---

① 袁永熙主编：《中国人口（总论）》，中国财政经济出版社 1991 年版，第 180、619 页。

② 金辉：《"三年自然灾害"备忘录》，《社会》1993 年增刊第 2 期。

③ 李若健：《"大跃进后"人口损失的若干问题》，《中国人口科学》1998 年第 4 期。

④ 曹树基：《1959—1961 年中国的人口死亡及其成因》，《中国人口科学》2005 年第 1 期。

　　而 1996 年国家统计局、国家民政部编写的《中国灾情报告》一书所提供的这几年非正常死亡人口的数字,却远远低于上述各研究者的结论。其中提到:我国 1959—1961 年期间非正常死亡人数为 1039753 人,其中 1959 年 17853 人,1960 年 374890 人,1961 年 647010 人。该书特别说明:"非正常死亡"1959 年以前多是冻、饿、自杀等死亡的,1960 年以后多是因浮肿病死亡的。① 该书没有提供数据的来源。并且该书提到 1960 年春荒情况时,安徽全省的非正常死亡人口是 14 人,而 1961 年春荒期间安徽全省没有非正常死亡。众所周知,"三年暂时困难"时期,安徽是情况比较严重的省份之一,所以这些数据的可靠性还有待考证。

　　还有研究者提出,20 世纪 60 年代初我国出现了户籍人口大幅度非正常减少的情况,一些人认为这一减少是由数千万人非正常死亡引起的。事实上,我国 1956—1959 年期间出现的从农村到城市的人口大迁移中有 1144 万人重报了户籍;这些重报的户籍在 1960—1964 年期间被注销。我国 1960—1964 年期间出现的从城市到农村的人口大迁移中有 1510 万人漏报了户籍。由于上述原因,造成 1960—1964 年期间我国户籍统计人口减少 2654 万人。这是这一期间我国户籍人口大幅度非正常减少的根本原因。这一减少与人口死亡无关。因此,关于这一期间我国有一千万至数千万人口非正常死亡的观点是不能成立的。我国 1960 年实际人口数不是如国家统计局所公布的比 1959 年减少 1000 万人,而是比 1959 年要增加 620 万人。②

　　胡绳主编的《中国共产党的七十年》出版后影响巨大,这是中共中央党史研究室根据中共中央党史工作领导小组的决定,为纪念中国共产党成立七十周年而撰写的。该书在讲到这个问题时说:"许多地区因食物营养不足而相当普遍地发生浮肿病,不少省份农村人口死亡增加。由于出生率大幅度大面积降低,死亡率显著增高,据正式统计,1960 年全国总人口比上年减少一千万。突出的如河南信阳地区,1960 年有九个县死亡率超过 100‰。"③

---

　　①　国家统计局、民政部编:《中国灾情报告(1949—1995)》,中国统计出版社 1996 年版,第 267 页。

　　②　孙经先:《关于我国 20 世纪 60 年代人口变动问题的研究》,《马克思主义研究》2011 年第 6 期。

　　③　胡绳主编:《中国共产党的七十年》,中共党史出版社 1991 年版,第 437 页。

新近出版的《中国共产党历史》第二卷,也使用了类似的说法:"据正式统计,1960 年全国总人口比上年减少 1000 万。突出的如河南信阳地区,1960 年有 9 个县死亡率超过 100‰,为正常年份的好几倍。"①这里的正式统计,估计是指国家统计局的统计。按国家统计局编写的《中国统计年鉴(1989)》记载:1959 年全国总人口为 67207 万人,1960 年全国总人口为 66207 万人,两者之差正好是 1000 万人。至于 1958 年至 1960 年的三年"大跃进"共造成了多少非正常死亡,这两本书中都没有具体的数字。

这三年的非正常死亡的具体人数,学术界有一千多万到四五千万各种不同的说法,当然这些不同的数字都是推算而来的。由于时间久远,要对非正常死亡的人口数作出准确的统计有相当的难度。同时,在探讨这个问题时,应当区分人口减少与非正常死亡两个不同的概念。非正常死亡显然是与正常死亡相对应的,当时的非正常死亡有的是无粮可吃而造成的,有的是因营养不良引发相关疾病死亡的,以及其他意外情况死亡的。要将这种非正常死亡的人口数进行准确的统计,实际上相当困难,这也是不同的研究者推算出的这几年非正常死亡人数各不相同的原因。

应当承认,在 1959 年至 1961 年的三年经济困难时期,有些地方确实发生了不同程度的浮肿病和非正常死亡,有的情况还比较严重。1960 年 2 月 18 日,中共河北省委向中共中央报告说:到 1960 年 2 月 15 日,全省有 44 个县、235 个公社、5600 多个村庄(约占全省村庄的 10%),发现浮肿病人 5.9 万多人,已病故 450 多人。其中唐山地区最为严重,仅玉田、宝坻两个县就发现浮肿病人 1.9 万多人,保定、石家庄地区发现的浮肿病人也在万人以上。②

山东即墨县七级公社淄湾大队从 1960 年 1 月至 5 月,共死亡 159 人,占总人口的 5.19%;外流 200 人,占总人口的 6.25%;浮肿病 380 人,占总人口的 12.3%;牲畜死亡 86 头,占 42%。在得浮肿病的人员中,属病理性浮肿的 17 人,占发病人数的 4.5%;属营养性浮肿的 363 人,占 95.5%。在死亡的 159 人中,除了因疾病死亡者外,多数是因为浮肿,或因浮肿引发其他疾病,

---

① 中共中央党史研究室:《中国共产党历史》第二卷,中共党史出版社 2011 年版,第 365 页。

② 《河北省委关于防治浮肿病情况的报告》,1960 年 2 月 18 日。

或生活困难家庭不和,或家人侵占本人粮食自己外出讨饭饿死,等等。①

1961 年 3 月,胡乔木率中央调查组到毛泽东的家乡韶山调查,邻近的湘乡县龙洞公社的谷阳、城前、平里等大队的群众,纷纷到韶山找工作组反映这几个大队死人的严重情况。中共湖南省委得知后,立即电告湘乡县委查清后报告中央工作组。湘乡县委旋即派监委副书记率工作组进驻龙洞公社调查。4 月 12 日,湘乡县委向中央调查组报告说:这三个大队由 1958 年 9 月建立公社时的 5851 人降至 5254 人,此间死亡 707 人,死亡率为 12%。4 月13 日,胡乔木到湘乡陈赓公社的四个大队进行了访问调查,并听取了县委关于三年来病人、死人情况的汇报。4 月 14 日,胡乔木在写给毛泽东的信中说:"去湘乡楠香大队、七星大队、水底大队、石江大队看了一下,情况也很严重。楠香和石江大队,三年来死亡率都在 20% 左右。据县委说,全县三年来死亡三万人,去年死亡二万人,全县病人去年底达 7 万人,现已减到一万余。"②

据中共信阳市委党史研究室编写的《中共信阳党史大事记(1949—1999)》所载:信阳 1958 年全区总人口是 4262350 人,1959 年为 4258316 人,比上年减少0.101% ;1960 年全区总人口 3817669 人,比上年减少 10.348%。也就是说,1960 年全信阳地区减少人口 40 余万。当然,人口的减少不一定都是非正常死亡造成的,但减少的人口中有相当一部分属于非正常死亡。如果认为这几年间不存在非正常死亡,恐怕不是历史唯物主义的态度。

需要指出的是,虽然在 1958 年之前和 1962 年之后,全国每年至少增加一千万人口,而 1958 年至 1961 年的四年间,全国总人口没有增加,即 1958 年为 65994 万人,1961 年为 65859 万人,减少 135 万人,但不能由此推断三年经济困难时期非正常死亡人口达 4000 万人以上这样的结论。因为这几年人口的减少,既包括因非正常死亡而减少的人口,同时也由于出生率大幅度下降导致人口减少。尽管出生率下降也与经济困难有关,但不能把出生率下

---

① 《中共山东省委印发即墨县七级人民公社淄湾大队人口死亡情况的两个调查报告》(1960 年 8 月 3 日),《山东省农业合作化史》编辑委员会:《山东省农业合作化史料集》上册,山东人民出版社 1989 年版,第 388—340 页。

② 转引自中共湘乡市委党史联络组等:《中共湘乡地方史(1949—2002)》,中共党史出版社 2004 年版,第 160 页。

降造成的人口数量减少也列入非正常死亡。当然,不论这三年非正常死亡的人数是多少,在和平时期发生这种情况,确实是一个应当永远吸取的教训。这种严重情况的发生,是当年"大跃进"的发动者、组织者、参加者都始料不及的。这也说明,要准确把握社会主义建设的规律,并不是一件容易的事情,一定要充分认识到社会主义建设的长期性和艰巨性,急于求成不但无助于事业的发展,反而会延缓事业的正常进程。

第八章 "文化大革命"期间的经济建设

"文化大革命"是中国历史的一幕悲剧,它"使党、国家和人民遭到建国以来最严重的挫折和损失"①。在这场所谓的"大革命"中,包括中共高层领导人在内的大批党政军领导干部、民主党派负责人、各界知名人士和群众受到诬陷和迫害。各级人民代表大会、政协、政府和中共的各级组织,长期陷于瘫痪和不正常状态。公安、检察、司法等负责维护社会秩序的机关也陷于混乱,民主和法制被肆意践踏。可以说,整个国家都出现了严重的政治危机和社会危机。这场由文化领域发端的"大革命",对教育、科学、文化的破坏尤其严重,影响极为深远。很多知识分子受到迫害,学校停课,文化园地荒芜,许多科研机构被撤销,在一个时期内造成了"文化断层"、"科技断层"、"人才断层"。这使得文化教育事业出现了大倒退,科学技术水平整体上同先进国家之间的差距越来越大,历史文化遗产遭到巨大破坏,优良的道德风尚也在相当程度上被毁弃。对于"文化大革命"给中国政治、思想和文化所造成的严重危害,人们容易达成共识。但是,如何评价"文革"时期的经济状况,特别是"文革"期间中国经济是否到了崩溃的边缘,人们的看法却不尽一致。

一、"濒临崩溃的边缘"还是"有所发展"

一种常见的说法是:经过十年"文化大革命",从总体上看,整个国民经济已"濒临崩溃的边缘"(可以简称为"崩溃边缘说")。颇具影响力的《"文

---

① 语出《关于建国以来党的若干历史问题的决议》,该决议内容见 1981 年 7 月 1 日的《人民日报》。

化大革命"简史》一书就持有这一观点,并就此评说道:"仅从这方面说,人们把'文化大革命'的 10 年称为十年浩劫,是一点不为过的。"①另一种说法是,"文革"时期的国民经济虽然遭受了严重损失,但仍然有所发展(可以简称为"有所发展说")。

虽然两种观点都认为"文革"时期的国民经济确实遭遇到严重损失,但在对总体经济状况的评价方面,二者还是迥然不同的:一种是在指出取得某些成就的前提下,基本予以否定,因为"总体上""整个国民经济已濒临崩溃的边缘";另一种则是在指出遭到重大损失的前提下,基本予以肯定,认为总体上看是发展的。

"崩溃边缘说"最早见于 1978 年 2 月 26 日华国锋在五届全国人大一次会议上的《政府工作报告》。《报告》说:"从一九七四年到一九七六年,由于'四人帮'的干扰破坏,全国大约损失工业总产值一千亿元,钢产量二千八百万吨,财政收入四百亿元,整个国民经济几乎到了崩溃的边缘。在一些地区和部门,由于'四人帮'的支持、包庇和纵容,坏人当权,工厂停工停产,农村分田单干,贪污盗窃、投机倒把盛行,阶级敌人活动猖獗,没有改造好的地富反坏反攻倒算,有的地方甚至出现了资本主义复辟的严重局面。"②

需要指出的是,这里的"崩溃边缘"是有所限定的,仅指 1974 年至 1976 年,甚至把 1975 年邓小平主持全面整顿时取得的经济成效也包括在内了。因为这时,"左"倾错误和个人崇拜思想仍然束缚着许多人的头脑,公开场合下仍然要肯定"文化大革命"的"左"倾理论,在"以阶级斗争为纲"的框架内"抓纲治国"。所以"文化大革命"是批不得的,怎么能说经济到了崩溃边缘呢? 但"四人帮"却是过街老鼠——粉碎江青集团后,揭发批判"四人帮"的运动便随即大规模开展。"四人帮"这一提法出自毛泽东,1974 年,他在一次中央政治局会议上点名批评江青,点出了"四人小宗派"的问题。③ 大概正因

① 席宣、金春明:《"文化大革命"简史》,中共党史出版社 1996 年版,第 352 页。

② 华国锋:《团结起来,为建设社会主义的现代化强国而奋斗——一九七八年二月二十六日在第五届全国人民代表大会第一次会议上的政府工作报告》,《人民日报》1978 年 3 月 7 日。

③ 中共中央文献研究室:《毛泽东传(1949—1976)》(下),中央文献出版社 2003 年版,第 1693 页。

为如此,"崩溃边缘"的上线被设定在 1974 年。这显然是政治意义大于史学意义。不仅邓小平的全面整顿受到牵连,《报告》所列举的"分田单干"、"投机倒把"等崩溃的具体表现,也属于群众的合理诉求,不过是欲加之罪而已。

1978 年 3 月 18 日,邓小平也在全国科学大会开幕词中提到了"崩溃的边缘"。他说:"'四人帮'胡说什么'四个现代化实现之日,就是资本主义复辟之时',疯狂进行破坏,使我国国民经济一度濒于崩溃的边缘,科学技术与世界先进水平的差距愈拉愈大。"①当然,这只是五届全国人大一次会议《政府工作报告》口径的延续。中共高层还有一些类似的表述,这里就不详细引用了。

顺便提一句,邓小平也许不经意间(因为讲话的主旨是科技问题)说出的一句话,却成了后来两派争论的依据。在 2006 年 8 月中共中央党史研究室主办的"文革"史研究座谈会上,"崩溃边缘说"的支持者便把邓小平在1978 年也曾用过"濒临崩溃边缘"的说法当作了论据。"有所发展说"的支持者也不甘示弱,指出这并不代表邓的评价,因为有资料证明,1981 年在起草《关于建国以来党的若干历史问题的决议》的过程中,根据邓小平的意见,胡乔木否定了第四稿写进"濒临崩溃边缘"的说法。这一派学者同样重视领导人的讲话,他们指出:1965 年周恩来宣布国家战略目标第一步要建成独立的比较完整的工业体系和国民经济体系,1979 年中共中央政治局通过的叶剑英国庆讲话宣布我国已经实现了这一目标,2001 年江泽民在纪念建党 80周年讲话中又回顾了这一历史成就。如果说这是在"濒临崩溃边缘"中完成的,那就无法解释。②

"濒临崩溃边缘"说是中共高层领导人提出的,"有所发展说"同样不是党史学界或经济史学界的发明。1981 年中共十一届六中全会通过的《关于建国以来党的若干历史问题的决议》没有用"濒临崩溃边缘"的说法,而是从两方面指出:"我国国民经济虽然遭到巨大损失,仍然取得了进展。粮食生产保持了比较稳定的增长。工业交通、基本建设和科学技术方面取得了一

---

① 《在全国科学大会开幕式上的讲话》(1978 年 3 月 18 日),《邓小平文选》第二卷,人民出版社 1994 年版,第 86 页。

② 陈东林:《"文化大革命"时期国民经济状况研究述评》,《当代中国史研究》2008年第 2 期。

批重要成就。"此后,"有所发展说"才见诸学者的笔端。

1993 年,薄一波在《若干重大决策与事件的回顾》一书中指出:就 1967 年"混乱的情况来看,说'文化大革命'把国民经济推向崩溃的边缘,并不过分";"应当提出的是,综观 1966 至 1970 年这五年乃至 1966 至 1975 年这十年的情况,经济还是有所发展的"。① 他将"崩溃的边缘"用于特指动乱最严重的一两年,算是圆了此前的说法,但其主旨还是强调"有所发展"。

1990 年,胡绳提出,要把"文革"和"文革时期"区别开来。② "文革"是一场严重错误的政治运动,它"不是也不可能是任何意义上的革命或社会进步"。而"'文革'时期",是指这场运动发生的历史时间。这一时期既发生了种种严重错误,也存在抵制和纠正这些错误的斗争,包括广大人民群众在困难条件下努力进行的经济建设。因此,彻底否定"文革"并不等于要否定这一时期所发生的全部历史。同样,肯定"文革时期"经济、外交方面的成就,也不等于要肯定"文革"本身的错误。

胡绳这一观点的意义在于:一方面,由于政治运动在中共党史上占据着极为突出的位置,人们惯于以某个运动代指运动发生的历史时期,久而久之便混为一谈,以致评价的时候束手束脚——"文革"岂是可以肯定的? 另一方面,否定的评价同样顾虑重重。虽然《关于建国以来党的若干历史问题的决议》已经在对"文化大革命""盖棺定论"的过程中敲下了至关重要的第一锤,但这场运动毕竟是中共历史上的一个严重错误,运动中扮演各种角色的当事人也大都健在。不难想象,如果将"文革"时期的经济与整场运动捆绑在一起,研究者将会何等左右为难! 所以胡绳的提议可以说是正确评价"文革时期"经济状况的重要前提之一。

一旦研究者在政治上被松了绑,研究便开始从政治化转向学术化。1996 年 10 月,在中共中央党校党史教研部召开的"文化大革命"学术讨论会上,各方学者就"文革"时期的经济状况进行了有益的探讨。当时"主要有两种观点。一种认为,'文革'在政治上动乱,但在经济上还是有成就的。工农业生产都有所增长,不同意'经济陷入崩溃的边缘'的说法。另一种观点则

---

① 薄一波:《若干重大决策与事件的回顾》(下),中共中央党校出版社 1993 年版,第 1213 页。

② 胡绳:《必须科学地分析和研究历史经验》,《真理的追求》1990 年第 4 期。

持反对意见,认为'文革'在经济上虽然从数字上看有些增长,但它依靠的是高投入高积累,所付出的代价太大,存在着三大危机:即单一公有制和行政管理军事化的经济体制危机,教育水平急剧下滑和轻视知识分子的人力资源危机,人民生活水平下降、消费品短缺和人口逆向流动的贫困化危机。说'文革'经济陷入崩溃的边缘,是指国民经济不能正常运转,陷入僵死瘫痪的状态而言,并不单纯指经济数字,'文革'所造成的国民经济宏观管理混乱和微观发展动力不足的问题是更带根本性的主要问题"①。

2002年10月,有研究者再次总结了这方面的争论情况:关于"文化大革命"时期的经济,原来说到了"崩溃的边缘",但后来不少研究者发现,"文革"时期的经济不但没有下降,反而是上升的,工农业总产值在十年期间仍然平均每年增长7.1%,而且在不少方面取得了新的成就。但大部分学者不赞同孤立地用数字说明"文革"时期经济的发展,有的说所谓"文革"时期经济濒临崩溃的边缘,是指国民经济不能正常运转,宏观管理混乱、微观发展动力不足的僵化状态而言,这比具体数字更具有根本性;有的指出"文化大革命"时期的经济虽然保持了一定的增长速度,但这种速度是靠多投资、多用人和单位产品的高消耗取得的;有的指出这个时期经济的发展,并不是"文革"的功劳,而是广大干部和群众反对"文革"的动乱,坚持生产的结果;有的认为"文革"时期经济的发展,呈现出政治对经济的严重干扰和破坏,存在巨大的波动性和曲折性,发展很不正常;有的说虽然不一定再说"文化大革命"时期的经济到了"崩溃的边缘",但也不宜过分肯定它的成就,因为如果不搞"文化大革命",经济的发展肯定会更快、更好。②

此外,前文已经提过,2006年8月,中共中央党史研究室主办了一次"文革"史研究座谈会。会上,学者们除了争论邓小平是否真的认为"文革"时期经济濒临崩溃边缘,怎样评价才能符合中共中央的口径,还就两种观点提出了如下论据——赞同"崩溃边缘说"的学者提出:(1)"濒临崩溃边缘"不能

---

①　王海光:《"文化大革命"学术讨论会观点综述》,《当代中国史研究》1997年第1期。

②　郭德宏2002年10月在日本庆应大学所作的学术报告的讲稿《中国"文化大革命"史研究概况》,见郭德宏主页 http://www.1921.cn/new/zjsq/guodehong/view.asp? id =355。

单纯从统计数字看,主要是指经济结构比例严重失调、各种经济关系严重不合理、人民生活水平极度降低,等等。有人举例说:希特勒统治时期的德国,由于军事工业畸形发展,国民经济增长速度也很快,实际是到了崩溃的边缘。(2)"文革"时期的经济统计数字不准确。有人提出,如果按照美国学者的统计数据,将会得出另一个结论。(3)"文革"结束后各地经济形势特别是农村确实出现了不改革不行的危急状况,全国有 2.5 亿人没有解决温饱问题。赞同"有所发展说"的学者则认为:(1)研究国民经济状况要根据统计数据下结论。"濒临崩溃边缘"究竟应当如何量化,可以研究,但不应是发展速度增长和总量提高。(2)"文革"时期人民生活水平确实很低,除了动乱影响外,也含有为工业化付出的代价。①

除了上述两种说法,境内外还有一些舆论认为,"文革"时期的国民经济不是"濒临崩溃边缘",而是"已经崩溃"。网络上则有针锋相对的观点,认为"文革"时期的经济建设成就伟大,没有什么损失。这些观点可谓万变不离其宗,无非是"崩溃边缘说"和"有所发展说"的"升级版"。而且,这种不留一点余地的态度总令人感到有失客观、过于情绪化,为学术界所不取。既然如此,为了更加严谨科学地判断"文革"时期的经济状况,笔者将从损失和成就两个方面做出分析。分析的主要依据是《中国统计年鉴》中记载的相关统计数据。

"文革"时期的统计数字可靠吗? 曾任国家统计局局长的李成瑞早在1984 年就曾撰文指出:虽然国家一级综合统计在 1967—1969 年几乎完全停顿,但仍有若干部门、地区和许多基层单位还在坚持进行统计工作。特别是作为社会"总簿记"的银行账目始终没有乱、没有断,对于以后补上当时的统计数字起了极为重要的作用。后来许多部门和单位都到银行去核对账目,银行也赢得了"铁账本"的赞誉。至于基层单位,只要生产还在进行,一般都保存了若干原始记录和账表。"文革"时期其余七年,则大体坚持了基本数字的统计。1970 年 5 月 14 日,国家计委发出通知,要求自当年 5 月起,恢复工业、农业、基本建设、职工人数和工资总额、社会商品零售额、工业财务成本和物资库存等定期统计报表制度,并要求各省、市、自治区和国务院各部

---

① 陈东林:《"文化大革命"时期国民经济状况研究述评》,《当代中国史研究》2008年第 2 期。

门搜集、整理、补报过去三年的统计资料。经过各级统计人员深入收集和反复核对,到1971年年底,这三年的主要数据基本补全。李成瑞还介绍了补全统计数字的具体做法,并透露:当国家统计机构把整理编印的包括"文化大革命"以来各个年度数字的《国民经济统计提要(1949—1969)》送到国务院时,周恩来立即从头到尾仔细审阅,看完后高兴地说:很好,立即印300本,以便发给中央委员,大家好长时间不了解全国经济情况了。中共十一届三中全会后,国家统计局又通知各部门、各地区再次对"文革"十年期间的数据进行核对和改正。到1983年出版《中国统计年鉴(1983)》,才第一次公开相关数字。总之,李成瑞认为:"现在公布的十年内乱期间的数字,尽管有若干估算成分,但数字来之有据,又经过反复核对,可以说是基本可靠的。"①

此外,笔者还想引用一本有着深厚经济学涵养的新中国经济史著作——《中国的奇迹:发展战略与经济改革》中的一句话:"在缺乏充分证据的情况下就冒昧否定关于中国1952—1978年期间的经济增长率数据的可靠性是不明智的。"②这句话虽然不是专门论述"文革"时期的,也许没有特别虑及"文革"时统计工作的混乱局面,但其中的逻辑依然有效。考虑到当时中国的开放程度,难道美国人的统计数字会更可信?

二、"文化大革命"对国民经济造成的损失

由于"文化大革命"运动的影响,国民经济的发展表现在数字上,是低速度、低消费、高消耗;表现在整体运行上,是随着政治形势而大起大落、动荡不定,发展极不平衡。相比于"文革"之前,相比于世界上发展较快的国家,中国失去了十年的宝贵时间,国家经济实力和人民生活水平没有得到相应提高。"文革"时期的国民经济的的确确地遭受到了严重损失。

1. 长期动乱造成巨大物质损失

在政治动乱的冲击下,经济活动不仅时常陷入无法进行的困境,还直接

---

① 李成瑞:《十年内乱期间我国经济情况分析——兼论这一期间统计数字的可靠性》,《经济研究》1984年第1期。

② 林毅夫等:《中国的奇迹:发展战略与经济改革》(增订版),上海三联书店、上海人民出版社1994年版,第70页。

造成许多有形的损失。具体包括武斗、派性斗争过程中打砸抢毁坏大批工厂机器设备,大串联致使正常的铁路运输无法进行,工厂、农村"停产闹革命"直接造成生产停滞,以致抢夺武器弹药、银行、商店、仓库、援外物资,甚至破坏、炸毁铁路桥梁,等等。

例如,从 1966 年 8 月 18 日到 11 月下旬,毛泽东共计 8 次接见来自各地的红卫兵,人数达 1100 万,加之中共中央、国务院发出关于组织外地师生来京参观"文化大革命"的通知,各地红卫兵纷纷涌入北京"取经",北京红卫兵也分赴各地"点火",号称"大串联"。据估计,当年 10 月全国有将近 3000 万人在"串联"的路上,这相当于一个中等国家举国出游,必然给交通运输造成巨大压力。铁路运输年底时大约有 1000 万吨物资积压待运,主要是煤炭、木材、水泥、钢铁、矿山建筑材料、食盐、农副产品等,大部分为江南地区和"三线"建设①所必需。公路运输也普遍紧张,黑龙江省 11 月、12 月汽车货运量共有 900 万吨,但运力只有 500 万吨,有 98 万吨粮食集中不起来,7 万吨甜菜运不到糖厂;湖北省第四季度汽车货运量共有 204 万吨,但只能安排 130 万吨;湖南省积压物资 77 万吨,天津市积压物资 56 万吨,辽宁省有 80 万吨粮食集中不起来,山东省和四川省各积压物资 30 万吨左右,河北省和安徽省各积压物资 20 万吨,陕西省积压物资 12 万吨。水运、港口物资积压也十分严重,上海港积压 14 万吨,广州港积压 14 万吨,重庆港积压 3.4 万吨。这些都对生产、建设、人民生活带来了严重影响。西南地区由于水泥运不进去,成昆线有 63 个隧道口停工,攀枝花选矿厂工地有 4500 工人停工,华东电网 11 月 22 日煤炭库存量只够 9 天周转量。②

1967 年 1 月,首先在上海、然后在全国掀起一场由造反派夺取各级中共组织和政府领导权的风暴,"文化大革命"进入"全面夺权"阶段。经济管理部门自然无法幸免,国民经济的运行陷于无政府状态。原定的 1967 年国民经济计划无法执行,实际上被废置。1968 年的年度计划则根本没有制订出

---

① 所谓三线,主要是指云、贵、川、陕、甘、宁、青、豫西、晋西、鄂西、湘西 11 个省区。另外,三线又有大小之分,西南、西北为大三线,中部及沿海地区省、区的腹地为小三线。

② 国家计委档案:《全国计划、工业交通会议简报第 1 期》(1966 年 11 月 27 日),转引自武力:《中华人民共和国经济史》(上册),中国经济出版社 1999 年版,第 643—644 页。

来,成为我国建立计划经济体制以来唯一没有年度计划的一年。按可比价格计算,1967 年至 1968 年间,工农业生产尤其是工业生产出现持续下跌。1967 年工农业总产值为 2306 亿元,比 1966 年下降 9.6%。1968 年在上年下降的基础上又下降 4.2%,只相当于 1966 年的 86.59%。工业总产值 1967 年为 1382 亿元,比上年下降 13.8%;1968 年在上年下降的基础上,又下降 5%,只相当于 1966 年的 81.86%。财政收入也大幅度减少,市场供应紧张,人民生活水平降低。居民取暖用煤和棉布定量供应数量都有所减少。

此后局势的发展,甚至到了几乎失去控制的地步。毛泽东曾对斯诺说:"一九六七年七月 July 和八月 August 两个月不行了,天下大乱了。"①这造成了巨大的经济损失。例如天津塘沽港因两派武斗完全瘫痪,40 多艘外国轮船被困在港内;苏州财贸部门发生武斗,市内半数粮店停止供粮;山西两大派群众组织切断铁路公路运输,抢劫银行,割据一方;广西造反派几次抢夺大批援越物资和枪支弹药用于武斗。

从 1967 年上半年起,京广线长江以南,津浦路徐州、蚌埠地区,广西柳州、桂林、南宁地区,东北长春、四平地区等许多路段被迫停止通车,或断续通车。到 8 月份,铁路平均货运日装车比 7 月下降 45%。由于武斗,全国铁路干线除北京至山海关、徐州、武汉、包头,郑州至西安及黑龙江省内各线尚能保持基本通车外,其他干线都堵塞或经常不通或时通时断。1967 年铁路日平均装车数仅为计划的 46%。沿海和长江航运 8 月货运量比 7 月减少 21.6%,沿海 8 个港口滞留在港的船舶多达 200 余艘,其中 163 艘外轮中停工待卸或待装的有 112 艘。

煤炭生产自 1967 年年初起节节下降。5 月,不得不宣布对煤炭部直属 6 个矿务局实行军事管制,6 月,又对煤炭部直属的 68 个矿务局实行军事管制,但都无法有效地控制局面。8 月,部属煤矿平均日产量 24 万吨,比 7 月减少 30%。由于武斗而陷于停产、半停产的煤矿有 16 个。到 12 月,煤炭部直属各矿务局日产煤水平只达到正常生产水平的 50% 左右,为新中国成立后的历史最低水平。

铁路运输和煤炭生产的紧张局面,直接影响到冶金、电力等其他生产部

---

① 《会见斯诺的谈话纪要》(1970 年 12 月 18 日),《建国以来毛泽东文稿》第 13 册,中央文献出版社 1998 年版,第 163 页。

门,造成恶性的连锁反应,导致整个国民经济都不能正常运转。冶金工业方面,1967年8月上旬,全国平均日产钢量19200吨、生铁19000吨,比7月下旬分别减少1800多吨,到8月底又分别减少11100吨和8800吨,9月比8月份分别再减少1800吨和3400吨。钢铁冶金企业除鞍钢稍有好转外,其他产量都出现下降。长城、重庆特钢厂停产,大冶、抚顺、大连钢厂半停产。8月1日至5日,10个主要钢铁企业每天只有3万吨煤,仅够焦炉保温用,到8月底又减少到2.3万吨,到了危急状况。9月中旬,十种有色金属每天只产600吨,比8月份减少40%。26个重点企业因武斗停产。

电力方面,1967年8月底平均每天发电1.82亿度,比7月下旬减少0.35亿度,下降16%。由于煤炭供应不上,华东电厂从7月底开始限电,一些电厂靠挖底脚煤维持;西安电网负荷一度从23万千瓦下降到8万千瓦;东北电网发电量下降25%。

原油、化工等行业产量也逐月下降。炼油厂减产导致供油紧张,攀枝花钢铁基地的大部分汽车被迫停驶。吉林、太原两个化肥厂被迫停产。全国共有33个制药厂停产。①

商业方面,《人民日报》社论《横扫一切牛鬼蛇神》中提出:"无产阶级文化革命,是要彻底破除几千年来一切剥削阶级所造成的毒害人民的旧思想、旧文化、旧风俗、旧习惯……"②破"四旧"(旧思想、旧文化、旧风俗、旧习惯)之风在红卫兵运动的推动下很快席卷全国,商业首当其冲,深受其害。

第一,老商店招牌统统被破坏。例如,全聚德烤鸭店改名为"北京烤鸭店",亨得利钟表店改名为"首都钟表店"。这两家还算"幸运",更多的店铺招牌则被改成了"工农兵"、"文革"、"红旗"、"红卫"、"东方红"等具有强烈政治含义的名字。于是北京王府井大街便有了六家"红旗商店";北京著名的老商业一条街——大栅栏被改名为"红旗街"后,大部分商店都以"红旗"命名,加之一片"红海洋"的布置,着实令顾客难以辨别到底店铺里卖的是什

① 国家计委档案:《1967年8月上旬、8月份、9月份工业生产和铁路运输情况简报》,转引自武力:《中华人民共和国经济史》(上册),中国经济出版社1999年版,第646—648页。

② 《横扫一切牛鬼蛇神》,《人民日报》1966年6月1日。此外,"四旧"也被写进《中国共产党中央委员会关于无产阶级文化大革命的决定》("十六条")中。

么东西。

第二,大量所谓"有问题"的商品被停售。所谓"有问题"商品,一是被认定作为"封、资、修"服务和享用的,如口红、香水、耳环、高跟鞋、扑克牌、麻将牌、象棋、高级烟酒食品等。二是被认为商品名称"有问题"的,如乌鸡白凤丸、阿斯匹夫、东坡肉、贵妃鸡、修正液、威士忌、巧克力等。三是商标、图案"有问题"的。据调查,1966 年 8 月北京市百货大楼停售的"有问题"商品达6800 多种,占原经营品种总数的 22%;武汉市武汉商场(原名友好商场)停售"有问题"商品达4200 种,占原经营品种总数的 24%,其中化妆品柜原经营 207 种,这时只摆着散装雪花膏、痱子粉、蚊香等 15 种,工艺品柜原经营600 种,这时只摆有石膏像、镜框、台灯、羽毛扇等数种;沈阳市铁西百货商店停售的"有问题"商品 1700 多种。少数民族特需商品、传统的风味食品被"横扫"殆尽。对于停售的商品,有的改换名称、撕毁商标后降价出售,有的加工改制,个别地区甚至予以销毁。

第三,传统服务项目全被取消。高级饭馆一律改营普通饭菜。饭馆停售各种酒,酒馆转卖糖果糕点。饮食业不仅取消了雅座,而且取消了服务到桌,一律改为顾客"自我服务",即由顾客自找座位,自取饭菜,甚至自洗碗筷。理发店取消吹风、洗头、刮边、烫发。浴池取消擦背、搓澡、修脚。照相馆规定"几不照",如"全家福"不照,男女靠近不照,斜体、歪头不照等。旅店取消单间,并停止为顾客打扫房间、厕所和打开水等服务项目。[①]

上述种种,不过是 1967、1968 年前后直接物质损失的一鳞半爪,"文革"期间的经济损失虽以这两三年最为严重,但在其他年份也贯穿始终,同时遍及全国各行各业。这些损失非常直观,亲历过这段历史的人都或多或少有所体会。也正是由于损失巨大,混乱之中又没有详细记录,想要得出一个准确的损失统计数字似乎是不可能的了——当然,我们可以估算一下"文革"使国民经济少增长了多少,但那是"间接损失"或曰"机会成本"问题,下文还将提到。

2. 错误思想严重影响经济效率

"文革"时期,在人人自危的政治压力下和僵化的经济体制中,人们的生

---

① 当代中国丛书编委会:《当代中国商业》,中国社会科学出版社 1987 年版,第72—74 页。

产热情低落,科技进步缓慢,经济效益普遍大幅度下降。当时,所谓"不为修正主义路线生产"、"宁要社会主义的草,不要资本主义的苗"、"批判唯生产力论"等观点甚嚣尘上。许多最基本的经济原则,如发展生产力、发展商品经济、实行按劳分配、引进外国先进技术等,都被当作修正主义和资本主义加以批判。在生产关系上,不允许个体经济存在和发展,热衷于所谓"大批资本主义,大干社会主义","割资本主义尾巴";在分配制度上,轻视物质利益,平均主义泛滥;在对外经济关系上,批判所谓"洋奴哲学"、"爬行主义",使对外引进工作承受巨大压力。此外,十年"文革"中接连不断的政治运动,人们大量的时间被用在那些劳而无益的政治批判、理论学习和"阶级斗争"上,打乱了正常的生活工作秩序。

1967年夏季和1968年夏季,武汉地区工厂里流行两句顺口溜:"七上八下九定光,下午来喝酸梅汤。"即指工人们早上7点到工厂报个到,8点钟就下班,9点钟都走光了,下午再来喝一杯消暑的酸梅汤。这个顺口溜形象地反映了劳动纪律松弛、生产处于瘫痪、半瘫痪状态的景象。全国各地许多工厂企业因生产上不去,没有创造收入,靠从银行贷款来发工资。许多设备因闲置不用而锈蚀损坏,原材料因存放过久而变质。高炉不出铁,但还要烧煤保温。诸如此类的损失和浪费现象举不胜举。①

调查显示,国民经济收入总额虽然在十年中有增加,但是经济效益降低,消耗、浪费现象严重。每百元积累增加的国民收入,第一个五年计划(1953—1957年)时期为32元,而第三个五年计划(1966—1970年)、第四个五年计划(1971—1975年)时期分别降低到26元、16元。

以1966年和1976年的全民所有制独立核算工业企业各项指数相比,每百元资金实现的税金和利润由34.5元下降到19.3元,减少44.1%;每百元固定资产净值实现的税金和利润由46.6元下降到29元,减少37.8%;每百元工业总产值实现的利润由21.9元下降到12.6元,减少42.5%;每百元固定资产原值实现的总产值由110元下降到96元,减少12.7%。相反,每百元总产值所占用的流动资金却由23.5元增加到36.9元。

能源利用效率亦有下降。"文革"前十四年,能源每增长0.84%,工业总

---

① 赵德馨:《中华人民共和国经济史(1967—1984)》,河南人民出版社1989年版,第364页。

产值即可增长1%。"文革"期间,能源增长1.08%,工业总产值才增长1%。这表明工业总产值的增长是在能源巨大浪费的基础上实现的。

劳动生产率同样出现严重滑坡。"文革"时期,工业增产主要依靠增人、增设备,而非提高劳动生产率来完成。或者说,主要是依靠增加投入而不是主要依靠技术进步来实现经济增长。中国作为发展中国家,在建立自己的工业体系的过程中,虽然需要建设大量新项目以填补空白、扩大规模、夯实基础、增强实力,但仍然应该重视提高劳动生产率的作用。因为劳动生产率的提高,意味着同样的劳动力推动着更多的劳动资料,或者同样多的劳动资料只需要较少的劳动力。"一五"计划时期,全民所有制工业全员劳动生产率(按1980年不变价格计算)提高了52.1%,平均每年提高8.7%。五年中,在工业产值增加额中劳动生产率贡献率为59.8%,由于增加职工而增加的工业总产值占40.2%。但到了"三五"、"四五"时期,工业在曲折发展中的总量增长虽然还算可观,但劳动生产率却呈现出停滞趋势。"三五"时期工业劳动生产率仅提高2.5%,"四五"时期则下降了0.3%,1976年比1975年又下降8.6%。①

这一时期,许多重大项目的完成是靠多投资、"大会战"和多消耗取得的,时间大为延长。以铁路为例,新建铁路每公里造价"一五"时期为61万元,"二五"时期为68万元,"三五"、"四五"时期竟增加到200万元以上。平均每百公里建成投产工期,20世纪50年代为13至17个月,70年代则增加到几十个月。大中型建设项目周期,"一五"时期为6.5年,"三五"和"四五"时期分别延长到8.8年和10.7年。大中型项目建成投产率由"一五"时期的15.5%下降到"三五"、"四五"时期的11.5%和9.4%。固定资产的交付使用率也由"一五"时期的83.6%降低到"三五"、"四五"时期的59.4%、61.4%。总之,投入不断增多、产出日趋减少,是这个时期十分突出而明显的事实。

3. 畸形增长导致比例严重失调

"文革"期间国民经济的比例失调问题几乎无处不在——农业与工业的

① 马泉山:《新中国工业经济史(1966—1978)》,经济管理出版社1998年版,第178—179页。

比例、轻工业与重工业的比例、原料工业与加工工业的比例,甚至工农业生产与科技、教育、文化、卫生事业的比例,等等。但归结起来,影响最大的还数国民经济各部门之间的比例关系,以及积累与消费的比例关系。

关于国民经济各部门之间的比例,1976 年和 1966 年相比,农业产值在社会总产值中的比重由 29.7% 下降到 25.4%,工业由 53.1% 上升到 58.1%,建筑业由 6.4% 上升到 8%,运输业由 3.3% 下降到 2.9%,商业由 7.5% 下降到 5.6%。五大生产部门净产值在国民收入中的比重也呈现出类似的变化趋势。

农业的重要性早在"一五"计划时期开始就被不同程度地忽视,"大跃进"期间造成的损失更是触目惊心。后来经过痛定思痛的调整,"文革"前农轻重的比例一度变为 37.3:32.3:30.4,在当时的历史条件和认识水平下可以说是大致合理的。然而,随着"文革"期间对备战的强调,重工业再次畸形发展。1975 年农轻重的比例为 30.1:30.8:39.1。主要工农业产品产量方面,作为消费资料的粮食平均每年增长 3%,棉布平均年增长 1.9%,棉花、油料不仅没有增长反而有所下降;生产资料则增长较快,其中尤以机械工业增长速度为最。但增长的重工业产品无法用来消费,影响了商品流通,最终还是制约了生产资料自身的发展。

交通运输业是这一时期国民经济健康发展的一条"绊马索"。"文革"开始后,铁路系统派性斗争一直没有止息,一些地方的武斗中还发生抢占铁路分局机务段、拦截车辆、抢劫公共财物等现象,造成铁路严重堵塞。1974 年,全国铁路货运量只完成计划的 92%,比 1973 年少运货物 4339 万吨。许多铁路局处于半瘫痪状态。列车运行因铁路堵塞而经常晚点。进入 1975 年,情况更加严重。1 月份,客货列车正点率只有 68.6% 和 70%。线路堵塞严重影响列车的正常运行,不仅影响到煤炭、电力的供应,还影响到钢铁、化肥等工业部门的生产。许多生产部门因铁路运输跟不上而频频告急。上海、南京、杭州等城市的煤炭供应十分紧张,上海市的存煤经常仅有一个星期的周转量。不少企业停工停产。铁路运输不畅,还影响到人民群众的生活和市场供应。因此,1975 年邓小平领导全面整顿时,才会选择铁路部门作为扭转经济领域混乱局面的突破口。

工业、建筑业的比重虽然是上升的,但工业内部的结构同样不合理——重工业愈来愈重,轻工业愈来愈轻。1976 年与 1953 年相比,重工业平均每年增长13.5%,轻工业则只有8.8%的增长率。轻工业总产值在工业总产值中的比重,也由1966年的49%下降到1976年的44.2%;同期重工业总产值的比重则由51.0%上升到55.8%。结果,轻工业设备、厂房、工艺、产品方面都没有什么发展,原材料和动力的消耗却增大了,远不能满足市场需要。人力资源丰富的中国,非但未能在轻工业上体现出比较优势,反而连满足国内需求都无法做到。

关于积累与消费的比例,在经济发展比较协调的"一五"时期,积累率平均为24.2%。"文革"期间经济发展缓慢,国民收入总额增长较少,积累率本应适当调低,以满足人民群众的正常消费需要。然而,"三五"时期积累率平均为26.3%——这还是因为1967年到1969年夺权、武斗盛行,许多工程建设陷于停顿、半停顿状态,积累率才相对不高。一旦生产秩序有所恢复,高速度、高积累便卷土重来。"四五"时期积累率为33%,其中1971年达到34.1%。

积累率过高必然造成基本建设不恰当的扩张,进而带来严重负担。在积累率最高点的1971年,国民经济出现了"三个突破"的严重局面,即职工人数突破5000万,工资支出突破300亿元,粮食销售量突破800亿斤,大大超出预定的计划,给国民经济各方面带来一系列问题。随之而来出现了货币发行量的突破。周恩来指出:"票子发多了,到了最大警戒线。三个突破不如这一个突破。"①1972年,"三个突破"的问题继续发展,以致动用了国家的粮食库存;由此造成市场供应紧张,物价上涨,人民生活水平下降。

积累率过高也会造成许多工程项目无法按期保质完成。虽然高积累率保证了前期大量的人力、物力和资金投入,但由于超出国家财力、物力许可的范围,追加投资有时很难跟上,不能如期竣工的"半拉子"工程为数不少。有的一拖就是七八年,甚至十多年,又成了所谓"胡子工程",为此后国民经济的发展平添了不小的包袱。

积累率过高还会影响人民群众的生活。因为基本建设的投资重点是以国防建设为中心的"三线"建设,生产性建设投资比例很高,非生产性建设投资比例很小,日常消费品的生产必然受到影响。此外,与住房、医疗、教育等

---

① 《消除林彪一伙对经济的破坏性后果》(1973年2月26日),《周恩来选集》下卷,人民出版社1984年版,第465页。

有关的建设项目没有受到应有的重视,也严重制约了人民生活水平的提高。关于这方面的具体表现,下文很快就会提到。

4. 发展缓慢以至失去大好时机

如果只看数字,"文革"时期的经济发展速度也不算难看:从 1967 年至 1976 年(考虑到"文革"在 1966 年年中虽已开始,但经济尚未受到严重冲击,当年不计入内),社会总产值年平均增长 6.8%,工农业总产值年平均增长 7.1%,国民收入(净产值)年平均增长 4.9%。然而,如果与"文革"前后中国经济的发展速度相比,我们就会发现,这种发展速度绝对意味着浪费掉了宝贵的时间。

"文革"期间 6.8% 的社会总产值年均增长率分别低于"文革"之前 14 年(1953 年至 1966 年)的 8.2%,以及"文革"之后 6 年(1977 年至 1982 年)的 8.9%;4.9% 的国民收入年均增长率也分别低于前者的 6.2% 和后者的 7.5%。而且从部门结构来看,这一时期经济之所以还有"看得过去"的增长速度,是得益于能源工业的较快发展。"文革"前我国相继探明和开发的大庆、胜利、大港、华北等大油田,在"文革"时期正值投产,使能源工业得到了年均 9.2% 的增长速度,在工业增长中起到主导作用,拉动了其他没有相应增长甚至有下降的部门。此外,从计划指标本身来看,"三五"计划和"四五"计划虽然得到完成,但这些计划最后确定的指标并不高,"三五"计划本可以提前两年完成,"四五"计划原定指标较高,后来也大大压缩。

与时间上的损失相比,更令人遗憾的是擦身而过的发展机遇。20 世纪 50 年代到 70 年代被国外经济学家视为自 1820 年以来世界经济发展的第二个黄金时期(1870—1913 年为第一个黄金时期),许多国家经济起飞或持续发展就是在这一时期。我国周边的许多国家和地区更是发展迅速,一跃成为新兴工业化国家和地区的。从 1965 年到 1975 年的十年间,日本始终保持较高的经济增长速度,GDP 年均增长 8.0%,韩国和新加坡甚至达到两位数的增长率,分别为 11.6% 和 11.2%。同一时期,中国台湾地区人均 GDP 年平均增长 6.8%。1965 年台湾与大陆人均 GDP 相差 2.9 倍,但到 1975 年(蒋介石去世之年)差距变成了 4.5 倍。

表一 人均GDP及增长率国际比较(1965—1975)

国家(地区)	GDP (1965—1975) 增长率(%)	人均 GDP(国际美元)		人均 GDP (1965—1975) 增长率(%)
		1965 年	1975 年	
中国大陆	4.7	706	874	2.2
中国香港	5.9	1804	2648	3.9
中国台湾	9.1	2056	3958	6.8
印度	3.8	771	897	1.5
印度尼西亚	6.6	990	1505	4.3
日本	8.0	5934	11344	6.7
菲律宾	5.2	1633	2033	2.2
韩国	11.6	1295	3162	9.3
泰国	7.0	1308	1959	4.1
马来西亚	6.4	1804	2648	3.9
新加坡	11.2	2667	6430	9.2

资料来源:Angus Maddison, *The World Economy*: *Historical Statistics*, *OECD*, *Table 5b and Table 5e*, 2004。转引自胡鞍钢:《中国政治经济史论》,清华大学出版社2007年版,第385页。

面对如此千载难逢的黄金时期,我们却在经历严重的内乱。以机械工业为例,由于"文革"中一批具有一定水平的科研机构被强行撤销、搬迁、拆散,正常研究工作被迫中断。结果到1976年,国外已批量生产50—80万千瓦机组的发电设备,最大的为130万千瓦,而我国只能批量生产12.5万千瓦,最大只有30万千瓦;国外炼油最大单元装备为1200万吨,已采用电子计算机控制,而我国只有250万吨,且为常规自动化仪表。从1965年到1975年,不少国家的高炉炼铁平均焦比大幅度下降,日本从507公斤/吨降至443公斤/吨,联邦德国从668公斤/吨降至497公斤/吨,法国从784公斤/吨降至533公斤/吨,[①]而我国则从586公斤/吨上升为638公斤/吨。[②]

---

① 冶金工业部情报研究所技术经济室:《国内外钢铁统计(1949—1979)》,冶金工业出版社1981年版,第661—688页。

② 国务院全国工业普查领导小组办公室、国家统计局工业交通物资统计司:《中国工业经济统计资料(1986)》,中国统计出版社1987年版,第212—213页。

正如邓小平所说:"中国六十年代初期同世界上有差距,但不太大。六十年代末期到七十年代这十一二年,我们同世界的差距拉得太大了。"①中国"五十年代在技术方面与日本差距也不是那么大","而日本却在这个期间变成了经济大国"②。与其他一些国家相比,在世界科技、经济蓬勃发展的时候,我国的发展却遭受巨大挫折,"农民和工人的收入增加很少,生活水平很低,生产力没有多大发展"③。20世纪60年代中期的中国,已经从"大跃进"的灾难中恢复了元气,"三五"计划正蓄势待发,已经具备了经济快速发展的条件。我们本来可以同日本、亚洲"四小龙"一起进入经济起飞阶段,而不是延迟到1978年。这不能不说是一个巨大的历史遗憾。

5. 生活水平长期得不到应有的提高

"文化大革命"的十年间,人民生活水平基本上没有提高,有些方面甚至有所下降。一方面,国民经济出现剧烈动荡,发展相对缓慢;另一方面,因计划生育工作受到影响,人口数量剧增,1976年全国总人口达到9.37亿,比1966年的7.45亿增加近1.92亿。巨大的人口基数面前,1976年我国人均年消费粮食只有381斤,低于1952年的395斤;食用植物油人均消费量1976年为3.19斤,低于1966年的3.52斤(比此前最高的1956年的5.13斤减少1.94斤)。1976年,各种布的人均消费量为23.55尺,比1966年的19.89尺略高一点(但比以前最高的1959年的29.17尺减少5.62尺)。其中,在1968年平均每人只发了15.52尺布票。

"文革"期间,全民所有制各部门职工仅在1971年调整过一次工资。事情要从1958年说起:"大跃进"运动中,出现了急于向按需分配过渡的"共产风",在破除"资产阶级法权"的名义下形成了取消奖金和计件工资的浪潮。虽然后来一定程度上纠正了这种做法,但对计件奖励制度的非议却一刻都

---

① 《社会主义也可以搞市场经济》(1979年11月26日),《邓小平文选》第二卷,人民出版社1994年版,第231—232页。

② 《科学技术是第一生产力》(1988年9月5日),《邓小平文选》第三卷,人民出版社1993年版,第274页。

③ 《政治上发展民主,经济上实行改革》(1985年4月15日),《邓小平文选》第三卷,人民出版社1993年版,第115页。

未停止,及至"文革"开始,其命运自然不言而喻。这时又有人"帮了一把倒忙"——1966年年底,一个"造反"组织在北京查封了劳动部、全国总工会的办公室,胁迫这两个单位的负责人以劳动部和全国总工会名义与该组织联合行文,发出了一个要求补发工资、福利的"联合通告"。这种做法造成了一定的混乱。以佳木斯市为例,补发的项目多达30多种,21天的时间里,该市百货公司的呢绒销量倍增,自行车、手表等抢购一空,全国其他各地,也程度不同地有类似情况存在。① "联合通告"很快便被宣布为"非法的",再经过大量工作,闹工资待遇、闹临时工和合同工转正式工、闹提高福利标准的风气终于被刹住了。但同时被踩刹车的还有正常的工资晋级制度和其他福利待遇。收入分配中出现了"干多干少一个样,干好干坏一个样,干与不干一个样"的情况,怠惰之风盛行。

结果自从1963年调整过一次工资后,直到"三五"计划结束,职工工资再也没有升过级。一旦新工人学徒期满、工程技术人员和管理人员实习期满后定了级,工资待遇便也被"定"住了。特别是1958年前后定为二级工的人,已连续十几年不升级,养家糊口都很困难。终于在1971年,国务院下发通知调整了部分低工资职工的工资。这次调整是为了避免引发新的"派性"斗争,规定按年头计算,"对号入座"。于是又出现了不分贡献大小,不分劳动好坏,只要"熬年头"就行的心态。

总体来看,从1966年到1976年,全民所有制单位职工平均实际工资的年均增长速度均为负增长,其中"三五"时期为－1.2%,"四五"时期为－0.1%。全民所有制单位职工历年的平均货币工资和实际工资指数均低于"一五"期末的1957年和"二五"期末的1965年。此外,大量职工的子女处于待业状态,或者作为知识青年上山下乡,也给家庭生活带来不小的负担。

农村由于急于过渡,生产中片面强调"以粮为纲",农副产品价格又被卡得很死,广大农民往往终年劳碌却得不到应有的回报,贫瘠低产地区的许多农民更是难保温饱,只能依靠国家救济。从统计数据来看,1976年,全国平均每个农业劳动力创造的农业净产值为319元,仅比1965年增长

① 《当代中国》丛书编辑部:《当代中国的职工工资福利和社会保险》,中国社会科学出版社1987年版,第93页。

7.4%,还低于 1952 年 323 元的水平;平均每个农业劳动力生产的粮食为 972 公斤,仅比 1965 年增长 15.4%,也低于 1957 年 1031 公斤的水平;每个农民年平均纯收入为 113 元,仅比 1965 年增加 6 元,平均每年仅增加 0.55 元。

住宅、教育、文化、卫生保健等方面也造成了严重欠账。"文革"前经过三年调整,供应的商品本来已经有不少取消了配给票证,"文革"时期又不得不恢复甚至增加。据不完全统计,北京城镇居民消费生活用品中凭票证供应的有:粮食、食油、肉类、食糖、糕点、蛋类、水产、蔬菜(豆腐、土豆)、烟酒、火柴、火石、牙膏、肥皂、布匹、线、灯泡、胶鞋、皮棉帽、自行车、缝纫机、手表、收音机、电视机、书包、家具等等,几乎包括了全部生活用品。其中许多种是每月只供应少量,如副食品的芝麻酱、淀粉、食用碱;许多种是每年只供应一次,如花生、瓜子春节期每户供应 100 至 250 克;还有许多是终身只供应一次,如凭结婚登记证一对夫妇可购买床、衣柜、桌椅等家具中的三件(再婚则取消)及烟囱、炉子,凭上山下乡证明可购买书包、皮棉帽、胶鞋各一件。至于自行车等"大件",则每个单位只能分到几张票,由众人或讨论、或抽签分配。当时,北京作为首都,供应居全国之冠,尚且如此,各地状况可想而知。供应的匮乏使"走后门"之风盛行,因工作便利可以得到计划外一些物品的商店售货员、饭馆服务员的地位得到提高,20 世纪 50 年代以来一直需要反复纠正的"商业服务业低人一等"的社会意识,竟在畸形发展中一度消失。

住房方面,第一个五年计划期间住宅建设投资占非生产性投资的 9.1%,而在"文化大革命"头五年的第三个五年计划期间仅占 4.0%,后五年的第四个五年计划期间也只占 5.7%。雪上加霜的是,非生产性投资的比例本就被生产性投资严重挤占——"一五"时期,非生产性投资占基本建设投资总额的 33.0%,"三五"、"四五"期间则被挤压到 16.2% 和 17.5%。比例方面双重下滑,加上人口的过快增长,造成城市居民住房十分拥挤的状况。据 1978 年年底国家城市建设总局的年报资料,全国 182 个城市中,平均每人住房面积只有 3.6 平方米,有 6891 万户缺房户,占总数的 38.6%。其中北京、上海、天津、沈阳、长春、哈尔滨、南京、广州、武汉、成都、重庆、西安、太原等 13 个百万人以上的大城市情况更为严重,缺房户达 43.1%。老少三代同居一室,甚至"四世同堂"的现象十分普遍。这还是粉碎"四人帮"以后国家兴建了一批简易式职工宿舍后的统计。①

公用事业的发展也很缓慢,公共服务部门服务网点和人员都严重不足。"一五"时期,国家用于城市公用事业的基本建设投资占国民经济各部门基本建设投资总额的2.5%,"三五""四五"期间分别降低到仅占1.8%和1.9%的低水平,城市建设欠账愈积愈多。自来水、民用电、公共交通、医疗保健、文化教育、生活服务等公共设施和公用服务事业普通紧张,给职工家庭带来了许多不便。

表二　1965—1976年全国城乡居民人均消费水平

年份	消费(元)	粮食(斤)	食油(斤)	猪肉(斤)	棉布(尺)
1965	125	368	3.5	12.6	17.8
1966	132	381	3.5	14.1	19.1
1967	137	374	3.5	13.5	20.6
1968	132	350	3.2	12.7	14.9
1969	135	350	3.2	11.8	20.9
1970	140	376	3.2	11.6	23.7
1971	142	379	3.3	13.5	21.8
1972	147	347	3.3	13.8	21.1
1973	155	385	3.3	14.2	20.9
1974	155	377	3.4	14.6	22.7
1975	158	383	3.5	14.8	22.0
1976	161	383	3.2	14.5	22.7

最后,关于"文革"对经济造成的破坏程度,胡绳主编、中共中央党史研究室著的官方党史著作《中国共产党的七十年》写道:"十年间国民收入损失约五千亿元……"②5000亿这个数字来源于1977年12月的全国计划会议,李先念在会上说:"文革"十年在经济上仅国民收入就损失人民币5000亿

① 武力:《中华人民共和国经济史》(上册),中国经济出版社1999年版,第742—743页。

② 中共中央党史研究室:《中国共产党的七十年》,中共党史出版社1991年版,第411页。

元。这个数字相当于建国 30 年全部基本建设投资的 80%，超过了建国 30 年全国固定资产的总和。此言一出便被广泛引用。①

不过，据有关学者向国家计委相关人员了解，这 5000 亿元是临时的估算，并非正式经济统计得出。估算的方法是按照正常年份每 100 元投资的应增效益进行推算。② 也就是计算一下如果把"文革"时的投资放到"正常年份"，应该产生多少国民收入，然后发现"文革"中没有收入那么多，于是得出"损失"的数量。可见，所谓"损失"其实是"少增长"，与实际"败掉了一份家当"（如前文所说的武斗造成的直接破坏等）毕竟不是一回事。

尽管这个数字时常被用作"文革"经济"濒临崩溃边缘"的证据，但如前所述，支持"崩溃边缘说"的学者反复强调，所谓"崩溃边缘"并不单纯指经济数字。笔者认为，在评价"文革"经济时，统计数据仍应被放在第一位考量。经济史专家吴承明在论及研究方法时指出："在经济史研究中，凡能计量的都应尽可能作计量的分析。定性分析只给人以概念，要结合计量分析才能具体化"，"统计是计量分析的基础"。③ 当然，统计数据虽然是"主角"，但它能占有多大的"戏份"，则是一个尚可商榷的问题。

"崩溃边缘说"对统计数据的质疑很有启发意义。一些外国学者提出：以总的增长率来判断，中国自 20 世纪 50 年代以来的经济状况，与现代发展中的大国比较起来毫不逊色。因此，中国自 70 年代末开始进行的经济体制改革，并不是经济本身的弱点及经济政策问题或长期结构性原因引发的，而是政治的因素和天灾。外国学者根据我们的宣传数据而得出的结论，使我们对改革开放的深层原因的解释非常尴尬。④ 可见，的确有必要对相关数字的科学性做出反思。

经济学家林毅夫等认为，1952—1978 年间的经济增长率数字不能完整地反映中国经济的实质性发展，原因在于：首先，中国的经济增长是在一个

---

① 参见王年一：《大动乱的年代》，河南人民出版社 1989 年版，第 625 页；席宣、金春明：《"文化大革命"简史》，中共党史出版社 1996 年版，第 349 页。

② 武力：《中华人民共和国经济史》（上册），中国经济出版社 1999 年版，第 746—747 页。

③ 吴承明：《经济史：历史观与方法论》，上海财经大学出版社 2006 年版，第242 页。

④ 于光远主编，何伟、晓亮等著：《论中国经济五十年》，江苏人民出版社 1999 年版，第 76—77 页。

非常小的基数上起步的。其次,中国经济增长率在各产业间的分布十分不平衡。第三,中国具有很高的积累率。最后,增长速度是在效率十分低下的水平上实现的。[①] 还有学者指出,不同经济体制的统计体系不尽相同,市场经济国家的统计只计算最终消费掉的产品;而计划经济国家的统计计算的却是全部新增加的产品,这难免有很多的重复计算在里面。长期在经济动荡中生活,甚至还要承受饥荒的中国人民,对自己实际的经济生活的水准有着深切的感受。[②]

三、"文化大革命"期间经济建设的成就

尽管"文化大革命"造成了巨大的经济损失,但客观地讲,十年内国民经济仍然有所发展。前文已经提过,1967 年至 1976 年社会总产值平均年增长6.8%;工农业总产值平均年增长 7.1%,国民收入年平均增长 4.9%。这里还可以补充更多的数据:社会总产值中,工业总产值年均增长率为 8.5%,农业为 3.3%;工农业总产值指数(以 1952 年为 100)与上年相比,除动乱最严重的 1967、1968 年外,其余各年均为正增长。国民收入中,工业年均增长7.2%,农业 2.5%。

表三 1965 年至 1976 年工农业总产值(亿元)

年份	工农业总产值	农业总产值	工业总产值	在工业总产值中	
				轻工业总产值	重工业总产值
1965	2,235	833	1,402	723	679
1966	2,534	910	1,624	796	828
1967	2,306	924	1,382	733	649
1968	2,213	928	1,285	690	595
1969	2,613	948	1,665	837	828

---

① 林毅夫等:《中国的奇迹:发展战略与经济改革》(增订版),上海三联书店、上海人民出版社 1994 年版,第 70—72 页。

② 于光远主编,何伟、晓亮等著:《论中国经济五十年》,江苏人民出版社 1999 年版,第 77 页。

续表

年份	工农业总产值	农业总产值	工业总产值	在工业总产值中	
				轻工业总产值	重工业总产值
1970	3,138	1,058	2,080	960	1,120
1971	3,482	1,107	2,375	1,020	1,355
1972	3,640	1,123	2,517	1,079	1,438
1973	3,967	1,226	2,741	1,189	1,552
1974	4,007	1,277	2,730	1,213	1,517
1975	4,467	1,343	3,124	1,376	1,748
1976	4,536	1,378	3,158	1,395	1,763

注:本表按当年价格计算。

1. 工业建设的成就

由于"文革"时期国家经济政策的重心明显偏向工业,这方面的成就相对比较突出。1976 年全国工业总产值指数(以 1952 年为 100)为 1274.9,与 1966 年相比,增长 128%。石油、化工、冶金、机械行业均有较大的发展。1966 年至 1975 年,新增主要工业产品的生产能力为:炼铁 1971.5 万吨,炼钢 1250.6 万吨,煤炭开采 14926 万吨,发电机组容量 2603.6 万千瓦,石油开采 6881.2 万吨,天然气开采 132 亿立方米,合成氨 673.6 万吨,化学肥料 576.54 万吨,化学纤维 13.63 万吨,棉纺锭 416.3 万锭,自行车 135.4 万辆,机制糖 64.4 万吨,原盐 350 万吨,机制纸及板纸 125.3 万吨。20 世纪 60 年代初建成投产的大庆油田,已成为年产原油 5000 万吨的大型企业。山东胜利油田、天津大港油田也初具规模。1976 年,我国原油产量达 8716 万吨,相当于 1965 年产量的 7.7 倍。同期,原煤由 2.32 亿吨增加到 4.83 亿吨,增长 91.7%;发电量由 676 亿千瓦小时增加到 2031 亿千瓦小时,增长 146%;钢由 1226 万吨增加到 2046 万吨,增长 33.6%;水泥由 1634 万吨增加到 4670 万吨,增长 131.8%;汽车由 5.59 万辆增加到 13.52 万辆,增长 141.9%;金属切削机床由 5.49 万台增加到 15.7 万台,增长 186%;化学纤维由 7.58 万吨增加到 14.61 万吨,增长 92.7%;自行车由 205.3 万辆增加到 668.1 万辆,增长 235.2%。农用化肥、缝纫机、拖拉机、天然气等产品的产量也都成倍或几倍地增长。

这一时期建成和在建的大型企业还有：贵州六盘水，四川宝鼎山、芙蓉山，山东兖州等大型煤矿；甘肃刘家峡、湖北丹江口、葛洲坝、贵州乌江等大中型水电站；四川攀枝花钢铁厂、甘肃酒泉钢铁厂、成都无缝钢管厂、贵州铝厂、四川德阳第二重型机器厂、陕西富平压延厂、湖北第二汽车制造厂、四川大足汽车厂，等等。这些新兴工业基地多位于我国中西部地区，使工业地区分布有了较大的改善，为内地工业的发展创造了有利条件。

从 1973 年开始，我国还从国外引进了一批先进的成套设备和单机，包括 13 套大化肥、4 套大化纤、3 套石油化工、1 个烷基苯工厂、43 套综合采煤机组、3 个大电站，武钢 1.7 米轧机，以及透平压缩机、燃气轮机、工业汽轮机工厂等项目。利用这些设备，加上国内通过自力更生的生产和设备改造，共兴建了 26 个大型工业项目，总投资额约 214 亿元。

一批交通运输线、输油管线和邮电通信设施在"文革"期间相继建成。1959 年动工、1968 年建成的南京长江大桥，是当时我国自行设计建造的最大的铁路、公路两用桥，铁路桥长 6772 米，公路桥长 4588 米。全长 1091 公里的成昆铁路（四川成都至云南昆明）于 1970 年全线通车。全长 820 公里的湘黔铁路（湖南株洲田心至贵州贵定），全长 753 公里的焦枝铁路（河南焦作至湖北枝城），还有贵昆铁路（贵州贵阳至云南昆明）、京原铁路（北京至山西原平）、汉丹铁路（湖北汉口西至湖北丹江口）、宁铜铁路（江苏南京至安徽铜陵）、通让铁路（内蒙古通辽至黑龙江大庆让湖路）等也先后建成。1975 年 7 月 1 日，还通过技术改造建成我国第一条电气化铁路——宝成铁路（陕西宝鸡至四川成都）。公路建设也有所进展。这其中许多道路都建在地形险峻、地质复杂的地方，工程量之大、施工难度之高为筑路史上所罕见。例如成昆铁路，有 700 多公里穿越川西南和滇北山地，而大渡河、金沙江两岸又分布着数百米高的陡崖峭壁，工程异常艰巨；全线桥梁、隧道总延长占线路总长的 70%，长度在 2 公里以上的隧道有 34 座，6 公里以上的有 2 座，其中沙木拉打隧道长 6379 米，是当时全国铁路上最长的隧道，金沙江大桥主跨 192 米，为当时全国铁路上跨度最大的钢梁桥。[①] 1974 年，我国建成大庆至秦皇岛

---

① 《当代中国》丛书编辑部：《当代中国的基本建设》（上），中国社会科学出版社 1989 年版，第 165—166 页。

的第一条长距离输油管道,以及秦皇岛到北京、山东临邑到南京等输油管道。1976 年,我国又建成一条纵贯 8 个省市的全长 1700 多公里的中同轴 1800 路载波通信干线和连通全国 20 多个省市的微波通信干线。北京、上海还各建成一座卫星地面站。这些成果,大大增强了我国的交通运输能力、原油输送能力和邮电通信能力。

与上述大规模厂矿、工程相对应,地、县两级兴办了一大批小钢铁、小机械、小化肥、小煤窑和小水泥厂等"五小"工业①。毛泽东对此十分欣赏,1970 年 11 月他曾对外宾说:"我们通过实践提出搞'小、土、群',后来一扫而光。现在又搞起来了。"②为发展"五小"工业,中央政府提出,新建的县办"五小"工业在二三年内所得的利润,可留 60% 给县;对于暂时亏损的"五小"企业,可由财政给予补贴,或者在一定时期内减税免税;对资金确有困难的"五小"企业,银行或信用社要给予贷款支持。各地对"五小"工业财政投资也不断增加,其总数由 1970 年的 100 万元猛增到 1973 年的 1.48 亿元。国家的政策支持和大量财力、物力的保证,加上 1970 年经济管理权限向地方政府的下放,促使地方"五小"工业有了迅速的发展。1970 年全国有近 300 个县、市兴建了小钢铁厂,90% 的县建立了农机修造厂;地方小钢铁工业的炼钢能力较 1969 年增长 1.5 倍,生铁产量增长 1.8 倍,小化肥厂、小水泥厂的产量占全国总产量的 40%。其中,直接为农业生产服务的小机械厂、小化肥厂、小水泥厂发展最快,构成这一时期地方"五小"工业的骨干。在一些不发达的省区,还建立了一批纺织、日用化工、小五金、小百货等轻工业工厂。仅 1970 年上半年,全国就建成小化纤厂 65 个,小洗衣粉厂 24 个,小甜菜糖厂 91 个,小塑料原料厂 35 个。③

社队企业也有了很大发展。社队企业主要指农村人民公社和生产大队、生产队所办的集体所有制企业。其实,从 1953 年农业合作化运动开始,

① 关于"五小"工业,似乎并没有一个统一的界定,有的书中可能包括小电站等;可以将其视作对地方小型厂矿的统称。

② 赵士刚主编:《共和国经济风云》下,转引自苏星:《新中国经济史》(修订本),中共中央党校出版社 2007 年版,第 441 页。

③ 苏星:《新中国经济史》(修订本),中共中央党校出版社 2007 年版,第 441 页;郑谦、张化:《毛泽东时代的中国》(三),中共党史出版社 2003 年版,第 203—204 页。

就有农业生产合作社、生产队在国家支持副业发展的政策下办起了企业。1958 年人民公社化运动中,社办企业大量出现。中共中央也一度提倡干部"既要学会办社,又要学会办厂"。① 但那时的企业很多是靠刮"共产风"(主要是无偿调拨生产队和社员个人的某些财产)建起来的,因此在纠正人民公社化运动"左"的错误的过程中,中共中央又多次强调公社和大队一般不要办企业,社队企业大量减少。② 时过境迁,随着 1959—1961 年三年困难时期后农村人口的迅速增长,一些地区特别是沿海人口密集省份人多地少的矛盾日益突出,单纯的农业生产无法提高农民生活水平。更重要的是,毛泽东在"文革"期间家喻户晓的"五七指示"中指出,"在有条件的时候也要由集体办些小工厂"。③ 于是,从上世纪 70 年代开始,社队企业的迅速发展成为一个重要的经济现象。各地农村纷纷创办农具、粮油加工、建材、编织、服装等企业。1970 年全国社队工业产值为 67.6 亿元,是 1965 年 29.3 亿元的2.3 倍。虽然社队企业不时受到"左"的打压,但它能够使农民获益,因而具有很强的生命力。到 1976 年年底,全国社队企业共有 111.5 万个,总收入272.3 亿元,占人民公社三级总收入的 23.3%。④ "文革"时期社队企业的发展,为 80 年代后乡镇企业的崛起打下了一定的基础。

此外,1971 年周恩来根据国际形势发生的变化及可能给我国外贸带来的发展机遇,提出"三年改变港口面貌"的口号。他布置谷牧、粟裕抓港口建设,召开了全国港口建设会议,制定了三年规划方案。到 1975 年年底,新增万吨级以上深水泊位 48 个,超过了 1949—1972 年的总和;增加港口作业线143 条;新建大船坞 7 个;新增年坞修能力 110 艘次;港口综合吞吐能力新增5500 万吨,比 1972 年增长 50%;港口的供油、供水设施也有了明显改善,并对长江口和珠江航道进行了初步整治。这三年也成为新中国成立以来港口

① 《中共中央关于发展地方工业问题的意见》(1958 年 3 月 23 日),《建国以来重要文献选编》第十一册,第 224、225 页。

② 参见颜公平:《对 1984 年以前社队企业发展的历史考察与反思》,《当代中国史研究》2007 年第 2 期。

③ 《对总后勤部关于进一步搞好部队农副业生产报告的批语》(1966 年 5 月 7日),《建国以来毛泽东文稿》第 12 册,中央文献出版社 1998 年版,第 54 页。

④ 《当代中国》丛书编辑部:《当代中国的乡镇企业》,当代中国出版社 1991 年版,第 56、59 页。

建设成就最大的时期。①

2. 农业领域的成就

"文革"时期,国家对农业的资金、物质投入继续增加,农业生产条件有了一定改善。1976 年,国家财政支农资金和农业贷款年底余额总计为 200.9 亿元,与 1965 年相比增长 50.8%。十年间,全国农业总产值指数增长 24.5%。

农田基本建设继续得到加强。此前几年大批兴建的水利工程,进一步发挥效益。特别是农业现代化装备水平有了较大提高。拥有农业机械总动力 8629.6 万千瓦,增长 6.9 倍,其中,大中型拖拉机 39.7 万台,增长 4.5 倍,全国 1/3 耕地实行了机械耕种;排灌动力机械 3984 万千瓦,增长 4.97 倍,原来的人力、畜力、风力等简易提水工具基本为机电泵所代替,机电灌溉面积占总灌溉面积的 53.9%;化肥施用总量达 582.8 万吨,增长 2 倍,每亩耕地的化肥施用量达 7.8 斤;农药生产量和进口量达 43.6 万吨,增长 90.6%;农村用电量达 204.8 亿度,增长 4.5 倍;农村载重汽车拥有量 4.8 万台,增长 3.3 倍。

粮食生产和农业生产基本保持稳定增长。从生产总量上来看,1976 年,全国农业总产值达 1258 亿元,按可比价格计算,比 1965 年增长 35.3%。虽然上文提过,1976 年我国人均年消费粮食只有 381 斤,低于 1952 年的 395 斤。但这只能证明人民生活水平并未得到提高,却不能说明农业生产出现停滞和倒退。因为"文革"时期有许多政策因素严重影响了人均粮食消费数量。一是人口增长失控——1966 年至 1976 年年增长率平均为 2.3%,明显高于 1950 年至 1978 年的 2%。考虑到 1963 年至 1965 年年均增长率高达 2.5%,这部分新增人口也必然会给"文革"期间的粮食生产造成进一步的压力。二是实行备战备荒的"广积粮"政策,使人民得不到较多的消费。三是受极左思潮影响,不进口或进口粮食较少。实际上这一时期粮食生产是有所增长的。1976 年粮食产量 5726 亿斤,比 1965 年增加了 1836 亿斤。在人口迅速增长的情况下,人均粮食产量也由 544 斤增加到 610 斤,增长了 12.1%。其他农作物总产量也有一定增长(但按人口平均则几乎没有增加,

---

① 《谷牧回忆录》,中央文献出版社 2009 年版,第 253—254 页。

油料、棉花还分别比 1965 年减少 20% 和 25%)。

3. 科学技术的成就

"文革"时期,科技领域取得了一大批在新中国经济建设史上具有划时代意义的重要成果。1966 年 5 月我国成功地进行了第一次含有热核材料的核试验;10 月成功地进行了第一次发射导弹核武器试验,与核技术相联系的导弹技术取得突破;1967 年 6 月成功地爆炸了第一颗氢弹,距第一颗原子弹爆炸只有两年零八个月,速度为世界之最;1969 年 9 月首次成功地进行了地下核试验,1971 年 9 月第一艘核潜艇建成并试航成功。国防尖端技术研究方面取得的成就,增强了我国的国防战略防御能力。尤其应当铭记的是,这些成果是在国际尖端技术严格保密的状况下依靠中国自己的力量所取得的。

空间技术方面,1970 年 4 月我国成功发射了第一颗人造地球卫星;翌年 3 月又发射科学实验卫星"实践"一号,第一次成功地回收了各种试验数据。1971 年 9 月,洲际火箭首次飞行试验基本成功。1975 年 11 月,第一颗返回式遥感人造地球卫星正常运行后按预定计划返回地面,使中国成为继美国、苏联后第三个能回收卫星的国家。

生物技术方面的突破尤其重要。1970 年,湖南省黔阳农校教师袁隆平等发现了雄花败育的普通野生稻(后来被大家称为"野败"),使杂交水稻研究出现重要转折。在中国农林科学院、湖南省农业科学院的共同组织下,开展了全国范围的科研协作。① 经过艰苦攻关,1973 年,我国在世界上首次培育成功强优势的籼型杂交水稻。中国的杂交水稻比常规稻一般每公顷增产 750 多公斤,多的增产 1500—2250 公斤,对促进我国粮食增产起了重大作用。杂交水稻后来还成为转让给美国的第一项农业技术,同时推广到其他一些国家。②

电子技术也取得进步。我国自行研制成功卫星地面站、彩色电视发射

① 《当代中国》丛书编辑部:《当代中国的农业作物》,中国社会科学出版社 1988 年版,第 87—88 页。

② 《当代中国》丛书编辑部:《当代中国的农业》,当代中国出版社 1992 年版,第 409 页。

设备、第三代电子计算机,还发展了激光红外技术,自行研制成功小同轴300路载波机。1971年,初步形成全国电视网。半导体、集成电路的研制和生产取得了一些进展。此外,远洋科学调查、珠穆朗玛峰科学考察、考古发掘等方面,都取得了可喜的成果。

4. 环保工作的起步

我国的环境保护工作其实正是从"文化大革命"时期开始起步的。"文革"期间"五小"工业的发展对地方经济起了不小的积极作用,成为这一时期工业发展的一个重要组成部分,但也存在着诸如消耗大、污染严重等问题。与此同时,为了解决"吃饭"问题,一些不宜种粮的地区也开始要求开荒种粮,毁林毁草、围湖造田等现象加剧。加之"大跃进"运动中的全民大炼钢铁热潮所造成的严重生态破坏,由于没有保护环境的意识,污染日益积累,环境逐步恶化。

在"文革"的混乱情况下,在大多数人对于环境保护问题还感到陌生的时候,周恩来提出了保护环境的问题。他强调:经济建设中的"三废"(废水、废气、废渣)问题不解决,就会成为公害。发达的资本主义国家公害很严重,要认识到经济发展中会遇到这个问题,并及时采取措施解决。在搞经济建设的同时,就应该抓紧解决这个问题,绝对不做贻害子孙后代的事。从1970年到1974年,周恩来数十次对环境保护作出讲话、批示,要求有关部门治理环境污染,搞好综合利用,保护环境,并确定保护环境以预防为主;治理污染重在"化害为利,变废为宝"。①

1972年6月,国务院批转关于官厅水库污染情况和解决意见的报告,建立了官厅水库水源保护领导小组,开始了中国第一个水域污染的治理;接着又批准召开防治主要港口和水域污染的会议。② 1972年6月,中国派代表团出席了在斯德哥尔摩召开的联合国人类环境会议。通过这次会议,人们开始意识到,中国城市的环境问题不比西方国家轻,而在自然生态方面存在的问题甚至远在西方国家之上。这对推动中国环境保护工作的开展和首次全

---

① 中共中央党史研究室:《中国共产党历史》第二卷(1949—1978),中共党史出版社2011年版,第974页。

② 曲格平:《环境科学基础知识》,中国环境科学出版社1984年版,第262页。

国环保会议的召开,起到了关键的促进作用。① 此外,1972年周恩来领导的对极左思潮的批判和落实党的政策的努力,也为人们能更多关注环境问题和推行环保举措提供了重要的社会环境。

在环境保护工作受到普遍重视的情况下,1973年8月5日至20日,国务院委托国家计委召开的首次全国环境保护会议在北京举行。参加会议的有各省、市、自治区及国务院有关部门负责人,工厂代表、科学界人士的代表,共300多人。② 国务院副总理李先念、余秋里等参加了会议。会议比较充分地揭露了中国的环境问题,先后印发了6期《简报增刊》和6期《环境保护情况反映》,集中反映环境污染和生态破坏方面的情况。这些资料除了在会议上印发,还由国家计委向各省、市、自治区革命委员会和国务院各部门转发。③ 会议研究了有关环境保护的方针、政策,设立了国务院环境保护领导小组办公室。会议制定的《关于保护和改善环境的若干规定(试行草案)》,是新中国第一部环境保护的综合性法规。

此后,从中央到各地区、各有关部门,都相继建立起环境保护机构,并制定各种规章制度,加强了对环境的管理。对某些污染严重的工矿区、城市和江河进行了初步的治理;环境科学研究和环境教育也蓬勃发展起来。

四、如何看待"文革"十年经济建设的得失

前面陈述的众多统计数据已经可以初步勾勒出"文化大革命"时期的经济状况:"文革"对国民经济的冲击不可谓不大,但在艰难困苦中经济建设事业仍然有所发展。一些持"崩溃边缘说"的学者反复强调,统计数字只是"表面文章","崩溃边缘"指的是整体经济运转状况以及国民经济的结构、管理、动力等更带根本性的问题。逻辑上讲,这个说法无可非议。但我们又如何

---

① 张连辉:《新中国环境保护事业的早期探索——第一次全国环保会议前中国政府的环保努力》,《当代中国史研究》2010年第4期。

② 《特殊年代里的会议——第一次全国环境保护会议回顾》,http://news. xinhua-net. com/environment/2009—09/30/content_12135088. htm。

③ 雷洪德、叶文虎:《中国当代环境保护的发端》,《当代中国史研究》2006年第3期。

能把"文革"时期经济领域的若干发展与"濒临崩溃的边缘"的描述协调起来呢?

　　"文革"时期的经济状况与"大跃进"后的"三年困难时期"大异其趣——以1952年的工农业总产值指数为100,1962年的指数为173.1,比1958年的221.9下降了22%;而1976年的626.6则比1966年的314.7增长了99%,十年中翻了将近一倍。然而,似乎没有人想把"崩溃"一类的词语用在1959—1961年。大概还是因为"文化大革命"运动造成的政治危机和社会危机太过严重、教训太过深刻,人们才会把政治、思想、文化领域的情况推及其他方面。当然,"文革"的这种特殊性也提醒着我们,看待这一时期的经济同样不能一句"有所发展"了之。

　　1. 如何看待成就

　　在极端困难的条件下,广大群众克服频繁的政治运动的重重干扰,取得了一定的成就。这些成就充分显示了中国人民的巨大力量和聪明才智,但绝不是"文化大革命"本身的功劳,绝不意味着"文革"运动有什么可取之处。恰恰相反,这些成就是通过排除"文革"的影响而取得的。不应该把"文革"的错误理论和实践同这十年的整个历史完全等同起来,更不应该"株连"到这期间全国人民为维护社会稳定和国家建设而付出的努力。

　　例如,在科学技术人员中,许多人虽然受到打击迫害,失去了正常的工作条件,但仍尽可能地奋力工作。核物理学家邓稼先等一批科学家放弃国外优厚条件回国后,长期隐姓埋名,默默无闻地在艰苦的条件下从事核武器的设计与研制。他们不顾十年动乱对个人及家庭的冲击,千方百计地克服派性在科技人员中造成的分裂和混乱,夜以继日地工作,成为我国国防尖端武器研制事业杰出的奠基者。正是有了这样一大批科学家、领导干部和工程技术人员,正是由于他们在十分困难的环境中还在忘我地工作,我国的第一颗氢弹才能在"天下大乱"的时候空爆成功。1968年12月5日,我国著名力学家、核武器研究所副所长郭永怀,在完成第一次热核弹头试验准备工作返回北京时,因飞机失事不幸遇难。当人们从机身残骸中找到他时,发现他同警卫员紧紧抱在一起,他们罹难时紧护在胸前的,竟是完好无损的装有绝密实验资料的公文包。

　　后来成为世界著名数学家的陈景润为攻克解析数学领域的"哥德巴赫

猜想"而不舍昼夜,潜心钻研,却被定为"白专典型"、"修正主义苗子"而被"专政"。他身处逆境,却没有停止过研究,在6平方米的小屋内,借着煤油灯光伏在床板上靠笔写手算的方式演算,在耗去几麻袋的草稿纸后,对"哥德巴赫猜想"的研究取得了世界领先地位,其成果被命名为"陈氏定理",永远地载入了史册。

"文革"初起时,后来享誉世界的"杂交水稻之父"袁隆平的科研事业刚刚起步。他克服造反派对试验的几次严重破坏,在近乎保密的情况下顽强地进行科研工作,终于在籼型杂交水稻的研究上连续攻关,取得突破性成果。参加杂交水稻协作研究的几十个科研单位,使用了上千个品种,进行了上万次杂交组合。许多科研人员为了争时间、抢速度,一年四季转战南北——"春在本省,秋赴广西,冬奔海南",加速世代繁殖和选育。有的连续几年风餐露宿,不回家过春节。① 1975年冬,国务院决定迅速扩大试种和大量推广杂交水稻。许多在动乱中遭到"批斗"的相关企业领导干部和基层工作干部一如既往地忠于职守、坚持工作,有的人刚从"牛棚"(监禁地)被释放,即刻奔赴工作岗位。

河南林县人民在1966年红旗渠总干渠竣工通水后,又于1967年进行红旗渠支渠配套。他们顶住压力,排除动乱的干扰,至1969年7月底,共建成大小石砌渠道595条,全长1500公里,同时进行总干渠加高加固,配套维修,直至1974年8月,红旗渠全部竣工。红旗渠的建成,使林县从山坡到梯田,从丘陵到盆地,形成了一个较为完整的水利灌溉网。②

还有更多默默无闻的忠厚勤奋的工人、农民,那些统计数据之所以并不难看,全赖他们辛勤的劳作。

毫无疑问,如果没有"文化大革命"的内乱和破坏,各项事业会取得更大更多的成绩。以"三五"计划为例,由于全国人民发挥了极高的建设热情,计划实行不久,就显现了巨大的成效。1966年4月,国家计委向中共中央汇报指出:经过一年多的实践证明,原设想的第三个五年计划,有可能提前两年

---

① 《当代中国》丛书编辑部:《当代中国的农业作物》,中国社会科学出版社1988年版,第88页。

② 中共中央党史研究室:《中国共产党历史》第二卷(1949—1978),中共党史出版社2011年版,第975—976页。

实现。就建设来说,大小"三线"的许多重大项目,现在看可以提前一年或两年建成。其中,攀枝花铁矿,酒泉镜铁山铁矿,贵州六枝、盘县、水成三大煤矿区,刘家峡水电站,成昆铁路,四川天然气等重点项目,可以提前两年于1968年基本建成或达到原计划生产水平。就生产来说,1970年的主要生产指标,大部分可以在1968年完成,有些1967年就可以完成。其中钢、棉纱、石油、棉花1967年就可以达到或超过1970年的计划指标;煤炭、发电量、有色金属、机床、化肥、粮食等1968年可以完成1970年的计划指标。面对经济建设的大好形势,国家计委乐观地提出修改"三五"计划草案的设想:大幅度增加钢铁、煤炭、有色金属、电力、石油、铁路的生产建设指标,把农业机械化搞上去,努力增加集体经济的积累来源。照这样的速度发展下去,我国的经济建设在十年中将取得更大的成就。但是,一个月后开始的"文化大革命",使这个设想成为泡影。①

2. 如何看待损失

"文革"时期的经济损失大体上可以分为两类,一类与政治动乱直接相关,最典型的是前文叙述过的"武斗"、"串联"、"停产"等造成的损失,极左思潮中的经济思想所造成的恶劣影响也在其列。评价这类损失时,一般是不存在争议的。另一类则包括严重的比例失调、人民生活水平徘徊不前等,这些情况可能在"文革"期间表现得比较突出,但却不是这一阶段所独有的问题,而是改革开放前经济发展模式的弊端的集中体现。"文革"十年间,中国走过的是一条投资积累率高、消费率低,重工业投资大、农业轻工业投资少,生产性项目多、生活性项目少,投资效益低、见效慢的发展道路。

表四:国民收入、积累、财政收入、基建支出比例

年份	积累占国民收入使用额(%)	财政收入占国民收入(%)	基本建设支出占财政支出(%)
1966	30.6	35.2	35.3
1967	21.3	28.2	36.5

---

① 陈东林:《研究"文革"时期国民经济的几点思考》,《中国经济史研究》1997年第4期。

续表

年份	积累占国民收入使用额(%)	财政收入占国民收入(%)	基本建设支出占财政支出(%)
968	21.1	25.5	32.8
1969	23.2	32.6	39.2
1970	32.9	34.4	45.9
1971	34.1	35.9	42.3
1972	31.6	35.9	40.3
1973	32.9	34.9	39.2
1974	32.3	33.4	39.6
1975	33.9	32.6	39.8
1976	30.9	32.0	39.6
"一五"计划时期	24.2	32.7	37.6
"二五"计划时期	30.8	38.6	46.0
1963—1965	22.7	34.2	30.1
"三五"计划时期	26.3	31.5	38.7
"四五"计划时期	33.0	34.4	40.2

资料来源:财政部综合统计司:《中国财政统计(1950—1985年)》,中国财政经济出版社1987年版,第152—153页。

　　一种观点认为,上述发展道路所造成的损失在相当程度上来讲是一种"合理代价"。因为中国工业落后的国情决定了国家投资的重点必须首先是工业尤其是重工业,然后才是农业和轻工业;在处理积累和消费的关系上,必须用提高积累率的办法来发展生产,生产发展了才能提高人民的消费。既然道路是确定的,"鱼与熊掌不能兼得",为"取熊掌"而"舍鱼"是一种可以接受的损失。

　　整体上说,笔者并不同意这个观点,至于不同意的原因,还需要抽丝剥茧、层层说明。首先,改革开放前的新中国选择的是一种重工业优先的不均衡增长战略,那么"后发国家"可不可以选择不均衡的增长战略,即有选择地在某些部门进行投资?当然是可以的。对那些走上经济发展道路的国家来说,应该采取平衡的还是不平衡的方式发展经济,一直是发展经济学家们争论的话题。虽然没有一个确定的答案,但有经济学家认为,"发展就是一系列连锁着的不平衡","事实上发展都是通过经济中的主导部门的成长带动其他部门的成长",一个行业的扩充生产可以带动那些性质互补的行业,最终形成行业间的互相促进,因此可以重点地选择投资领域。① 特别是当一个国家的投资规模有限时,应当选择那些引致投资最大化的项目,即能通过自身发展带动其他项目发展的投资项目。② 中共党内长期从事经济工作的薄一波,曾经通过分析中国重工业的薄弱状况最终得出结论:在一个相当长的时期内,如果没有钢铁、有色金属、机械制造、能源、交通等重工业的建立和发展,要想大力发展轻工业、给农业以更大支持,是办不到的。③ 这其实就是在说,要通过重工业的不平衡发展带动轻工业和农业。理论上讲这样做并无任何不妥之处。当然,毛泽东1958年提出的所谓"积极平衡"论(不平衡是绝对的,因此要打破旧的平衡、最终再建立新的平衡④)就另当别论了,那是他为"大跃进"找的依据,而"大跃进"的结果是众所周知的。毛泽东的失误,在于他将不平衡的理论绝对化了。

第二个问题是:新中国是否必然要选择这种重工业优先的不均衡增长战略? 答案仍然是肯定的。在当时的国际环境下——或者更准确地说,在当时人们对国际形势所能达到的认识程度下,这种战略选择几乎是没有"备选项"的。如果按照市场机制,中国最合理的方式是从发达国家获取重工业产品。因为发展资本密集的重工业部门不仅需要不断投入巨额资本,回报的周期也很长,对于资本供给严重不足的新中国而言,可以说是十分昂贵的。而中国的劳动力极为丰富、廉价,从理论上讲,以轻工业为主导带动工业化的方式比较有利。但在20世纪70年代以前,中国一直面对着西方资本主义国家的敌视。如果政府不干预,重工业的发展就会陷入一种既急需又缺乏动力的尴尬境地。从另一个角度来看,由于资本主义国家的封锁导致

---

① 罗志如等:《当代西方经济学说》上册,北京大学出版社1989年版,第335页。

② 于同申:《发展经济学——新世纪经济发展的理论与政策》,中国人民大学出版社2002年版,第296页。

③ 薄一波:《若干重大决策与事件的回顾》上卷,中共中央党校出版社1991年版,第293页。

④ 中共中央文献研究室:《毛泽东传(1949—1976)》(上),中央文献出版社2003年版,第770页。

缺乏必要的国际市场,中国也不可能正常发挥比较优势、发展劳动密集型的轻工业。因此,中共领导人实际上产生了一种在重工业产品方面的进口替代思想。另外,苏联模式的压力也是中共领导人进行战略选择时所不得不考虑的。毕竟斯大林担心中共会走铁托式的道路已经不是一天两天的事了。① 后来中苏交恶的历史,则是这一选择合理性的又一次论证。

从主观层面上来看,中共领导人认为提高积累率、集中力量发展重工业是一种长远的、根本的利益。毛泽东曾经提出过一个"大仁政"的说法:发展轻工业只是一种"小仁政",而建设重工业是为了人民的长远利益,是重点,因此人民生活不可多改善,不可多照顾。② 他还有一段非常著名的话:"现在我们能造什么?能造桌子椅子,能造茶碗茶壶,能种粮食,还能磨成面粉,还能造纸,但是,一辆汽车、一架飞机、一辆坦克、一辆拖拉机都不能造。"③暂且不论说得是否准确——一些学者认为,其实中国的工业基础还不至于这么"惨","一辆"什么的还是造的出来的,批量生产当然是另外一回事了——这段话明显表现出中共领导人希望通过超越发展阶段的重工业优先发展实现赶超的目标。

关键的问题是:重工业优先的不均衡增长战略是否一定会造成那些经济损失? 也就是说,"鱼"与"熊掌"是否真的非此即彼? 这才是我们评价"文革"时期经济损失的关键。新中国的经济政策在实际执行过程中远不是哪个"优先"的问题,而是重工业"压倒性"地超越了农业和轻工业。这种超常规、不合理的发展方式是无法带动农业和轻工业发展的。农业方面,农用机械之类的重工业产品当然是发展农业的重要条件,但熟悉新中国历史的人都会知道,农业合作化运动后,真正困扰中国农业生产的从来不是这些物质层面的因素,而是中共的农村政策。受制于农产品产量有限,无法充足地供应轻工业生产,全国轻工业的设备利用率很低。也就是说,重工业为轻工

---

① 沈志华:《中苏关系史纲》,新华出版社 2007 年版,第 110 页;沈志华:《毛泽东、斯大林与朝鲜战争》,广东人民出版社 2003 年版,第 131 页。

② 薄一波:《若干重大决策与事件的回顾》上卷,中共中央党校出版社 1991 年版,第 291 页。

③ 《关于中华人民共和国宪法草案》(1954 年 6 月 14 日),《毛泽东文集》第六卷,人民出版社 1999 年版,第 329 页。

业提供的生产设备根本无用武之地。

此外,由于重工业初始投资规模大、建设周期长,中国又长期处于资金短缺的状态,高积累率几乎是一个必然的结果。这不仅严重影响了人民生活水平的提高,更造成整个社会的生产动力不足。当然,在重工业增长的拉动下国民收入还是有一定增加的,但轻工业和农业生产严重滞后,重工业生产出来的绝大部分产品又都不是消费品,于是社会购买力和商品供应间出现了缺口。一个明显的表现是,购买许多产品时必须持有定量发行的票证,否则即使手中有钱也买不来。

由此可见,"文革"时期乃至整个改革开放前新中国经济的这类损失(比例失调、生活困难等)是由于重工业"畸形"发展而非"优先"发展造成的。我们可以说重工业超常规发展的部分早晚会有收益,不等同于浪费,还可以说它象征着中国人民的艰苦创业精神和作出的巨大牺牲。但这种损失本可通过政策上的调整在相当程度上得到避免——毛泽东等领导人有许多重视农业和轻工业的言论,但大体上也都止于言论而已——可以避免的损失怎么会是合理的呢?

引申开来说,既然损失可以在一定程度上避免,那么能不能釜底抽薪,从改变农村政策入手使农业和轻工业从根本上发展起来呢?恐怕可能性不大。还是出于发展重工业的需要,劳动投入成本被人为压低,或者说工人的工资是相对较低的。如果工人的工资无法支付其生活所必需的农产品,势必引起社会的不安定,也会影响重工业的劳动供给。解决这一问题的办法就是实行农产品的低价政策。这就要对主要农副产品实行贸易垄断,即统购统销。为了确保统购统销政策,就要作出一种强制性的制度安排,使家能够以行政力量直接控制农业生产。按照这种逻辑,实行主要农产品的统购统销政策之后,农业集体化运动随之开始并不断加速,直至1958 年建立人民公社体制。[①] 这种体制反过来严重打击了农民的生产积极性,进而造成重工业无法发挥其带动作用。整个过程形成了一个"恶性循环"!

以苏联为代表的传统社会主义国家,以及一大批把重工业当作经济赶

---

① 林毅夫等:《中国的奇迹:发展战略与经济改革》(增订版),上海三联书店、上海人民出版社 1994 年版,第 48 页。

超突破口的发展中国家都陷入了这样的怪圈。它们不同程度地忽略了自身的比较优势,不顾各种要素的限制,通过政府手段扭曲了价格体系,抑制了市场机制的作用。这些做法成功地推进了重工业的非正常发展,却也引起经济失衡和一连串的负面效应。抚今追昔,一个灵活、有效、竞争充分的市场是何等重要!美国著名的发展经济学家纳克斯(R. Nurkse)认为,把资本大致相同地投放到各种不同的产业中去,才能走出贫穷的恶性循环。因为同时建造的新工厂能使它们在供给方面得到相互补充并获得外部经济效益,在需求方面得到产品销售市场的相互补充;广泛地投资于各类产业还可以利用各部门间的相互补充性质,导致纵向和横向的联系,推动进一步分工,更好地利用社会固定资本。[①] 对于上世纪五六十年代的中国,这种百废俱兴式的发展方式可能并不现实,因为生产要素根本无法满足各方面的需求。但其实经济学家也并非要求各部门按同一比率发展,他们的理论更多的是一种启发,那就是经济建设要注意各部门间的平衡,要以平衡作为发展的目标,我们在这方面的教训是足够多的。

以上说的是改革开放前有共性的问题,具体到"文革"时期,还有一个影响中共经济战略选择的重要因素,那就是备战。备战的思路形成于"文革"开始前夕,但其影响力却主要发挥在"文革"期间。20世纪60年代,中苏从两党之间在意识形态领域的分歧、论战,逐步发展到国家关系的恶化、中断;中美关系则由于台湾问题和美国对越南北部战争的扩大,继续保持紧张状态;我国周边形势也逐渐恶化,中印边界纠纷演变成武装冲突,南、北边境地区的局势也都很紧张。在这种情况下,经济工作中战备的问题被突出地摆到了中共高层的议事日程上来。毛泽东说:只要帝国主义存在,就有战争的危险。我们不是帝国主义的参谋长,不晓得它什么时候要打仗。[②]

1963年初开始,国家计委着手编制"三五"计划。这个计划最初是以大力发展农业、基本解决人民吃穿用问题为首要任务的"吃穿用"计划,但却逐步演变为备战计划。既然要准备应对战争就免不了继续强调发展重工业。

---

① 罗志如等:《当代西方经济学说》上册,北京大学出版社1989年版,第333—334页。

② 中共中央党史研究室:《中国共产党历史》第二卷(1949—1978),中共党史出版社2011年版,第690页。

毛泽东曾说:酒泉和攀枝花钢铁厂要搞,不搞我总不放心,打起仗来怎么办? 攀枝花不搞起来,我就睡不着觉,一定要下决心搞,把我们的薪水都拿去搞。① 可见心情多么迫切。国防工业更是得到极其突出的重视。1969 年国防工业投资较上年猛增 1.36 倍;1970 年至 1972 年三年间,国防工业投资达 91.23 亿元,占同期工业基本建设投资总额的 16% 左右——比重之高创 1949 年至 1985 年 36 年间之最。当时的方针叫作"备战、备荒、为人民",中共领导人数次强调要最终还是为了维护全体人民的利益,但在执行过程中,着力点还是被放在了"备战"上。

至于这是否是一种浪费? 有学者指出:从纯经济观点看,这样提出问题是顺理成章的。但读过马克思有关著作的人想必记得,马克思在谈到分配问题时,将人类为应付不幸事故和自然灾害等的后备基金或保险基金视为必要扣除的范畴。在当今世界,一国人民出于自卫需要的开支,虽然不完全像人类防御自然灾害一样,但在避免或减少经济(当然不限于经济)损失,以及在损失发生时能够给予相当补偿的意义上,则有些类似。从社会范围来看,包括军费开支在内的广义的国家安全支出,都应视为社会再生产的成本费用,从而是纳税人的分摊部分,并最终计入任何一件产品或一项劳务的财务成本之中。"三线"建设投资就是这种必要的国家安全与经济安全支出。把这项费用计入维护民族独立与尊严和实现现代化目标的社会总成本中,也是顺理成章的。在经济学意义上,它是社会劳动总产品的必要扣除之一。②

说到"三线"建设,也是一个与备战紧密相关的经济战略部署。1964 年五六月间中共中央讨论"三五"计划时,毛泽东提出:在原子弹时期,没有后方不行。"前一个时期,我们忽视利用原有的沿海基地,后来提醒,注意了。最近这几年又忽略'屁股'③和后方了。"④"三五"计划要考虑解决全国工业

---

① 中共中央文献研究室:《毛泽东传(1949—1976)》(下),中央文献出版社 2003 年版,第 1362 页。

② 马泉山:《新中国工业经济史(1966—1978)》,经济管理出版社 1998 年版,第 5 页。

③ 毛泽东提出,国民经济有两个拳头,一个屁股,农业是一个拳头,国防工业是一个拳头,基础工业是屁股;要把基础工业适当搞上去,其他方面不能太多,要相适应。

④ 中共中央文献研究室:《毛泽东传(1949—1976)》(下),中央文献出版社 2003 年版,第 1362 页。

布局不平衡的问题,要搞一、二、三线的战略布局,加强三线建设,防备敌人的入侵。①

与单纯地通过发展国防来进行备战不同的是,"三线"建设所造成的"损失"还是调整工业布局不合理状况所付出的代价。这里的"损失"指的是相关投资建设并不能取得经济学意义上的效益最大化。至于其他问题,如因建设规模铺得过大,超过了国家的承受能力,以致不得不中途下马或久拖不决;因工程进度要求过急过快,而对资源环境论证不足,进而出现生产事故;因过分强调备战需要,而忽视经济效益和长期生产的条件,把一些现代化工业企业按"靠山、分散、进洞"的原则建在远离城市的山沟里,造成厂矿生产和工人生活的极大困扰等,则仍然是不折不扣的损失,而不是为了某个宏伟目标而不得不付出的"代价"。

由于近代历史的原因,中国原有的工业企业和交通设施70%以上分布在东部沿海地区,中西部的工业和交通基础十分薄弱。这是国家经济建设中迟早要解决的问题。"三线"建设就是一个对经济落后地区的开发过程。现代经济发展的经验表明,大规模的落后地区的经济开发,往往需要经历较长周期,才能收到应有的效果。涉及国家总体战略的像"三线"建设这样的规模很大的工业资源的重新配置与调整,需要在较长时期内分若干阶段地进行,逐步达到最后的目标。那时再来看,收获将是很不相同的。② 如果没有当年"三线"建设改善了内地的工业、交通和科技状况,改革开放时期提高中西部经济水平的任务无疑会变得更加艰巨。在某种程度上正如毛泽东所说:"后方建设起来,敌人如果不来,也没有什么浪费。"③

总而言之,"文化大革命"是一个极其特殊的时期,特殊到无法对这一时期的经济状况简单地做出评价,特殊到不能用一般的眼光看待其中的得失。也正因为与现代生活格格不入,这段原本离我们并不遥远的历史总令人感

① 中共中央党史研究室:《中国共产党历史》第二卷(1949—1978),中共党史出版社2011年版,第690页。

② 马泉山:《新中国工业经济史(1966—1978)》,经济管理出版社1998年版,第292页。

③ 毛泽东:《要争取快一点把后方建设起来》(1965年11月),《党的文献》1995年第3期。

觉恍若隔世。更何况许多人因为某些原因不愿再提起这段过往。总结历史是为了让类似的遗憾不再发生,从这个意义上讲,无论如何强调"文革"造成的损失都不算过分。我们固然应该对全国人民在困难条件下节衣缩食、自力更生进行的建设给予足够的估量和正确的评价,但更应该着重于从中吸取历史教训。

第九章 粉碎"四人帮"后两年的历史定位

1976年10月6日晚8时,华国锋、叶剑英在中南海怀仁堂召集中央政治局常委会议,并以讨论《毛泽东选集》第五卷出版问题为由通知姚文元列席。在张春桥、王洪文、姚文元先后到达会议室时,华国锋分别宣布对他们实行隔离审查;同时,江青也在住所收到了隔离审查的决定。就这样,前后不到一个小时,"四人帮"便被粉碎了。现在人们一般认为,粉碎"四人帮"标志着"文化大革命"的结束;同样已经基本达成共识的是:1978年12月召开的中共十一届三中全会标志着"改革开放历史新时期"的开始。可是两个共识之间留下了两年多的空白,如何定位这个空白期则引起了学界的争论。

一、徘徊还是前进

提到1977、1978这两年,自然无法绕开一个名字——华国锋。粉碎"四人帮"后,华国锋担任中共中央主席、中央军委主席、国务院总理等职务,成为继毛泽东之后的中国最高领导人。随后,从繁华都市到穷乡僻壤,到处都悬挂着华国锋的画像。诗人作诗歌颂他"英明、果断",报纸发表社论论述他作为"英明领袖"的品质,毛泽东的"最高指示"被不断宣扬——"要造这个舆论,要宣传华国锋同志,要使全国人民逐步认识华国锋同志。"[1]作家叶永烈写道:"经过热火朝天的宣传,尽情的讴歌,华国锋被精心'包装'成了'英明领袖'。"他同时也承认:"平心而论,在毛泽东逝世之后,中共失去了享有极高声望的领袖毛泽东,急欲填补这一空白,树立新的领袖华国锋的形象,

---

[1] 《毛主席语录》,《人民日报》1976年12月22日。

原本也是当时形势的需要。"①

　　然而,仅仅四年零八个月之后(从 1976 年 10 月算起),1981 年 6 月,华国锋辞去中共中央主席、中央军委主席的职务。而且按照官方的说法,十一届三中全会后,虽然华国锋仍担任党中央主席,"但是就党的指导思想和实际工作来说,邓小平已经成为党中央领导的核心"②。因此华国锋实际主政的时间不过两年零三个月。

　　就在华国锋宣布辞职的中共十一届六中全会上,中共中央通过了《关于建国以来党的若干历史问题的决议》,其中给华国锋的两年作了这样的"评语":两年中,"揭发批判江青反革命集团的罪行,清查他们的反革命帮派体系,取得了很大成绩。党和国家组织的整顿,冤假错案的平反,开始部分地进行。工农业生产得到比较快的恢复。教育科学文化工作也开始走向正常。"但是,纠正"文化大革命"错误的要求"遇到了严重的阻碍"。一个重要的原因就是华国锋"在指导思想上继续犯了左的错误"——他推行和迟迟不改正"两个凡是"(即"凡是毛主席作出的决策,我们都坚决维护,凡是毛主席的指示,我们都始终不渝地遵循")的错误方针;压制关于真理标准问题的讨论;拖延和阻挠恢复老干部工作和平反历史上冤假错案的进程;在继续维护旧的个人崇拜的同时,还制造和接受对他自己的个人崇拜。此外,"由于当时历史条件的限制和华国锋同志的错误的影响",中共十一大没能纠正"文革"的错误。"对经济工作中的求成过急和其他一些左倾政策的继续,华国锋同志也负有责任。"《决议》形容这两年是"在徘徊中前进"——这个说法由此成为 1977、1978 两年的专用名词,就像"英明领袖"一度之于华国锋那样。

　　由于《关于建国以来党的若干历史问题的决议》至今仍是中共党史研究所必须遵循的准则,相关著作大都秉承《决议》精神,既说明两年内取得的若干成绩,又着重强调出现了"徘徊"。例如 1983 年,解放军政治学院为党史教学而编写了《中国共产党六十年》,对这两年的定位及归因几乎照抄了《决

① 叶永烈:《邓小平改变中国——1978:中国命运大转折》,江西人民出版社 2008年版,第 102、98 页。
② 中共中央党史研究室:《中国共产党的七十年》,中共党史出版社 1991 年版,第425 页。

议》内容。不过也有细小的不同,如说纠正"文革""左"倾错误的要求之所以受到阻碍,"主要是由于十年'文化大革命'造成的政治上思想上的混乱不容易在短期内消除;党对全面清理'左'倾错误的思想准备不够;而且当时担任党中央主席的华国锋在指导思想上继续犯了'左'的错误"。相比于《决议》中"固然是由于"混乱不易很快消除,"同时也由于"华国锋错误的表述,似乎更强调客观条件的制约。但同时,该书明确指出华国锋"阻挠邓小平等老一辈革命家重新出来工作","制造了一些新的冤假错案"等,则又显得比《决议》措辞更重。①

1989 年河南人民出版社出版的"1949—1989 年的中国"丛书之一《改革开放的历程》认为:华国锋、汪东兴等少数领导人,对粉碎江青反革命集团后的形势等问题缺乏正确的认识,他们以高举毛泽东的旗帜为名,对人民的要求采取了压制的态度,他们赞成揭批江青反革命集团,却反对纠正"左"的错误;对"文化大革命"完全肯定,并沿袭"文革"的错误,阻碍拨乱反正和平反冤假错案。这些分歧,不仅是政治路线上的分歧,而且是思想路线上的分歧。随着历史的发展和时间的推移,分歧在具体实践和重大原则问题上日益显露出来。华国锋等少数领导人坚持毛泽东晚年的"左"倾错误,形成一股妨碍拨乱反正的阻力了,从而延缓了中国人民从"文革"巨大灾难中走出来的进程,造成了新时期头两年步履艰难和徘徊不定的局面。②

1991 年出版的《中国共产党的七十年》是官方党史的典范之作。该书指出:1977—1978 年,"当时最迫切需要解决的问题"——清查"四人帮"帮派体系的工作基本结束;科学教育文化工作"主要由于邓小平的领导作用"出现了新的面貌;经济领域生产上的混乱情况有所好转,国民经济得到较快的恢复,某些方面甚至有所发展;此外还开展了真理标准问题的大讨论。但与此同时,平反"文化大革命"中的冤假错案、恢复无辜受迫害的干部的工作"进行得很缓慢";中共十一大和五届全国人大一次会议没能为"文化大革命"结束后的新时期制定正确的路线、方针;经济工作方面又发生了急于求成、片面追求高速度的急躁冒进的错误。

① 参见郝梦笔、段浩然:《中国共产党六十年》(下册),解放军出版社 1984 年版,第 669—670 页。

② 王洪模等:《改革开放的历程》,河南人民出版社 1989 年版,第 17 页。

该书对造成"在徘徊中前进"局面原因的分析显然比《历史决议》深入了一些。书中认为:要在短期内消除十年"文化大革命"造成的政治上思想上的混乱确实不容易。这种混乱之所以形成,固然由于林彪、江青这两个反革命集团的扰害,但也确是由于毛泽东从"左"的指导思想出发而作出的一些决定和采取的一些措施,并且是和党内长期存在的"左"的倾向有关。华国锋没有从根本上认清"文化大革命"的问题,特别是没有认清"文化大革命"和毛泽东晚年错误的关系。他没有识力和胆力来解决既要彻底清除"文化大革命"的错误,又要维护毛泽东的历史地位和毛泽东思想作为党的指导思想的地位这样一个复杂的问题。他以为既要继承毛泽东,就不能否定毛泽东在"文化大革命"中的重要意见和重要决定。这固然受当时历史条件的限制,但主要是由于华国锋的错误的影响。

该书总结道:"总起来看,在粉碎江青反革命集团后两年间,虽然已经宣告'文化大革命'结束,各项工作也有所前进,但党的指导思想仍然没有根本改变,从而使党和国家的工作在总体上受到严重的阻挠。因此这两年是处于徘徊中前进的局面,这种局面到1978年12月的十一届三中全会时才告终止。"①

十年后的2001年,中共中央党史研究室又编写了一部仅十余万字的《中国共产党简史》,口吻似乎又有一点差别。例如《关于建国以来党的若干历史问题的决议》说华国锋"推行和迟迟不改正""两个凡是";《中国共产党的七十年》换了一个主语,说他的"思想""集中表现为'两个凡是'";到了《简史》里,则只是讲《人民日报》、《红旗》杂志、《解放军报》同时发表的社论提出了"两个凡是"——根本没有提到华的名字。②

《中国共产党简史》对1977、1978年各领域"前进"和"徘徊"的基本判断仍然没有多少变化,但"徘徊"中似乎少了一些华国锋的因素。书中写道:"由于五十年代后期以来,特别是'文化大革命'中'左'倾错误的长期影响,

---

① 中共中央党史研究室:《中国共产党的七十年》,中共党史出版社1991年版,第417、419页。

② 参见《十一届三中全会以来重要文献选读》(上),人民出版社1987年版,第326页;中共中央党史研究室:《中国共产党的七十年》,中共党史出版社1991年版,第417页;中共中央党史研究室:《中国共产党简史》,中共党史出版社2001年版,第162页。

个人崇拜仍在束缚着一些人的头脑,拨乱反正每前进一步,都十分艰难。揭批'四人帮',受到'两个凡是'方针的限制;平反冤假错案,一遇到毛泽东批准的、定了的案子,便不准触动;在科学、教育、文化领域进行拨乱反正,也有人拿出毛泽东批过的文件进行阻挠。在生产上,混乱状况有所好转,国民经济得到比较快的恢复,人民生活水平也有所提高,但又发生急于求成的倾向,加剧了国民经济的比例失调。"①这与以往还是不太一样的。不过鉴于官方党史的特点,其中的细微差别恐怕只有专业人士(还不是所有的专业人士)才能看得出来。即使读者看得出来,谁又敢肯定是有意为之呢?

诚然,关于粉碎"四人帮"后两年历史定位的争论相对并不大,无非是强调"徘徊"多一些,还是强调"前进"多一些的问题——任何一份客观严谨的研究成果总要提及这两个方面才对。所以,恐怕找不到针锋相对的两个派别,也没有热闹的争吵。但也别以为这个问题不值一提——1987 年,有人在《党史通讯》上发表文章,历数两年间的"徘徊"因素,认为"说其是'文化大革命'的继续并不过分,说其是'文化大革命'的结尾阶段恰到好处"。文章提出:既然粉碎"四人帮"后两年没有新时期的真实内容,却又具备"文化大革命"的一套理论与实践,因此这两年不能算作中共党史上的一个完整、独立的时期。"把这两年划入'文化大革命'是顺理成章的。"②我们都知道"文化大革命"给中国带来了多大的灾难,现在 1977、1978 两年面临着被划入"文革"的危险,当真不是小事。

此文一出就有人与之商榷,也算很有限度地为 1977、1978 两年说了一点好话,如说这两年尽管没有全面否定"左"倾错误指导思想,但党的工作具有了区别于"文革"的新内容③;人们对"文革"的认识有一个过程,不可能在粉碎"四人帮"后立即彻底否定"文革"④,等等。

关于这个历史分期问题,2011 年 1 月中共中央党史研究室著《中国共产党历史》第二卷(1949—1978)将这两年多的历史作为第四编("在徘徊中前

① 中共中央党史研究室:《中国共产党简史》,中共党史出版社 2001 年版,第 163 页。
② 唐昌兴:《"文化大革命"结束标志与时限之我见》,《党史通讯》1987 年第 10 期。
③ 阎洪贵:《也谈"文化大革命"结束的标志与时限》,《中共党史研究》1988 年第 3 期。
④ 李文:《也谈"文化大革命"结束的标志与时限问题——与唐昌兴同志商榷》,《理论导刊》1989 年第 3 期。

进和实现伟大的历史转折"），纳入社会主义革命和建设时期的中共历史。有研究者为此撰文指出：对这一处理方式，有人有不同意见。也有的认为应该将其视为改革开放的酝酿阶段或过渡阶段。当然，有人指出，当时走向改革开放并没有主动的意思，用"酝酿"表述不合适，用"过渡"也不能反映问题。而且"中央方面，2008 年 5 月对此有了新看法"。文章引用了李长春在纪念关于真理标准问题的讨论 30 周年座谈会上的讲话："30 年前，中国正处在一个重大的历史关头。粉碎'四人帮'，结束'文化大革命'，举国欢腾，人心思变，百业待举。但许多人还不能正确认识和对待毛泽东思想，还不能正确区分毛泽东同志的伟大历史功绩和晚年错误，'左'的思想的长期影响和'两个凡是'的禁锢依然是严重障碍，党和国家的工作在前进中出现徘徊的局面"。"这表明，中央对这两年的定性有所改变，也更加符合历史真实。"①笔者猜测，这里所指的定性改变，大概是把这两年的重点放在了"前进"上，而且不再简单地将主要责任归于华国锋。

    总的来说，以往对这两年的历史基本上是否定的，近年来则出现了越来越多比较肯定的声音。有学者提出：这两年尽管有曲折、有斗争，但基本走向是前进的，不是徘徊不前的局面，更不是"文化大革命"的继续；这一时期的进步是关键性的，对这两年应该理直气壮地如实肯定。②还有人认为："徘徊时期"不是新时期的开始，也不是"文革"的继续，而是一个重大的历史"过渡时期"，即从"文革"向新时期的过渡。③还有研究者提出：出现这样的过渡期是不可避免的。当时党和国家的前途主要面临两种选择——是走老路，还是开辟新路。这就必然出现两种不同的指导思想，两种指导思想都对历史进程产生影响，这是造成在徘徊中前进的主要原因。在短短两年时间里实现这个转折也是历史的必然，是党和人民努力的结果。④

---

① 沈传亮：《中国改革开放史若干前沿问题研究述评》，《教学与研究》2011 年第 8 期。

② 张金才：《论"在徘徊中前进"的两年——从粉碎"四人帮"到十一届三中全会》，《当代中国史研究》2007 年第 4 期。

③ 高继民：《粉碎"四人帮"到十一届三中全会两年定性之我见》，《党史文苑》2004 年第 12 期。

④ 孙大力：《在徘徊中前进的两年需要把握的几个问题》（2005 年第 12 期全国党史干部培训班上的讲课提纲），中共湖北省委党史研究室网站：http://www. hubeids. gov. cn/info. jsp？ id = 482。

2011 年10 月6 日,许多"红色子女"(叶剑英等老干部的后人)在北京举办了"人民的胜利——纪念粉碎'四人帮'35 周年"活动。在纪念活动之前的座谈会上,一些与会者观点鲜明地肯定了 1977、1978 两年。例如有人认为这是"扭转乾坤的两年",因为"这两年,工农业生产得到比较快的恢复,教育、科学、文化工作也开始走向正常,工作进展相当快,成绩很大。这期间开展了真理标准问题的讨论,有力地促进了广大干部和群众的思想解放;1977 年12 月任命胡耀邦为中央组织部部长,加速了冤假错案的平反,等等,就更不好说这两年是在徘徊中前进了。"亦有人认为:"这两年的工作叫徘徊中前进是不对的,是自相矛盾的。更主要的,它跟基本事实不相符合。十一大确立了四个现代化的目标,又对'四人帮'的一系列谬论进行了系统的批判,而对'四人帮'谬论的批判,实际上也就是把矛头指向了晚年毛泽东的错误。'两个凡是'的问题,在当时那样的情况下,不能转得太快。""这两年是突飞猛进的两年,不是徘徊的两年。"①

此外,还有人虽然没有从整体上对这两年明确加以肯定,却从不同的方面论述了两年间的各种进步。有研究者指出:"从 1976—1978 年三中全会召开前的这两年,虽然出现了'两个凡是',但总体上来看是往健康的轨道上发展。"整个中国的社会控制明显减弱,为中共思想路线、政治路线、组织路线的根本转变提供了条件。② 另有研究者认为,在徘徊前进的两年中,经济领域不断思想解放,主要表现在大力发展生产力,大力发展社会主义的商品生产和商品交换,恢复按劳分配原则和尊重客观经济规律等方面的突破上,具有高度的一致性、强烈的针对性和一定的时代局限性等特征。③ 中共在徘徊中前进时期重申"四化"建设的宏伟目标并高度重视经济领域的思想解放,在对外开放和体制改革方面进行了理论探索,这些都是中共十一届三中全会实现工作重心、对内和对外方针政策转折的理论准备。"党在这两年的

① 程敏、建军:《纪念粉碎"四人帮"35 周年座谈综述》,《炎黄春秋》2011 年第 11 期。

② 程美东:《1976—1978 中国社会的演化——兼论华国锋时期政治环境的变动与十一届三中全会的召开》,《学习与探索》2008 年第 6 期。

③ 吴志军、金燕:《试析在徘徊中前进时期经济思想的解放》,《党史文苑》2005 年第 1 期。

理论准备虽然不是伟大转折得以实现的全部条件,但是其中必不可少的条件,需要引起我们足够的重视。"①这两年重新恢复了引进外国资本主义先进技术和设备的政策,突破了不允许利用外国贷款和直接投资的"禁区"。这是"三中全会前夕对外开放思想的一个巨大进步,为后来对外开放思想的确立及发展奠定了坚实的理论基础"。② 这一时期中国的对外贸易取得了一些成果,在进出口贸易方面有所发展,签订了一系列贸易协定。"这是十一届三中全会上确定进一步发展对外贸易的基础,为后来中国对外贸易的发展创造了条件。"③

还有一些研究者对如何评价这两年的历史提出了自己的看法,认为"不应为突出十一届三中全会的历史转折而否定这两年的历史"④;"如实肯定这两年,不存在为华国锋评功摆好的问题"⑤。"为了突出某一历史事件、某一历史人物,就淡化、贬低另一些历史事件、另一些历史人物,尽管这种情况在我们的历史论著中司空见惯,但这不是科学的态度和方法。"⑥

二、粉碎"四人帮"的后续举措

讨论粉碎"四人帮"后的两年的情况,还得从粉碎"四人帮"谈起。"四人帮"可不是什么只有四个人的小团体。这四个人之所以能够兴起风浪,很大程度上是因为他们在中共党内经营数年,形成了一个根基较深的利益集团。而狭义上的粉碎"四人帮",仅仅指 1976 年 10 月 6 日晚控制住了王洪

---

① 覃采萍:《中共在徘徊中前进时期为伟大转折所做的理论准备》,《当代中国史研究》2007 年第 4 期。

② 张旭东:《1976—1978:中共对外引进政策的恢复与突破》,《党史研究与教学》2007 年第 2 期。

③ 李妍:《1976—1978 年间的中国对外贸易》,《当代中国史研究》2007 年第 4 期。

④ 刘晶芳等:《近十年来中共党史研究述评(上)》,《党史研究与教学》2011 年第 6 期。

⑤ 张金才:《论"在徘徊中前进"的两年——从粉碎"四人帮"到十一届三中全会》,《当代中国史研究》2007 年第 4 期。

⑥ 程敏、建军:《纪念粉碎"四人帮"35 周年座谈综述》,《炎黄春秋》2011 年第 11 期。

文、张春桥、江青、姚文元四个人,但此时他们的亲信仍在一些党政机关身居要职。

时任中共中央政治局委员的吴德回忆说:当时的情况确实很复杂,一些被"四人帮"牢固控制的单位和长期经营的地区都出现了对抗中央的苗头,一些追随"四人帮"的坏人就公开攻击中央领导的粉碎"四人帮"的行动是"右派政变"、"军事政变"。有些地区甚至出现了叛乱的迹象。为此,中央政治局每天都开政治局会议,政治局成员与各省、市、自治区的负责人分别谈话,通报粉碎"四人帮"的情况,及时了解各地的动态,交换问题处理的意见。①

中共中央采取措施迅速摧毁了"四人帮"的残余力量,重点是其势力最强的上海。1976 年 10 月 12 日,中共中央政治局决定:撤销张春桥、姚文元、王洪文在上海市的党内外一切职务;派中央工作组赴上海,改组上海市的领导班子。工作组由中共中央、国务院的 20 多个部委、局及北京市委的人员共 100 多人组成。根据中共中央的部署,他们到上海的名义是了解 1977 年计划安排情况,但实际任务是接管上海市。参加了上海工作组的郑定铨回忆说,当时每隔一两天就要向国务院领导写信汇报情况,"为防止这些材料被上海邮电部门拦截扣留,重要的报告不在上海寄发,而是采取解放前地下党的活动方式,派我带信件乘火车到苏州,下车后确认无人跟踪,再坐车到市中心附近的一个邮局投寄,确保信件安全发到北京"。② 形势之紧张可见一斑。

根据后来的揭发材料和对江青集团的审判,"四人帮"在上海的亲信骨干获悉江青等被隔离审查后,决定发动武装叛乱。他们组织指挥班子,调集部署民兵,动用大量枪炮,并制定了"作战方案"。他们还策划停产罢工、游行示威,提出"还我江青"、"还我春桥"、"还我文元"、"还我洪文"等口号,宣称要"决一死战"。③ 由于中共中央对此早有预料,不仅通过工作组采取措

① 吴德:《关于粉碎"四人帮"的斗争》,《当代中国史研究》2000 年第 5 期。

② 郑定铨:《奋战上海 200 天——忆粉碎"四人帮"后的中央上海工作组》,《百年潮》2011 年第 4 期。

③ 《中华人民共和国最高人民法院特别法庭判决书》,《历史的审判》编辑组:《历史的审判》,群众出版社 1981 年版,第 59 页。

施,还通过部署军队防范"四人帮"余党进行破坏活动,江青集团的武装政变图谋未能实施。

此后,新的中共上海市委开始反复宣讲中央精神、稳定上海局势。10 月 27 日,上海市委召开全市干部大会,强调要把上海这座城市同全国、同中央紧密地联在一起,把上海广大干部和人民同"四人帮"严格地分开,把以产业工人为主体的上海民兵同"四人帮"余党搞武装叛乱的阴谋严格地分开。会后,中央工作组和中共上海市委开始着手揭露的罪行,清查"四人帮"的帮派体系,并采取果断措施,对追随"四人帮"的骨干分子实行监护审查,对打砸抢分子进行惩办和处理,对一度被"四人帮"把持的公安机关和民兵组织进行整顿,恢复群众性的治保组织,使上海的社会秩序迅速得到稳定。

上海安定之后,中共中央继续派出多个工作组赴河北、云南等地以及郑州、兰州等铁路局,制止动乱和武斗,恢复正常的生产生活秩序。以河北省保定地区为例,当时保定的许多工厂、农村仍然是武斗的据点,工厂停工,商店停业,人心惶惶。11 月 9 日,中共中央、国务院、中央军委专门就该地武斗问题联合发出布告,要求各派群众组织立即无条件停止武斗。从 16 日起,在中央工作组领导下,党、政、军、民配合行动,在保定 23 个县、市的城镇和农村,广泛宣传中央布告,果断采取措施制止武斗,共拆除 192 个武斗据点,收缴了数以万计的枪支弹药,逮捕了 21 名民愤极大的打砸抢首恶分子,使长期枪声不息、武斗不止的保定终于恢复正常的社会秩序。12 月 3 日,中共中央将关于解决保定地区武斗问题的情况通报各地,盼望社会安定的群众从中看到了希望。① 到 1977 年上半年,全国各地由于派性武斗造成的动乱基本平息。

在中共中央的部署安排下,各地对"四人帮"的帮派体系及与其阴谋活动有牵连的人和事开展了普遍的清查和处理。在此基础上,还调整了中央和地方的许多党政军领导机构。1976 年 10 月 8 日,中共中央成立由耿飚牵头的中央宣传口领导小组,作为协助中央管理全国宣传的工作机构。1977 年 3 月 3 日,中共中央政治局决定胡耀邦担任中央党校副校长,主持日常工作。3 月 7 日,中共中央发出通知,宣布由叶剑英重新主持中央军委工作。

---

① 中共中央党史研究室:《中国共产党历史》第二卷(1949—1978)下册,中共党史出版社 2011 年版,第 987 页。

一些受"四人帮"影响较深、问题较多的地方和部门,如云南、辽宁、甘肃、安徽等省和郑州、兰州铁路局等部门的领导班子也进行了改组,一批"文化大革命"中被打倒或"靠边站"的干部重新走上各级领导岗位。对于进一步开展揭发批判"四人帮"的斗争而言,这起到了重要的保证作用。

粉碎"四人帮"后,中共中央政治局立即部署开展揭批"四人帮"运动。1976 年 10 月 18 日,中共中央将《关于王洪文、张春桥、江青、姚文元反党集团事件的通知》下发到县团级党组织,号召全党开展揭发批判"四人帮"的斗争,并希望跟随"四人帮"犯了错误包括犯了严重错误的同志,尽快觉悟过来。《通知》还强调:在斗争中要注意政策,扩大教育面,缩小打击面,对犯错误的人要区别对待;反"四人帮"的斗争一律在党委领导下进行,要采取有力措施消除派性,不准串联,不准成立任何形式的战斗队。[①] 11 月 15 日至 19 日,中共中央在北京召开全国宣传工作座谈会,提出要揭发批判"四人帮"的罪行,把他们的一切谬论收集起来,一个一个地批深批透。12 月 10 日,中共中央将《王洪文、张春桥、江青、姚文元反党集团罪证(材料之一)》批转全党。上述通知和材料公布了毛泽东 1974 年以来批评江青等人搞"四人帮"的一些谈话,成为批判江青集团最有效的武器。

然而就在此时,海外开始出现中国"非毛化"、"向右转"的议论。1976 年 11 月,美国革命共产党召开"国际形势会议",断定"华国锋主席不维护毛主席的路线"。11 月 20 日,《华盛顿邮报》记者马休斯在一篇题为《人们看到华开始逐步对政府机构实行非毛化》的报道中评论:"人们看到华开始逐步对政府机构实行'非毛化'"。1977 年 1 月,英国英中了解协会会刊《现代中国》刊登该协会副会长、该刊主编德里克·班以安的文章《中国在向右转吗?》,文章称:很多人在试图解释中国最近发生的事情以及"四人帮"如何下台时,都认为中国是向右转了,因为与"文革"关系最密切的人被推翻了。很多人还认为这意味着毛泽东革命政策的结束,而一个"稳定、妥协、弹性"的新时代开始了。5 月 11 日,法中友好协会主席夏尔·贝特兰发表了颇有影响的《辞职书》,称中国是修正主义路线占了上风,并宣布辞去法中友协主席

---

① 《中共中央关于王洪文、张春桥、江青、姚文元反党集团事件的通知》(1976 年 10 月 18 日),国防大学党史党建政工教研室:《"文化大革命"研究资料》下册(即《中共党史教学参考资料》第 27 册),第 592 页。

的职务。他还写了《大跃退》一书,认为新时期中国的政策违背了毛泽东思想,因而对其进行了全面的攻击。1978 年 3 月 22 日,美国革命共产党中央主席阿瓦基安在报告中说:"中国发生了修正主义政变,无产阶级及其革命领导人遭到了严重打击。走资派……已经篡夺了最高权力,并且正在使中国走上资本主义道路。"报告还明确指出,中国"推行这条路线的是邓(小平)、华(国锋)等人"。①

在国内,人们也都知道江青、毛远新是毛泽东的亲属,几千年沉积下来的封建思想到底会怎样左右人们的头脑,实在难以预测。华国锋等人的对策,就是第一时间向世人昭示自己"继续高举毛主席旗帜"的姿态和决心。于是粉碎"四人帮"后,中共中央最先做出的决定就是在首都北京建立毛泽东主席纪念堂,将安放毛泽东遗体的水晶棺移入堂内,让广大群众瞻仰遗容,以及尽快出版《毛泽东选集》第五卷,筹备出版《毛泽东全集》。不过,似乎有点出乎华国锋等中共高层意料的是,粉碎"四人帮"在党内外赢得异常广泛的认同。华国锋曾坦承,"有些我们预料到的,有些比我们预料到的还要好"。②

粉碎"四人帮"的消息一经公开,全国人民万分欣喜,举国上下一片欢腾。从 1976 年 10 月 21 日至 30 日,全国 29 个省、市、自治区和人民解放军各部队举行盛大集会和游行,庆祝粉碎"四人帮",拥护华国锋担任中共中央主席。新华社这样报道 21 日北京 150 万军民的庆祝游行活动:从清晨开始,一队又一队各界群众高举红旗,敲锣打鼓,从四面八方涌向天安门广场。"十里长安大街上,欢庆胜利的人群如汹涌的潮水;雄伟的天安门广场,红旗如林,歌声震天,万众欢腾,锣鼓声、鞭炮声和激昂的口号声响成一片。"③很多大中城市的烟花爆竹销售一空,大小商店的酒柜前排起了长队。金秋十月正是菊黄蟹肥的季节,许多家庭的餐桌不约而同地摆上了四

---

① 程美东:《1976—1978 中国社会的演化——兼论华国锋时期政治环境的变动与十一届三中全会的召开》,《学习与探索》2008 年第 6 期。

② 华国锋:《在国务院会议上的讲话》(1976 年 11 月 5 日),转引自韩钢:《"两个凡是"的由来及其终结》,《中共党史研究》2009 年第 11 期。

③ 《首都一百五十万军民举行声势浩大的庆祝游行,热烈庆祝华国锋同志任中共中央主席、中央军委主席》,《人民日报》1976 年 10 月 22 日。

只螃蟹,而且一定要三公一母,人们一边大啖其肉,一边戏谑地说:看你能横行到几时?①

民心所向,揭批"四人帮"的运动迅速开展。中央和地方的报刊大量登载文章,声讨和控诉"四人帮"的罪行。"四人帮"罪证材料之二即《"四人帮"的反革命面目及其罪恶历史》和材料之三即《"四人帮"在各个领域散布的反动谬论》也相继下发。全国上下形成群众性的批判高潮。

1977年3月,中共中央工作会议通过关于提前召开中共十一大的决定。8月12日至18日,十一大召开。大会政治报告将粉碎"四人帮"说成"文化大革命"的"又一个伟大胜利";宣告"历时十一年的我国第一次无产阶级文化大革命"以粉碎"四人帮"为标志,"胜利结束了"。同时,大会重申在20世纪内把我国建设成为社会主义现代化强国的根本任务,批判了"四人帮"对老干部的污蔑。② 会后,各地相继选举产生新一届党委,中央机关陆续恢复建立党委或党组。新产生的党委或党组清除了"四人帮"的追随者,起用大批在"文革"中被打倒的老干部。1978年二三月间还举行了五届全国人大一次会议和全国政协五届一次会议,国家的政治秩序逐步恢复正常。

三、"两个凡是"的提出

粉碎"四人帮"后,"批邓、反击右倾翻案风"及恢复邓小平的工作,成了摆在中共高层面前的一道难题。

1975年,邓小平领导了全面的整顿工作,这实际上是对"文化大革命"的错误进行比较系统的纠正。虽然邓小平主持中央日常工作是毛泽东的提议,但毛泽东仍然认为"文化大革命"是正确的,他希望邓小平在肯定"文化大革命"的前提下实现安定团结,把国民经济搞上去。因此,邓小平的全面

---

① 郑谦、张化:《毛泽东时代的中国(1949—1976)》(三),中共党史出版社2003年版,第480页。

② 华国锋:《在中国共产党第十一次全国代表大会上的政治报告》,《人民日报》1977年8月23日。

整顿不仅遭到"四人帮"极力反对,也为毛泽东所不能容忍。① 1975 年 11 月,毛泽东要求邓小平主持对"文化大革命""做个决议",肯定它是基本正确,有所不足,七分成绩,三分错误。但此时的邓小平却坚守自己的"底线",委婉地以自己在"文革"期间是"桃花源中人,不知有汉,无论魏晋"为理由,拒绝了这个提议。中共中央文献研究室编著的《毛泽东传(1949—1976)》指出:"这使毛泽东感到十分失望。"②于是,"反击右倾翻案风"运动开始,翌年初改称"批邓、反击右倾翻案风"。

与之齐名的,是 1976 年天安门事件的平反问题。"天安门事件"是一场悼念周恩来总理、反对"四人帮"的抗议运动。1976 年 1 月 8 日周恩来逝世,在群众中引起巨大悲痛。逐渐地,悲痛心情转化为对"四人帮"的愤怒,进而开始了抗议行动。当年 3 月下旬起,南京、杭州、郑州、西安、太原等城市的群众,利用清明节祭祀的传统习俗,举行悼念周恩来的活动。首都群众从 3 月底开始,自发汇集到天安门广场,表达对周恩来的悼念,痛斥"四人帮"的罪恶。4 月 4 日(丙辰年清明),悼念活动达到高潮,到天安门广场的达 200 多万人次,声势浩大,群情激愤。但当晚的中共中央政治局会议却认定天安门广场的事态是"反革命事件",决定立即采取清理花圈、标语等措施。毛泽东圈阅了有关这次会议情况和决定的书面报告。4 月 5 日凌晨,群众看到天安门广场所有的花圈、诗词、挽联等都被撤走,异常气愤,同一部分民兵、警察和战士发生严重冲突。当晚,1 万多民兵和警察奉命手持木棍跑步进入广场,驱赶、殴打和逮捕留在广场的群众。运动最终遭到压制……

粉碎"四人帮"后,要求解决上述两个问题的呼声日益强烈。1977 年 1 月周恩来逝世一周年前后,全国人民又一次自发地举行各种形式的纪念活动,并强烈要求为天安门事件平反、让邓小平出来工作。北京等一些大城市出现了表达这种要求的大标语,有的竟然近乎戏谑地写着:"要深入批邓:小平同志,你拿着这么高的工资不工作不行咧!"另外,当初在天安门悼念周恩来并变相地痛斥"四人帮"的时候,人民群众广泛采用了诗歌的形式。手写的诗词,或贴在广场的灯柱和纪念碑的护栏上,或挂在松柏枝叶间,有的则

---

① 中共中央党史研究室:《中国共产党简史》,中共党史出版社 2001 年版,第 154 页。

② 中共中央文献研究室:《毛泽东传(1949—1976)》(下),中央文献出版社 2003 年版,第 1756 页。

当众朗读。这些诗词,在当时曾被广泛抄录。但随着天安门广场的事态被定为反革命事件,在广场张贴、传抄的诗词自然也就成了"反动诗词","是彻头彻尾的反革命煽动"。此后的几个月里,写作、传抄、保存这些诗词的行为受到追查,一些人为此受到迫害,甚至被定罪、囚禁。但就在天安门事件尚未被平反的时候,1976 年年底,北京第二外国语学院汉语教研室的 16 位教师,以"童怀周"(寓意共同怀念周恩来)的集体笔名,将他们搜集、保存的部分诗词誊录、张贴于天安门广场,并发出征集散失作品的倡议书,得到广泛响应。后来发行量很大的《天安门诗抄》就是以此为版本编写的。

对于邓小平的复出,中共高层的基本认识是比较一致的。粉碎"四人帮"后,中共中央政治局委员李先念、陈锡联、吴德等去北京西山看望邓小平,表达了中央请他出来工作的愿望。邓小平还被恢复阅读中央文件的权利。但在恢复邓小平工作的时机问题上,华国锋等没能顺应民意。1977 年 1月 6 日的政治局会议上,华国锋说:"关于邓小平的问题,在处理'四人帮'问题的过程中反复考虑过……邓小平同志的问题是要解决的,实际上也在逐步解决。""邓小平同志的问题,在揭批'四人帮'的过程中,有些正在澄清;出来工作的问题,应是水到渠成、瓜熟蒂落,头脑要清楚。""如果急急忙忙提出要邓小平出来工作,那么四号、五号文件,毛主席处理的这些问题,还算不算数? 这样人家会不会说是为邓小平翻案? 是不是不继承毛主席的遗志?"[1]叶剑英当时也说过:小平是要出来工作,不过要晚一点。车子转弯转得太急要翻车的。小平这个事是毛主席提的,政治局通过留党察看、以观后效的,现在一下子马上出来不行,要有一个过程。不然,真成了宫廷政变了。他还说,小平晚一点出来,也可以显示华主席的能力。现在粉碎"四人帮"很得人心,但是他在其他方面怎么样呢? 还要让群众看一看嘛。[2]

有党史专家就此分析说:华国锋等打算过一段时间再恢复邓小平的工作,这不是"拖延",而是一种策略考虑。毕竟"批邓"是毛泽东的意旨,撤销邓小平的职务也是毛泽东作的决策。华国锋等担心,刚刚抓捕了毛泽东的遗孀,又马上停止"批邓"、恢复邓的工作,极有可能授人以柄,坐实"非毛化"

---

[1]　《李鑫传达华国锋同志的讲话》(1977 年 1 月 14 日),转引自韩钢:《关于华国锋的若干史实》,《炎黄春秋》2011 年第 2 期。

[2]　熊蕾:《1976 年,华国锋和叶剑英怎样联手的》,《炎黄春秋》2008 年第 10 期。

和"政变"、"翻案"之类的说法,引发更多所谓背离毛泽东遗志的非议。事后看来,他们或许有些过虑,对人心向背估计不足。① 还有学者指出:说华在邓复出的问题上"拖延",无论从华的主观意图,还是客观效果,是符合实际的。采取"拖"的办法,从原则上讲,无可厚非。但也当时的党心民意,确实是不一致的,说不符合党心民意,甚至说有违党心民意,也不为过。但这不是华个人的专断,都是当时中央领导集体决定的。在这个问题上,不必过多地追究个人的责任。② 中共中央党史研究室编写的《中国共产党历史》第二卷(1949—1978)也指出:"在粉碎'四人帮'时,党中央也认为邓小平的问题应当正确地解决,但不能离开维护毛主席伟大旗帜这个根本立足点,因而在改善邓小平处境的同时,又继续提'批邓'的口号。"③

这时的情况是宣传上继续批邓,也不公开为天安门事件平反,实际上采取某些温和宽松的政策。早在 1976 年 10 月 18 日,陈云通过李先念向中共中央转达了他对今后各项工作的几点意见,其中便包括:"要再查一查今年四月天安门事件的真相;当时绝大多数人是为悼念总理,尤其担心接班人是谁? 混在人群中的坏人是极少数;'四人帮'对这件事有没有诡计?"④显然,中共中央没有公开宣布采纳陈云的意见,但从 1976 年 11 月到 1977 年 7 月,北京市却将天安门事件中被拘捕的 300 多人全部予以释放。邓小平的情况也很类似。粉碎"四人帮"后,《人民日报》仍然四次整版刊登"批邓"的文章;1976 年 11 月中旬召开的全国宣传工作座谈会也提出要"继续批邓"。不过雷声大雨点小,并没有什么言语文字之外的批判行动。

可是,随后不久,宣传工作上出现了后来受到严厉批评的"两个凡是"。1977 年 1 月 14 日,中共中央政治局委员汪东兴向中央理论学习组⑤负责人

① 韩钢:《关于华国锋的若干史实》,《炎黄春秋》2011 年第 2 期。

② 程中原:《关于华国锋的评价问题》,《晋阳学刊》2009 年第 5 期。

③ 中共中央党史研究室:《中国共产党历史》第二卷(1949—1978)下册,中共党史出版社 2011 年版,第 991 页。

④ 《陈云给李先念的信所附的他对当前工作的意见和应注意的事项》(1976 年 10 月 18 日),转引自中共中央党史研究室:《中国共产党历史》第二卷(1949—1978)下册,中共党史出版社 2011 年版,第 990 页。

⑤ 中央理论学习组是粉碎"四人帮"之后成立的,实际上是一个专门为中央高层起草文件的写作班子。

李鑫布置任务：为华主席起草两个讲话，一个是在小范围内谈谈小平同志问题，一个是在学大庆会议上的讲话。在李鑫主持下，讲话稿里写了这样两句话："凡是毛主席作出的决策，都必须维护，不能违反；凡是有损毛主席形象的言行，都必须制止，不能容忍。"这是第一次提出类似"两个凡是"的说法。

"两个凡是"受到批判后，李鑫说："在起草过程中，最难处理的就是，在当时的情况下，要稳定局势，就要高举毛主席的旗帜，不能讲毛主席有错误，不能提'批邓、反击右倾翻案风'是错误的；同时，又要讲请小平同志出来工作是正确的，必需的。这样，起草工作就十分为难，怎么说也说不圆满。由于我强调了高举毛主席的旗帜，稳定局势，在讲话提纲第二稿中出现了'两个凡是'的提法。""这两句话怎样编写出来的，我已记不起来了，但总之反映了我的思想，在讨论中也没有不同意见。"有学者认为：李鑫承担了责任，应该说态度是坦率的。就"两个凡是"的提法而言，的确既不是华国锋的"首创"，也不是汪东兴的"发明"，但是，不能不说它首先反映的还是华国锋、汪东兴应对社会动向的主观意图。既要请出邓小平工作，又要维护毛泽东形象，不可能不矛盾，无怪乎李鑫说"怎么说也说不圆满"。这是华国锋和高层的苦衷所在，也是局限所在。话说回来，在当时的历史情境下，要对毛泽东作分析，批评和纠正毛泽东的错误，也不大可能，至少大多数人很难有这样的省悟。①

没过多久，事情又有了变化，原定"小范围内谈谈小平同志问题"的中央党政军机关负责人会议开不了，改为召开中央工作会议。1977年2月3日，李鑫召集起草者开会，说汪东兴要求把讲话稿中关于"高举"②的那些话加到此前准备的一篇社论里去。"高举"的那些话里，就包括"两个凡是"。转移的过程中还对后半句话作了修改。于是，在2月7日的"两报一刊"（《人民日报》、《解放军报》、《红旗》杂志）社论《学好文件抓住纲》中，人们看到了后来著名的"两个凡是"——"凡是毛主席作出的决策，我们都坚决维护，凡是毛主席的指示，我们都始终不渝地遵循"。有人当时即质疑：依照"两个凡

---

① 韩钢：《"两个凡是"的由来及其终结》，《中共党史研究》2009年第11期。

② "高举"是"文革"中的常用词汇，大体来说是"高举毛主席的旗帜"的简称。后来正式发表的"两报一刊"社论中，"两个凡是"之前有这样的口号：让我们高举毛主席的伟大旗帜，更加自觉地贯彻执行毛主席的革命路线，凡是……

是",邓小平就不能出来工作,也不应出来工作。不过正如前文所述,当时华国锋等已经在考虑安排邓小平复出,甚至在政治局会议上都讲过了;如今再用一篇社论来阻挠,可能性并不大。

1977 年 3 月 10 日至 22 日,中共中央召开工作会议。会议开始时,华国锋向各组召集人打招呼,希望大家在发言中不要触及邓小平出来工作和天安门事件这样敏感的问题。但显然他的招呼没有敌得过人们对这两个问题的关注。3 月 13 日,陈云在书面发言中谈了他对天安门事件的看法,并表示:"为了中国革命和中国共产党的需要,听说中央有些同志提出让邓小平同志重新参加党中央的领导工作,是完全正确、完全必要的,我完全拥护。"①王震也在会上呼吁,要让邓小平出来工作,要为天安门事件平反。他们的发言得到许多同志的赞同。

就在这次会议上,华国锋明确地说:"中央政治局的意见是,经过党的十届三中全会和党的第十一次代表大会,正式作出决定,让邓小平同志出来工作,这样做比较适当。"对天安门事件,他仍然讲是"少数反革命分子制造的反革命事件",但同时又说:"在'四人帮'迫害敬爱的周总理,压制群众进行悼念活动的情况下,群众在清明节到天安门去表示自己对周恩来总理的悼念之情,是合乎情理的";关于天安门事件的"实际问题已经解决了",希望人们"不要在天安门事件这样一些问题上再争论了"。②

会后不久,4 月 10 日,邓小平致信华国锋、叶剑英和中共中央,表示:"我感谢中央弄清了我同天安门事件没有关系这件事,我特别高兴,在华主席的讲话中,肯定了广大群众去年清明节在天安门的活动是合乎情理的。至于我个人的工作,做什么,什么时机开始工作为宜,完全听从中央的考虑和安排。"

最终,在 1977 年 7 月召开的中共十届三中全会上,邓小平复出了。会议决定全部恢复"反击右倾翻案风"时邓小平被撤销的职务,即中共中央委员、中央政治局委员、中央政治局常委、中共中央副主席、中共中央军委副主席、

---

① 陈云:《粉碎"四人帮"后面临的两件大事》(1977 年 3 月 13 日),《陈云文选》第三卷,人民出版社 1995 年版,第 230 页。

② 中共中央党史研究室:《中国共产党历史》第二卷(1949—1978)下册,中共党史出版社 2011 年版,第 992 页。

国务院副总理、中国人民解放军总参谋长。至于天安门事件的平反,人们还要再等上一年多。①

邓小平复出这个敏感问题的解决并未化解有关"两个凡是"的争论。邓小平在前述给华国锋等的信中强调:"我们必须世世代代地用准确的完整的毛泽东思想来指导我们全党、全军和全国人民"。② 此后,他更明确地对汪东兴和李鑫表示:"两个凡是"不行。③ 李鑫后来说,听了邓小平的批评,他"当时还作了解释,说是为了稳定局势才那样写的"。"从小平同志那里回来以后,我又查看了这篇社论,觉得话讲得绝对了,提得不对,以后要改过来,在小平同志提出完整地准确地理解和掌握毛泽东思想以后,起草文件时就改用小平同志的提法。"④

华国锋在中共十一届三中全会之前召开的中央工作会议上说:在1977年3月中央工作会议上的讲话中,我讲了"凡是毛主席做出的决策都必须维护,凡是损害毛主席形象的言行都必须制止。"后来发现第一句话说得绝对了,第二句话确实是必须注意的。但如何制止也没有讲清楚。当时,对这两句话考虑不够周全。现在看来不提"两个凡是"就好了。有研究者指出:事实上,1977年4月以后,华国锋再未提过"两个凡是",而党内文件、国内媒体也不再出现"两个凡是"。作为在主观上有着特定指向的"两个凡是",到这时已经终结。⑤

四、国民经济的恢复和新的"跃进"

粉碎"四人帮"后,以华国锋为首的中共领导层已经认识到开展经济建设、发展生产力的重要性。1976年10月26日,华国锋在中共中央宣传口会

---

① 1978年11月25日,华国锋代表中共中央政治局在中共十一届三中全会上宣布:天安门事件完全是革命的群众运动,应该为天安门事件公开彻底平反。

② 中共中央文献研究室:《邓小平年谱(1975—1997)》(上),中央文献出版社2004年版,第157页。

③ 中共中央文献研究室:《邓小平年谱(1975—1997)》(上),中央文献出版社2004年版,第157页。

④ 沈宝祥:《胡耀邦与真理标准问题讨论》,江西人民出版社2005年版,第339页。

⑤ 韩钢:《"两个凡是"的由来及其终结》,《中共党史研究》2009年第11期。

议上讲话:"在批'四人帮'中要贯彻主席说的'抓革命,促生产',过去'四人帮'谁说'抓生产',他们就说'唯生产力论'……我们现在要好好'抓革命,促生产'。"①12月,他在全国第二次农业学大寨会议上讲话指出:"革命就是解放生产力。""努力发展社会主义经济,是无产阶级专政的基本任务之一。在坚持社会主义方向,坚持无产阶级政治挂帅的前提下,生产发展得越多越好,越快越好。"②次年8月,他又在中共十一大报告中强调了发展生产力的重要意义:"在坚持社会主义的方向下迅速发展生产力,是加强无产阶级专政的物质基础,战胜资本主义势力的需要,是加强国防力量,准备对付帝国主义和社会帝国主义侵略的需要,是逐步提高人民物质生活和文化生活水平的需要","生产力是最革命的因素"。③

当时,中共中央提出了一个口号,叫做"抓纲治国"。④ 这依然是在借用毛泽东的语言——毛泽东在1953年谈到农业互助合作的时候说:"有句古语,'纲举目张'。拿起纲,目才能张,纲就是主题。社会主义和资本主义的矛盾,并且逐步解决这个矛盾,这就是主题,就是纲。"因此,中共中央在部署揭发批判"四人帮"、稳定全国局势的同时,即着手工农业生产的整顿和恢复。1977、1978两年,中共中央、国务院先后召开了农业、计划、铁路、基建、工业、财贸、煤炭、电力、运输、粮食等一系列经济部门会议,部署恢复被"文化大革命"打乱了的生产秩序。

1977年2月,全国铁路工作会议召开,强调必须建立科学的规章制度,大力整顿铁路治安秩序,切实保障铁路运输的安全正点,畅通无阻,并下达了当年铁路运输的任务。会后,国务院调整了铁道部和各铁路枢纽的领导班子。经过整顿,铁路的混乱状况逐步得到改善,日平均装车量从1月份的

---

① 《华国锋、纪登奎听取中央宣传口汇报时的讲话》(1976年10月26日),转引自韩钢:《关于华国锋的若干史实》,《炎黄春秋》2011年第2期。

② 《中国共产党中央委员会主席华国锋同志在第二次全国农业学大寨会议上的讲话》,《人民日报》1976年12月28日。

③ 华国锋:《在中国共产党第十一次全国代表大会上的政治报告》,《人民日报》1977年8月23日。

④ 见前文提过的"两报一刊"社论《学好文件抓住纲》(1977年2月7日)。

3.8 万车①逐月增加,到 4 月份达到 5.51 万车,超过历史最高水平,到 6 月份达到 5.7 万车;平均日卸车和煤炭运量也达到历史最好水平②。

3 月,全国计划会议召开。国家计委向会议提交的《关于 1977 年国民经济计划几个问题的汇报提纲》,针对当时经济领域存在的思想混乱,提出了要不要抓好生产,要不要规章制度,要不要社会主义积累,要不要实行各尽所能、按劳分配原则,要不要引进新技术等十个需要澄清的问题,引发热烈讨论,从而澄清了一些认识混乱。会议还提出,要以极大的努力,加快国民经济的发展速度,在本世纪内把我国建设成为社会主义的现代化强国。

4 月,国务院批转全国基本建设会议纪要,指出这几年基本建设战线长,人力、物力、财力使用分散混乱,必须进行整顿,维护计划的严肃性,把基本建设纳入统一计划。同月,国务院在批转全国冶金工作会议纪要时提出,要整顿企业秩序,把岗位责任制、考勤制度、技术操作规程、质量检验等制度健全起来,下决心把钢铁工业搞上去。

4 月至 5 月,有 7000 人参加的全国工业学大庆会议先后在大庆和北京召开。华国锋在预备会议上说:在我们党历史上,召开工业方面这样大规模的会议还是第一次。中央是下了决心的,一定要把我们的工业搞上去,在本世纪内实现四个现代化。会议明确提出,所有企业都要认真地学大庆,要把重点企业的领导班子整顿好,广泛开展劳动竞赛和增产节约运动,使各项技术指标在短时期内达到历史最高水平和国内先进水平。

1978 年 4 月 20 日,中共中央颁发《关于加快工业发展若干问题的决定(草案)》(简称"工业三十条"),对企业整顿提出了具体标准,明确规定:企业要以生产为中心,理直气壮搞好生产;坚持以责任制为核心的各项规章制度,大力提高企业管理水平。至此,"文化大革命"时期遭到破坏的各项经济制度基本得到恢复和落实。

经过近两年的整顿,1977 年和 1978 年的经济形势有了明显的好转。全

---

① 《当代中国》丛书编辑委员会:《当代中国的铁道事业》(上),中国社会科学出版社 1990 年版,第 87 页。

② 《国务院关于今年上半年工业生产情况的报告》(1977 年 7 月 30 日),转引自中共中央党史研究室:《中国共产党历史》第二卷(1949—1978)下册,中共党史出版社 2011年版,第 996—997 页。

国工业总产值从 1977 年 3 月起逐月增加,到 6 月,有 24 个省、自治区、直辖市超过 1976 年同期水平。1978 年的工业总产值又比上年增长 13.5% ,80 种主要产品中,有 65 种完成和超额完成了国家计划,其中钢产量达到 3178 万吨,比 1976 年增长 55.3% ,扭转了连续几年在 2000 万吨左右徘徊的局面。农业生产 1978 年获得丰收,粮食产量突破 6000 亿斤,超过历史最高水平。财政收入扭转了以往完不成国家计划的状况,实现了基本平衡、略有节余。

人民生活水平也有一定提高。1977 年 8 月 10 日,国务院发出《关于调整部分职工工资的通知》。"文革"十年中,工资一直被冻结,只在 1971 年年底对占总数 30% 的职工提高过一次工资,主要还是出于粉碎林彪集团后的政治需要。这次调整,则范围比较大,使占全国职工总数 60% 的 3000 多万人的工资都得到了提高。针对"文革"时期对人民生活"欠账"过多的现象,中共中央开始要求各地关心人民的福利生活,各地粮食和副食品不能自给的,要作出切实规划,在几年内做到自给。华国锋在讲话中特别指出:哪个地区如果有条件、有资源能够办到而长期没有办到,不能自给,那些领导同志"就应该觉得脸上无光,吃饭睡觉也不能安心"。[①] 1978 年与 1976 年相比,全国居民平均消费水平由 161 元增加到 175 元,是 1961 年以来增长幅度最大的。

一般来说,统计数据是经济成就最有力的证明,但对 1977—1978 年而言,数字的重要性可能要退居其次了,因为从 1977 年春开始,经济理论界开展了一场大讨论。这场讨论虽然名气比不上真理标准问题的讨论,但它却更早地触及到毛泽东晚年的某些"左"倾理论观点。

讨论中的一个焦点是"资产阶级法权"问题。"文革"期间,姚文元和张春桥的确曾经先后撰文批判"资产阶级法权"[②];相关政治运动中,也的确采取了许多限制"资产阶级法权"的措施——很多小商小贩、手工业者被取缔,

---

① 武力:《中华人民共和国经济史》(上),中国时代经济出版社 2010 年版,第 624 页。

② 即姚文元的《论林彪反党集团的社会基础》(《红旗》杂志 1975 年第三期发表,《人民日报》3 月 1 日转载)和张春桥的《论对资产阶级的全面专政》(《人民日报》4 月 1 日发表)。这两篇文章都是经过中共中央政治局讨论的。

或被组织参加集体生产劳动;农民的自留地、宅基地、家庭副业等被当作"资本主义尾巴"加以取缔、禁止;家庭手工生产和经营的项目受到严格限制,等等。但追根溯源,最先批判"资产阶级法权"的是毛泽东。在他看来,按劳分配、货币交换和工资制度等这些"跟旧社会没有多少差别"的商品经济的形式,体现了马克思和列宁曾经揭示的"资产阶级法权",不是社会主义所固有的。他认为,这种形式上平等、事实上并不平等的制度,是不断产生着资本主义和资产阶级的土壤,是变修正主义的温床,需要"在无产阶级专政下加以限制"①。

1977 年 2 月开始,经济理论界首先就按劳分配这个敏感问题展开了讨论,连续召开多次按劳分配问题讨论会。到 1977 年 10 月底至 11 月初的第三次讨论会时,已有 20 多个省市区的 800 多人参加,100 多人发言。《人民日报》、《光明日报》等报刊还选载了一批讨论文章。截至中共十一届三中全会前夕,讨论会共进行了 7 次,参加者 2000 多人次。

关于按劳分配的讨论得到了中共高层比较一致的支持。华国锋在数次谈话和报告中都特别强调了按劳分配问题,具体包括:1977 年 8 月 23 日中共十一大政治报告,1977 年 10 月 29 日听取煤炭工业部汇报时的谈话,1977 年 11 月 9 日下午听取冶金部汇报时的谈话,1977 年 12 月 30 日讨论政府工作报告(稿)时的谈话,1978 年 2 月 7 日下午视察首钢时的谈话,1978 年 2 月 26 日五届全国人大一次会议的政府工作报告,等等。② 其中他在听取冶金部汇报时说:"在社会主义历史阶段,按劳分配没有错。""我们战争时期是靠觉悟,但不能根据这一点就否定按劳分配的原则,而采取平均分配的办法。"讨论五届全国人大一次会议的政府工作报告时他又说:"由于'四人帮'捣乱,许多地方干好干坏、干多干少、干和不干都一样,怎么行? 政治工作要做,但不能光靠政治工作,总得体现按劳分配。"③在政府工作报告中专门论述了这个问题,指出:"在整个社会主义历史阶段,必须坚持不劳动者不得

---

① 中共中央文献研究室:《毛泽东传(1949—1976)》(下),中央文献出版社 2003 年版,第 1714 页。

② 程中原等:《1976—1981 年的中国》,中央文献出版社 1998 年版,第 77—78 页。

③ 武力:《中华人民共和国经济史》(上),中国时代经济出版社 2010 年版,第 621 页。

食,各尽所能、按劳分配的原则。"①

这个时期有关按劳分配的文章发表了很多。在这些文章中,最著名的是 1978 年 5 月 5 日《人民日报》发表的由国务院政策研究室组织撰写、以特约评论员名义署名的文章《贯彻执行按劳分配的社会主义原则》。文章系统地阐述了马克思主义经典著作对按劳分配问题的论述,指出按劳分配是社会主义生产关系的一个不可缺少的方面,它能够促进生产力的发展,提高劳动生产率,不仅不会产生资本主义,而且是消灭资本主义的重要条件。文章还具体地肯定了当时采用的计时工资、计件工资、工分、奖金、津贴等形式。邓小平先后两次找政策研究室的负责人胡乔木、邓力群等就这篇文章发表意见,他的许多支持按劳分配的话就是在这个过程中说出的。文章发表六天后,著名的《实践是检验真理的唯一标准》即见诸报端。一时间,无论支持真理标准讨论的一方,还是反对它的人,都将两篇文章并列,可见其重要性。

以按劳分配为切入点,经济理论界开始为发展商品经济正名。在关于按劳分配的讨论中,有人认为按劳分配不会产生新资产阶级分子,但它和商品货币相结合,就会产生新资产阶级分子。"但是"后面的观点引起了争论。有人撰文指出:在社会主义条件下,商品货币确实仍然带有旧社会的痕迹。这种痕迹表现在:商品仍然具有价值和使用价值两重性;价值规律仍然起作用;货币仍然是一般等价物。因此,仍然有产生资产阶级分子的可能性。文章同样回敬了一个"但是":"但是,这只是一种可能性,而不是现实性"②。

1977 年 12 月 21 日,一篇名为《斥"四人帮"对社会主义商品制度的污蔑》的文章出现在《人民日报》上,观点非常鲜明:"我国现行的商品制度,是社会主义经济制度的一个重要组成部分。我们应该理直气壮地坚持社会主义商品制度,努力发展社会主义商品生产,使它适应社会主义经济全面发展的需要。"③这是《人民日报》发表的最早的批判有关商品生产错误理论的文章。

---

① 华国锋:《团结起来,为建设社会主义的现代化强国而奋斗——一九七八年二月二十六日在第五届全国人民代表大会第一次会议上的政府工作报告》,《人民日报》1978 年 3 月 7 日。

② 刘光第:《按劳分配和商品货币相结合就会产生新资产阶级分子吗?》,《人民日报》1977 年 11 月 22 日。

③ 李岩石:《斥"四人帮"对社会主义商品制度的污蔑》,《人民日报》1977 年 12 月 21 日。

不知党报之所以选择在这个时候发表该文,是否与此前高层的明确表态有关。12月5日,国务院发出《关于召开全国城乡商业学大庆学大寨会议的通知》,明确提出:"社会主义的商品生产和商品流通,同资本主义的商品生产和商品流通,有本质的差别。我国现在社会主义商品生产不是多了,而是少了。在全民所有制和集体所有制同时存在的条件下,社会主义商品生产要大大发展。""我们要理直气壮地促进社会主义商品生产,发展社会主义商品流通。"①

1978年5月22日,《人民日报》发表由国务院财贸小组撰写、署名"向群"的文章《驳斥"四人帮"诋毁社会主义商品生产的反动谬论》,算是代表政府对理论界的讨论"一锤定音"。文章针对混淆社会主义和资本主义商品经济差别,把商品生产等同于资本主义的观点,根据斯大林和毛泽东的正确论断,指出:社会主义商品生产与资本主义有着本质区别,因此它的发展不会产生资产阶级,社会主义国家可以利用商品经济的基本规律——价值规律为自己服务。

除此之外,参加讨论者还指出,"资产阶级法权"是对马克思和列宁原著概念错误的翻译,正确的译法应该是"资产阶级权利"。马克思把按劳分配称为资产阶级权利,是"把资本主义的商品交换和社会主义的按劳分配的共同点,即等量劳动相交换原则所体现的平等权利抽象出来"。② 澄清在"资产阶级权利"问题上的错误,意义不只在于纠正一处误译,而是指出了它在理论上形而上学的错误,说明要运用资产阶级权利这个抽象概念来分析按劳分配,必须重新回到社会主义生产关系的基础上来。只有这样,才能清楚地看到社会主义的按劳分配与资本主义的商品交换的本质区别,看到按劳分配这种等量劳动交换完全是社会主义性质的。正如讨论者所说:"这不是技术性的问题,而是理论问题。"③

———————

① 武力:《中华人民共和国经济史》(上),中国时代经济出版社2010年版,第619页。

② 《人民日报》特约评论员:《贯彻执行按劳分配的社会主义原则》,《人民日报》1978年5月5日。

③ 韩钢:《最初的突破——1977、1978年经济理论大讨论述评》,《中共党史研究》1998年第6期。

今天看来,当年许多观点着实有点难以理解。例如人愈穷才愈要革命,而一旦富了就会走向修正主义,因此"宁要社会主义的穷国,不要资本主义的富国"。又如把政治、革命、生产关系置于主要的、决定的地位,而把经济、生产、生产力置于次要的、从属的地位,强调"政治是统帅,是灵魂",认为"先要改变生产关系,然后才有可能大大地发展生产力"。造成上述误解的原因十分复杂而深刻,绝非一两句话可以说得清楚。但至少我们知道,当时对"贫穷社会主义"的推崇、对"政治挂帅"的坚持和对所谓"唯生产力论"的批判都是根深蒂固的,而且许多错误观点都出自毛泽东之口。好在讨论主要针对"四人帮"的言论,因此遇到的阻力相对较小——这并不能贬低理论工作者的无畏精神,毕竟在当时的政治环境和传统下,由于理论观点而获罪的可能性仍然非常之大。惟其艰险才显可贵,理论界就这样一个又一个地攻克着"左"倾思想的堡垒。经济思想方面的拨乱反正有着不可忽视的重要意义。

经济恢复和思想解放不是一蹴而就的,这个过程既给刚刚经历过"文化大革命"的人们以无限希望,也促使加快建设速度的心情愈发迫切。把"四人帮"耽误的时间和造成的损失夺回来,是中共高层乃至全国人民的共同愿望。只是这种愿望过于强烈,急于求成的情绪再次蔓延开来。

1976 年 12 月召开的第二次全国农业学大寨会议,根据毛泽东 1955 年在《关于农业合作化问题》的报告中提出的用 25 年时间完成农业技术改造的设想,提出到 1980 年基本实现全国农业机械化的要求。为此,还具体规划农、牧、副、渔主要作业的机械化水平要达到 70%,全国大中型拖拉机拥有量要在四年内由 40 万台增加到 80 万台。而当时的实际情况是:全国农村基本以手工作业为主,拖拉机的年生产能力仅 7 万多台;全国只有 1600 个农机制造厂、2700 个农机修造厂,进行低水平的简单农机制造和修配……结果只能粗制滥造了一批高耗低效的农业机械,造成人力、物力、财力的很大浪费。

1977 年 4 月 19 日,《人民日报》发表社论《抓纲治国推动国民经济新跃进》,重新提出"跃进"的口号,要求"赶超'三个水平'",即"首先达到和超过本单位历史最高水平;再赶超全国同行业的最高水平;进而赶超世界先进水平"。

4 月 20 日至 5 月 13 日,全国工业学大庆会议召开。国务院副总理兼国家计划委员会主任余秋里提出:在第五个五年计划期间,要把全国 1/3 的企业建成大庆式企业。从 1977 年到 1980 年,在全国大中型工业企业中,平均每年要建成 400 多个大庆式企业。① 华国锋在会上也提到:"大庆还要向更高的目标进军。石油部门要为创建十来个'大庆油田'而斗争。""建设速度问题,不是一个单纯的经济问题,而是一个政治问题。"②

7 月 30 日,中共中央转发的一份报告根据工业生产恢复较快的情况乐观地提出:"国民经济的新的跃进局面正在出现"③。中共党史或新中国经济史上的"跃进"一词往往带有明显的贬义,但那是 20 世纪 80 年代以后的事;"文革"刚结束时,"跃进"还是一个褒义词。

政策层面的"跃进"很快就到来了。1977 年 7 月至 8 月召开的全国农田基本建设会议提出:大干了还要大干,要坚持长年大干,长期大干。会后,大批农田基本建设工程盲目上马,大量农村劳动力投入其中。到 10 月底,工程已达 39 万多处;至 11 月中旬,已投入劳动力 8000 多万人。④

9 月 11 日,华国锋召集国务院负责人举行会议,研究加快经济建设速度问题。他批评国家计委提出的工业增长幅度"太保守",要求"开足马力,挽起袖子大干","明年的积累要加快"。他还说,不能满足于今年工业增长 10%,要争取更高的速度,12% 的速度也不满足,要争取更高的速度。甚至说:假如工业只增长 10%,你们就不要来向政治局汇报。⑤ 心情有如此急迫的不止华国锋一人。1977 年 2 月,李先念说:"年初计委同我说,七七年工业速度只有百分之四点五到五点六。我说那样的计划,政治局通不过,我首先就不投票。现在已经提到百分之八。"当年 11 月,邓小平与华国锋、李先念、

---

① 余秋里:《全党、全国工人阶级动员起来为普及大庆式企业而奋斗》,《人民日报》1977 年 5 月 8 日。

② 《中国共产党中央委员会主席 国务院总理华国锋同志在全国工业学大庆会议上的讲话》,《人民日报》1977 年 5 月 13 日。

③ 《国务院关于今年上半年工业生产情况的报告》(1977 年 7 月 30 日),转引自中共中央党史研究室:《中国共产党历史》第二卷(1949—1978)下册,中共党史出版社 2011 年版,第 1000 页。

④ 武力:《中华人民共和国经济史》(上),中国时代经济出版社 2010 年版,第 628 页。

⑤ 国家计委档案:《粉碎"四人帮"以后经济指导工作中的问题》(1980 年 11 月 15 日),转引自武力:《中华人民共和国经济史》(上),中国时代经济出版社 2010 年版,第 629 页。

汪东兴等听取国家计委《关于经济计划的汇报要点》时也认为"指标高一些有好处,逼人上去。"①可以说,当时上至中央领导下至具体分管部分的领导,都参与了国民经济新的"跃进"的决策过程,都负有一定的责任,不能片面地归咎于一两个领导人的身上。②

于是,非常类似1958年"大跃进"的一幕发生了——各部门争相提高计划指标。煤炭部提出,1978年、1979年每年增产4000万吨,1980年及"六五"期间每年增产5000万吨,1987年总产量突破10亿吨,本世纪末最后13年实现更大"跃进",每年增产7000万吨,2000年向20亿吨进军。不过,中共中央政治局在讨论时却认为一年增加4000万吨太少,要增加6000万吨。冶金部提出:"五五"后三年,要高速度、高质量、高水平地实现全面"跃进",1980年计划产钢3500万吨,力争达到3800万吨;1985年产钢6000万吨,力争达到7000万吨;1990年登上1亿吨的高峰;在本世纪末拿下二十几个鞍钢。③

当时形成的《一九七六年到一九八五年发展国民经济十年规划纲要(草案)》,规定工业方面要建成120个大型项目,其中有10大钢铁基地,9个大有色金属基地,8个人煤炭基地,10个大油气田,30个大电站,6条铁路新干线和5个重点港口;规定1985年钢产量达到6000万吨,即在第六个五年计划期间,要求钢每年平均增产500万吨。这样宏大的建设规模和增长速度,不论从资源、财力、技术力量和建设周期来说,都是不可能实现的。

为了完成高指标,基本建设投资不断追加。有些大项目未经充分论证和综合平衡,便仓促上马。这就加剧了原已长期存在的国民经济比例失调,加重了财政经济的困难。当时,国民经济主要比例关系失调。积累与消费的比例方面,1976年基本建设投资为376.44亿元,1977年提高到382.37亿元,1978年剧增为500.99亿元,比上年增长31%。这极大地推高了积累在国民收入使用额中所占的比例——1976年积累率为30.9%,1977年提高到

① 房维中编:《在风浪中前进——中国发展与改革编年纪事》第一分册(内部资料),转引自王传东:《"洋跃进"问题探析》,中共中央党校硕士论文,2009年6月,第43—44、45—46页。

② 参见王传东:《"洋跃进"问题探析》,中共中央党校硕士论文,2009年6月,第41—49页。

③ 中共中央党史研究室:《中国共产党历史》第二卷(1949—1978)下册,中共党史出版社2011年版,第1000—1001页。

32.3%，1978 年进一步增到 36.5%，是新中国成立以来仅次于 1959 年、1960 年的第三高度。而且，城乡居民收入长期以来鲜有提高，集体福利、职工住宅、城市建设、环境保护和文教卫生等方面欠账无数，在这种情况下继续压低消费、提高积累，所带来的负面效应非常之大。农业、轻工业、重工业之间的比例关系也进一步失调。由于继续突出强调发展重工业，从 1976 年到 1978 年，在工农业总产值中，农业（包括队办企业）所占比重由 30.4% 下降到 27.8%，工业由 69.6% 上升到 72.2%。在工业总产值中，轻工业由 44.2% 下降到 43.1%，重工业由 55.8% 上升到 56.9%。农业、轻工业产品远远不能满足人民生活的需要。此外，投入多、产出少的现象十分严重，劳动就业等问题也十分突出。[①]

还是为了完成高指标，对外引进技术和设备的规模不断扩大。这两年国民经济新的"跃进"也因此常被冠以"洋跃进"之名。1978 年 3 月 20 日，国家计委、建委下达《1978 年引进新技术和成套设备计划》，由于该计划实际协议金额达到 78 亿美元，也被称为"78 亿计划"。在 7 月至 9 月召开的国务院务虚会议上，引进数额"更上一层楼"——会议总结报告提出：十年引进 800 亿美元，最近三四年先安排三四百亿美元。以化工行业为例，化工部 12 月 5 日向国家计委和国务院报告：年内同国外签订了 8 个化工成套设备引进项目，有大庆石油化工厂、山东石油化工厂、北京东方红化工厂各 1 套 30 万吨乙烯生产装置，南京石油化工总厂 2 套 30 万吨乙烯装置，吉林化学工业公司 1 套 11 万吨乙烯关键设备，浙江化肥厂、新疆化肥厂、宁夏化肥厂各 1 套 30 万吨合成氨生产装置。再加上山西化肥厂 30 万吨合成氨装置，9 个项目包括国内工程投资共需 160 多亿元。此外，1978 年签订的成套引进项目还有 100 套综合采煤机组、德兴铜基地、贵州铝厂、上海化纤二期工程、仪征化纤厂、平顶山帘子线厂、山东合成革厂、兰州合成革厂、云南五钠厂、霍林河煤矿、开滦煤矿、彩色电视等项目。上述二十余项重点工程共需外汇 130 亿美元，折合人民币约 390 亿元；加上国内工程投资 200 多亿元，共需 600 多亿元。[②]

---

① 柳随年、吴群敢：《中国社会主义经济简史（1949—1983）》，黑龙江人民出版社 1985 年版，第 442—444 页。

② 房维中：《中华人民共和国经济大事记（1949—1980 年）》，中国社会科学出版社 1984 年版，第 609—610 页。

这种引进规模大大超过了中国经济的承担和消化能力。要知道,1950年到1977年的28年间,中国引进累计完成金额才不过65亿美元。而且一些引进显得非常草率,有的协议甚至在国外的宴会上就签订了。仅1978年的最后10天就签订了以化工项目为主的31亿美元的协议,没有进行可行性研究和综合平衡,为日后造成了隐患。

中共十一届三中全会后,随着对国情更加客观深入的了解和对以往经济工作经验教训的正确总结,中共中央提出"调整、改革、整顿、提高"的八字方针,开始对国民经济进行调整。至此,长期以来"左"的做法和急于求成的习惯心理才逐步得到纠正和克服。人们终于意识到:经济建设必须从国情出发,符合经济规律和自然规律;必须量力而行,循序前进,保证人民生活不断得到改善。从1981年起,主要经济比例关系逐渐趋于合理,长期存在的积累率过高和农业、轻工业严重滞后的情况有了根本改变。中国经济开始在重大比例关系基本协调的情况下逐步"起飞"。

五、调整教育科学文艺政策

"文化大革命"虽冠以"文化"之名,实际上却对教育科学文艺事业造成了极大破坏。人们经常用"浩劫"一词来形容"文革",至少在文化领域,这么说绝对不过分。

"文革"期间,各种针对文化事业的所谓"批判"不断上演,民族传统文化和各种文化遗产遭到惨重破坏。知识分子成了"牛鬼蛇神"①,许多有造诣的

---

① "牛鬼蛇神"原是佛教用语,说的是阴间鬼卒、神人等;后成为固定成语,比喻邪恶丑陋之物。新中国成立后,毛泽东经常使用这个词,所指代的内容并不固定。例如,"**最近一个时期,有一些牛鬼蛇神被搬上舞台了**"(1955年3月在中国共产党全国宣传工**作会议上的讲话**),这里是指传统戏曲中的鬼戏;"**牛鬼蛇神只有让它们出笼,才好歼灭它们**"(1957年7月《〈文汇报〉的资产阶级方向应当批判》),这里是比喻反右派运动中的**右派**;"**天下大乱,达到天下大治。过七八年又来一次。牛鬼蛇神自己跳出来**"(1966年7**月给江青的一封信**),则涵盖地、富、反、坏、右等一切"反动势力"。1966年,《人民日报》**在被陈伯达带领的工作组接管后**,发表的第一篇社论就是《横扫一切牛鬼蛇神》。随后,**中央人民广播电台和全国各主要报刊播出或刊载了这篇社论**,"牛鬼蛇神"一词更加广为**流传**,成为"文革"期间的常用词汇。

专家、学者受到人身侮辱,被关进"牛棚"①或下放"改造"。中国的知识分子是重名誉讲气节的,但在这个"文化"的"革命"中,他们个个"斯文扫地"。一段时间里,学校关闭、学生停课,科研机构大量撤销。十年间,高等教育和中专学校少培养几百万专业人才,科学技术水平同世界先进国家的差距越拉越大。新中国成立后摄制的 650 多部故事片被贴上"毒草"的标签,禁止发行上映;"文革"期间的小说、电影、戏剧创作又受制于政治环境而陷于枯竭,以致群众文化生活极其枯燥,只能反复收听收看样板戏②,甚至有了"八亿人民八个戏"的说法。

由此可见,作为"文革"的"重灾区",教育科学文艺政策必须有所调整。邓小平对此有着非常清楚的认识,正式恢复工作后,他主动要求分管教育科学工作。复职后第三天(1977 年 7 月 23 日),他在同长沙工学院(原解放军军事工程学院)负责人的谈话中指出:我们国家 60 年代和国际上差距还比较小,70 年代差距就比较大了。科学技术人员,这些年接不上茬,十年啦。科技人员真正出成果是在三十多岁到四十多岁。对技术人员,只要努力钻技术,在技术上有贡献的,就应支持。大学要从工农兵中招生,重点学校可以从应届高中毕业生中招。③

8 月 4 日至 8 日,邓小平主持召开科学和教育工作座谈会,邀请 33 位科学家和教育工作者一起座谈,听取他们对科学和教育工作的意见。与会者多年未曾感受过这种信任了,便纷纷坦诚心愿,一致要求:澄清对教育战线"两个估计"的是非;重新树立起全民族尊重知识、尊重文明的风尚;改善科技人员的生活和工作待遇;解决科技人员后继乏人的问题;改革高等学校现行招生制度,立即恢复文化考试。这次座谈会点出了当时教育领域的两个焦点问题——恢复高考制度和推翻"两个估计"。

高等学校的招生工作是教育事业的重要环节。新中国成立后,为了适

---

① "牛棚"是"文革"初期各单位自行设立的拘禁"牛鬼蛇神"的地方。"牛棚"只是民间约定俗成的称呼,不见于正式文件、报道;其正式称呼一般为"集训队"、"管教队"乃至"劳改队",等等。被关进"牛棚"的人常常受到随意的批斗、侮辱和殴打。

② 样板戏,即"革命样板戏",是指创作于新中国成立之后,"文化大革命"期间在全国范围内被树立为样板的几个现代题材戏剧。民间常有"八个样板戏"的说法。

③ 中共中央文献研究室:《邓小平年谱(1975—1997)》(上),中央文献出版社 2004 年版,第 164—165 页。

应计划经济条件下国家建设的需要,逐步采用统一招生、统一分配的办法。但"文革"开始后,高等学校停止招生、"停课闹革命"。1970年,根据毛泽东的指示精神,中共中央决定在部分高等学校进行试点、恢复招生,但却明令废除统一考试、择优录取的办法,改为"实行群众推荐、领导批准和学校复审相结合的办法",学制也缩短为二至三年。这使得正常的师生关系和教学秩序被打乱,教学质量严重下降,"走后门"上大学成风。

1977年5月,尚未恢复工作的邓小平指出:我们要实现现代化,关键是科学技术要能上去。抓科技必须同时抓教育。要经过严格考试,把最优秀的人集中在重点中学和大学。① 但在当时,对教育领域的"两个估计"还没有被推翻,改革不合理的高校招生制度的愿望未能实现。6月29日至7月15日,教育部在太原召开全国高等学校招生工作会议。尽管会议决定试招应届高中毕业生4000至1万人直接上大学,约占全国招生总数的2%—5%,② 但总体上仍然维持"文化大革命"中"群众推荐"的招生办法,"文革"前行之有效的大学招生文化考试制度仍未恢复。

7月下旬,邓小平提出:"不管招多少大学生,一定要考试,考试不合格不能要。不管是谁的子女,就是大人物的也不能要。我算个大人物吧!我的子女考不合格也不能要,不能'走后门'。"在8月初召开的科学和教育工作座谈会上,武汉大学一位副教授呼吁恢复高考,引起与会者的共鸣。邓小平就此问道:今年是不是来不及改了? 大家说:今年改还来得及,最多招考时间推迟一点。邓小平当即表示:既然今年还有时间,那就坚决改!"今年就要下决心恢复从高中毕业生中直接招考学生,不要再搞群众推荐。从高中直接招生,我看可能是早出人才、早出成果的一个好办法。"③

根据邓小平的指示,教育部于8月13日至9月25日再次召开全国高等学校招生工作会议。针对会上的争论、犹豫,邓小平同教育部主要负责同志

① 中共中央文献研究室:《邓小平年谱(1975—1997)》(上),中央文献出版社2004年版,第160页。

② 中央教育科学研究所:《中华人民共和国教育大事记(1949—1982)》,教育科学出版社1984年版,第499页。

③ 《一九七七年邓小平关于恢复高考的讲话、谈话和批示选载》,《党的文献》2007年第4期。

谈话,重申从高中毕业生中直接招生的主张。他说:"为什么要直接招生呢?道理很简单,就是不能中断学习的连续性。十八岁到二十岁正是学习的最好时期。过去我和外宾也讲过,中学毕业后劳动两年如何如何好。实践证明,劳动两年以后,原来学的东西丢掉了一半,浪费了时间。"①会议最终通过了《关于一九七七年高等学校招生工作的意见》。10 月 12 日,国务院批转了这一意见,正式决定从当年起,改变"文化大革命"期间高等学校招生不考试的做法,采取自愿报名、统一考试、择优录取的办法。《意见》规定:凡是工人、农民、上山下乡和回乡知识青年、复员军人、干部(年龄可放宽到 30 周岁)和应届毕业生,只要符合条件都可报考。从应届高中毕业生中招收的人数约占招生总数的 20%—30%。考生应具有高中毕业或相当于高中毕业的文化水平。招生办法是:自愿报名,统一考试,地、市初选,学校录取,省、市、自治区批准。考试分文理两类,由省、市、自治区拟题,县(区)统一组织考试。录取新生时,优先保证重点院校。政治审查主要看本人表现。②

恢复高考的决定公布后,立即受到社会各界的广泛欢迎。据说由于没有足够的纸张印刷考卷,中共中央甚至决定暂时搁置印刷《毛泽东选集》第五卷的计划,调用纸张先行印刷高考试卷。事实上,到 1977 年高考时,《毛泽东选集》第五卷已经印制完毕,不可能存在挪用印刷《毛泽东选集》第五卷的纸张的情况。但是这一说法所反映的"洛阳纸贵"的情景却是真实的。③

1977 年 11 月 28 日至 12 月 25 日,全国约有 570 多万知识青年参加高等学校招生考试,其中 27.3 万人被录取(包括 1978 年第一季度增招的新生6.2 万多人)。由于高校正规招生停止了十年,大批青年集中报考,而原有的高校则在"文革"中受到很大破坏,无力接纳更多学生,因此这次考试的录取率较低,竞争极为激烈。尽管如此,高考制度的恢复毕竟为渴望知识的青年人打开了大学的门,提供了通过考试、靠自己努力和公平竞争接受高等教育的机会。

---

① 邓小平:《教育战线的拨乱反正问题》(1977 年 9 月 19 日),《邓小平文选》第二卷,人民出版社 1994 年版,第 67—68 页。

② 中央教育科学研究所:《中华人民共和国教育大事记(1949—1982)》,教育科学出版社 1984 年版,第 499 页。

③ 高军峰、姚润田:《新中国高考史》,福建人民出版社 2009 年版,第 206 页。

"两个估计"是 1971 年《全国教育工作会议纪要》提出的对新中国成立至"文革"前教育工作的基本评价,即新中国成立后十七年"毛主席的无产阶级教育路线基本上没有得到贯彻执行","资产阶级专了无产阶级的政";大多数教师和新中国成立以后培养出来的高等学校学生的"世界观基本上是资产阶级的"。①

1957 年反右派斗争以后,尽管中共领导人一度肯定我国知识分子的绝大多数已经是属于劳动人民的知识分子,要为他们"脱帽加冕";但总体上看,知识分子政策出现了极大的偏差。"文革"期间,知识分子被看作资产阶级的一部分,是改造与专政的对象,受到了前所未有的打击。1971 年 4 月 15日至 7 月 31 日召开的全国教育工作会议一开始,就有代表提出"黑线专政论",认定"文革"前十七年的学校"是叛徒、特务、走资派把持领导权","是培养资产阶级知识分子的场所",教育战线"资产阶级专了无产阶级的政";把广大教师、学生说成是"资产阶级知识分子"。② 这一发言实际上已经提出了"两个估计"的基本内容。尽管部分与会代表表示反对,提出应该肯定十七年中毛主席的革命教育路线占主导地位,教育工作的成绩是主要的;教育事业的变化发展与国民经济建设基本上是适应的。③ 但江青集团的迟群指责持反对意见的人是"资产阶级知识分子的代表","立场、感情、态度有问题"。张春桥在会议领导小组会议上说:十七年教育战线"领导权的问题始终没有解决","毛主席的路线没有落实";"名义上是共产党领导,实际上是假的"。④ 8 月 13 日,中共中央批转《全国教育工作会议纪要》。这个由迟群主持起草,张春桥、姚文元修改审定的《纪要》正式提出了"两个估计"。

其实,关于新中国成立后十七年教育工作的评价,毛泽东在会议期间曾经指出:"十七年的估价不要讲得过分。在无产阶级专政下执行了错误的路

① 中共中央党史研究室:《中国共产党历史大事记(1919.5—2005.12)》,中共党史出版社 2006 年版,第 263 页。

② 中央教育科学研究所:《中华人民共和国教育大事记(1949—1982)》,教育科学出版社 1984 年版,第 438 页。

③ 《人民日报》记者:《"两个估计"是怎么炮制出来的?》,国防大学党史党建政工教研室:《"文化大革命"研究资料》中册(即《中共党史教学参考资料》第 26 册),第 549 页。

④ 中央教育科学研究所:《中华人民共和国教育大事记(1949—1982)》,教育科学出版社 1984 年版,第 438 页。

线,不是大多数人,是一少部分人。多数知识分子还是拥护社会主义制度的。执行封、资、修路线的还是少数人。"①周恩来在 1971 年 7 月 6 日约见全国教育工作会议领导小组成员时也提出:毛主席的红线也是照耀了教育战线的;知识分子的大多数是接受共产党领导的,是为社会主义服务的;对教师队伍和解放后培养的学生要作具体分析,要辩证地看问题。② 但《纪要》并未反映这些内容,而是确定或重申了一系列"左"的政策措施,如"毛泽东思想宣传队要长期留下去","要采用多种形式广泛吸收工农兵参加教学活动","让原有教师分期分批到工厂、农村、部队,政治上接受再教育",发挥工农兵学员"上大学,管大学,用毛泽东思想改造大学的作用",等等。③ 从此以后,"两个估计"成为广大教师以至广大知识分子的沉重精神枷锁,很多干部和教职员工表示"不理解,想不通"④。

　　"文化大革命"结束后,广大知识分子更加强烈地要求澄清"两个估计"的是非,邓小平也多次表达了对新中国成立后十七年教育工作的肯定。但由于 1971 年《全国教育工作会议纪要》是经毛泽东批示同意的,"两个估计"仍然是不能触碰的禁区。在这种情况下,《人民日报》记者把"两个估计"的形成经过写成材料报送中共中央,说明了问题的真相。1977 年 11 月 18 日,《人民日报》发表教育部大批判组题为《教育战线的一场大论战——批判"四人帮"炮制的"两个估计"》的文章。文章公布了毛泽东在 1971 年全国教育工作会议期间基本肯定新中国成立后十七年教育工作的谈话记录,并提出:"我们要高举毛主席的旗帜,就必须大力宣传毛主席的估计,彻底粉碎'四人帮'的反革命'估计'。"⑤有了毛泽东的"上方宝剑",教育界、知识界才最终

　　① 教育部大批判组:《教育战线的一场大论战——批判"四人帮"炮制的"两个估计"》,《人民日报》1977 年 11 月 18 日。

　　② 《周恩来年谱》下卷,中央文献出版社 1997 年版,第 467 页。

　　③ 《中共中央批发〈全国教育工作会议纪要〉》(1971 年 8 月 13 日),国防大学党史党建政工教研室:《"文化大革命"研究资料》中册(即《中共党史教学参考资料》第 26 册),第 543—545 页。

　　④ 方惠坚、张思敬主编:《清华大学志》(下),清华大学出版社 2001 年版,第 765 页。

　　⑤ 教育部大批判组:《教育战线的一场大论战——批判"四人帮"炮制的"两个估计"》,《人民教育》1977 年第 11 期。

推翻了对他们的错误评价。1979 年 3 月 19 日,中共中央正式撤销 1971 年《全国教育工作会议纪要》。

随着高考制度和"两个估计"这样的难题得到解决,教育工作开始逐步走上正轨。1977 年 11 月 6 日,中共中央转发教育部党组《关于工宣队问题的请示报告》,批准从大、中、小学校撤出工宣队。① 1978 年 4 月 22 日至 5 月 16 日,经中共中央批准,教育部再次召开全国教育工作会议。邓小平在会上讲话,提出"要提高教学质量,提高科学文化的教育水平,更好地为无产阶级政治服务"。② 他指出:"学校应该永远把坚定正确的政治方向放在第一位。但这并不是说要把大量的课时用于思想政治教育。学生把坚定正确的政治方向放在第一位,这不仅不排斥学习科学文化,相反,政治觉悟越是高,为革命学习科学文化就应该越加自觉,越加刻苦。"③他还提出尊重教师的劳动、提高教师的质量问题,表示要研究教师首先是中小学教师的工资制度。

此外,根据邓小平在全国教育工作会议上"特别优秀的教师,可以定为特级教师"的表态④,教育部批准北京景山学校马淑珍、郑俊选、方碧辉三名小学低年级教师为"特级教师",并在媒体上进行了宣传。⑤ 这种举措带有明显的导向性,各学校随后普遍恢复了定教师职称的工作,极大地调动了广大教师的积极性。

在贯彻全国教育工作会议精神的过程中,国务院还就退还被占用校舍问题发出通知。"文革"期间,一些党政机关、部队、企事业单位等趁学校"停

---

① 《中共中央转发〈教育部党组关于工宣队问题的请示报告〉》(1977 年 11 月 6 日),陈大白主编:《北京高等教育文献资料选编:1977—1992》,首都师范大学出版社 2008 年版,第 25 页

② 《当代中国》丛书编辑部:《当代中国的教育》(上),当代中国出版社 1996 年版,第 118 页。

③ 《在全国教育工作会议上的讲话》(1978 年 4 月 22 日),《邓小平文选》第二卷,人民出版社 1994 年版,第 104 页。

④ 《在全国教育工作会议上的讲话》(1978 年 4 月 22 日),《邓小平文选》第二卷,人民出版社 1994 年版,第 109 页。

⑤ 《教育部批准景山学校的决定提升马淑珍、郑俊选、方碧辉为特级教师》,《人民日报》1978 年 5 月 4 日。

课闹革命"之机,大量占用校舍,并始终不予退还。除校舍外,许多学校的土地、家具、设备、车辆,甚至运动场等也被占用。许多干部群众对此提出批评。全国教育工作会议后,安徽、江西、湖南、河南、四川、辽宁等省专门就退还校舍问题做了决定,有的省还决定由省级机关带头退还校舍。但也有一些地区没有采取行动,个别的甚至对反映情况的干部、教师进行打击报复。为此,国务院批转教育部《关于退还被占用校舍的请示报告》,要求各占用学校土地、房屋、设备、车辆的单位主动、尽快、无条件地退还给学校。①

1978年2月,国务院批准恢复全国重点高等学校88所;12月,又批准恢复和增设普通高等学校169所。同年1月10日,经国务院批准,教育部发出《关于高等学校1978年研究生招生工作的安排意见》,决定将1977年和1978年的研究生招生合并进行,同时报考,统称为1978年研究生。当年,全国共有6.35余万人报考,10708人被录取。另外,教育部还根据邓小平的指示,增加1978年派出留学人员的名额,从参加全国外语统考的13383人中择优录取了出国预备留学人员3348人,最终派出的留学生860人。② 教育工作终于度过了"严冬"。

同时迎来"春天"的还有科学技术领域。1977年5月12日,邓小平专门同中国科学院的方毅、李昌谈话,针对科技落后的状况和存在的问题指出:"整个国家赶超世界先进水平,科学研究是先行官。"③为了动员全国科技界向科学技术现代化进军,5月30日,中共中央政治局会议决定召开一次全国科学大会,对"文化大革命"前十七年的科学工作和知识分子工作作一个正确估计,统一思想认识;对人民有贡献的科学家要给予奖励,把大家的积极性调动起来。

6月20日至7月7日,中国科学院召开工作会议。这是粉碎"四人帮"后第一次全国范围的科技工作会议。与会人员不仅倾诉了十年来科技工作

① 《国务院批转教育部关于退还被占用校舍的请示报告的通知》(1978年8月31日),国务院法制局:《中华人民共和国现行法规汇编·教科文卫卷(1949—1985)》,人民出版社1987年版,第33—34页。

② 《中国教育年鉴(1949—1981)》,中国大百科全书出版社1984年版,第980页。

③ 中共中央文献研究室:《邓小平年谱(1975—1997)》(上),中央文献出版社2004年版,第158—159页。

遭受的摧残,还决定恢复"文革"前的许多正确规定,包括从建立党委领导下的所长负责制到保证科学技术人员每周至少有 5/6 的业务工作时间等一系列具体措施。① 此前,5 月 7 日,中共中央还作出决定,将中国科学院哲学社会科学学部改名为中国社会科学院,以加强社会科学的研究工作。这些措施对科技工作走上正轨起到了重要作用。

9 月 18 日,中共中央发出关于在 1978 年春召开全国科学大会的通知,要求各级党委抓紧落实党的知识分子政策,抓紧搞好各级领导班子的整顿,迅速恢复被撤掉的科研机构,恢复科研人员的技术职称,建立考核制度,实行技术岗位责任制。同一天,根据邓小平的建议,中共中央决定成立由方毅任主任的国家科学技术委员会,恢复了这一统管科研工作的领导机构②,作为国务院所属的一个主管科学技术工作的部门。

新组建的国家科委于 1977 年 12 月 12 日至 1978 年 1 月 16 日在北京召开全国科学技术规划会议,制定了《一九七八至一九八五年全国科学技术发展规划(草案)》。这个规划中提出中国科学技术工作在未来八年内的四项奋斗目标是:1. 部分重要的科学技术领域接近 70 年代世界先进水平;2. 专业科学研究人员从 36 万人增加到 80 万人左右;3. 拥有一批现代化的科学实验基地;4. 建成全国科学技术研究体系。为了推动科学技术和国民经济的高速发展,《八年科学规划》把农业、能源、材料、电子计算机、激光、空间、高能物理、遗传工程八个综合性科学技术领域、重大新兴技术领域和带头学科,放在重点发展的突出位置,并提出了包括人才选拔与培养,学习外国、洋为中用,条件保证和管理四个方面为主要内容的 16 条措施。这个《八年科学规划》有指标过高、要求过急的缺点,在后来的执行过程中作了必要的调整。但总体来说,《八年科学规划》指出的方向是正确的,规定的路线是可行

---

① 《当代中国》丛书编辑部:《中国科学院》(上),当代中国出版社 1994 年版,第 173—175 页。

② 1956 年 5 月,全国人大常委会决定设立国家技术委员会,负责掌管新技术的鉴定、采用和推广,制定五年和长远的技术发展计划,组织新产品的试制;统一管理技术标准和审批工厂的工艺规程;开展国际间的技术交流和技术合作,并且通过各项技术改造工作,将中国的工业技术水平较快地提高起来。1958 年 11 月与国务院科学规划委员会合并,设立科学技术委员会。1967 年,国家科委与中国科学院合并。

的,对中国科学技术发展起了推动作用,对科学技术人员也是一种鼓舞。①

关于召开全国科学大会的通知发出后,全国上下兴起了向科学技术现代化进军的热潮。各省、自治区、直辖市都加快对科技工作的整顿,抓紧制定科技工作发展规划,进一步落实知识分子政策。许多科研机构积极行动起来,恢复被拆散的科研队伍,收集失散的图书资料,修复已损坏的仪器设备。中国科学院回收、恢复、新建了多个研究机构,并从1977年起恢复研究技术职称,大胆晋升有真才实学的科技人员。首先晋升了在数学研究中有突出贡献的陈景润为研究员,杨乐、张广厚为副研究员,在全国引起了反响。此后大批有成就的人员得到了晋升,一批贡献突出的科技人员得到了越级晋升。②

在此期间,邓小平在不同场合多次发表谈话,强调:"社会主义制度的优越性表现在它的文化、科学技术水平应该比资本主义发展得更快、更先进,这才称得起社会主义,称得起先进的社会制度。"③在科学研究领域,我们损失很大。要承认落后,"承认落后就有希望"。"世界上最先进的成果都要学习,引进来作为基础"④。"一些科研人员到处去跑器材,耽误事情,浪费时间,是一种很大的损失。现在一定要有一批人搞后勤工作。这些人要甘当无名英雄,勤勤恳恳,热心为大家服务。"⑤他还先后就我国的高能加速器、科学卫星、亿次计算机等尖端技术设备的研制作出专门批示。有关部门据此开始组织力量,启动了这些尖端技术的研制工作。

1978年3月18日至31日,全国科学大会在北京隆重举行。出席大会的代表共5586名。邓小平在开幕式上宣布:中共中央决定召开这次大会的目的,就是动员全党全国重视科学技术,加速我国科学技术的发展。他强调

---

① 《当代中国》丛书编辑委员会:《当代中国的科学技术事业》,当代中国出版社1991年版,第49—50页。

② 《当代中国》丛书编辑委员会:《中国科学院》(上),当代中国出版社1994年版,第176页。

③ 中共中央文献研究室:《邓小平年谱(1975—1997)》(上),中央文献出版社2004年版,第200页。

④ 中共中央文献研究室:《邓小平年谱(1975—1997)》(上),中央文献出版社2004年版,第211页。

⑤ 《关于科学和教育工作的几点意见》(1977年8月8日),《邓小平文选》第二卷,人民出版社1994年版,第56页。

指出:"四个现代化,关键是科学技术的现代化。没有现代科学技术,就不可能建设现代农业、现代工业、现代国防。没有科学技术的高速度发展,也就不可能有国民经济的高速度发展。"他针对长期以来轻视科学技术和歧视知识分子的倾向,明确指出,科学技术是生产力,而且正在成为越来越重要的生产力;我国的知识分子"绝大多数已经是工人阶级和劳动人民自己的知识分子","已经是工人阶级的一部分","是我们党的一支依靠的力量"。① 可以说,直到此时,中共才彻底解除了"知识分子属于资产阶级"的成见。邓小平还提出,党委的领导主要是政治上的领导,是通过计划来领导,做好后勤工作,为科学技术人员创造必要的工作条件。他向与会科技工作者表示"愿意当大家的后勤部长"。② 对于长期受到歧视的知识分子而言,这篇讲话不啻一缕清新的春风。

3月24日,华国锋在会上作了题为《提高整个中华民族的科学文化水平》的讲话。他说:提高整个中华民族的科学文化水平,是摆在全体人民面前的一项极为巨大的任务。这是一项战略任务。这个任务不解决,新时期的总任务是不可能完成的。而且这不仅是实现四个现代化的直接需要,还有更深、更广、更远的意义——随着整个民族科学文化水平的提高,我们将能够更好地用马克思列宁主义、毛泽东思想来武装广大干部和群众;提高整个民族的科学文化水平,也将大大有利于动员广大人民群众参加管理国家和各项经济、文化、教育事业,有利于在国家政治生活中进一步发扬社会主义民主。③ 大会还讨论并通过了《八年科学规划》,确定了今后一个时期科技工作的任务。

全国科学大会受到全体代表和科技人员的热烈欢迎,引起了全国人民和广大侨胞的关心和反响。从3月12日到31日的20天时间里,大会共收到来自全国各地和海外侨胞的贺信、贺电1.5万余封;接受包括成果实物、学

---

① 《在全国科学大会开幕式上的讲话》(1978年3月18日),《邓小平文选》第二卷,人民出版社1994年版,第86、88、93页。

② 《在全国科学大会开幕式上的讲话》(1978年3月18日),《邓小平文选》第二卷,人民出版社1994年版,第98页。

③ 华国锋:《提高整个中华民族的科学文化水平(一九七八年三月二十四日在全国科学大会上的讲话)》,《人民日报》1978年3月26日。

术论文、设计图纸、创新产品、改革建议、书画锦旗在内的各项献礼达4000余件。① 从此,科技工作者受到了前所未有的重视,国家加大了相关投资,科学技术事业成为全社会关注的热点。中共中央20余年前提出的"向现代科学进军"的号召,终于逐步变作实实在在的行动。

在教育和科技领域拨乱反正的带动下,文学艺术界也开始了对所谓"文艺黑线专政论"的批判。这"文艺黑线专政论"可是"大有来头"。1966年2月2日至20日,江青在得到林彪同意后,在上海主持召开了近二十天的"部队文艺工作座谈会"。其实参加座谈会的只有四五个人,而且虽然名为座谈,实际上是几个人陪着江青看了三十多部电影和戏剧,然后主要听她讲话。② "文艺黑线专政论"即来源于此次座谈会的"纪要"。

毛泽东对这个纪要十分重视,3月间三次修改。江青送去的纪要稿原来就充满着火药味,写道:"十六年来,文化战线上存在着尖锐的阶级斗争","被一条与毛主席思想相对立的反党反社会主义的黑线专了我们的政","我们一定要坚决进行一场文化战线上的社会主义大革命,彻底搞掉这条黑线"。毛泽东第一次修改时,在这段话后加了一句:"搞掉这条黑线之后,还会有将来的黑线,还得再斗争。"更值得注意的是,他加写了下面一段话:"过去十几年的教训是:我们抓迟了。毛主席说,他只抓过一些个别问题,没有全盘地系统地抓起来,而只要我们不抓,很多阵地就只好听任黑线去占领,这是一条严重的教训。一九六二年十中全会作出要在全国进行阶级斗争这个决定之后,文化方面的兴无灭资的斗争也就一步一步地发展起来了。"③ "黑线专政论",成为发动"文化大革命"的一个重要理论依据。

时间来到1977年,文艺界的一些人看到教育界的"两个估计"受到了动摇,便试图以揭批"四人帮"的名义冲击"黑线专政论"。11月21日,《人民日报》编辑部邀请一些文艺界人士举行座谈会,控诉和批判"文艺黑线专政

---

① 《当代中国》丛书编辑委员会:《当代中国的科学技术事业》,当代中国出版社1991年版,第52—53页。

② 参见席宣、金春明:《"文化大革命"简史》,中共党史出版社2006年版,第73页。

③ 《毛泽东修改〈江青同志召开的部队文艺工作座谈会纪要〉稿时加写的话》(1966年3月),转引自中共中央文献研究室:《毛泽东传(1949—1976)》(下),中央文献出版社2003年版,第1403页。

论"。参加座谈者指出:"文化大革命"前的十七年,成绩是主要的。这是任何人也否定不了的铁的事实。只有砸碎这个沉重的精神枷锁,"双百"方针才能真正得到贯彻执行,社会主义文艺百花齐放的春天才会到来。① 12月28日至31日,《人民文学》编辑部也召开一次座谈会,再次批判"文艺黑线专政论"。会议期间,华国锋为《人民文学》题词:"坚持毛主席的革命文艺路线,贯彻百花齐放、百家争鸣的方针,为繁荣社会主义文艺创作而奋斗。"②这是中共新领导人对文学工作的态度的一种体现。

但是,华国锋显然不会直接否定毛泽东修改和审定的《部队文艺工作座谈会纪要》。何况毛泽东对文艺界的批评远不止于此——1963年12月12日,他在一份材料上批示:"各种艺术形式——戏剧、曲艺、音乐、美术、舞蹈、电影、诗和文学等等,问题不少,人数很多,社会主义改造在许多部门中,至今收效甚微。许多部门至今还是'死人'统治着。不能低估电影、新诗、民歌、美术、小说的成绩,但其中的问题也不少。至于戏剧等部门,问题就更大了。社会经济基础已经改变了,为这个基础服务的上层建筑之一的艺术部门,至今还是大问题。""许多共产党人热心提倡封建主义和资本主义的艺术,却不热心提倡社会主义的艺术,岂非咄咄怪事。"③1964年6月27日,他再次提笔在另一份报告上写道:这些协会和他们所掌握的刊物的大多数(据说有少数几个好的),15年来,基本上(不是一切人)不执行党的政策,做官当老爷,不去接近工农兵,不去反映社会主义的革命和建设,最近几年,竟然跌到了修正主义的边缘。"如不认真改造,势必在将来的某一天,要变成像匈牙利裴多菲俱乐部那样的团体。"④

推翻这些言论绝不是一朝一夕所能完成的。因此,虽然"四人帮"的"文艺黑线专政论"可以批判,但也仅仅局限在"专政"这个字眼上,即强调文艺工作总体上执行了毛主席的路线,大部分文艺工作者和文艺作品是好的,等

---

① 《坚决推倒、彻底批判"文艺黑线专政"论——本报编辑部邀请文艺界人士举行座谈会》,《人民日报》1977年11月25日。

② 《华主席为〈人民文学〉题词》,《人民日报》1978年1月17日。

③ 《关于文艺工作的批语》(1963年12月12日),《建国以来毛泽东文稿》第10册,中央文献出版社1996年版,第436—437页。

④ 《对中宣部关于全国文联和各协会整风情况的报告的批语》(1964年6月27日),《建国以来毛泽东文稿》第11册,中央文献出版社1996年版,第91页。

等。文艺界暂时还不得不承认"文艺黑线"存在,肯定毛泽东对文艺工作的错误决策和批示,《部队文艺工作座谈会纪要》也仍旧被视为禁区。不过,这样的批判还是在相当程度上推动了文艺领域的拨乱反正。

1978年4月,文化部召开万人大会,宣布为受"四人帮"迫害的一批文艺工作者平反昭雪。[①] 5月27日至6月5日,中国文学艺术界联合会第三届全国委员会召开扩大会议,宣布曾被强行撤销的中国文学艺术界联合会、中国作家协会等正式恢复工作,《文艺报》立即复刊。[②] 在此前后,人民艺术家老舍等一批在"文革"中惨遭迫害的著名文艺界人士陆续获得平反昭雪,一大批被禁的文艺作品重新上演或出版,许多文艺工作者重新开始创作。《人民文学》1977年第11期发表了刘心武的短篇小说《班主任》,以中学生的愚昧无知为警钟,写出了"文革"十年盛行的反知识反文化的政治风尚造成的现实危害。《人民文学》1978年第一期发表的徐迟的报告文学《哥德巴赫猜想》则直接为知识分子在"文革"中的遭遇鸣不平,正面表达出对文化知识的尊重和对知识分子的赞美。[③] 1978年8月11日《文汇报》刊出另一部受到广泛阅读和争论的短篇小说——卢新华的《伤痕》,后来"伤痕文学"名字的出现即与之有一定关联……遭到严重摧残的文艺事业开始有了新的生机。

六、平反冤假错案

"四人帮"刚被粉碎不到一周,胡耀邦便托人给叶剑英和华国锋带去口信:现在我们的事业面临着中兴,中兴伟业,人心为上。什么是人心?停止批邓,人心大顺;冤案一理,人心大喜;生产狠狠抓,人心乐开花。[④] 胡耀邦的这"隆中三策"中唯有平反冤假错案一项面临重重困难,恰巧胡耀邦本人也在这一项上付出了最大的心血。

---

① 《文化部为大批受迫害文艺工作者平反》,《人民日报》1978年4月22日。

② 《中国文联举行扩大会议宣布文联和五个协会正式恢复工作》,《人民日报》1978年6月6日。

③ 参见陈思和:《中国当代文学史教程》,复旦大学出版社2010年版,第189页。

④ 胡耀邦:《在中央政治局会议上的发言》(1980年11月19日),转引自史义军:《胡耀邦一份手稿的来历》,《党史博览》2005年第11期。

  1977 年 10 月 7 日,《人民日报》发表胡耀邦主持撰写的《把"四人帮"颠倒了的干部路线是非纠正过来》一文。这篇文章占了整整一版,批评有些负责干部工作的人"工作很不得力","致使一部分有路线觉悟、有工作能力的干部还没有分配工作,许多受审查的干部还没有作出正确的结论,一些混进干部队伍的坏人还没有处理"。文章呼吁各级组织部门"要敢于冲破阻力","一切强加给干部的诬蔑不实之词一定要推倒,颠倒的干部路线是非一定要纠正"。①

  这项工作当时有多么迫切呢？据统计,"文革"期间中央和国家机关副部长以上、地方省级以上的高级干部,被立案审查的占 75%。仅北京一地,就有 9830 名干部、职工、学生、农村社员、城市居民由于受到迫害而非正常死亡,其中干部 1917 人。② 1978 年 12 月 13 日,叶剑英在中央工作会议闭幕会上说,"文化大革命"中制造了大量冤案,"包括受牵连的在内,受害的有上亿人,占全国人口的九分之一。"③

  尽管迫切如斯,但此时尚不具备为冤假错案全面平反的条件,仅与"四人帮"有关的案件是比较容易解决的。1976 年 12 月 5 日,中共中央发出通知宣布:"凡纯属反对'四人帮'的人,已拘捕的,应予释放;已立案的,应予销案;正在审查的,解除审查;已判刑的,取消刑期予以释放;给予党籍团籍处分的,应予撤销。"但该通知又规定:"凡不是纯属反对'四人帮',而有反对伟大领袖毛主席、反对党中央、反对无产阶级文化大革命或其他反革命罪行的人,绝不允许翻案。"这的确是画地为牢了——一旦遇到被认为是"反对无产阶级文化大革命"的案子,以及毛泽东批准的或圈阅过的案子,不论人们怎样呼吁,也不管事实如何清楚,是非如何被颠倒,都迟迟无法平反。一位从陕西来的老干部找到中组部,硬是被赶了出来。中组部变成了门难进、脸难看、话难听、事难办的"官衙门"。④

---

  ① 杨逢春等:《把"四人帮"颠倒了的干部路线是非纠正过来》,《人民日报》1977 年10 月 7 日。

  ② 王年一:《大动乱的年代》,人民出版社 2009 年版,第 465、466 页。

  ③ 《在中央工作会议闭幕会上的讲话》(1978 年 12 月 13 日),《叶剑英选集》,人民出版社 1996 年版,第 494 页。

  ④ 张树军:《大转折——中共十一届三中全会实录》,浙江人民出版社 1998 年版,第 99 页。

在这种情况下,平反冤假错案、落实干部政策的工作进展得十分缓慢。到 1977 年年底,中央直属机关和中央国家机关的 53 个部门仍有 6241 名干部等待落实政策、分配工作,其中包括 116 名省部级干部和 537 名司局级干部。此外,全国还有 10 多万名"右派"尚未摘帽。①

心情上的急切与现实中的迟缓形成了鲜明对比,以至于《把"四人帮"颠倒了的干部路线是非纠正过来》一文一经刊发便引起强烈反响。人民日报社等单位收到大量表示赞同和申诉冤情的来信,据说可以装两麻袋。不过,也有一些人指责文章与中央的精神不符,尤其是来自组织人事部门的人,这些部门是"审干"、"定案"工作中的主角。其中有人打电话给《人民日报》,责问这篇文章是哪里来的? 有没有中央文件作依据? 如果你们不根据中央原有的文件精神办事,这么多的案子咋平反? 这只能搞乱局势,制造新的不稳定,等等。时任中共中央组织部部长的郭玉峰甚至说这篇文章是"大毒草",还说这不是他一个人的意见,是"中央领导同志的意见"②。

面对质疑,胡耀邦又在 1977 年 11 月 27 日的《人民日报》上组织了另一篇文章——《毛主席的干部政策必须认真落实》。文章明确而坚定地表示:在落实党的干部政策过程中,凡是符合事实的结论和材料,都应当保留,决不能"一风吹";一切不符合事实的结论和材料,即使是一个"尾巴"也不能保留。"无产阶级的原则是有错必纠,敢于承认和改正工作中的缺点和错误,部分错了,部分纠正,全部错了,全部纠正。只有这样,才算是严肃认真、对党负责,才能取得群众的谅解,真正建立起威信。"③

12 月 10 日,中共中央对中央组织部的领导成员作出调整,任命胡耀邦为中组部部长。12 月 19 日,胡耀邦正式到中组部上班,召开了第一次全部工作人员大会。他在会上要求恢复党的优良传统,把党的组织部门办成"党员之家"和"干部之家",说:"今后如有受冤挨整的老同志来找我,我都要和他们见面谈话,请任何人不要阻拦;凡是信封上写有'胡耀邦'三个字的来

① 中共中央党史研究室:《中国共产党历史》第二卷(1949—1978)下册,中共党史出版社 2011 年版,第 1010 页。

② 陈述:《拨乱反正历史进程中的胡耀邦》,柳建辉主编:《中央党校教授讲党史》(上),四川人民出版社 2009 年版,第 207 页。

③ 《毛主席的干部政策必须认真落实》,《人民日报》1977 年 11 月 27 日。

信,都请及时送给我,如没有我的表示,也望任何同志不要主动代劳处理,更不能扣压"。①

消息传出,蒙受冤屈的干部群众又看到了希望,纷纷上诉冤情。仅1978年上半年,中组部就接待干部来访6434人次,受理信访32927件。2月至4月间,中组部还分6批,同28个省、自治区、直辖市和22个中央、国家机关部委主管干部工作的负责人召开研究疑难案例座谈会,讨论案例近200件。②面对阻力和干扰,胡耀邦多次强调:要恢复党的优良传统,坚持实事求是、有错必纠;对每一个人的审查,不能从条条出发,从哪一个首长讲的出发,而要从事实出发。

中组部在为右派"摘帽"的问题上也发挥了关键的作用。1978年4月5日,中共中央批转中央统战部、公安部《关于全部摘掉右派分子帽子的请示报告》。虽然"摘帽"已成定论,但却有不同的摘法:一种方法是从此不再叫他们"右派",然后妥善安置一下,仅此而已。这意味着不承认划他们为右派是错误的,甚至可以理解为肯定了当初的结论,只不过现在"宽大处理"。另外一种方法则是在称呼和安置之外,实事求是地甄别平反,错多少改多少。1978年6月在山东烟台召开的中组部、中宣部、统战部、公安部、民政部五部门联合会议上,多数人支持前一种意见。不过,要求全面复查的人没有放弃努力。经胡耀邦同意,中组部向中共中央递交书面报告,要求重新审定此事。

9月,根据中央组织部的要求,经中共中央同意,参加6月烟台会议的五个部的负责人继续在北京开会,研究错划"右派"的改正问题。会上仍有两种不同的主张。坚持只"摘帽"、不改正的人认为,过去的是是非非已经过去了,没有必要再一一清账,如果几十万右派都改正过来,全党就乱了套了。而坚持既要"摘帽"、又要改正的人则提出,党的历史上也曾经为一些冤假错案平过反、纠过正,都是分清了是非、增强了团结、促进了革命事业的发展,还从未听说过"乱了套"。这次会议采纳了"摘帽"同时"改正"的意见。9月17日,中共中央批转《贯彻中央关于全部摘掉右派分子帽子决定的实施方

① 戴煌:《胡耀邦与平反冤假错案》,中国工人出版社2004年版,第53、54页。

② 中共中央党史研究室:《中国共产党历史》第二卷(1949—1978)下册,中共党史出版社2011年版,第1011页。

案》,明确提出:对于过去错划了的人,要做好改正工作。有反必肃,有错必纠,这是我党的一贯方针。已经发现划错了的,尽管事隔多年,也应予以改正。① 改正错划右派工作由此得以迅速推开。10 月 17 日,中组部成立审查改正右派分子办公室,专门负责督促这项工作。中共中央直属机关和中央国家机关的其他部委也先后成立了相应机构。到 1980 年,全国共有 54 万多名错划右派得到改正,使这个遗留了 20 多年的问题终于得到解决。

"文革"结束后两年,平反冤假错案的工作取得了不小的成绩。到 1978 年 11 月,中组部共为 131 名省部级以上干部的冤案平反,为中央、国家机关 5344 名待分配的干部分配了工作或进行了妥善安置。但考虑到庞大的冤假错案总数,这种进展还是比较缓慢的。无论从数量上说,还是从案件的影响力上看,平反工作的高潮都是在中共十一届三中全会之后。不过,有一个例外——三中全会前,中组部即向中央提交报告,认定所谓"六十一人叛徒集团"是一起重大错案。

"六十一人叛徒集团"案的原委,要从 1936 年说起。当时,薄一波、安子文、刘澜涛等 61 人由于中共地方组织受到破坏等原因被捕,关押在国民党"北平军人反省院"(因地处北平草岚子胡同,俗称"草岚子监狱")。监狱外,日本侵略者正加紧侵略华北的步伐,平津上空战云密布,整个华北危在旦夕。在抗日救亡运动高涨的形势下,中共中央北方局急需大量得力干部。于是,时任北方局组织部长的柯庆施向主持北方局工作的刘少奇建议,可以让草岚子监狱中的同志履行国民党当局规定的手续(公开发表《反共启事》、举行"自新仪式")出狱。刘少奇采纳了这个提议,并将此事报告中共中央。时任中共中央总书记的张闻天与其他领导商议后批准了这个特殊措施。决定传到狱中,起初还被怀疑是敌人搞的圈套,经过再三确认后,狱中的中共支部才同意执行。从 1936 年 9 月开始,他们陆续履行手续,离开了监狱。事后,柯庆施还对薄一波开玩笑说:"让你们出来是党中央指示的,是刘少奇、北方局向中央建议,经中央批准的。你们出来时还拿架子,三请诸葛亮才出来。"②

---

① 陈文斌等:《中国共产党执政五十年》,中共党史出版社 1999 年版,第 475 页。

② 熊怀济:《天地有正气——草岚子监狱斗争与"六十一人案"》,北京出版社 1982 年版,第 116 页。

　　这段历史本来是非常清楚的,但在黑白颠倒的"文化大革命"中,却由此制造了一个大冤案。"文革"开始不久,各地出现"抓叛徒"的浪潮。"六十一人叛徒集团"是其中最有影响的一个,对于打倒从中央到地方的一大批领导干部,直至制造刘少奇冤案,都起到了直接、特殊的作用。①

　　1966 年 9 月,康生给毛泽东写信称:"我长期怀疑少奇同志要安子文、薄一波等人'自首出狱'的决定","这一决定是完全错误的,是一个反共的决定","是'坚定反共'的叛党行为"②。11 月下旬,陕西的红卫兵提出 61 人之一的刘澜涛的出狱问题。11 月 24 日,中共中央复电西北局关于红卫兵追查刘澜涛出狱问题的请示:"请向南开大学卫东红卫兵和西安炮打司令部战斗队同学说明,他们揭发的刘澜涛同志出狱的问题,中央是知道的。如果他们有新的材料,可派代表送来中央查处,不要在大会上公布和追查。"③但康生等人百般赞扬南开大学的红卫兵组织揪出"六十一人叛徒集团",并批准他们以"中央特许"和"中央专案组"名义到各地任意抄家、抓人、审讯和查阅机密档案;甚至亲自部署红卫兵调查一些老干部的所谓"历史问题"。1967 年 1 月 10 日,中央文革小组的戚本禹同总政文工团部分人谈话时说:"红卫兵小将查出安子文叛党,这些变节分子叛党的最大组织者就是刘少奇。"2 月 12 日,同为中央文革小组成员的关锋对解放军代表说:"安子文、还有薄一波、刘澜涛,占据了组织部、监委、工交④等很多重要部门,权都掌握在他们手里,执行的是资产阶级专政,文化大革命发动起来,小将是有很大功勋的,这些人是自首分子,是叛徒。"⑤

　　1967 年 3 月 16 日,中共中央发布了《关于薄一波、刘澜涛、安子文、杨献珍等人自首叛变问题的初步调查》文件,并在批示中认定:"薄一波等人自首

---

　　①　郑谦、张化:《毛泽东时代的中国》(三),中共党史出版社 2003 年版,第 59 页。

　　②　席宣、金春明:《"文化大革命"简史》,中共党史出版社 2006 年版,第 146—147 页。

　　③　中共中央党史研究室:《中国共产党历史大事记(1919.5—2005.12)》,中共党史出版社 2006 年版,第 246 页。

　　④　"监委"指中共中央监察委员会,"工交"是工业与交通运输业的合称。

　　⑤　王年一:《大动乱的年代》,人民出版社 2009 年版,第 164 页。

叛变出狱,是刘少奇策划和决定,张闻天同意,背着毛主席干的。"①薄一波等61人被正式定为"叛徒集团"。不但相关人员受到迫害,他们的亲属、同事、朋友也受到株连审查。受其影响,各地的"抓叛徒"群众组织和各种各样的专案组,把已有正确审查结论的历史问题又统统翻腾出来,甚至无中生有,栽赃陷害,制造了一大批冤假错案。过去在南京、苏州、济南、太原、新疆等地国民党或侵华日寇监狱中囚禁过的党员,以及做过地下工作的干部,几乎全都成了任由造反派揪斗、拷打、凌辱的"叛徒集团"。株连所及,冤狱遍布全国。

粉碎"四人帮"后,为"薄一波等六十一人叛徒集团"案平反被列入中组部的工作日程。但复查工作遭到中央专案审查小组②的反对,有人说:这些案子曾是我们管的,并没有受"四人帮"的干扰;有些案子还报中央讨论过。毛主席不在了,我们几个人还在嘛!不要因为粉碎了"四人帮",过去定了的案子就要推翻。③

1978年5月,中共中央决定将中央专案组下属的第一办公室、第三办公室和"5·16联合办公室"的案件"全部移交给中央组织部"。6月9日,中央专案组负责人汪东兴、纪登奎、吴德召集中组部胡耀邦、陈野苹,公安部赵苍璧和三个专案办公室的负责人在会上宣布了这一决定。汪东兴等还直接谈到了"六十一人叛徒集团"问题。他说:中央专案组第一办公室和第三办公室的案子,都是经过毛主席批定的。现在应继续贯彻毛主席的指示,也要贯彻华主席的指示。"六十一人"的问题是经过毛主席和党中央批准才定案的,不能随便翻过来……关于这些案子,还是原来的那句话:结论材料可以

---

① 《中共中央关于印发薄一波、刘澜涛、安子文、杨献珍等出狱问题材料的批示》(1967年3月16日),国防大学党史党建政工教研室:《"文化大革命"研究资料》上册(即《中共党史教学参考资料》第25册),第344页。

② 为了应对"文革"运动中层出不穷的案件,中共中央于1967年决定成立"中央专案审查小组",其领导均为"中央文革碰头会"成员,组长周恩来、副组长陈伯达,成员有江青、康生、谢富治、汪东兴等人。到后来,中央专案组设立了三个办公室,简称一办、二办、三办。第一办公室主要负责中央、国家机关的负责人以及各省、市、自治区、直辖市的党政负责人的专案审查,主任是汪东兴。第二办公室主要负责军队系统内部的高级将领的专案审查,主任初为杨成武,后为吴法宪;"九一三"事件后二办撤销,其所管的专案划给了一办和三办。第三办公室主要负责公检法系统的领导干部的专案,主任是谢富治。

③ 何载:《冤假错案是这样平反的》,中共中央党校出版社1999年版,第95页。

交给组织部,而文书档案不能交。另外,关于一、三办的所有其他案子,属于人民内部矛盾的,也可以交给组织部;属于敌我矛盾的,都不能交。① 实际上,真正的材料都在文书档案里,只有一个结论材料又如何复查其正确与否? 而且中央专案组第一办公室、第三办公室的案子几乎都是"叛徒"、"特务"之类的敌我矛盾,哪有什么人民内部矛盾? 移交材料的工作被一再拖延,中组部干审局却天天接到受诬陷同志的申诉。该局的负责人向胡耀邦诉苦,表示苦无定案时的材料,无法着手复查。胡耀邦回答说:"急也没有用,不等了,我们自己干。"②

恰在此时,1978 年 6 月 25 日,邓小平在一份要求为此案平反的申诉材料上批示:"这个问题总得处理才行。这也是一个实事求是的问题。"③7 月 4 日,华国锋也指示胡耀邦:"六十一人的问题要解决,由中组部进行复查,向中央写个报告。"④更早的时候,当有人向陈云反映问题时,他也表示:"六十一人"的问题我是了解的,我那时是中组部部长,我在适当时机要向华主席报告这个问题。你放心,我要管这个事。⑤

"六十一人叛徒集团"案的复查,甚至对推动恢复实事求是的作风起到了一定的作用。8 月初,叶剑英向胡耀邦提出:党的历史上的功过是非要"坚决不动摇地弄清楚,不论是什么时期,不论什么人,来一个彻底的唯物主义"。9 月 20 日,胡耀邦在全国信访工作会议上更加明确而富有魄力地提出:落实干部政策的根据是事实,判断对干部的定性和处理是否正确,根本的依据是事实。经过对实际情况的调查核实,分析研究,对于不实之词、不正确的结论和处理,不管什么时候、什么情况下搞的,不管是哪一级组织、什么人定的、批的,都要实事求是地改正过来。⑥ 这就是著名的"两个不管"。

① 戴煌:《胡耀邦与平反冤假错案》,中国工人出版社 2004 年版,第 114—115 页。

② 何载:《冤假错案是这样平反的》,中共中央党校出版社 1999 年版,第 95 页。

③ 中共中央文献研究室:《邓小平年谱(1975—1997)》上,中央文献出版社 2004 年版,第 332 页。

④ 戴煌:《胡耀邦与平反冤假错案》,中国工人出版社 2004 年版,第 122—123 页。

⑤ 朱佳木:《我所知道的十一届三中全会》,中央文献出版社 1998 年版,第 80—81 页。

⑥ 中共中央党史研究室:《中国共产党历史》第二卷(1949—1978)下册,中共党史出版社 2011 年版,第 1030 页。

11 月 3 日,中央组织部完成了对"薄一波等六十一人叛徒集团"案的复查,并于 11 月 20 日正式向中央提交报告,证明把薄一波等 61 人定为叛徒集团是不正确的,所谓"六十一人叛徒集团"是一起重大错案。中组部以此为突破口,推动了全国平反冤假错案、落实各项政策的进程。

七、开展真理标准问题的讨论

真理标准大讨论是中共中央党校历史上浓墨重彩的一笔。1977 年 8 月,华国锋在中共十一大政治报告中提出:"要认真组织力量研究党史,学习和总结党的历史经验,特别是第九次、第十次、第十一次路线斗争的经验。"[①] 10 月,叶剑英在中央党校开学典礼上讲话,在讲到理论要密切联系实际时指出:"一定要从实际出发。如果理论不能指导实际,不受实际检验,那算什么理论!"他在讲话结束时提出:"我希望在党校工作的同志,来党校学习的同志,都来用心研究我们党的历史,特别是第九次、第十次、第十一次路线斗争的历史。"[②]研究"第九次、第十次、第十一次路线斗争",是当时对中共党史的概括,实际上就是要研究"文化大革命",对十年"文革"作出评价。[③]

为了搞好党史教学,中央党校专门成立了一个小组,起草教学方案。在胡耀邦的指导下,一份类似"讨论提要"的文件于 1978 年 4 月形成,其中明确提出两条指导原则:一是应当完整地准确地运用马列主义、毛泽东思想的基本原理;二是应当以实践为检验真理、辨别路线是非的标准。这份文件被

---

①　华国锋:《在中国共产党第十一次全国代表大会上的政治报告》,《人民日报》1977 年 8 月 23 日。

②　《叶剑英副主席在中共中央党校开学典礼上的讲话》,《人民日报》1977 年 10 月 10 日。

③　毛泽东曾提出"十次路线斗争"的说法,分别针对陈独秀右倾投降主义路线(第一次),李立三(第二次)、瞿秋白(第三次)左倾冒险机会主义,罗章龙(第四次)、张国焘(第五次)分裂主义,王明先左后右的机会主义(第六次),高岗、饶漱石反党集团(第七次),彭德怀右倾机会主义(第八次)、刘少奇资产阶级司令部(第九次)、林彪反革命集团(第十次)。1973 年中共十大政治报告提出:"在半个世纪中,我们党经历了十次重大的路线斗争。"粉碎"四人帮"后,1977 年中共十一大又沿例将其定名为"第十一次路线斗争"。

发给了800多名来校学习的中高级干部集中讨论。由于当时胡耀邦在中央党校实行"四不主义",即不戴帽子、不打棍子、不抓辫子、不装袋子①,关于"文革"以来中共党史的讨论十分热烈。学员们对一些问题提出了质疑,例如对第一张马列主义大字报如何评价?对武汉"七二○事件"如何评价?对杨余傅事件如何评价?怎么把林彪写入了党章?对九大、十大的政治报告如何看?这么大的党,被林彪、"四人帮"几个人搞到崩溃的边缘,是什么原因,我们的路线有没有问题?等等。这些问题已经涉及"文革"中的一些重大事件和"无产阶级专政下继续革命的理论"。但也有学员提出,天安门事件目前还是要按华主席(十届)三中全会讲话的精神写;评价"文化大革命"还是要以九大、十大、十一大的文件为依据。② 究竟以什么为标准来认识和判定历史是非,成为一个突出的问题。著名的《实践是检验真理的唯一标准》一文之所以首先在中央党校的内部刊物上发表,与上述背景有很大的关系。

与此同时,人民日报社编辑部也感到了讨论真理标准问题的必要。因为一些批判"四人帮"谬论的文章发表后,许多读者来信总是以"毛主席语录"为依据评价这些文章。1978年3月26日,《人民日报》发表一篇题为《标准只有一个》的思想评论,明确提出:"真理的标准,只有一个,就是社会实践。"文章发表后,又收到20多封表示反对的读者来信,主要理由就是认为马克思主义应该是检验真理的标准,说马克思主义不是检验真理的标准,就是贬低马克思主义的理论。为此,报社编辑部决定继续组织文章,进一步讲清这个问题。③

1978年4月,《光明日报》编辑部准备将他们早已收到、几经修改的一篇文章《实践是检验真理的标准》,在哲学专刊上发表。但由于意识到这一论题强烈的现实意义,该报负责人决定委托中共中央党校理论研究室帮助作

---

① "不装袋子"指发表意见不被记录在案(装进档案袋)。

② 沈宝祥:《胡耀邦与真理标准问题讨论》,江西人民出版社2005年版,第30—31页。

③ 《汪子嵩同志在理论与实践问题讨论会上的发言》(1978年7月22日),《哲学研究》编辑部编:《实践是检验真理的唯一标准问题讨论集》第一集,中国社会科学出版社1979年版,第100页。

进一步修改,进而改在报纸头版发表。修改过程中,标题改成了后来家喻户晓的《实践是检验真理的唯一标准》,并由胡耀邦审阅定稿。1978 年 5 月 10 日,文章首先在中央党校内部刊物《理论动态》上刊发。11 日,又以"本报特约评论员"名义在《光明日报》头版发表。同日,新华社播发通稿。12 日,《人民日报》《解放军报》以及《解放日报》等全文转载。13 日,又有多家省报转载。由此,一场关于真理标准问题的大讨论在全国展开。

《实践是检验真理的唯一标准》一文强调了马克思主义认识论的一个问题:社会实践不仅是检验真理的标准,而且是唯一的标准。文章指出:凡是科学的理论,都不会害怕实践的检验。马克思主义的理论宝库并不是一堆僵死不变的教条,它要在实践中不断增加新的观点、新的结论,抛弃那些不再适合新情况的个别旧观点、旧结论。现在,无论在理论上或实际工作中,"四人帮"设置的不少禁锢人们思想的禁区,还没有被完全打破。对于这些禁区,我们要敢于去触及,敢于去弄清是非。凡有超越于实践并自奉为绝对禁区的地方,就没有科学,就没有真正的马列主义、毛泽东思想,而只有蒙昧主义、唯心主义、文化专制主义。共产党人不能拿现成的公式去限制、宰割、剪裁无限丰富的生动的实际生活,应该勇于研究新的实践中提出的新问题。只有这样,才是对待马克思主义的正确态度。虽然文章并未牵涉具体政策,但由于它触及盛行多年的思想僵化和个人崇拜现象,亦由于文章观点的鲜明和尖锐,以及发表的形式和声势,由此引发了广泛的注意,并逐渐形成了讨论。

必须指出的是,真理标准问题的讨论本质上并非学术争鸣。从纯学术的角度来看,实践似乎不一定是检验真理的唯一标准。否则,我们很难想象,面对这样一个"绝对正确"的命题该如何讨论。具体来说,讨论中有人提出,实践不是检验真理的标准,而是检验真理的手段和方式,真理的标准是"客观存在本身"。[1] 也有人认为,检验真理的唯一客观标准是客观事物及其规律,而社会实践应该被视为检验认识真理性的唯一可靠途径。[2] 有人主

---

[1]　刘沛俊:《检验真理的标准不是实践而是客观存在本身》,《国内哲学动态》1979 年第 1 期。

[2]　王保舵、史振军:《真理的标准是客观事物及其规律》,《学术月刊》1980 年第 9 期。

张,在构成实践的诸要素中,只有"实践结果即实践的客观效果"才是检验真理的标准。① 还有人提出,实践是检验真理的最终标准,但不是唯一标准,感觉和推理也能在一定条件下各自发挥检验真理的作用,也可以是检验真理的标准。② 笔者对哲学毫无研究,但只怕上述说法绝非"不可理喻"。学理方面的讨论还包括实践检验与逻辑论证的关系、实践标准的相对性与绝对性等问题,太过抽象,这里就不介绍了。

回到政治层面,《实践是检验真理的唯一标准》一文遭到了部分人的指责。《人民日报》转载该文的当天晚上,报社值班总编辑胡绩伟即接到曾任该报总编辑、中宣部副部长等职,时任毛泽东主席著作编辑出版委员会办公室副主任的吴冷西的电话。吴冷西认为文章犯了方向性的错误,理论上是错误的,政治上问题更大,很坏很坏。他提出:如果只有经过长期实践证明以后才是真理,那么中共十一大路线就不能算真理了,那样人们就不会拥护并为之奋斗;文章认为"四人帮"不是修正主义而是教条主义,这是错误的;文章是要砍倒毛泽东思想这面红旗,而如果怀疑主席指示有错,认为要修改,大家都去争论哪些错了,哪些要改,我们的党还能团结一致吗? 我们的国家还能安定团结吗?③

文章发表不到一个星期,5 月 17 日,当时主管宣传工作的中共中央副主席汪东兴说:《实践是检验真理的唯一标准》这篇文章"理论上是荒谬的,思想上是反动的,政治上是砍旗帜的"。他认为文章的矛头是针对毛泽东的,并责问:"这是哪个中央的意见?""要查一查,接受教训、统一认识、下不为例。""《人民日报》要有党性,中宣部要把好关。"

5 月 18 日,汪东兴找中宣部和《红旗》杂志负责人谈话,批评《人民日报》很"不慎重"。中宣部立即召集参加全国教育工作会议的代表团团长(主要是各省、市、自治区文教书记、宣传部长等)开会,就宣传问题打招呼。中宣部部长张平化说:"《光明日报》发表的《实践是检验真理的唯一标准》这篇文章,我

---

① 姚伯茂、李景瑞:《论作为实践结果的客观事实是检验真理的标准》,《学术月刊》1981 年第 5 期。

② 黄枬森:《认识怎样成为真理》,《哲学研究》1980 年第 11 期。

③ 沈宝祥:《真理标准问题讨论始末》,中国青年出版社 1997 年版,第 108—109 页。

听到截然相反的两种意见,一种是很好。一种是很坏。我看了一遍,还没有摸透;至少证明这是一篇重要文章。大家都可以找来看看。小范围内可以发表不同意见,比如在省、市、自治区党委领导班子内。"他还说:"不要以为《人民日报》发表了,就成了定论了。今后不管《人民日报》或新华社发出的稿子,只要有不同意见,都可以议论,并希望向中宣部反映。毛主席说过,不论风从哪里来,都要用鼻子嗅一嗅。表态不要随风倒,应该按真理办事;是真理就坚持,不是就不要坚持;态度要鲜明,不隐瞒自己的观点。"

6月15日,汪东兴召集中宣部和中央直属新闻单位负责人开会,强调新闻传媒的党性:"党报要有党性,党性与个性的关系,是个性服从党性。"他强调党性不强在宣传上造成的危害,着重批评了《人民日报》。7月,他又在山东提出:"一不要砍旗,二不要丢刀子,三不要来180度的转变。"后来在中共十一届三中全会上,汪东兴作了解释和检讨,表示自己对真理标准大讨论的意义估计不足,思想上存在顾虑,主要是怕因此对捍卫和高举毛主席的伟大旗帜产生不利影响。①

与指责和批评相反,对《实践是检验真理的唯一标准》的观点,邓小平等给予了坚决的支持。在1978年4月至6月召开的全军政治工作会议期间,有人提出,凡是毛主席、华主席说过的话,都不能改动。对此,邓小平指出:只要你讲话和毛主席讲的不一样,和华主席讲的不一样,就不行。毛主席没有讲的,华主席没有讲的,你讲了,也不行。照抄毛主席讲的,照抄华主席讲的,全部照抄才行。这不是一个孤立的现象,这是当前一种思潮的反映。"我们讲要继承和发扬毛主席为我们培育的优良传统,第一个就是实事求是。""现在发生了一个问题,连实践是检验真理的标准都成了问题,简直是莫名其妙!"②6月2日,他在会上发表讲话,着重阐述了毛泽东关于实事求是的观点。他指出:"我们也有一些同志天天讲毛泽东思想,却往往忘记、抛弃甚至反对毛泽东同志的实事求是、一切从实际出发、理论与实践相结合的这样一个马克思主义的根本观点、根本方法。""如果我们只把过去的一些文件逐字逐句照抄一通,那就不能解决任何问题,更谈不到正确地解决什么问

① 程中原等:《1976—1981年的中国》,中央文献出版社1998年版,第107、108页。
② 中共中央文献研究室:《邓小平年谱(1975—1997)》上,中央文献出版社2004年版,第319—320页。

题。那样,即使我们口头上大讲拥护毛泽东思想,实际上也只能是违反毛泽东思想。"①。邓小平的讲话,新华社当天就作了报道。6月6日,《人民日报》《解放军报》全文发表。要求解放思想、坚持实践标准的人深受鼓舞;不明底细的领导干部也才敢于公开发表支持实践是检验真理唯一标准的意见。此后,邓小平又多次肯定《实践是检验真理的唯一标准》一文。②7月21日,他更是特地找中宣部部长张平化谈话,就真理标准问题的讨论指出:不要再下禁令、设禁区了,不要再把刚刚开始的生动活泼的政治局面向后拉。③

6月24日,在中央军委秘书长罗瑞卿的支持和指导下,《解放军报》同样以"特约评论员"名义在头版发表题为《马克思主义的一个最基本的原则》的文章,《人民日报》、《光明日报》同日转载。文章指出:马列主义、毛泽东思想本身要由实践来检验,其正确性要由实践来证明。思想不能证明自身。理论是实践的指南和实践是检验真理的标准,这是两个不同的问题,不能相互混淆。

叶剑英、李先念等也对真理标准问题的讨论表示了明确支持。叶剑英在中共中央政治局会议上表示:我不主张对讨论采取压制态度,对待毛泽东思想,不能采取教条主义态度。李先念也在国务院的会议上指出:实践是检验真理的唯一标准,凡是经过长期社会实践证明是符合客观规律、符合大多数人利益的事,就坚决地办、坚持到底。我们的一切政策、计划、措施是否正确,都要以能否为人民群众谋利益作为标准来检验。④

真理标准大讨论所引发的关注是全国性的。1978年7月5日,中国科学院理论组和中国自然辩证法研究会召开讨论会,用自然科学史上大量的事实、事例说明,当原有的自然科学理论同新的科学实践事实发生冲突时,科学是如何突破旧理论而创立新理论,同时又在实践中得到证实的。7月17日至24

① 《在全军政治工作会议上的讲话》(1978年6月2日),《邓小平文选》第二卷,人民出版社1994年版,第114、118—119页。

② 中共中央文献研究室:《邓小平年谱(1975—1997)》上,中央文献出版社2004年版,第345—346、359页。

③ 中共中央文献研究室:《邓小平年谱(1975—1997)》上,中央文献出版社2004年版,第345页。

④ 中共中央党史研究室:《中国共产党历史》第二卷(1949—1978)下册,中共党史出版社2011年版,第1028页。

日,中国社会科学院哲学研究所、《哲学研究》编辑部召开讨论会。中国社会科学院副院长邓力群在开幕式上讲话,表示完全同意《实践是检验真理的唯一标准》和《马克思主义的一个最基本的原则》这两篇文章的观点。社科院顾问周扬则在闭幕式的讲话中第一次明确提出了真理标准讨论的重大意义和性质。他说,真理标准问题,不单单是个哲学问题,而且是个思想政治问题。这个问题的讨论,关系到我们的思想路线、政治路线,也关系到我们党和国家的前途。① 1978 年下半年,除中央单位外,各地就真理标准问题召开的讨论会达70 余次,报刊上发表的讨论这一问题的文章达 650 多篇。②

1978 年 8 月 3 日,新华社报道:中共黑龙江省委最近召开常委扩大会议,会上"大家指出":"真理是在实践中发展的,我们只有坚持实践第一的观点,在实践中检验真理、发展真理,才能使马列主义、毛泽东思想永葆革命之青春。"③这是地方中共党组织中最先对真理标准问题的表态。④ 随后,新疆、福建、广东、浙江、江西、河北、青海、内蒙古、宁夏、四川、湖北、天津、江苏、广西、贵州、山东、山西、上海、甘肃、吉林、云南、西藏、河南、陕西等省、自治区、直辖市的主要领导都先后对真理标准问题表态。10 月和 11 月,人民解放军的 11 个大军区、5 个兵种和 3 个军委直属大单位的领导干部,也都通过报纸公开表明支持实践是检验真理的唯一标准的立场。⑤

8 月,一直坚持不表态的中共中央机关刊物《红旗》杂志约请谭震林写一篇回忆毛泽东领导井冈山斗争的文章。谭震林当即表示:要我写文章,我就要写实践是检验真理的唯一标准,说明毛泽东思想是从实践中来,又经过革命实践检验的科学真理。10 月下旬,文章初稿写成后,他针对编辑部负责人的担心坚定地表示:文章的观点不能动,"这样做丢不了党籍,住不了牛棚"。李先念、邓小平、华国锋、叶剑英在先后看过文章后,均表示同意发表,这篇

① 沈宝祥:《真理标准问题讨论始末》,中国青年出版社 1997 年版,第 166、168 页。

② 中共中央党史研究室:《中国共产党历史》第二卷(1949—1978)下册,中共党史出版社 2011 年版,第 1029 页。

③ 《黑龙江省委召开常委扩大会议联系实际敞开思想畅所欲言讨论真理标准和民主集中制问题》,《人民日报》1978 年 8 月 4 日。

④ 也有人认为中共甘肃省委的表态最早。参见郝树声:《真理标准讨论各省表态谁第一》,《甘肃社会科学》1998 年第 6 期。

⑤ 程中原等:《1976—1981 年的中国》,中央文献出版社 1998 年版,第 120 页。

文章终于刊登在当年出版的《红旗》杂志第十二期上。①

笔者认为:真理标准问题的讨论,与其说是一场讨论,不如说是一个形成共识的过程。因为报刊上很少能够看到反对实践是检验真理唯一标准的观点(这里指的是政治层面,不包括纯学术的讨论),即使有反对者,也往往采用"不表态"的方式,因此并不存在严格意义上的"讨论"。另一方面,强调实践是检验真理唯一标准,也就意味着领袖的语录不再是不可撼动的金科玉律。从某种意义上讲,人们表面上是在讨论一个理论问题,实际上却暗含着自己对"文化大革命"的态度。因此当各级领导纷纷表态的时候,否定"文化大革命"的时机就已经成熟了。以这样一个政治压力相对较小的理论问题为契机寻找对待"文革"的共识,实在是一个明智而巧妙的选择。党心民心所向,历史转折还会远吗?

八、改革开放和工作重点转移的酝酿

1977、1978 两年的许多工作都可以视作改革开放和工作重点转移的前奏,例如,各领域的拨乱反正为"新时期"的到来卸下了历史包袱,加快发展经济成了人们共同的愿望,真理标准问题的讨论更直接冲击了保守思想。不过,还有比这更直接的。

在这两年间,中国的对外交往明显增加,不仅多次邀请外国元首和政府首脑访华,从中央到各地区、各部门的负责人也多次出国访问。1978 年,仅副总理和副委员长以上领导人的出访就有 20 多次,访问的国家达 50 多个。② 而在"文革"期间,中国的领导人是很少出访的。曾任国务院副总理的耿飚回忆道:外国的外交界、舆论界对此颇有微词。有的国外报刊评论文章甚至把这种情况与古代外国使者朝拜中央王国相提并论。在这方面我们确实是欠了外国的"债"。因此,粉碎"四人帮"后,我国政府就着手处理"还

---

① 中共中央党史研究室:《中国共产党历史》第二卷(1949—1978)下册,中共党史出版社 2011 年版,第 1028 页。

② 中共中央党史研究室:《中国共产党历史》第二卷(1949—1978)下册,中共党史出版社 2011 年版,第 1039 页。

债"之事。①

"还债"只是一个形象的说法,更重要的目的在于一探世界经济发展的
究竟。中国关起门来搞建设,与外部世界隔绝了大约二十年,对于发达国家
到底发达到了什么程度,着实不甚了了。二十年里中国错过了不少好机会,
但亡羊补牢为时未晚——此时的资本主义国家已经从第二次世界大战之后
大发展的美梦中醒来,70年代末的石油危机使西方经济处于"滞胀"的萧条
状态,资本、设备、技术和产品都出现过剩,急于找出路。在这种情况下,发
达国家不仅愿意扩大对华贸易,也愿意向中国提供优惠贷款,甚至进行直接
投资。

1978年5月,以国务院副总理谷牧为团长,国家计委、水电部、农业部和
一些沿海省市的负责人组成了一支中国政府代表团,对法国、瑞士、比利时、
丹麦、西德五国进行了访问。这是新中国成立后首次向发达资本主义国家
派出国家级政府经济代表团。行前,邓小平专门找谷牧等谈话,嘱咐他们要
广泛接触,详细调查,深入研究一些问题。好的也看,坏的也看,看看人家的
现代工业发展到什么水平了,也看看他们的经济工作是怎么管的。资本主
义国家先进的经验、好的经验,我们应当把它学回来。② 谷牧认为,邓小平这
时对于实行开放的决心已经下定,他正在思索和考虑的不是"要不要开放",
而是"怎么搞对外开放"。③

代表团在五国受到了很高的礼遇,到达第一站法国时,专机降落在法国
当时专门接待国家元首、政府首脑的巴黎奥利机场,当时的法国总理巴尔踏
着红地毯亲自迎接,并发表了热情洋溢的欢迎词。各国驻华大使也都回国
迎接并陪同我代表团访问(比利时驻华大使因病未回国)——一般外交惯例
是,外国国家元首或政府首脑来访,大使才回国迎接并陪同访问。④ 在为期
一个多月的时间里,代表团先后访问了25个城市,共参观了80多个工厂、矿

---

①　《耿飚回忆录(1949—1992)》,江苏人民出版社1998年版,第521页。

②　中共中央文献研究室:《邓小平年谱(1975—1997)》(上),中央文献出版社2004
年版,第305页。

③　谷牧:《小平同志领导我们抓对外开放》,中共中央文献研究室:《回忆邓小平》
(上),中央文献出版社1998年版,第156页。

④　杨波:《开放前夕的一次重要出访》,《百年潮》2002年第2期。

山、港口、农场、大学及科研单位，同这些国家的政府领导人及各界人士进行了广泛接触，对这些国家的经济和科学技术的发展水平，我国在现代化方面同世界先进水平的差距，以及西欧国家因经济萧条，急于为过剩的产品、技术、资本找出路，而希望同我国开展经济贸易合作的形势等，都留下了深刻的印象。

回国后，中共中央政治局于6月下旬专门开会听取谷牧的汇报。谷牧提出："二战"后，西欧发达国家的经济确有很大发展，尤其是科技日新月异，我们已经落后很多，它们在社会化大生产的组织管理方面也有许多值得借鉴的经验；它们的资金、商品、技术要找市场，都看好与中国发展关系；国际经济运作中有许多通行的办法，包括补偿贸易、生产合作、吸收国外投资等，我们可以研究采用。代表团的所见所闻引起了热烈讨论。华国锋说："考察了这些国家，对我们有启发。外国企业管理确实有好经验值得借鉴。现在我们的上层建筑确实不适应，非改革不可。""上层建筑，很多东西要改进。我们出个国，办手续，快者三个月，慢者半年。这样的上层建筑不适应，要大胆改革。"针对国人尤其是干部"固步自封、夜郎自大"的心理，华国锋指出："这不是个别现象、局部现象，是带普遍性的。这样能加快速度？"他认为"问题是我们的指导思想落后"，"有个思想束缚"，所以才要"思想再解放一点"。① 叶剑英、聂荣臻等也都说，外边的情况，这次出去看清楚了，讲明白了，该是下决心采取措施实行的时候了。会后，听过汇报的邓小平也提出：一、引进这件事要做；二、下决心向国外借点钱搞建设；三、要尽快争取时间。②

邓小平自己也加入了走出国门再看世界的行列。1978年10月22日至29日，他以副总理的身份应日本政府邀请，为出席《中日和平友好条约》批准书交换仪式对日本进行了为期一周的访问。这是中国领导人第一次访日，日本朝野上下极为重视和关注，邓小平一行受到了热情、友好、隆重、破格的

① 《华主席和中央政治局领导同志听取谷牧同志访问欧洲五国的情况汇报时的重要指示》（1978年6月30日），转引自韩钢：《关于华国锋的若干史实》，《炎黄春秋》2011年第2期。

② 谷牧：《小平同志领导我们抓对外开放》，中共中央文献研究室：《回忆邓小平》（上），中央文献出版社1998年版，第156页。

接待。① 访问期间,邓小平向日本各界人士反复介绍了中国的内外政策,还专门对日本具有国际先进水平的现代化企业、高科技设施等进行考察,并多次表达了加强同日本经济技术合作、学习国外先进经验和技术、加快中国现代化建设步伐的愿望。其中给人印象最深的,是他在新干线高速列车上应日本记者之请谈对新干线的观感时说的那句话:就感觉到快,有催人跑的意思,我们现在正合适坐这样的车。② 这次访问刚结束,11 月 5 日至 14 日,邓小平又连续访问了泰国、马来西亚、新加坡三国。这一年,是邓小平出访最多的一年。

另外,中共中央、国务院组织还代表团或考察团对英国、法国、意大利、日本、美国、加拿大、南斯拉夫、罗马尼亚等国和香港、澳门地区进行了访问和考察。这些访问和考察,不但改善和加强了中国同许多国家和地区的关系,更使高层认识到中国经济与发达国家的巨大差距,以及对外开放所能带来的发展机遇。

值得一提的是,虽然这一时期内华国锋本人没有访问西方发达国家(作为中共的最高领导人,华也不便出访资本主义国家),但他于 1978 年 8 月访问了在很大程度上摆脱了苏联模式的南斯拉夫。据有关人员回忆,华在内部谈话中认为:南斯拉夫和罗马尼亚③的对外经济合作完全开放,搞补偿贸易,吸收外国投资,合作经营,生产协作等,看来也没有损害国家主权;南斯拉夫认为吸收外国贷款有利,因为利率低、归还期限长,而且美元贬值很厉害,看来我们吸收外国贷款也"似无不可";同南、罗相比,我国企业的权力太小,经营管理有问题,我们关门自己搞,既不引进外国先进技术,又由国家垄断出口,企业产品不能进入国际市场去接受外国消费者对产品质量的裁判,等等。④

---

① 王泰平:《中华人民共和国外交史》(第三卷),世界知识出版社 1999 年版,第 31 页。

② 中共中央文献研究室:《邓小平年谱(1975—1997)》(上),中央文献出版社 2004 年版,第 413 页。

③ 在访问南斯拉夫之前,1978 年 8 月 16 日至 21 日,华国锋对罗马尼亚进行了正式友好访问。

④ 朱良:《铁托与华国锋互访——对改革开放带来启迪的外事活动》,《炎黄春秋》2008 年第 8 期。

想要开创一个新的历史时期,仅仅打开国门是远远不够的。"文革"以前,受反右派斗争的影响,1957 年中共八届三中全会认定我国社会的主要矛盾仍然是无产阶级和资产阶级、社会主义道路和资本主义道路的矛盾。"文革"期间盛行的极左思潮更将阶级斗争视为"人类历史的唯一动力"。这意味着无休止的政治运动永远是社会生活舞台上的主角,而发展生产力、进行经济建设则无法成为中心任务。显然,工作重点的转移是一个不能不解决的问题。

在 1977—1978 年的历史情境下,工作重点转移主要体现在何时结束揭批"四人帮"运动这个问题上。平心而论,"文化大革命"刚刚结束便立即提出以经济建设为中心是非常不现实的,需要揭批"四人帮"这样一个过渡。但揭批"四人帮"毕竟是一场政治运动,采取的仍然是"阶级斗争"的形式。这时的"阶级斗争"已经与"文革"时期有了很大的不同,但这种模式不能有效带动经济发展,也不能长久进行下去。结束运动的时机成了一个关键问题。

华国锋在中共十一大上的报告中将揭批"四人帮"分为清查和理论批判两个方面——清查同"四人帮"篡党夺权阴谋活动有牵连的人和事,要"争取今年内或稍长一点的时间,分期分批基本查清";"深入地系统地批判'四人帮'的反革命修正主义路线和反动世界观,肃清其流毒,是长期的更为艰巨的任务"。① 邓小平也没有立即否定"以阶级斗争为纲",1977 年 8 月 23 日,他在中共中央军委座谈会上提出:就当前来说,揭批"四人帮"的斗争是我们的纲,一定要把这场斗争进行到底,但总要有一个时间限制。②

可是 1977 年已经过去了,揭批"四人帮"的运动仍不见结束的苗头。1977 年 12 月 12 日,叶剑英在中共中央军委全会上提出要把揭批"四人帮"的斗争进行到底,夺取这场政治大革命的全胜。③《人民日报》、《红旗》杂志、《解放军报》的 1978 年元旦社论提出:"一年初见成效(指抓纲治国——

① 华国锋:《在中国共产党第十一次全国代表大会上的政治报告(五)》,《人民日报》1977 年 8 月 23 日。

② 中共中央文献研究室:《邓小平年谱(1975—1997)》(上),中央文献出版社 2004 年版,第 187 页。

③ 中国人民解放军军事科学院:《叶剑英年谱(一八九七——一九八六)》(下),中央文献出版社 2007 年版,第 1136 页。

引者注)的根本原因,就在于我们打好了揭批'四人帮'这一仗;三年大见成效的根本保证,还在于继续打好揭批'四人帮'这一仗。"①2 月 26 日,华国锋在五届全国人大一次会议上说:"我国人民当前和今后一个时期的头等大事,仍然是把揭批'四人帮'这场伟大斗争进行到底。"②

对此,邓小平有不同意见。胡耀邦后来说:"1978 年 9 月份,小平同志在东北提出了全党工作着重点的转移,为三中全会的方针,为今后党的工作方针,作出了决策。"③"在东北"指的是 1978 年 9 月 13 日至 20 日,邓小平结束对朝鲜的访问后,视察了东北三省。视察途中,他多次发表谈话。用他自己刚离开东北时的话来说:一再讲就是要解放思想,开动机器,不要当懒汉,要从实际出发。④ 其中 9 月 17 日,邓小平在同沈阳军区负责人的谈话中明确提到了结束揭批"四人帮"运动的问题,他说:对搞运动,你们可以研究,什么叫底? 永远没有彻底的事。上述问题的解决,也不能只是靠运动,还要靠日常教育,靠干部的领导。通过运动主要是把班子搞好,把作风搞好,有半年时间就可以了。运动不能搞得时间过长,过长就厌倦了。不痛不痒,没有目的,搞成形式主义,这也不行。⑤

1978 年 10 月 9 日,华国锋同毛泽东主席著作编辑出版委员会的几位负责人谈话,提到邓小平经过沈阳时,沈阳军区司令员李德生反映基层群众对运动有些厌烦。华国锋认为,从理论上批林彪、"四人帮"还可以搞若干年,但这不好把全党全军全民全体卷入到里边来,多数人应该转向新的任务、奋斗目标。加快经济建设,加快四个现代化,在发展生产的基础上改善人民生活,"这是全国人民关心的事"。华国锋考虑,就在当年 11 月的中央工作会

① 《光明的中国》(《人民日报》、《红旗》杂志、《解放军报》1978 年元旦社论),《人民日报》1978 年 1 月 1 日。

② 华国锋:《政府工作报告》,《人民日报》1978 年 3 月 7 日。

③ 《三中全会以来重要文献汇编》上册,人民出版社 1982 年版,第 745 页,转引自张湛彬:《党和国家工作重点转移到经济建设上来的决策》,《当代中国史研究》1999 年第 3 期。

④ 中共中央文献研究室:《邓小平年谱(1975—1997)》(上),中央文献出版社 2004 年版,第 387 页。

⑤ 中共中央文献研究室:《邓小平年谱(1975—1997)》(上),中央文献出版社 2004 年版,第 383 页。

议上提出结束运动。① 10 月 11 日,邓小平在中国工会第九次全国代表大会致词时更加明确地提出:揭批"四人帮"的斗争在全国广大范围内已经取得决定性的胜利,我们已经能够在这一胜利的基础上开始新的战斗任务。而这一新的战斗任务,就是要实现四个现代化,大幅度改变目前落后的生产力,改革生产关系和上层建筑。②

中共高层就工作重点转移问题征求了各地负责人的意见,并在政治局常委、委员中间达成一致。另一方面,对于广大干部和群众来说,工作重点转移也没有遇到多少障碍,因为这是大家盼望已久的,是大得人心、顺乎民意的决策。而且许多单位在粉碎"四人帮"以后,实际上已经在那么做了。以中国社会科学院为例,"文革"可以被宣告结束,"文革"期间积聚的两派之间的对立情绪却不是一纸公文可以消除的。社科院大多数人对没完没了的派仗感到厌烦,希望能安静下来搞学问,可也有一些人觉得是时候分清是非了。对此,社科院院长胡乔木、副院长邓力群认为,"文化大革命"总的是错的,至于群众组织的是非谁多一些谁少一些,第一是纠缠起来要花很多时间;第二是搞得一清二楚很难;第三是搞清楚了也没多大意义。因此,他们在第一次中层干部的会上就宣布,停止无谓争论,在揭批"四人帮"和清查与"四人帮"有联系的人和事的同时,把主要精力用来恢复和开展业务工作。此后,胡乔木通过抓制定科研规划、建立新所新学科、开展对外学术交流等办法,于 1977 年年底至 1978 年年初,就在事实上实现了社科院工作重点的转移。像社科院这样的"重灾区"尚且如此,其他单位这样做的就更多了。③

一切的酝酿终于在 1978 年召开的中共中央工作会议和中共十一届三中全会上化作质的飞跃——一些口号和运动成为了历史,例如"以阶级斗争为纲"和揭批林彪、"四人帮"的运动;一些历史问题重新回到现实,得到清理和

---

① 《吴冷西传达华国锋的讲话》(1978 年 10 月 10 日),转引自韩钢:《关于华国锋的若干史实》,《炎黄春秋》2011 年第 2 期。

② 中共中央文献研究室:《邓小平年谱(1975—1997)》(上),中央文献出版社 2004 年版,第 399 页。

③ 朱佳木:《十一届三中全会前的若干情况——我所知道的十一届三中全会》(上),《党的文献》1998 年第 6 期。

评价,例如若干政治运动的是非和一些领导人的功过;还有一些决策开始书写一段新的历史,例如改革开放和工作重点的转移。这是一次重要的历史转折,但这样的重大转折并不是突如其来的。

责任编辑:王世勇

图书在版编目(CIP)数据

中共党史重大争议问题研究/罗平汉,卢毅,赵鹏 著.
　-北京:人民出版社,2013.10(2020.6 重印)
ISBN 978 - 7 - 01 - 012320 - 2

Ⅰ.①中…　Ⅱ.①罗…②卢…③赵…　Ⅲ.①中国共产党-党史-研究
　Ⅳ.①D23

中国版本图书馆 CIP 数据核字(2013)第 157980 号

中共党史重大争议问题研究
ZHONGGONG DANGSHI ZHONGDA ZHENGYI WENTI YANJIU

罗平汉　卢毅　赵鹏　著

人民出版社 出版发行
(100706　北京市东城区隆福寺街 99 号)

天津文林印务有限公司印刷　新华书店经销

2013 年 10 月第 1 版　2020 年 6 月北京第 3 次印刷
开本:710 毫米×1000 毫米 1/16　印张:29.5
字数:468 千字

ISBN 978 - 7 - 01 - 012320 - 2　定价:108.00 元

邮购地址 100706　北京市东城区隆福寺街 99 号
人民东方图书销售中心　电话 (010)65250042　65289539